高等院校"十二五"规划教材·工商管理系列

企业战略管理

——知识、技能与应用

刘治江　编著

哈爾濱工業大學出版社

内容提要

本书在基本沿用战略管理主流框架结构、吸收借鉴该领域最近研究成果的同时，尝试在战略决策层面、从战略管理者的角度，探索解决战略问题的战略分析、战略选择（制定、评价、选择）、战略实施（实施、控制、变革、发展）的完整思路，新增了实施战略管理职能所必需的公司治理、竞争优势分析、企业可持续发展等内容，并在教学案例、研讨问题和实践演练的选择方面，尽可能符合章节内容要求，反映实践中面临的相关问题，以努力体现战略管理的时代特征。

本书包括导论、战略分析、战略选择、战略实施四大篇，共14章，内容丰富，理论密切联系实际，是对战略管理学术性与实用性相结合的有益探索。

本书不仅适合本科生学习企业战略管理，也适用于MBA和研究生以及广大的企业管理者。

图书在版编目（CIP）数据

企业战略管理：知识、技能与应用/刘治江编著—哈尔滨：哈尔滨工业大学出版社，2011.1

ISBN 978-7-5603-3164-5

Ⅰ.①企…　Ⅱ.①刘…　Ⅲ.①企业管理　Ⅳ.①F270

中国版本图书馆CIP数据核字（2011）第005433号

责任编辑　田新华
封面设计　长　江
出版发行　哈尔滨工业大学出版社
社　　址　哈尔滨市南岗区复华四道街10号　邮编150006
传　　真　0451-86414749
网　　址　http://hitpress.hit.edu.cn
印　　刷　哈尔滨市工大节能印刷厂
开　　本　787mm×1092mm　1/16　印张33.625　字数797千字
版　　次　2011年1月第1版　2011年1月第1次印刷
书　　号　ISBN 978-7-5603-3164-5
定　　价　58.00元

前　言

当今世界的企业已进入战略制胜的时代。战略管理既是一门年轻的学科，更是一门与时俱进的学科。编著本书的动因主要有三：一是随着企业市场化、国际化步伐的加快，战略管理已经成为企业成败的关键所在，因而对战略管理的研究日趋加强，新的理论、方法层出不穷，这为本书的创作奠定了基础；二是战略管理是为管理类高年级学生开设的专业课，既需要理论与方法，更需要站在管理者的角度发现、分析和解决战略问题，而现有的教科书则偏重于前者；三是本人多年的研究和教学实践，加深了对战略管理的体系、内容、方法等的理解，既有继承，又有创新，从而使战略管理能够更好地满足对高级管理人才培养的要求。

本教材特色：

1. 在课程体系上力求科学、系统、前瞻，以展现战略管理的全貌。本书遵循战略管理的逻辑主题，构建导论、战略分析、战略选择、战略实施的体系结构，内容不仅涵盖了本学科的核心主题，而且增加了企业治理、竞争优势分析、企业可持续发展等前瞻性的内容，使课程体系更加完整。

2. 在课程视野上力求全球化与本土化相结合，以展现战略管理"全球化视角、本土化行动"的特点。本书既注重战略管理来自于国外的历史，认真总结、引入国外先进的战略管理理论、模型和方法；也充分考虑了中国本土的现实，关注中国企业的管理实践，提炼东方人的管理智慧。

3. 在教学安排上力求知识、技能、应用三位一体，以展现战略管理课程的本质要求。本书以培养高素质、创新型人才为目标，以传授战略管理知识为基础，以提升战略管理能力为本位，强调研究性、实践性和应用性，兼顾知识、技能与应用的统一。

4. 本书采用了别具一格的编写体例，不仅丰富了学习资源，也有利于学生掌握知识、扩展视野、探究问题、培养能力。

每章前：管理大师论语、本章学习目标、引导案例。

每章中：除重点介绍战略管理知识外，还有帮助理解这些知识的阅读案例、阅读资料等。

每章后：中英文关键词、复习与思考、研究与讨论、实践演练、本章案例等。

战略管理的理论和实践发展很快，有许多问题还有待研究和探讨。由于本人水平所限，书中不妥之处在所难免，敬请读者提出宝贵意见。本书在编写过程中参阅和引用了大量战略管理的教材和研究成果，在此向各位作者表示衷心的感谢。同时，感谢暨南大学珠海校区管理科学与工程学科平台的资助和国际商学院曹利军教授的指导，也要感谢哈尔滨工业大学出版社的大力支持和帮助。

刘治江

2010 年 9 月于暨南大学国际商学院

目 录

第四篇　战略实施

第一篇　导论

第一章　企业战略管理概论

■ 大师论语

人无远虑，必有近忧。

——中国古代思想家　孔子

战略是影响和决定企业的基本长期目标与目的，选择达到既定目标所遵循的路径，并为实现这些目标和路径对企业已有资源进行优化配置。

——美国战略学家　钱德勒

企业战略管理是确定企业使命，根据企业外部环境和内部经营要素确定企业目标，保证目标的正确落实并使企业使命最终得以实现的一个动态过程。

——美国管理学家　斯坦纳

■ 本章学习目标

- 企业战略的概念及其特征
- 企业战略的构成要素与结构层次
- 企业战略管理的概念与本质
- 企业战略管理的过程
- 战略管理者的构成
- 战略管理理论的主要流派和发展过程
- 复杂环境下企业战略管理的重要意义

■ 引例

海尔的战略历程

中国最大的综合家电企业海尔集团的前身是青岛冰箱总厂，创立于1984年，当时年销售收入348万元，赤字147万元。2007年海尔的全球营业额已超过1 000亿元，成为全球第四大白色家电制造商。自1984年至今，海尔的战略经历了以下四个主要阶段。

第一个阶段，名牌战略阶段（1984～1991年）。该阶段只生产冰箱一个产品，探索并积累了企业管理的经验，为今后的发展奠定了坚实的基础，总结出一套可移植的管理模式。

第二个阶段，多元化战略阶段（1992～1998年）。该阶段从一个产品向多个产品发展（1984年只有冰箱，1998年时已有几十种产品），从白色家电进入黑色家电领域，以“吃休克鱼”的方式进行资本运营，以无形资产盘活有形资产，在最短的时间里以最低的成本把规模做大，把企业做强。

第三个阶段，国际化战略阶段（1999～2005年）。该阶段产品批量销往全球主要经济区域市场，有自己的海外经销商网络与售后服务网络，海尔品牌已经有了一定知名度、信誉度与美誉度。

第四个阶段,全球化品牌战略阶段(2006年至今)。该阶段为了适应全球经济一体化形势在全球范围内运作海尔品牌,从2006年开始,海尔集团继续品牌战略、多元化战略、国际化战略阶段之后进入第四发展战略创新阶段——全球化品牌战略阶段,即要在每一个国家的市场上创造出本土化的海尔品牌。

第一节　企业战略的概念及特征

一、企业战略的概念

战略一词来自希腊语 Strategos,其含义是"将军指挥军队的艺术"。而战略一词与企业经营联系在一起并得到广泛应用的时间并不长,最初出现在巴纳德(C. I. Bernad)的名著《经理的职能》一书中。作者为说明企业决策机制,从有关企业的各种要素中产生了"战略"因素的构思,但该词并未得到广泛应用。企业战略一词自1965年美国经济学家安索夫的《企业战略论》一书问世后才开始广泛应用,而且从那时起,"战略"一词还广泛应用于社会、经济、文化、教育和科技等领域。

目前,国内外学者对什么是企业战略观点不一。综合各家之见,并结合我国企业的具体情况,可将企业战略定义为:企业战略是企业根据外部环境及内部资源和能力状况,为获取竞争优势从而求得企业长期生存和不断发展所做出的总体谋划。

根据上述定义,可以看出企业战略涵盖以下几个方面的内容:

(一)企业的外部环境

在环境变化速度快、技术创新迅速、新的竞争来源及新的竞争对手层出不穷、市场和消费者需求既复杂多变又不可预测的今天,一种新的动态竞争的战略观正在形成,它要求我们在分析企业外部环境方面具有前瞻的眼光和较强的战略主动性,而不仅仅是适应环境。企业要勇于预见、善于预见并积极构造新的战略架构,而不仅仅是战略定位和传统的战略规划。因此,企业要用新的战略观去分析外部环境,这样才能把握出现的商机,进而创造出具有辉煌未来的战略。

(二)企业的内部资源及能力

核心能力是企业可持续竞争优势和新事业发展的源泉,企业只有在形成核心能力、核心产品和市场导向的最终产品这种层次结构时,才能在全球竞争中取得持久的领先地位。竞争优势的真正来源在于管理者善于将公司的技术与管理变成核心竞争力的能力。一个公司获得超过行业平均水平的利润,在于它能够比竞争者更好地掌握和利用某些核心资源或核心能力,在于它能够比竞争对手更好地把这些能力与在行业中取胜所需要的能力结合起来,去发现怎样利用这些能力去获得最大利润。

(三)不断获得新的竞争优势

要使企业未来生存和长期稳定地发展,就必须不断地创造新的竞争优势。只有不断地创造新的竞争优势,才有可能使企业生存和获得长期稳定发展,两者相辅相成,成为企业制定战略的根本出发点。

(四)明确的战略目标

战略目标是在一定战略时期内企业所预期达到的理想成果。战略目标的作用不仅在于指明企业未来发展方向、引导企业进行正确资源配置、协调不同部门及个人之间的活动、增强企业凝聚力,同时也要与企业的主要利益相关者的期望相一致。

(五)实现战略目标的途径选择

企业为了达到战略目标,可以通过技术创新,不断地开发新技术、新产品,从而不断地创造新的技术优势,取得竞争的胜利;企业也可以通过不断地并购,努力扩大规模,从而使企业迅速达到经济规模,不断地创造成本优势;企业也可以通过开拓市场,利用各种营销策略,不断地创造市场优势;企业还可以通过多角化经营,在核心竞争力方面进行新的组合,在核心竞争力、核心产品及最终产品等方面不断创造新的优势,从而取得竞争的胜利。

(六)实施战略所应当采取的手段

企业为了实现战略目标,选择了正确的战略途径之后,还需要有各种战略措施来保证战略的实施,即企业组织结构、人力资源开发与管理、企业的供应、生产、营销、财务、技术等企业管理的各方面相应策略,并与企业战略相匹配,以保证企业战略目标的真正实现。

从企业战略的性质来看,企业战略是企业竞争形势的一种定位,是企业进行资源配置的依据,是企业高层领导人价值观的反映,是企业一切活动的总纲,也是企业全体员工的行动指南。

【阅读资料】

战略不是什么

由于现代战略管理发展的时间相对较短,因此,不管是在理论上还是在实践上,都存在诸多对战略认识的误区,将战略绝对化、片面化、狭隘化、静态化(僵化)、功利化、工具化和时尚化(标签化)就是其典型表现。透彻地理解"什么是战略"和"战略是什么"自不待言,但明确"战略不是什么",无疑有助于更深入、更全面和更辨证地揭示战略的本质和精要。

1. 战略不是战术

由于大多数企业都是从某项具体业务起步的,也往往由于使用某种战术而获得成功,初期的成功以及后来取得的若干成功,造成了一些企业对过去成功的过分自信,不自觉地把那些有条件的、阶段性的和局部的做法,线性地外推为无条件的、长期的、整体的和普适的做法。在实践中,误将操作层面的战术当成对未来长远谋划的战略,以为战略就是战术。其实,战略是要回答应该做什么,而战术则要解决怎么做;战略关注"做正确的事",而战术则着力于"正确地做事",战略和战术是两个不同层次的问题。

2. 战略不是定式

围棋中,"定式"是指棋手们在长期实践中归纳提炼出的一些固定的程式,一般是默认的最佳并且双方都能接受的走法,但并不是绝对的,随着时间的推移,有些旧的定式也会被一些新的定式所取代。战略不是定式,战略面临复杂多变的环境,讲究灵活机动,其丰富的内涵不可能被结构化、程式化地概括出来。随着经济的发展和环境的日益复杂动荡,战略不确定性显著增加,呈现出动态随机的发展特性。现在,企业战略管理实践中为数不少的所谓"定式"或"范式",往往是基于对一些具体的企业案例和行业数据库的研究,并未深入探求企业发展的内在规律和深层机理。因此，将个别的、短暂的、特殊的、偶然的成功战略，固化、僵化、模式化，当成“定式”来推广，特别值得警惕。

3. 战略不是运营

为了获得丰厚的利润，不断提高运营效益是很有必要的。然而，几乎没有企业能在长时间内一直凭借运营效益方面的优势立于不败之地，运营效益仅是企业获得相对优势必要的但不充分的条件。战略虽然涉及各种不同的运营活动，但战略超越了各项活动。战略不仅推动各项活动之间的相互加强，确保各运营活动或各职能部门与企业总体目标之间的简单一致性，战略更强调定位和目标导向，是指导企业经营活动的方法论和思想。恰如波特指出的那样，运营关注的是持续变革、组织弹性以及如何实现最佳实践；而战略却是如何界定独特的定位、如何做出明确的取舍、如何加强各项活动之间的配称性(fit)。

4. 战略不是工具

很多企业出于对生产效率、质量和速度的追求，大量借鉴和推行诸如全面质量管理、标杆法、平衡计分卡、时基竞争、结盟、流程再造、6西格玛、客户关系管理、供应链管理、数据挖掘、商业智能、变革管理等最佳实践，运营效率因此得以提升。于是，几乎在浑然不觉中，企业用管理工具取代了战略。然而，管理工具的使用固然可以使企业绩效改观，却不能使企业持续盈利，甚至离原来的初衷和既定的目标更远了。

5. 战略不是地图

不管战略有多么英明正确，多么清晰周全，也不可能具体到所有的细节，总会遇到或有始料未及的突发情况，总会碰到一些模棱两可的灰色问题，在实际执行过程中也难免发生一些偏差。换言之，即是是最好的战略也不能给企业一个完全确定的既定路线。战略是“罗盘”而不是“地图”，指望战略成为精准的“地图”是不现实的；按图索骥，亦步亦趋的想法也是徒劳的。在充满高度不确定性和存在大量偶然性的现实商业环境中，在变化越来越快的市场上，作为指引方向和导航的“罗盘”，远比具体而详尽的“地图”重要得多。

6. 战略不是先于执行

通常人们认为，战略和执行是两个不同阶段，战略在前，执行在后。在多数人看来，一旦精心策划的战略进入实施阶段，剩下的问题就是执行了。但是在现实中，战略与执行却是交织在一起的、互动的。究竟谁前谁后，很难划分。企业先运筹帷幄，筹划好了再去执行，这是一种理想态，实践中不是没有，但极少。更常见的情形是，战略一开始并不表现为一个完整而系统的方案，可能只是企业家的一个直觉，一种意图，或仅为抢占市场先机的一次尝试。企业会先做起来，在做的过程中战略逐渐变得清晰明朗。

7. 战略不是左脑使然

过去近30年来，人们似乎逐渐接受了这样的观点，战略是一个逻辑化分析和思辨的结果，只涉及人的左脑部分。诚然，战略离不开理性和知性，离不开事实与数据，离不开逻辑与研判，但战略决策者要始终注意保持决策直觉与质感，注重激活右脑，强调理性与感性的结合，悟性和灵性的张扬。直觉、悟性、洞察力、潜意识等，在战略中扮演了不可或缺的角色，对那些仅凭理性和分析无法解决的问题，直觉尤其能发挥独到的作用。直觉的伟大在于，不拘泥过程和细节，撇开表象和繁复的因果链，直指问题的本质和核心。

8. 战略不是时尚

战略的时尚化一直被人诟病。各种战略理论迭出纷呈，令管理者应接不暇。比如，“蓝海战略”声称，企业应该通过价值创新和差异化，跳出红海，以超越竞争；又如“对标战略”旨在表明，企业必须不断地进行基准比较，才能实现最佳实践的运作；再如“外包战略”提倡企业应该积极发展外包，才能不断提高自己的效率，优化业务链的总价值。林林总总的战略看似新潮，却在“与时俱进”的同时免不了“与时俱迁”，战略几近演变成为贩卖时尚的买卖。试问，这些战略本身都不能长久，在这些战略指导下的企业又怎能基业常青？

资料来源：徐飞，中国管理传播网，2008-04-25

二、企业战略的特征

尽管对企业战略的内涵，战略管理者和经理们有各自不同的认识，但是对于企业战略的特征，人们的认识没有太大的分歧，基本理解都比较相似。概括起来，企业战略具有如下特征：

(1)全局性。企业战略要符合世界的、所在国的、行业的及本企业的发展趋势，以企业的全局为对象，根据企业总体发展的需要而制定。

(2)长期性。企业战略考虑的是企业相当长一段时间内的总体发展问题。经验表明，企业战略通常着眼于未来3~5年乃至更长远的目标。

(3)竞争性。企业战略也像军事战略一样，其目的也是在激烈的市场竞争中发展壮大自己的实力，使其在与竞争对手争夺市场和资源的斗争中占有相对的优势，从而赢得市场竞争的胜利。

(4)创新性。企业战略创新性源于企业内外部环境的发展变化，因循守旧的企业战略是无法适应时代发展的。

(5)稳定性。企业战略一经制定后，在较长时期内要保持稳定(不排除局部调整)，以利于企业各个单位、部门努力贯彻执行。

(6)综合性。企业战略要与战术、策略、方法、手段相结合，一个好的企业战略如果缺乏实施的力量和技巧，也不会取得好的结果。

三、企业战略的构成

企业战略由以下四个要素组成。

(一)经营范围

经营范围是指企业从事生产经营活动的领域。它反映出企业与其外部环境相互作用的程度，也反映出企业计划与外部环境发生作用的要求。企业应该根据自己所处的行业、自己的产品和市场来确定自己的经营范围。当然，企业的经营范围也要考虑企业的宗旨和使命。

(二)资源配置

资源配置是指企业过去和目前对资源和技能进行配置、整合的能力与方式。资源配置的优劣差异极大地影响企业战略的实施和实现目标的程度。企业只有注重对异质性战略资源的积累，形成不可模仿的自身特殊能力，才能很好地开展生产经营活动。如果企业的资源匮乏或缺乏有效配置，企业对外部机会的反应能力会大大削弱，企业的经营范围也会受到限制。

(三)竞争优势

竞争优势是指企业通过其资源配置模式与经营范围的决策,在市场上所形成的优于其竞争对手的竞争地位。竞争优势难以观察和测量,但在竞争中能够比较明显地表现出来。一般的,只要企业在某些方面具有某种特质,它就具备了某种竞争优势。竞争优势源自企业的资源和能力,既可以来自企业在产品和市场上的地位,也可以来自企业对特殊资源的正确运用。

(四)协同作用

协同作用是指企业从资源配置和经营范围的决策中所能寻求到的各种共同努力的效果。就是说,分力之和大于各分力简单相加的结果。这就意味着企业内各经营单位联合起来所产生的效益要大于各个经营单位各自努力所创造的效益总和。

安索夫将协同作用划分成:投资协同作用,即企业内各经营单位联合利用企业的设备、共同的原材料储备、共同研究开发的新产品,以及分享企业专用的工具和专有的技术等活动;销售协同作用,即企业各种产品使用共同的销售渠道、仓库等;运行协同作用,即企业内分摊间接费用,分享共同的经验曲线;管理协同作用,即在一个经营单位里运用另一个单位的管理经验与专门技能。当然,如果协同作用使用不当,也会产生副作用,这就是产生所谓的内耗。

四、企业战略的层次

一般来说,一个企业的战略可以包括三个层次:即公司层战略、经营(业务)层战略、职能层战略,见图1.1。

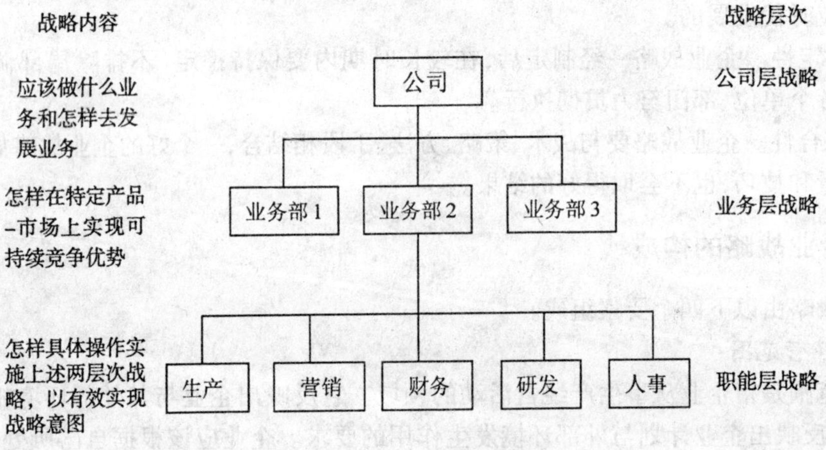

图1.1 企业战略的层次

(一)公司层战略

公司战略是企业整体的、最高层的战略,是企业最高管理层指导和控制企业一切行为的最高行动纲领。公司战略的主要内容包括企业战略决策的一系列最基本的因素,是企业存在的基本逻辑关系或基本原因。概括来讲,公司战略强调两个方面的问题:

(1)我们应该做什么业务?即确定企业的性质和宗旨,确定企业活动的范围和重点。这些因素不仅决定着企业的经营状况,而且还能决定企业在外部市场环境中的地位,因而是企业生存和发展的根本问题。企业所服务的消费者群体的类型、消费者满足需要的程度、企业采用的技术类型、企业向市场提供的产品类型以及这些方面的发展趋势,结合起来就确定了企业活动范围和重点。这些因素,也反映了企业的市场地位、利用市场机会和应付市场威胁的能力。

(2)我们怎样去发展这些业务?在企业各种不同的活动中,应当如何决定资源分配的先后次序?企业内部哪一项业务应当得到这些资源,各应得到多少,以及怎样最大限度地利用好这些资源?对于企业来说,合理地配置资源是至关重要的。因为,一是资源投入不同业务领域效益不尽相同;二是企业内部各个部门往往都在相互争夺有限资源。企业高层管理者的一个重要任务,就是以最有利于提高企业整体绩效为前提,根据企业内部资源的潜力可能性,权衡每一项业务活动对企业内部资源的需要。

从企业战略管理的角度来看,公司战略的侧重点表现在以下三个方面:

(1) 企业使命的确定。即企业最适合于从事哪些业务领域,为哪些消费者服务,企业向何种经营领域发展。

(2) 战略经营单位(SBU)的划分及战略事业的发展规划。如开发新业务的时机与方式;现有企业放弃、维持或扩展的安排;以及进行这种调整的深度和速度。

(3)关键的战略经营单位(SBU)的战略目标。

【阅读资料】

战略经营单位

大中型企业是由一些相对独立的经营单位组成的集合体,这些相对独立的业务在西方被称为战略经营单位(SBU,Strategic Business Units)。多元 SBU 共存于一个企业有其客观合理因素,下面三个理论即是普遍为学者和实业界接受的解释:

1. 组合论。该观点认为,将多个独立的业务组织在一起,更有利于对它们实施有效的管理,多元相互独立的业务可以相互支持,共同增强企业的竞争能力。例如,正在走向成熟的业务单位所创造的现金收入,可用来满足正处于高速成长期的新业务单位对资金大量投入的需要。

2. 协同论。协同论指出,公司存在的基本原因,在于它建立在多元 SBU 之间存在重要相似之处这个基础上,这使得各个 SBU 共享资源,如管理人员的技能与经验、大量采购带来的单位成本下降、共同销售网络可以节省开支等,从而有利于单项业务费用的减少或者在市场上更为有力地竞争。

3. 核心能力论。该观点认为,如果一个企业形成了一种特殊能力,这种特殊能力可以为企业带来竞争优势地位,因此企业可以将这种能力应用于其他业务单位,实现竞争优势。例如,日本本田将小型四冲程汽油发动机的制造技术应用于汽车、割草机和艇外推进机等产品的生产之中。

在一个公司内,战略经营单位本身不代表经营规模的大小,但要建立战略经营单位,必须符合下列标准:

(1)一个战略经营单位要有具体的任务和明确的经营范围;

(2)在经营范围内有相对独立的市场,并在此市场中有竞争者;

(3)每一个战略经营单位均有相对的独立性,战略经营有单位之间在市场、任务等方面不能重叠和存在较大的依赖性;

(4)一个战略经营单位的经理人员必须全权控制该经营单位的活动,但对重要资源是不能控制的。

(二)经营(业务)层战略

经营(业务)层战略是在总体性的公司战略指导下,经营管理某一个特定的战略经营单位的战略计划,是公司战略之下的子战略。它的重点是要改进一个战略经营单位在它所从事的行业中或某一特定的细分市场中所提供的产品和服务的竞争地位。业务层战略涉及这个企业在它所从事的某一个行业经营领域中扮演什么样的角色,以及在战略经营单位里如何有效地利用好分配给的资源。

在实行事业部制的大中型企业中,业务层战略通常是由业务部在公司战略指导下负责制定的。因为,企业的最高管理层往往将业务部视为企业内部具有高度自主权的战略经营单位。在企业总体目标和总体战略的范围内,可以允许各业务部(SBU)发展自己的经营战略,可以允许它们对本业务部范围内产品与服务的生产、销售、成本控制、销售利润率等不同方面有较自由的安排处置权。对于一个从事单项经营的小型企业来说,或没有实行业务部的中型企业来说,它的公司战略和业务层战略往往是合二为一的。

从企业外部来看,业务层战略的目的是为了使企业在某一个特定的经营领域取得较好的成果——努力寻求建立什么样的竞争优势,应当关注如何有效地满足消费者群体需求,应当怎样使自己的产品区别于竞争者的产品,如何通过竞争和吸引顾客实现企业的市场定位,以及怎样使业务部的经营活动与本行业的发展趋势、社会变革和经济形势相适应。

从企业内部来看,为了对那些影响企业竞争成败的市场因素的变化做出正确的反应,需要协调和统筹安排企业经营中的生产、财务、研究与开发、营销、人事等业务活动。业务层战略可以为这些经营活动的组织和实施提供直接的指导。从企业战略的角度,企业内部的关键因素是应当明确从哪些方面提高企业的竞争能力,以及如何提高企业的竞争能力。如果在创新、生产和市场销售这些方面确实能够做得不错,做得与众不同,就能建立起企业的竞争优势,从而获得经营的成功。

综合起来,战略管理意义上的业务层战略侧重点在于:

(1)如何贯彻企业使命。

(2)业务发展的机会与威胁分析。

(3)业务发展的内在条件分析。

(4)业务发展的总体目标和要求。

(5)确定业务层战略的战略重点、战略阶段和主要战略措施。

公司战略与业务层战略的根本不同,在于公司战略要统筹规划多个战略业务的选择、发展、维持或放弃,而业务层战略只就本业务部从事的某一战略业务进行具体规划。业务层战略要在公司战略的指导和要求下进行。

(三)职能层战略

职能层战略是为了贯彻、实施和支持公司战略与业务层战略而在企业特定的职能管理领域制定的战略。企业职能战略的重点是提高企业资源的利用效率,使企业资源的利用效率最大化。在企业既定的战略条件下，企业各层次职能部门根据职能层战略采取行动，集中各部门的潜能，支持和改进公司战略的实施，保证企业战略目标的实现。与公司战略及业务层战略相比较，企业职能层战略更为详细、具体和具有可操作性。它是由一系列详细的方案和计划构成的，涉及企业经营管理的所有领域，包括财务、生产、销售、研究与开发、公共关系、采购、储运、人事等各部门。职能层战略实际上是公司战略、业务层战略与实际达成预期战略目标之间的一座桥梁，如果能够充分地发挥各职能部门的作用，加强各职能部门的合作与协调，顺利地开展各项职能活动，特别是那些对战略的实施至关重要的职能活动，就能有效地促进公司战略、业务层战略成功实施。

职能层战略一般可以分为营销战略、人事战略、财务战略、生产战略、研究与开发战略、公共关系战略等，从战略管理的角度而言，职能层战略的侧重点是：

(1)如何贯彻事业发展的总体目标。

(2)职能目标的论证及其细分化。如发展目标（规模、生产能力等）；主导产品和品种目标；质量目标；技术进步目标；市场目标（市场占有率及其增长率）；职工素质目标；管理现代化目标；效益目标（利润率及竞争能力综合指数）。

(3)确定职能战略的战略重点、战略阶段和主要战略措施。

(4)战略实施中的风险分析和应变能力分析。

制定公司战略是企业高层管理者的主要职责，制定业务层战略是企业业务部领导层的主要职责，制定职能层战略是职能层领导的主要职责。除此之外，这三个层次战略的制定与实施实际上是各级管理者充分协商、密切配合的结果。当企业战略的各个部分与层次相互配合、密切协调时，就能增加企业的凝聚力，也就能最有效地贯彻实施企业战略。职能层战略与业务层战略的协调一致能够增强业务部战略的力量。同样，协同业务部战略的各个要素，集中各职能部门专家和员工的建设性意见，也能够极大地改善和强化公司战略。因此，将战略的不同部分和层次之间的关系看做是将企业的不同活动从观念和行为上统一起来的黏合剂，看做是使战略有效地发挥的合力，对于有效地实施战略管理是十分有益的。

第二节　企业战略管理的概念、本质与过程

一、企业战略管理的概念

战略管理一词最初是由美国企业家兼学者安索夫在其1976年出版的《从战略计划走向战略管理》一书中提出的。而后他又专门写了《战略管理论》一书。他认为，企业战略管理是指将企业日常业务决策同长期计划决策相结合而形成的一系列经营管理业务。而美国学者斯坦纳在其1982年出版的《管理政策与战略》一书中则认为，企业战略管理是确立企业使命，根据企业外部环境和内部经营要素确定企业目标，保证目标的正确落实并使企业使命最终得以实现的一个动态过程。

战略管理是一种动态的管理，是一种崭新的管理思想和管理方式。这种管理方式的特点是指导企业全部活动的是企业战略，全部管理活动的重点是制定战略和实施战略。而制定战略和实施战略的关键都在于对企业外部环境的变化进行分析，对企业的内部条件和能力进行审核，并以此为前提确定企业的战略目标，使三者之间达成动态平衡。企业战略管

理的任务就在于,通过战略的制定、实施和日常管理,在保持这种动态平衡的条件下,实现企业的战略目标。

所以,企业战略管理是企业确定其使命,根据外部环境和内部资源及能力状况,为获取竞争优势和不断发展而设定战略目标,做出战略规划,采取战略实施行动并加以控制的动态管理过程。具体说来,企业战略管理是在符合和保证实现企业使命的前提下,在充分利用环境中存在的各种机会和创造新机会的基础上,确定企业同环境的关系,规定企业从事的经营范围、成长方向和竞争对策,合理地调整企业结构和配置资源,通过有效实施和控制战略行动,以获得某些竞争优势甚至是持续竞争优势,从而使企业可持续发展。

需要说明三点:一是从内容上,战略管理不仅涉及环境、资源和能力的分析,涉及战略方案的制定、评价和选择,而且包含着战略方案的实施和控制,是一个全过程的管理;二是从程序上,战略管理不仅要求管理者了解战略背景、明确战略意图和战略目标,还要划分战略阶段、确定战略重点和战略对策,是一项系统工程;三是战略管理不是静态的、一次性的管理工作,而是一种动态的、循环往复的管理过程。

【阅读资料】

西方学者对战略管理的定义

西方一些著名的学者提出了独具特色的战略的定义。不同的企业战略定义有不同的内涵。

1. 安德鲁斯的定义

安德鲁斯(K Andrews)是哈佛商学院的教授,他认为企业总体战略是一种决策模式(Mode of Decision),明确企业的经济类型与人文组织类型,以及觉得企业应对员工、顾客和社会做出的经济与非经济的贡献。因此,安德鲁斯的战略定义从本质上讲,是要通过一种模式,把企业的使命、方针、政策和经营活动有机地结合起来,使企业形成自己的特殊战略属性和竞争优势,将不确定的因素具体化,以便较容易地着手解决这些问题。

战略决策对这种模式的最大贡献是在较长的时间里有效地影响着企业各个方面的资源和行为。因此战略模式的某些方面在相当长的时期里不会发生变化,如保证质量、采用高技术、维护良好的劳工关系等。但战略模式的有些方面则一定会随着时间推延而发生变化,如产品系列、制造过程等。因此,在观察、判断或制定企业的战略时,经理人员要有权变的观点,辩证地处理变与不变两种关系,在保证企业活力前提下,提高战略的相对稳定性。

2. 魁因的定义

魁因(J. B. Quinn)是美国达梯莱斯学院的管理学教授。他认为,战略是一种模式或计划,它将一个组织的主要目的、政策与活动按照一定顺序结合成一个紧密的整体。一个完善的战略有助于企业组织根据自己的内部能力与弱点、环境中预期变化以及竞争对手可能采取的行动而合理地配置自己的资源。魁因对此定义做过进一步的解释,认为战略应包括以下内容:

(1)三个基本因素:①组织达到的最主要的目的(或目标);②指导或约定经营活动的重要政策;③可以在一定条件下实现预定目标的主要活动程序或项目。在魁因的定义中,确立一个组织的目标是战略制定过程中一个不可分割的部分。

(2)围绕着重要的战略概念与推动力而制定。所谓战略推动力是指企业在产品和市场这两个主要经营领域里所采取的战略活动方式。不同的战略概念与推动力会使企业的战略产生不同的内聚力、均衡性和侧重点。当然,这些战略推动力中有的是暂时的,有的则贯穿始终。从成本上看,企业要实现某些推动力,则要付出相应的代价。不过企业要获得成功,则必须给每个已定推动力配置足够的资源。而且,企业还应该协调控制总体的经营活动,支持已经形成的推动力模式。不然,整个战略就会失败。

(3)不仅要处理不可预见的事件,也要处理不可知的事件。在实际工作中,计划工作人员很难预料到企业战略中各种重要影响因素之间相互作用的准确方式,也很难预料到由于竞争对手有意识地抵制而不得不修改战略的时机和方式。因此,战略的实质是建立一种强大而又灵活的态势,为企业提供若干个可以实现自己目标的抉择方式,以应付外部环境可能出现的例外情况,不管外部力量可能会发生哪些不可预见的事件。

(4)在大型组织里管理层次较多,每一个有自己职权的层次都应有自己的战略。这种分战略必须在一定程度上或多或少地实现自我完善,并与其他分战略相互沟通、相互支持。重要的是组织中所有的战略要具有一种总体的凝聚力,即每一个低层次的战略都必须是实现高一层次战略的凝聚力的元素。同时,组织还应运用系统的方法去考察每一种分战略,检验它们是否按照战略的主要原则制定。

总之,魁因的定义与安德鲁斯的定义有类似之处,都属于广义的定义。

3. 安索夫的定义

美国著名战略学家安索夫(H. I. Ansoff)与安德鲁斯一样,都是战略管理第一次浪潮的代表人物,他对战略管理的最大贡献就是自从他的战略定义提出以后,西方战略管理文献一般便将战略管理分为两大类:企业总体战略和经营战略。企业总体战略考虑的是企业选择进入哪种类型的经营业务:经营战略考虑则是企业一旦选定了某种类型的经营业务后,确定应该如何在这一领域里进行竞争或运行。

安索夫指出,企业在制定战略时,有必要先确定自己的经营性质。有的企业按照产品系列的特性确定自己的经营性质,便产生"半导体公司"、"机床公司"等名称。有的则是根据构成产品系列的技术来确定经营的性质,如"钢铁公司"、"炼铝公司"、"玻璃公司"等。在后一种定义的情况下,企业尽管有可能向不同用户销售一系列不同的产品,但制造这些不同的产品的技术基本上是一致的,或彼此之间存在着一种内在的联系,安索夫称这种现象为"共同经营主线"。通过分析企业的"共同经营主线"可把握企业的方向,同时,企业也可以正确运用这条主线,恰当地指导自己的内部管理。

在实际工作中,还有些企业是根据所有的市场确定自己的经营性质。这种确定方式提出了一个很有用的观点,即注意到企业的使命与用户之间的差别。安索夫认为使命是现有产品的一种的需求,而用户是产品的实际购买者。用户的身份较为特殊,既是需求占有者,又是货币持有者,它们是用货币来满足需求的。在制定战略的实际过程中,用户不应被看做企业经营的共同主线。一个用户经常会有一系列不相关的产品使命或需求。例如,个人消费者在家乐福超市购买食品是为了满足对食物的需求,而在国美电器购买音箱是为了满足娱乐的需求。如果一个企业准备同时销售这两种产品,就应该注意到它们之间在产品技术、销售渠道和顾客动机上是不相同的,彼此之间没有较强的共同经营主线。

因此,企业在用户已定的情况下确定用户的使命时,需要找出存在于用户使命中的产品特征、技术或者需求相似性之中的共同经营主线。例如,家用电器制造厂家要从简化家庭劳动的角度出发,生产一系列省力、省时的电器产品,如洗衣机、洗碗机、微波炉等。

企业如果将自己的经营性质定义得过宽,则会失去共同的经营主线,也就无法制定战略。例如,一个自称为“交通运输的企业”,便找不到共同经营的主线。

这类企业的使命会相当广泛,如市内交通、城市间交通、空中运输、水上运输等。

用户的范围相当广泛,如个人、家庭、企业、机关单位等。

产品范围也相当广泛,如汽车、火车、轮船、飞机等,这些变量可以形成无数组合,产生出无数条共同的经营主线,使企业无所适从。

当然,企业也不能将自己的经营性质定义得过窄。在工业发达的今天,许多企业实际上是在若干种不同的行业里从事生产经营活动。同时,行业的界线也随着科学技术的发展而不断变化,不断产生新的行业。经济发展的现实对管理学家和经理人员提出了客观的要求,即企业的战略必须一方面能够指导企业的生产经营活动,一方面能够为企业的发展提供空间。安索夫的企业战略定义与安德鲁斯和魁因不同,应该是属于狭义的战略定义。

4. 明茨伯格的定义

加拿大麦吉尔大学管理学教授明茨伯格对于企业战略的定义有着他自己的特殊认识。他指出,生产经营活动中,人们在不同的场合以不同的方式赋予企业战略不同的内涵,说明人们可以根据需要接受各种不同的战略定义。只不过在正式使用战略的定义时,人们只引用了其中的一个罢了。在这种观点的基础上,明茨伯格借鉴市场营销中的四要素(4P'S)的提法,即产品(Product)、价格(Price)、地点(Place)、促销(Promotion),提出了企业战略是由五种规范的定义阐明的,即计划(Plan)、计策(Ploy)、模式(Pattern)、定位(Position)和观念(Perspective)构成了企业战略的5P'S。值得强调的是,企业战略仍只有一个,这五个定义只不过是从不同角度对战略加以阐述。

(1)战略是一种计划

明茨伯格指出,大多数人把战略看成为一种计划,即它是一种有意识的有预计的行动,一种处理某种局势的方针。根据这个定义,战略具有两个本质属性:一是战略是在企业发生经营活动之前制定的,以备人们使用;二是战略是有意识的、有目的地开发的。在实际中,当然不排除有些不公开的、只为少数人了解的企业战略。

从本质上讲,战略具有“行动之前”的概念。明茨伯格为了更有力地说明这个观点,引证了下列的不同领域中有关战略的定义:

①在军事中,克劳塞维茨指出战略涉及“起草战争的计划……实现个别的战略,决定个别的战斗。”

②在博弈论中,冯·纽曼认为战略是“一种全面的计划,是一种说明计划人员在每一种可能的情况下将做出的选择的计划。”

③在管理学中,彼得·德鲁克强调“战略是一种统一的、综合的、一体化的计划,用来实现企业的基本目标。”

④在赖德姆豪斯英文字典中,战略一词被解释为是“一种计划、方法,或一系列为取得具体目标或结果的手段、计策。”所以,显然把战略说成是一种计划是有充分证据的。

(2)战略是一种计策

这是指在特定的环境下,企业把战略作为威慑和战胜竞争对手的一种“手段”。例如,一个企业得知竞争对手想要扩大生产能力时,便提出自己的战略是扩大厂房面积和生产能力。由于该企业资金雄厚、产品质量优异,竞争对手无力竞争下去,便放弃扩大生产能力的设想。然而,实际情况却是,一旦竞争对手采取了放弃的态度,该企业并没有将扩大生产能力的战略付诸实践。因此,这种战略只能称为一种计策,使之对竞争对手构成威慑。换句话讲,这时战略便成了一种威慑因素。

(3)战略是一种模式

明茨伯格认为,仅把战略定义为企业采取经营活动之前的一种计划是不充分的。在现实中,人们仍需要有一种定义说明战略执行结果的行为,即战略体现为一系列的行为。因此,明茨伯格提出第三种定义:战略是一种模式,它反映企业的一系列行动。根据这个定义,当年福特汽车公司的总裁亨利·福特要求T型福特汽车只漆成黑色的行为,就可以理解成一种战略。这就是说,无论企业是否事先对战略有所考虑,只要有具体的经营行为,就有战略。这种战略与企业的行为相一致,行为的最终结果说明了战略的执行情况,使之有水到渠成的效果。

战略作为一种计划与战略作为一种模式两种定义是相互独立的。在实践中,计划往往可能在最后没有实施,模式却可能实现并没有具体计划,但最后却形成了。就是说,战略可能是人类行为的结果,而不是人类设计的结果。因此,我们可以称第一个定义的战略是设计的战略,而第三个定义的战略是已实现的战略。如图1.2中,已设计的战略与已实现的战略之间是准备实施的战略。这是指那些已经设计出来,即将实施的战略。自发的战略则是指那些预先没有计划、自发产生的战略。没有实现的战略是指那些只有预先计划、没有结果的战略。

图1.2表明,战略实际上是一种从计划向实现流动的结果。那些不能实现的战略设计结束之后,通过一个单独的渠道流失,脱离准备实施的战略的渠道。此外,准备实施的战略与自发的战略则通过各自的渠道,流向已实现的战略。这是一种动态的战略观点,它将整个战略看成是一种"行为流"的运动过程。

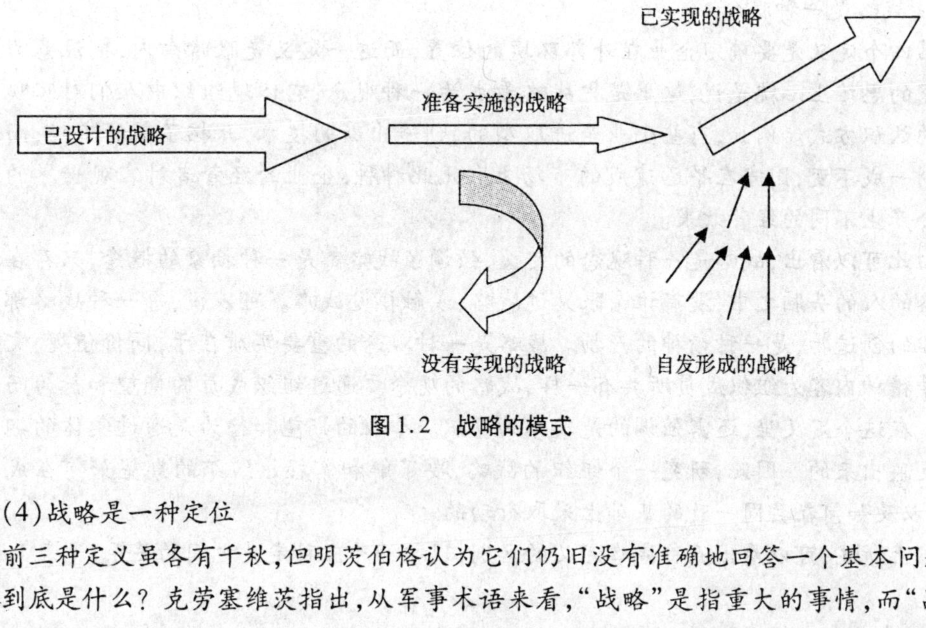

图1.2　战略的模式

(4)战略是一种定位

前三种定义虽各有千秋,但明茨伯格认为它们仍旧没有准确地回答一个基本问题,即战略到底是什么?克劳塞维茨指出,从军事术语来看,"战略"是指重大的事情,而"战术"

则指细节的问题。他认为,“战术指导我们在战斗中使用兵力;战略则指导我们运用战斗区达到战斗的目的。”因此,像福特汽车公司只生产经营黑色汽车的计划,无疑属于细节问题,很难与“战略”这一重大概念相符。

但是,鲁梅尔特(Rumelt)指出,“一个人的战略会是另一个人的战术——一个事物是否是战略的,取决于当事人所处的地位。”同样,它取决于当事人所处的时间。今天看来是战术的问题,明天可能就会被证实是战略的。因此,有些细节问题在一定时间、一定程度上应该视作战略。例如,在与通用汽车公司竞争战中,亨利·福特一世痛失市场份额的原因之一,就是他只同意汽车漆成黑色,而拒绝漆成其他颜色。油漆颜色的选择看起来只是一个战术问题,但最后却成了不折不扣的战略问题。

究竟战略是什么?简单地说,它可以包括产品及过程、顾客及市场、企业的社会责任与自我利益等任何经营活动及行为。不过,最重要的是,战略应是一种定位,是一个组织在自身环境中所处的位置。对企业来讲,就是确定自己在市场中的位置。这第四种定义的战略,实际上成为企业与环境之间的一种中间力量,使得企业的内部条件与外部环境更加融洽。借用管理学的术语来讲,战略就是要把企业的重要资源集中到相应的地方,形成一个产品和市场的“生长圈”。

通常,在军事学或博弈论中,战略的概念涉及“两方(军)对垒”,引申到企业经营中,这种概念多指经营双方的正面冲突。在这种情况中,企业通常把战略看成是一种计策。然而企业战略是一种定位,引进了“多方竞争”以及超级竞争的含义。换句话说,企业在生产经营中既要考虑与单个竞争对手在面对面的竞争中处于何种位置,也需要考虑在若干竞争对手面前自己在市场中所处的地位,甚至企业还可以在市场确定一种特殊地位,使得对手们无法与自己竞争。例如,企业凭借专利或产品特殊质量,形成其他企业无法与之竞争的细分市场,并给以充分的资源保证,造成以小胜大或生产下去的姿态。

把战略看成一种定位的概念是通过正确地配置企业的资源,形成企业有力的竞争态势。在这一点上,第四种定义与其他三种定义并不矛盾,是可以通过前面三种定义实现的。

5. 战略是一种观念

第四个定义是要确定企业在外部环境的位置,而这一定义是眼睛向内,把注意力放在战略家的思维上。就是说,这里是把战略看成为一种观念,它体现组织中人们对客观世界固有的认识方式。例如,有些企业是进取型的,创造出新的技术,开拓了新的市场;而有的企业则一成不变,固守在早已建成的市场上。凡此种种,企业的经营者对客观世界的不同认识会产生不同的经营效果。

由此可以看出,战略是一种观念的定义,强调了战略都是一种抽象的概念,只存在于需要战略的人的头脑之中,没有谁亲眼见过战略,或触摸过战略。可以说,每一种战略都是人们思维的创造物,是一种精神的产物。战略是一种观念的重要实质在于,同价值观、文化和理想等精神内容为组织成员所共有一样,战略的观念要通过组织成员的期望和行为而形成共享。在这个定义里,还需强调的是集体的意识。个人的期望和行为是通过集体的期望和行为反映出来的。因此,研究一个组织的战略,要了解和掌握该组织的期望如何在成员间分享,以及如何在共同一致的基础上采取行动的。

综上所述,可以看出五种战略定义的区别,现归纳为五种定义之间的关系,见表1.1。

表 1.1　五种战略定义的关系

战略定义	核心要点
计划型战略定义	强调企业管理人员要有意识地进行领导,凡事谋划在前,行事在后
模式型战略定义	强调战略重在行动,否则只是空想,战略也可自发地产生
计策型战略定义	强调战略是为威胁或攻击竞争对手而采取的一种手段,重在达成预期竞争目的
定位型战略定义	强调企业应适应外部环境,创造条件更好地进行经营上的竞争或合作
观念型战略定义	强调战略过程的集体意识,要求企业成员共享战略观念,形成一致的行动

这些不同的定义,有助于对战略过程的深刻理解,避免发生观念上的混乱。不过,应该看到,这五种定义彼此之间存在着一定的内在联系。它们有时是某种程度的替代,如定位型战略定义可替代计划型战略定义,但在大多数情况下,它们之间的关系是互补的,使战略趋于完善。因此,只能说每个战略定义有其特殊性,不能说哪种战略定义更为重要。

资料来源:王芳华,企业战略管理(第二版),复旦大学出版社,2008.

二、企业战略管理的本质

(一)战略管理是企业整合性和最高层次的管理理论

在实际的管理活动中企业是不可分割的,是由具有执行不同功能的部分所组成的一个统一体,在社会进步和经济发展中作为一个整体而发挥着作用。所以将企业的各个职能部门协调一致、有机地结合起来运作,就需要企业战略管理理论发挥作用。企业战略管理理论从企业整体的、全局的角度出发,综合运用职能管理理论,处理涉及企业整体的和全面的管理问题,使企业的管理工作达到整体最优的水平。

从管理理论的层次来看,战略管理理论是最高层次的管理理论。自 20 世纪初温斯顿·泰罗创立科学管理以来,企业管理理论有了极大的发展。尤其是第二次世界大战后,管理理论的大发展使我们进入了“管理森林”时代,各派管理学说不断涌现。按照内容所涉及的范围和影响的程度,人们将管理理论分成下列三个不同的层次:

(1)管理基础。是管理中带有共性的基础理论、基本原则和基本技术。主要包括管理数学、管理经济学、管理心理学、管理原理和原则、管理组织学以及管理思想等。

(2)职能管理。是将管理基础与特定的管理职能相结合,以提高组织职能部门的效率。它主要包括生产管理、市场营销管理、财务管理、人力资源管理、研究与开发管理等。

(3)战略管理。是管理理论中最高层次的管理,它不仅要以管理基础和职能管理为基础,还融合了政治学、法学、社会学、经济学等方面的知识。

从这些分类中可知,战略管理是管理理论中顶级的和整合性的管理理论。只有掌握了战略管理理论,企业管理人员才可能处理涉及企业整体性的管理问题。

(二)战略管理是企业高层管理人员最重要的活动和技能

美国学者罗伯特·卡茨将企业管理工作对管理者的能力要求划分成三个方面,即技术能力(战术能力)、人际关系能力(社会能力)和思维能力(战略能力)。

(1)技术能力。也称操作能力,它与一个人所做的具体工作有关,是一个人运用一定的技术来完成某项组织任务的能力,包括方法、程序和技术。

(2)人际能力。这种能力涉及管理人员和与之接触的人们之间的人际关系，是一个人与他人共事、共同完成工作任务的能力，包括领导、激励、排解纠纷和培植协作精神等。

(3)思维能力。这种能力包括将企业看成是一个整体，洞察企业与外界环境之间的关系，以及理解整个企业的各个部分应如何互相协调来生产公司的产品或提供服务的能力。

处于企业中不同管理层次的管理人员，对他们的上述三种能力要求是不相同的。一般说来，低层管理者所需要的能力主要是技术能力和人际能力；中层管理的有效性主要依赖于人际能力和思维能力；而高层管理者最需要的能力是思维能力或战略能力，这是保证他们工作有效性的最重要的因素。因此，对于企业高层管理者来说，最重要的活动是制定战略和推进战略管理，以保证企业整体的有效性。

(三)战略管理的目的是提高企业对外部环境的适应性，增强竞争优势

企业组织是社会这个大系统中的一个不可分割的和具有开放性的组成部分，它的存在和发展在很大的程度上受其外部环境因素的影响。这些因素或影响力有些是间接地对企业起作用，如政府、法律、经济、技术、社会、文化等；还有一些直接影响企业活动的因素，如供应商、借贷人、股东、竞争者、顾客及其他与企业利益相关的团体。在当今时代，企业的外部环境既复杂多样，又动荡多变，时刻发生着变化。如何在这种复杂多变的外部环境中生存并持续地发展下去，是战略管理的任务和目的。企业适应环境的过程，也要求企业战略必须是具有弹性的。战略管理促使企业高层管理人员在制定、实施企业战略的各个阶段上，都是清楚地了解有哪些外部因素影响企业，影响的方向、性质和程度如何，以便制定新的战略或及时调整企业现行的战略以适应外部环境的变化，做到以变应变，不断提高企业的适应能力和竞争优势，促进企业可持续发展。

(四)战略管理的核心是战略决策

战略管理就是要在不断变化的环境下做出有效决策，这种决策是对企业方向性、全局性重大问题所做出的谋划。战略决策是企业最重要的决策，涉及企业整体的、未来的发展方向和道路，是由企业高层管理者进行的决策；战略决策由于时间较长、影响因素较多，更具复杂性和不确定性，更多的需要判断和直觉，因而也会面临较大的风险；战略决策是一系列的、动态的决策过程，内容涉及企业使命、战略目标、战略方案、政策与措施、实施与控制等，是企业各项管理工作的总纲领和行动指南。

三、企业战略管理的过程

如前所述，战略管理是对一个企业的未来发展方向制定决策和实施这些决策的动态管理过程。一个规范的、全面的战略管理过程可大体分解为三个阶段，它们分别是战略分析阶段、战略选择及评价阶段、战略实施及控制阶段。但在进行战略分析之前，首先要确立或审视企业的使命。这个战略管理过程可以用图1.3来表示。

(一)战略分析

战略分析指对企业的战略环境进行分析、评价，并预测这些环境未来发展的趋势，以及这些趋势可能对企业造成的影响及影响方向。一般说来，战略分析包括企业外部环境分析和企业内部环境或条件分析两部分。企业外部环境一般包括下列因素或力量：政治法律因素、经济因素、技术因素、社会因素以及企业所处行业中的竞争状况。企业外部环境分析的目的是为了适时地寻找和发现有利于企业发展的机会，以及对企业来说所存在的威胁，做

到"知彼",以便在制定和选择战略中能够利用外部条件所提供的机会而避开对企业的威胁因素。

企业的内部环境即是企业本身所具备的条件,也就是企业所具备的素质,它包括企业的有形资源和无形资源,企业的财务能力、营销能力、生产管理能力、组织效能、企业文化等企业能力,企业核心竞争能力等。企业内部条件分析的目的是为了发现企业所具备的优势或弱点,以便在制定和实施战略时能扬长避短、发挥优势,有效地利用企业自身的各种资源,发挥出企业的核心竞争力。

(二)战略选择

战略选择过程实质就是战略决策过程,即对战略进行探索、制定、评价以及选择。通常,对于一个跨行业经营的企业来说,它的战略选择应当解决以下两个基本的战略问题:一是企业的经营范围或战略经营领域,即规定企业从事生产经营活动的行业,明确企业的性质和所从事的事业,确定企业以什么样的产品或服务来满足哪一类顾客的需求;二是企业在某一特定经营领域的竞争优势。即要确定企业提供的产品或服务,要在什么基础上取得超越竞争对手的优势。

一个企业可能会制定出达成战略目标的多种战略方案,这就需要对每种方案进行鉴别和评价,以选出适合企业自身的方案。目前对战略的评价已有多种战略评价方法或战略管理工具,如波士顿咨询集团的市场增长率—相对市场占有率矩阵法、行业寿命周期法等。这些方法已广泛地在跨行业经营的企业中得到应用。

(三)战略实施

一个企业的战略方案确定后,必须通过具体化的实际行动,才能实现战略及战略目标。一般来说可在三个方面来推进一个战略的实施:其一是确定企业资源的规划和配置方式,包括公司级和战略经营单位级的资源规划与配置;其二是对企业的组织机构进行构建,以使构造出的机构能够适应所采取的战略,为战略实施提供一个有利的环境;其三是要使领导者的素质及能力与所执行的战略相匹配,即挑选合适的企业高层管理者来贯彻既定的战略方案。

在战略的具体化和实施过程中,为了使实施中的战略达到预期目的,实现既定的战略目标,必须对战略的实施进行控制。这就是说将经过信息反馈回来的实际成效与预定的战略目标进行比较,如二者有显著的偏差,就应当采取有效的措施进行纠正。当由于原来分析不周、判断有误,或是环境发生了预想不到的变化而引起的偏差时,甚至可能会重新审视环境,制定新的战略方案,进行新一轮的战略管理过程。因此,从图 1.3 可以看出,战略管理是一个动态的和循环往复的不间断过程。下面给出通用电器公司战略管理图,见图 1.4。

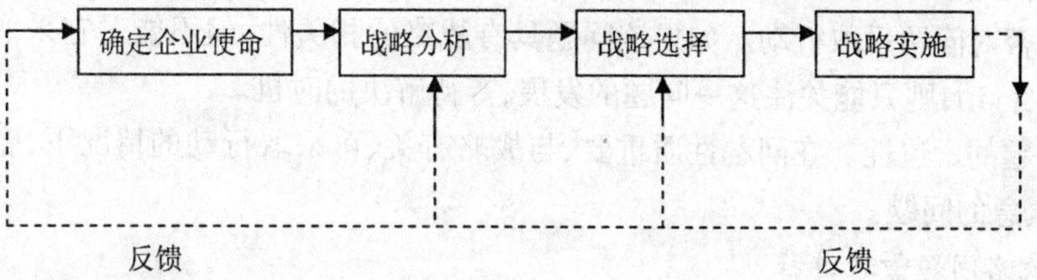

图 1.3　战略管理过程

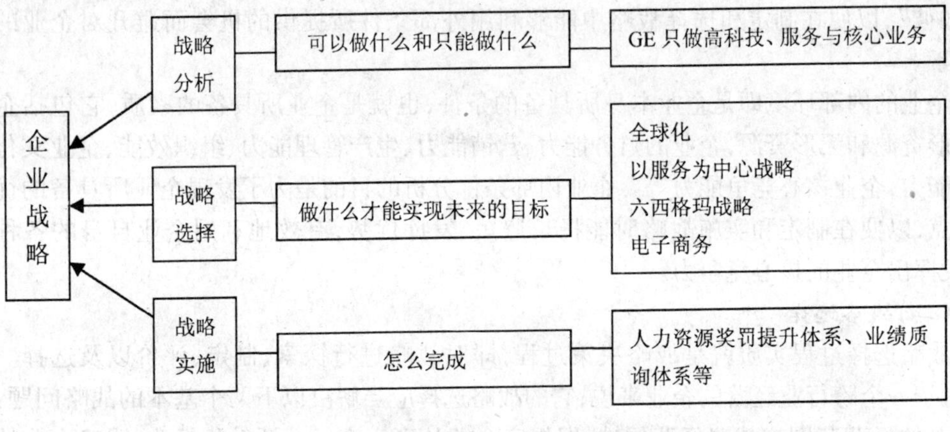

图1.4　通用电气公司战略管理图

四、企业战略问题管理

（一）战略问题管理的含义

战略问题是指那些对企业实现战略、达到目标的能力有重大影响的企业内部或外部即将出现的问题。它们可以是企业外部环境中新出现的机会或威胁；也可以是企业内部可以开发的优势或足以危害企业绩效以至生存的劣势。

针对这些战略问题单独制定战略并付诸实施，就是战略问题管理。战略问题管理可以较好地处理企业战略的两重属性——计划性、长期性、全局性和应变性、风险性、竞争性的矛盾，将一些应变性的、临时性的重大战略问题从企业的长期战略规划中分离出来，单独进行分析和管理。这样，既可以避免对长期战略规划进行繁杂的、经常性的修订，又可以对战略问题迅速做出反应。

（二）战略问题的判定标准

判定战略问题是战略问题管理的重要组成部分。它要求充分利用各种信息，在众多问题中筛选出战略问题，并在问题还没有完全形成、发展或巩固之前就加以解决，以保证战略管理的顺利进行。判定战略问题可以依次用以下四条标准衡量：

(1)问题的重要性。如果该问题对企业或社会影响不大，不很重要，就没有必要当作战略问题处理。

(2)问题与战略相关的程度。如果出现的问题与企业战略不相关，即使它对社会很重要，也不需要考虑去对它进行管理。而有些问题，虽然对整个社会影响不大，但是对具体企业来说是战略相关的，就应作为战略问题对待。

(3)能否对问题采取行动。如果该问题具有战略的相关性，但不能对它采取行动或暂时不能采取行动，则只能关注这一问题的发展，等待解决的时机。

(4)问题的紧迫性。在问题性质重要、与战略有关、可采取行动的情况下，企业应优先处理比较紧急的问题。

（三）战略问题管理过程

(1)判定问题。在企业中，即将发生的战略问题会有三种信息来源，即企业外部环境变化趋势、企业内部演变趋势和企业的效益发展趋势。企业可以从相互依存和影响的环境因素与内部各职能领域之间的变化上找出问题,并按前述的判定标准分析问题对整个企业可能的影响。

(2)评估问题的重要性。将所判定的战略问题整理分类,按重要程度加以排序。最重要的战略问题应由企业总部详尽分析;一般重要的战略问题可放在经营单位或事业部层次详细分析;而一般性的问题只需加以注视,不必详加分析。

(3)分析问题。分析的方法有:①战略问题寿命周期分析。从过去、现在和将来,分析问题的发展趋势。这种方法适合于企业全面综合地描述比较大的问题。②战略问题分析。将战略问题逐层分解,有针对性地收集有助于做出判断的数据,研究各个层次的问题以及它们对企业战略的影响,系统、详实地掌握企业的战略问题。③假设分析。从相关利益群体角度,对战略问题提出正反两方面的假设,然后,评估这些假设的重要程度和可靠程度。

(4)提出与战略问题相关的战略。企业对战略问题进行分析后,就应考虑是否需要提出战略。如果这些问题所涉及的面较广,则应考虑需要制定总体战略;如果问题只涉及局部单位,则可只制定相应的局部战略。

(5)战略的实施。企业提出的战略,要及时付诸实施,从而增进或避免减少企业的效益。

(6)战略的控制。企业管理人员对战略的实施结果,要以一定的手段加以衡量,并向企业反馈,以改进对战略问题的管理。

第三节　企业战略管理者

一、战略管理者的概念

战略管理者又称战略家,是指对战略管理过程承担直接责任的那些人,包括董事会、高层管理者、中层管理者等。他们要在其下属人员的帮助下从事战略调研、战略制定和战略实施,并对企业战略和目标的实现直接负责。

二、战略管理者的构成

战略管理者是企业战略管理的主体,因此,战略管理者的构成、各自的参与方式与程度以及相互关系等对企业成功地实行战略管理具有非常大的影响。一般来说,战略管理者包括企业的董事会、高层管理者、中层管理者、战略管理部门、非正式组织的领导、企业智囊团。其中最重要的是董事会和高层管理者。

(一)董事会

从战略管理的角度讲,董事会有三项主要的任务:

(1)提出企业的使命,为企业高层管理者划定战略选择的具体范围。

(2)审批企业高层管理者的建议、决策、行动,为他们提出忠告和建议,提出具体的改进措施。

(3)董事会通过它的委员会监视企业内外环境的变化,并提醒企业高层管理者注意这些变化将会给企业造成的影响。

虽然董事会所包括的成员在参与战略管理的程度上存在很多差异,但是作为一个整体，董事会需要完成上述三项任务。根据董事会参与企业战略管理的程度，可以将董事会进行分类，见表1.2。参与战略管理程度高的董事会属于促进型董事会，这种类型的董事会都会积极认真地完成上述三项任务，例如每半年或一年召开一次董事会研究企业长期发展的战略问题。相反，处于另一极端的董事会属于挂名型董事会，它们从未提出或决定企业战略，除非企业陷入严重危机。

表1.2 董事会在战略管理中的参与程度

低←——参与程度——→高 被动、消极地					主动、积极地
挂名型	无主见型	低度参与型	中度参与型	积极参与型	促进型
从不知道应该做什么，对战略毫不关心	听任管理人员做出一切决策；只负责对管理人员提出的建议进行投票表决	只是从形式上对部分企业高层管理者的建议进行审查	有限地参与有关管理方面的决策，或者有选择地评审关键性战略决策或行动方案	对企业的使命、战略、政策和目标提出询问，并做出最后抉择。通过各种委员会进行年度的管理审计	在建立和修改企业使命、目标、战略和政策中起领导作用，并设有一个非常积极负责的战略委员会

（二）高层管理者

企业高层管理者一般包括企业正副总经理、事业部正副总经理。在企业战略管理中，高层管理者主要发挥两个方面的作用：

（1）扮演企业管理的十大角色。具体为：①名誉代表。作为企业法律上和形式上的领导，担负一些社会、礼节、法律方面的工作。②领导者。作为领导者指引和推动企业的运行，并激励和监督下级。③联络人。通过各种正式和非正式的途径来建立和维持企业与外界的联系，以获取外部信息和帮助。④传播者。将各种信息及时传播给其他企业管理者和企业任务环境中的关键团体或个人。⑤监督者。通过审查企业内部报告、审查反映企业状况的关键数据、了解企业外部环境中的相关信息等，监督、控制企业的运行。⑥故障排除者。时刻准备应付突发事件及各种危机，及时采取措施加以纠正或消除。⑦发言人。负责向外界诸如社会公众、新闻媒体、政府等传播企业的内部信息。⑧资源分配者。通过决策或批准各种预算来分配企业的资源。⑨谈判者。代表企业参加重要项目的谈判，并做出决策。⑩企业家。寻找和把握各种变革机会，并将机会变成现实。引领、推动企业在不断变革中增强活力，更好地适应外部环境。

（2）领导企业战略制定和战略实施。企业高层管理者应领导企业战略规划过程。为了正确确定企业的使命、建立对企业的长期发展思路，企业各级管理者分配在企业战略管理上的时间因其在企业内的地位不同而异，其中企业总经理的大部分时间是用于考虑企业今后2~4年的发展上，而部门经理则集中精力考虑今后3~6个月内的工作。

在实施企业战略的过程中，高层管理者也起着关键作用。中层管理者依靠其上司的指导行事，所以他们总是乐于模仿优秀的高层管理者的特征和风格。此外，企业中的员工需要了解他们工作的目的，即需要有一种使命感，而只有高层管理者才具有确定并向广大员工提供这种使命感的资格。一般来说，具有明确和远大理想的高层管理者是能够运用自己的威信和影响去领导企业战略的制定和实施的，因为他们具有以下三方面的特征：①高层管理者为他人树立了学习的榜样。他们在行为方面为企业提供了一个认同和遵从的榜样。他们对企业的目标和活动有着十分明确的态度和价值观，并在其言行上与他人进行不断的交流。②高层管理者为企业制定卓越的目标。他们能够超越日常工作的范围考虑企业的前途，并赋予企业各种活动和员工的工作以新的含义，使他们能够透过自己的工作看到企业整体的利益。③高层管理者为其下属和企业员工设立较高的工作目标，但又对员工实现这些目标表现出充分的信心。建立低水平的容易达到的目标不能提高企业的业绩，高层管理者必须带领大家朝着更高的目标努力。

（三）中层管理者

现代战略学认为，公司的每一位管理者都在战略的制定和执行过程中扮演着一定角色。战略管理并不只是高层管理者的责任，因为真正了解企业问题和机会的人是中层管理者，他们是其所负责领域的专家，他们往往有极有价值的看法和意见。实施企业战略的也是中层管理者，企业总体战略一经确定，中层管理者就成为其所负责领域具体战略、政策、措施的制定者和实施者。但在战略管理中，中层管理者亦有其自身的局限性，例如他们有关战略管理理论和技术的不足；限于工作范围和利益，很难站在企业整体高度思考问题和进行决策；他们可以用于战略思考的时间有限等。企业应该通过采取有针对性的措施来尽量消除或降低中层管理者的局限性，使之能在战略管理中更好地发挥作用。

（四）战略管理部门

当企业高层管理者无法应付过于繁重的战略制定工作的时候，通常将其中一部分工作交给一个由高层管理人员组成的计划委员会或由一名副总经理负责的专门的战略管理部门。这种专职的战略管理部门主要负责收集和分析各种数据，提出和评价各种可行的战略方案。一般来说，专职的战略管理部门在大型企业中才有，其人数在1～50人之间。它的职责在很大程度上是帮助高层管理者制定企业的目标和战略，并审查事业部的战略计划；协调各个事业部的计划；帮助高层管理者设计企业的战略管理系统，准备启用战略计划手册；为各事业部提供环境分析结果，并为它们的战略计划活动给予指导；对诸如并购、事业部或产品线的出让等企业重大问题为高层管理者提供企业的整体规划；为高层管理者所关心的专项问题进行研究等。正因为战略管理部门可以在战略制定过程中起着如此重要的作用，在某些企业中它实际决定着企业的未来。这种影响力来源于它在战略管理方面的知识和技术，来源于它对战略决策所需信息的控制和掌握。然而，它的这种角色也常常使他们与一线管理者之间出现矛盾。

（五）智囊团

智囊团是企业组建的由外部高级咨询人员构成的参谋集团，成员通常由大学、科研单位、经济技术研究机构、政府高级官员、社会名流以及社会咨询公司中的专家构成。他们在一定程度上参与企业战略管理。目前西方企业运用智囊团来协助进行战略分析和决策，以提高企业战略决策的科学性和正确性，已是十分普遍的事情了。

（六）非正式组织的领导

一个企业既存在着一些正式组织也存在一些非正式组织。这些非正式组织对企业战略的制定和实施具有一定的影响。这种影响的大小取决于企业正式领导的领导方式和非正式组织领导人的影响力。在决定企业使命、目标、战略和政策过程中，企业内部总会有各种不同意见，这些意见反映了企业内部各种非正式组织的各种不同利益。最终战略的选择不可避免地或多或少要打上各种势力影响的烙印。对于非正式组织的领导如不能有效沟通、积极引导，则可能会给企业战略管理带来障碍和内耗。因为他们首先关心小团体的利益，一旦小团体利益受损，则可能干扰组织目标，涣散员工意志，导致企业向心力减弱，影响战略管理的成功。如能积极引导和有效掌控，使非正式组织领导参与到战略管理中来，支持企业战略的制定和实施，将有助于企业战略管理的成功。

以上6类战略管理者当中，董事会和企业高层管理者最为重要。国外学者根据董事会和高层管理者参与企业战略管理的程度，归结了四种不同的战略管理方式，见图1.5。由图1.5可知，只有“合作式管理”，即董事会和高层管理者都积极参与战略管理并且相互合作的情况下，企业战略管理方能成功。

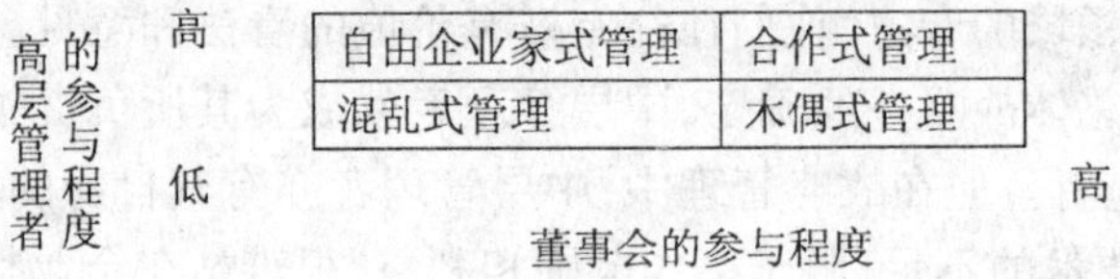

图1.5　董事会的参与程度

三、战略管理中责任的分配

受现代管理思想的影响，越来越多的高层管理者意识到，企业中事业部总经理以及事业部中职能经理等中层管理人员在企业战略管理过程中的重要性。因为真正了解企业问题和机会的人是他们，实施企业战略的还是他们，因此许多大企业将企业决策权下放给中层管理人员。事实上，一个理想的战略管理系统应当由一个战略管理小组来建立和管理，这个小组主要由大型企业中处于三个管理层上的战略决策者组成，即公司高层经理、事业部经理和职能部门经理。除此以外，战略管理小组也需要依靠下列两部分人员的帮忙和支持，即公司专职计划人员和底层管理人员。因为他们为战略决策者提供数据资料，并负责实施制定的战略。

表1.3给出了战略管理过程中，处于公司、事业部以及事业部中职能部门这三级的战略管理者们的职责。它表明最高层管理人员负有对规划各主要阶段的事项给予批准的责任。但在执行这些责任的过程中，高层管理人员需要公司战略管理部门、参谋人员的帮助，而后者实际上公司战略管理的主要部分。公司最高管理人员也对战略进行评价，并对战略的准备提供咨询意见。

在事业部一级的总经理主要负责对下列事项的批准工作：环境分析预测的结论、确定的事业部目标，以及由参谋人员所准备的事业部战略。表1.3也明显地表示出，在整个战略管理过程中，公司战略管理部门的人员具有无所不在的和强有力的影响。

职能部门的经理制定职能部门的具体战略，但他们一般是根据公司或事业部的战略来制定职能战略，并按照上级要求，向上级提供有关信息，或指定落实上级战略的具体计划。在有事业部的公司中，职能部门的经理向事业部经理负责；在没有事业部的公司中，他们向公司高层经理负责。

表 1.3　战略管理过程中的责任分配

活动	公司一级责任		事业部门责任		职能部门责任
	最高层经理人员	战略管理部门	事业部经理人	参谋人员	职能部门计划人员
确立公司目标	△				
确立公司目标	●	●			
确定计划期限	●		●		
组织和协调计划工作		●			●
对环境做出假设	△	●	△	●	
收集信息和预测					
预测销售额	△		△	●	
评价企业的优势及弱点			△	●	
对竞争环境进行评价			△	●	
确立事业部门目标	△		△	●	△
制订事业部计划	△	○	△		△
制订替代战略方案		○		●	
选择可行战略		○	●		
评价和选择活动项目		△	●		
制订策略方案			△	●	
如果目标未达到评价目标及计划	△				
统筹计划		●			
分配资源	△				
计划与实际进程的对比检查	●		●		
评价计划的有效性		●			

说明：△ ——批准；○ ——检查、评价及说明；● ——执行工作

第四节　企业战略管理理论的发展

在变革的时代，企业面临着种种挑战，这势必会导致管理思想的变迁。目前，管理学对这一变化比较一致的看法体现在四个方面：由过程管理向战略管理转变；由内向管理向外向管理转变；由产品市场管理向价值管理转变；由行为管理向文化管理转变。毫无疑问，企业战略管理将会是这场变革的中心，它将出现许多新动向，对这一趋势能前瞻性地把握的企业将会在竞争中处于有利地位。

在这里，我们通过对战略管理理论发展历程的梳理，来把握企业战略思想演进的脉络和规律，并对企业战略理论的发展趋势进行了展望。

一、企业战略管理理论的演变

战略思想古已有之，企业战略理论研究时间却并不长，自20世纪60年代到现在仅有半个世纪。从时间跨度来看，战略管理理论主要经历了四个发展阶段。

（一）60、70年代以环境分析为基础的战略管理理论

20世纪60年代初美国著名管理学家钱德勒（Alfred D. Chendler Jr.）的《战略与结构：工业企业史的考证》一书的出版，首开企业战略问题研究之先河。钱德勒在这本著作中，分析了环境、战略和组织之间的相互关系，提出了"结构追随战略"的论点。他认为，企业经营战略应当适应环境、满足市场需求，而组织结构又必须适应企业战略，随着战略的变化而变化。因此，他被公认为是研究环境－战略－结构理论的第一位管理学家。

在此基础上，关于战略构造问题的研究，形成了两个相近的学派："设计学派"和"计划学派"。设计学派以哈佛商学院的安德鲁斯（Kenneth R. Andrews）教授为代表，于1971年出版了《公司战略思想》。他们认为，首先，在制订战略的过程中要分析企业的优势与劣势、环境所带来的机会与造成的威胁，即SWOT分析框架。其次，高层经理人应是企业战略的设计师，并且还必须督导战略的实施。再者，战略构造模式应是简单而又非正式的，关键在于指导原则，优良的战略应该具有创造性和灵活性。而且认为，战略构造模式应是一个有意识控制的思想过程。

几乎与"设计学派"同时产生的另一个学派是"计划学派"，其代表人物是安索夫（H. I. Ansoff）。计划学派主张，战略构造应是一个有控制、有意识的正式计划过程；企业的高层管理者负责计划的全过程，在具体制订和实施计划的人员必须对高层负责；通过目标、项目和预算的分解来实施所制订的战略计划等等。安索夫在1965出版的《公司战略》一书中首次提出了"企业战略"这一概念，并将战略定义为"一个组织打算如何去实现其目标和使命，包括各种方案的拟定和评价，以及最终将要实施的方案"。"战略"一词随后成为管理学中的一个重要术语，在理论和实践中得到了广泛的运用。

不难看出，尽管这一时期学者们的研究方法和具体主张不尽相同，但从根本上说，其核心思想是一致的，主要体现在三个方面：(1)企业战略的出发点是适应环境。环境是企业无法控制的，只有适应环境变化，企业才能生存和发展。(2)企业的战略目标是为了提高市场占有率。企业战略要适应环境变化，旨在满足市场需求，获得足够的市场占有率，这样才有利于企业生存与发展。(3)企业战略的实施要求组织结构变化及与之相适应。经典的企业战略实质是一个组织对其环境的适应过程以及由此带来的组织内部结构变化的过程。因而，在战略实施上，势必要求企业组织结构要与企业战略相适应。

显然，这些核心思想为企业战略管理理论的形成于发展奠定了基础。需要指出的是，以环境为基点的战略管理理论存在着缺乏对产业进行深入分析、被动适应外部环境等不足之处。

（二）80年代以产业结构分析为基础的战略管理理论

20世纪80年代初，以哈佛大学商学院的迈克尔·波特（Port M. E.）为代表的竞争战略理论取得了战略管理理论的主流地位。先后出版了《竞争战略》和《竞争优势》两部著作，将产业组织理论中的"结构(S)－行为(C)－绩效(P)"这一分析范式引入企业战略管理研究之中，提出了以产业（市场）结构分析为基础的竞争战略理论。

波特认为,企业战略的核心是获取竞争优势,而影响竞争优势的因素有两个:一是企业所处产业的盈利能力,即产业的吸引力;二是企业在产业中的相对竞争地位。因此,竞争战略的选择应基于以下两点考虑:一是选择有吸引力的、高潜在利润的产业。不同产业所具有的吸引力以及带来的持续盈利机会是不同的,企业选择一个朝阳产业,要比选择夕阳产业更有利于提高自己的获利能力。二是在已选择的产业中确定自己的优势竞争地位。在一个产业中,不管它的吸引力以及提供的盈利机会如何,处于竞争优势地位的企业要比劣势企业具有较大的盈利可能性。而要正确选择有吸引力的产业以及给自己的竞争优势定位,必须对将要进入的一个或几个产业结构状况和竞争环境进行分析。

概括起来,波特的竞争战略理论的基本逻辑是:

(1)产业结构是决定企业盈利能力的关键因素,产业的吸引力和潜在利润源于供方、买方、潜在加入者、替代品和现有竞争者五种力量。

(2)企业可以通过选择和执行一种基本战略来影响产业中的五种作用力量,以改善和加强企业的相对竞争地位,获取市场竞争优势。

(3)价值链活动是竞争优势的来源,企业可以通过价值链活动和价值链关系(包括一条价值链内的活动之间及两条或多条价值链之间的关系)的调整来实施其基本战略。

在此基础上,他还提出赢得竞争优势的三种基本战略:成本领先战略、差异化战略和集中化战略,并通过对各个具体产业如新兴产业、零散产业、成熟产业、衰退产业等的环境进行分析,把这三种基本战略加以具体化。

迈克尔·波特所提出的产业竞争结构分析理论在过去20年里受到企业战略管理学界的普遍认同,并且成为进行外部环境分析和激发战略选择最为重要和广泛使用的模型。

(三)90年代以核心能力和资源为基础的战略管理理论

进入90年代以来,信息技术迅猛发展,导致竞争环境日趋复杂,企业不得不把眼光从外部市场环境转向内部环境,注重对自身独特的资源和知识(技术)的积累,以形成企业独特的竞争力(核心能力)。1990年,普拉哈拉德和哈默(C. K. Prahalad & G. Hamel)又在《哈佛商业评论》发表了《企业核心能力》。从此,关于核心能力的研究热潮开始兴起,并且形成了战略理论中的"核心能力学派"。

该理论的理论假设是:假定企业具有不同的资源(包括知识、技术等),形成了独特的能力,资源不能在企业间自由流动,对于某企业独有的资源,其他企业无法得到或复制,企业利用这些资源的独特方式是企业形成竞争优势的基础。该理论强调的是企业内部条件对于保持竞争优势以及获取超额利润的决定性作用,企业的核心能力是企业可持续竞争优势的源泉,是企业战略的焦点。这表现在战略管理实践上,要求企业从自身资源和能力出发,在自己拥有一定优势的产业及其相关产业进行经营活动,从而避免受产业吸引力诱导而盲目进入不相关产业进行多元化经营。核心能力的形成要经历企业内部资源、知识、技术等的积累和整合过程,只有当组织中的积累性学识是稀缺的、异质的、不可模仿、难以替代时,才成为核心能力,并形成企业的竞争优势。

但是,核心能力理论在弥补了注重企业外部分析的波特结构理论的缺陷之同时,本身也存在其固有的缺陷。由于过分关注企业的内部,致使企业内外部分析失衡。为了解决这一问题,1995年,David J. Collins 和 Cynthia A. Motgomery 在《哈佛商业评论》上发表了《资源竞争:90年代的战略》一文。该论文对企业的资源和能力的认识更深了一层,提出了企业的资源观（Resourses - based view of the firm）。他们认为，价值的评估不能局限于企业内部，而且要将企业置身于其所在的产业环境，通过与其竞争对手的资源比较，从而发现企业拥有的有价值的资源。所谓的企业资源是公司在向社会提供产品或服务的过程中能够实现公司战略目标的各种要素组合。公司可以看做是各种资源的不同组合，由于每个企业的资源组合不同，因此不存在完全一模一样的公司。只有公司拥有了预期业务和战略最相匹配的资源，该资源才最具价值。公司的竞争优势取决于其拥有的有价值的资源。

20 世纪 90 年代以前的企业战略管理理论，大多建立在对抗竞争的基础上，都比较侧重于讨论竞争和竞争优势。时至 90 年代，战略联盟理论的出现，使人们将关注的焦点转向了企业间各种形式的联合。这一理论强调竞争合作，认为竞争优势是构建在自身优势与他人竞争优势结合的基础上的。但是，联盟本身固有的缺陷，以及基于竞争基础上的合作，使得这种理论还存在许多有待完善之处，企业还在寻求一种更能体现众多优越之处的合理安排形式。美国学者 James F. Moore 在 1996 年出版的《竞争的衰亡》一书中提出了一种新的战略观点——企业生态系统演化理论，明确提出将生态学的原理用于企业战略的研究。企业不应把自己视为单个的企业或扩展的企业，而应把自己视为一个企业生态系统，企业应该和谐共生于一个丰富而利益相关的动态系统之中。该理论超越了 90 年代以前战略管理理论偏重于企业之间的竞争而忽视合作的不足，给出了在产业融合的环境下理解企业经营的整体画面——企业生态系统的基本框架，以及企业如何发展并取得领导地位的战略管理方法。同年，Nalebuf 和 Brandbuger 合做出版了《合作竞争》一书，在书中他们认为，企业的经营是一种可以达到“双赢”的非零和博弈，企业的经营活动不仅有竞争，也应存在合作，提出了企业合作竞争的战略新理念。

1996 年，Burgelman 和 Grove 提出了“战略转折点”理论，此理论认为，在环境变化剧烈的产业，特别是高新技术产业，环境变化的剧烈性及其所带来的不确定性，会导致企业的战略意图和采取的战略行动不一致，这种不一致常常会引起组织中出现战略矛盾，而这种矛盾将会阻止企业的转型，是组织面临“战略转折点”的标志，因此，企业新战略意图的制定依赖于高层领导者从这种战略矛盾与冲突中获得有效的信息。此理论的最大贡献，就是针对动态环境中新战略的制定与形成，提出了以战略矛盾、战略转折点、战略认知为基础的分析框架，明确了高层管理者在其中的作用及适应性学习型组织在转型战略变革中的重要性。

1998 年 Brown 和 Eisenhardt 合做出版了《边缘竞争》一书，书中指出未来企业经营环境的主要特征是高速变化和不可预测性，因此，战略管理最重要的是对变革进行管理，这主要表现在三个方面：一是对变革做出预测；二是对变革做出反应；三是领导变革，即走在变革的前面，甚至是改变竞争的游戏规则。该书认为边缘竞争战略的成功实施需要相应的组织结构的支持，这种组织结构的特点是在固定式结构和松散式结构间寻求最佳的结合方式。

（四）21 世纪以学习和创新为特征的战略管理理论

进入 21 世纪以来，有三个趋势给企业战略管理实践带来了前所未有的挑战，一是全球化进程不断加快；二是信息技术日新月异；三是知识经济迅速发展。在此背景下，企业要实现长期内的可持续发展，就必须重新审视战略管理的各项要素、前提条件及业务基础；不仅要改变传统的观念，而且要重构自己的商业模式，还要再造自己的业务流程；既要稳定，以积累经验、知识和能力；又要创新，以形成难以替代的优势，从更广阔的视角打造核心竞争力。因此,通过创新和创造来超越竞争开始成为企业战略管理研究的一个新焦点。

自2000年以来,战略管理理论发展的一个重要特征表现在对战略创新的关注上。环境的不确定必然导致企业不断尝试与修改自己的对策,这些应试对策的逐步积累就形成了战略。所以,现实的战略往往不是理性和计划的结果,而是不断试错的结果。尤其是当企业的知识与经验无法应对外部复杂环境时,不妨摸着石头过河,从试错中寻找解决方案。同时,既然外部世界如此复杂多变,高层管理者的主要职责就不是程式化地制定战略,而是管理组织学习。通过学习尤其是组织学习,企业才能应对不确定性,才能在一种渐进式的学习过程中创建出企业的战略。

明茨伯格(H. Mintzberg)和沃特斯(J. Waters)指出,合适的战略制定与决策过程,依赖于环境波动的程度,一个好的战略应该能够给企业多种选择,并配有相应的应急措施。为了提高应急能力,企业应该把自己锤炼成为"自组织"、"自适应"的组织。这些理论彻底放弃了机械式的战略模式和组织模式,代之以更激动人心和革命性的有机模式——自组织模式。自组织和自适应理论认为,战略规划的程序和结果都应该和现实紧密相连;组织的自发学习和创新,可以使企业更好地适应复杂多变的环境。哈默尔在其新书《领导革命》中指出,在后现代工业时代,依靠产品和服务的渐进式改进已经远远不够了,真正的创新是重新创造整个经营概念。当顿(E. Dundon)的著作《创新的种子:培养促进新思想的协同性》,整合了创造型思想、战略型思想和变革型思想三种主要的创新思想,主张企业在创新中选择一种平衡的方法,即在效率创新、渐进创新和革命性创新之间建立平衡,培养员工的技能,使他们具备创新能力。普拉哈拉德和莱玛斯瓦米在《未来竞争:与顾客协同创造独特价值》中提出,企业的价值将越来越多地在与顾客的互动中产生,价值的创造更多地来自互动的经验,而不是体现在物质产品上。他们解释了价值共同创造的概念,并提出了一个框架,其中包括创造有利于对话的经验环境、通道、风险评估及透明度,建议经验创造应该取代产品创造成为公司的重点。特瑞普和格文达朗的《战略创新者的准则》,阐述了企业如何把突破性思想转化为突破性增长,把战略管理从过去研究做什么转向研究如何去做的问题。钱·金和莫博涅合著的《蓝海战略》成了2005年的畅销书,更是表明了企业战略管理理论更加重视对创新的研究,为企业探索新的发展方向提供了理论指导。

二、新旧战略管理理论的区别

如果我们将20世纪90年代以来,尤其是90年代后期以来的战略管理理论称为新战略管理理论,而将此前的理论称为传统战略管理理论的话,那么对比新旧理论,我们可以看出它们之间存在很大的差异。

(1)传统的战略理论认为,在一个行业中只有一个理想的竞争位置。也就是说,企业一旦抢得这一位置,其在行业中的优势将是一劳永逸的。与之相对的新观念则认为,一个公司有一个独特的竞争位置。企业无须为了一个与对手高度重叠的位置而展开两败俱伤的竞争,应该在变化中寻求自身最为适合的环境来构建竞争优势。

(2)传统战略理论试图寻找并确立所有活动的基准,以此获得最好的经营绩效。这里实际上隐含着一个假设前提,即认为一个企业拥有在每个方面都能做得最好的资源和条件,而这在实际上是不可行的。相对来说,明智的选择应该是将企业的各种活动围绕当前的战略来"度身定制"。

(3)通过业务外包和联盟的形式获取效益，是一种比较盛行的做法。但由于形式本身的缺陷，导致成功率不高。而新的观点则认为，一定要将企业定位于一个相对于竞争对手此消彼长的位置。这个位置具有不相容的特征。

(4)传统观点认为，竞争优势根植于少数几个关键因素、重要资源和核心竞争能力。与之相对的新观点，则是竞争优势产生于行动体系，而不是各个部分，这一行动体系是为一个特定竞争位置而构建的。后者比前者更具系统性、全面性，因而更加有助于企业优势地位的建立和维持。

(5)企业通常认为，竞争优势来自于灵活适应极度竞争和行业变化，但这一认识正在发生变化。竞争优势取决于一个较长时期坚持不懈地追求的明确战略，以及不断提高的日常运行效率，尤其是企业的核心能力及其创新，这一结论可能对企业更具有指导性。

三、战略理论演变的基本规律

从早期的战略思想发展到当今的各种战略管理理论，企业战略理论演进的背后隐含着如下的规律：

(1)从战略理论的内容上看，存在这样一个发展轨迹，即关注企业内部(强调战略是一个计划、分析的过程)—关注企业外部(强调产业结构的分析)—关注企业内部(强调核心能力的构建、维护与产业环境分析相结合)—关注企业外部(强调企业间的合作，创建优势互补的企业有机群体)。

(2)从竞争的性质看，竞争的程度遵循着由弱到强，直至对抗，然后再到合作乃至共生的发展脉络。“计划学派”源于较弱的竞争性，“设计学派”则建立在竞争性趋强的基础之上；到了“结构学派”、“能力学派”和“资源学派”时代，尽管他们对于竞争优势来源的认识各不相同，但更多地强调对抗性竞争这一点却是相同的；“商业生态系统”的理论完全不同于以上各种理论，主张企业间通过合作建立共生系统以求得共同发展。

(3)从竞争优势的持续性来看，从追求有形(产品)、外在、短期的竞争优势逐渐朝着对无形(未来)、内在、持久的竞争优势的追求。如“结构学派”的战略始于对产业结构的分析，形成于对三种基本战略的选择，而这三种战略主要是基于产品的差异性所做出的。“能力学派”则将战略的核心转向了企业内部的经验和知识的共享与形成，这些都是内在、无形的东西，对竞争优势的形成具有长远的影响。

(4)从战略管理的范式来看，战略管理的均衡与可预测范式开始被非均衡与不确定性所取代。无论是“计划学派”、“设计学派”，还是“结构学派”，都有一个假设前提，即外部环境是可预测或基本可预测的。因此，制定战略的重点是分析和推理，通过分析、经验和洞察力的结合，就可基本把握战略的方向。“能力学派”的假设前提则是外部环境的变化是不确定、不均衡的。所以，战略制定的主旨就是比竞争对手更好地掌握和利用某些核心资源与能力，并且能够比竞争对手更好地把这些能力与在行业中取胜所需要的能力结合起来。即便如此，战略的成功可能性也是有限的，需要我们承担巨大的风险。

四、战略管理理论的发展趋势

通过对战略理论演进内在规律的分析，我们可以大致把握在企业面临新的经营环境的条件下，战略管理理论将会呈现如下特点和发展趋势：

（1）制定企业战略的竞争空间在扩展。行业的界限、企业间的界限日趋模糊，竞争战略的谋划将不再只限于既定的行业内市场份额的竞争、产品或服务的竞争，而更多的是在无边界的范围内对商业机会的竞争。这一竞争必然导致竞争参与者之间，在塑造未来产业结构方面展开争夺。竞争的概念基本上是界定于不同的联盟之间、不同的商业生态系统之间。竞争的物理空间也由区域性范围扩大到全球。由于竞争已不在某一特定的地理区域或行业界限内进行，企业必须从全球的角度、从跨行业的角度来考虑配置自身的资源，在资金、人力资源、产品研发、生产制造、市场营销等方面进行有机的组合，以获得最佳的管理整合效果。

（2）企业的战略具有高度的弹性。企业面临的经营环境快速变化，无法预知和确定。在不确定的风险之下，在要求企业的竞争战略与外部变化节奏保持同步的条件下，企业要具备快速的反应能力，必须依赖于战略的弹性而伸缩自如。战略弹性是基于企业自身的知识系统对不断变化的不确定情况的应变能力。它应该包括：组织结构的弹性、生产能力和生产技术的弹性、市场营销的弹性、管理的弹性和人员构成的弹性。由于它是来自于企业内部的知识和能力，因此，员工的知识构成及其组合的方式和机制是战略弹性的核心部分。战略弹性一旦建立起来，企业内部的协调系统也就确定下来，从而导致对整个系统的模仿或复制的可能性极其微小，由此就形成了企业的战略优势。

（3）不过多考虑战略目标是否与企业所拥有的资源相匹配，而是较多地追求建立扩展性的目标。因为在未来的市场竞争中，制胜的手段正逐渐发生变化，由单纯地寻找稀缺资源过渡到与寻找稀缺智力和由此而产生的稀缺知识的结合，寻找的范围不仅局限于企业边界内部，而是着眼于对离散的创造价值的活动的识别与整合，通过这种方式来为价值增值或扩大稀缺价值的产出。这种战略要求企业不能平均分配资源，而是要创造性地通过各种途径来整合资源，通过与知识的组合来克服资源的限制，从而为顾客创造价值。

（4）由企业或企业联盟组成的商业生态系统成为参与竞争的主要形式。竞争力的研究对象不再仅局限于单独的企业个体，而是以企业作为基本研究单元发展到企业与其所处的商业生态系统并举的阶段。在未来变幻莫测的环境中，任何一个企业都不可能，也没有实力单独参与竞争，因为整个商业活动的主体是以一个或多个企业为核心的生态族群，即未来的竞争是不同商业群落之间的竞争。对于一个单独的企业个体来讲，竞争更体现在加入或营造有影响力的、能为自己带来实际价值的企业生态系统，并且在一个系统中寻求一个更为有利的地位，当然也包括争取作为整个群体的领导，在竞争与合作的和谐环境中，使优势和潜能充分发挥，降低经营成本和经营风险。

（5）制定战略的主体趋于多元化。制定战略可能不光只是企业高层决策人员的特权，普通员工也不再仅仅是战略的接受者与执行者。战略制定这一工作将变得更为普遍化，由于信息技术的日益发展和应用，使得组织结构向扁平化方向演化，信息的传播手段和渠道也变得大众化和多样化，这就导致了在整个企业内部拥有信息的权力趋于平等。信息传播方式的网络化决定了每一个个体在整个网络系统中都是信息传播的一个节点，高层主管不再居于信息传播的中心，普通员工可以有更多的机会参加企业的战略制定，他们具有既是决策参与者又是决策执行者双重身份的特征。

（6）战略的制定从基于产品或服务的竞争，演变为在此基础之上的标准与规则的竞争。企业在产品或服务时期，对外部环境采取的是一种规避风险、抓住机遇的做法。通过内部积极主动的行动——扩大产量、提高质量、降低成本、加强营销,利用高效的组织机构等取得规模效益。在对外和对内的行为方式上,被动应对色彩更为浓厚一些。而当企业跨入以标准为核心的竞争阶段后,对外部环境的认识则完全变了,企业除了对外界变化会积极主动地做出反应外,可能还会有意识地制造变革,与行业中具有重要影响的对手或企业联盟共同合作,创造和制定指导整个行业的技术标准或者是竞争规则,通过对标准或规则的掌握来获取高额的利润,确定企业的优势地位。总之,企业要在塑造未来产业结构方面的竞争给予更多的注意力,并力求有所作为。

【阅读资料】

企业战略管理十大流派

人们对企业战略的认识是在时间过程中逐渐得到完善的,动态地分析人们对企业战略性质和特点的认识过程,可以理解各种不同定义的观点和角度,提高对战略的深刻认识。加拿大麦克吉尔大学的亨利·明茨伯格教授通过对战略管理文献的研究,与1990年提出了战略形成的十大学派。前3个学派被称为说明型学派(Prescriptive School),说明战略应该怎样形成;中间6个学派被称为描述型学派(Descriptive School),说明战略在实践中怎样形成;第10个学派认为战略形成是根据环境变化的。

1. 设计学派(Design School)

设计学派认为战略形成是经过深思熟虑而得出"重大战略"的过程。根据SWOT(内部环境的(优势)、(劣势)、及外部环境的(机遇)、(威胁)分析,对企业现有的目标进行评价,从而识别可选的战略方案。然后对这些方案进行评价,在考虑高层管理者的价值观对社会责任的基础上,选择最佳的战略。CEO不仅控制整个战略形成过程,而且也是战略的"建筑师"。

尽管这一学派通常被认为源自哈佛商学院,尤其是20世纪60年代的安德鲁斯,但是明茨伯格却认为这一学派产生于20世纪50年代安索夫和塞尔兹尼克的工作。

明茨伯格认为这一学派不仅过时,而且在应用上受到限制,因为设计学派假设有关组织和环境的一切都可以得到战略家的理解与正确评价。模型适用于简单的组织和环境中,但是对于较为复杂的情形则很难适用,而且这一模型把思想和时间隔离开来了。

2. 计划学派(Planning School)

计划学派开始于20世纪60年代,安索夫是这个学派最有影响力的思想家。计划学派认为企业战略制定的过程应该是一个正规的计划过程,可以分为许多不同的步骤,每个步骤有分析技术和方法的支持。

明茨伯格认为这一模型建立在传统的生产线观念基础之上,每个机会因素可以得到界定和区分,然后按照规定得到各个组织部分,再把这些部分放在一起制定正确的战略。战略以"蓝图"的形式出现,包括特定的目标、预算、程序和经营计划。尽管战略制定是在CEO指导下进行的,但实际上是由员工计划者执行的,他们只在必要的时候才参与高层的管理活动。

计划学派也是明茨伯格所反对的一种观点,他认为这种学派具有三大误区,即错误地认为未来的事件是可以预测的,战略思考可以与经营管理分离开,数据和分析技术可以阐释“新颖”的战略。他认为战略计划是充满矛盾的词组,虽然这一学派在20世纪70年代非常盛行,但是目前其重要性已经开始下降。

3. 定位学派(Positioning School)

明茨伯格认为定位学派建立在军事概念的基础之上,战略的思想产生于早期的军事著作,尤其是公元前4世纪中国的《孙子兵法》。在管理领域,他认为20世纪60年代和20世纪70年代的咨询工具,如波士顿矩阵等,是这一模型的经典方法。他认为,20世纪80年代波特在竞争战略和竞争优势方面的研究,使得这一学派重新焕发生命力。波特用竞争分析和产业分析的方法取代了设计和计划的方法,尽管战略制定仍旧是一个深思熟虑的过程,但是波特提出了一套基础战略,即成本领先、差异化和目标集中战略。

明茨伯格认为定位学派的不足表现在分析所需要的大量数据很难得到,而且这一学派与设计学派一样,都把战略思想和实践分离开来,没有给组织留下学习的空间。战略制定过程被看成是“像MBA课程一样的计划办公室”。“不是考虑如何走出家门进行学习,二是躲在家里进行计算”。这一学派把战略选择限制成一组处方,即“一些位置的组合体”,从中必须做出选择,战略就是公式,而不是“独特的观念”。这就有可能把创新排除出去,用事实把软性直觉的思想排挤掉,从而导致许多“类似”的战略。明茨伯格认为这是把分析误认为是战略,因为分析本身是支持战略制定过程的东西。

20世纪80年代后期,在对以上3个学派进行反思和总结的基础上,出现了一些新的学派。这些学派的基础特点是具有明显的非理性主义特点,强调企业战略的形式,注重对战略制定过程中行为因素的研究。

4. 自由企业家学派(Entrepreneurial School)

尽管这一学派被明茨伯格称为自由企业家学派,但他认为如果把它称作愿景领导学派则更好理解。这一学派把战略制定看成是一个愿景导向的过程,战略形成于某个领导者的头脑中,建立在他自己的经验和直觉思维基础之上,是对组织未来与长期方向的一种想象。领导者的愿景通过控制战略制定和实施过程,可以根据环境的变化进行改变。这一学派最适合于那些创业型企业或者进行组织转型的大企业。

明茨伯格指出,由于这一学派认为战略制定是个人思想的结果,因此战略制定仍旧是一个神秘的“黑箱”。而且,战略制定也容易受到个人的强权控制等特定思想的不利影响。但是,这种方式制定的战略具有新颖、创新和连贯性的优点。

5. 认知学派(Cognitive School)

认知学派认为企业战略制定不仅是一个理性思维的过程,而且也包括了非理性思维的因素。面对大量真假难辨的信息、数据和时间限制,非理性思维在战略决策中可以发挥很大的作用。尽管并不存在这一学派,但是明茨伯格认为这一领域十分重要,最终会发展成为一个学派。这一领域建立在认知心理学的基础之上,因而不断得出一些负面的观点。它倾向于强调个体在收集正确信息方面的能力的有限性,人脑在处理所收集信息方面的天然的局限性,因而得出有偏见的、失真的结论。

明茨伯格之所以提出这一学派,是为了推动这个领域的工作。他说,我们需要了解来自经验的智慧如何在战略制定中发挥作用。我们需要更多地了解创新思想和直觉,需要进一步发展迈克尔·波兰依(Michael Polanyi)在隐含知识上有研究,尤其是他提出“我们知道的远比我们所能说出来的要多”的观点。明茨伯格认为,有必要弥补心理学家强调的认知行为观点。

6. 学习学派（Learning School）

学习学派认为企业必须不断学习，才能适应不断变化的复杂的外部环境。明茨伯格本人就是这一学派的拥护者，他把战略制定看做是一个“自然发生的过程”。

尽管这一学派是由詹姆斯·魁因的研究发展而来，明茨伯格认为这一学派仍在发展之中。魁因把战略演变描述为一个“逻辑渐进主义”的过程，内部决策和外部事件相结合使得高层管理者之间达成共识。因此，战略家同时负责制定战略和实施战略。明茨伯格进一步补充了战略行动可以从底层形成，然后通过中层的支持到达高层。因此，领导的作用不是事先设计战略，而是管理战略学习的过程。

这个学派认为今后的战略管理者不再依靠管理应付变化，而是依靠变化进行管理。明茨伯格也指出了这一学派的不足，即试错的方式成本高、耗费时间多，不利于资源的集中利用。明茨伯格引用了一位作家的话“核战争和抚养孩子的决策就不适宜采取先进行小试验的战略方法。”。

7. 权力学派（Power School）

权力学派认为企业制定战略的过程是权力和与权力有关的政治斗争的结果。因此，战略制定的过程实际上是各种正式或者非正式利益团体运用权力、施加影响和不断判定的过程。权力学派采用“权力”两个字在于强调主义决策过程中的政治因素。从微观上看，当强势的个体或联盟利用政治方式来实现其目的时，就会产生内部政治，尤其是当年轻一代希望颠覆格局、重新选择最佳的战略时就会发生。当面临权力转移及矛盾发生时或者当缺乏占统治的力量而存在变迁的状态时，也会发生。从宏观上看，组织为了达到某个目的可以利用政治来影响外部环境。例如，濒临破产的大企业可以通过向政府施加压力，从而获得一线生机。

明茨伯格在评价这一学派时指出，尽管制定不可能排除政治 Hyinsu 的影响，但政治因素本身也可能成为破坏或阻碍战略制定的因素。因为战略目的是争议性的，而不是达成共识的。这一学派确实反映了现实状况，却没有提供制定战略的可靠方式。

8. 文化学派（Cultural School）

如果说权力学派是将组织这个整体分化成为若干团体，那么温和学派就是将组织中分散的个体连接成为整体。文化学派认为制定过程实际上是根植于企业文化及其背后的社会价值观念的作用。组织内部的共享价值观、传统和故事形成了组织的理念或文化，从而创造了组织的期望，这些期望形成了组织的行为，最终形成了特定的战略。

这种文化驱动的战略优势体现在组织内部的一致意见和共同兴趣有助于形成某种整合性的、根治性的东西。其危险性体现在文化越强大和丰富，现有战略对文化的附着性就越强，在未来进行战略变革的难度也会越大。

9. 环境学派（Environmental School）

尽管大多数战略学派都把外部环境看成是战略过程的一部分，但是环境学派认为环境不应该是“因素”，而应该是“演员”。他们认为各种复杂力量所构成的环境是制定战略过程的核心“演员”；企业必须适应环境，并且在适应环境的过程中寻找自己生存和发展的位置；同时企业还应该对环境的变化做出反应，企业与环境是可以互动的。

明茨伯格希望对环境的重要性进行更多的研究，并强调需要更多地了解特定环境如何对战略选择发挥约束作用。

10. 整合学派（Configurational School）

由于以上学派对于企业战略的认识过于分散，所以许多战略管理者试图整合各种战略观点。整合学派认为企业战略需要从多个而不是一个方面定义战略，才能接近真实地反映各个学派的观点和企业战略本身的性质和特点。在从整合的观点确定企业战略的性质和特点的尝试中，明茨伯格提出的“5P”的观点最具有代表性和影响力，即计划、计策、模式、定位和观念，体现了战略的丰富内涵。

整合学派把战略制定过程看做是受到时间和环境影响的过程。这一学派强调需要重视对组织的发展状况、生命周期、组织形式的研究，从而识别是否存在某种一致性或模式。

明茨伯格认为这一学派可以解释渐进主义的概念所无法解释的革命性变化的现象。所谓革命性变化意味着大规模的、同时发生的战略变化及组织结构和流程的变化。

资料来源：高红岩．战略管理学[M]．北京：清华大学出版社，2007

★ 关键术语

企业战略	Corporate strategy	战略意图	Intent of strategies
资源配置	Resources allocation	经营范围	Business scope
竞争优势	Competitive advantage	协同作用	Collaborative effect
经营战略	Business strategy	战略管理	Strategic management
职能战略	Functional strategy	战略经营单位	Strategic business units

★ 复习与思考

1. 企业战略的基本含义是什么？有何特征？
2. 企业战略的构成要素有哪些？有几个层次？
3. 企业战略管理的本质是什么？
4. 企业战略管理的过程是怎样的？
5. 谁是战略管理者？
6. 在战略管理理论演进过程中主要有哪些学派？

★ 研究与讨论

1. 试综述战略管理的各主要理论观点。
2. 试论我国企业实施战略管理的必要性和紧迫性。
3. 核心能力理论为何成为近年来战略管理研究的焦点？
4. 全球化背景下战略管理的发展趋势。

★ 实践演练

1. 通过阅读《海尔的战略》，回答以下问题：

(1)海尔成功的经验说明了什么？

(2)海尔的明天怎么办？

2. 请你调查 2 家企业（一个有战略并加以实施，一个没有战略），并加以比较和评价？

★ 本章案例

联想的成长之路

• 1984 ~ 2000：早期的成功

从1984年到2000年，联想以超常规的速度，发展成为中国IT行业的大型企业集团，从11个创业的技术人员，发展到员工超过1万人，在全国各地建有近3 000家代理分销网点。2000年，在美国《商业周刊》评选出的全球"信息科技100强"中，联想集团名列第八，成为中国新一代企业的传奇。

1994年底，联想曾进行大规模的结构重组，成立了PC事业部，将主业转向了个人电脑制造，多年实现销售电脑4.2万台，占市场份额3.9%，排名第三，成为唯一进入市场份额前5名的中国品牌。1996年第四季度，联想以10%的市场占有率首次获得中国个人电脑市场份额第一，并从此一直保持这一地位。至2000年，联想在国内个人电脑的占有率已接近30%，连续5年蝉联中国PC市场份额第一、两年亚太地区（除日本）销量第一，台式电脑销量进入世界前九名。

联想的成功得益于对本地市场的把握，尤其得益于密布全国的营销网络。从1998年起，联想针对商用电脑和家用电脑用户需求的不同特点，再一次进行改革，为家用电脑建立了新的销售渠道——联想1+1特许专卖店体系。专卖店遵循"六个统一"的原则——统一产品及价格、统一理念、统一布局、统一形象、统一管理和统一服务，开始建在各地的PC中心和电脑城里。至2000年底，近400家"联想1+1专卖店"已落户全国63个城市。

• 2000 ~ 2003：多元化之困

在世纪之交，已经站稳了中国PC市场的联想迈出了多元化步伐，宣布向互联网业务和IT服务业务延伸；同时，进入手机业，全面扩展消费电子产品；处理投资公司，设立房地产公司。然而，在向互联网和IT服务领域的转型中，联想遭遇了巨大的挫折和失败。

1. 转型互联网

2000年4月，联想投入巨资重新发表了FM365网站，目标是做成那个进入国内第一方阵的门户网站。然而，好景不长，FM365网站在互联网泡沫中破灭，花了1亿多元人民币的FM365网站，永远告别了互联网的舞台。2001年，联想与AOL合资，意欲通过AOL开拓中国ISP业务的机会，帮助自己在互联网业务的转型，但除了几千万费用和差点丢掉域名外，最终一无所获。2000年8月，联想以现金、股票和设备共计3 537万美元收购了财经网站赢时通40%的股份，成为赢时通单一最大股东。2000年12月，联想出资5 000万元人民币，有新东方合作建立新东方教育在线，占股50%。在此前后，联想集团还与北大附中合作建立了北大附中教育网，与国旅集团合资组建了国旅快捷公司，扩展网上旅游业务。2001年，联想从赢时通撤出，收回2 000万，同时从新东方在线TOL24.com部分撤资，投资由原来的5 000万元减低至1 000万元，股份也由50%至10%。

2. IT服务器战略转型失败

2001年，联想正式提出了转型服务的战略决策，并提出，到2004年，服务业务的营业额要占到联想总营业额的10%。为达到这一目标，联想进行了一系列的并购活动。仿照IBM公司由咨询+服务带动硬件的IT服务模式，2002年3月，联想宣布收购被称为"中国管理咨询第一品牌"的汉普咨询，以现金港币5500万元及联想现有IT咨询业务换取了汉普51%的权益，公司业务领域包括业务流程重组（BPR）、企业资源计划（ERP）、客户关系管理（CRM）等服务。2002年4月，联想以2 333万元的代价买下保险领域的软件公司——智软公司70%的股份，以此进入保险IT服务领域。2002年12月，联想以第一期支付6 000万港币和其他代价持股95.1%，携手中望商业机器有限公司，成立联想中望系统服务有限公司，进入电信IT服务领域，在电信领域开始由一个硬件设备供应商转变成为全面的IT服务提供商。

然而，根据联想2002/2003中期财务公报，IT服务的收入占联想集团的0.7%，亏损 -0.233 63亿港元，是五大业务群中唯一亏损的业务；在年度第二季度财务报告中，IT 服务的毛利率只有 6.77%，也远远低于其他业务。在 2003 财年的第三季度的业绩发布会上，联想高层对远远低于预期的业绩总结了 3 点原因：(1)对市场分析不够深入，预期过于乐观，致使目标定得过高；(2)对中国加入 WTO 以后中国市场竞争局面可能发生的变化估计不足；(3)缺乏对多元化业务拓展和管理的能力。

• 2004：回归与海外扩张

在 2004 年制定的新规划中，联想做出了“重归 PC”的战略决策，把主业重新调整回到没有多大技术含量的 PC 制造和销售上，提出要专注业务，瘦身多元化，使战线全面收缩。其中，个人电脑及相关产品(笔记本、服务器、外部设备等)业务，被定为核心业务，要“举全公司之力”支持。

2004 年 12 月，联想宣布将投资 12.5 亿美元并购 IBM 个人电脑业务，一时轰动全球。2005 年 5 月，联想正式宣布完成收购 IBM 全球 PC 业务。合并后的新联想将以 130 亿美元的年销售额一跃成为全球第三大 PC 制造商。根据收购交易条款，联想支付 IBM 的交易代价为 12.5 亿美元，其中包括约 6.5 亿美元现金，及按 2004 年 12 月交易宣布前最后一个交易日的股票收市价价值 6 亿美元的联想股份。交易完成后，IMB 拥有联想 18.9% 股权。此外，联想将承担来自 IMB 约 5 亿美元的净负债。

并购战略的实施关键在于整合。IBM PC 部门在并购后虽然更名为联想国际，却有着独立的业务和渠道，将总部设在纽约，产品继续使用 IBM 品牌。联想接管的是来自 66 个国家的近万名员工，面临经营理念和文化差异所带来的巨大挑战。从并购 IBM 的 PC 业务开始到 2005 年 11 月份，新联想的第一阶段的整合接近尾声。从管理团队稳步交接，研发队伍的持续创新，销售渠道和后勤供应的巩固发展，到市场业绩，各项指标显示联想的初步整合过程是成功的。

整合开始后，联想内部就组建了一个由全球团队组成的业务模式小组。这个小组的首要工作是完成一本“操作手册”：从最高阶的业务战略，到每个流程的执行，再到操作细节，囊括其中。这正是联想对 IBM 在管理和细节方面卓越之处的一个延续。除了对柔性企业这一概念的高度概括，也有针对国际市场的具体调整。2005 年 10 月起，这一工作正式着手进行，同时在公司内部成立了一个横跨全公司组织结构的新兴市场项目组，希望迅速在各地建立起类似中国的强大渠道。

如今，联想已经从一个中国本土公司一跃成为国际公司。更大的市场空间、更复杂的组织和更多的不确定性，对于一个长期以来只有“中国经验”的联想来说，意味着更大的挑战。

资料来源：希尔、琼斯、周长辉. 战略管理[M]. 北京：中国市场出版社，2007.

研讨问题

1. 从联想在互联网和 IT 服务转型的案例中，如何认识计划的战略和失败的战略？
2. 你认为联想所面临的挑战是什么？应该如何应对？

第二章 使命、愿景与战略目标

■ 大师论语

一个企业不是由它的名字、章程和公司条例来定义,而是由它的任务来定义的。企业只有具备了明确的任务和目的,才可能制定和实现明确的企业目标。

——美国管理大师　彼得·德鲁克

企业战略管理是确定企业使命,根据企业外部环境和内部经营要素确定企业目标,保证目标的正确落实并使企业使命最终得以实现的一个动态过程。

——美国管理学家　斯坦纳

公司的目标可以集中企业资源,统一企业意志,振奋企业精神,从而指导、激励企业取得出色的业绩,战略制定者的任务就在于认定和表明企业的目标。

——美国管理学家　约翰·基恩

■ 本章学习目标

- 企业哲学和企业宗旨的含义
- 企业使命的概念和作用
- 企业愿景的构成、价值及其构建
- 企业使命与战略目标的关系
- 企业战略目标的特征、结构及制定原则

■ 引例

阿里巴巴的使命

1999年,马云与他的17位员工,在杭州的一个公寓里成立了阿里巴巴公司。当时,马云认为,互联网将由“网民”时代进入“网商”时代。而中国99%的企业都是中小企业。市场经济环境与美国迥然不同,这就决定了中国要发展电子商务就只能为中小企业服务。8年后,阿里巴巴网站已经有了7 000多名员工,成为世界上最大的电子商务网站之一。

马云对于使命感的顿悟来自克林顿的启发.马云在第一次见到克林顿时候问了他这样一个问题:“作为当今世界先行者的美国,你们依靠什么推动国家实现进步?”克林顿告诉他,是因为使命感,一个让世界前进的使命感。马云不由得发出感慨:“100年前,通用电气成立的时候,他们的使命是让天下亮起来;迪斯尼的使命也许会是让天下快乐起来……而阿里巴巴的使命,则是让天下没有难做的生意。因为有了互联网这个工具,我们也许可以用自己的聪明和智慧达到这一点。”

马云希望阿里巴巴能把互联网带入网商时代,让天下没有难做的生意。马云认为,“公司如果只以赚钱为目的是做不大的,而如果以使命为驱动才有可能做大。”他觉得,在一个企业里，作为领导人最重要的就是要有使命感，并且要让公司的所有人都知道这种使命感，认同这个使命。有了使命感，才有可能挡住所有的压力，尽所有的职责，决定并坚定地去实现目标。明确目标后，必须让每一个员工，甚至门口的保安、扫地的阿姨都明白使命感才行。可以说，马云最成功的地方，在于他在企业的使命、价值观层面上所发挥的领导力，而不是简单带领员工去实现目标、利润，而在马云的感召下，阿里巴巴创业团队也都抱有相同的使命感，而不是单纯为公司打工。

“让天下没有难做的生意”的使命在马云看来也包含了企业的社会责任。马云说，中国有13亿人口，20年以后可能很多人因为各种各样的原因失业，希望电子商务帮助更多的人有就业的机会.有了就业，家庭就能稳定，事业就能发展，社会就能稳定，这也是企业社会责任的一种体现。

从这个角度衡量，阿里巴巴 B2B 模式让数千万中小企业打破了来自时空、空间的限制，在一个简单实用的平台上找到产业链的上下家，不仅由此改变了自己的命运，同时也提升了整个中国中小企业在国际上的声誉，同时也推动阿里巴巴顺理成章成为最大的电子商务企业。而淘宝网向所有人开发的 C2C 平台，通过使最平凡的人通过自己的努力做自己的小生意，也直接或间接地创造了不可胜举的就业机会。

马云认为，社会责任一定要融入企业的核心价值体系和商业模式中，才能行之久远。换言之，一个企业的产品和服务必须对社会负责，如果卖掉的产品和提供的服务对社会有害，即使做得很成功也不行。马云坚信，电子商务一定会改变社会，赚钱的游戏是任何社会百玩不腻的游戏，阿里巴巴的产品和服务必须为中小企业所喜欢。也正因此，马云很早就公开表态说，阿里巴巴有再多的钱也不会投资网络游戏，而在收购雅虎中国后，他更直接砍掉了虽然赚钱但鱼龙混杂、泥沙俱下的短信业务。

几年前，马云为阿里巴巴树立的目标是在2004年每天盈利100万元，2005年每天缴税100万元。如今，在上述目标达成以后，马云给未来五年的阿里巴巴提出的新目标则是：第一，通过阿里巴巴（包括淘宝网）为社会提供100万个就业岗位；第二，为1 000万个中小企业创造生存发展的机会；第三，通过阿里巴巴带动关联产业增加1 000亿元的附加产值。阿里巴巴的企业使命在新目标中得到了体现，而这一目标也将指引阿里巴巴带着“让天下没有难做的生意”的使命在互联网闯出更广阔的天地。

资料来源：http://www.ccw.com.cn

第一节　企业使命

所谓企业使命，就是企业在社会进步和经济发展中所应担当的角色和责任。企业在制定战略之前，必须先确定企业的使命。这是因为，企业使命的确定过程，常常会从总体上引起企业发展方向、发展道路的改变，使企业发生战略性的变化。此外，确定企业使命也是制定企业战略目标的前提，是战略方案制定和选择的依据，是企业分配资源的基础。

一般来说，一个企业的使命包括两个方面的内容，即企业哲学和企业宗旨。

一、企业哲学

所谓企业哲学是指一个企业为其经营活动或方式所确立的价值观、态度、信念和行为准则，是企业在社会活动及经营过程中起何种作用或如何起这种作用的一个抽象反映。企业哲学通过研究企业思维和企业行为，帮助企业主体“人”通过理性思维，针对企业客体“物”正确地认识问题、发现问题、解决问题，并引导企业健康有序发展的一种世界观和方法论。企业哲学是指导企业经营管理的最高层次的思考模式，是处理企业矛盾的价值观及方法论。企业哲学一旦形成，就会对企业活动发挥指导作用。

企业哲学的主要内容通常由处理企业经营过程中各种关系的指导思想、基本观点和行为准则所构成。如关于企业（跨国公司）与所在国关系的观点，关于企业与社会和国家关系的观点，关于企业与外部关系（顾客、竞争对手、供应商、销售商等）的观点，关于企业与雇员关系的观点，以及关于企业内部工作关系的观点等。例如，IBM 公司的经营哲学是：(1)尊重每一个人；(2)为顾客提供尽可能好的服务；(3)追求卓越。

企业核心价值观是企业在追求经营成功的过程中所推崇的基本理念和遵循的价值准则，是企业及其员工的共同价值取向，是对企业意义的一种终极判断，是企业哲学思想的最集中体现。企业核心价值观是企业安身立命的基石，深深根植于企业内部，是处理企业种种关系、引领企业进行一切经营活动的指导原则，企业其他理念都受其影响和约束。当企业创新、服务和利益发生矛盾时，企业行为选择就明显受到企业价值观的支配。

通常，企业价值观有四种基本类型。一是客户至上型，如 IBM 的“最佳服务精神”，如海尔的“真诚到永远”等；二是以人为本型，如惠普公司的“尊重个人价值”，索尼公司的“鼓励个体的能力和创造力”，诺基亚公司的“诺基亚以人为本”等；三是普世价值型，如格兰仕公司的“为人类创造财富”，迪斯尼的“使人们过得快活”等；四是开拓创新型，如丰田公司的“开发创新，产业报国”，百度的“容忍失败，鼓励创新”，通用电气的“坚持诚信，注重业绩，渴望变革”等。例如，惠普的七大核心价值是：我们真诚对待客户；我们信任和尊重个人；我们追求卓越的成就与贡献；我们注重速度与灵活性；我们专注有意义的创新；我们靠团队精神达到共同目标；我们在经营活动中坚持诚实和正直。

企业哲学还包括企业的经营理念。所谓经营理念，就是对于企业经营管理活动以及企业存在意义的哲学思维，它是企业系统的、根本的管理思想，是人格化的企业灵魂。企业经营理念是一个体系，既有价值观，又涉及方法论，价值观部分相对稳定，方法论部分则因不同的情境而变化。企业经营理念使企业哲学从抽象理论思维变成可以指导企业实践的具体观念，是构筑企业文化，培养企业精神、企业风格、企业个性和企业形象的基石和原动力。事实证明，一套明确的、始终如一的、精确的经营理念，可以在企业中发挥极大的效能。例如，麦当劳公司的经营理念是：品质（Quality）、服务（Service）、清洁（Cleanliness）和价值（Value）。强生公司的经营理念是：顾客第一，员工第二，社会第三，股东第四。

经营理念是在企业成长、分权、全球扩展、实行产品多样化、开发工作场所多元化的过程中自始至终把企业聚合起来的黏合剂，它界定了企业的主张以及组织为什么存在。经营理念事实上表达了企业长期保持竞争优势的特征，超越了产品或行业的寿命周期、技术的突破和管理的风格，是企业持续经营的关键。

二、企业宗旨

所谓企业宗旨是指企业现在和将来应从事什么样的事业活动,以及应成为什么性质的企业或组织类型。例如,宝洁公司的宗旨:我们提供世界一流的产品和服务,以美化消费者的生活。作为回报,我们将会获得领先的市场销售地位、不断增长的利润和价值,从而令我们的员工、股东以及我们生活和工作所处的社会共同繁荣。

在确定企业宗旨时,企业高层管理人员要避免两种倾向:一种倾向是将企业宗旨确定得过于狭隘;另一种倾向是过于空泛。狭隘的企业宗旨束缚管理人员的经营思路,可能丧失许多可以发展的机会;空泛的企业宗旨对于企业没有实际意义。

明确企业宗旨的作用就在于,如果没有具体的宗旨,就不可能制定出清晰的战略目标和达到目标的战略。一个企业的宗旨不仅要在创业之初加以明确,而且在遇到困难或企业繁荣之时,也必须经常地再予以确立。一般来说,一个企业的哲学应保持稳定,然而企业宗旨应定期进行分析,以决定它是否需要改变。因为竞争地位、高级管理层、新技术、资源的供给和消耗、市场人口统计特征、政府法规以及消费者需求等方面的变化,都会导致企业宗旨的改变。

确定企业宗旨必须看企业与顾客的关系。德鲁克在其《管理:任务、责任和实践》一书中认为,为了了解一个企业,必须首先知道它的宗旨,而宗旨是存在于企业自身之外的。因为企业是社会的一个细胞,其宗旨必定存在于社会之中。企业的宗旨只有一个定义,就是创造顾客。因此,要确定一个企业的宗旨,就得首先回答两大问题:一是我们现在的企业是什么,即分析现在的顾客;二是我们的企业将来应该是什么,即要分析和确定潜在的顾客。

(1)关于企业是什么的分析。分析的目的是明确企业现在所从事的活动,是什么性质的企业,以及在企业性质不变的情况下,企业的事业能有什么发展。要弄清上述事项,需要回答下列问题:①谁是顾客?顾客分布于何处?顾客为何来购买?如何去接近顾客?②顾客购买什么?③顾客的价值观是什么?即顾客购买商品时期望得到什么?

(2)关于企业应该是什么的分析。分析的目的在于了解有哪些新机会,以及可以创造些什么机会,以便明确企业的事业应如何改变。它一般对下列问题进行分析和回答:①市场发展趋势及市场潜力如何?②目前顾客的哪些需求还不能靠现在产品和服务得到充分满足?③随着经济的发展,消费风尚的改变或竞争力量的推动,市场结构会发生什么样的变化?④何种革新将改变顾客的购买习惯?企业的经营业务是否适当?是否应根据外部环境的变化来改变其经营业务?

三、企业使命

(一)企业使命的定义

企业战略目标的制定是从确定企业使命开始的。企业使命是指企业区别于其他类型组织而存在的原因或目的,是企业生存的目的定位。不论这种原因或者理由是“提供某种产品或者服务”,还是“满足某种需要”或者“承担某个不可或缺的责任”,如果一个企业找不到合理的存在理由,或者连自己都不能有效说服,企业的经营问题就大了,也许可以说这个企业“已经没有存在的必要了”。企业使命反映的是企业与社会的关系,社会是使命的指派者,企业是使命的完成者。

绝大多数的企业使命是高度抽象的，它不是企业经营活动具体结果的表述，而是为企业提供了一个原则、方向和哲学。过于明确的企业使命会限制企业功能和战略目标制定过程中的创造性；宽广的企业使命会给企业管理者留有细节填补及战略调整的余地，从而使企业在适应内外部环境变化中有更大的弹性。

企业使命有狭义和广义之分。狭义的企业使命是以产品为导向的。例如，一家准备进入高新技术产品领域的公司可以将其使命定义为生产计算机。这一表述清楚地确定了企业的基本业务领域，即公司生存的目的，同时也限制了企业的活动范围，甚至可能剥夺了企业的发展机会。因为，任何产品和技术都存在一定的市场生命周期，都会随着时间的推移而进入衰退阶段，而市场需求却是持久的。因此，广义的企业使命是从本企业的实际条件出发，以市场为导向来定义的，着眼于满足市场的某种需要。例如，华为公司的使命是：聚集客户关注的挑战和压力，提供有竞争力的通讯解决方案和服务，持续为客户创造最大价值。

（二）决定企业使命的因素

在确定企业使命时，必须充分、全面地考虑到与企业有利害关系的各方面的要求和期望。它们既可以是一些组织团体也可能以个人身份出现。这些利害关系者一般可被分为两大类：一类是企业内部的要求者，即股东和雇员；另一类是企业外部要求者，他们不属于企业内部人员，但将受到企业作为产品生产者和销售者所开展的一些活动的影响。企业外部要求者通常包括顾客、供应商、政府、竞争者、当地社区和普通公众。如图 2.1 所示。

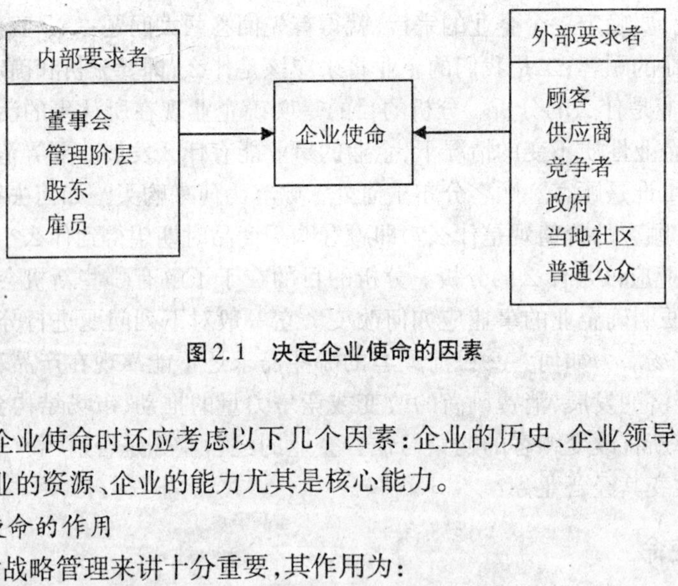

图 2.1 决定企业使命的因素

此外，确定企业使命时还应考虑以下几个因素：企业的历史、企业领导者的偏好、外部环境的变化、企业的资源、企业的能力尤其是核心能力。

（三）企业使命的作用

企业使命对战略管理来讲十分重要，其作用为：

(1)明确了企业的发展方向和业务领域。

(2)是协调企业内外部矛盾的依据，也是为配置企业资源提供标准或根据。

(3)可以帮助企业建立客户导向的思想。

(4)使企业高层管理者对公司的长远发展方向和未来业务结构有一个清晰的认识。

(5)使企业中层管理部门可依照它来制定部门的使命，制定与公司发展方向和战略协同一致的部门策略。

(6)使企业基层管理部门制定本部门策略有了依据，降低了制定及执行策略的风险。

（7）向全体人员工传递公司的价值观，激励员工竭尽全力为实现公司的使命做出自己的贡献。

（四）企业使命陈述

企业使命陈述所要包含的内容很多，一般要包括以下几个方面，但在具体表述中只要选取其中2~3项要素即可。

（1）企业的用户。“谁是企业用户？”这是企业使命首先要表述的。弄清用户的需求，才能开发出满足用户需求的产品和服务。如美国电话电报公司的使命是“我们所致力的事业是要将人们联结在一起，使他们更容易地相互交流，并得到信息，我们要满足人们在任何时间、任何地点的需求，我们要在全世界做得最好。”

（2）企业的产品或服务。如“英特尔公司为计算机行业提供芯片、主板、操作系统和软件，英特尔公司的产品总是被看成‘建筑街区’，被用来为个人电脑用户建立高级计算机系统，英特尔公司的使命就是要成为全世界计算机行业最重要的供应商。”

（3）企业的目标市场。如“某公司近期要不断开拓国际市场，进一步扩大华南、华东、西南及西北市场，提高在这些地区的市场占有率，继续使产品保持在全国的领先地位；远期目标是要将产品打入国际市场，并在海外建立销售机构，逐步向跨国经营方向发展。”

（4）企业的技术。如“本公司是中国唯一研制、生产、经营各种信用卡及信用卡专用设备的企业，属于技术密集型企业，担负着印制各种有价证券的重要任务，拥有当今世界先进水平的制版与印刷设备，在技术力量、工艺装备、生产配套能力等方面居国内同行业前列，其服务范围为金融、教育、餐馆、交通、娱乐及贸易等行业。”

（5）企业生存与发展。如“本出版公司要通过收集、评价、生产和营销有价值的信息而满足全球的需求，同时使我们的用户、雇员、作者、投资人及整个社会受益。”

（6）企业的价值观念及基本信念。如“玫琳凯公司的全部宗旨都基于一条重要的原则，即分享与关怀，出于这种精神，人们将愉快地贡献他们的时间、知识与经验。”

（7）企业的自我意识。如“本公司将通过释放其全体雇员的能量和利用他们的建设和创造力，在未来三年竞争中实现飞跃。”

（8）对企业员工的关怀。如“本公司坚持造物先造人，努力提高员工的素质，以良好的工作条件，有吸引力的福利待遇、个人成长的机会，高度的就业保障来招聘、培养、激励、回报和留住有能力、高品格、有奉献精神的人员。”

（9）企业的公众形象及社会责任。如“本公司要为增强社会经济力量作贡献，在我们从事业务的所有国家及地区范围内不仅要成为一个优秀的公司，而且要成为社会的优秀公民。”

由以上企业使命的陈述可以看出，企业使命的陈述是对企业态度和展望的宣言，而不是对具体细节的陈述。

（五）企业使命陈述的要求

（1）文字清晰、简洁并激动人心。它要用清晰的、激动人心的文字来表达企业的性质，企业现在在哪里，将要走向何方。

（2）综合性。企业使命要说明企业的类型、资产、技术、文化、人力资源等各个方面发展的前景。

（3）现实性。即企业的使命既不是痴心妄想，也不是没有抱负，而是经过努力可以达到的，它是具有挑战性的。

(4)独特性。必须是针对本企业具体情况来讲的，对于一个外来者来讲，他可以从使命的宣言中辨认出这是某个企业，即企业的使命不具有一般性、普遍性，必须具有独特性，要反映出企业的个性。

(5)有一定的时间限度。即使命的时间限制相对较长一些，但企业愿景必须与企业战略期限相一致。

【阅读资料】

世界知名企业使命列举

耐克公司的使命——体验竞争、获胜和击败对手的感觉。

迪斯尼公司的使命——使人们过得快活。

麦当劳公司的使命——麦当劳公司的战略展望是占领全球的食品服务业。在全球范围内处于统治地位以及在建立客户满意度标准的同时，通过执行我们的“服务便利·增加价值·履行承诺”战略，提高我们的市场占有率和赢利率。

荷兰银行的使命——透过长期的往来关系，为选定的客户提供投资理财方面的金融服务，进而使荷兰银行成为股东最乐意投资的标的及员工最佳的生涯发展场所。

通用电器的使命：以科技及创新改善生活品质。

联想电脑公司的使命：为客户利益而努力创新。

微软公司的使命——致力于提供使工作、学习、生活更加方便、丰富的个人电脑软件。

IBM 公司使命——无论是一小步，还是一大步，都要带动人类的进步。

(六)企业使命与企业战略的关系

任何企业在制定其战略时，都必须在分析研究企业及其环境的基础上进一步明确自己的使命。这不仅因为它关系着企业能否生存和发展，而且在整个企业战略的制定、实施和控制过程中有很重要的作用。

(1)企业使命为企业发展指明方向。企业使命的确定，首先会从总体上引起企业经营方向、发展道路的改变，使企业发生战略性的变革；其次，企业使命的确定也为企业构筑了一个目标一致的愿景。一方面，为企业成员理解企业的各种活动提供依据，确保企业内部对企业目标达成共识；同时，为企业外部公众树立了良好的企业形象，以使企业获得发展的信心和必要的支持与帮助。

(2)企业使命是企业战略制定的前提。首先，企业使命是确定企业战略目标的前提。只有明确地对企业使命进行定位，才能正确地树立起企业的各项战略目标；其次，企业使命是战略方案制定和选择的依据。企业在制定战略过程中，要根据企业使命来确定自己的基本方针、战略活动的关键领域及其行动顺序等。

(3)企业使命是企业战略的行动基础。首先，企业使命是有效分配和使用企业资源的基础。有了明确的企业使命，企业才能正确合理地把有限的资源分配在能保证实现企业使命的经营事业和经营活动上；其次，企业使命通过企业存在的目的、经营哲学、企业形象三方面的定位而为企业明确经营方向、树立企业形象、营造企业文化从而为企业战略的实施提供激励。

【阅读案例】

中国移动的企业使命:创无限通信世界 做信息社会栋梁

使命是核心价值观的载体与反映,是企业生存与发展的理由,是企业一种根本的、最有价值的、崇高的责任和任务,它回答的是“我们要做什么、为什么这样做”的现实问题。使命体现了企业全体员工的行为共识,是引导和激发全体员工持之以恒,为企业不断实现新的发展和超越而努力奋斗的动力之源;使命不仅包括目前面临的任务,更涵盖中国移动人对过去的认识、反思以及对未来的期望和判断,揭示了企业成长的基本原则和思路。

“创无限通信世界”体现了中国移动通过追求卓越,争做行业先锋的强烈使命感;“做信息社会栋梁”则体现了中国移动在未来的产业发展中将承担发挥行业优势、勇为社会发展中流砥柱的任务。

创无限通信世界

及时、充分而有效的沟通是人类实现资源共享、社会实现集约快速发展的必要条件。通信业的发展,帮助人类逐渐打破沟通的时空障碍,使人与人之间的沟通更为快捷有效。“无限通信”的世界是我们每个人的梦想乐园,在没有任何沟通限制和障碍的世界,在能够“随时”、“随地”、“随意”、“沟通无极限”的世界,人类能够自由共享所有知识,自由传达所有情感。中国移动凭借卓越的技术和才能,把创造和实现人类共同的梦想“创无限通信世界”作为自己无上的企业使命。

“无限”是一个相对的概念,随着社会文明的进步,随着人类生活形态的变化,人们对通信的需求以及对“无限通信”的理解也正在不断地演进。未来世界中人—人通信、人—机通信、机—机通信的发展必然会超乎我们现在的想象,“人类沟通的理想境界”必然会因此而不断提升。然而无论世界怎样变化,未来的通信一定更便利、更灵活、更经济、更时尚和更个性,更多地让人类享受通信带来的乐趣。中国移动将矢志不移、竭尽全力地推动和实现这种趋势。

“无限通信”的目标要求中国移动实现“应需而动”,将通信主体从时间和空间的约束中解放出来。这就意味着必须具备以客户为中心进行无缝连接、随时通达、智能终端支持的能力,能够为客户提供无约束、端到端的通信服务。

“无限通信”的目标要求中国移动实现“因需而变”,将通信主体从形式和媒介的约束中解放出来。这就意味着必须拥有提供音视频多媒体信息服务的能力,为各种形式的信息沟通提供基础性的保障,确保信息交流的实时性、保真性、安全性。

中国移动带着“创无限通信世界”的魄力和勇气,担当着引领“无限通信”新世界形成和发展的先锋。中国移动将始终站位于技术发展和市场需求变化的前沿,将变幻风云尽收胸中,前瞻性地创造新的业务模式和解决方案,在技术进步、运营模式演变、市场消费演进等方面发挥创造性的引导作用,成为行业和市场发展过程中当之无愧的牵引力。

中国移动带着“创无限通信世界”的才能与锐气,担当着主导“无限通信”理想境界和谐发展的中坚。在未来个人通信新世界的发展过程中,中国移动不仅要保持自身优良的业绩,还将力促行业的健康和谐发展。中国移动不寻求对产业价值链的独家寡占,而是追求核心竞争力的不断提升,通过高效的组织掌控,协调研发、制造、应用、消费、服务支撑等各方力量，共同推进行业进步。中国移动将以开放的姿态，凝聚全行业的力量，将开创新世界的梦想变成现实。

“创造无限通信世界”，开创崭新生活方式，提供丰富生活内容，提升人类生活质量，让繁忙疲惫的现代人能够享受到随时、随地、随意、沟通永无极限的快乐，是中国移动孜孜不懈的永恒追求。

做信息社会栋梁

信息化是当今经济和社会发展不可逆转的大趋势，它在一定程度上，甚至已成为衡量一个国家和地区国际竞争力、现代化程度和经济成长能力的重要尺度。这证明，世界已进入以信息产业为主导的新经济时代。从宏观上看，基于信息技术的知识的积累和运用，将提高人类所支配的资源的质量，为经济发展带来新的动力；从微观上看，信息技术的广泛应用减少了时间和空间给社会发展带来的限制，将极大地提高劳动生产率，成为经济发展的“加速器”。与此同时，信息技术创造了知识广泛共享的基础，使人类文明的大规模共享成为可能。由当前信息技术令人震惊的发展速度，我们可以预见，信息化将成为未来相当长一段时期内世界发展的主旋律，信息产业将始终具有对社会发展的重要影响力。

“做信息社会栋梁”，这是自信的中国移动人自主的选择，也是人类从工业文明迈向信息文明这一伟大历史转折赋予中国移动的艰巨责任。

信息社会的特征在于通过信息的高效传递和应用来创造财富，而中国移动所运营的物理网络资源正是信息传递的基础设施，所提供的通信服务也正是使信息资源变成财富的媒介和手段。其完美的契合度决定了中国移动所处的价值链核心定位，也决定了中国移动必将在走向信息社会的进程中扮演重要角色，发挥重要作用。

作为信息社会的栋梁，作为行业的引领者而不是跟从者，不断进行业务和体制创新对中国移动来说是必须的，如此才能牵引和带动社会向信息化方向发展，成为推进信息社会前进的先锋和主导力量。中国移动的技术、业务创新和运营模式创新，将在社会信息化进程中形成强烈的示范效应。我们将通过开放的网络平台，吸引信息资源提供者创造更多更好的信息资源；通过多样化业务的引导和推广，促使消费者使用更高效的信息交流方式，更便利地获取所需的信息资源，以更高的效率使信息转化为财富。

作为信息社会的栋梁，作为专业技术的首倡者而不是后觉者，中国移动将不断提高网络技术水平和网络的综合能力，为社会提供更完善的基础设施和更有效的解决方案，成为信息化的重要基础和桥梁。我们将以高效的运营保证信息沟通与交流的及时通畅，通过运营的不断完善和创新，将消费层面的需求发展传递给技术层面，将技术层面的进步传递到消费层面，从而形成一个良性的循环，通过自身的进步和发展，带动和推进整个社会的进步与发展，不断推动社会向信息社会的迈进。

大市场孕育大企业，大使命成就大事业。中国移动注定要承担起“创无限通信世界，做信息社会栋梁”的历史使命，这是中国移动责无旁贷的历史选择。

中国移动的使命就是让所有人都能享受随时、随地、随意沟通的快乐；让所有人享受比以往任何时候都更加自由自在的生活；让我们人类的胸怀变得日益广博开阔；让日益庞大的世界更加容易把握；让我们这片土地变成更美好的家园！

资料来源：http://wiki.mbalib.com/wiki/%E4%BC%81%E4%B8%9A%E4%BD%BF%E5%91%BD

第二节　企业愿景

一、企业愿景的概念和特征

(一)企业愿景的定义

愿景是由英文“vision”翻译而来,目前对“vision”有愿景、远景、景象等多种译法。愿景是个人或组织所描述的、为之奋斗并希望达到的愿望和景象。愿景的实质是要阐明个人或组织将要做什么和要做到什么。愿景可分为个人愿景和组织愿景,个人愿景是组织愿景的基础,组织愿景是个人愿景的升华。就组织愿景而言,是组织成员就组织的未来所达成的共识,是组织有能力实现的梦想。企业愿景概括了企业未来的目标、使命和核心价值,是一种企业为之奋斗的意愿和最终希望实现的图景,它就像灯塔一样为企业指明方向。

企业愿景与使命既有区别又有联系。区别在于:愿景是解决“企业是什么”,告诉人们企业将做成什么样子,是对企业未来发展的一种期望和描述。只有清晰地描述企业的愿景,社会公众和公司员工、合作伙伴才能对企业有更为清晰的认识。一个美好的愿景能够激发人们发自内心的感召力量,激发人们强大的凝聚力和向心力。企业使命是企业存在的理由和价值,即回答为谁创造价值,以及创造什么样的价值。简单说,使命就是必须做的大事、一定要完成的任务。由于企业的使命一般涉及多方利益,各方利益的主次轻重必须在使命陈述中明确。如果不明确,当各方利益发生冲突时,就会无所适从。联系在于:构筑愿景是企业战略规划的重要支撑点,是企业做强、做大的不竭动力。而一个企业要想长盛不衰,实现美好的愿景,第一重要的是全体员工的使命感不衰。如果缺少这一条,企业就会失去成功的希望。

由此可见,企业既不能将愿景当做使命,也不能将使命当做愿景,更不能截然分割开。

(二)企业愿景的特征

(1)愿景应当是清晰的。企业愿景不只是一句口号,更不是空想,也不管是否写在纸上或挂在嘴边,但它必须清晰而准确地指明企业的前进方向和要达到的目的地,塑造出每个人都乐意去追求的可信的梦想。虽然企业发展有时快,有时慢,甚至有时要后退,但愿景总是能让每个人都知道朝什么方向前进,从而形成强大的感召力。例如,联想的愿景就是进军世界500强,成为高科技、服务化、国际化的联想。如果企业对将来的机会和挑战没有明确的观点,那么它就很难生存更不用说繁荣了。

(2)愿景应当是独特的。一个成功的企业愿景常常是独一无二的,它必须反映出组织的个性和看法(特别是别人看不到的东西),反映出组织认为最主要的东西,反映出企业存在的真正理由。企业愿景集智慧、信念、价值观、情感、学习、洞察力、创造性与环境为一体,超越企业现状,指向企业未来,是一种企业知识的累积,是企业核心能力之所在。

(3)远景应当是持久的。企业愿景是企业的精神内核,不论市场环境、竞争对手怎样变化,也不论你的战略、产品、服务等怎么变化,这个核心应保持不变。基业常青的优秀公司已证明了这一点。例如,迪斯尼公司“让人们快乐”、沃尔玛公司“超出顾客期望的价值”就是他们持久追求的核心。持久的愿景凝结了企业追求成功的强烈愿望,是推动企业可持续发展的核心动力。

(4)愿景应当是共同的。企业愿景是一种共同愿景，它不是企业中个别人所持有的相同愿景，而是企业成员以及其他利害关系者共同持有的愿望和景象，其力量来自于对企业的共同关切，并创造出一种和谐、有序的整体感，从而贯彻到组织的全面活动中，形成极强的内聚力和驱动力。愿景只有被全体成员认同，才能激发他们为之奋斗的热情，企业才能成为优秀甚至卓越。

二、企业愿景的价值

企业愿景在企业发展过程中的价值主要体现在以下几个方面。

(一)整合个人愿景

个人愿景是发自个人内心的、最关心、一生热切的追求并想达成的愿望，一般包括个人形象、财产、家庭、健康、工作、人际关系等方面，通常受个人价值观和能力的制约。个人愿景是建立企业愿景的基础，而企业愿景是由个人愿景的互动而形成。只有鼓励个人不断地自我超越，建立起个人愿景，再通过组织的交流和融合，进而获得能量和培养心愿，从对个人的深度关切转变为对组织的共同关切，才能最终产生共鸣。当个人愿景融入企业愿景时，就会自然地产生一种持久的激励与约束，形成强大的感召力和牵引力。

(二)引导企业战略

愿景指出企业未来的生存领域，要成为什么样的企业，是未来理想状态的浓缩的“蓝图”，它像旗帜一样引导企业战略沿着正确的方向不断前进。具体来说，企业的使命为企业的战略定位和战略选择指明了方向；核心价值为企业的战略选择和战略实施提供了思想基础；愿景目标为企业选择活动领域、资源配置、竞争策略以及组织协同等提供了依据。企业战略是企业愿景与外部环境和内部条件之间所达成的共识，是一个能动性与适应性相结合发挥作用的过程。

(三)累积核心能力

企业的发展过程是企业努力的累积过程，也是企业能力和核心能力的累积过程。企业愿景不仅要累积和提升个人的智慧、价值观、洞察力、创造力、行动力等，也要累积和提升团体的智慧、价值观、洞察力、创造力、行动力等。这实际上是一种知识的累积和提升，最终会形成企业的核心能力，从而赢得竞争优势。不仅如此，愿景还可帮助组织加快这一累积和提升的过程。企业如果没有愿景，就会因累积的时滞而找不到正确的方向或缺乏竞争力，结果只能是被淘汰。

(四)优化管理环境

愿景是企业文化的主体，它不仅影响着企业成员、利害关系者、竞争者，还影响着企业的社会形象。愿景所引发的企业成员的广泛共鸣，可以增强企业的吸引力和成员对企业的忠诚度，同时还可将内部各级组织、部门、团队的理想和期望统一起来，减少内耗和冲突；愿景可以有效协调企业与利害关系者的关系，形成双向的作用力和影响力，提升企业的社会形象；成功的愿景还可改变竞争环境，与竞争者达成共识，甚至反败为胜、转危为安。

(五)提升企业价值

建立企业愿景的最终目标就是提升企业存在的价值。通常是通过人、文化、服务(或产品)三要素来实现的。首先，愿景通过感召、吸引、塑造、激发各成员，提升人的价值。人是组织中最宝贵的资源，通过个人与组织的互动，进而提升企业的价值。其次，愿景通过价值观、规范、创意、信息交流、共享经验等，达成共识，再通过有效传播，创造出一种愿景文化，进而提升企业的价值。第三，愿景还要通过为社会提供服务、为顾客提供产品来提升企业的价值。企业存在的理由就是因为有需求，企业存在的价值就是因为能够满足这些需求。愿景不仅为企业带来希望和梦想，更要通过创造性的活动将希望和梦想变成现实，进而最大限度地提升企业的价值。

三、企业愿景的构建

（一）构建企业愿景的关键因素

构建成功的组织愿景既是一个结构性和系统性的过程，也是一个充满感情、智慧、（非）理性、判断和互动的过程；既需要管理者将愿望和现实结合在一起，也需要管理者将创新和挑战结合在一起。所以，构建企业愿景必须考虑下列关键因素：

（1）创造一种适于建立愿景的文化。

（2）识别和培养关键利害关系者。

（3）理解信息和价值观。

（4）了解人们的渴望和梦想。

（5）进行高质量的交流并鼓励个人愿景。

（6）团队学习和聆听。

（二）构建企业愿景的基本步骤

（1）培养愿景意识。企业愿景关系到企业的未来，绝不是少数人的想法，应该是获得全体成员以及利害关系者的广泛认同并为之努力奋斗的共同愿景。因此，培养一种建立相互信任、鼓励创新、善于应付环境变化、充满想象力、积极进取和共同学习的愿景意识是非常重要的。首先，高层管理者应该高度重视和积极倡导；其次，形成一种创新和变革的氛围；第三，相互学习和交流；第四，营造一种信任和个人参与的愿景文化；第五，提高建立个人愿景的能力。

（2）激发个人愿景。愿景可分为三个层次，即高层的企业愿景，中层的团队愿景，低层的个人愿景。个人愿景是团队愿景和企业愿景的基础。没有喷涌勃发的、积极向上的个人愿景，就不会有成功的企业愿景。因此，要鼓励和激发个人的理想、信念、价值观、远见和创造力等，建立鲜明的个人愿景，从而形成创造性能力，为共同愿景的构建提供能量。企业愿景根据个人愿景发展而来，个人的自我超越是发展共同愿景的基础。

（3）融合提炼。企业愿景是由个人愿景、团队愿景、利害关系者愿景的相互成长而形成，因此，愿景若要真正实现共享，就必须相互学习和交流，聆听别人的梦想，激荡自己的心灵，进行深度会谈和广泛融合，培养共同语言，从而提炼出一些对企业未来有价值的构想，再经过必要的归纳、整理，形成企业愿景的草案。

（4）讨论与检验。愿景草案形成后还要进行反复讨论和检验，再通过愿景信息的传递、沟通和反馈，最终才能形成清晰、独特、持久、共同的组织愿景。在这里，进行愿景讨论是非常必要的，通过讨论方能相互启发，消除分歧，和谐关系，走向一致，达成共识。还要对这些共识进行检验：（1）是否整合了个人、团队和利害关系者的愿景？（2）能否引导企业的战略？（3）能否累积组织的核心能力？（4）是否优化了组织的管理环境？（5）是否能够真正提升组织的价值。通过检验的共识便可定格为组织愿景。

(5)整合传播。正像彼德·圣吉所说:"当一群人执著于一种心中的愿景时,就会产生一种力量,做出许多原本做不到的事情"。要想最大限度地发挥企业愿景的价值,光有愿景陈述和愿景宣言是不够的,还要运用整合传播手段如口号、纲领、制度、榜样等来推销和宣传企业的愿景,使企业愿景象空气一样在成员、团队、利害关系者之间扩散,在企业内外形成共鸣,使全体成员心中时刻存有愿景这座灯塔,指引和鼓舞他们为实现企业愿景而努力奋斗。

【阅读资料】

世界知名企业愿景列举

苹果公司——让每人拥有一台计算机

索尼公司——为包括我们的股东、顾客、员工,乃至商业伙伴在内的所有人提供创造和实现他们美好梦想的机会,体验发展技术造福大众的快乐

毕博公司——为顾客创造真实持久的价值,为员工创造发展的机会、为我们的投资者创造长期的价值,成为全球最具影响力、最受尊敬的商业咨询和系统集成公司

AT&T 公司——建立全球电话服务网

华为公司——丰富人们的沟通和生活

迪斯尼公司——成为全球的超级娱乐公司

戴尔计算机公司——在市场份额、股东回报和客户满意度三个方面成为世界领先的基于开放标准的计算机公司

鹰腾咨询——具有专业品质和职业精神的全球化专业智囊机构

联想公司——未来的联想应该是高科技的联想、服务的联想、国际化的联想

波音公司——在民用飞机领域中成为举足轻重的角色,把世界带入喷气式时代

腾讯——成为最受尊敬的互联网企业

通用电器——使世界更光明

麦当劳——控制全球食品服务业

麦肯锡公司(愿景与使命合一)——帮助杰出的公司和政府更为成功。

(1)为高层管理综合研究和解决管理上的问题和机遇。

(2)对高层主管所面临的各种抉择方案提供全面的建议。

(3)预测今后发展中可能出现的新问题和各种机会,制定及时且务实的对策。

第三节 企业战略目标

一、企业战略目标的含义

(一)企业战略目标的定义

企业战略目标是指企业在一定时期内实现其使命和任务过程中要达到的成果,是经营活动的方向和所要达到的水平,是对企业使命和愿景的进一步具体化。战略目标是企业的长期目标,是企业战略构成的基本内容,它与战略的时间跨度应当一致,要有具体的数量特征和时间界限,国外通常为2~5年,国内一般为5年。

正确的战略目标对企业的行为具有重大指导作用,它是企业制定战略的基本依据和出发点。战略目标明确了企业的努力方向,体现了企业的具体期望,表明了企业的行动纲领;它是企业战略实施的指导原则,战略目标必须能使企业中的各项资源和力量集中起来,减少企业内部的冲突,提高管理效率和经济效益;它是企业战略控制的评价标准,战略目标必须是具体的和可衡量的,以便对目标是否最终实现进行比较客观的评价考核。因此,制定企业战略目标是制定企业战略的前提和关键。如果一个企业没有合适的战略目标,则势必使企业经营战略活动陷入盲目的境地。

(二)企业战略目标的特征

企业战略目标的确定需要根据企业使命要求,选定目标参数,简要说明需要在什么时间内,以怎样的代价、有哪些人员完成哪些工作并取得怎样的结果。这样才能为企业的有序运营指明方向,为业绩评价与资源购置提供标准与依据,从而有助于企业有效地开展整个战略的制定与实施等活动。企业战略目标的特征如下:

(1) 全局性。战略目标是对企业全局的一种总体设想,它的着眼点是整体而非局部。它是从全局角度对企业的未来的一种较为理想的设定。它所提出的,是企业整体发展的总任务和总要求。它所规定的是整体发展的方向。因此,人们所提出的企业战略目标总是高度概括的。

(2) 长期性。战略目标的着眼点是未来和长远。战略目标是关于未来的设想,它所设定的是企业职工通过自己的长期努力奋斗而达到的对现实的一种根本性的改造。战略目标所规定的是一种长期的发展方向,它所提出的是一种长期的任务,绝不是一蹴而就的,而是要经过企业职工相当长的努力才能够实现。

(3) 相对稳定性。战略目标既然是一种长期目标,那么它在其所规定的时间内就应该是相对稳定的。战略目标既然是总方向、总任务,那么它就应该是相对不变的。这样,企业职工的行动才会有一个明确的方向,大家对目标的实现才会树立起坚定的信念。当然,强调战略目标的稳定性并不排斥根据客观需要和情况的发展而对战略目标作必要的修正。

(4)可接受性。企业战略的实施和评价主要是通过企业内部人员和外部公众来完成的。因此,战略目标首先必须能被他们理解并符合他们的利益。现实中,这些不同利益集团有着互不相同、甚至相互冲突的目标。但是,企业的战略目标必须在利益集团之间求得平衡,并力图满足所有公众的要求,以使他们能继续与组织合作。一般来说,能反映企业使命和功能的战略目标易于为企业成员所接受。此外,战略目标的表述必须明确,有实际含义,不易产生误解,易于被企业成员理解的目标也易于被接受。

(5)可检验性。为了对企业管理活动的结果给予准确衡量,战略目标应该是具体的、可以检验的。目标必须明确,具体地说明在何时达到何种结果。目标的定量化是使目标具有可检验性的最有效的方法。但事实上,有许多目标难以数量化,时间跨度越长,战略层次越高的目标越具有模糊性。对于这样的目标,应当用定性化的术语来表述其达到的程度,要求一方面明确战略目标实现的时间,另一方面详细说明工作的特点。对于完成战略目标的各阶段都有明确的时间要求和定性或定量的规定,战略目标才会变得具体而有实际意义。一般来说,企业的战略目标一经制定,应该保持相对稳定,同时应保持一定的弹性以对客观环境的变化做出积极反应。

(6)可实现性。在制定企业战略目标时,必须在全面分析企业的内部条件的优劣和外部环境的利弊的基础上判断企业经过努力后所能达到的程度。战略目标必须适中、可行，既不能脱离实际将目标定得过高，也不可把目标定得过低；过高的目标会挫伤员工的积极性、浪费企业资源；而过低的目标容易被员工所忽视、错过市场机会。因此，战略目标要处于经过一定努力可以实现的水平，这样才能具有强大的激励作用。

(7)可分解性。企业战略目标是一个总体概念，它必须是可分解的，即能够按层次或时间阶段进行分解(使每一目标只包含单一明确的主题)，使其将应完成的任务、应拥有的权利和应承担的责任，具体分配给企业的各部门、各战略单位乃至个人，从而把总体目标转化为具体的小目标和具体的工作安排，以帮助管理者有效地从事计划、组织、激励和控制工作。

(8)挑战性。目标本身是一种激励力量，特别是当企业目标充分体现了企业成员的共同利益，使战略大目标和个人小目标很好地结合在一起时，就会极大地激发组织成员的工作热情和献身精神。一方面，企业战略目标的表述必须具有激发全体职工积极性和发挥潜力的强大动力，即目标具有感召力和鼓舞作用；另一方面，战略目标必须具有挑战性，但又是经过努力可以达到的。因而员工对目标的实现充满信心和希望，愿意为之贡献自己的全部力量。

二、企业战略目标的构成

企业在制定战略时一般都要确定其战略活动所需要达成的战略目标。由于企业内不同利益团体的存在，目标之间不可避免地会出现冲突和矛盾。例如，企业生产部门的产量目标和销售部门的销量目标之间可能存在冲突；企业降低成本、增加利润的经济目标和依法纳税、保护环境的社会责任目标之间可能存在冲突等。因此，制定战略目标的有效方法是构造战略目标体系，使战略目标之间相互聚合、相互制约，从而使战略目标体系整体优化，反映企业战略的整体要求。

(一)企业战略目标的树形表示

企业战略目标的树状结构一般是由企业总体战略目标和主要的职能目标所组成。企业依据其使命和功能定位来制定企业总体战略目标时，为保证总战略目标的实现，必须将其层层分解。规定保证性职能战略目标，即总战略目标是主目标，职能性战略目标是保证性的目标，如图 2.2 所示。

(二)企业战略目标的核心结构表示

在企业使命和企业任务定位的基础上，企业战略目标一般按市场目标、创新目标、盈利目标和社会目标等四大内容展开，并且，每一个目标又可进一步分解。市场目标可分解为产品目标、渠道目标和沟通目标；创新目标可分为技术创新目标、制度创新目标和管理创新目标等；盈利目标可分解为生产资源目标、人力资源目标和资本资源目标等；社会目标可分解为公众关系目标、社会责任目标、政府关系目标等，如图 2.3 所示。

(1)市场目标。一个企业在制定战略目标时最重要的决策是企业在市场上的相对地位，它常常反映了企业的竞争地位。企业所预期达到的市场地位应该是最优的市场份额，这就要求对顾客、对目标市场、对产品或服务、对销售渠道等做仔细的分析。

产品目标：包括产品组合、产品线、产品销量和销售额等。

渠道目标：包括纵向渠道目标，即渠道的层次，以及横向渠道目标，即同一渠道成员的

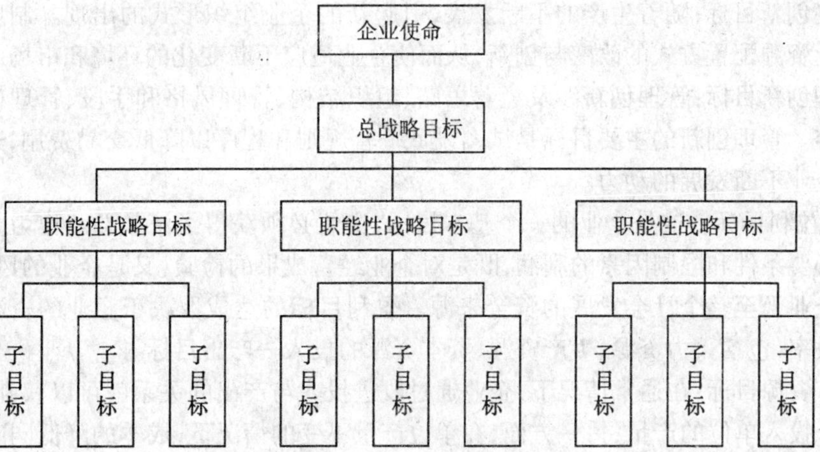

图 2.2　企业战略目标的树形结构

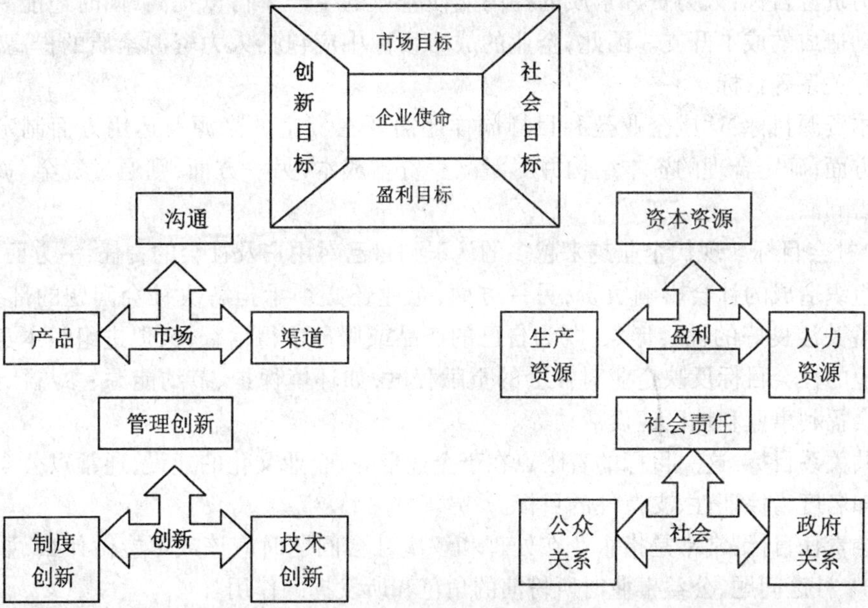

图 2.3　企业战略目标的核心结构

数量和质量目标。

沟通目标:包括广告、营业推广等活动的预算和预算效果。

(2)创新目标。在环境变化加剧、市场竞争激烈的社会里,创新概念受到重视是必然的。创新作为企业的战略目标之一,使企业获得生存和发展的生机和活力。在每一个企业中,基本上存在着三种创新:技术创新、制度创新和管理创新。为树立创新目标,战略制定者一方面必须预计达到市场目标所需的各项创新;另一方面必须对技术进步在企业的各个领域中引起的发展做出评价。

技术创新目标:这一目标将导致新的生产方式的引入,即包括原材料、能源、设备、产品等有形的创新目标,也包括工艺程序的设计、操作方法的改进等无形目标。制定技术创新目标将推动企业乃至整个经济广泛而深刻的发展。

制度创新目标:随着生产的不断发展,引起新的企业组织形式的出现。制度创新目标即对企业资源配置方式的改变与创新,从而使企业适应不断变化的环境和市场。

管理创新目标:管理创新涉及经营思路、组织结构、管理风格和手段、管理模式等多方面的内容。管理创新的主要目标是试图设计一套规则和程序以降低交易费用,这一目标的建立是企业不断发展的动力。

(3)盈利目标。这是企业的一个基本目标,企业必须获得经济效益。作为企业生存和发展的必要条件和限制因素的利润,既是对企业经营成果的检验,又是企业的风险报酬,也是整个企业乃至整个社会发展的资金来源。盈利目标的达成取决于企业的资源配置效率及利用效率,包括人力资源、生产资源、资本资源的投入—产出目标。

生产资源目标:在通常情况下,企业通过改进投入与产出的关系就可以获利。一方面,提高每个投入单位的产量;另一方面,在单位产量不变的情况下,成本的降低同时也意味着利润增加。

人力资源目标:人力资源素质的提高能使企业的生产率得以提高,同时还能减少由于人员流动造成的成本开支。因此,企业的战略目标中应包括人力资源素质的提高、建立良好的人际关系等目标。

资本资源目标:达成企业盈利目标同样还需要在资金的来源及运用方面制定各种目标。一方面,确定合理的资本结构并尽量减少资本成本;另一方面,则通过资金,资产的运作来获得利润。

(4)社会目标。现代企业越来越多的认识到自己对用户及社会的责任,一方面,企业必须对本组织造成的社会影响负责;另一方面,企业还必须承担解决社会问题的部分责任。企业日益关注良好的社会形象,既为自己的产品或服务争得信誉,又促进组织本身获得认同。企业的社会目标反映企业对社会的贡献程度,如环境保护、节约能源、参与社会活动、支持社会福利事业和地区建设活动等。

公共关系目标:这一目标的着眼点在于企业形象、企业文化的建设,通常以公众满意度和社会知名度为保证性、支持性的目标。

社会责任目标:常常是指企业在处理和解决社会问题时应该或可能做什么,如在对待环境保护、社区问题、公益事业时所扮演的角色和所发挥的作用。

政府关系目标:企业作为纳税人支持着政府机构的运作;同时,政府对企业的制约和指导作用也是显而易见的。这一目标的达成往往会给企业带来无形的竞争优势。

在实际中,由于企业性质的不同,企业发展阶段的不同,战略目标体系中的重点目标也大相径庭,同一层次战略目标之间必然有先导目标。

三、企业战略目标的制定

(一)企业战略目标的制定过程

制定企业战略目标应依据企业使命,在分析外部环境和内部条件的基础上来进行。在一个具有多项经营业务的公司内,不仅公司最高管理层制定全公司的长期战略目标和短期战术目标,而且在此之后,各战略经营单位或职能部门也必须确立自己的目标。通常这个企业目标的制定过程包括如下几个步骤(如图2.4所示):

(1)目标制定过程以最高管理层宣布企业使命而开始。

图2.4　企业目标的制定过程

(2)然后确定达到这个使命的长期战略目标。

(3)由长期战略目标导致建立整个企业的短期执行性的战术目标。

(4)每个战略经营单位、主要事业部或经营单位建立自己的长期和短期目标。

(5)每个战略经营单位或主要事业部内的职能部门(市场营销、财务、生产等)制定自己的长期和短期目标。

(6)这个目标的制定过程通过组织结构层次一直向下继续进行下去直到个人。

(二)制定企业战略目标的原则

(1)系统原则。由于企业是在开放环境下运行的组织,战略目标的制定必须建立在实事求是地对内外环境进行分析、预测的基础上。首先,要明确企业的现状,充分估计企业发展的潜力,分析企业的优势与劣势;与此同时,通过对外环境的分析判断,确认会给企业带来的机会和威胁,从而定出本企业的发展趋势和战略目标。

(2)平衡原则。在制定战略目标时,需要进行三种平衡。①不同利益之间的平衡。扩大市场和销售额的目标与提高投资利润率的目标往往是有矛盾的,即因扩大销售而牺牲了利润,或因提高了利润而影响了销路,必须把两者摆在适当地位求得平衡。②近期需要和远期需要之间的平衡。只顾近期需要,不顾长远需要,企业难以在未来继续生存;相反,只顾远期需要而不兼顾近期需要,企业也将难以为继。因此,战略目标的制定必须兼顾企业的长短期利益。③总体战略目标与职能战略目标之间的平衡。企业总体战略目标是通过职能战略目标来体现和实现的,但由于有些职能目标对企业的未来成长影响大,而对总体战略目标的实现影响不大,这就要求企业在制定企业战略目标时需要在总体战略目标与各职能战略目标之间取得平衡,以便企业在实现其总体战略目标的同时,促进企业的全面发展。

(3)权变原则。由于客观环境变化具有不确定性、预测的不准确性,因此在制定战略目标时，应制定多种方案。一般情况下，制定在宏观经济繁荣、稳定、萧条三种情况下的企业战略目标，分析其可行性及利弊得失，从而选择一种而将另外两种作为备用。或者，制定一些特殊的应急措施，如原材料价格猛涨等情况下对战略目标进行适应性调整。例如，一个快速发展的食品公司的发展目标是在四年内扩建六个商店，相应的权变方案是：如果情况比预料的要好的话，新扩建的商店就可达到十个；如果经济萧条的话，公司不但无法扩展，而且有可能关闭掉四个到十个商店。

【阅读资料】

世界知名企业战略目标列举

中国石化集团公司：力争再用 10 到 15 年时间，把中国石化发展成为具有较强国际竞争力的跨国能源化工公司。

家乐福：10 年内赶超沃尔玛。

三星电子：不仅是做最成功的企业，而是要把三星打造成全球电子行业的领导品牌。

伊利集团：2010 年进入世界乳业 20 强，2015 年进入世界乳业 10 强。

中国工商银行：建设国际一流现代商业银行。

戴尔：通过降低成本和复杂度，为客户简化信息技术的应用，从而使他们能够部署更简便易行、卓有成效的解决方案，享受到更卓越的价值。

空客公司：创造必要条件，使欧洲航空工业能够为世界市场提供大型民机；研发一种基础产品；建立一个合适的财政和工业结构；建立一个市场基础和全球的支援系统；发展一个产品系列；在全行业取得足够的市场份额。

中国人寿：建设"实力雄厚、管治先进、制度健全、内控严密、技术领先、队伍一流、服务优良、品牌杰出、发展和谐"的国际一流寿险公司。

现代汽车：2010 年全球销量达到 500 万辆。

中国电信：把中国电信建设成为世界级现代电信企业集团。

★ 关键术语

企业使命	Corporate mission	企业哲学	Corporate philosophy
企业宗旨	Corporate purpose	企业理念	Corporate idea
核心价值观	Core value	企业愿景	Corporate vision
价值取向	Value orientation	战略目标	Strategic goals

★ 复习与思考

1. 决定企业使命的因素有哪些？

2. 企业使命有何战略作用？

3. 企业愿景的概念和特征？

4. 为什么说战略目标呈现多元化？

5. 制定战略目标的原则是什么？

★ 研究与讨论

1. 德鲁克认为"企业的宗旨只有一个定义，这就是创造顾客"，你同意吗？为什么？

2. 企业使命与企业愿景有何联系和区别，如何构建企业愿景？

3. 试分析一个具体企业的战略目标，进而分析其与战术目标、日常目标、个人目标之间的关系？

★ 实践演练

1. 试列举五家中国知名企业和五家国际知名企业的企业使命陈述，并分析其异同。

2. 为中国五家知名企业的战略目标把脉，分析其是否可行，为什么？

★ 本章案例

盛大网络公司的战略转型

上海盛大网络发展有限公司成立于1999年11月，董事长兼首席执行官陈天桥，1973年5月出生，被国外媒体称为“中国互动娱乐业第一人”，曾任上海陆家嘴集团下属投资公司副总经理、集团公司总裁经理助理，金信证券总裁办公室主任。

以50万元注册成立的盛大网络，开始运营的是一个以动画、卡通为主的网站 stame. com，并开辟了“天堂硅谷”的虚拟社区。数月后经由100万左右用户注册，中华网随即投入300万美元控股盛大。2001年，韩国 Actoz 公司为它的《传奇Ⅱ》游戏寻找网络运营商。《传奇Ⅱ》是一种新颖的“在线角色扮演类游戏”。敏感的陈天桥与 Actoz 一拍即合，以30万美元获取了《传奇Ⅱ》在中国的独家代理权，并毅然与中华网脱钩。这30万美元是中华网安股比留下的，陈天桥可谓破釜沉舟。

2001年11月，《传奇Ⅱ》上线运营。《传奇Ⅱ》让成千上万的玩家在虚拟的游戏空间里扮演角色，沉迷其中。这种游戏的“黏着性”极强，玩家投入时间、金钱，在虚拟世界里一争高下。一个月后，游戏同时在线的人数迅速突破40万，投资全部收回。2002年，盛大收入和净利润达到惊人的3.26亿元和1.39亿元。2003年收入和净利润均较上年翻了近1倍，分别达6.33亿元和2.73亿元。2003年底，注册的游戏账户累计达2.36亿个，其中活跃者1 120万个；峰值在线人数近120万人；遍布全国的9 500台服务器（56%为租用）可容纳430万人同时上线。根据 IDG 的数据，盛大占据了2003年中国在线游戏的半壁江山。

随着玩家数量呈几何级数增长，如果指导、答疑等服务跟不上，就会造成客户的满意度、忠诚度下降问题。陈天桥亲自坐镇网上在线答疑，并在资金许可的第一时间花500万元设立了24小时电话呼叫中心，处理玩家的投诉。安顿了玩家，上下游又相继出现问题。过去网络游戏行业的模式是，国外公司将开发出的游戏交给中国运营商代理，市场推广则分别有分销商负责。由于《传奇Ⅱ》的意外火暴，盛大与下游分销商的合作开始出现裂痕。于是，盛大另辟蹊径与各地的网吧协会取得联系，开拓自己的直销渠道，在上海、武汉等游戏重镇相继物色了合作伙伴。紧接着，上游的韩国游戏厂商 Actoz 也与盛大开始利益争夺，进过几番拉锯，终于以盛大成为 Actoz 大股东而将争端化于无形。关于盛大与上下游出现的矛盾冲突，Actoz 前 CEO 的总结是：所有纠纷都在于盛大赚钱太多了。

如此业绩当然不会被嗅觉灵敏的投资人放过。2003年3月，软银通过认购可转可赎回优先股方式投入4 000万美元，共计获得3 006万股盛大股票。上市前，盛大手上现金已超过7 000万美元，陈天桥拿出一部分并购了5家公司，其中3家是在线游戏研发工作室（盛大从外部控股），两家是从事无线业务的小SP（融入盛大业务）。借助资本的力量，盛大的业务架构迅速完善起来。

2004年5月，盛大以每股11美元的价格，在美国纳斯达克市场首次公开发行1 380万单位美国存托凭证（ADS），共募集资金1.518亿美元。陈天桥曾经说过：“我们所能做的事情是专注于自己这块，对别人的影响力就像小老鼠一样，越专注自己这块，对行业的影响力就越大。”

盛大曲艺是在线网络游戏产业的霸主，但也面临各种危机。敏感的陈天桥对此也有深刻的认识。首先，盛大单纯依赖网游（且极度依赖其中的两三款），而这个行业赚钱的最佳时期已经过去。盛大的成功，令搜狐、新浪、网易、雅虎等门户网站茅塞顿开，纷纷进入网络游戏业。大批涌入的新来者，铺天盖地的网络游戏不仅分流了玩家,降低了新鲜感受,更让这个产业的利润空间被迅速压扁。同时,层出不穷的“网游”还使游戏本身的生命周期缩短。

目前,国内“网游”市场基本被盛大(31%)、网易(31%)和九城(15%)瓜分。盛大属“哈韩”风格,网易以自主研发见长,九城依靠代理美式《魔兽世界》,其增长远远超过盛大和网易。相比之下,盛大在自主研发方面起步虽早但效果并不理想,现已逐渐陷入青黄不接的窘境。更深层的危机是网游的副作用逐渐显现,特别是游戏的诱惑力让青少年难以抗拒,沉迷成瘾、荒疏学业众多。游戏中普遍滥用的血腥暴力,对青少年乃至整个社会都有不良的影响,沉迷者满脑子都是“PK”。各界口诛笔伐日益升级,盛大更是不止一次地被点名批评。如果政府决定对网络游戏业采取限制政策,则整个产业将受到极大影响。别的网站可以靠其他业务生存下去,以网络游戏为主要业务的盛大则将面临巨大的生存危机。盛大当然不能在“网游”这一棵树上吊死!

盛大目前正好处于这个转折点上,面临选择的盛大注定不可能将业务重点转向门户、短信、广告、搜索、即时通信等方面,投入巨资到别人的强势领域做一个“新来者”没有多大优势。公司可以选择的方向有两个:一是向移动通信过渡,将网络游戏的成功向移动的手机平台迁移;二是向有线电视靠拢,沿着比尔·盖茨“维纳斯”计划探索盛大版“机顶盒”之路。陈天桥选择了后者,进军 IPTV(Internet Protocol TV,即“网络电视”),与英特尔等公司联合开发“网络电视接驳器”,俗称“盒子”。

在战略转型过程中,陈天桥制定的战略是否合乎当前历史发展的规律?是否能够有足够的资金、足够的时间、足够的政策以及足够的信心来赢取这个“高地”?在旧的盈利模式已经打破而新的尚未建立,旧的根据地已经不稳而又杀入陌生领域之时,公司如何发展非常重要。

为了给自己、给团队、给整个盛大树立破釜沉舟的必胜信心,也为了给竞争对手施压,陈天桥又有惊人之举:2005 年 11 月末的一周内先后宣布《传奇》等的三款角色扮演游戏免费。此举被看做是盛大的战略转型标志。盛大正积极把发展的焦点集中于推行家庭娱乐战略,把公司的用户从原来的 20 多岁的人群,转变为 7 岁到 70 岁的人群,娱乐内容从单一的游戏办成电影、音乐等众多内容。

2006 年 2 月 18 日,盛大成功在二级市场购得新浪 19.5% 的发行股份,从而取代四通成为新浪最大股东,这可以看做是盛大娱乐内容和渠道资源的一次整合。

实质上,陈天桥在创业之初就希望把盛大发展成为一个互联网的迪斯尼,成为一个互动的娱乐媒体企业,而不仅仅是一个网络游戏企业。从网络游戏向家庭娱乐转型,正是盛大需要努力度过的战略转折点。这个点并不是一个实际的“点”,而是一个历时较长的、曲折的挑战。这些“点”虽然是使人痛苦的,但是它提供了一个机会,使你突破“高地”的束缚,从而获得更高的成就,但是也有可能意味着没落的开始。陈天桥说:“盛大在内容整合方面可能会起到一定的主导和整合作用,对于整个产业链来说,我们并不是真正的主导者,我们本身也参与了被整合的过程,所以整合者本身就是被整合者。”

目前盛大将所有业务分成内容、平台、硬件 3 个部门,其中内容(SDG)部门负责盛大自己运营及收购而来的所有游戏内容;平台(SDO)部门负责管理依托于“盒子”建立起来的运营平台;硬件(SDS)部门负责与运营配套的所有硬件设备。

陈天桥强调,这 3 个部门之间是独立核算的,也就是说,SDG 的内容可以选择是否放到 SDO 上。但如果 SDG 提供的某项内容跟其他企业提供的内容相同,但质量不如该企业,SDO 就会选择引进该企业的内容而不是 SDG 的。只有将 SDG 跟 SDO 割裂开来,才能各自专注于自己的业务,既凸显 SDO 的公开、公正,又除去了 SDG 的先天优势,只有大家都参与竞争,才能永葆活力。

资料来源:揭筱纹. 战略管理——概念、案例与分析[M]. 北京:清华大学出版社,2009.

研讨问题

1. 盛大网络公司为何要进行战略转型?
2. 盛大网络公司的战略转型是否意味着其使命、愿景和战略目标的改变?

第三章 企业治理

■ 大师论语

战略问题是研究战争全局的规律性的东西。

——毛泽东

兵者，国之大事，死生之地，存亡之道，不可不察也。

——中国古代军事家 孙子

忽视了企业的基本机构法则，即使是最出色的战略也会失败。

——美国企业家 詹姆斯·波特

■ 本章学习目标

- 公司治理的含义和结构
- 公司治理的战略意义
- 公司外部治理模式及其主要特点
- 公司内部治理模式及其主要特点
- 公司家族治理模式的特点及其局限性

■ 引例

公司治理结构发生了什么

一个清醒的投资者发誓对每一个能找到的有利于股东的方案投支持票。一个愤怒的员工感到被老板欺骗了，他们通过期权获得财富却被削减医疗福利和工资。一个交易员试图完成交易时，被卖家问道："谁能保证这个人不会像其他人一样玩弄数字?"最近的安然事件使怀疑再度升温，随着公司的不节制或错误行为的不断披露，在过去十年经济繁荣期公司建立起的商誉由于迅速传播的怀疑和不信任而受到影响。不断出现的关于证券交易员会的调查、控告、犯罪的抗辩、政府干预、财务报表的更正、罚款等媒体头条都使人们相信体制本身就不公平。

在美国资本主义历史上，安然员工眼含泪水在国会作证的时刻是一个重要的分水岭。安然强化了这样的感觉，不管公司的问题多么严重，或者经营多么差劲，公司的领导人离开时总能财富加身，而员工和股东们则需要承担由于高层不称职和渎职带来的后果。2001年第四季度结束前的三天，IBM 用出售某个业务所得的29 000万美元来对抗华尔街的利润预测，这种方式是完全合法的，却是完全误导投资者的。这种扭曲是公司通过牺牲公开、公平来换取目标的常用手段。

结果必然导致公司利益相关者的气愤与日俱增。不用证明，不断增长的气愤和不信任会给企业和社会带来恶果。失去信任对创造新工作和复苏经济的能力造成了威胁，而且对于大多数正直经验的高官和公司来说,他们受到了牵连。对于美国公司来说,董事长们缺乏领导能力,CEO 们道德低下是其目前面临的最严重的挑战。

半世纪前,哥伦比亚大学的教授 Adolf A. Berle 和 Gardiner C. Means 就对公司所有者和经营者之间进行了区分。多年来慷慨的期权使用试图解决这个问题,但现在分歧却更大了。如今许多上市公司的高层主管也是公司个人大股东中的一员,而董事会成员则或者通过实际拥有股票或者通过拥有期权来获得更多的筹码。理论上,他们的利益与管理层和股东的利益是一致的。但是,管理层发现他们个人的财富多少与公司的股票价格密切相关,所以,维持股票价格成为公司价值中的最高目标。

当市场过热时,一点点坏消息和谣言就可以产生上亿美元市值的消失。波士顿大学商业教授 Anita M. Mcgahan 说:"承认问题的代价太大,这既是股票被高估的结果,也是高管薪酬过高的结果。"加拿大公司治理研究中心主席 J. Richard Finlay 的研究显示,许多董事会花费了许多时间和精力研究薪酬,而不是保证公司财务报告体系的清廉。在甲骨文公司,2001 年,CEO Lauraence J. Ellison 恰恰在公司宣布收入预警前行权,导致了 7.061 亿的公司支出。而在那一年,董事会只有五次全体会议,三次用文字签署同意的方式,而薪酬委员会则有 24 次正式会议或文字签署。

在安然的董事 William C. Power, Jr. 起草的报告中,他和他的同事们发现了董事会的彻底失职。报告指出,董事会的控制是不恰当的,而委员会"只是粗略地"查看,而且董事会对某些"报上来的信息的重要意义"没有把握住。

不只是公司有错,许多公司外部的专业人士也是贪婪、以自己的利益为中心的,无论是华尔街还是华尔街的分析师、投资银行家,还是审计师、律师,甚至政府官员,大都如此。这些被赋予监督和平衡职能的角色,倾向于无约束的资本主义,结果在许多情况下都是妥协的。

许多分析师鼓动投资者购买一些公司的股票,只是因为他们做投行的同事可以收取发行和合并业务的巨额费用;

太多承担证明公司账面准确工作的审计师为了让所有服务的公司可以支付上百万的审计费和更高利润的咨询工作而失去公正;

一些外部律师为了高额的律师费为不那么公正的行为"创造公正";

大多数时候,CEO 们发现可以买到他们想要的或需要的所有影响力。

资料来源:John A. Byrne, "How to Fix Corporate," Business Week, May 6, 2002

第一节　公司治理与治理结构

一、公司治理的含义

企业治理制度及其效果是战略管理的制度保证。本章主要介绍公司制企业的治理,即公司治理问题。

现代公司由于股权结构的分散化和多元化,融资方式的多样化,以及企业所有权与经营权的分离等特征,使得公司治理问题显得越来越重要。由于人们对公司治理问题的理论和实践关注、研究时间不长,国内外理论界虽对公司治理的概念做了大量富有成效的探索,仍尚未形成一个普遍接受的定义。

例如,1998 年经济合作与发展组织(OECD)理事会部长级会议,制订了一套反映各成员国对公司治理问题看法的非约束性的《公司治理原则》。该原则旨在为各国政府部门制定有关公司治理结构的法律和监管制度框架提供参考,也为证券交易所、投资者、公司和参与者提供指导,它代表了 OECD 成员国对于建立良好公司治理结构共同基础的考虑,其主要内容包括:(1)公司治理结构框架应当维护股东的权利;(2)公司治理结构框架应当确保包括小股东和外国股东在内的全体股东受到平等的待遇;如果股东的权利受到损害,他们应有机会得到补偿;(3)公司治理结构框架应当确认利益相关者的合法权利,并且鼓励公司和利益相关者为创造财富和工作机会以及为保持企业财务健全而积极地进行合作;(4)公司治理结构框架应当保证及时准确地披露与公司有关的任何重大问题,包括财务状况、经营状况、所有权状况和公司治理状况的信息;(5)公司治理结构框架应确保董事会对公司的战略性指导和对管理人员的有效监督,并确保董事会对公司和股东负责。

在加拿大,《2002 年政府向国会有关国企的报告》中,有关公司治理的内容十分宽泛,包括治理方法、董事会的评价及更换、董事教育、董事薪酬、利益冲突、董事会与经营班子的关系、对首席执行官(CEO)经营业绩的考评、与利益相关者的沟通、公共政策的目标、风险确认与管理,以及 CEO 的继任计划等。

2001 年在中国召开的公司治理国际研讨会上,日本学者平田光弘先生提出,在公司治理的研究方面,当务之急是各国学者要对公司治理的关键词进行国际比较,以便取得共识。2003 年 10 月 27 日,美国《华尔街日报》刊登了一篇特别报道,主要是采访美国企业界、理论界和政界的一些要人,探讨公司治理。这篇报道的第一句话是:“在过去两年,很难找到一个词能像公司治理那样,既引起人们极大的关注,又给人们带来了极大的混乱”。引起这种现象的一个重要原因,“是公司治理的概念不清,比如,究竟什么是公司治理？什么是好的公司治理?”

在我国,理论界对公司治理具有代表性的定义有以下观点:

吴敬琏(1994)认为,公司治理结构是指由所有者、董事会和高级执行人员即高级经理人员三者组成的一种组织结构。要完善公司治理结构,就要明确划分股东、董事会、经理人员各自权力、责任和利益,从而形成三者之间的关系。

林毅夫(1997)是在论述市场环境的重要性时论及这一问题的。他认为,“所谓的公司治理结构,是指所有者对一个企业的经营管理和绩效进行监督和控制的一整套制度安排”,并随后引用了米勒(1995)的定义作为佐证。他还指出,人们通常所关注或定义的公司治理结构,实际指的是公司的直接控制或内部治理结构。

李维安和张维迎都认为公司治理(或公司治理结构)有广义和狭义之分。李维安(2000)认为,狭义的公司治理,是指所有者(主要是股东)对经营者的一种监督与制衡机制。其主要特点是通过股东大会、董事会、监事会及管理层所构成的公司治理结构的内部治理;广义的公司治理则是通过一套包括正式或非正式的内部或外部的制度或机制来协调公司与所有利益相关者(股东、债权人、供应者、雇员、政府、社区)之间的利益关系。张维迎(1999)的观点是,狭义的公司治理结构是指有关公司董事会的功能与结构、股东的权力等方面的制度安排;广义地讲,指有关公司控制权和剩余索取权分配的一整套法律、文化和制度性安排,这些安排决定公司的目标,谁在什么状态下实施控制,如何控制,风险和收益如何在不同企业成员之间分配这样一些问题，并认为广义的公司治理结构是企业所有权安排的具体化。

公司治理（Corporate Governance）是一个多角度多层次的概念，很难用简单的术语来表达。但从公司治理这一问题的产生与发展来看，可以从狭义和广义两方面去理解。

狭义的公司治理，是指所有者，主要是股东对经营者的一种监督与制衡机制。即通过一种制度安排，来合理地配置所有者与经营者之间的权利与责任关系。公司治理的目标是保证股东利益的最大化，防止经营者对所有者利益的背离。其主要特点是通过股东大会、董事会、监事会及管理层所构成的公司治理结构的内部治理。

广义的公司治理则不局限于股东对经营者的制衡，而是涉及广泛的利害相关者，包括股东、债权人、供应商、雇员、政府和社区等与公司有利害关系的集团。公司治理是通过一套包括正式或非正式的、内部的或外部的制度或机制来协调公司与所有利害相关者之间的利益关系，以保证公司决策的科学化，从而最终维护公司各方面的利益。因为在广义上，公司已不仅仅是股东的公司，而是一个利益共同体，公司的治理机制也不仅限于以治理结构为基础的内部治理，而是利益相关者通过一系列的内部、外部机制来实施共同治理，治理的目标不仅是股东利益的最大化，而是要保证公司决策的科学性，从而保证公司各方面的利益相关者的利益最大化。

因此，要理解公司治理的概念，需要转变以下两个方面的观念。

第一，从权利制衡到决策科学。传统的公司治理所要解决的主要问题是所有权和经营权分离条件下的代理问题。通过建立一套既分权又能相互制衡的制度来降低代理成本和代理风险，防止经营者对所有者利益的背离，从而达到保护所有者的目的。这一制度通常称为公司治理结构，它主要由公司股东大会、董事会、监事会等公司机构所构成。这一制度或称治理结构建立的基础是公司的权力配置，即无论是所有者还是经营者都以其法律赋予的权力承担相应的责任。股东以其投入公司的财产对公司拥有终极所有权并承担有限责任，所以在法律意义上，公司是股东的，对公司拥有无可争议的剩余索取权。经营者则作为代理人拥有公司的法人财产权而非所有权，但他直接控制着公司，控制着公司的剩余。由于法人财产权和终极所有权的不一致性，从而导致经营者和所有者在公司的利益不一致。因此，以权力配置为基础的公司治理制度对于维护各方权力的存在和实施是十分必要的。但是，公司治理并不是为制衡而制衡，而且，制衡并不是保证各方利益最大化的最有效途径。衡量一个治理制度或治理结构的标准应该是如何使公司最有效的运行，如何保证各方面的公司参与人的利益得到维护和满足。因此，科学的公司决策不仅是公司的核心同时也是公司治理的核心。因为，公司各方的利益都体现在公司实体之中，只有理顺各方面的权责关系，才能保证公司的有效运行，而公司有效运行的前提是决策科学化。因此，公司治理的目的不是相互制衡，至少，最终目的不是制衡，只是保证公司科学决策的方式和途径。

第二，从治理结构到治理机制。传统的公司治理大多基于分权与制衡而停留在公司治理结构的层面上，较多地注重对公司股东大会、董事会、监事会和高层经营者之间的制衡关系的研究。因此，公司治理可以说是侧重于公司的内部治理结构方面。但从科学决策的角度来看，治理结构远不能解决公司治理的所有问题，建立在决策科学观念上的公司治理不仅需要一套完备有效的公司治理结构，更需要若干具体的、超越结构的治理机制。公司的有效运行和决策科学不仅需要通过股东大会、董事会和监事会发挥作用的内部监控机制，而且需要一系列通过证券市场、产品市场和经理市场来发挥作用的外部治理机制，如公司法、证券法、信息披露、会计准则、社会审计和社会舆论等。一般来说，公司治理可以分为两个部分：一个是治理结构（governance structure），另一个是治理机制（governance mechanism）。治理结构包括股权结构、董事会、监事会、经营班子等。治理机制包括用人机制、监督机制和激励机制，比如用人机制又可细分为董事长人选、独立董事人选、CEO 人选等。显然，治理机制是比治理结构更为广泛、更深层次的公司治理观念。这两者共同决定了治理效率的高低。

公司治理与企业管理（corporate management）是不同的。公司治理是制度层面的问题，管理是运行层面的问题，通俗讲是一个"道"与"术"的问题。如果说企业管理主要是指经营班子对一般员工的管理，那么公司治理则是指股东、出资人、所有者（委托人）对董事会、监事会、经营班子（代理人）的管理，按照代理理论，就是委托人对代理人的管理。可以讲，公司治理是企业管理的基础，没有好的公司治理，很难有好的企业管理。国内一些专家认为，我国有关公司治理研究与实践的一个误区，就是把"公司法人治理结构"等同于"公司治理"，使人们只注重治理结构、而不注重治理机制问题，造成了国企改制的"翻牌化"，新三会的"空洞化"。

二、公司治理的架构

公司治理主要是按照《公司法》所规定的法人治理结构来进行的，可大体上分为内部治理和外部治理。

内部治理是《公司法》所确认的一种正式的制度安排，构成公司治理的基础，主要是指股东（会）、董事（会）、监事（会）和经理之间的博弈均衡安排及其博弈均衡路径。公司的内部治理主要通过《公司法》确定的"三会四权"来实现。内部治理主要特征表现在两个方面：第一，自我实现性，主要是通过董事会、监事会的股东来实现。第二，在所有者和经营者博弈中注重设计理性，即从股东角度出发设计制度安排来激励、约束经营者。

外部治理主要是指通过外在市场的倒逼机制，市场的竞争迫使公司要有适应市场压力的治理制度安排。股东/潜在股东、债权人与公司主要通过资本市场连接起来；经营者、雇员与公司主要通过劳动力市场和产品市场相联系。竞争市场的压力要求公司有自动的选择良好公司治理安排的机理。政府对市场的部分替代也构成公司的外部治理，它是公司治理的一个重要的外生变量。公司的外部治理活动所主要体现在资本市场、产品市场、劳动力市场、国家法律和社会舆论等。如股东在股票市场上"用脚投票"、消费者在产品市场自由选择等迫使公司尽量选择良好的公司治理安排，保持自己在资本市场和产品市场上的吸引力。劳动力市场竞争则迫使在职的经营者和员工减少逆向选择、道德风险等机会主义行为。国家法律则规定了公司赖以活动的基本框架，社会舆论作为非正式的压力机制也可以将公司推向辉煌或者死亡。

【阅读资料】

优秀治理结构的原则

我们是这样评价董事会的：

独立性：公司现任和前任高层管理者不超过2人，而且其中不能包括与公司发生业务往来或者收取咨询或法律费用的人。审计、薪酬和提名委员会则全部由独立董事担任。

股票所有：每个董事至少拥有价值15万美元的公司股票，不包括期权。唯一的例外是新董事，因为他可能还没有足够的时间去买这些股票。

董事的质量：董事会至少包括1名对公司核心业务有经验的独立董事，1名水平相当的公司CEO。全职董事不能在超过4家公司任职，退休者则不能超过7家。每位董事至少参加75%的会议。

董事会活跃性：董事会应该每年定期开会（管理层不能参加），评估自身的业绩，审计委员会至少1年开4次会，在决定高管薪酬时要节俭，在规划CEO继任时要果断，在监督责任方面要勤勉，而在问题产生时要快速反应。

资料来源：Louis Lavelle，"Best and Worst Boards，" Business Week（October 7，2002）

三、公司治理的战略意义

公司治理通过有效的权力制衡机制、监督机制、激励机制等，在很大程度上解决由于契约的不完整性而产生的委托代理问题，从而为公司形成统一的战略决策并对战略实施过程进行的管理提供了有效的平衡工具。因此，公司治理在战略管理中起关键性的作用。

（一）公司治理结构对战略管理主体有着重要的影响

战略管理的主体包括：战略计划的提出者、战略的制定者、战略的实施者、战略实施过程中的监督者和评价者。就实际情况来看，在战略管理的过程中最有话语权和行为能力的还是董事会和高级管理层。因此，战略的制定和实施过程，其实也就是这两大利益主体相互博弈的过程。同时，公司治理结构也使得这两大利益集团在战略管理中发挥的作用有所不同。一般而言，积极的董事会在战略决策过程中的参与度也越高，对于战略选择有很大的影响力，在战略实施过程中也表现出了较强的控制力。相反，当董事会只是流于形式时，高级管理层则不仅掌握了企业战略实施指挥权，还包揽了战略制定的决策权。此时，高级管理层在进行战略选择的过程中，公司在资本市场的表现和自身利益将成为其考虑的主要因素。因此在市场监督机制不到位的情况下，就很可能出现内部人控制的问题。

（二）公司治理结构将直接关系到企业战略目标的选择

在战略目标的制定上，不同的利益主体出于自身利益的考虑，必然会做出不同的选择，正如前面所说的那样，当董事会是积极的战略管理主体时，作为企业所有者的代表，他们更能站在企业的角度来制定战略目标，以有利于企业的长远发展。当高级管理人员架空了董事会的决策权时，高级管理人员就很有可能处于自己私利而追求短期效益，甚至以牺牲企业的长远利益为代价。虽然这种情况有些极端，但是当公司的治理还不完善的时候，这种情况发生的概率还是比较大的。

（三）公司治理模式的不同直接决定了企业监督机制的差异

公司治理作为一种监督和权力制衡机制，对于战略的实施过程起着监督、控制的作用。当企业选择的是内部治理模式时，这种监督机制就落到了董事会的肩上。这也就要求董事会应该是积极的，能对战略实施过程进行有效的控制。当企业选择的是外部治理模式时，对战略实施的监督则是通过外部市场来实现。当公司治理失效时，市场上的投资者就会选择“用脚投票”的方式抛售公司的股票,相应的高级管理层也会因此受到惩罚。

【阅读资料】

上市公司发展需要良好的公司治理环境

良好的公司治理是企业长期健康、稳定发展的基本保证。上市公司的公司治理作为企业的控制体系和机制,一方面可以激励董事会和管理层实现公司和所有利益相关者的利益最大化目标;另一方面也可以提供有效的监督,从而使企业更有效地利用资源。公司治理健全的企业,其财务绩效和市场走向都有较出色的表现,从而受到投资者的追逐。

公司治理比较好的企业,能够在融资市场上建立好的口碑。在我国目前仍是银行主导的金融市场上,债务融资无疑是公司的首要选择。因此,公司的治理水平越高,就越易于获得债务融资,以较低的自有资本比重就能保持公司稳健经营。也就是说,资本充足率越高,表明上市公司越依靠自有资本进行运营,反之则表明上市公司更倚重债务资本进行运营。

自2008年5月财政部等五部委联合发布《企业内部控制基本规范》以后,我国上市公司内部风险控制意识和制度有了明显的改善。从2009年起,上市公司董事会开始披露《内部控制自我评估报告》,从已公布的评估报告内容上看,上市公司在控制环境、风险评估、控制活动等方面都做了大量基础性工作,提高了风险控制的意识和能力,公司治理整体水平呈现稳步上市态势。

根据《2010年中国上市公司100强公司治理评价》报告的分析,上市公司的治理水平提高主要表现在,有相当一部分公司把改善治理水平当做企业发展的必要手段,从而进入了持续自我改进的轨道;有的上市公司积极探索适合自身发展需要的特色公司治理模式,金融行业的公司治理在各行业中仍处于遥遥领先的地位;上市公司董事会的独立性有了进一步提高,为了吸取国际金融危机的教训,一些董事会和管理层加强了公司风险的监督和管理。随着上市公司决策层对企业风险控制认识的逐步深化,引入风险管理机制有望成为上市公司下一步工作的重点。

我国上市公司的信息披露一直比较规范,这源于监管部门对上市公司信息披露的严格要求,但还缺乏“主动披露”公司治理信息。如果上市公司能够更多地“主动披露”公司治理信息,那么信息披露将成为保护中小投资者从而提高证券市场有效性的重要途径之一。

面对瞬息万变的商业环境,上市公司董事会如何提高运作效率,改善风险管理,对企业的成功尤为关键。其实,公司治理的一个重要环节是风险管理“先行”。尽管目前我国大部分公司管理层内部控制的意识比往年有大幅提高,也主动地对内部控制和运营流程进行了梳理工作,但风险管理不是对现有的内部控制予以梳理就能简单地达到良好的内部控制环境的。只有先对企业所面临的风险加以评估排序筛选,有的放矢地对现有的控制环境加以评估,对这些风险有目的地设计相应的控制,才能达到事半功倍的效果。

建立现代企业制度,完善公司治理结构已经成为上市公司谋求发展的必经之路。优秀的现代企业已经认识到,开展公司治理的目的不仅局限于满足监管要求,而且对公司发展有着更长远的战略规划,加强公司治理将使更多的企业感受到公司治理对企业稳健发展所带来的裨益。

资料来源:张衍. 经济日报[N]. 北京:2010-06-08.

第二节　公司治理模式

公司治理根植于不同的文化之中，不同的文化创造了不同的商业规则和商业文明。目前被人们所认可的公司治理模式大体包括亚洲的家族治理模式、日本和德国的内部治理模式以及英、美德外部治理模式。这些不同的治理模式都是一种文化的精炼。对公司治理一般模式的构筑，应遵循以下三个原则：(1)可以对公司治理的不同类别的制度安排做出描述和分析；(2)应能说明特定公司治理安排产生的条件；(3)必须说明一种公司治理安排的不同构成之间的联系，它们与金融体系以及经济系统的其他部分之间的互相关系。

一般来讲，公司治理模式大致分为下面三种类型。

一、外部治理模式

外部治理又称外部控制主导型公司治理，是指外部市场在公司治理中起着重要作用。这种治理以大型流通性资本市场为基本特征，公司大多在股票交易所上市。其存在的具体外部条件是：非常发达的金融市场、股份所有权广泛分散的开放性公司和活跃的公司控制权市场。这种公司治理模式的典型国家是美国和英国。

(一)外部治理模式的产生

1. 分散化股权融资体制

融资体制是公司治理模式形成的基础。英、美两国是现代市场经济发展最为成熟的两个国家，在企业的发展中特别强调市场的作用。以美国为例，美国有近一个半世纪的公司发展史，历来强调经济主体的自由和个人主义，与此相适应，美国形成了保护这种自由主义的分散化股权融资体制。该融资体制有以下两个特点：

(1)股权资本居于主导，资产负债率低。企业资本主要来源于两个方面：股权资本和借贷资本。美国企业资本大部分来自于股东，资产负债率较低，一般在35%～40%。其原因在于国家对于商业银行经营范围的限制。1933年美国《格拉斯—斯蒂格尔法》Glass - Steagall Act，即《银行法》规定，投资银行和商业银行必须分开，商业银行只能经营短期贷款和政府债券，不能经营7年以上的长期贷款，也不能从事股票和证券业务。如果商业银行用自有资本购买公司的股票，不得超过自有资金和营业总额的10%，购买的债券必须是信誉等级较高的证券。虽然20世纪80年代之后美国对银行的管制有所放松，一些大银行取得了证券交易商的资格或开始从事证券中介业务，银行持有的股票也超过了法律限制，但他们却很少是公司股票的有实质意义的持有者，这就限制了银行参与公司治理的行为。

(2)股权分散，机构投资者占据重要地位。美国是具有反垄断传统的国家，美国公众向来对财富因集中和垄断而压抑公平竞争的现象感到反感，政府顺应民意制定了许多限制持股人持股比例的法案。与此同时，为使这些不至于对公司融资产生不利影响，美国政府造就了相当成熟的证券市场，为公司筹集股权资本和公民购买股票创造了便利条件，也使得美国公司股权出现高度分散化的特征。另外，美国还发展了各种非银行金融机构，即机构投资者，如各种养老金、互助基金、保险、信托公司等，这些机构投资者成为企业筹措资金的极为重要的中介机构。机构投资者持股额占上市公司股份总额的比例，从20世纪50年代的平均23%，上升到了1990年的53.3%。但是，为了降低风险，机构投资者的基本选择是

"不把所有鸡蛋装在同一个篮子里",而是进行投资的分散化合多元化,他们在每家公司所占得持股份额都比较小。

2. 分散化股权融资体制与外部治理模式的关联

美、英公司股权的高度分散化势必会产生以下两个问题:

第一,股东人数过多和股份过于分散使股东无法对公司实施日常控制,他们只能把日常的控制权授予董事会,董事会再授权给经理人员,即存在所有权和控制权的分离。

第二,分散的股东很少或没有监督经营者。因为监督是一种公共品,如果一位股东的监督引起公司绩效的改善,那么所有的股东都能受益,但监督却需要付出代价,所以每个股东都希望其他股东进行监督,而自己"搭便车"。遗憾的是,所有股东的想法相同,其结果是没有或几乎没有监督发生。

对于以上两个问题有人寄希望于机构投资者。但实际上他们并不能解决以上问题。一方面,机构投资者并不是真正的所有者,而只是机构的代理人,是为本基金的所有者运用资金的主体,因此,机构投资者常被视为"消极投资者"(passive investors),即机构投资者主要关心的是公司能付给他们多高的股息和红利,而不是企业经营的好坏和实力的强弱;一旦发现公司绩效不佳而使所持股票收益率下降,它们的反应是迅速改变自己的投资组合,而无意插手改组公司经营班子或帮助公司改善经营,这就决定了机构投资者所持股票具有较高的换手率。另一方面,美国有关法律限制机构投资者干预公司的运作。如1940年美国的《投资公司法》规定,保险公司在任何一个公司的持股率不能超过5%,养老基金和互助基金不能超过10%,否则就会面临非常不利的纳税待遇,其收入要先缴公司税,然后在向基金股东分配收入时再纳一次税。

针对个人股东持股的高度分散和机构投资者的"消极倾向",美国公司治理的重心便放在了其发达的市场上,即通过股票市场、经理市场和产品市场等在内的市场体系对经营者进行约束,同时通过对经营者给予必要的激励以促使经营者加强自我约束。由于对经营者的控制以外部市场为主,故被称为外部控制主导型公司治理或称外部治理。

(二)外部治理模式的特点

1. 董事会中独立董事比例较大

董事会是公司治理的核心。美、英等国家的公司多采用单层制董事会,不设监事会。董事会兼有决策和监督双重职能。董事会由股东大会直接选举产生,对股东大会负责。董事会由提名委员会、薪酬委员会和审计委员会等不同的委员会组成。董事会的监督职能主要由独立的非执行董事承担,通常报酬委员会、审计委员会等行使监督职能的委员会由主要或全部独立的非执行董事组成。美、英等国家的公司独立董事在董事会中的比例多在半数以上。

由于股东在追求利益最大化时有可能损害他人利益,大股东在实现自身利益的同时还可能会损害小股东的利益,因此股东作为董事有一定的局限性,引进独立董事制度便成为必然。独立董事可以独立地对公司的经营做出客观的判断和科学的决策,其在董事会中的比例反映出公司治理中公司经营者受外部因素约束的状况。其比例占绝对优势的公司中,经营者所感受到的来自外部的压力明显高于公司,这就增强了管理的科学性和有效性,并最大限度地维护了各种利益相关者的利益。以美国为例,独立董事在美国企业中愈来愈受到重视,并且通过法律来维护独立董事的合法地位。美国公司的独立非执行董事比例一般高达62%左右。在1999年的美国《财富》1 000强公司中,董事会的平均规模为11人,其中外部董事为9人,占81.1%。独立董事参与公司治理的方式主要包括:董事会全部或大部分由独立董事组成专门委员会;明确独立董事在公司治理中的权利,如公司的关联交易必须经由独立董事签字后方能生效,两名以上的独立董事可以提议召开临时股东大会等。独立董事通过定期举行只有独立董事参加的会议来加强交流合作。

2. 公司控制权市场在外部约束中居于核心地位

公司控制权市场主要是指通过收购兼并等方式获取公司的控制权,从而实现对公司资产重组或公司股东及高层管理人员的更换。公司控制权的竞争是股票市场上相当普遍的现象。公司的经营者的业绩大幅下降,公司的股票价格就会随之下跌,当实力集团认为有利可图时,就会出现股票市场上的收购现象,持股比例的变化将带来公司控制主体的变化,公司的股东和高层管理人员的地位也会随之变化,这种约束和激励的形式被称为收购接管机制。该机制是来自外部的对企业经营者约束和激励的核心。

3. 经理市场发育健全

成熟的经理人市场是对从事经理职业的这一群体的外部约束力量。美、英等国家都有成熟和健全的经理市场,这些人以经理为职业,为维护经理的职位而努力工作。职业经理人如果不能被聘任为经理,就会失业。聘任经理人的一个重要标准是他以往的经营业绩。如果在其任职期间,公司出现营业绩欠佳,甚至被收购的情况,经理人的信誉就会大大下降,进而就会面临被解雇的危险。所以,经理人为维护自己的信誉将会倾尽全力经营公司。

4. 经理报酬中股票期权的比例较大

经理报酬的形式很多,其中之一为股票期权。股票期权的报酬支付方式源于美国。1952年,美国耀辉(Prizer)制药公司推出第一个股票期权计划,之后愈来愈多的企业开始引入股票期权制度。美国投资者责任研究中心(National Association of Corporate Directors, USA)的凯西·B·鲁克斯顿(Ruxton, Kathy B.)对美国1997年标准普尔1 500家超大型企业经理报酬的研究表明,大多数公司都给总裁以期权激励,其中市值超过100亿美元的大型公司实施股票期权制度的比例高达89%。1998年,全美1 000家公司管理人员的薪酬中,有53%来自股票期权。根据美国商业周刊(2000)的统计,1999年度美国收入最高的前20名首席执行官获得的收入中,来自于股票升值的部分平均占总收入的90%以上。股票期权相对效益工资而言是一种长期的激励机制。经营者来自股票期权收益的多少完全取决于股票二级市场的升值,升值的大小和经营者长期的经营业绩直接相关,这为管理者的努力提供了更大的动力。

5. 信息披露完备

信息披露作为公司的决定性因素之一,一般受内部和外部两种制度的制约。外部制度是指国家和有关机构对公司信息披露的各种规定,内部制度是公司治理对信息披露的各种制度要求。内部制度和外部制度对信息披露的内容、时间、详细程度等各方面的要求可能存在差异。实践证明,及时、详尽、准确的信息披露可以为投资者提供可靠的决策依据,以维护投资者的信心,并且成为吸引潜在投资者的重要条件。强有力的信息披露可以大大降低投资者决策的风险。在资本市场发达的美、英等国家,公司信息披露的外部制度相对完备,公司经济活动的透明度高,从而极大地减少了因信息不对称而造成的决策失误,降低了因失误带来的风险和损失。无疑,信息披露的完备也为投资者"用脚投票"创造了有利的条件。

(三)外部治理模式的缺陷

美国公司治理专家玛格丽特·布莱尔(Magreter Blaire)指出,以美国为代表的外部治理模式至少存在两个缺陷:

第一,由于公司股票的持有者分布在成千上万的个人和机构手中,每一个股票持有者在公司发行的股票总额中仅占一个微小的份额,因而在影响和控制经营者方面,股东力量过于分散,股东大会"空壳化"比较严重,使得公司的经营者经常在管理过程中浪费资源并让公司服务于他们个人的利益,有时还会损害股东的利益。

第二,金融市场是短见而缺乏忍耐性的,股东们并不了解什么是他们的长期利益,他们更愿意使自己的短期利益更大些。当公司强调要在研究和发展以及代价高昂的市场拓展战略等方面持续投资而延期向他们支付时,股东们就会倾向于卖出或降价出售公司的股票。在部分情况下公司是在进行低业绩的操作,因为经理人员对来自金融市场方面的短期压力太敏感。布莱尔强调,外部控制主导型公司治理模式过于强调股东的利益,从而导致公司对其他利益相关者的投资不足,进而降低了公司潜在的财富创造机会。

二、内部治理模式

内部治理又称内部控制主导型公司治理,是指股东(法人股东)、银行(一般也是股东)和内部经理人员的流动在公司治理中起着重要作用,而资本流通性则相对较弱,证券市场不十分活跃。这种模式以后起的工业化国家为代表,如日本、德国(一般指前联邦德国)和其他欧洲大陆国家。

(一)内部治理模式的产生

1. 法人在公司融资中的核心作用

相对于美、英对个人自由的保护,日德则更加强调共同主义,具有强烈的群体意识,正是这种群体意识,形成了法人(包括银行)在公司融资中的核心作用。这种融资体制有以下两个特点:

(1)以金融机构融资为主,资产负债率高。日本和德国公司的资产负债率高,企业多以向金融机构融资为主,公司资产负债率一般在60%左右。这一特点是由两国的经济环境决定的。二战结束后,由于两国受到重创,资金短缺,企业一时间无法获得发展壮大所需的大量资金,证券市场又不发达,民众也没有太多的资金投资,因此企业只能向银行等金融机构求助。日、德政府既要在短期内恢复经济,又要赶超美国,在政策上也支持银行等金融机构向企业投资,从而逐渐形成了日、德企业资产负债率较高的局面。

(2)法人(包括银行)股占主导地位。二战后,日本在解散财阀的过程中,出现了财阀系大银行,其财力为持股奠定了资金基础,加之民众贫穷,法人持股比重急剧上升。1964年,日本加入经济合作与发展组织(OECD),为阻止资本市场开放后外国公司对日本企业的吞并,日本政府推行资本自由化政策,开展"稳定股东活动",从市场购进股票再出售给稳定的股东,从而大大促进了持股的法人化。至此,法人股份制成为日本占据主导地位的企业制度。此后,法人持股开始进入缓慢上升阶段,1990年法人持股比例达到72.7%。

在德国,至少从俾斯麦(Otto von Bismarck)时代起,银行就是德国公司治理的核心。俾斯麦曾通过银行促使经济增长。起初,银行只是公司的债权人,但当银行所放款的那家公司到证券市场融资或拖欠银行贷款时，银行就变成了该公司的大股东；银行可以持有一家公司的多少股份，并无法律上的限制，只要其金额不超过银行资本的15%。二战后，德国工业重建初期，银行成为企业资金的主要供应者，很快建立起在德国金融体系中的核心地位。

2. 法人核心作用的法律基础及与内部治理模式的关联

日、德以法人为核心的融资体制与两个国家的法律制度密切关联。

(1)日、德对金融机构的管制政策较为宽松。日、德金融机构在持有企业股权方面具有很大的自由度，这是日、德模式产生的关键因素。1987 年以前，日本反垄断法规定，商业银行可持有一家企业股份的上限为 10%；1987 年以后，这一比例尽管下降为 5%，但对超过5%范围的股票处理问题，却设定了 10 年延缓期，这等于对银行没有限制。保险公司最多持有一家公司 10% 的股份，而共同基金和养老基金在投资分散化方面则不受任何限制。德国在银行持股方面更无限制。根据德国实行的全能银行(universal bank)原则，银行可以提供从商业银行业务到投资银行业务的广泛服务(包括信贷、信托、证券投资等)，可以无限量地持有任何一家非金融企业的股份，德国银行的平均持股率为 9%。德国反托拉斯法也没有对其做出任何限制。

(2)日、德对证券市场的限制过于严格。日、德两国传统上对非金融企业进行直接融资采取歧视性的法律监管。长期以来，日本债券市场只对少数国有企业和电子行业开放，而且债券发行委员会通过一套详细的会计准则对企业债券的发行设置了严格的限制条件。在德国，企业发行商业股票和长期债券必须事先得到联邦经济部的批准，而批准的条件是发行企业的负债水平在一定的限度以内，发行申请必须得到某一银行的支持，企业发行股票要被征收 1% 的公司税。由于对企业直接融资的严格监管，使得德日证券市场与英美证券市场相比，发展比较落后。

(3)日、德在信息披露方面规定不太严格

1989 年，OECD 曾对各国跨国公司合并财务报表进行了一次调查，在经营结果披露方面，被调查的 23 家日本公司中只有 2 家公司完全符合要求，而 19 家德国公司中居然无一家公司完全符合要求；在内部转移定价披露方面，日本公司只占 10%，德国公司仍然无一家。这表明，日、德在信息披露方面的规定不太严格，结果造成外部投资者得到内部信息的机会减少，增加了信息成本，影响了投资积极性，这对企业的直接融资行为起到了阻碍作用。

日、德法人持股的目的相对于个人而言更长远，更重视企业的长期发展和长远利益。法人持股换手率低，流通性差，比例高，更易于对企业的经营管理产生影响和加以控制。相对于英美等国的股东“用脚投票”的方式，日、德企业股东更多地采用“用手投票”的方式来使企业的目标与投资者的目标相一致，从而形成了内部控制主导型的公司治理模式。

(二)内部治理模式的特点

1. 董事会与监事会分立

德、日企业多采用双层制董事会。在德国模式中，股东大会直接选举出监事会，监事会由非执行董事构成，行使执行职能；监事会由执行董事组成，行使执行职能；监事会决定董事会的人选和政策目标。股东大会、监事会和执行董事会分设，决策者与执行者相互独立，有利于发挥监事会对公司经营者的有效监督作用。在日本模式中，董事会和监事会均由股东大会选举产生，监事会独立于董事会而存在。董事会和高层经营人员组成的执行机构合二为一,决策者与执行者合二为一。在以德、日为代表的内部控制主导型公司治理模式中,证券市场不发达,公司经营者在企业中居于主导地位。以日本为例,日本监事会的权利相对较小,虽然规定监事会应由股东大会选举产生,但往往是经总裁选定之后推荐,监事会通常由富有经验的前任管理人员担当。选聘注册会计师的事项本应由股东大会做出决定,但也通常由财务董事直接向总裁推荐,监事会不作干预。可见,日本的监事会仅相当于董事会的一个监督部门。董事会与监事会无法平行运作,事前事后、内部外部的有效监督很难实现。相对于外部控制主导型公司治理模式通过注重董事会的改革和增加独立董事的比例来加强董事会的监督职能而言,内部控制主导型公司治理的改革更注重董事会的完善。

在内部治理模式中,职工董事的职能得到体现。在德国公司法中有如下规定:职工与股东以相同的比例进入董事会,但也视公司规模的大小有所不同。日本虽然在商法中有所规定,但在日本公司中,长期以来已经约定俗成,职工通过内部晋升的竞争来加入董事会,职工参与管理在很大程度上降低了所有权与管理权分离所产生的代理成本。

2. 企业与银行共同治理

与美、营等国家企业融资结构特点相比,日本与德国企业的融资途径多是通过银行,债权比例相对股权较高。银行不仅是企业的主要债权人,同时还与企业互相持股,从而兼有债权人和股东双重身份,由此在银行和企业之间存在着一种特殊的关系——主银行关系。主银行关系的内容主要包括:企业选定一家银行作为主要往来银行,并把从该银行获得的贷款作为资金来源的主要渠道;银行和企业之间互相持股,银行参与企业的治理;在企业发生危机时,银行提供救助,以及破产清算时作为牵头银行。通过以相互持股为基础的主银行关系,形成了银行与企业共同治理的模式,同时也排斥了公司治理结构中股东的积极作用和市场对企业行为的正常监督。

银行可以通过各种正式和非正式的途径获得企业经营活动的信息,在公司股东的群体当中,银行的监控成本最小。银行作为企业的债权人和股东,既可以通过直接管理来控制经营者,也可以运用信贷控制这一有力武器实施有效的监控。

3. 公司之间的交叉持股

在日、德等国家的企业集团中,公司之间的交叉持股现象十分普遍。以德国为例,1994年最大的100家公司之间的资本关联关系为11.7%。安联(Allianz)保险公司、拜尔—裕宝银行(Bayer – Hypo Vereinsbank)、贴现银行和慕切纳·拉克(Munchener Ruck)公司这四家公司相互持股达到28%~42%。日本的情况与德国相似,据日本商事法务研究会1990年的一项调查,在日本的实业法人中,存在相互持股关系的公司占92%,其中,互相持股率达到10%以上的公司占70.3%。交叉持股意味着可以持有自己的股份,这不仅可以增强其现有大额所有权力量,还容易形成表决卡特尔。如果一方在另一方的股东大会上采取不合作态度,另一方也会在这一方的股东大会中进行抵制,这无疑会损害相互持股关系的信赖基础,因此,大企业股东一般都不随意干预持股公司的经营决策。再者,法人大股东持股的主要动机不在于获取股票投资收益,而在于加强企业间的业务联系,通过稳定经营增加企业的利润。他们认为为了获取短期利益而损害长期的合作关系是不值得的。在法人股东占据主导地位的情况下,即使个人股东不赞同公司提案,也不可能左右公司局势,各公司向股东大会提出的报告和方案总能顺利通过。

然而,相互持股带来了企业的集团化和系列化,彼此间的依赖性较强,一家企业的失误可能给整个集团或系列带来不良后果,因此,任何一家企业的经营者都不允许关联企业的经营者在经营上玩忽职守,如果经营者出现大的失误,就会在企业内部或集团内被追究责任,甚至被撤职。

(三)内部治理模式的缺陷

内部控制主导型公司治理模式的一个显著特点是法人之间相互持股。近年来这种相互持股的制度不断受到指责,其缺陷主要有以下三个方面:

第一,违反股份公司原则。公司相互持股,容易导致资本金在形式上无限扩大,而实际上并没有筹到任何真正的资金,仅仅是一张交换股票的纸片甚至只是账面游戏而已,这种做法违反了资本充实原则。

第二,引发公司支配权的不公正占用。实际出资人的支配权地位丧失了,而没有出资的经营者却支配着公司,从而违反了权利与义务相一致的原则。

第三,股东大会"空壳化"。相互持股公司的经营者为维护自己的利益而相互支持,而不是相互监督,即出现股东大会的"空壳化"和形式化,其结果是带来"无责任经营"或"相互放任型"经营,形成彼此之间相互都不追究责任的制度。

公司之间相互持股的现象导致终极股东被架空,经营者把持公司,从而为其牟取私利创造了方便条件。以德国股票实行股票期权为例,1996 年之前,德国公司很少实行股票期权。其中,大公司较早实施股票期权的企业是 1996 年的奔驰公司和德意志银行,当时引起了社会各界的广泛关注。在为数不多的实行股票期权的公司,由于其经营者不受股东约束,所谓股票期权不过是换个手法为经营者增加报酬而已。德意志银行、奔驰公司和大众汽车公司就是这种情况。

三、家族治理模式

家族治理又称家族控制主导型公司治理,是指家族占有公司股权的相对多数,企业所有权与经营权不分离,家族在公司中起着主导作用的一种治理模式。与此相适应,资本流动性也相对比较弱。这种治理以东亚的韩国,东南亚的新加坡、马来西亚、泰国、印度尼西亚、菲律宾国家和地区为代表。

(一)家族治理模式的产生

1. 东南亚和韩国家族治理模式的产生过程

韩国家族企业产生于二战或朝鲜战争结束后至 20 世纪 60 年代前。二战后,在美国的支持下,私营家族企业进入了创业期。朝鲜战争后,政府把二战后没收的日本统治时期的公营企业和日本人的私人企业,以分散付款的方式,几乎全部以较低的价格出售给了私人企业家、军政人员和其他人员,许多家族企业也因此而起家。从 60 年代后期开始,在家族成员控制大部分股权的情况下,韩国家族财团下属的核心企业纷纷上市,企业的所有权开始社会化。同时,随着多元化战略的实施,家族财团所控制的系列企业不断增多,有亲缘关系的家族成员大量进入企业。

东南亚属国家族企业产生于 20 世纪 50 年代之前,即东南亚各国处于西方列强的殖民统治时期。这一时期,移居东南亚的华人开始在外国资本的夹缝中创办企业,创业者既是企业的所有者又是企业的经营者。二战后,东南亚各国纷纷独立,华人家族企业通过购并、控股和参股等形式,控制了过去为西方资本控制和垄断的行业。同时,独立后的东南亚国家采取了大力发展经济的战略,这也为华人家族企业提供了有利的发展机会,家族企业逐步在一些国家经济中占据了主导地位。20世纪80年代以来,东南亚华人家族企业经营的产业层次不断提高,多元化经营范围不断扩大,上市公司数量不断增多,家族企业所有权出现了多元化格局,但家族成员仍控制着企业的多数股权,企业主要经营管理权仍然掌握在家族成员的手中。不过,来自家族外的高级经营者管理专门人才开始大量进入企业,并掌握了部分高层管理职位。

2. 韩国和东南亚家族治理模式产生的原因

儒家文化是韩国和东南亚国家家族式公司治理模式形成的共同原因。儒家文化重视家庭亲缘关系,注重"和谐",谋求"和为贵"、"家和万事兴"、"仁者爱人"等思想观念,对韩国人和东南亚华人有较强的影响。这种家族其实观念引入到企业,便形成了企业的家族性,并在企业的运营过程中形成了由家族成员共同治理企业的家族治理模式。

东南亚家族治理模式的形成还有其特殊原因。一是民族歧视。东南亚国家独立前,华人长期受西方殖民主义者的歧视,独立后作为少数民族又受到所在国土著人的歧视。在这种情况下,华人只能借助家族成员的力量来谋求企业发展并保持对企业的控制权。二是东南亚国家土著人的文化素质相对较低,而华人一般都受到过良好的教育,文化素质较高。正是这种差距,使得华人企业只能采取家族治理的方式。

韩国家族治理模式的形成也有其特殊原因。一是长期以来受儒家思想影响,工商业者的社会地位很低。因此,在20世纪60年代前,在韩国创办企业,只能主要借助家族的力量。60年代后,企业家的社会地位得到提高,许多大学生纷纷到父母办的家族企业工作,使家族企业的家族性得到进一步加强。二是朝鲜战争后国贫民穷,资金短缺,因此,在家族企业的创业期,由家族成员共同出资,共同创业,共同经营管理企业,便成为创办企业所需资金的主要来源。

(二)家族治理模式的特点

1. 所有权主要由家族控制

所有权集中于家族成员是韩国和东南亚国家公司的普遍现象。这种现象在小公司比在大公司更加明显,然而,即使是大公司,所有权的集中程度也超过了60%。如菲律宾和印度尼西亚全部资本市场的1/6可以最终追溯到两个家族的控制,即苏哈托家族(Suhators)和阿亚拉斯家族(Ayalas);在泰国,通过控股公司,个人和家族股东拥有大于60%的企业。

在韩国和东南亚的家族企业中,家族成员控制企业的所有权大致有以下三种情况:一是由企业初始创业者单独或共同拥有,待其退休后,交由子女、第三代或家族成员共同拥有;二是由家族创业者与家族外的人或企业合资创办的企业,若是家族创业者或家族企业控股的,待企业股权传至第二代或第三代时,就会形成家族成员联合控股的情况。;三是迫于企业公开化或社会化的压力而进行改造公开上市的,虽然形成了家族企业产权多元化的格局,但是其所有权仍主要由家族成员控制。

2. 企业决策家长化

在韩国和东南亚的家族企业中,家族成员控制企业经营管理权主要有两种情况:一是企业经营管理权主要由有血缘关系的家族成员控制;二是企业经营管理权主要由有血缘关系的家庭成员和有亲缘、姻缘关系的家族成员共同控制。第一种情况如菲律宾的郑周敏集团。郑周敏集团的主要领导权由郑周敏和其14个子女中的9个共同控制(其余5个子女正在求学)。第二种情况如韩国的韩进集团。1984年,韩国韩进集团的创始人赵重勋任集团会长,集团的三大主力企业的重要职务均由其家属和亲属担任,其胞弟任韩逸开发公司经理,内弟任韩进股份有限公司经理,长子任大韩航空公司专务。

由于受儒家伦理道德准则的影响,在韩国和东南亚家族企业中,企业的决策被纳入了家族内部序列,企业的重大决策如创办新企业、人事任免、决定企业的接班人等都由作为企业创办人的家长一人做出,家族中其他成员做出的决策也必须得到家长的首肯。即使这些家长已经退居二线,但由家族第二代成员做出重大决策时,也必须征询家长的意见或得其首肯。当家族企业的领导权传递到第二代和第三代后,前一代家长决策权威也同时赋予第二代或第三代接班人,由他们做出的决策,其他家族成员一般也必须遵从。

3. 经营者激励约束双重化

在韩国和东南亚的家族企业中,经营者受到了来自家族利益和亲情的双重激励和约束。对于第一代创业人而言,其经营行为往往是为了光宗耀祖或使自己的家庭更好地生活,以及为自己的子孙后代留下一份产业。对于家族继任者来说,,发扬光大父辈留下的事业、实现家族资产的保值增值、维持家族成员的亲情,是对他们的经营行为进行激励和约束的主要机制。因此,与非家族企业经营者相比,家族企业经营者的道德风险、利己的个人主义倾向比较少。但这种建立在家族利益和亲情基础上的激励约束机制,使家族企业经营者所承受的压力较大,并为家族企业的解体留下了隐患。

4. 企业员工管理家庭化

儒家的"和谐"和"仁者爱人"思想不仅用于家族成员的团结上,还被应用于对员工的管理上,以此在企业中创造和培育出一种家庭式的氛围。例如,马来西亚的金狮集团,在经济不景气时不辞退员工,如果员工表现不佳,公司会采取谈心等方式来分析和解决问题,而不是开除。再如,韩国的家族企业都为员工提供各种福利措施,包括宿舍、食堂、通勤班车、职工医院、浴池、托儿所、员工进修条件等。对员工的这种家庭式管理,不仅增强了员工对企业的成就感和忠诚度,提高了企业经营管理者和员工之间的亲和力和凝聚力,还减少和削弱了员工和企业之间的摩擦和矛盾,保证了企业的顺利发展。

5. 来自银行的外部监督弱

在东南亚,银行只是家族的系列企业之一,与其他企业一样,都是实现家族利益的工具,银行必须服从于家族的整体利益。因此,来自银行的约束基本上是软约束。而没有涉足银行业的家族企业一般都采取由下属的系列企业之间互相担保的形式向银行融资,这也使银行对家族企业的监督力度受到了削弱。在韩国,银行是由政府控制的,只有符合政府宏观经济政策和产业政策要求的企业才会获得银行的大量优惠贷款。因此,韩国的家族企业都是围绕政府的政策指向创办企业和从事经营的。在这种情况下,银行只是一个发放贷款的工具,对企业的监督和约束力度很小。

(三)家族治理模式的缺陷

韩国和东南亚国家家族治理模式的缺陷主要表现在三个方面:

第一,任人唯亲。家族治理模式中所具有的企业凝聚力强、稳定程度高和决策迅速的优点是以参与管理的家族成员具有相应的管理才能为条件的,如果不具备这些条件,则家族企业的上述优势不仅发挥不出来,还会给企业带来经营上的失败,甚至导致企业破产倒闭。例如,韩国国际财团曾经是一个拥有20各系列公司的世界性大企业,其纯利润增加幅度1997年居世界第10位。但该财团却在1985年突然倒闭,倒闭的一个重要原因是该财团的领导核心是由缺乏管理才能的家族成员组成的。

第二,家族继承的风险较大。一些家族企业在领导人换代时,由于承接领导权的人选得不到家族成员的拥护而容易导致企业分裂,甚至解体。例如,20世纪80年代中期,泰国暹罗集团创业者陈龙坚把家族事业交由其女陈锦吟管理后,由于家族其他成员不满其行为,合力策动"宫廷政变",把陈锦吟排挤出董事局,结果导致陈锦吟与其丈夫的KTN集团分离出去,削弱了暹罗集团的力量。还有一些家族企业的继承人由于对企业环境、自己的经营经验和管理能力缺乏正确的认识,采取急功近利的攻击型经营,也容易导致企业破产。例如,1977年以来,韩国破产的起亚、韩宝等8大家族企业都属这种情况。

第三,家族企业社会化、公开化程度低。如前所述,韩国和东南亚家族企业(尤其是东南亚华人家族企业)受到政府的一些限制,使其企业的社会化和公开化程度较低,企业融资渠道狭窄,企业运营职能通过高负债来维持。在东南亚,华人家族企业的负债一般都超过了企业的资产。而在韩国,家族企业的负债率更高,一般企业的负债率都达百分之几百,有的甚至超过百分之一千多。当银行拒绝融资时,企业会马上陷入困境,甚至破产倒闭。

三种公司治理模式的特征总结如表3.1所示。

表3.1 不同公司治理模式的特征

项目	外部治理模式	内部治理模式	家庭治理模式
经济发展状况	高度发达	比较发达	中等水平
证券市场程度	高度发达	欠发达	程度较低
政治法律影响程度	低	高	高
资本结构	负责率较低	负责率较高	负责率较高
股权结构集中度	相对分散	相对集中	相对集中
主要治理主体	股东	利益相关者	所有者与经营者
治理客体的经营行为	短期行为	长期行为	长期行为
治理手段	强调外部治理机制	强调内部治理机制	家族的权力
治理成本	较高	较低	低
治理效率	高	高	一般
面临的主要挑战	对利益相关者的关注,经营者行为的长期变化	金融市场的开放,银企关系的调整	对资本(人力和非人力)的外部需求
改革方向	强化外部监控	完善和强化内部监控	逐步转向内部或外部监控

资料来源:中国商业联合会.中国企业联合会[M].上海:公司治理.上海人民出版社,2006.

【阅读案例】

美国IBM公司的兴衰及公司治理机制的影响

美国IBM公司从1984年左右开始由兴到衰,由年盈利66亿美元到1992年亏损达49.7亿美元。在此8年期间任董事长兼首席执行官的埃克斯被迫下台。新上任的格斯特纳对公司进行了大刀阔斧的改革,包括更换2/3的高层经理人员,将公司原来的分权管理改为强调各部门资源、技能和思想的更大程度的共享。公司开始出现转机,并由亏损到1996年盈利约60亿美元。

IBM公司的兴起与衰落的原因很多。下面介绍的是企业内部治理、外部治理对资本市场、经理市场和产品市场,以及激励约束机制的影响。

1. 董事会的监督与被监督角色。

股份公司由于投资者人数众多且分散,要对经营者的行为给予直接的和经常性的监督,这是很难做到的,因此需要董事会及作为常务机构的执行委员会来代表他们行使对企业经营者的监督权。董事会监督是英美公司内部治理结构的一大制衡力量。IBM公司前任董事长的罢免和新董事长的产生,主要靠的就是这股力量。尽管在对高层经理人员替换决策方面,IBM的董事会似乎做得有点晚了,但毕竟它在最后关头还是发挥了作用。一般而言,公司董事会至少负有三大方面的职责:重大经营问题审议和决策;经营成果检查和评价;高层经理人员任免和奖罚。这些职责权限的行使,是确保董事会履行其作为企业所有者的"信任托管人"角色的重要条件。而这些职责能否得到有效行使,自然与董事会的组成是否合理有关。在IBM公司,其原来的董事会中3/4成员基本上只起装饰作用,他们虽然是些知名的人物,如著名大学校长、前政府官员等,但很少真正关心过公司的经营状况,况且IBM公司的长期好绩效使他们习惯于"享受"董事长每年一次为他们精心安排的一周海外渡假旅行会议。董事会议既已沦为形式,那么,董事会只能依靠其常设的执行委员会来行使职责。80年代初的IBM公司执行委员会中,除了大权在握的首席执行董事(由董事长兼任)外,还有5个成员。其中4位是来自强生制药公司、ABC广播公司和时代出版公司的前任董事长及一建筑公司的总经理。他们尽管并无计算机企业经营经验,可十年来一直受聘担任IBM公司的董事会的执行董事。另一执行董事的职位则通常留给本公司的前任董事长。在埃克斯担任董事长期间,这一内部执行董事人选就是其前任奥佩尔,他曾在80年代的头5年接替卡里当政,虽然那时正处于"二度兴盛"之中,可他本人也明白自己在公司经营中造成了许多问题留待后任去解决,所以要指望他这样的人来行使执行董事的有力监督权是不大可能的。在1993年1月前后的东京董事会上,最终还是来自ABC广播公司的墨菲出来主持局面,撤换了经营无方、改革屡屡不见成效的前公司董事长埃克斯,并将其手下的总裁库勒提升为董事会副主席,以便给予新任董事长以全面的公司高层经理班子组阁权。同时,鉴于公司当时的首席财务审计官梅茨对1992年下半年公司经营状况的预计和对股东红利分配的允诺出现重大偏差,他亦被责令辞职。在最后关键时刻,IBM公司的执行董事促成了公司高层经理人员的更替。但功不抵罪。这些董事在位十年有余,他们对公司的重大经营问题决策负有主要的责任,因而在完成了撤换公司重要经营者的历史使命后,IBM公司董事会也解散重组。

2. 资本市场约束

资本市场对于企业经营者的行为也具有不可忽视的约束作用。尤其是股票上市的公众公司,其资本投资者"用脚投票"的自由权力,随时都在对公司经营者发挥一种鞭策和牵制的力量。在股票市场上,股价的涨跌与企业的盈利能力和资产状况有着密切的联系。公司经营状况看好,股价就会上涨,经营状况不良时股价就会下跌。这种关系在IBM公司"三起两落"发展历程中得到了鲜明的反映。1960年,IBM公司股票价值为每股20.6美元,1972 年长到 80.4 美元,紧接着出现大幅度滑落,仅两年时间就跌至 42 美元。进入 80 年代后.局面有所扭转,股价在 1987 年上升到 175 美元,但好景不长,公司在 1991 年到 1993 年的 3 年时间,连续亏损后股价跌至 17 年来的最低点。在格斯特纳接手公司后的 1993 年底的股价仅为 47 美元.但很快新领导班子便赢得了股民的信任,所以股价很快上升,在随后 3 年里分别达到 73.5、91.4 和 158.5 美元。一度曾以 30% 的速度跌落,从而使股民造成重大损失的 IBht 股票,现在仅隔 3 年 时间就使股民的收益增加了约 10 倍。公司的股票投资者正是从切身利益出发,迫切地希望并坚决地监督着企业经营者,使他们很好地行使着全体股东所委托的经营管理权。

3. 产品市场的约束

在竞争性市场中,购买者的选择和竞争者的压力将决定企业的产品能否畅销,并对企业的经营行为形成一种客观的和最终的评价机制。IBM 公司在 20 世纪 50 年代跨入计算机行业,首先就是顺应了市场从机械计算向电子计算发展的潮流。20 世纪 60 年代开发出近乎垄断整个市场的大型机也是因为符合了市场和顾客的要求,从而使公司得以迅速发展壮大。但进入 20 世纪 70 年代以后,IBM 的经营者开始变得以企业自身为中心,脱离顾客导致其后来开发出来的新产品只是原来产品线的延伸而没有更大的突破。正是因为脱离了市场的导向,结果大型机业务逐渐衰败。这也是因为看不到计算机市场向低廉、日渐小型化的小型机、PC 机和便携机发展的势头而造成的。IBM 公司在与苹果、康相等后起之秀的竞争中,最终走到了濒临破产和大面积亏损的危机境地,这正是市场优胜劣汰法则起作用的结果。而 20 世纪 80 年代个人电脑的成功开发和新领导的所作所为则从另一方面说明,顺应市场需求和变化的方向,公司才能走向繁荣。

4. 经理市场的约束

发达、完善的经理市场在促进经理人才流动的同时,也为在职经理人员造成一种压力,迫使他们努力搞好企业的管理,否则会被其他经理人员所取代,而且可能造成自身"人力资本"的贬值乃至身败名裂。IBM 公司的前董事长埃克斯就是近年来继通用汽车公司和康柏计算机公司前董事长之后被解雇的美国商界主要经理人员。埃克斯最初结束飞行员生涯进入 IBM 公司时只是一名推销员,很快因为善于采取果断行动而被提升为管理人员,并迅速升到当时全世界最好的公司之一的高层管理职位。但他不曾料到自己竟成了历史上一直非常成功的"蓝巨人"衰败的主要责任者。埃克斯在得到 300 万美元的解职补偿后于 1994 年离开了 IBM 公司,并在拟合伙创办一家公司,计划失败后悄无声息地离开了商界。深知经理市场对经理人员能力评价的"无情"以及自身"人力资本"价值的宝贵,许多被列为埃克斯继任者的候选人,担心"烂摊子搞不好会引火烧身",纷纷放弃了尝试念头。而缺乏高技术企业经营经验的格斯特纳,在最初并不是 IBM 公司董事会心目中的最佳人选,据媒体报道,他是毛遂自荐的。但格斯特约在接管 IBM 公司不到 4 年时间里,就使积重难返、被公认只能走"分散化"路子的巨型企业迅速地走出困境,他本人的"人力资本"也很自然地跟着公司绩效的改善而倍增。

5. 激励机制的作用

在现代公司治理中,监督和激励是同一枚硬币的两面,哪面都不可缺少。在 IBM 公司,对高层经理人员的激励包括与现期绩效相关的激励和与未来绩效相关的激励两大部分。前者主要以高额年薪来体现,后者则反映在股票期权的使用上。比如,对于新上任的董事长兼CEO格斯特纳,IBM公司除了在聘用合同中答应补偿其调离所任R烟草公司董事长职务而造成的当年将得到的但现在不得不放弃的约500万美元股票期权收益损失,以及保证其已到手股票期权届满时将换得至少800万美元收益外,还明确其第一年在IBM的薪金为810美元,外加50万股IBM股票期权。第二年,IBM公司又赠给格斯特纳22.5万股期权股票。截止19%年底,格斯特纳的累计期权股票达77万股。若IBM股票能保持每股158.5美元的价格,那么,格斯特纳在不到4年的任期中所获得的股票期权将为他带来约8 000万美元的纯收益。当然,如果企业业绩长期上不去,股价没有比他接受股票期权时的价格有所提高,那么,他手中的股票就无法在期权期满后的交易中获得增值。因此,这是一种与高风险相伴随的激励。另外,除高薪和期权方面的物质激励外,将困境中的公司在这么短时间内迅速扭亏为盈,格斯特纳个人的声望和自我成就感也因此获得提高。这是同人力资本相关的一种更高挑战性的激励力量。

资料来源:中国公司治理网(www.cg.org.cn)

第三节　公司治理机制

现代公司在解决股东、董事会、管理人员和其他投资者之间关系的实践过程中,形成了两类公司治理机制,即外部治理机制和内部治理机制。前者以国家法律规章制度、资本市场、产品市场和经理市场为主;后者以董事会及其内部组织制度为主。总体上看,公司外部治理机制具有强制性和客观性,往往是基于经理的决策后果进行事后分析评价,而无法在经理决策执行过程中,及时发现并纠正问题。以董事会为核心的公司内部治理机制则能够在经理执行日常经营决策行为过程中,实施监督、制约和评价。本节主要讨论内部治理机制问题。

一、公司内部治理机制

公司内部治理机制是公司治理最核心的问题,主要包含两个层次:其一是股东与董事会的关系,其二是董事会与经理的关系。

(一)股东与董事会的关系

董事会与股东之间是信义关系,它介于股东与经理之间,代表股东利益监督管理人员。解决股东与董事会关系的机制有:(1)将董事会成员的报酬与公司价值紧密关联的利益机制;(2)利用董事市场上的声誉机制。利益机制与声誉机制并不是独立地发挥制约董事及董事会的作用,通常是综合依赖董事的法律责任、董事会内部席位之争,以及董事激励报酬、与董事会行为相关的法规制度、董事及董事会的质量评价等机制和措施共同发挥作用,以促进董事及董事会有效履行职能。

(二)董事会与经理的关系

经理是董事会的代理人,经理与董事会的关系主要是代理关系。当董事会能够良好地履行其对公司的信义义务时,公司内部治理机制的主要任务就是解决经理代理问题,降低代理成本。这正是代理理论极为关注的问题。通常认为,控制经理代理问题的内部机制主要有:(1)董事会监督;(2)经理报酬机制;(3)经理持股与内部股权结构;(4)经理自主权;

(5)独立董事制度;(6)制约经理行为的其他规章制度。在履行监督控制经理职责的过程中,董事会并不是一个功能“黑箱”,董事会的内部结构和成员构成,对董事会实施经理控制行为和措施具有重要影响。

(三)健全公司内部治理机制

1. 科学的聘选机制是健全内部治理机制的前提

竞争上岗、公开聘任管理人员是保证经理人能力、努力程度和其行为符合企业目标的重要条件。因此,在董事会内部设立独立选聘委员会,有助于改进经理服务市场的效率。科学聘选机制的形成有赖于外部经理服务市场的存在。运作良好的经理服务市场可防止经理人员对企业进行无效运作,因为这样将使他们面临失去工作的威胁。

2. 合理的激励机制是健全内部治理机制的关键

合理的激励机制要解决的是激励经理人工作的努力程度问题(也包括为谁工作的问题)。一般说来,在其他条件不变的情况下,激励越强,经理人工作就越努力,企业绩效也就越好。所以,管理层和董事薪资与公司业绩挂钩的薪酬体系有助于刺激他们提高公司业绩;在董事会内部设立独立薪酬委员会,通过最小化经理人员自我提薪的风险,有助于改进薪酬体系的效率。改善激励机制,主要有两种途径。一是产权改革。产权理论认为,产权明晰企业的产权人有较强的激励动机去提高企业的绩效。产权的核心是公司剩余的占有权。因此,产权改革应包括经理人对剩余利润的分享,这可以通过分红、股票激励等形式实现。二是引入市场竞争。企业绩效主要与市场结构有关,与市场竞争程度有关,竞争是企业改善绩效的根本保证,激励机制只能在竞争的条件下才能发挥作用。

3. 有效的监督机制是健全内部治理机制的保证

监督机制着重解决经理人为谁工作的问题(也包括经理人工作是否努力的问题),通常,监督机制越有效,越能使经理人最大限度地努力为股东利益工作,企业绩效就越好。公司内部的监督机制包括股东、股东会、董事会以及监事会对经理人员的监督。

股东的监督主要表现为两种形式:一是在股东会上通过投票否决各类议案,或者通过投票来替换被认为不称职的董事会成员,进而替换被认为不称职的经理人员;二是在预期公司业绩下滑(预期收益下降)时,通过股票二级市场或其他渠道转让股票/股权,从而退出企业。股东会作为公司的最高权力机构,对公司管理层的监督具有最高的权威性和最大的约束性。公司股东会有权选举和罢免公司的董事和监事,有权查阅公司的账目。但股东会作为监督机构也有其弱点,股东会不是常设机关,其监督权的行使往往交给专事监督职能的监事会或者部分地交给董事会,仅保留对公司经营结果的审查权和决定权,这就在一定程度上削弱了股东会的监督职能。

董事会的内部监督职能主要表现为董事会对经理层的监督。董事会有权聘任或者解雇经理层人员,有权制定重大发展战略。董事会的这些权利能够有效约束经理层人员的行为,以保证董事会制定的发展计划能够得到公司经理层的贯彻执行,同时确保不称职的经理层人员能够被替换。

监事会是公司从事监督职能的机构,监事会对股东会负责,以出资人代表的身份行使监督权。监事会以董事会和经理层人员为监督对象。监事会可以通知经营管理机构停止违法或越权行为,可以随时调查公司的财务情况,审查文件账册,并有权要求董事会提供情况,可以审核董事会编制的提供给股东会的各种报表,并把审核意见向股东会报告,可以提议召开股东会。

二、董事会及其构成

董事会是指依法由股东会选举产生，代表公司行使经营决策权的公司常设机关。它是公司成立所必备的条件，其组织必须在公司法或公司章程中明确予以规定。董事会是公司的经营决策机构，股东(大)会做出的表达股东意志的各项决议，由董事会负责执行，因此，董事会是代表公司利益监督管理人员的实体，是公司的最高控制系统。但它有自己独立的职权，在法律和章程规定的范围内，组织和管理公司生产经营的正常运转。

(一)董事会的职责

依据新《公司法》的规定，董事会对股东(大)会负责，行使下列职权：

(1)召集股东会会议，并向股东会报告工作。

(2)执行股东会的决议。

(3)决定公司的经营计划和投资方案。

(4)制订公司的年度财务预算方案、决算方案。

(5)制订公司的利润分配方案和弥补亏损方案。

(6)制订公司增加或者减少注册资本以及发行公司债券的方案。

(7)制订公司合并、分立、解散或者变更公司形式的方案。

(8)决定公司内部管理机构的设置。

(9)决定聘任或者解聘公司经理及其报酬事项，并根据经理的提名决定聘任或者解聘公司副经理、财务负责人及其报酬事项。

(10)制定公司的基本管理制度。

(11)公司章程规定的其他职权。

依据新《公司法》的规定，股东(大)会行使下列职权：

(1)决定公司的经营方针和投资计划。

(2)选举和更换非由职工代表担任的董事、监事，决定有关董事、监事的报酬事项。

(3)审议批准董事会的报告。

(4)审议批准监事会或者监事的报告。

(5)审议批准公司的年度财务预算方案、决算方案。

(6)审议批准公司的利润分配方案和弥补亏损方案，

(7)对公司增加或者减少注册资本做出决议。

(8)对发行公司债券做出决议。

(9)对公司合并、分立、解散、清算或者变更公司形式做出决议。

(10)修改公司章程。

(11)公司章程规定的其他职权。

与股东(大)会相比，董事会的职责更多地偏向于公司未来的发展和战略等重大事项的提议权，以及对公司日常经营的监督管理权。其主要职责是：公司战略的制定及实施；对公司治理的内部监督与审查；对高级管理人员的聘用和解聘，监督战略的实施，并对他们的绩效做出评估；确保公司正常经营，保护股东的利益不受侵害。

【阅读资料】

国外知名董事学会简介

美国国家公司董事协会是美国最老和最大的非盈利会员资格的组织，成员都是公司董事会成员。协会通过了教育、研究和思想领导，几乎塑造了美国30年来公司治理的惯例。协会服务于8 500名成员，提供教育董事的证书。其证书得到NASDAQ、机构股东服务、TIAA－CREF、公司忠告机构和其他突出的美国管制者、评审小组、招聘人员和委员会的认可。

英国董事学会是世界上最古老和最大的董事学会，成员超过52 000名，20年董事训练的历史，在英国和海外包括特许董事拥有证明和检定的专门技术。英国董事学会分支遍及欧洲。

澳洲公司董事学会（AICD）拥有超过20 000位成员，并且在每个澳洲的省份都设立了办公室。AICD是澳洲的主导的专业组织，专门提供教育、信息和拥护董事。

加拿大公司董事学会（ICD）代表着加拿大公众、私有和非营利机构中的董事。ICD承诺去服务加拿大小区内的董事，主要利用以身作则和为了加强加拿大公司治理和表现来促进优秀成绩。ICD为了达到这个使命，便通过教育、专业证书、拥护最佳治理的惯例。

新西兰董事学会有3 500名成员，涉及很多不同的新西兰企业。新西兰董事学会在新西兰促进了不少优秀的公司治理，代表董事的利益，通过教育和训练来促进他们的专业发展。学会给成员一些专业标准展示的承诺，并根据董事的知识和经验来检定和证明他们的专业水平。学会并且提供一项董事会任命服务、咨询服务，来为董事提供教导和一个网上董事会评估系统。

南非董事学会是一个世界上历史最悠久之一的董事学会并为南非的公司治理做出重要的报告。它为成员提供人事网络、数据、咨询服务、董事个人发展等等服务。

（二）董事会的构成

董事会是由股东选举的董事组成，人数一般为9～11人，设董事长一人，可设副董事长。董事又可分为内部董事和外部董事。内部董事也称执行董事，来自公司内部，可能是公司股东、管理人员或员工；外部董事又称非执行董事或独立董事，则来自公司外部，一般都有一定的专业知识、丰富经验和社会地位。

内部董事和外部董事由于其不同的身份和专长，在履行董事会的不同职能时，有其固有的优势和缺陷。在监督职能上，内部董事由于直接负责公司内部某方面业务的决策和执行，能掌握较多的内部情况，对监督提供重要的信息。但若要他们履行监督职能，就会模糊监督者和执行者之间的界限，难以自己监督自己。同时由于受总经理的指挥，在监督总经理上的独立性不强，从而不利于董事会监督职能的发挥。就此而言，外部的独立董事由于是来自商界或学术界的名流而不是公司职员，与企业无直接的利害关系，能从中立的立场发挥监督作用。但正是由于他们与公司没有直接的利害关系，不像大股东的代表那样，有足够的利润动机去进行监督，而主要靠维护自己的声誉去监督。在战略管理方面，外部董事由于精通财务、金融、投资、法律等方面的知识，能对公司的战略管理提供专门知识和咨询指导；内部董事则会对公司的战略决策提供更多的企业内部信息，并有利于战略决策的执行。总体上来说,完全由执行董事所构成的董事会通常不能使代理成本最小化,而外部董事在监督经营者时比内部董事更重要和更有效。

董事会构成是影响董事会结构及其内部制度关系的基础要素。这是因为,董事会是委员会式的组织机构,其履行职责的基本方式是投票制。在常规条件下,一人一票的投票规则使董事会的内部成员构成对董事会决策结果起着决定性作用。例如,在内部管理人员董事占多数的董事会决策中,经理提出的高报酬方案很容易得到多数通过;而在控权股东控制的董事会中,经理决策的自主空间可能相对较小。许多研究文献认为,董事会的独立程度与董事会构成紧密相关。通常假定董事会的外部董事比例越高,董事会的独立性越强。

在大董事会中,由于董事人数众多,来源可能相对广泛,从而使经理或董事长操纵董事会的难度加大。显然,董事的人数越多,董事会决策中达到一致性的难度越大。这样,有利于董事会中存在不同声音。随着董事会规模增加,外部董事席位增加的可能性越大,从而增强外部董事对内部董事的制衡能力。

由于董事会构成直接影响公司重大决策的方向和质量,因此,必然最终影响公司的经营效果和经营业绩。在决策过程中,不同类型董事会成员对问题的关注点不同。例如控权股东选派的董事往往关注公司的重大决策和管理班子安排,而职工代表董事可能更多关注公司的日常经营决策和薪酬福利待遇。因此,不同结构类型董事会的决策结果对公司战略发展和经营绩效的影响不同。以战略投资者代表为主的董事会,其决策结果倾向引导公司向长远目标发展,而以内部管理人员为主的董事会,其决策结果倾向完成公司的近期目标。

(三)董事会专门委员会

为了协助董事会更好地进行经营决策,董事会可以按照股东大会的有关决议,设立战略、审计、提名、薪酬与考核等专门委员会。专门委员会成员全部由董事组成,其中审计委员会、提名委员会、薪酬与考核委员会中独立董事应占多数并担任召集人,审计委员会中至少应有一名独立董事是会计专业人士。

战略委员会的主要职责是对公司长期发展战略和重大投资决策进行研究并提出建议。

审计委员会的主要职责是:(1)提议聘请或更换外部审计机构;(2)监督公司的内部审计制度及其实施;(3)负责内部审计与外部审计之间的沟通;(4)审核公司的财务信息及其披露;(5)审查公司的内控制度。

提名委员会的主要职责是:(1)研究董事、经理人员的选择标准和程序并提出建议;(2)广泛搜寻合格的董事和经理人员的人选;(3)对董事候选人和经理人选进行审查并提出建议。

薪酬与考核委员会的主要职责是:(1)研究董事与经理人员考核的标准,进行考核并提出建议;(2)研究和审查董事、高级管理人员的薪酬政策与方案。

各专门委员会可以聘请中介机构提供专业意见,有关费用由公司承担。各专门委员会对董事会负责,各专门委员会的提案应提交董事会审查决定。

【阅读资料】

中国上市公司治理评价指标体系与评价标准

一级指标	二级指标	三级指标	指标说明	评价标准
股东权利与控股股东行为		1. 同业竞争	评价上市公司与控股股东或其控股的其他关联单位的同业竞争状况	上市公司与关联方属不同行业,无同业竞争
	关联交易	2. 竞价依据	评价控股股东与上市公司间关联交易的定价依据,判断关联交易的规范性	上市公司应有明确的关联交易定价分析报告
		3. 资金占用	从控股股东是否无偿占用上市公司的资金,来反映控股股东行为的外部状况	控股股东不应占用上市公司资金
		4. 贷款担保	从上市公司是否为控股股东及其他关联方提供担保,反映控股股东行为的外部性状况	不提供担保
	上市公司独立性	5. 人员独立性	衡量上市公司与控股股东在人员方面的关联状况	独立
		6. 业务独立性	衡量上市公司与控股股东在业务方面的关联状况	独立
		7. 财务独立性	衡量上市公司与控股股东在财务方面的关联状况	独立
		8. 资产独立性	衡量上市公司与控股股东在资产方面的关联状况	独立
	股东大会	9. 股东大会的参与性	衡量股东参与股东大会的状况	尽可能多的股东参与
		10. 股东大会的规范性	衡量股东大会的程序、评价股东参与股东大会的状况	股东大会纪录完整
	中小股东权益	11. 临时股东大会提案	反映中小股东的意志得到重视的程序	存在
董事与董事会	董事权利与义务	1. 董事遴选	衡量董事选拔程序的合理性	履行法规和企业章程
		2. 董事的能力考核	考核董事履行职责和参与董事会活动情况	符合证监会对此方面的要求和积极主动地参与董事会的活动
		3. 董事年培训	评价董事能力的提升水平	培训次数越多越好
	董事会运作效率	4. 董事会规模	考核董事会规模的合理性	能够进行富有成效的讨论和确保全体股东被公平客观的被代表。规模在5~19人

续表

一级指标	二级指标	三级指标	指标说明	评价标准
		5. 董事人员构成	考核董事会人员结构的合理性	外部董事和独立董事占多数，且具有不同的专业知识
		6. 董事会会议质量	考核董事会召开质量	全面、具体、翔实，并签字
	董事会组织结构	7. 董事会的领导结构	考核董事会权力的制衡情况	履行有关法律
		8、专业委员会的设置	考核专业委员会的设置状况	有相应的专业委员会
		9. 专业委员会运行状态	考核专业委员会运行质量	独立董事代表占多数且发表独立性建议次数
	董事薪酬	10. 董事薪酬水平	考核董事薪酬水平的合理性	符合有关规定
		11. 董事薪酬形式	考核董事激励结构的合理性	董事应采用长期激励机制
		12. 董事绩效评价	考核薪酬方案制订的有效性	有效地评价程序
	独立董事制度	13. 独立董事比例	考核独立董事规模的合理性	独立董事应占董事成员的 1/3
		14. 独立董事激励	考核独立董事的工作效率	独立董事激励方式
		15. 独立董事独立性	考核独立董事职责履行的保障状况	有关规定
监事与监事会	监事能力保证性	1. 非职工代表监事候选人提名	考核非职工代表监事候选人提名对监事会能力保障性的影响	非职工代表监事候选人提名者应能代表广大股东利益
		2. 监事会人员专职程度	监事会主席在公司内兼职与否与兼职的类型是影响监事会独立性的重要因素	监事会主席在公司内适当兼职，但不宜担任与董事会和经理层密切相关的职务，以保证监督的独立性
		3. 外部监事在本公司工作时间保证	一定比例的工作时间是外部监事有效履行监督职责的基本保障	外部监事在公司内实际工作时间不得超过一定的限度
		4. 外部监事薪酬水平	考核外部监事从公司获取薪酬的方式和数量，对于监事工作的质量和独立性有很大的影响	外部监事应该根据其尽责的程度取得相应的报酬

续表

一级指标	二级指标	三级指标	指标说明	评价标准
	监事会运作有效性	5. 近三年来召开股东大会的情况	考核监事会是否就某事件行使其应有的权力	《公司法》规定监事会可以"提议召开临时股东大会"，而公司章程可进一步赋予监事会"独立召集股东大会"的职权
		6. 监事会的结构和规模有效性	考核监事会履行监督职责的基础	应当保证监事会有足够的经验、能力和专业背景，独立有效地行使对董事，经理履行职务的监督和对公司财务的监督和检查
		7. 监事会会议的有效性	考核监事会履行监督履行工作职能状况	监事会应定期举行监事会会议，监事会的成员应该保证出席监事会会议的次数
		8. 监事会行使监督权的有效性	考核监事会对董事会及董事、高级管理人员履行监督职权的状况	监事会有权要求相关董事、经理、财务负责人列席监事会议，并就有关问题对他们进行质询
		9. 监事会监管纪律的完备性	监事会的监督记录及专项检查结果是评价董事会及高管人员的重要依据	监事会的各项监督活动应被认真记录并保存完整
经理层	任免制度	1. 总经理选聘方式	评价总经理来源地公开性与竞争程度	董事会采取公开透明的选聘方式选聘总经理
		2. 其他高管人员的选聘方式	评价其他高管人员来源的公开性与竞争程度	总经理或提名委员会提名，采取公开、透明的选聘方式
		3. 高管层的行政制	评价政企分开的程度	实行现代企业制度的公司高层人员不兼任行政官员是政企分开的保证
		4. 总经理与董事长两权设置	评价总经理经营控制地位的相对独立性	上市公司董事长和总经理两权分开有利于董事会对经理层的监督与激励
	执行保障	5. 决策支持	考核高管层为董事会提供决策信息的方式和性质	高管层实时定期的为董事会提供有价值的决策信息有利于董事会决策的有效性
		6. 经营控制	通过公司经理层经营控制的有效程度评价治理成效	公司经理层应对公司经营实施有效控制

续表

一级指标	二级指标	三级指标	指标说明	评价标准
		7. 双重任职	衡量高管层介入关联交易的可能性	双重任职更易发生转移价格和其他非市场交易，避免双重任职是控制关联交易的有效手段
		8. 内部人控制	通过经理层董事人数占董事会成员人数的比例评价经理层与董事会相互制约的程度	应维持一定比例，比例过高会使经理层凌驾于董事会之上，造成股东、董事会形同虚设
		9. CEO 设置	通过公司董事会代理人——CEO 的设置情况评价公司经营权的集中度	设置 CEO，并负责监督落实董事会统管的各项经营决策
	激励机制	10. 薪酬水平	评价高管人员的薪酬水平在全国内同行业所处的相对水平，以及与公司内其他员工薪酬的相对差异程度	高管人员相对于全国内同行业较高的薪酬水平，以及相对于公司内其他员工的较大薪酬差异程度都会产生较强的激励作用
		11. 薪酬结构	薪酬的形式与构成	多样的、长短期兼顾的合理薪酬能正确引导经营者职业努力方向
		12. 薪酬动态激励	通过衡量薪酬与业绩的关系，考核薪酬激励动态化程度	薪酬与公司业绩挂钩，使薪酬具有动态激励性
		13. 持股比重	反映对经理层股权激励作用的强弱程度	持股比例越大越好
		14. 股权流通性	反映对经理层股权激励作用的有效程度	流通性越强越好
		15. 持股方式	持股方式的主动与被动会引发不同的激励效度	主动持有的比例越大，激励效果越好
		16. 决策报告制度	评价董事会对经理层的决策控制及授权程度，反映决策控制权激励制约程度	经理层适度比例投资决策权可起到激励作用，最大授权前决策金额占净资产比例不超过10%
		17. 职务消费制度	经营管理权约束激励程度	取消公司支付的货币化职务消费激励约束力最强

续表

一级指标	二级指标	三级指标	指标说明	评价标准
信息披露	完整性披露	1. 股东大会的会议决议披露状况	衡量上市公司决策、管理、监督的透明度	完全披露
		2. 董事会的会议决议披露状况		
		3. 监事会的会议决议披露状况		
		4. 财务信息披露：近三年定期报告披露情况	衡量上市公司财务信息披露透明度	
		5. 专题及重大事项披露（委托理财披露等）	衡量上市公司中大信息状况的披露；反映上市公司委托理财是否遵循相关程序	上市公司应完整披露以下内容： 1. 会计报表附注说明会计政策、会计评估及合并范围 2. 募集资金使用状况 3. 关联交易信息 4. 或有事项信息 5. 财务担保信息 6. 分部信息 7. 股价短期内频繁异动信息 真实性披露
	真实性披露	6. 年度财务报告被出具非标准无保留意见或者是被公开批评谴责状况	衡量上市公司的信誉、审计师的独立性、信息披露合规合法情况和透明度	上市公司具备任何一项，即视为有违规历史： (1)被司法机关公开审理 (2)受中国证监会稽查 (3)遭受中国证监会、证券交易所的通报批评、公开谴责、责令改正等 (4)累计三次被审计单位出具保留意见、否定意见或拒绝表示意见 (5)媒体曝光、专业研究人员公开研究结果等披露的上市公司违规行为
		7. 近三年来会计政策或会计评估变更状况		
		8. 近三年来更换会计师事务所状况		

续表

一级指标	二级指标	三级指标	指标说明	评价标准
		9. 被更换会计师事务所提出异议或做过申诉状况		
		10. 公司年报审计会计师事务所近三年为本公司提供其他业务状况		
		11. 监事会曾发现并纠正公司财务报告不实之处状况		
	及时性披露	12. 年报、中报、季报披露及时	考核上市公司信息披露的及时性	应按照年报、中报、季报的要求定期披露,并及时披露其他信息
		13. 股东大会的会议决议是否及时披露		
		14. 董事会的会议决议是否及时披露		
		15. 委托理财应按要求及时披露		
利益相关者	公司员工参与度	1. 职工监事比例	考察职工参与治理的状况	职工监事以及职工持股比例越高,员工参与治理的程度越高
		2. 职工持股比例	同上	同上
	公司社会责任履行程度	3. 公司公益性捐赠支出	通过公益性捐助考察上市公司对社会以及所处的社区所作的贡献	公司公益性捐赠支出越高,环境保护设施越完善,公司社会责任履行状况越好
		4. 公司环境保护措施	考察上市公司社会责任的履行状况	

续表

一级指标	二级指标	三级指标	指标说明	评价标准
	公司投资者关系管理	5. 公司网站的建立与更新	考察投资者信息披露与交流渠道的建立与通畅状况	公司应建立自己的网站并及时更新,以方便投资者及时了解公司信息
		6. 公司是否设立投资者关系管理制度	考察公司投资者关系管理设立情况	公司应建立完善的投资者关系管理制度,以协调投资者关系
	公司和监督部门的关系	7. 罚款支出和收入	考察上市公司和监督部门的关系	公司罚款支出和收入越少越好
	公司诉讼和仲裁事项	8. 公司有无诉讼、仲裁事项	考察上市公司和股东、供应商、客户、消费者、债权人、员工、社区、政府等利益相关者和谐程度	公司的诉讼、仲裁事项越少越好

资料来源:李维安主编,《公司治理学》,高等教育出版社 2005 年版

★ 关键术语

公司治理　Corporate governance　　公司治理结构　Corporate governance structure

外部治理模式　External governance model　内部治理模式　Internal governance model

家族治理模式　Family business governance model

公司治理机制　Corporate governance

★ 复习与思考

1. 如何正确理解公司治理的含义?
2. 公司治理模式有几种? 是如何形成的?
3. 董事会是怎样构成的?
4. 如何对经理人员进行有效的激励?

★ 研究与讨论

1. 联系实际讨论公司治理对企业战略管理的意义。
2. 在战略管理中如何更好地发挥董事会的作用?

★ 实践演练

1. 分别调查一家公司治理好的企业和一家公司治理不好的企业,进行分析和总结。
2. 通过调查研究分析上市公司与非上市公司在治理结构上有何异同?

★ 本章案例

通用汽车公司董事会公司治理准则

(一)通用汽车公司董事会的使命

通用汽车公司(GM)董事会代表公司所有者在持续一项成功的商业经营,包括最优化长期的财务回报方面有责任以一种确保该结果的方式管理公司,这是积极而非消极的责任。董事会有责任确保管理层

不仅在顺境而且在逆境中也能履行其职责。董事会的责任是定期地对管理层的政策和决策，包括其战略实施的有效性进行监控。

除了履行增加股东价值的责任之外，董事会对 GM 的顾客、雇员、供应商和公司有业务的社区负有责任——他们对成功的商业经营都是至关重要的。所有的这些责任都是建立在公司业务的成功和持续经营上。

（二）关于公司治理重要事项的准则

1. 董事的选拔和董事会的组成

（1）董事会成员资格的标准。董事事务委员会有责任同董事会一起每年重新考虑在目前董事会构成的背景下所要求的董事会成员的适当技能和特点。这一评估应包括多样性、年龄、技能（例如对制造技术的理解、国际化背景等）方面的事项，所有的一切都处于及时评估董事会在特定时点上的需要的背景下。

（2）新董事的选拔和熟悉。董事会本身应该负责选拔其自身的成员并推荐给股东备选，董事会将相关的审查过程授权给董事事务委员会并有董事长和 CEO 的直接参与。董事会和公司有一套完整的让新董事熟悉公司的过程，包括提供背景材料、与高层管理人的会谈和走访公司厂房设施。

（3）向未来的董事发出加入董事会的邀请。加入董事会的邀请应由董事会、董事事务委员会主席（如果董事长和 CEO 为同一人）、董事长和 CEO 共同发出。

2. 董事会的领袖

（1）董事长和 CEO 的选拔。董事会应当在某一特定时刻自由地做出最有利于公司的选择。因此，董事会没有以这种或那种方式规定 CEO 和董事长的角色是否应该分离，如果应该分离，董事长应从非雇员董事中或是从雇员董事中选择。

（2）董事领袖观念。董事会采取了一项政策，让外部董事们选出一位董事来承担主持常规例行的外部董事会议的责任或承担外部董事整体在不同时刻指定的其他责任。目前，这个角色由非执行官员董事长来担任。如果公司的董事长是公司的雇员，另一位董事应被选择来担任此职务。

3. 董事会的构成和业绩

（1）董事会的规模。董事会目前有 13 人，董事会愿意扩大到更大的规模以容纳出色的候选人。

（2）内部和外部董事的结合。董事会相信依据政策，GM 的董事会中独立董事应占多数；除了 CEO，董事会还愿意让管理层人员担任董事职位。但是董事会认为管理层应使高级经理们认识到董事会成员并不是通向公司更高管理职位所必需的或是先决的条件。CEO 以外的经理人员目前也定期地参加董事会会议，尽管他们并非董事会成员。

关于公司治理问题，董事会假定决策应由外部董事们做出，包括：

（1）构成外部董事独立性的董事会定义。按 GM 公司《细则》定义的独立董事由董事会于 1991 年 1 月认可。董事会相信外部董事与 GM 公司之间不存在任何可以影响目前被认定为独立董事的独立性的关系。董事事务委员会每年审议是否遵守《细则》。

（2）前任 CEO 的董事会成员资格。董事会认为这是一个个别情况应个别对待的问题。通常当 CEO 退位时，他应同时向董事会递交辞呈。这个人是否继续留任董事是新一任 CEO 与董事会应讨论的问题。

前任 CEO 在董事会就公司治理问题投票时被认为是内部董事。

（3）改换当前工作职责的董事。董事会认为改换他们当选时所任工作的董事个人应向董事会递交辞呈。董事会并不认为在各种情况下改换他们进入董事会时所担任的工作或退休的董事都必须离开董事会。董事会应通过董事事务委员会就该情况下董事成员留任的合适性进行审议。

（4）任期限制。董事会并不认为它应设立任期限制，虽然任期限制可以帮助董事会获得新的观点和看法，但它却失去了那些经过一段时间对公司及其运作已有深入的认识并因此可为整个董事会提供更大贡献的董事。代替任期限制，董事事务委员会同 CEO 和董事长协商，将每 5 五年对每一位董事是否留任进行正式审核。这为每位董事提供了一个机会，以决定自己是否愿意继续作为董事会成员。

（5）退休年龄。董事会认为目前 70 岁是合适的退休年龄。

（6）董事会的报酬审议。公司的职员每年向董事事务委员会汇报一次 GM 董事会的报酬标准与其他美国大公司的报酬标准相比的状况，这一做法是恰当的，作为董事总报酬的一部分并为了创造与公司业绩的直接联系，董事会认为董事报酬的相当一部分应以公司普通股股票来支付。董事报酬的变化，如果有的话，应由董事事务委员会建议，由董事会充分讨论并一致同意。

（7）外部董事的执行会议。董事会的外部董事每年将举行三次执行会议，其中包括每次与 CEO 进行讨论。

（8）评价董事会的业绩。董事事务委员会负责每年向董事会报告其业绩评估的情况。评估结果将与整个董事会讨论，在每一财政年度后与董事会成员资格标准的报告同时进行。

这项评估是董事会整体的贡献，特别审议董事会和管理层认为可做出更大贡献的方面。其目的是提高董事会的效率，而非针对个别董事。

（9）董事会与机构投资人、媒体、顾客等的相互作用。董事会认为管理层代表 GM 公司，个别的董事会成员可能在不同时间受管理层的要求而去会见与 GM 公司有关的各种群体并与之交流。如果董事会的评论是适当的，它们在大多数情况下应来自于董事长。

4. 董事会与高层管理者之间的关系

（1）非董事人员定期参与董事会会议。董事会欢迎总裁内阁的非董事会成员定期参加董事会会议。若 CEO 想要其他人员经常参加会议，这一建议应提请董事会讨论。

（2）董事会与高层管理人员接触的途径。董事会成员有全面地接触 GM 管理层的途径。我们假定董事会成员都会应用判断来确保这一联系不会影响公司的业务运营，而且若这一联系是书面的，它应复印一份给 CEO 和董事长。此外，董事会鼓励管理层经常让下属经理参加董事会会议：他们因个人涉足某些领域可以提供关于所讨论问题的另外见解。有未来潜力的经理人员、高层管理人认为，应让他们体验董事会的会议程序。

5. 会议程序

（1）董事会会议的议程选择。CEO 和董事长（若非一人）将为每一次董事会会议制定议程，每一董事会成员都能自由地建议议程应包括的项目。

（2）董事会资料事先分发。董事会认为对董事会理解业务至关重要的信息和数据应在董事会开会前以书面形式分发，管理层将尽一切努力使这些资料既简洁又能提供必要的信息。

（3）董事会中的讲演。作为一项常规，特别主题的讲演材料应提前送交董事会成员，以节约董事会会议的时间，并使讨论集中在董事会就材料所提出的问题上。在主题太敏感以至于不便书面陈述的情况下，讲演内容将在会议中讨论。

6. 委员会事宜

（1）委员会的数量、结构和独立性。公司目前的委员会结构是较合理的，随时间变化，有时董事会根据客观环境想要组建新的委员会或解散目前的委员会。目前的 6 个委员会是计划委员会、资本股委员会、董事事务委员会、财务委员会、执行人员报酬委员会和公共政策委员会。委员会的成员，除财务委员会外，按《细则》2.12 的规定由独立董事组成。

（2）委员会成员的派任与轮换。董事事务委员会负责在与 CEO 协商并考虑到各个董事会成员的愿望之后，将董事会成员派任到各委员会。董事会认为应考虑对董事会成员进行 5 年为一间隔的定期轮换，董事会未将这一轮换作为一项政策来执行，因为在某个特定时点上可能有理由保持一位董事在某一委员会中较长的任期。

（3）委员会会议召开的频率和时间长短。委员会的主席在与委员会成员协商之后，将决定委员会会议召开的频率和时间长短。

（4）委员会议程。委员会主席在与管理层和雇员中的恰当人员协商之后，将拟定出委员会议程。每一个委员会都将在每年年初发布当年将讨论的议事主题的时间表（到可预见的程度）。这一提前安排的议程也将与董事会共享。

7. 领导力的发展

(1) CEO 的正式评估。整个董事会(外部董事)将每年做一次这种评估,而且它将由非执行官员的董事长或董事领袖传达给 CEO。评估应基于客观标准,包括业务业绩、长期战略目标的完成情况和管理层发展,等等。评估结果将由执行人员报酬委员会在考虑 CEO 报酬时使用。

(2) 继任计划。每年 CEO 都应向董事会递交一份继任计划的报告,包括 CEO 意外伤残时由他推荐的继任者。

(3) 管理层发展。每年 CEO 都应向董事会递交一份关于公司管理层发展项目的报告。这份报告应与上述的继任计划报告同时送交董事会。(通用汽车公司董事会公司治理准则,1995 年 8 月修订版)

研讨问题

1. 通用汽车公司的治理准则对我国公司治理有何借鉴意义?
2. 董事会与高层管理者之间是一种什么样的关系?

第二篇　战略分析

第四章　企业外部环境分析

■ 大师论语

一些 CEO 声称,世界变得太快,他们的公司难以有长期战略。但我却说,战略比以往更重要。

——美国战略管理学家　迈克尔·波特

没有战略的企业就像没有舵的船一样只会在原地转圈,又像个流浪汉一样无家可归。

——美国管理学家　乔尔·罗斯和迈克尔·卡米

知彼知己,百战不殆;不知彼而知己,一胜一负;不知彼不知己,每战必殆。

——中国古代思想家　孙子

■ 本章学习目标

- 外部环境的构成及其特征
- 宏观环境的构成及其变化
- 产业生命周期分析
- 产业内部结构分析
- 产业内部竞争者分析
- 客户价值分析
- 利益相关者分析

■ 引例

以变应变的华为公司

深圳华为技术有限公司是一个高科技民营企业。目前,已在全球建立了三十多个分支机构,其产品几乎覆盖了国内电信的主要领域,并且众多产品已经进入德国、西班牙等 40 多个国家。华为的成功除了得益于行业自身的快速成长之外,主要归功于它在对企业外部环境的准确判断的基础上。

华为创业伊始,就以国际先进水平为目标,力求领先于世界。它立足于当代计算机与集成电路的高新技术,大胆创新,取得了一系列突破。20 世纪 90 年代,国际经济、政治环境趋于稳定,这对华为的技术创新来说,无疑是一个福音。华为利用这一大好形势,与国内外著名大学、研究开发机构和重点实验室建立了长期且广泛的合作与交流,与国际上知名公司和供应商建立了良好稳定的合作伙伴关系,一举奠定了自身在数据技术和核心网络方面的技术优势。

华为并不满足于现有领域的成功,它在行业结构分析中发现了一个新的利润增长点——光网络设备市场,并且正在成为该领域的一颗新星。

当中兴通过小灵通而获利颇丰时，华为并没有盲目跟随。它深刻地认识到自己在无线市话技术上并不占优势，抢占这块市场，对别人来说是机会，对自己而言则是严重的威胁。于是，华为仍将研发和销售重点放在全球高端路由器上，并实现500万台的销售量，成为世界上主要的数据产品供应商。

华为之所以取得今天的成绩，关键在于它对不断变化的外部环境的把握，并在此基础上采取了正确而有效的应对战略。抓住国际政治经济形势大好的机会，率先与外国研发力量广泛合作，一举奠定技术优势，加强产品差异化和企业快速反应的能力，从容面对竞争对手的突然发难，适时区分机会和威胁，集中精力打造品牌优势等等。这一切为华为成为我国最出色的民营企业之一奠定了坚实的基础。由此可见，了解、判断和预测企业的外部环境，对企业的生存和发展有着极为重要的意义。

第一节　企业外部环境概述

现代管理把企业看做一个开放的系统，我们把企业外部的对其产生影响的各种因素和力量统称为外部环境。任何企业都是在一定环境中从事活动的，环境的特点及其变化必然会影响组织活动的方向、内容以及方式的选择。外部环境是企业生存发展的土壤，它既为企业的生产经营活动提供必要的条件，同时也对其生产经营活动起着制约的作用。

外部环境的种种变化，可能会给企业带来两种性质不同的影响：一是为企业的生存和发展提供新的机会；二是可能会给企业生存造成威胁。这样，企业要谋求继续的生存和发展，就必须研究和认识外部环境。外部环境研究不仅可以帮助企业决策者了解今天外部环境的特点，而且可以使其认识到外部环境是如何从昨天演变到今天的，从中发现外部环境变化的一般规律，以便在此基础上估计和预测其在未来一段时间内发展变化的趋势。这样，企业就可以敏锐地发现、预见到机会和威胁，进而扬长避短，利用机会，避开威胁，能动地适应环境的变化。还可以发挥企业的影响力，选择对自己有利的环境，或促使环境向对自己有利的方向发展。

一、企业外部环境的构成

外部环境诸因素对一个企业经营活动的影响是不同的，而且也不是孤立的。通常，按照外部环境因素对企业经营活动影响的方式和程度，可将企业外部环境分为宏观环境和产业（行业）环境两大类，如图4.1所示。

宏观环境也就是企业活动所处的大环境，主要由政治环境（Political）、经济环境（Economic）、社会环境（Social）、技术环境（Technological）等因素构成。宏观环境对处在该环境中的所有相关组织都会产生影响，而且这种影响通常是间接的、潜在的，但其作用却是根本的、深远的。

产业是影响企业生产经营活动最直接的外部因素，是企业赖以生存和发展的空间。产业是由一些企业构成的群体，它们的产品有着众多相同的属性，以至于它们为了争取同样的一个买方群体而展开激烈的竞争。产业之间在经济特性和竞争环境上有着很大的区别。例如，有的产业已经存在了很多年，而有的产业才刚刚兴起，它们当前的规模、将来的总容

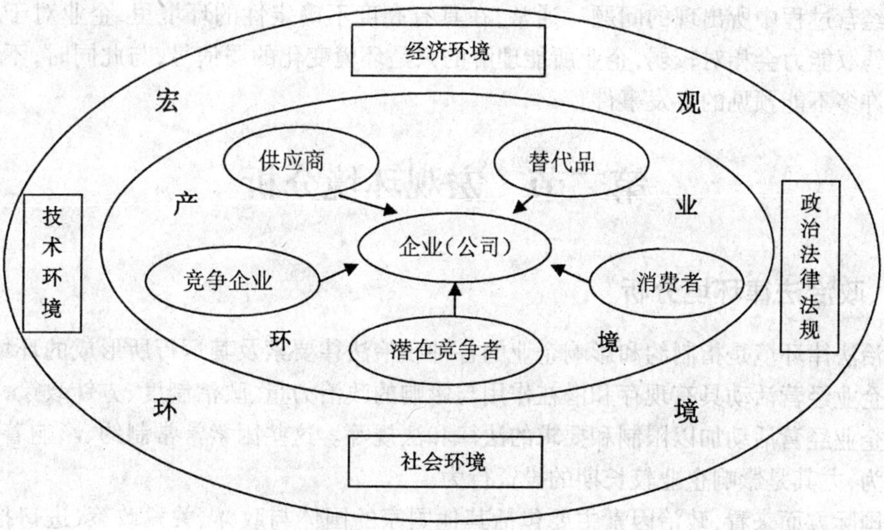

图4.1　企业的外部环境

量和市场增长率都十分不同;在一个产业中,各种竞争力量可能比较"温柔",而在另一个产业中,竞争却是你死我活的。而且,产业中的差别还体现在对价格、产品、质量、性能、特色、服务、广告和促销、新产品开发等方面的重视程度不同。

二、企业外部环境的特征

企业外部环境作为一种企业的客观制约力量,在与企业的相互作用和影响中形成了自己的特点。

(一)企业外部环境的动态性

任何企业都不会处于同一个永恒不变的外部环境之中,企业的外部环境总是处于不断变化的状态之中。例如,企业与行业竞争者位置的改变、法律义务和法律制约的改变、经济政策的改变等,都将引起企业环境的变化。有些变化是可预测的,是逻辑渐进式的;而有些变化是不可预测的,突发性的。因此,没有一个企业在几个战略管理过程中,始终都面临着维持同样重要程度的外部环境因素。

外部环境的动态性,要求企业的外部环境分析应该是一个与企业环境变化相适应的动态分析过程,而非一劳永逸的一次性工作。战略的选择也应依据外部环境的变化做出修正或调整。企业要不断分析与预测未来环境的变化趋势。当环境发生变化时,为了适应这种变化,企业必须改变战略,制定出适应新环境的新战略,使企业战略与环境间形成新的平衡和匹配。

(二)企业外部环境的复杂性

复杂性是指对企业能产生影响的环境因素很多,且各因素之间有着千丝万缕的相互关联。环境的复杂性不仅表现在与之相关的环境因素数目的多寡上,还表现在其种类的多样化上,在进行环境分析时,应当充分考虑对企业产生影响的环境因素的综合水平。

(三)企业外部环境的不确定性

不确定性是指企业难以仅仅根据过去的数据、知识、信息或经验就能推测、识别、判断并处理经营过程中所出现的问题。通常,在具有高度不确定性的环境里,企业对于环境的掌控和驾驭能力会相对较弱,企业所能理解的只是环境变化的弱信号,与此同时,不可避免地遭遇许多不能预见的突发事件。

第二节　宏观环境分析

一、政治法律环境分析

政治法律环境是指制约和影响企业的各种政治法律要素及其运行所形成的环境系统。包括对企业经营活动具有现存和潜在作用与影响的政治力量、政治制度、方针政策,同时也包括对企业经营活动加以限制和要求的法律和法规等。这些因素常常制约、影响着企业的经营行为,尤其是影响企业较长期的投资行为。

从国际方面来看,政治因素主要包括其他国家的国体与政体、关税政策、进口控制、外汇与价格控制、国有化政策以及利益集团的活动等。国际方面的法律因素主要涉及各国的国内法以及国际公约条约的有关规定等。

从国内方面来看,政治因素主要是指政府及其各职能部门的各项方针和政策,它对企业的生存与发展将产生长期与深刻的影响。具体来说,政治因素包括国家和企业所在地区的政局稳定状况;执政党所要推行的基本政策以及这些政策的连续性和稳定性。这些基本政策包括产业政策、税收政策、政府订货及补贴政策等。就产业政策来说,国家确定的重点产业总是处于一种大发展的趋势。因此,处于重点产业的企业增长机会就多,发展余地大。那些非重点产业,发展速度就较缓慢,甚至停滞不前,因此处于这种产业的企业很难发展。另外,政府的税收政策影响到企业的财务结构和投资决策,资本持有者总是愿意将资金投向那些具有较高需求且税率较低的产业部门。

有些政治因素对企业的行为有直接的影响。一般来说,政府主要是通过制定一些法律、法规以及政策来间接地影响企业的活动。在我国,法律因素主要指人大常委会、国务院、主管部门以及各省、市、自治区公布的法律、法规所做的有关规定,其中经济法律法规的关系更为密切。经济法律法规是为调整经济活动中的法律关系,发展社会生产力服务的。它规定了企业可以做什么,不可以做什么。合法经营受到法律保护,非法交易则要受到法律制裁。

政治法律环境要素对企业来说是不可控的,带有强制性的约束力,只有适应这些要素,使自己的行为符合国家的政治路线、政策、法令、法规的要求,企业才能生存和发展。

二、经济环境分析

经济环境指的是一个企业所属的或可能会参与其中的经济体的经济特征和发展方向。经济环境是一个多元动态系统,包括经济要素的性质、水平、结构、变动趋势等多方面的内容,涉及国家、社会、市场及企业等多个领域,主要由经济结构、经济发展水平、经济体制和宏观经济政策等构成。

一般来讲,企业面临的经济环境主要可以从以下几个方面进行分析:

(1)考察目前国家宏观经济处于何种阶段:萧条、停滞、复苏还是增长,以及宏观经济以怎样一种周期规律变化发展。在衡量宏观经济的众多指标中，国民生产总值是最常用的指标之一，它是衡量一国或一地区经济实力的重要指标，它的总量及增长率与工业品市场购买力及增长率有较高的正相关关系。同时，宏观经济指标也是一国或地区市场潜力的反映。近年来，中国成为欧美国家竞相投资的热点，也是因为中国经济持续、稳定的高速增长所形成的巨大的潜在市场。

(2)与消费品购买力正相关的人均收入与支出水平。随着收入水平的不断提高，现在市场上所显示的数码产品以及金银首饰的购买热、旅游热、房地产热、证券投资热即表明了这一趋势，这给这些行业带来了机会，也带来了激烈竞争。

(3)一国总人口数量往往决定了一国许多行业的市场潜力，如食品、衣着、交通工具等。尽管中国的计划生育政策有效地控制着人口增长，但庞大的人口基数，伴随着经济的高速增长，揭示了巨大的市场潜力和机会，而这也恰是吸引外资投资的根本动因。

(4)价格是经济环境中的一个敏感因素。长期以来，我国的价格体制存在着严重缺陷，价格没有成为反映和调节供求状况的信号与杠杆，所以价格改革的出发点就是要调整被扭曲的价格，包括商品之间的比价与差价关系。

(5)经济发展过程中的基础设施也是要考虑的重要一环，它在一定程度上决定着企业经营的成本与效率。基础设施条件主要指一国或一地区的运输条件、能源供应、通信设施以及各种商业基础实施(如各种金融机构、广告代理、分销渠道、营销中介组织)的可靠性及其效率。这在策划跨国跨地区的经营战略时尤为重要。

(6)随着全球化的不断深入，各国之间经济相互依赖程度不断加深。世界上相互关联经济体出现任何不稳定，都会影响到该经济体内各行业的企业，同时还会通过国际贸易波及经济体外的企业。而互联网的加速效应将使这种传递性更加迅速，影响也更加深刻。

三、社会、文化、人口和生态环境分析

社会、文化、人口和生态环境是指企业所处的社会结构、社会风俗、宗教信仰、价值观念、行为规范、生活方式、文化传统、消费偏好、人口规模与地理分布、生态环境等因素的形成与变动状况，其对企业生产经营活动所产生的影响是不言而喻的。变化中的气候因素影响着社会对企业产品或劳务的需求，也制约着企业的战略选择和经营实践。

随着时代的演进，公众的价值观念也在发生深刻的变化，具体表现在人们对于恋爱、婚姻、家庭、工作、事业、社交、休闲、退休、道德、正义、理性、性别角色、公正、教育等诸多方面的态度和意见上。这些价值观念同人们的工作态度一起，对企业的工作安排、作业组织、管理流程以及报酬与激励制度等产生很大影响。

人口因素是社会环境中的另一重要因素，它包括人口数量、人口密度、年龄结构的分布及其增长、地区分布、民族构成、职业构成、宗教信仰、家庭规模、家庭寿命及发展趋势、收入水平、教育程度等，是决定市场规模的重要因素。一方面，我国庞大的人口数量及蓬勃发展的经济形成了令世人瞩目的大市场，这是众多国际化企业纷纷进入中国市场的主要因素之一。但另一方面，据统计，由于我国实行计划生育政策，21 世纪上半叶，人口结构将发生变化，趋于老龄化，青壮年劳动力供应则相对紧张，从而影响企业劳动力的补充。

随着全球化、工业化、城镇化和市场化进程的加快，全球生态环境不容乐观，中国的状况尤其堪忧，其基本状况是总体上恶化，局部上改善，治理能力远远赶不上破坏速度，生态

赤字逐渐扩大。主要表现为:水土流失严重,沙漠化迅速发展,草原退化加剧,森林资源锐减,生物物种加速灭绝,地下水位下降,湖泊面积缩小,水体污染明显加重,大气污染严重,废渣存放量过大,垃圾包围城市,环境污染向农村蔓延等。众所周知,环境是一种特殊资产,生态破坏和环境污染不仅本身构成经济损失和财富流失,而且生产指标恶化已经直接而且明显地影响了现期经济指标和预期的经济趋势,必须高度重视并切实加以解决,以实现经济社会的可持续发展。

四、科技环境分析

科技环境是指企业所处的社会环境中的科技要素及与该要素直接相关的各种社会现象的集合。粗略划分企业的科技环境,大体包括以下四个基本要素:

(一)社会科技水平

社会科技水平是构成科技环境的首要因素,它包括科技研究成果的数量及门类分布、先进程度和科技成果的推广应用三个方面。

(二)社会科技力量

社会科技力量是指一个国家或地区的科技研究与开发的实力。它包括从事科技研究与开发人员的数量、科技人员的水平等。

(三)国家科技体制

科技体制是指一个国家社会科技系统的结构、运行方式及其与国民经济其他部门的关系状态的总称,主要包括科技事业与科技人员的社会地位、科技机构的设置原则和运行方式、科技管理制度、科技成果推广渠道等。

4. 国家科技政策和科技立法

国家的科技政策和科技立法是国家借行政力和立法权力,对科技事业履行管理及监督职能的策略及行为规范。

以上四个基本要素都会对企业的生产、经营、管理活动等多方面产生影响。

当前由于需求及技术寿命周期的缩短,当企业某项业务还处于持续成长阶段时,企业领导者就必须研究怎样为企业增添新的业务活动领域,还要考虑如何从不能继续满足企业增长目标的业务领域中撤退,这是企业的战略问题。需求及技术寿命周期从一个阶段发展到另一个阶段时,企业就必须谋划适应新技术阶段的战略,即当技术发展处于萌芽阶段和加速成长阶段,企业可以把精力集中于国内市场,企业将获得较大的成功。但当国内技术成长速度较慢而国外某些国家或地区需求仍处于萌芽期或加速成长期时,企业就可以转而采用国际经营战略。当技术发生转化更新时,企业也必须及时在产品上进行调整。因此,企业必须预测技术的发展及转化更新的趋势,预测技术环境的发展变化,并根据这些变化不断进行产品结构及市场结构的调整,重视新技术及新产品的开发工作,才能使企业立于不败之地。

【阅读资料】

全球金融危机及其影响

2008 年爆发的这场世界金融危机,是自上世纪 30 年代以来世界最严重的一场金融危机，来势凶猛，波及面广，影响度深，给全球经济带来了重大损失。

一、这场金融危机演变的过程

金融危机通常是指一个国家或几个国家与地区的全部或大部分金融指标（如短期利率、货币资产、证券、房地产、土地价格、商业破产数和金融机构倒闭数）的急剧、短暂和超周期的恶化。通常伴随着大量企业倒闭，失业率提高，经济萧条，有时甚至带来政治或社会动荡。

2008年下半年席卷全球的金融危机，是由美国“次贷危机”引发的。次贷，即次级抵押贷款，是指美国房贷机构针对收入较低、信用记录较差的人群专门设计的一种特别房贷。相对于风险较低的“优质”贷款而言，这类贷款人的还贷违约风险较大，因此被称为“次贷”；次贷危机是指次贷机构破产、投资基金被迫关闭、股市剧烈震荡引起的风暴。2007年春季，美国“次贷危机”开始显现。4月2日，美国第二大次贷供应商新世纪金融公司宣告破产。随后，有20多家次贷供应商宣布破产、遭受巨额损失或寻求被收购。随之，大量次贷形成坏账，基于这些次贷的证券也大幅贬值，次贷危机全面爆发，全球主要金融市场出现了严重的流动性短缺。2008年7月，美国金融市场再度紧张起来，美国住房抵押贷款市场巨头房利美和房地美两家公司因陷入困境，被美国政府接管。进入9月份，美国第四大投资银行雷曼兄弟公司无奈破产，高盛、摩根实施业务转型，转为银行控股公司，美国最大储蓄银行华盛顿互惠银行和第三大投资银行美林公司相继被美国监管机构和美国银行收购，华尔街经历了一场“世纪洗牌”，并迅速波及欧洲、日本等世界主要金融市场，次贷危机最终演变成一场世界性的金融“海啸”。

二、发生这场金融危机的原因

这场金融危机的根子在美国，是美国的消费模式、金融监管政策、金融机构的运作方式，以及世界经济结构等多种因素共同作用的结果，主要有三点原因。

一是过度超前消费的长期积累。美国长期盛行超前消费，鼓励公民买房子、买汽车、买高档消费品，用明天的钱买今天的享受。有一个中国老太太和美国老太太的故事，大意是，中国老太太攒了一辈子钱，到临死前才买了新房，可是一天也没住上；而美国老太太则先贷款买房，到死之前贷款也正好还清，她住了一辈子新房。通常来讲，美国老太太的做法显然比中国老太太高明，既刺激了经济又改善了自己的生活质量，但这样的“美国老太太”多了，大家都是“寅吃卯粮”，一旦经济不景气，出现大批失业者，还不起贷款，次级债务大量涌现，银行呆账坏账成堆，相关投资银行必然面临破产。

二是各种各样的高风险金融衍生品过多过滥。传统上，银行放贷后，应该把信用风险留在银行内部，一旦对方无力偿还贷款，造成的损失应由银行来承担。但是，美国的大批放贷机构却在中介机构的协助下，把巨额次级贷款以证券的形式在市场上发售，吸引投资机构购买；投资机构又把这些证券变成新的金融产品，卖给对冲基金、保险公司等。正是因为这样不断地转手、转换，使最初1元钱的贷款可以被逐级放大为几元、十几元甚至几十元的金融衍生品。据美国经济分析局的调查，美国次贷总额为1.5万亿美元，经过转手转化后，最终形成价值达数10万亿美元的金融衍生品，这样，金融业的风险也随之被急剧放大。当这些金融产品的基础——次级住房信贷资产出了问题，整个金融衍生品市场就像空中楼阁，随时可能坍塌。

三是美国金融监管机制滞后。以美国联邦储备委员会为例，它只负责监督美国商业银行，无权监管投资银行。美国证券交易委员会到2004年才有权监管投资银行。这就使美国各大金融巨头，在相当长一段时间内无人管控，可以不顾风险、自由自在地搞所谓"金融创新"，催生各种金融衍生品。另外，在许多金融机构的贷款出现问题、金融产品漏洞百出的情况下，美国金融评级机制也出现严重失误，大量问题债券、问题银行长期被评估为"优等"，导致风险危机进一步加剧。

三、这场金融危机对世界经济的冲击

概括起来主要有六个方面：

一是世界经济增长明显放缓，部分主要发达国家或地区经济陷入衰退。10月23日，美国白宫发言人佩里诺表示，尽管联邦政府采取了大刀阔斧的措施救援金融机构，但是美国的经济增长依然面临困难。日本政府近日公布的10月份月度经济报告认为，日本经济"正在衰退"。英国政府10月24日公布的数据表明，英国国内生产总值比前一个月下降0.5%，是1992年以来英国经济首次出现收缩。欧元区经济基本面的恶化速度也在加快，其中德、法、意、西等国制造业的萎缩程度均超预期。国际货币基金组织最新发表的半年度《世界经济展望》报告指出，当前主要发达经济体的经济状况"已经或接近于衰退"。

二是主要金融市场急剧恶化，全球股市遭遇重创。金融危机爆发以来，仅美国就有14家银行倒闭，世界主要金融证券市场受到沉重打击。当美国第四大投资银行"雷曼兄弟控股公司"于9月15日正式宣告破产，美林公司同时被美国银行收购的消息传出后，全球股市暴跌，华尔街遭遇自"9·11"以来最惨的一天，道琼斯指数狂泻500点，跌幅达4.42%；一些主要欧洲股票指数曾一度下跌5%；亚太地区的金融类股普遍走低，台湾证交所加权指数跌幅4.1%，为近3年来最低收盘水平；俄罗斯由于股市遭遇重创，联邦政府于9月17日下令停止所有交易所交易。全球股市遭遇重创，仅10月份全球股市就蒸发5.79万亿美元。

三是多国政府财政赤字增加，全球通货膨胀压力增大。10月14日，美国政府公布了7 000亿美元救市计划的具体方案；10月13日起，英国、德国、法国、西班牙、葡萄牙等国政府实施巨额金融救援计划，欧洲各国的救市总金额近2万亿欧元；日本为挽救当前经济的不景气，将救助资金上限提高到约合1 100亿美元；俄罗斯向金融市场注资已提高到11 266亿卢布。这些救市巨额资金无疑会增加各国政府未来的财政赤字，进而继续推高全球通胀率。纽约时代广场悬挂的美国"国债钟"10月8日显示，美国联邦政府欠下的债务已接近10.2万亿美元，过于庞大的数额使得"国债钟"上显示金额的计位数字全部用光，只好把"10万亿"的头一位数字"1"，临时挤进左边显示美元符号的格子里。

四是世界贸易环境恶化，新兴市场国家经济贸易面临下滑。近年来，新兴市场经济主要靠扩大出口等战略迅速崛起，对美欧的贸易成为支撑他们经济增长的重要拉动力。金融危机爆发后，美欧内需减缓，必然导致全球商品贸易量下降，对新兴市场国家出口和经济增长造成沉重打击。另一方面，金融危机将促使全球范围内贸易保护主义抬头，新兴市场国家在承受经济下滑风险的同时，还必须面对承受输入型通胀的威胁。

五是多数国家就业形势严峻，失业人数不断攀升。受金融危机影响，今年以来，美国就业人数已经减少了76万人，失业率上升至7%或8%，超过2003年6月经济低迷时期6.3%的最高水平。欧盟统计局10月31日公布的数据显示，9月份欧元区的失业率为7.5%，高于去年同期的7.3%。经济形势的低迷，使得就业形势更加严峻、失业人口大量增加。

六是金融危机持续蔓延,全球能源和粮食问题如影相随。由于国际市场信心下降,10月中旬国际原油价格跌至每桶61.5美元,为2007年3月以来的最低水平。特别是对于委内瑞拉、伊朗、俄罗斯等产油大国来说,油价暴跌对他们的打击是前所未有的。与此同时,全球抗击饥饿组织表示,金融危机的蔓延令粮食危机进一步恶化。联合国粮农组织总干事迪乌夫指出:“媒体大肆渲染金融危机的同时,忽略了粮食危机。”

面对金融危机的袭击,许多国家纷纷采取向市场注资、接管问题金融机构、禁止做空金融类股票、实施金融救援计划等多项措施,加强金融监管,强化国际合作,最大限度地改善国际金融市场的总体运作。但这一系列“快餐式”救市措施最终效果如何,还需要进一步观察。国务院发展研究中心金融所副主任巴曙松指出:“这些措施只能对金融市场起到暂时的稳定作用,无法从根本上解决美国乃至全球金融体系存在的问题。”

四、与1929年世界经济危机对比分析

当前,很多人习惯于把这场金融危机与1929年世界经济危机相提并论。日本前首相麻生太郎10月7日就表示,“此次金融风暴可与1929年经济危机匹敌。”纽约市长布隆伯格6日也说,这场全球金融危机“可比2001年发生的‘9·11’恐怖攻击事件”。

1929年世界经济危机之所以爆发,其根本原因是资本主义社会的基本矛盾无法调和,即生产资料私有制与社会化大生产的矛盾无法调和。第二次工业革命以来促进了生产力的发展,出现了私人垄断资产阶级,而由于生产的发展,到了20世纪私人垄断的生产方式难以适应生产力的发展要求。其主要原因是生产和销售的矛盾,金融市场不稳定。少数垄断组织控制着国家经济命脉,造成国民收入分配不均,贫富差距越来越大。资本家攫取了高额利润,而广大劳动人民相对贫困,5%的最富有者占有国民收入的1/3,而60%的美国家庭收入仅够维持生活,其所占比例在国民收入中尚不足24%,严重限制了社会实际消费能力的增长,造成市场的相对狭小。其直接原因是纽约股票市场崩溃。无限制的股票投机活动,造成这一时期股票价格被大幅哄抬,发展到令人难以相信的极端,股票以其账面价值3~20倍卖出,大大增加了金融市场的不稳定性,为货币和信贷系统的崩溃准备了条件。1929年10月,以纽约股市的崩溃为开端,最终引发了一场空前规模的经济危机。

分析1929年世界经济危机,它具有一些明显的特征:第一,范围特别广,危机从美国蔓延到德、日、英、法等主要资本主义国家,并且波及殖民地、半殖民地和不发达国家,席卷了整个资本主义世界;第二,持续时间特别长,1929年~1933年,达四年之久;第三,破坏性特别大,不仅在危机期间资本主义世界的工业生产下降1/3以上,国际贸易额减少2/3,甚至在危机以后也不见经济的复苏。

1929年世界经济危机带来了深远影响。从局部看,加深了资本主义各国严重的政治危机和社会危机,各国采取不同对策走上不同道路,美国实行罗斯福新政,德、日走上法西斯道路,成为战争策源地。从整体看,加剧了世界局势的紧张,主要资本主义国家为改善本国经济形势,加紧在国际市场上争夺,使帝国主义之间的矛盾日趋尖锐,各国进一步对殖民地和半殖民地进行掠夺,世界局势危机四伏,第二次世界大战一触即发。

这场世界资本主义生产过剩经济危机,同时伴随着金融危机,特别是在金融信用领域的情况相当严重。主要表现在:一是出现了大批银行倒闭风潮,而且引起了国际性的连锁反应和整个货币金融领域的严重混乱;二是终止了国内与国际的支付关系,危害和动摇了整个国际信用体系；三是造成西方金本位货币制度的崩溃，各国货币纷纷贬值；四是进一步加深了世界经济危机。

对比今年下半年这场全球金融危机，应该看到，它不仅远没有达到1929年经济危机的严重程度，世界各国受金融危机破坏程度、影响领域和波及范围也特点不一、差别各异，其对世界能源消费结构、金融体系重新构建、全球气候变化引起的深层次区域矛盾和纷争、各国经济增长方式的转型等等，究竟会带来怎样的深远影响，仍有待进一步审视和评估。

五、这场金融危机对我国的影响

我国金融体系相对独立、介入国际金融市场不深，目前还只是处在金融风暴的边缘，但作为一个外贸依存度高达60%的开放大国，中国要想独善其身显然不太可能，正如温家宝总理所说，今年已经成为“近些年来经济发展最困难的一年”。

首先，我国金融业由于所持有的美国银行债券大幅贬值而直接蒙受了经济损失。在金融危机中相继宣布破产、遭受巨额损失或寻求被收购的美国次贷供应商，他们所持有的大量次贷形成坏账，基于这些次贷的证券也大幅贬值。这些证券，我国金融系统也持有不少。仅中国建设银行、工商银行和交通银行这3家银行，就共计持有雷曼债券达4.134亿美元，而这还只是目前看得见的账面损失。中国人民银行副行长马德伦在中国《金融时报》撰文表示，中国的银行涉及次贷的额度可能约在100亿美元左右。

其次，国内股市受到欧美金融证券市场不景气的拖累出现大幅下挫和持续低迷。次贷危机爆发一年来，欧美主要金融证券市场受到直接冲击，各主要股票指数持续回落，引发全球股市灾难性下滑。国内沪深股市同样受到拖累，上证指数从2007年10月份超过6 000点，到2008年11月4日跌破1 700点，在过去的一年里累计下跌超过70%。特别是在华尔街金融风暴全面爆发以来的10月份，上证指数暴跌24.63%，A股创下14年来的最大单月跌幅。国内股市的大幅下挫使得资本市场的流动性遭到严峻考验，如果股市长期萧条，从长远来看，势必影响到中小企业融资和扩大再生产。

再次，世界贸易环境恶化导致我国出口增速回落。在出口、投资和消费拉动经济增长的“三驾马车”中，出口贸易是我国近年来经济快速增长的主要动力。金融危机爆发后，作为我国第一和第二大贸易伙伴的欧洲和美国内需减缓，全球商品贸易量下降，全球范围内贸易保护主义抬头。近期，国家发改委中小企业司的统计显示，受成本激增、外部需求减弱、人民币升值等因素影响，2008年上半年，全国有6.7万家规模以上中小企业倒闭，特别是长三角、珠三角地区的纺织、服装等劳动密集型行业遭受的损失更大。据有关统计，前三季度我国出口总额的增幅，比去年同期回落4.8个百分点。我国对第二大贸易伙伴美国的出口1 891亿美元，比去年同期回落4.6个百分点。受此影响，前三季度规模以上工业增加值比去年同期回落了3.3个百分点。作为世界第三贸易大国，出口增速放缓直接造成了我国工业增长和财政收入的回落。

第四，全球经济陷入衰退挫伤了我国投资者和消费者的信心。世界金融危机已严重打击了世界经济各国投资者和消费者的信心，我们国家也不例外。目前股市、房市和车市的低迷状态充分表明了这一状况。近两个月来，不仅我国主要城市的房价和车价大幅下降，而且销售额也远远低于去年同期水平。据国家统计局公布的统计数据显示，2008年下半年来，我国宏观经济景气指数出现了连续下跌的态势。特别是消费者信心指数跌幅较大，仅9月份我国消费者信心指数单月下跌达0.3点，反映出消费者对现在经济生活的满意程度出现了明显下滑。

五、我国应对措施和当前经济运行状况

当前,面对来势凶猛的金融风暴,党和政府对宏观经济政策进行了灵活审慎的调整,及时把“防过热、防通胀”的宏观调控目标调整为“保增长、控物价”,主要在加强出口贸易、扩大内需和调控物价等方面采取了一系列举措。

在加强出口贸易方面,出台了新的外汇管理条例,并大规模调整商品出口退税,先后将部分纺织品、服装、玩具等劳动密集型商品的出口退税率提高至14%,将部分高技术含量、高附加值商品的出口退税率提高至9%到13%不等,有效地提高了中小企业的出口竞争力,缓解了出口增速回落的压力。

在扩大内需方面,加大支农惠农政策力度,较大幅度提高粮食最低收购价,继续对农村金融机构执行较低的存款准备金率,增强其支农资金实力,充分运用资金支持“三农”发展;采取更加积极的财政政策,央行连续三次降低存贷款基准利率,两次降低存款准备金率,并于10月9日起,对储蓄存款利息所得暂免征收个人所得税;加强基础设施建设,国务院核准了一批事关长远发展的基础设施建设项目,支持房地产行业健康发展,增加薄弱环节的支出。11月10日,国家专门出台包括加快建设保障性安居工程,加快农村基础设施建设,加快铁路、公路和机场等重大基础设施建设,加快医疗卫生、文化教育事业发展,加快自主创新和结构调整,加快地震灾区灾后重建各项工作,提高城乡居民收入,全面实施增值税转型改革,减轻企业负担1 200亿元,加大金融对经济增长的支持力度等扩大内需的十项措施,到2010年底,在两年多时间里将投资约四万亿元。

在调控物价方面,针对结构性、输入性的物价上涨问题,采取了增加有效供给、抑制不合理需求等一系列政策措施。特别是针对生猪价格上涨较快的情况,加大了对生猪生产和供应的支持力度、补贴标准;针对粮食价格上涨较快的情况,进一步加大了对农业生产的扶持力度,加强对粮食生产的调控,居民消费价格涨幅下降,通胀势头得到初步遏制。这些宏观经济政策的调整,有的已经实施并初见成效。

十七届三中全会全面分析了我国经济社会发展的形势和任务,就经济形势做出的判断是,我国总体形势是好的,经济保持较快增长,金融业稳健运行,经济发展的基本态势没有改变。

一是经济增长仍然保持较快速度。我国经济增速虽然在前三季度有所回落,但国内生产总值增长仍达到9.9%,略高于30年来9.8%的年平均增速,依然稳居全球经济增速的首位。在欧美经济濒临衰退,俄罗斯、巴西等新兴国家前三季度增长率回落到6%至7%,我国遭遇一系列重大自然灾害的情况下,还取得9.9%的增速,更加体现出我国经济发展的动力仍然强劲。

二是农业生产获得大丰收。国家统计局数据显示,今年粮食生产实现连续五年增产,棉花和糖料产量基本持平,油料产量恢复性增加,肉类产量继续加大,生猪生产恢复较快,农业增加值较上年同期增长了4.5%,这是一个很大的成绩,对维持我国经济基本面不变和实现“一保一控”的全年目标打下了良好的基础。

三是企业利润仍然稳定增长。前三季度,虽然规模以上工业增加值比上年同期回落3.3个百分点,工业生产增长有所放缓,但1-8月份仍然实现利润18 685亿元,同比增长19.4%。在39个工业大类中,有34个利润实现同比增长。特别是石油和天然气开采、黑色金属冶炼、煤炭开采、化工制造、交通运输设备制造等关键性行业获得利润较大。

四是节能减排和投资结构调整取得积极进展。前三季度,高耗能行业生产比上年同期回落6.4个百分点,高技术制造业增加值增长16.5%。投资结构趋向合理并保持了较高增速。全社会固定资产投资同比增长27%,分产业看,1至8月第一产业投资增幅超过了60%,远高于第二、第三产业;分地区看,中、西部地区城镇投资分别增长35.4%和29.5%,明显快于东部的22.7%。

五是居民消费价格涨幅回落趋势明显。尽管前三季度居民消费价格同比涨幅高于去年,但自5月份以来已连续5个月回落,9月份同比涨幅已回落到4.6%。与群众生活密切相关的大米、食用油、肉类等商品价格趋于稳定或有所回落。在全球物价快速上涨的情况下,我国仍然保持高增长、低通胀,更加难能可贵,显示出党和政府控制通货膨胀的措施收到了明显成效。

六是民生状况得到明显改善。1-8月份,全国城镇新增就业人员848万人,下岗失业人员实现再就业370万人,就业困难人员实现就业104万人。前三季度,城镇居民人均可支配收入11 865元,同比增长14.7%;农村居民人均现金收入3 971元,同比增长19.6%。今年来,我国全面免除了城市义务教育阶段学生学杂费,中央财政拨款282亿元,用于发展农村义务教育;将新型农村合作医疗制度进一步覆盖到全国98%的县(市、区),使受保障的农村居民超过8亿;新增城镇居民基本医疗保险试点229个城市,覆盖人口6 238万人。这一系列措施既惠及民生,又起到了促进消费、扩大内需的作用。

六、全球金融危机背景下我国经济发展前瞻

温家宝总理在夏季达沃斯论坛年会上指出,当金融和经济危机到来的时候,"信心比黄金和货币还要贵重……保证中国经济持续、快速增长的有利条件很多。"

从外部来看,首先,国际消费结构的改变,从另一方面为我国出口提供了新的机会;第二,石油和其他基础产品价格下降,对我国缓解经济发展的瓶颈制约十分有利;第三,如果监管有力,调控有效,大量外资的进入可以为我所用;第四,西方国家经济的颓势为我国在世界贸易组织等国际舞台上拥有更多的发言权,提供了有利条件。

从内部来看,首先是改革开放30年来,我国经济快速发展积累了大量财富、奠定了坚实基础;二是有国内较高的储蓄率,资金来源稳定、丰富、充裕;三是内需潜力较大,扩大内需的空间较为广阔;四是出口结构仍有拓展的余地,我国对一些新兴和发展中国家和地区的出口拓展仍有较大的潜力,资源型国家经济增长仍在加快;五是政策操作空间还比较大,包括财政政策、货币政策、结构政策、产业政策,都有较多的余地,特别是在扩大内需方面我国还大有作为。

第三节　产业环境分析

一、产业变革驱动因素分析

(一)驱动因素的概念

产业及竞争环境之所以会发生变化,是因为一些重要的力量在推动产业的参与者(竞争厂商、顾客、供应商等)改变他们的行动,这种推动产业及竞争环境发生种种变化的主要因素就是产业中的驱动因素。

(二)驱动因素分析

驱动因素分析应分为两步:一是辨认出产业变革的主要驱动因素;二是评估各种驱动因素对产业可能产生的影响。

(三)产业变革常见的驱动因素

(1)产业长期增长率的变化;(2)客户的变化以及客户使用产品方式的变化;(3)产品革新;(4)技术变革;(5)营销革新;(6)大厂商的进入和退出;(7)专有技术的扩散;(8)产业的日益全球化;(9)成本和效率的变化;(10)政府政策的变化;(11)社会关注点、态度和生活方式的变化;(12)不确定性和商业风险的变化。

产业变革的关键的驱动因素一般不会超过3~4个,战略管理的任务之一就是区分开关键的驱动因素和非关键的驱动因素。

二、产业生命周期分析

产业生命周期分析是产业生命周期理论在产业范围内的具体化,该分析与企业发展具有直接而明确的关系。

(一)产业范围的界定

界定产业范围的重要性和必要性在于,它可以帮助战略管理人员明确竞争的领域,从而能将注意力聚焦在主要竞争者身上;产业范围界定还是产业生命周期分析的前提。然而,对产业范围进行界定并非易事,因为产业的发展会产生许多新的机会和威胁,并且随着产业的发展和技术的进步会衍生出很多新兴产业,导致产业的范围和边界相当模糊,在界定产业范围时需思索以下问题:

(1)哪一产业比较符合企业的使命与目标?

(2)在此产业中,主要的成功因素是什么?

(3)企业是否具有在这个产业中竞争所需要的技能?如果没有,能否建立?

(4)这些技能能否让企业掌握新机会,化解新威胁?

考虑到将来随着产业的发展,经营范围也需要进行必要的调整,对于产业范围的定义是否需要考虑一定的弹性从而为将来的发展留有余地?

(二)产业生命周期的阶段与特点

一般来说,它可以分为形成期、成长期、成熟期、衰退期四个阶段,见图4.2。产业生命周期曲线的形状是由社会对该产业的产品需求状况决定的。产业是随着社会某种需求的产生而产生的,又随着社会对这种需求的发展而发展,最后,当这种需求消失时,整个产业也就随之消失,产业的生命即告终。产业生命周期各阶段的特点,见表4.1。

在形成期,产品设计尚未成熟与定型,产品的开发、销售成本很高,销售增长缓慢且不稳定,利润很低甚至亏损,产业内竞争较少,进入壁垒主要来自产品的设计和开发能力以及投入水平,市场风险很大。处于该阶段的产业领域一般不会成为企业的战略焦点,大多是产业先驱者在做基础性的研究与开发工作。

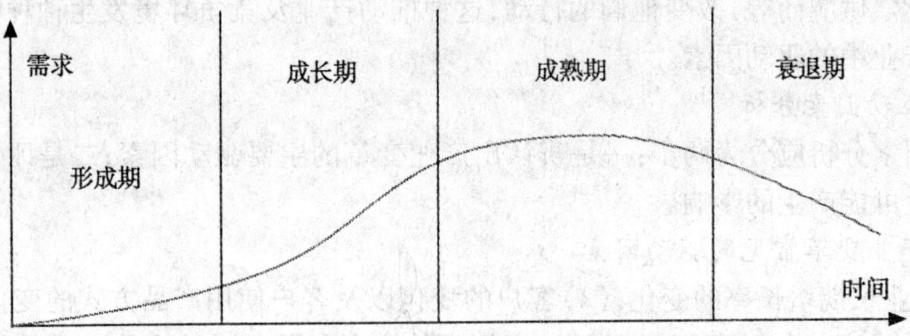

图 4.2　产业生命周期

表 4.1　市场/产业生命周期各阶段的主要特征

阶段 因素	形成期	成长期	成熟期	衰退期
市场发展	缓慢	迅速	约与 GNP 的增长速度相当	需求下降 市场萎缩
增长的可预见性	需求只被现有产品满足一小部分，增长潜力难以预料	需求已被满足一大部分，需求上限开始清晰	增长潜力已很好确定	增长潜力明显有限
顾客的稳定性	顾客以很少的信任试用该产品	有一定信任，顾客试用不同的产品，尚未形成品牌忠诚	已形成品牌购买倾向。新进入者很难获得高额利润	极稳定，顾客很少，有寻求其他供应者的动机
产品系列的拓展性	产品品种单一	产品系列迅速扩展	扩展减慢或停止	不盈利产品退出，产品品种减少
技术的作用	为了生产适合市场需求的产品，技术是重要的角色	前期，产品技术至关重要；后期，生产技术更为重要	生产工艺和材料替换是重点，可以用新技术更新使该产业延伸	技术完全成熟、稳定、易于掌握
产品技术	高度的产品创新，尚未产生主导性的设计	主导性的产品设计已经出现；强调产品多样性	小的渐进的革新，基本围绕节省成本、提高效益展开	产品很少有改变
生产技术	强调柔性制造，主导产品出现以前，工艺都不固定	随着主导性设计的出现，生产工艺开始专门化	强调效率，尤其是通过自动化手段	很少或没有工艺改变
定价模式	价格高且易变	随成本下降和竞争加剧价格迅速下降	价格随生产力允许的成本下降，很慢	价格低且稳定
促销	促销目标是“革新者”和“尝鲜者”，主要是唤起欲望	侧重建立品牌形象	调整促销策略以适应不同的细分市场	主要依靠惯性市场

续表

阶段 因素	形成期	成长期	成熟期	衰退期
竞争者的数量	很少	在先入者高边际利润吸引下,竞争者数量迅速增多,到成长期后期达最多	竞争力较强的企业已建立稳定地位,并购和弱竞争者被淘汰,产业进一步集中	新进入者已很少,且不受欢迎,竞争者继续减少
市场份额的分布	不稳定,市场份额反映企业家的眼光和把握机会的能力	稳定性增加,少数竞争者以强有力的态势出现	稳定,少数企业常会控制整个行业的绝大部分市场	或是集中在极少数竞争者手中,或是由产业细分化或市场的细分化而分散
竞争的性质	有限竞争,企业眼光主要在产品改进上而不是竞争上	市场的迅速增长掩盖了竞争	为了生存,竞争达到顶峰	随着新格局的形成,倾向于低度竞争
进入与退出	进入容易,进入障碍主要是技术,资金和对未知的担心	较困难,市场力量已经产生,但不很强,如果没有对立性竞争,是进入的好时机	困难,市场已"瓜分"完毕,市场领导者地位已确立,新进入者要从别人那"抢生意",行业内开始分化,有的发生动摇	市场萎缩,很少有新进入者。产业内企业纷纷退出,只留下一些大企业和"补缺"的小企业
投资需求	逐渐投资以支持新的产品	为支持增长,资金需求达到高峰	为保持生存能力,仍需再投资	很少投资,甚至变卖部分资产以"榨取"现金
财务状况	启动成本高,需要大量现金投入,回本无保障	销售增长带来利润,但大部分利润用于再投资	稳定的销售带来巨额利润,再投资减少,形成现金来源	利润下降,现金流很少(可能是正,可能是负)

在成长期,产品的设计工艺与方法已初步成熟并被迅速模仿,顾客对产品的认知程度迅速提高,销售额和利润迅速增长,规模的增大使得企业的生产成本不断下降,生产能力出现不足,进入壁垒进一步下降,丰厚的利润空间使得大量企业正在以各种方式加入该产业,企业间的竞争在迅速形成和展开,产业内企业应对风险的能力增强。

在成熟期,原来潜在的市场份额已被"瓜分"完毕,产品销售趋于饱和,利润不再增长,顾客的重复购买行为成为支撑企业生存发展的重要特征。经过市场竞争"大浪淘沙"式的选择后,生存下来的企业彼此之间实力相当,竞争激烈,它们往往依靠不同的竞争战略和市场细分在产业领域内占据一席之地。规模效应的存在使得进入壁垒进一步提高,产业内现存的企业风险不大。

在衰退期，由于替代品的出现或生产能力严重过剩等原因，产品销售量和利润水平大幅度下降，原有企业纷纷退出该产业领域，市场竞争程度因企业的退出行为而趋于缓和，但企业面临较多难以预料的风险因素。在这一阶段，成功的退出或转移战略的制定与实施成为企业战略管理活动的主要内容。

产业生命周期分析在运用上有一定的局限性，应将其与其他方法结合起来使用才更有益处。

三、产业竞争力量分析

产业竞争力量分析属于外部环境分析中的微观环境分析，它的内容主要是分析本产业中的企业竞争格局以及本产业和其他产业的关系。产业的结构及竞争性决定着产业的竞争原则和企业可能采取的战略，因此，产业竞争力量分析是企业制定战略最主要的基础。

按照波特的观点，一个产业中的竞争，远不止在原有竞争对手中进行，而是存在着五种基本的竞争力量，它们是潜在的行业新进入者、替代品的威胁、购买商讨价还价的能力、供应商讨价还价的能力以及现有竞争者之间的竞争。如图 4.3 所示。

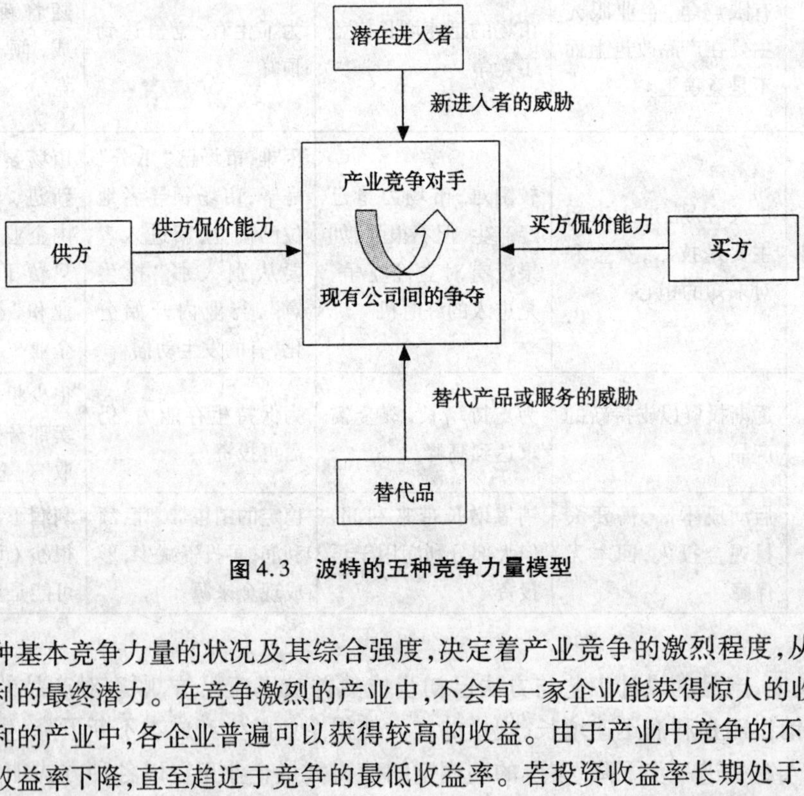

图 4.3　波特的五种竞争力量模型

这五种基本竞争力量的状况及其综合强度，决定着产业竞争的激烈程度，从而决定着产业中获利的最终潜力。在竞争激烈的产业中，不会有一家企业能获得惊人的收益。在竞争相对缓和的产业中，各企业普遍可以获得较高的收益。由于产业中竞争的不断进行，会导致投资收益率下降，直至趋近于竞争的最低收益率。若投资收益率长期处于较低水平，投资者将会把资本投入其他产业，甚至还会引起现有企业停止经营。在相反情况下，就会刺激资本流入和现有竞争者增加投资。所以，产业竞争力量的综合强度还决定着资本向本产业的流入程度。五种竞争力量的强弱，可能会随时间和产业状况的变化而变化，管理者的任务就是要认清五种力量变化带来的机会与威胁，并做出适当的战略反应。

（一）产业新加入者的威胁

这种威胁主要是由于新进入者加入该产业，会带来生产能力的扩大，带来对市场占有率的要求,这必然引起与现有企业进行激烈竞争,使产品价格下跌;另一方面,新加入者要获得资源进行生产,从而可能使得产业生产成本升高。这两方面都会导致产业的获利能力下降。

新加入者威胁的状况取决于进入障碍和原有企业的反击程度。如果进入障碍高,原有企业激烈反击,潜在的加入者难以进入该产业,加入者的威胁就小。决定进入障碍大小的主要因素有以下几个方面:

(1)规模经济。这是指生产单位的成本随生产规模的增加而降低。规模经济的作用是迫使产业新加入者必须以大的生产规模进入,并冒现有企业强烈反击的风险;或者以小的规模进入,但要长期忍受产品成本高的劣势。这两种情况都会使加入者望而却步。大企业的生产成本要低于小企业的生产成本,这就有了进入障碍的客观条件。

规模经济形成的进入障碍表现在许多方面:① 表现于企业的某项或几项职能上,如在生产、研究与开发、采购、市场营销等职能上的规模经济,都可能是进入的主要障碍;② 表现为某种或几种经营业务和活动上;③ 表现为联合成本,即企业在生产主导产品的同时并能生产副产品,使主导产品成本降低,这就迫使新加入者也必须能生产副产品,不然就会处于不利地位;④ 表现为纵向联合经营。这就迫使加入者必须联合进入(这有时是难以做到的)。若不联合进入,势必在价格上难以承受。

(2)产品差异优势。这是指原有企业所具有的产品商标信誉和用户的忠诚性,造成这种现象是由于企业过去所做的广告、用户的服务、产品差异或者仅仅因为企业在该产业历史悠久。产品差异化形成的障碍,迫使新加入者要用很大代价来树立自己的信誉和克服现有用户对原有产品的忠诚。这种努力通常是以亏损作为代价,而且要花费很长时间才能达到目的。如果新加入者进入失败,那么在广告商标上的投资是收不回任何残值的。因此这种投资具有特殊的风险。

(3)资金需求。资金需求所形成的进入障碍,是指在产业中经营不仅需要大量资金,而且风险性大。加入者要在持有大量资金,冒很大风险的情况下才敢进入。形成需要大量资金的原因是多方面的,如购买生产设备需要资金,提供用户信贷,存货经营等。

(4)转换成本。这是指购买者将一个供应商的产品转到另一个供应商的产品所支付的一次性成本。它包括重新训练业务人员,增加新设备,检测新资源的费用以及产品的再设计成本等。如果这些转换成本高,那么新加入者必须为购买商在成本或服务上做出重大的改进,以便购买者可以接受。

(5)销售渠道。一个产业的正常销售渠道已经为原有企业服务,新加入者必须通过广告合作、广告津贴等来说服这些销售渠道接受他的产品,这样就会减少新加入者的利润。产品的销售渠道越有限,它与现有企业的联系就越紧密,新加入者要进入该产业就越困难。

(6)与规模经济无关的成本优势。原有的企业常常在其他方面还具有独立于规模经济以外的成本优势,新加入者无论取得什么样的规模经济,都不可能与之相比。它们是专利产品技术,独占最优惠的资源,占据市场的有利位置、政府补贴、具有学习或经验曲线以及政府的某些限制政策等。

(二)现有竞争者之间的竞争程度

现有竞争者之间采用的竞争手段主要有价格战、广告战、引进产品以及增加对消费者的服务和保修等。竞争的产生是由于一个或多个竞争者感受到了竞争的压力或看到了改善其地位的机会。如果一个企业的竞争行动对其对手有显著影响,就会招致报复或抵制。

如果竞争行动和反击行动逐步升级，则行业中所有企业都可能遭受损失，使处境更糟。在如此情况下，现有企业之间的竞争会变得很激烈。

(1)有众多或势均力敌的竞争者。当行业中的企业为数众多时，必然会有一定数量的企业为了占有更大的市场份额和取得更高的利润，而突破本行业规定的一致行动的限制，采取打击、排斥其他企业的竞争行为。这势必在现有竞争者之间形成激烈的竞争。即便在企业为数不多的情况下，如若各企业的实力相当，由于它们都有支持竞争和进行强烈反击的资源，也会使现有企业间竞争激烈化。

(2)产业增长缓慢。在产业增长缓慢的情况下，企业为了寻求发展，便将力量放在争夺现有市场的占有率上，从而使现有企业的竞争激烈化。而在行业快速增长的条件下，行业内各企业可以与产业同步增长，而且企业还可以在增长的过程中充分地利用自己的资金和资源，竞争就不会激烈。

(3)产业具有非常高的固定成本或库存成本。行业具有非常高的固定成本或库存成本。当产业固定成本较高时，企业为降低单位产品的固定成本，势必采用增加产量的措施，结果又往往导致价格迅速下跌。与固定成本高有关的一种情况是产品的库存问题。如若产业生产的产品储存起来非常困难或费用极高，在这种情况下，企业就容易为尽快把产品销售出去而遭受降价的损害。

(4)产业的产品没有差别或没有产业转换成本。产业的产品没有差别或没有行业转换成本。当产品或劳务缺乏差异时，购买者的选择是价格和服务，这就会使生产者在价格和服务上展开竞争，使现有企业之间的竞争激化。同样，转换成本低时，购买者有很大的选择空间，也会产生相同的作用。

(5)产业中的总体生产规模和能力大幅度提高。产业中的总体生产规模和能力大幅度提高。新的生产规模不断增加，就必然会经常打破产业的供需平衡，使产业产品供过于求，迫使企业不断降价销售，强化了现有企业之间的竞争。

(6)竞争者在战略、目标以及组织形式等方面千差万别。企业如果把市场当做解决生产能力过剩的出路，它就会采取倾销过剩产品的办法。多种经营的企业，若把某产业竞争的产品视为厚利产品，它就会采取扩大或巩固销量的策略，尽力促使该产业的稳定。小型企业为了保持经营的独立性，可能情愿取得低于正常水平的收益来扩大自己的销路，所以这些都会引起竞争的激化。

(7)产业对企业兴衰至关重要。产业对企业兴衰至关重要，如果取得成功的可能性大，那么产业中企业之间的竞争就会更加激烈。例如，一个多样化经营的公司可能将成功的重点放在某一特定产业中，以推动公司整体战略的成功。或者，一个外国公司为了树立全球声望或技术上的优势，可能会强烈地认为需要在某一外国市场上建立稳固的市场地位。在这样的情况下，这些公司的目标可能不仅是多样化，而且更加带有突破性，因为它们只求扩张并含有牺牲其利润的潜在意向。

(8)退出产业的障碍很大。当退出障碍高时，经营不好的企业只得继续经营下去，这样使现有企业间的竞争激烈化。退出障碍的主要来源有：具有高度专门化的资产，其清算价值低或转换成本高；退出的费用高，如较高的劳动合同费、安置费、设备备件费；战略的协同关系，如果企业某一经营单位退出，就会破坏这种协力；感情障碍，如退出行业经营影响职工的忠诚，对个人事业前途充满畏惧等；政府和社会的限制。政府考虑到失业问题、地区经济问题的影响，有时会出面反对或劝阻企业退出该行业。

（三）替代产品的威胁

替代产品是指那些与本产业的产品有同样功能的其他产品。替代产品的价格如果比较低，它投入市场就会使本产业产品的价格上限只能处在较低的水平，这就限制了本产业的收益。替代产品的价格越是有吸引力，这种限制作用也就越牢固，对本产业构成的压力也就越大。正因为如此，本产业与生产替代产品的其他产业进行的竞争，常常需要本产业所有企业采取共同措施和集体行动。下述的替代产品应引起该产业注意：替代产品在价格和性能上优于该产业的产品；替代产品产自高收益率的行业。在后一种情况下，如果替代产业中某些发展变化加剧了那里的竞争，从而引起价格下跌或其经营活动的改善，则会使替代产品立即崭露头角。

（四）购买商讨价还价的能力

购买商可能要求降低购买价格，要求高质的产品和更多的优质服务，其结果是使得行业竞争者们互相竞争残杀，导致产业利润下降。在下列情况下，购买商们有较强的讨价还价能力。

（1）购买商们相对集中并且大量购买。如果购买商们集中程度高，由几家大公司控制，这就会提高购买商们的重要地位。如果销售者行业急需补充生产能力的话，那么大宗的购买商就更具有特别有利的竞争地位。

（2）购买的产品占购买商全部费用或全部购买量中很大的比重。这时，购买商愿意花费必要的资金购买，购买商通常对价格不很敏感，无需讨价还价。

（3）从该产业购买的产品属标准化或无差别的产品。购买商在这种情况下确信资金总是可以找到可挑选的销售者，可使销售者之间互相倾轧。

（4）购买商的产业转换成本低。高的转换成本将购买商固定在特定的销售者身上。相反，如果转换成本低，购买商讨价还价能力就强。

（5）购买商的利润很低。这样，他们会千方百计地压低购买费用，要求降低购买价格。高盈利的购买商通常对价格不太敏感，同时他们还可能从长计议考虑维护与供应商的关系和利益。

（6）购买商们有采用后向一体化对销售者构成威胁的倾向，他们之间宁愿生产而不去购买。

（7）销售者的产品对购买商的产品质量或服务无关紧要。如果销售者的产品对购买商的产品质量影响很大时，购买商一般在价格上不太敏感。

（8）购买商掌握供应商的充分信息。这样，购买商便会在交易中享有优惠价格，而且在受到供应商威胁时进行有力地反击。

（五）供应商讨价还价的能力

供应商的威胁手段一是提高供应价格，二是降低供应产品或服务的质量，从而使下游产业利润下降。在下列情况下，供应商有较强的讨价还价能力：

（1）供应行业由几家公司控制，其集中化程度高于购买商行业的集中程度。这样，供应商能够在价格、质量的条件下对购买商施加相当大的影响。

（2）供应商无需与替代产品进行竞争。如果存在着与替代产品的竞争，即使供应商再强大有力，他们的竞争能力也会受到牵制。

(3)对供应商们来说,所供应的产业无关紧要。在供应商向一些产业销售产品且每个行业在其销售额中不占很大比例时,供应商更易于应用他们讨价还价的能力。反之,如果某行业是供应商的重要主顾,供应商就会为了自己的发展采用公道的定价、研究与开发、疏通渠道等援助活动来保护购买商的产业。

(4)对买主们来说,供应商的产品是很重要的生产投入要素。这种投入对于买主的制造过程或产品质量有重要的影响,这样便增强了供应商讨价还价的能力。

(5)供应商们的产品是有差别的,并且使购买者建立起很高的转换成本。这样,购买者便不会设想"打供应商的牌"。

(6)供应商对买主产业来说构成前向一体化的很大威胁。这样,购买商行业若想在购买条件上讨价还价,就会遇到困难。

【新视角】

第六种力量:互补者

英特尔前总裁格罗夫认为,波特的五种竞争力模型忽略了第六种力量——互补者的能量、活力和能力。互补者是指销售能够增加(互补)产品价值的产品的企业,两者合在一起可以更好地满足顾客需求。例如,个人计算机企业的互补者是应用软件公司,高质量的应用软件无疑会增加计算机的价值。通常,互补者与本企业属于"同路人",在产品上相互支持。然而,一些新技术、新工艺、新方法会影响互补品生产者的相对地位,会导致这一"同路人"分道扬镳,成为竞争对手。因此,第六种力量——互补者的力量也是影响竞争结构的重要因素,不可忽视。

四、产业内部结构分析 —— 战略集团

上面的产业竞争性分析的基点是确定广义的五种竞争力量的来源及强弱,这些力量决定了产业中竞争的性质和该产业中所具有的潜在利润。而产业内部结构分析则是来解释在同一产业中,企业之间在经营上的差异以及这些差异与它们的战略地位的关系。为此,按照产业内各企业的战略地位的差别,将企业划分成不同的战略集团,分析产业内各个战略集团之间的关系,从而进一步认识产业及其竞争的状况。

(一)战略集团

所谓战略集团,是指一个产业内执行同样或类似战略并具有类似战略特征的一组企业。在一个产业中,如果所有的企业都执行着基本相同的战略,则该产业中只有一个战略集团。如果每个企业都奉行着与众不同的战略,则该产业中有多少企业便有多少战略集团。当然,在正常情况下,一个产业中仅有几个战略集团,它们采用着性质根本不同的战略。每个战略集团内的企业数目不等,但战略类同。

在同一战略集团内的企业除了广义的战略方面外,还在许多方面彼此非常相近。它们在类似战略的影响下,会对外部环境做出类似的反应,采取类似的竞争行动,占有大致相同的市场份额。这种特征可以用战略集团图勾画出来,作为产业内部竞争分析的一种工具。如图4.4所示。

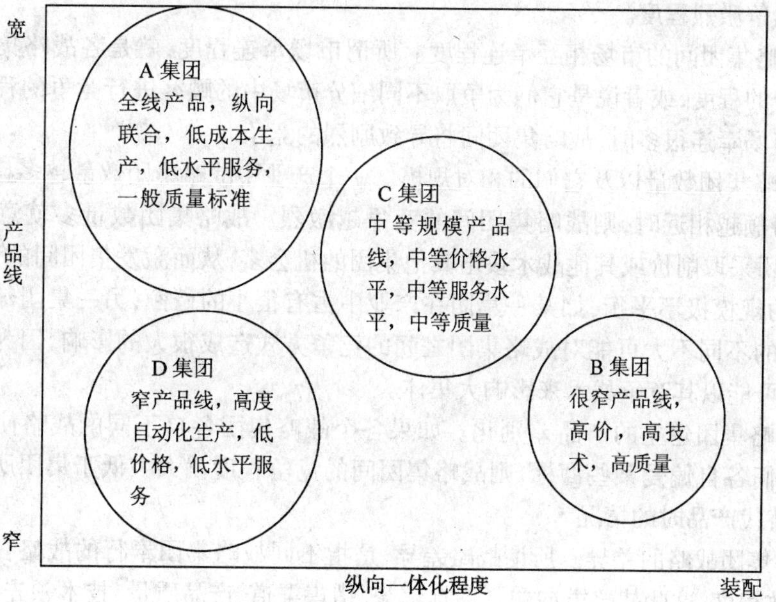

图 4.4　某虚构产业战略集团划分

在图中，横轴代表纵向一体化程度，纵轴代表专业化程度。对于战略集团来说，这是两个重要的约束因素。实际上，战略分析者还可以根据产业的特点和需要，确定出不同的重要的战略约束因素，以便更清楚地勾画出产业中不同类型的战略集团。一般来说，以标志图形的大小表示每一战略集团中企业市场占有率之和。

战略集团图作为一种分析工具，既不同于产业整体分析方法，也不同于单个企业的个别分析方法，而是介于两者之间。它是从产业中不同企业的战略管理中找出带有共性的事物，更准确地把握产业中竞争的方向和实质，避免以大代小所造成的缺陷。具体有三种用途：一是了解战略集团间的竞争状况；二是了解企业怎样从一个战略集团转移到另一个战略集团；三是预测市场变化或发现战略机会。在勾画战略集团图时，必须选取少数战略变量作为图轴，并遵守相关原则。

(1)用作图轴的最佳战略变量是那些对产业中战略集团的形成起决定作用的变量。

(2)所选的轴变量不可一同变化。例如，如果一切实行产品差别化的企业也都具有宽产品线，则不应当将这两个变量都选为图轴，而应把反映产业中战略组成多样化程度的变量选为图轴。

(3)图轴变量无需一定是连续或单调。

(4)对一个产业可以勾画数个战略集团图，利用战略方向的各种组合来认识最关键的竞争问题。

(二)战略集团间的竞争

一个产业中如果出现两个或两个以上的战略集团，则可能出现战略集团之间的竞争，也就是说会有价格、广告、服务及其他变量的竞争。战略集团之间的竞争结论程度不仅影响着整体产业的潜在利润，而且在对付潜在的产业进入者、替代产品、供应商和销售商讨价还价能力等方面表现出很大的差异性。一般来说，下列四个因素决定着一个产业中战略集团之间的竞争激烈程度。

(1)战略集团间的市场相互牵连程度。所谓市场牵连程度,就是各战略集团为同一顾客进行争夺的程度,或者说是它们为争取不同细分市场中的顾客进行竞争的程度。当战略集团间的市场牵连很多时,战略集团间将导致剧烈的竞争。

(2)战略集团数量以及它们的相对规模。一个产业中战略集团数量越多且各个战略集团的市场份额越相近时,则战略集团间的竞争越激烈。战略集团数量多就意味着集团离散,某一集团采取削价或其他战术攻击其他集团的机会多,从而激发集团间的竞争。反之,如果集团的规模极不平衡,如某一集团在产业中占有很小的份额,另一集团却有很大的份额,则战略的不同不大可能对战略集团之间的竞争方式造成很大的影响,因为小集团力量太弱,不大可能以其竞争战术来影响大集体。

(3)战略集团建立的产品差别化。如果各个战略集团各自不同的战略使顾客区分开来,并使他们各自偏爱某些商标,则战略集团间的竞争程度就大大低于集团所销售的产品被视为可替代产品时的情况。

(4)各集团战略的差异。所谓战略差异,是指不同战略集团奉行的战略在关键战略方向上的离散程度,这些战略方向包括商标信誉、销售渠道、产品质量、技术领先程度、成本状况、服务质量、纵向一体化程度、价格、与母公司或东道国政府的关系等。如果其他条件相同,集团间的战略差异越大,集团间就越可能只发生小规模的摩擦。集团奉行不同的战略导致他们在竞争思想上有极大的差别,并使他们难以相互理解他人的行为,从而避免茫然的竞争行动和反应。

所有上述四个因素的共同作用决定了产业中战略集团的竞争激烈程度。最不稳定,也即集团间激烈竞争的情况是,产业中存在几个势均力敌的战略集团,各自奉行着全然不同的战略并为争取同一类基本顾客竞争。反之,一般较为稳定的情况是,产业中有少数几个大的战略集团,它们各自为一定规模的顾客而进行竞争,所奉行的战略除少数几个方向外并无差异。

五、竞争对手分析

在波特"五力模型"中,企业最主要、最激烈的竞争来自同行,他们提供与企业相同或类似的产品或服务,在同一个市场争夺顾客,在技术开发和应用上直接竞争。企业与竞争对手的相对实力决定了企业的盈利水平和发展空间。因此,外部环境分析的一项重要任务是,了解对手、分析对手、评估对手,有的放矢地制定企业的战略和策略。

竞争对手是企业经营行为最直接的影响者和被影响者,这种直接的互动关系决定了竞争对手分析在外部环境分析中的重要性。分析竞争对手的目的,是了解每个竞争对手所可能采取的战略行动及实质和成功的希望,各竞争对手对其他公司的战略行动可能做出的反应,以及各竞争对手对可能发生的产业变迁和环境的大范围的变化可能做出的反应等。

根据波特对竞争对手的分析模型,对竞争者的分析有四种诊断的要素,即竞争对手的长远目标、竞争对手的现行战略、竞争对手的假设和竞争对手的能力,见图4.5。

(一)竞争对手的长远目标

对竞争对手目标的了解可预测每位竞争对手对其目前位置是否满意,由此预知这个竞争对手将如何改变战略以及对于外部事件(如经济周期)或对属于其他公司战略行动的反

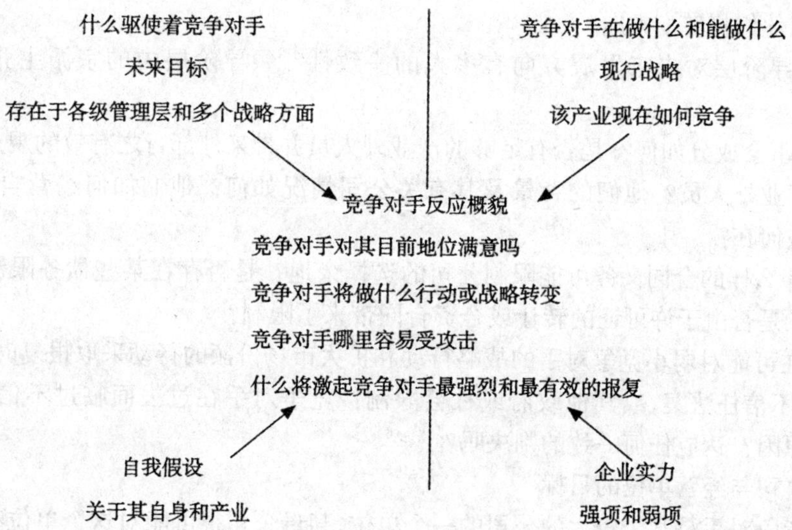

图 4.5　竞争对手分析要素

应能力。例如,一个注重销售额稳步增长的公司和一个注重保持投资收益率的公司对经济衰退或另一公司市场占有率提高的反应可能不同。对竞争对手目标的了解也有助于预测它对战略变化的反应。在其目标及所面临的上级公司的压力一定的情况下,某竞争对手受到某些战略变化的威胁会比其他对手受到的大得多。这种威胁程度将影响报复的可能性。对竞争者目标的了解有助于解释竞争对手所采取的行动的严重性。同样,对竞争者目标的了解有助于了解上级公司是否会支持下属公司所采取的行动,确定它是否愿做下属公司对付竞争对手行动的后盾。

1. 经营单位的目标

(1)竞争对手陈述的财务目标与未陈述的财务目标是什么?竞争对手在制定目标时是如何考虑得失的?

(2)竞争对手持何种风险态度?

(3)竞争对手是否存在对其目标有重大影响的经济性或非经济性的组织价值观或信念?是全体成员共有还是仅高层管理人员具有?竞争对手是否企图在市场上成为领先者?是否想当产业的发言人?是否准备成为独立又有特点的公司,或当技术潮流的主宰者?竞争对手是否具有信奉某特定战略或职能方针的传统或历史,并且习惯性地把它写进目标?是否对产品设计有严格要求?是否对地理位置有特殊偏爱?

(4)竞争对手的组织结构如何?这种结构对诸如资源分配、定价和产品更新等关键性决策的责任及权利是如何分配的?

(5)现有何种控制与奖惩系统?行政人员报酬如何?销售人员报酬如何?管理人员拥有股份吗?是否有一个延期补偿系统?如何定期检查执行情况?周期长短?

(6)现有何种会计系统和规范?竞争对手如何评估库存?如何分配成本?如何计算通货膨胀?这些会计问题能如何影响竞争对手对经营情况和成本的估计、定价方法等?

(7)竞争对手的领导阶层由哪些人构成,特别是谁出任首席执行官?他们的背景和经历如何?什么样的年轻管理者将受到奖惩?他们明显强调的是什么?公司招聘外来人员是否意味着他们将转变方向？

(8)领导阶层对未来发展方向有多大的一致性？领导阶层内的宗派主张不同的目标吗？

(9)董事会成分如何？是否有足够的产业外人员并带来外部行之有效的观点？董事会中有何种产业外人员？他们的背景及其有关公司情况如何？他们如何经营自己的公司？他们的利益何在？

(10)什么样的合同义务可能限制公司的选择余地？是否存在某些债务限制了某些可能的目标？是否由于许可证的转让或合资合同带来了限制？

(11)在可能对弱小竞争对手的战略行动和扩大市场份额的行动采取报复时，是否存在任何条例、不信任法案，或其他政府或社会限制？竞争对手在过去面临过不信任问题吗？由于什么原因？达成任何一致的判决吗？

2. 母公司与经营单位的目标

如果竞争对手是某个较大的公司的一个单位，某母公司很可能对这个单位有所限制或要求。这种限制或要求对预测它的行为非常关键。除以上所讨论过的问题以外，还需回答下列问题：

(1)母公司当前经营情况(销售增长率、投资收益率等)如何？

(2)母公司的总目标是什么？从这一点出发，母公司需要它的经营单位做什么？

(3)一个经营单位在母公司的总战略中有何重要的战略意义？母公司将该单位的产品是视为"拳头产品"，还是视为边缘产品？该部门的产品在母公司的多样化组合中的位置何在？是出于成长期而作为母公司的未来的关键产品之一？还是成熟、稳定的产品从而作为现金的来源？业务经营单位战略上的重要性对所要达到的目标有着关键性的影响。

(4)母公司为何要经营某项产品(因为剩余生产力、纵向联合需要、或为了开发销售渠道以及为了加强市场开发的力量)？这方面情况为母公司进一步提供了如何看待该业务部门的贡献，以及对其战略地位和行为可能施加的压力等方面信息。

(5)某业务经营在母公司的多样化经营组合中与其他业务的经济关系如何(纵向联合、相互补偿、分担、分享研究开发)？这种关系在母公司对某经营单位的特殊要求中意味着什么？

(6)整个公司高级领导阶层持何种价值观或信念？他们想成为所有经营品种的技术上的领先者吗？

(7)母公司是否打算将用于其他经营单位的基本战略同样用于这一单位？

(8)其竞争对手的业务目标所面临的销售目标、投资收益的障碍以及资金的限制情况如何？已知它和其他兄弟经营单位的经验状况及母公司为它设置的目标，它能在与兄弟部门竞争以获取母公司资金的过程中成功吗？该部门是否足够大或具有足够大的潜力博得母公司的注意和支持？或母公司领导对它很少关心放任不管？其兄弟目标的资本投资额的要求是多少？已知母公司对各个部门的重视级别以及分红可用资金的估计，该部门还能分得多少资金？

(9)母公司的多样化计划如何？公司是否正寻找机会进入其他消耗资金的领域？或者进入那些意味着今后将长期把重点放置其中的业务领域？母公司是否由于有增效机会而转而支持该部门？

(10)母公司的组织结构中提供了何种关于该经营单位在母公司严重的相对状态、地位以及目标等方面的线索？该部门直接向总裁报告还是向有影响力的公司副总经理报告，或者它本身隶属于几个较大的组织实体的一部分？组织中是否已有“新人”负责还是正处于更换管理者的时期？

(11)在母公司的总体结构图中，是如何对经营单位领导进行控制和奖惩的？检查周期多长？奖金与工资的比例如何？奖金的基础何在？是否为股份持有者？这些问题清楚地揭示了了解有关业务目标的目的和行为的线索。

(12)母公司奖励了哪些类型的经理？这表明了母公司的高层管理者欲强化的战略行动，因而也暴露出业务部门的目标。在母公司中各业务表明的经理人员更换的频率如何？

(13)母公司从何处招聘业务部门领导？现行领导是内部提升的还是从外公司招聘而来？现任总经理是从哪个职能部门上升的（暗示了高层领导可能偏好的战略方向）？

(14)是否存在对公司整体的不信任法案、条规或社会敏感因素，从而波及和影响到它的业务部门？

(15)母公司特别是高层领导是否对这个部门具有感情？这个部门的产品是公司最早的产品吗？此部门过去的总经理是否在母公司的上层管理机构中工作？是否由现任的高级领导做出合并发展该部门的决策？在这个经理领导下是否着手进行任何计划和行动？这些关系都暗示该部门将获得非同一般的注意和支持，同时也暗示了撤出障碍。

（二）竞争对手的假设

竞争对手分析的第二个关键性因素是了解每个竞争对手的假设。有两类假设：一是竞争对手对自己的假设；二是竞争对手对产业及产业中其他公司的假设。

每个公司都对自己的情况有所假设。例如它可能把自己看成社会上知名的公司、产业霸主、低成本生产者、具有最优秀的销售队伍等。这些对于本公司的假设将指导它的行动方式和反击方式。例如，如果它自视为低成本的生产者，它可能规定一个削价条例使价格自行降低。

正如竞争对手对它自己持一定假设一样，每个公司对产业及其竞争对手也持一定假设。同样，这可能正确也可能不正确。对所有假设的检验能发现竞争对手的管理人员在认识其环境的方法中所存在的偏见及盲点。竞争对手的盲点可能是分别看不清重大事件（如战略行动）何在，也可能是没有正确认识自己，还可能只是很慢地认识自己。找出这些盲点可帮助公司产品采取不大可能遭到反击的行动或者采取即使有报复也不大奏效的行动。

（三）竞争对手的现行战略

对竞争对手分析的第三个要素是列出每个竞争对手现行战略的清单。非常有用的一种方法是把竞争对手的战略看成各职能部门的关键性经营方针的总和，以及了解是如何寻求各职能部门的相互联系的。重点关注和分析的问题是：竞争对手的战略意图、战略目标、市场定位、优势劣势、核心能力、竞争优势、竞争策略、反映模式等。通常通过了解有关竞争者的关键问题，监视竞争者的动向，掌握竞争者的战略，以便扬长避短、克敌制胜。竞争者战略的关键问题见表4.2。

表4.2 竞争者战略的关键问题

1. 竞争者的优势是什么？其“杀手锏”是什么？2. 竞争者的主要弱点是什么？
3. 竞争者的经营理念与核心价值是什么？
4. 竞争者的战略意图是什么？
5. 决定竞争者在产业中竞争地位的主要因素是什么？
6. 竞争者的核心能力和特殊资源有哪些？
7. 竞争者用于产品和服务的原材料构成及其优势如何？
8. 竞争者的市场定位是怎样的？是高端产品还是低端产品？
9. 竞争者核心产品和产品开发体系是怎样的？
10. 竞争者新产品开发的方向是什么？
11. 竞争者技术研发的方式和途径如何？
12. 竞争者新产品设计的技巧和创新怎样？
13. 竞争者新材料开发和利用的情况如何？
14. 竞争者营销的主要策略是什么？
15. 竞争者产品的定价策略如何？
16. 竞争者对人力资源的开发和利用如何？
17. 竞争者的管理水平怎样？
18. 竞争者的投资方向和规模怎样？
19. 主要竞争者对本企业战略的承受能力如何？
20. 主要竞争者对本企业各种战略的成功反击的承受能力如何？
21. 近年来主要竞争者在行业的销售额和盈利水平及其变化？为什么？
22. 构成竞争对手持续竞争优势的支撑因素有哪些？
23. 主要竞争者与供应商、分销商的关系如何？
24. 新公司进入本产业和老企业退出本产业的状况怎样？
25. 替代品会在多大程度上对本产业中的竞争者构成威胁？
26. 竞争者对竞争的反应模式是什么？迟钝型、选择型、随机型还是报复型？

(四)竞争对手的能力

竞争对手的目标、假设和现行战略会影响到它反击的可能性、时间性、性质及强烈程度,而其优势与弱点,亦即它的实力将决定它发起进攻或反击的战略行动的能力以及应付所处环境或发生事件的能力。在分析对手时,要重点考察竞争的以下能力:

(1)核心能力。① 竞争对手在各职能部门中业务能力如何？最强之处是什么？最弱之处在哪里？② 随着竞争对手的成熟,这些方面的能力是否可能发生变化？是随时间的推移而增强还是减弱？

(2)增长能力。① 竞争对手发展壮大的能力如何？② 从财务角度看,竞争对手在哪些方面能持续增长？

(3)快速反应能力。竞争对手迅速对其他公司的行动做出反应的能力如何？或立即组织防御的能力如何？这种能力将由下列因素决定:无约束储备金、保留借贷权、厂房设备的余力、定型的但尚未推出的新产品。

(4)适应变化的能力。① 竞争对手的固定成本对可变成本的情况如何？未用设备的成本是多少？② 竞争对手的各职能领域适应对条件变化的适应能力如何？③ 竞争对手能否对外部事件做出反应？④ 竞争对手是否面临退出障碍？⑤ 竞争对手是否与母公司的其他经营单位共用生产设备、推销队伍和其他设备人员？这些因素可能会抑制其调整能力或者妨碍其成本控制。

(5)持久力。竞争对手支撑住可能使其收入或现金流入承受压力的持久战的能力有多大？这种能力将由如下因素决定：现金储备、管理人员的一致性、长期财务目标和是否来自股票市场的压力。

(五)竞争态势分析

由于行业内各企业在行业成功的关键因素上努力和表现不同，因而在行业内的竞争强弱也往往有差异。对行业内各企业竞争强弱的评价可以借用竞争态势矩阵(Competitive Profile Matrix，CPM)来进行。

建立 CPM 的步骤如下：

第一，首先识别行业中的关键成功因素或战略要素。一般选取 5 到 15 个关键成功因素。具体可通过研究特定的行业环境与评价结论，针对与企业成功密切相关的要素达成共识。在分析中常见的关键成功因素有市场份额、产品组合度、规模经济性、价格优势、广告与促销效益、财务地位、管理水平、产品质量等。

第二，对每个关键成功因素确定一个适用于行业中所有竞争者分析的权重，以此表示该要素对于在行业中成功经营的相对重要性程度。权重值的确定可以通过考察成功竞争者与不成功竞争者的经营效果，从中得到启发。每个要素权重值的变化范围从 0.0(最不重要)到 1.0(最重要)且各要素权重值之和应为 1。

第三，对行业中各竞争者在每个关键成功因素上所表现的力量，相对强弱进行评价。评价采用四分制，依次为：①分表示最弱；②分表示较弱；③分表示较强；④分表示最强。评价中必须注意各分值的给定应尽可能以客观性的资料为依据，以便得到较为科学的评价结论。

第四，将各个关键的成功因素的评价值与相应的权重值相乘，得出各竞争者在相应战略要素上相对力量强弱的加权评价值。最后对每个竞争者在每个竞争要素上所得的加权评价值进行加总，从而得到每个竞争者在各关键成功要素上力量相对强弱情况的综合评价值。这一数值的大小揭示了各竞争者之间在总体力量上相对强弱的情况。表 4.3 提供了一个行业竞争态势矩阵分析示例。

表 4.3 行业竞争态势矩阵示例

行业关键成功因素	权重	本企业		竞争者 1		竞争者 2	
		评价值	加权评价值	评价值	加权评价值	评价值	加权评价值
市场份额	0.2	3	0.6	2	0.4	2	0.4
价格竞争	0.2	1	0.2	4	0.8	1	0.2
财务地位	0.4	2	0.8	1	0.4	4	1.6
产品质量	0.1	4	0.4	3	0.3	3	0.3
用户信誉	0.1	3	0.3	3	0.3	3	0.3
综合加权评价值	1		2.3		2.2		2.8

第四节 客户价值分析

对企业而言,客户是一种有价值的资源,然而并不是所有的客户都能为企业带来效益,如何赢得高价值的客户,使得客户价值最大化,是企业追求的目标。众多企业由重视市场占有率发展到重视客户价值。那么什么是客户价值呢?诸多学者从不同角度进行了探讨,归纳起来,关于客户价值的含义可以从客户和企业两方面加以分析。

一、客户感知价值

从客户的角度来分析,客户价值更多的是指客户感知价值(Customer Perceived Value)。Zeithaml(1988)总结出了感知价值的四种含义:(1)价值就是低廉的价格。(2)价值就是客户在产品或服务中所需要的东西。(3)价值就是客户付出所能获得的质量。(4)价值就是客户所有付出可以得到的全部。一些客户描述价值时考虑的既有其所有付出的因素(金钱、时间、努力),还有其得到的所有因素。由以上四方面可形成客户感知价值一个总体定义,客户感知价值是客户基于其所得和付出而对产品或服务效用的总体评价。这里的价值表示从产品或服务中所获利益与购买、拥有或使用时所付出代价的权衡,客户会根据感知价值做出购买决定,并不是只想降低价格。

Koder(1984)以客户让渡价值(Customer Delivered Value)来表示客户感知到的价值。客户让渡价值是指客户总价值与客户总成本之差。客户总价值就是客户期望从某一特定产品或服务中获得的一组利益,它包括产品价值、服务价值、人员价值和形象价值等;客户总成本是指客户为购买某一产品所付出的一组代价,包括货币成本、时间成本、精神成本和体力成本等。其基本公式为

$$\text{客户让渡价值} = \text{客户总价值} - \text{客户总成本} \tag{1}$$

从式(1)中可以看到:客户总价值与客户总成本之间的差额越大,表明客户获得的实际利益即客户让渡价值越大。基于此,客户往往把总价值最高、总成本最低的产品作为优先选择的对象,以期获取最大的让渡价值和最高的满意度。Kotler 认为除了用这种绝对数的方式表示客户让渡价值外,还可以用相对数表示。他所指的相对数即通常意义上的价值/价格比。

Hesket,Sasser 和 Schlesinger(1997)提出了服务利润链理论,揭示了企业的利润与客户满意、忠诚度,以及与员工满意度、忠诚度、生产率之间的关系,他们指出,服务利润链的核心是客户价值等式。客户价值等式的含义是:客户价值,即服务企业提供给客户的服务或产品的价值,由服务效用、服务质量、服务价格、服务成本共同决定。从客户的角度来看,客户价值等式可以简单地表示为

$$CV = \frac{SU + SPQ}{SP + ASC} \tag{2}$$

其中:CV 为客户价值;SU 为服务效用;SPQ 为服务过程质量;SP 为服务价格;ASC 为获得服务成本。

式(2)是一个概念公式,它表示:如果企业为客户创造的服务效用大,服务质量高,则客户价值就高;如果客户为服务支付的价格和成本低,则客户价值也高。换言之,客户价值与

服务效用、服务质量成正比，与服务价格、服务成本成反比。

二、客户终生价值

与客户的客户价值观相对应，企业的客户价值观讨论的是如何从企业的角度来看待客户价值。Blattherg 和 Deighton（1996）提出了客户资产（Customer Equity）这一概念，认为企业要赢得高价值的客户，获得高收益的回报，就要将客户作为资产来看待，实行资产化管理。客户资产定义为企业所有客户终生价值的贴现之和，客户资产有时也被称为客户终生价值（Customer Lifetime Value），或简称为客户价值。客户资产是企业对客户价值理解的一种新观念。客户资产不仅仅指客户当前的盈利能力，还包括客户在其生命周期里对企业的贡献。客户生命周期（Customer Lifecycle）是指从客户开始对企业进行了解或企业想要吸引客户开始，直到客户与企业的业务关系完全终止且与之相关的事宜完全处理完毕的这段时间。实际上，客户资产是企业所拥有的客户资源中，能够为企业带来预期的经济利益，并可进行资产化处理的部分，它的本质就是把客户当作企业的一项资产。

客户终生价值就是指客户在其整个生命周期过程中，为企业所作贡献的总和。由于在客户生命周期的不同阶段，对企业所作的贡献亦有所不同，同时由于时间价值的存在，所以计算客户终生价值时，必须要对不同时期的贡献进行贴现。

设某客户的生命周期为 T，在第 n 年中给企业所带来的收益为 Rn，企业为其投入的成本为 Cn，银行的贴现率为 i，那么该客户的终生价值现值 V 表示为

$$V = \sum_{n=0}^{T} [(R_n - C_n) \times (1 + i)^{-n}] \qquad (3)$$

计算出单个客户终生价值后，将所有单个客户终生价值加总就得到企业的客户资产。

三、客户价值链

Porter（1985）在《竞争优势》中首次提出了“价值链”（Value Chain）的概念，他引入价值链作为基本的分析工具。价值链理论把企业看做一系列创造价值和支持价值创造的功能活动的集合，认为通过有效管理组成价值链的内部活动可以创造竞争优势。企业的竞争力，归根结底是通过影响客户价值链，在为客户创造价值的过程中形成的。Porter 也认识到无论商务机构还是个人客户同样存在价值链，企业的差别优势正是来源于自身价值链如何与客户的价值链相连接。因此，企业为赢得竞争优势，就必须构建自己的价值链，而企业价值链的构建，必须符合企业的客户战略，围绕客户关系为客户创造价值。传统的企业目标与客户的目标往往是矛盾的。在信息不对称的情况下，企业希望尽可能提高价格，多得利润，而客户则希望尽量降低价格。现在，关键信息能够在企业与客户之间及时、充分地共享，企业与客户之间的关系就可以由“零和博弈”转变为总体利益最大化的“双赢”关系，共享所创造的价值。

从客户角度来分析，客户所得到的产品或服务的价值表现为客户因想得到产品或服务而给企业的期望支付额与实际支付额两者间差额的现值。其中，客户“期望支付额”即构成其收益价值，“实际支付额”就是客户为获取收益价值而支付的成本，而“差额现值”就是上文提到的客户感知价值。如果差额现值大于零，则客户获取了让渡价值，企业有盈余空间；反之，客户价值得不到保障，企业产品或服务的市场前景暗淡，企业经营将会亏损。可

见,企业经营的一个基本目标在于创造和扩大客户期望支付额与实际支付额间的差额。通过增加提供给客户的感知价值,以使其转化成更有价值的客户,从而增加企业的客户价值。

为了更好地说明客户价值链及相关问题,本文试图构建一个客户价值链的概念模型,见图4.6。图中实线箭头所构成的链即是理想状态下的客户价值链模式。当然,在企业实际的运作过程中,虚线框中的情况也是很常见的,但不论从客户或是企业的角度来分析,一旦出现虚线框中的情况时,客户价值链就难以和企业价值链有效地连接,进而影响客户价值最大化这一企业最终目标的达成。

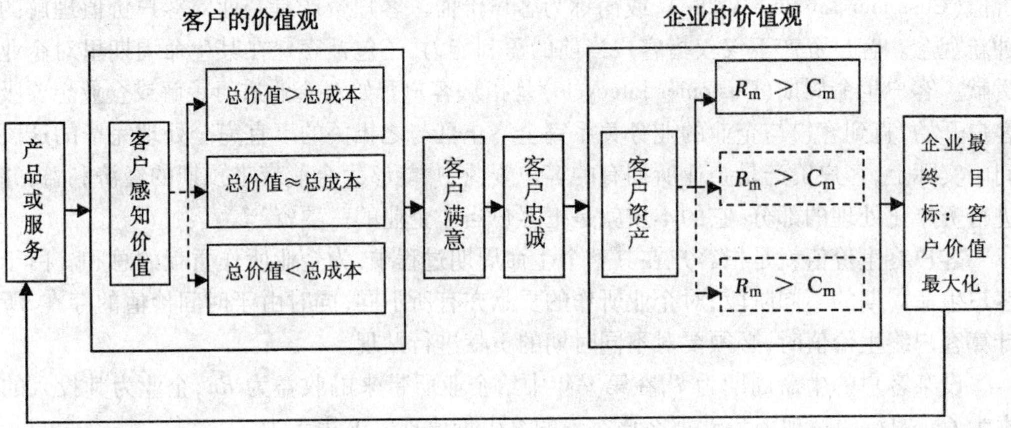

图4.6　客户价值链

企业经营成功的关键不是基于企业的价值判断,而是要发现、重视客户的价值判断,企业必须从客户视角来分析企业的价值增值过程,结合客户需求的状况,通过更经济、更有效的方法提供更有价值的产品和服务,增大客户感知价值,从而提高客户忠诚度,延长客户生命周期,进而提升企业的客户资产,使企业赢得竞争优势。

第五节　利益相关者分析

一、利益相关者分析的必要性

利益相关者通常是指那些对组织投资或对组织的经营有各种期望和要求,能够影响企业绩效或受企业绩效影响的团体或个人,包括雇员、管理人员、股东、供应商、顾客及众多的团体等。在组织的正式结构中要确认这些利益相关者,因为他们承担共同的任务(如职能部门)。但是,利益相关者也可以产生特定的事件,从而超越了组织的正式结构。利益相关者可以通过其对于企业的利益,影响组织的战略、行动、决策、政策或做法。企业与利益相关者之间是互动和交叉影响的关系。

在进行外部环境分析时,利益相关者的期望分析已越来越不可或缺,因为在今天这个经济一体化、经营一体化、经营全球化、生产社会化、利益多元化、关联网络化、商务电子化、资本国际化的时代,企业与其利益相关者之间的依存度变得更高。从一定意义上讲,企业和利益相关者已成为利益共同体和命运共同体。企业高管人员应对利益相关者的期望和合理、合法、合情的利益诉求有清晰的了解,并尽可能以适当方式予以满足。

二、企业的主要利益相关者及其期望

企业利益相关者群体中,最明显的是股东、雇员和顾客。在高度多元化的社会中,除了这三类群体,竞争者、供应商、社区、特殊利益群体、媒体,乃至整个社会或全体公众也是利益相关者。企业在不同时期对不同利益相关者的依赖程度不一样,同时,每一利益相关者对企业的影响程度也不尽相同。利益相关者对企业经营目标、战略决策和组织行动的影响力就越大。下面从内部和外部两个角度,分别介绍有关的相关利益者及对企业的期望。

(一)内部利益相关者及其期望

(1)向企业投资的利益相关者,包括股东与机构投资者。投资者向企业提供资本,资本不仅是机器设备、厂房建筑、原材料以及土地资源等物质形态,同时还包括一些无形资产。由于股息、红利是以企业利润为基础,按股权进行分配,因此投资者对企业的主要期望就是利润最大化。

(2)管理层。管理层一般是指负责企业经营、运作层面的中高层管理者。他们向企业提供的是管理知识和技能。由于现代企业制度中所有权与经营权的相对分离,管理层可以利用信息不对称控制企业。大多数经济理论都假定企业有追求预期利润最大化的行为。然而,在现实的企业组织中,经理们的目标与所有者目标不尽相同,他们除了想获得一份不菲的报酬外,更看重职业生涯的声誉和在经理人市场上的身价。因此,管理层对企业的主要利益期望之一是企业规模最大化,或销售额最大化。因为这样既可以使经理们获得高报酬的可能性变得更大,又可以由于企业规模的扩大而满足他们的权力欲,体现他们的成就感,或为他们带来更大更广阔的职业发展空间,尽管企业规模的增长未必与股东利益、企业利润最大化的预期目标相一致。

(3)企业员工。企业员工在企业中是具有相当数量的一个阶层,一般包括企业基本劳动操作者、专业技术人员、基层管理人员以及基层职员。企业员工对企业的利益期望是多方面的,但通常来说其最主要的追求是个人收入和职业稳定性及其发展。

(二)外部利益相关者及期望

(1)政府。政府从多方面向企业提供帮助,如提供安定的经营环境,制定各种政策法规,协调国内各种关系,提供道路、通信、教育等许多公共设施及服务。这些因素都是企业生产经营必不可少的外部条件。政府对企业也有诸多期望。例如,政府要求企业在上缴利税,吸纳就业,促进经济增长履行法律责任,节能减排,维持国际收支平衡,赞助公益事业、福利事业和慈善事业,在多方面承担义务。其中,最直接、最重要的利益期望是上缴利税和吸纳就业。

(2)购买者和供应者。购买者包括消费者和推销商,他们是企业产品(或服务)的直接承受者,是企业产品实现价值的基本条件,他们是企业的衣食父母。购买者是否喜欢企业的产品,购买者对企业是否忠诚,以及对企业是否满意等,都会直接影响企业的成败。供应者为企业提供必需的生产要素,良好的要素输入、及时而稳定的资源供给、公允的交易价格是企业生产经营的重要保障。购买者与供应者对企业的期望是,为各自增加更多的价值。

(3)贷款人。贷款人与投资者一道向企业提供资金,但与投资者不同的是,投资者获得的是股权,贷款人获得的是债权,企业以偿付贷款本金和利息的方式回报贷款人。因此,贷款人期望企业有理想的经营业绩和稳定持有的现金流，以及较高的偿付本金和利息的能力。

(4)社会公众。企业是社会的细胞，是社会经济生活的有机组成部分，其行为会给社会公众带来各种影响。社会工作期望企业能够承担一系列的社会责任，包括拒绝腐败和贿赂，淳化社会风气，救助灾害、救济贫困、扶助残疾人等困难的社会群体和个人，保护自然环境等，成为有责任感的企业公民。值得一提的是，对于上市公司来说，社会公众中还有相当一批企业的股民，这是企业内部利益相关者与外部利益相关者的交集部分。这些股民对企业的期望是利润最大化，还要求企业对广大股民负责，遵循正确的会计制度，提供公司财务绩效活动适当信息，制止包括内幕交易、非法操纵股票和隐瞒财务数据等在内的不道德行为。

(5)社区。任何企业都生存在社区中，因此企业无法脱离社区。它们都必须和社区内的邻居有所联系。当企业对社区有所贡献时，社区会欢迎企业并提供协助。反之，若企业对社区有所伤害(例如污染或噪音)，则社区会抵制企业(例如抗争或围厂)。社区对企业的期望是，企业应成为一位良好的社区居民，并尽可能从事一些力所能及的社区服务性工作。

(6)营销中间机构。营销中间结构是指协助企业进行推广、销售和将产品送达最终购买者的渠道成员或其他协助性机构。它包括中间商、实体配送机构、服务机构以及财务中间机构。中间商指帮助企业寻找顾客或协助销售商品的机构，大致分为批发商与零售商两种。由于中间商会比制造厂商更有效率地执行某种功能，能够更有效地掌握住某些下游的顾客，渠道成员的配合是否默契，也会对企业的业绩与运营产生极大影响。实体配送机构则是协助企业存储与运送产品的机构。实体配送机构可分为仓储与运输两大块。仓储机构在产品运往各个目的地之前，提供存储服务。运输机构则负责将产品由一个地点送到另一个地点。这些机构的延误或缺乏效率都会影响到产品的品质、安全、销售与成本，因而也会间接影响企业的绩效。服务机构是指协助企业更有效率地执行其相关活动的机构。典型的服务结构包括营销服务机构、专利服务机构、技术服务机构、人力资源服务机构以及财务服务机构。从营销服务机构来看，其下又包括广告公司营销研究公司和产品研发或设计公司等。由于这些服务机构的创意、品质、服务于价格之间有相当大的差异，选择不当的服务机构往往会影响企业的营运。

(7)竞争者。每个企业都必须面临形形色色的竞争者，企业不能疏忽竞争者这一角色。由于竞争往往是与企业竞争同样的客户，竞争的一举一动无不影响企业的营运。企业要树立共生共荣的意识，注重竞争中的合作。竞争者的期望是公平竞争。

(8)特殊利益团体。特殊利益团体为争取某一特殊群体的利益而存在。例如环境保护团体、妇女权益联盟及其他有关团体。当企业营销活动或企业行为与这些特殊利益团体所追求的目标相抵触时，这些特殊利益团体便会采取各种形式的抗争行动，而这些行动往往会影响企业的营运绩效。因此，在利益相关者中我们不能忽视这些特殊利益团体的影响力。特殊利益团体的期望是，企业要更多地承担伦理责任、生态责任和环境责任。

三、利益相关者讨价还价的行为模式

企业相关利益者的利益均衡是各方博弈的结果。如果用两维坐标(其中，横轴表示利益相关者的坚定性，纵轴表示企业的合作性）来描述利益相关者和企业讨价还价的行为模式，可以分为五种类型。如图4.7所示。

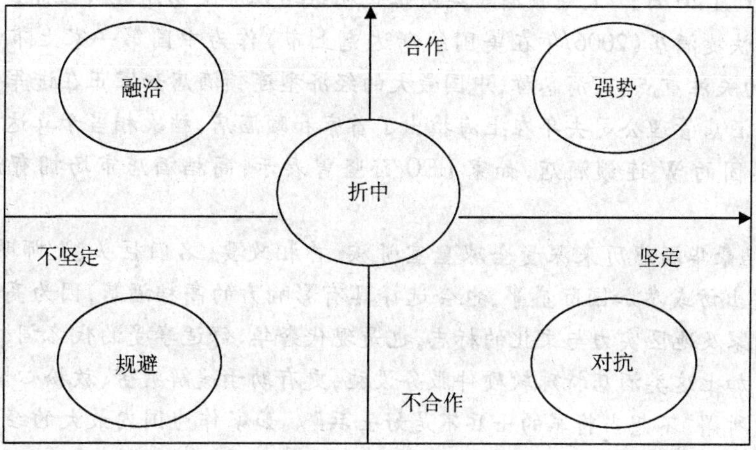

图4.7　利益相关者讨价还价的行为模式

(1)对抗。坚定行为和不合作行为的组合。企业利益相关者坚持自己的要求，并想方设法使企业彻底就范；但与此同时，企业绝不妥协，根本不考虑利益相关者的要求，于是形成针尖对麦芒的对抗局面。

(2)融洽。不坚定行为与合作行为的组合。利益相关者对利益矛盾与冲突时，不坚持己见，即不仅考虑自身利益，也考虑对方的利益，其行为模式通常表现为默认或让步。同时，企业也呈现出合作的姿态，旨在寻求相互利益的最佳组合点，使双反的利益都得到满足，实现双赢。

(3)强势。坚定行为与合作行为的组合。在对待利益矛盾和冲突时，利益相关者咄咄逼人，说一不二，力图通过强势来主张自身的权利，获得自身利益。在企业方面，或有求于对方，或着眼于长远和大局，总之不计较当前一时一事的得失，对利益相关者相对大度、宽容，迁就他们的利益诉求，息事宁人，以保持或改进现存的关系。

(4)折中。中等程度的坚定性行为和中等程度的合作性行为的组合。通过利益相关者与企业之间的讨价还价，双方相互做出让步，达成彼此都能接受的协议。折中模式既可以采取积极的方式，也可以采取消极的方式。前者是对冲突的另一方做出承诺，给予一定的补偿，以求得对方的让步；后者则以威胁、惩罚等要挟对方做出让步。多数场合下，可能会双管齐下。

(5)规避。不坚定行为与不合作行为的组合。以时机选择的早晚来区分，这种模式可分为两种情况：一种是当预期将要发生矛盾与冲突时，通过调整来躲避冲突。例如，改革方案由于考虑到可能导致的各种利益暂停执行的情况。另一种情况是当矛盾与冲突时机发生时主动撤出。

在以上讨论中，若将企业换成另一利益相关者，即将“利益相关者”与“企业”之间讨价还价的行为模式，换成“某一利益相关者”与“另一利益相关者”之间讨价还价的行为模式，其结论同样成立。

【阅读资料】

中国经济型酒店市场的竞争分析

2009 年 11 月 20 日,7 天连锁酒店集团正式在纽约证券交易所挂牌上市,一举融资 11 亿美元。如家快捷酒店(2006 年在美国纳斯达克上市)作为中国第一家上市的经济型酒店,最近又成为关注重点:有消息称,中国最大的经济型连锁酒店如家正在进军豪华酒店市场。如家快捷酒店管理公司去年在上海推出了首家和颐酒店,档次相当于喜达屋酒店及度假酒店国际集团的 W 连锁酒店,如家 CEO 孙坚曾表示,高档酒店市场拥有最大的增长潜力。

诚然,高档豪华酒店历来深受全球皇室贵族、首相政要、名门巨头、大师明星的青睐。各国皇族政要出访或参加国际盛事,也会选择具有影响力的高档酒店,因为高档酒店往往不但是一个国家及地区实力与文化的标志,也是现代奢华、舒适享受的代名词,更是身份与品位的象征!加上这类酒店特殊软硬件服务设施,更有助于缓解疲劳,放松心情,自然调整到最佳状态。所谓"不想当将军的士兵不是好士兵"。如家作为国内最大的经济型连锁酒店,在中国有 583 家连锁酒店,进军豪华酒店似乎是自然而然的行为,然而分析人士却说,尽管取得了初步的成功,如家还需要走很长的路才能在中国的豪华酒店市场上占据相当大的份额。

经济型酒店市场竞争激烈

从中国经济型酒店 2009 年最新的排行榜来看,两年前排名前十的酒店,除了如家,前五名已经发生了很大变化,有的甚至已经出局。分析人士认为,按照目前的格局,未来经济型酒店三到五年内将面临新的洗牌,大品牌有望在完成对中小品牌的整合后,在全国形成 10~15 家具有较强实力的经济型连锁酒店,基本垄断全国市场。

经济型酒店是市场细分化产生出来的产品,以经济实惠、随处可见、灵活服务、个性定制逐渐站稳脚跟,给人的感觉是时尚、简洁、卫生。随着经济回暖,市场发展,经济型酒店数量越来越多,对此,业内人士表示了担忧:经济型酒店不是暴利,投资几百万,需要几年才能收回成本。盲目追风跟进,一旦市场饱和,或者有什么大的滑坡,那套住的肯定是最后的跟进者。

抓住精髓形成特色才能生存得更好

河南省商业经济学会常务副会长兼秘书长宋向清表示,具有独到眼光而又缺少资本实力的经济型酒店投资人,将会选择向主题酒店靠拢,通过在酒店内部营造行业环境,如加入餐饮、足浴甚至瑜伽等等,打造专门面对如食品企业、家电企业等商务人士的酒店,在激烈的市场竞争中寻求新的突破。宋向清认为传统的宾馆酒店将利用其品牌优势和资本实力,造成对经济型酒店新贵们的冲击。

除了传统的住宿以外,现在不少经济型酒店还增加了餐饮、娱乐功能,而且价位适中。激烈的市场竞争中,满足客人不同的需要,才能有特色,才能生存得更好。专家说,美国的经济型酒店市场份额已经占到了 70%,我们国家连 40% 还没占到,市场洗牌是肯定的,但淘汰的肯定是那些质量低服务劣的。

经济型酒店将以两种发展模式为主

业内人士分析,经济型酒店行业的发展渐渐会以两种模式为主:如家快捷酒店的全国占位、总量优先;7 天连锁酒店的深耕区域、逐区推进。这两种模式有可能成为国内经济型酒店行业发展的两大引擎。《经济型酒店规范》的出台,将使这一行业的排位发生很大变化,但总的生存空间还是乐观的。

资料来源:中国行业研究网 http://www.chinairn.com/doc/70270/503495.html

★ 关键术语

外部环境	External environment	转换成本	Switching costs
进入障碍	entry barriers	退出障碍	Exit barriers
规模经济	Scale economy	战略集团	Strategy group
产业集群	Industry cluster	客户价值	Customer Value
利益相关者	Stakeholder		

★ 复习与思考

1. 企业为什么要研究外部环境?
2. 宏观环境分析的主要内容是什么?
3. 简述五种基本的竞争力量?
4. 战略集团间竞争的激烈程度取决于哪些因素?
5. 如何分析竞争对手?
6. 在战略管理在为何要分析利益相关者?

★ 研究与讨论

1. 综述近年来国际国内政治、经济、社会、技术等方面环境的变化趋势。
2. 运用五种力量模型分析我国某一行业。
3. 如何发现和提升客户价值?

★ 实践演练

1. 以钢铁企业为例,分析外部环境中的机会与威胁。
2. 以家电产业为例,对其竞争对手做出全面的分析。
3. 以某企业为例,分析外部环境对企业的影响。

★ 本章案例

万科战略管理的加减法

万科企业股份有限公司(以下简称“万科”)成立于 1984 年 5 月,以房地产为核心业务,是中国内地首批公开上市的企业之一,其良好业绩和企业活力及盈利增长潜力受到市场的广泛认可。据权威资料显示,在 1995 年以前挂牌的 311 家上市公司中,能够在营业收入和净利润两项的综合排名上保持持续上升的只有 3 家,万科是其中之一。

1. 万科的战略加法

曾经当别人问万科企业股份有限公司董事长王石“万科是做什么的”这个问题的时候,他只能用排除法,说哪几项生意万科是不做的,以至于有人用 4 大支柱 9 大行业来形容当时万科集团。形成这种规模的过程就是万科当年运用“加法”战略的过程。

1984 年,王石在深圳创办的万科公司的前身——“现代科教仪器展销中心”,经营办公设备、视频器材的进口销售业务。这是一个年轻的富有活力和朝气的公司,员工的平均年龄只有 24.5 岁。他带领 67 名公司员工,依靠特区特有的条件和政策,开发内地专业视频器材的市场,成为深圳市最大的进口销售商。

与此同时，委托拓展业务，他们成立了第一家内联企业“现代医学技术交流中心”，这就是现在深圳万科协和有限公司的前身。

1985年，进口机产品的市场严重萎缩，王石改变策略，多方拓展销售业务，形成了深圳本部调汇及进货、广州点储运、北京点销售的“三点一线”销售模式，营业额一度占国家计划外市场的60%。

1986年，他们又引进办公自动化设备，聘请中华会计师事务所为财务顾问。为树立企业形象，在澳门赞助大型文艺演出和文化刊物。开始为摆脱僵化体制而筹措发展资金，准备在两年内完成以公开发行股票为目标的股份制改造。

1988年是万科发生根本性变化的一年。公司通过股份制改组，更名为“深圳万科企业股份有限公司”。这年11月8日，王石以2 000万元的价格参与投标买地，一举夺得荔泉块地，建造居民住宅。万科正式进入房地产业，成为国内较早进行住宅商品房开发的企业之一。

1990年，万科决定向连锁零售、电影制片及激光影碟等新的领域投资，初步形成了商贸、工业、房地产和文化传播四大经营构架。

1991年，万科进入上海，开始跨地域发展地产业务。王石曾这样描述1992年以前万科的发展历程：“万科创建于20世纪的1984年，当时公司的全称为深圳现代科教仪器展销中心。刚开始万科是做电器仪器，进口日本产品为主，像索尼、松下、Jvc等，当然其他业务也做得很热闹，像搞服装厂、手表厂、饮料厂、印刷厂、K金首饰厂，这样说吧，就是除了黄赌毒、军火不做以外，万科基本都涉及了。”

1988~1992年，是万科做“加法”的火红时期。第一，万科在深圳房地产业经营了几年，总觉得施展不开拳脚，适逢全国市场开放，于是成了深资北上的“领头羊”。第二，1991年6月万科第一次增资扩股以及1993年4月发行B股，筹集到好几亿资金，手里有钱了，自然是“富则思变”；第三，作为上市公司，万科也面对着股民要求业绩的压力。

1992年，邓小平到南方视察，给深圳房的产业的发展提供了政策的支撑。房地产业也迅猛发展，房地产的利润率高达40%以上。不少投资者纷纷转向房地产业，加大投资力度，从中赚取高利。但是，中国房地产业由于发育不良而表现出的浮躁、混乱尤为明显，一种奇特的“泡沫经济”应运而生。在1992年前后大约两年时间里，王石奔走在全国各地，跑遍了大半个中国，一是推广股份制，二是找地。当时，万科成立了一个股份制改造小组，到处动员其他企业改造上市。在此期间，万科共参股30多家企业，总投资1.3亿元。同时，万科先后在全国各地13个城市开发房地产项目。

2. 万科的战略减法

从1984年到1991年，王石把万科的业务越做越到。大1991年底，万科的业务已经包括进出口、零售、房地产、投资、饮料、影视、广告、印刷、电气工程及其他等13大类。对于万科的发展方向，王石提出了一个具有信息、交易、投资、金融和制造等多功能的“综合商社”模式。万科在当时被誉为实行多元化的成功范例。然而，尽管业务越做越多，却始终形成不了规模效益。1991年，虽然万科的营业额和利润分别达到了3.5亿元和0.3亿元，但仅为中国集团公司标准的1/3。

从1991年开始，万科相继在全国13个城市投资房地产项目，开发品种涉及住宅、写字楼、商铺、酒店和保税仓库等。由于缺乏整体开发思路和发展战略，公司资源迅速分散。1993年，国家进行宏观调控，各地项目相继面临资金困难和市场压力，13个城市的超长管理链条使管理面临捉襟见肘的局面，不同的开发品种和项目也不能形成规模效应和品牌效应。

为了迅速做大房地产业，王石带领万科开始做“减法”了。万科的减法包括三个方面：一是退出与住宅无关的产业，从多元化经营向专营房地产集中；二是收缩住宅产业战线；三是减少房地产业的品种，从房地产多品种经营向住宅集中。1992年，万科提出以房地产为主业，从而改变了过去的摊子平铺、主业不突出的局面。

1993年1月，万科管理层在上海召开的务虚会对自公开发行A股以来公司的发展进行了总结和反思，放弃了以“综合社商”为目标的发展模式，提出了加速资本积累、迅速形成经营规模的发展方针，并且确立了城市居民住宅为公司的主导业务。

1994 年，万科提出以城市中档居民为主，减少在房地产业的开发品种。以前，万科在房地产业的开发品种包括住宅、酒店、公寓、别墅、商场和写字楼。经过收缩，万科成为一家只经营住宅的房地产公司，与那些从住宅产业转而进军酒店和写字楼的房地产公司形成了鲜明的对比。当时，万科为了减少开发品种，卖掉了已经投入运营的酒店，将建了一半的写字楼改为住宅。

1995 年年底，万科提出回师深圳，从已经开发住宅项目的 13 个城市削减到深圳、上海、天津和北京 4 个城市。

王石总结道："一开始的跨地域带有一定的盲目性、随机性。所谓的盲目性，就是当时除了把上海、北京作为必要的竞争城市之外，对其他的城市都不是很明确，只要有机会就往里投资。既然是盲目的，投哪个不投哪个，也就带有一定的随机性。万科从 13 个城市收缩到 4 个城市，为的是集中资源。"

从 1994 年起，万科开始分期转让在全国 30 多家企业持有的股份。1996 年万科回师深圳后的几个大动作之一就是卖掉了所属的几家与房地产业毫无关联的企业。与别人卖企业不同的是，万科的几家企业都是在盈利的情况下卖掉的。

1997 年，万科协议转让出去的扬声器厂，其生产的电话机喇叭占国内市场份额的 40%，其生产的电话和电视机配件的市场占有率也摇摇领先于竞争对手，并拥有 TCL、康佳这样的大客户。

"怡宝蒸馏水"是万科转让出去的另一个产品。"怡宝"最早主要生产碳酸饮料。在 20 世纪 80 年代末，碳酸饮料市场开始滑坡时，"怡宝"在国内率先开发出了蒸馏水。当时，南方市场卖得最好的饮料是矿泉水，并呈北移之势。但王石判断，矿泉水之后，一定是蒸馏水的天下。1991 年万科买进"怡宝"51% 的股份。万科为买下"怡宝"时，蒸馏水的产量只有3 000吨，是碳酸饮料的一个副产品。万科买下"怡宝"后，第一，卖掉了碳酸饮料生产线；第二，从德国买进了蒸馏水生产设备。短短 3 年时间，"怡宝"成为国内最大的蒸馏水生产厂，产量达 10 万吨，市场占有率位居广东水饮料市场第一名。但是，为适应万科长远发展的需要，王石还是把它卖了。

退出与住宅无关的产业，以万科从"深圳市万家百货股份有限公司"（以下简称"万家百货"）全身而退为标志。至此，万科终于做完了最后的"减法"，专业化战略调整全面完成，成为真正意义上经营单一业务的房地产集团。2000 年，万佳百货在深圳已经拥有 5 家分店，营业收入达到 13.8 亿，税后利润为 3 552 万元，分别较 1999 年增长了 60.7% 和19.59%。2001 年 8 月 28 日，万科第 12 界董事会第 5 次会议决议以 475 358 400 元人民币的价格向中国华润总公司及其全资控股子公司香港华润集团出售其控股 72% 的万佳百货股份有限公司的全部股权。通过卖万家，万科获得 5 亿元急需资金，为万科的核心业务——房地产开发提供了强有力的支持。

对于外界担心的万科主业单一的风险，王石给出了新的战略思考：麦当劳、可口可乐、沃尔玛，前者是经营连锁店，可口可乐是经营无酒精饮料，而沃尔玛是连锁超市，从以上三个企业看不出专业化经营有什么风险。单一主营是否会产生风险，主要是看市场，中国的房地产市场刚刚起步，在这样大的一个市场中就不会有多大风险。

专业化调整带来的威力正在万科逐步显现。万科房地产业务利润的比例在公司利润总额的比重不断增大，由 1992 年的 44.67% 上升到 1994 年的 68.58%，1995 年进一步增长到 75% 以上。万科 2002 年的年报显示，实现净利润 38 242 万元，每股盈利达 0.606 元，扣除非经常性损益后，净利润还同比增长 104%，而在没有集中房地产开发品种时，房地产业务只能以年均 30% ~40% 的速度递增。

3. 万科的战略深化

与大多数长期在同一城市或同一区域进行开发的地产商不同，万科很早就开始了跨地域扩张，努力成为全国性品牌。在万科基本上做完"减法"之后，从 2000 年开始，万科先后在国内 16 个城市进行了项目开发，形成了"万科地产在中国"的开发格局。"全国性思维，本土化运作"的跨地域运作模式是万科与开发城市之间形成了互动的资源网络，项目之间遥相呼应，理念、资金、人才的流动共享，使品牌效应呼之欲出。

2001 年，万科的房地产业务实现了稳健而有成效的扩张，除在原有的深圳、上海、北京、沈阳、天津和成都6个城市加大了投资力度以外，还成功进入了武汉、南京、长春和南昌4个城市进行住宅开发，业务规模不断扩大，市场份额进一步上升。万科先后签署上海闵行金丰项目、宝山新城项目、浦东曹路项目、深圳四季花城三区项目、北京海淀天秀项目、成都城市花园二期项目、武汉四季花城项目、长春城市花园项目、南京金色家园项目、天津红旗农场项目、深圳大梅沙项目、南昌四季花城项目、天津玻璃厂项目、沈阳大东体育场项目和西江街项目协议书。2001年，万科房地产销售额在全国的市场份额为0.88%；在深圳、上海、北京、沈阳、城都和天津6个城市的市场份额合计为1.95%；其中在深圳、沈阳的市场份额在当地处于领先地位，分别为4.05%和8.48%；在上海、北京、天津的市场份额分别为1.5%、1.04%和0.75%。

2002年，万科开发的住宅面积为113万平方米，在全国销售住宅1.1万套。按住宅销售面积来算，万科已经成为全世界第一的开发商。2002年，万科房地产销售额在全国的市场份额达到0.94%，在所有房地产上市公司中排名第一，也是唯一一个以全国为基数计算自己市场占有率的房地产上市公司。

自2003年下半年以来，随着新的土地政策的实施和土地市场的规范，土地供应受到政府更加严格的控制，为此，万科开始致力于对土地资源进行更有效的利用和开发以期实现效益的增长。2004年上半年，集团的主营业务收入及净利润分别较上一年同期增长12.7%和52.19%。

深圳万科在2003年房地产企业资质评审中连续第六年获得综合资质第一名，上海万科城市花园发展有限公司荣获“第二届上海市房地产开发企业50强”的第五位。上海公司共结算面积6.96平方米，其中，兰乔圣菲项目、蓝山小城项目、假日风景项目为集团中期盈利做出重要贡献；深圳公司共结算7.86万平方米，主要来自东海岸项目和金域蓝湾项目；其他城市也获得了良好的销售业绩，例如，南昌四季花城、沈阳四季花城、广州四季花城、天津水晶城和成都金色家园等获得理想开盘成绩并保持热销，期内分别售出5万平方米、4.6万平方米、5.2万平方米、4.3万平方米和3.2万平方米。

万科继续推进跨区域的发展战略，形成了在珠江三角洲和长江三角洲的布局。在珠江三角洲区域先后取得深圳、东莞等项目资源，加上已经进入的佛山、广州和中山等城市，万科在珠江三角洲区域市场的优势进一步确立；而随着长江三角洲区域的昆山、无锡等项目资源的获得，长江三角洲的布局也初具规模。万科项目资源储备总量由初期建筑面积744平方米增加至797万平方米，其中新增面积185万平方米。

万科继续大力推进标准化的研究和应用，通过与监理单位建立长期合作伙伴关系，加强过程控制和供应商的管理，以期进一步提高产品设计水平和工程建造质量。期间，“万科17英里”获得“中国建筑艺术奖”最高奖；西山庭院或建设部住宅性能3A认定；在“创新风暴2004中国优秀住宅推介”全国示范性优秀住宅项目评选中，集团有9个公司11个项目获奖。

万科还在积极地开拓新的融资渠道。2004年上半年，19.9亿元可转债的发行获得中国证券业监督委员会发行审核委员会核准。万科与新华信托1.99亿17英里项目的信托成功发行，同时国际房地产投资银行（HypoReal Estate Bank International）与万科就提供总额不超过3 500万美元的贷款给“中山万科城市风景花园项目”的合作协议达成。

目前，万科已进入深圳、上海、北京、天津、城都、武汉、南京、南昌、大连、中山和广州等16个经济发达、人口众多的大城市进行住宅规模开发，成为国内最具实力和最为知名的住宅开发商之一。

资料来源：揭筱纹. 战略管理——概念、案例与分析[M]. 北京：清华大学出版社，2009.

研讨问题

1. 万科战略管理的加减法是什么？其制定和选择的依据是什么？
2. 万科战略的深化又是怎么做出的？

第五章　企业内部条件分析

■ 大师论语

战略是影响和决定企业的基本长期目标与目的，选择达到既定目标所遵循的路径，并为实现这些目标和路径对企业已有资源进行优化配置。

——美国战略学家　钱德勒

在任何场合，企业的资源都不足以利用它所面对的所有机会或回避它所受到的所有威胁。因此，战略基本上就是一个资源配置的问题。成功的战略必须将主要的资源用于利用最有决定性的机会。

——美国科恩集团董事长兼首席执行官　威廉·科恩

■ 本章学习目标

- 企业资源的分类和特征
- 企业能力及其分析方法
- 企业核心能力的含义及特点
- 企业核心能力的培育与管理
- 价值链模型及其应用
- 关键成功因素分析
- SWOT 分析方法

■ 引例

朗科“不劳而获”的秘诀

地处深圳的朗科科技有限公司（下简称“朗科”）可能是中国最爱“打专利官司”的公司，它发现相对于闪存盘的生产销售，从事专利维权更赚钱，而且越来越多。

“在 PNY（PARI Sand NEW YORK 的缩写，即‘从巴黎到纽约’，美国第二大闪存制造商）之后，我们又在台湾起诉了全球存储大厂 PQI。”朗科总裁邓国顺说，现在公司在专利方面的收入效果非常好。PNY 只是朗科在美国的第一个目标，此前朗科在中国内地和日本也大有斩获。一位知情者称，目前在朗科“黑名单”上的美国和日本数码相机、移动闪存企业已有十余家。

成立于 1999 年的朗科，在 2001 年就制定了依靠知识产权专利费为主要盈利模式的公司战略，并在 2002 年起诉了国内著名企业华旗资讯。此后这家公司又对北京 Acer 宏鸞、SONY、PNY 等著名公司提起诉讼。这些诉讼大多以和解——朗科收取专利费告终。

朗科主要研发及专利领域并不局限于移动存储和闪存应用上，还涉及 PC 构架、电视、手机等手持设备、汽车电子、家用音响、液晶电视、机顶盒、视听设备、无线传输产品等。

邓国顺表示，目前朗科通过诉讼得到维护的专利权，都是利用USB接口加闪存芯片来实现存储的。

2008年3月，朗科与PNY达成和解。据朗科公司代理律师，美国摩根·路易斯律师事务所大中国区知识产权法律事务何昕博士称，朗科从PNY获得的专利费在该公司闪存盘的成本中占比甚重。

一位知情者透露，和解后，PNY每年付给朗科公司的专利费将达到8位数（以人民币计）。中国知识产权研究会理事长杨正午表示，朗科是第一个在美国拥有专利后起诉美国公司并获胜的中国公司，对中国企业赴外诉讼具有很好的经验示范作用。

中国《专利法》起草者之一、第一任专利局复审委员会法定代表人赵元果称，尽管PNY一案开庭之前双方就在庭外和解并且朗科撤诉，没有形成具有法律效力的判例，但这样的解决模式将会影响美国其他企业在同类诉讼中的选择，那些接下来被朗科起诉侵犯专利权的同类公司将会参考PNY的做法。

“现在，朗科的专利维权之路已经越来越顺。”邓国顺说。

2006年后，朗科将专利维权转变为专利运营，并取得了实质性的专利赢利。通过不断地与专利使用者接触和谈判，朗科已经摸索出三套行之有效的专利合作商业模式：即专利授权许可收费模式；专利、芯片模组、解决方案相结合的运营模式；专利与制造相结合的运营模式。

美国苹果公司的iPod一些产品系列和iPhone，也均具备了这两个技术特征，但目前苹果公司尚未与朗科达成合作。

近年来，朗科年销售额从百万级跃升至数亿元，其中，专利费每年贡献数千万美元。

但是，以专利费为盈利模式也并不像看上去那么简单。

毕竟没有企业会乖乖地为专利费掏钱，多半会诉诸法律。因此除了调查取证过程艰难复杂外，高额的律师费也是朗科面临的一个现实问题。据了解，一个有经验的美国律师，每小时的收费在300至700美元之间。一起专利纠纷的案件少则需要一两年时间，长的需几十年才可能结案，仅律师费用就将是一个庞大的数字。

于是，朗科采取了国际上流行的“风险代理”方式——与代理律师共担风险，律师将与朗科分享此案的专利费成果。

为了保证专利赢利可以持续，朗科每年拿出10%的收入用于新专利的研发和注册，并运用知识产权运营体系，以完善在更多领域的布局。朗科在闪存盘和闪存应用领域建立起的布局严密的“专利池”中，有最为核心的基础性发明专利、十分关键的技术应用专利和其他外围保护型专利，并建立了非常完善的知识产权创新体系，拥有自己的知识产权情报系统和数据库，以及完善的创新激励制度。

迄今，朗科已累计在全球进行专利申请336件，其中发明专利申请量为245件，覆盖全球几十个国家及地区，得到授权的发明专利已有32件，范围包括中国（包括中国香港、中国台湾）、美国、韩国、新加坡、马来西亚等地。

在专利使用许可方面，朗科一贯采取“开放与合作的态度”，为愿意合作的厂商提供三种选择：一是付专利许可费；二是专利、芯片模组、解决方案相结合；三是直接采购，即通过朗科OEM。

“这是一个1 000亿美元的闪存应用市场”，邓国顺认为，“朗科的维权肯定是一个全球范围的战略,将给公司带来约100亿元人民币的专利费机会。”

资料来源:杨阳. 像高通那样活着朗科“不劳而获”秘诀[N]. 经济观察报,2008－04－14.

第一节　企业资源分析

一、企业资源的分类

企业的经济活动必须建立在自身的资源禀赋之上。所谓资源是指企业所控制或拥有的有效要素的总和。以波特为代表的产业组织理论的观点认为,企业成功的关键是选择有吸引力的行业,建立进入壁垒,改变行业市场的结构,从而达到获取超额利润的目的。20世纪80年代兴起的资源基础理论认为,最重要的超额利润源泉是企业长期积累形成的、独特的资源及其不可模仿和难以替代的能力。因而,以资源为基础的战略分析思维模式逐渐占据主导地位。

在战略管理中,以资源为基础的战略观点可追溯到英国经济学家彭罗斯的贡献,其经典著作《企业成长理论》认为,一个企业能否获得高于平均水平的投资收益率,很大程度上取决于企业的资源状况。1984年,伯格·沃纳菲尔特“企业资源基础论”一文的发表,标志着企业竞争优势理论中资源学派的诞生。

(一)有形资源、无形资源和人力资源

资源是指组织在向顾客提供产品或服务的过程中,所拥有或所控制的能够实现战略目标的各种生产要素的集合。资源可以分为有形资源、无形资源和人力资源三类,如表5.1所示。

1. 有形资源

有形资源是看得见、摸得着、可以量化的资源,包括物质性资源和金融性资源两类。物质性资源是企业从事生产的基础,它包括企业所拥有的土地、厂房、机器设备、生产流水线、运输工具、办公设施,还有企业的原材料、产品、库存商品等。作为实物形态的资源,物质性资源一般可以从企业的财务报表中反映出来。

当考虑一项物质资源的战略价值时,不仅要看到其会计科目上的数目,还要看到其产生竞争优势的潜力。物质资源的战略价值不仅与其账面价值有关,而且取决于企业的商誉、组织的能力、地理位置、设备的先进程度等因素。

金融性资源即财务资源,指企业生产经营所需的各类资金,包括资本金、未分配利润、借入资金等,是构成企业最基本的资源之一。评估财务资源主要包括以下几个方面:

(1)资产结构。资产包括固定资产、流动资产和无形资产。

(2)负债和所有者权益结构。包括流动负债、长期负债、资本金、公积金、未分配利润。

(3)利润。包括利润总额及其比例关系。

(4)销售收入。涉及各年销售收入的构成、财务费用等。

(5)总成本。包括生产成本、销售费用、财务费用等。

(6)公司盈利。包括公司各年的利润总和及其变动趋势。

(7)现金流量。企业现金和现金等价物的流入和流出。

(8)融资渠道。企业融资渠道的多少及其有效性反映了企业的实力,筹措资金的能力是衡量经营者能力的一个重要标志。

表5.1 资源分类

资源类型		主要内容
有形资源	物质性资源	厂房、土地、机器设备等固定资产
	金融性资源	现有资金和可通融的资金
无形资源	组织资源	企业的内部组织结构与采购、销售网络
	技术资源	技术储备如专利、商标、版权、交易秘密;成功所必需的知识、革新所需要的资源,如技术人员、研究条件
	企业形象	在顾客和社会公众等利益相关者心目中的形象、口碑、商誉、责任感
	企业文化	宗旨、理念、哲学、愿景、使命、核心价值观,各种规章制度、企业形象识别系统(CIS)等
人力资源	素质	企业管理者与员工的教育、培训、经验、知识、毅力、勤勉、合作性、职业操守、敬业精神、忠诚等
	能力	适应力、洞察力、直觉力、学习力和创造力

2. 无形资源

无形资源主要包括信誉、口碑、组织模式、技术诀窍、专利、商标、版权等知识产权、网络、企业形象、品牌、企业文化等,它们通常并不在(或不能在)账面上反映出来。无形资源虽是一种不以任何实物形式存在的资产,却能在流通中与有形资源相互作用产生增值效用。

无形资源由于其不可见性和隐蔽性,其价值常常被忽视。但是对大部分公司来说,无形资源比有形资源对企业总资产价值的贡献更大,虽难以量化,却很可能是无价之宝。因为无形资源很难被竞争对手系统了解或简单模仿,是企业能力和核心能力的基础。企业一旦拥有了某种专利、版权和商业秘密,就可能凭借它去建立自己的竞争优势。

无形资产价值的高低,取决于它的内在品质。以技术这种无形资源为例,企业所拥有的技术能否成为重要的无形资产,显然与该技术的先进性、创造性和独占性密切相关。不仅如此,还与其是否易于转移或扩散有密切关系。若某项技术易于模仿,或竞争对手很快就能学习掌握,或可以通过交易从市场获得,或该技术虽然具有尖端性、前沿性和独特性,但只是产权或专利不归企业法人,而主要由某个自然人所掌握,此人对企业的忠诚度又很成问题,那么,这项技术的价值就会大打折扣;反之,其战略价值就高得多。

3. 人力资源

人力资源是一切经济资源中最重要的资源,并因其极端重要性而被称为第一资源。人力资源介于有形和无形之间,是一种特殊资源。作为生物学意义上的人,有血有肉,有筋有骨,显然有形;但人作为生产力中最活跃、最关键的因素,其素质和能力却是无形的。人的素质不仅包括身体素质、心理素质、外在素质、文化素质、专业素质和技能素质等方面。在管理实践中，企业管理者与员工的教育、培训、经验、知识、毅力、勤勉、合作性、职业操守、敬业精神、忠诚等内容亦受到特别重视。人的能力主要指适应力、洞察力、直觉力、学习力和创造力。

须知，这里的人力资源与人力资本有明显区别。人力资源是管理学上的概念，强调人力作为一种经济资源的稀有性和有用性。人力资本是经济学上的概念，其分析侧重人的价值研究，强调以某种代价所获得的能力和技能的价值。

(二)企业知识资源

21世纪的人类社会已经进入一个以知识为主导的时代，知识取代传统的生产要素——劳动力、资本和土地，成为企业最重要的资源。继农业革命、工业革命和信息革命之后，知识革命成为人类社会迄今为止面临的一次最为壮观的变革。知识已经成为21世纪企业竞争的主要武器和战略资源，成为推动经济社会发展的重要因素。

1. 知识的内涵

根据《牛津——韦氏大辞典》的定义，知识是一种被知道的状态或事实，是被人类理解、发现或学习的总和，是从经验而来的加总。托夫勒认为，我们所说的知识是指“被进一步融入一般性的信息”。他将知识的含义拓展为“信息、数据、图像、想象、态度、价值观，以及其他社会象征性产物。”

1996年，经济合作与发展组织(OECD)在知识经济报告中，将知识分为四种，即事实知识(know-what)、原理知识(know-why)、技能知识(know-how)和人际知识(know-who)。其中，前两种又称为显性知识(codified/explicit knowledge)，就是已经过编码的以一定形式记录下来的可用书面语言、图表、数学公式等表示的，可以方便进行传播的知识。后两种知识称为隐性知识(tacit knowledge)，就是非系统阐述的知识，非结构化、非编码化的沉默知识，不可言说，这与罗素所谓的“内省的知识”比较接近。

实际上，早在1938年巴纳德(Barnard)就注意到了隐性知识的存在，他认为“以心传心”是一种重要的交流方式。显性知识只是企业“知识冰山”一角，大部分知识隐藏于人的实践之中，是隐性知识。从认知的角度看，显性知识可以通过文件、形象或其他精确的沟通过程来传授，但隐性知识的获得却只能依赖于自身的体验和体悟，靠直觉力和洞察力。显性知识和隐性知识之间可以相互转化，动态循环。

知识经济中所说的知识，是一个广义的概念，包括人类创造的所有知识。科学技术、管理科学和行为科学知识是其中最重要的部分。具体的讲，知识本身具有七个特征，即不可替代性、不可相加性、不可逆转性、非磨损性、不可分性、可共享性和无限增值性。知识的特点决定了知识与一般生产要素相比有本质的区别。知识经济中，知识不是经济增长的外生变量，而是经济增长的内在核心因素。知识成为主要经济要素，正是由于知识的倍增和知识的价值化过程，使经济增长方式发生根本变化及企业长期高速增长成为可能。

历史上，许多哲学家、思想家以及经济学家，都对知识在推动社会经济发展中的作用给予高度肯定。培根的名言“知识就是力量”影响人类至今；马克思的“科学技术是生产力”理论，把科学技术在生产和经济发展中的作用，提升到了一个新的高度。托夫勒当年曾讲“知识代替资本，知识除了可以代替物质、运输和能源之外，还可以省时间；知识在理论上取之不尽，是最终的代替品。它已成为产业的最终资源；知识是21世纪经济增长的关键因素”。他的预言已经变为现实。据统计，目前OECD主要成员国的知识经济，已经超过其国内生产总值的50%。

2. 知识资源与物质资源

知识作为企业中的一项重要资源,与一般的自然资源或物质形态的资源有重大区别。其主要区别如表5.2所示。

表5.2 知识资源与物质资源的区别

物质资源	知识资源
稀缺	丰富
有限性	无限性
排他性	共享性
价值转移	价值增值
投入产出关系清晰	投入产出关系模糊
复制成本高	复制成本低
损耗速度快,一般不可再生,衰亡	不会损耗,可以多次和重复交易,永生
效用递减	效用递增
破坏自然环境	不破坏环境
功能、效用	品味、情趣

第一,作为物质形态的资源永远具有稀缺性,即便不是绝对稀缺,起码也是相对稀缺。经济学所要解决的核心问题,就是以最小的投入得到最大的产出,其缘由在于资源的稀缺性。知识资源具有丰富性,人们的想象力无限、创造力无限,由此创造的知识也是无限的。

第二,物质形态的资源具有强烈的排他性。但知识资源不排他,可以共享。东方人的智慧西方人可以分享,反之亦然。

第三,物质资源在运动、交换、变化的过程中,通常只发生价值形态的转移,比如,从实物形态变成货币形态。知识资源则不然,在运动、交换、变化过程中不仅有价值形态的转移,更重要的是产生增量,生产价值增量。英国大文豪萧伯纳讲过一句话:你有一个苹果我有一个苹果,彼此交换后,每个人手上仍然只有一个苹果。你有一个思想,我有一个思想,彼此交换后每个人都有两个思想。作为物质形态的苹果,在交换过程中一个还是一个;而作为知识形态的思想,在交换过程中从“一”增加为“二”。

第四,物质资源的投入产出关系是清晰的、确定的、可以预见的,这种关系是如此清晰,以至于可以用数学公式来表达。经济学中著名的科布—道格拉斯生产函数(Cobb Douglas production function)就是用来刻画这种投入产出关系的。该函数为

$$Y = A(t)L^{\alpha}K^{\beta}$$

式中,Y为产出;L,K分别表示劳动力和资本投入量;指数α,β分别为劳动力和资本的产出弹性,满足$\alpha \geqslant 0,\beta \geqslant 0,\alpha+\beta=1$;$A(t)$为所在行业的效率系数。

然而,知识资源投入产出关系不清晰,具有高度的模糊性和不确定性。其情形可能是:投入巨大产出也巨大;或投入巨大但产出甚微,例子比比皆是。医药行业里为研发某一类新药,往往需要投入几十亿美元的资金。如果研发成功,利润自然可观,但不成功则血本无归,而且后一种可能性更大。因为,在研发的过程中充满了太多的不确定性。毒理实验、病

理实验、一期临床、二期临床……哪个环节出了纰漏都将导致投资失败。当然，相反的情形也不乏其例。比如，某些商标的设计很可能是创意者的灵光一现、神来之笔，可以说其投入几乎为零，然而（其产出）却价值连城。

第五，物质资源的重置成本或边际成本很高，差不多和初始成本相当。在某地盖一栋建筑物若需 100 万元，在旁边建造类似的建筑物也需 100 万元。然而，知识资源的重置成本或边际成本却几乎为零（尽管其初始成本往往很高，比如，为开发某一个软件或系统其研发费用绝非小数目），大多数情况下只需“另存为”或“复制”即可。

第六，物质资源随着使用次数的增加会发生损耗、折旧、效用递减，直至消耗殆尽、废弃或者自行衰亡，一般不会再生，且在使用过程中或多或少会对自然环境和生态环境造成伤害甚至破坏。知识资源不会损耗，可以多次使用，重复交易且知识资源随使用频率的增加其效用随之增加，出现网络外部性。知识资源不会自行消亡，可以穿越时空，长存永生；在使用时也不会伤害自然环境和生态。

此外，对物质资源加工后形成的产品，通常只能实现某种功能或效用，具有某种使用价值（function value）；然而，知识资源则可更多地产生精神价值或观念价值（concept value），可以为使用者带来精神的愉悦和心灵的慰藉，可以提升使用者的品位和情趣。

3. 知识资源成为战略资源

在人类历史上有很多事实或事件值得关注，其中发生于 1956 年的事实尤其值得一提。在这一年，美国白领阶层的人数首次超过蓝领阶层的人数，这一事实标志着知识经济时代的到来。知识经济有多种说法，如“后工业化”、“第三次浪潮”、“科技革命”（相对于农业革命、工业革命而言）、“网络经济”、“信息经济”、“虚拟经济”、“注意力经济”、“非摩擦经济”等，其实都是对同一个对象从不同角度加以解读的结果。

历史发展至今，先后走过了农业经济和工业经济时代，现已步入知识经济时代。须知，不同时代的资源形态不一样，生产要素不一样，相应的驱动力量也不一样。长达两三千年的农业经济是自然经济、劳动密集型经济，由体力驱动；近两三百年的工业经济是能源经济、资本密集型经济，由蒸汽和电力驱动；而现在方兴未艾的知识经济是智力经济、知识密集型经济，由比特（bit）和数字驱动。也可以换个说法，以前的农业经济和工业经济是“硬驱”，即由有形资源驱动，这里的有形资源具体表现为土地、水、气候、森林、石油、煤炭、矿产、生物等自然资源，以及资金、厂房、设备等要素资源。与此相对照的知识经济是“软驱”，即由信息、知识、理念、科技、能力、素质、机制、管理、创新等无形资源和人力资源驱动。

德鲁克当年在展望未来时就睿智地指出，社会必将向知识社会转变，“现在真正控制资源的决定性的‘生产要素’既不是资本也不是土地或劳动力，而是知识”。虽然知识是人类历史发展不可缺少的基础，也是历史与文化的体现，但是从没有像现在这样成为社会运转的核心，成为一个变化的方向。知识经济时代一个最直观、最基本的特征，就是知识作为生产要素地位的空前提高。在这个时代，信息技术和各种高新技术更新速度日益加快，新发明、新创造日新月异，知识需求成为企业发展乃至社会经济生活的前提，知识生产本身成为社会经济生活的中心。随着全社会越来越知识化、信息化，人们更加关注自然资源利用背后的知识和机器背后的知识，也更加深刻地认识到，正是这些知识导致了企业之间巨大的差异，正是那些曾经被信息交流效率低下所掩盖的知识本身的稀缺性及生产能力，才是经济发展的制约瓶颈。

现今,知识已经成为社会变革的轴心,每个人的发展、组织结构和形态的变化、社会生活方式,甚至包括人们的价值观念,都需要从工业时代物的、机械的方式向有利于知识潜力的开发方式转变。如果仅仅将知识视为可以营利的另一种资源,就低估了知识的意义。同样,知识必将成为企业的核心,企业要掌握竞争优势必须先管理好知识,企业的竞争实力主要体现为知识实力。在技术变革、企业变革、社会变革、竞争激烈的时代,成功将属于那些不断进行知识创新的企业。因为,本质上企业已成为获取、吸收、利用、共享、保持、转移和创造知识的学习性系统,成为知识的"大仓库"(Harold Demsetz,1998)。

知识资源是企业最重要的战略资源,知识是企业竞争优势的根本。之所以如此,除了因为企业内部的知识积累是解释企业获得超额利润和竞争活力的关键,还因为企业的知识存量决定了企业配置资源和创新的能力,从而最终在企业产品及市场力量中体现出竞争优势。而且,企业作为学习型系统所拥有的知识存量和知识结构,尤其是关于如何协调不同的生产技能和有机结合多种技术流的知识和积累性知识,以及所拥有的难以被竞争对手模仿的、包括组织资本和社会资本在内的隐性知识,已经成为企业绩效与长期竞争优势最深层的决定性因素。它决定了企业识别、发现、把握、发挥乃至创造未来机会的能力,决定了企业利用、配置、整合、优化、开发和保护资源的能力,从而决定了企业有序、协调、可持续发展的能力。

二、企业资源分析过程

企业资源分析旨在确定企业资源状态、企业在资源上表现出的优势和劣势,以及相对未来战略目标存在的资源缺口等。企业的成功源于对资源的成功开发和利用,因而必须做好企业资源分析。资源分析可遵从以下步骤:

(一)分析现有资源

对现有资源进行分析是为了确定企业目前拥有的资源量和可能获得的资源量。分析中既包括对有形资源的分析,也包括对无形资源的分析。经过分析,列出企业目前拥有和可能获得的资源清单。资源清单包括以下内容:

(1)管理者和管理组织资源。包括管理部门的构成特征及由此形成的管理优势;管理人员知识结构、年龄结构、专业资格、流动情况、管理风格、管理模式、综合素质、管理人员拥有量与需要量的平衡情况、与产业平均水平比较;企业内有关信息和沟通系统的有效程度;高级管理人员制定战略的能力等。

(2)企业员工资源。包括企业员工的实际拥有量与需要量的平衡情况、现有员工的经验、能力、素质、责任心、奉献精神、员工平均技术等级、专业资格、出勤率和流动率、与产业平均水平的比较、工资水平、激励政策的功效等。

(3)市场和营销资源。包括企业的营销力量状况、营销决策和营销管理水平;企业产品或服务所在市场及市场地位;企业对用户需求和竞争对手的了解程度。

(4)财务资源。包括企业资本结构的平衡状态;企业的现金流动、债务水平以及盈利状况;企业与银行的关系、融资能力、信用等级;企业财务对战略成功的影响。

(5)生产资源。包括生产效率和规模、低成本制造水平、存货水平、瓶颈所在、企业与供应商的关系等。

(6)设备和设施资源。包括设备和设施的现代化程度、加工制造的灵活性、对战略目标的满足程度等。

(7)组织资源,企业的组织结构类型以及各种机会体系、控制体系对战略的适应性及保证程度,是否需要进行组织再造。

(8)企业形象资源。包括企业商誉,品牌知名度,美誉度,品牌重购率,与供应商、分销商之间的关系等。

在进行上述资源分析时,不仅需要分析企业目前已经拥有的资源,还要对经过努力可能获得的资源进行分析。

(二)分析资源的利用情况

分析资源利用情况,原则上是运用产出与投入的比率来进行。具体可采用一些财务指标,另外,对企业的不同职能活动还要采用其他一些指标,如对营销活动效率进行分析时可使用销售额与广告费用的比率、与销售费用的比率、与销售人员工资的比率以及销售场地面积的比率等进行分析;对生产活动分析可使用产出数量与废次品或返工产品的比率等指标进行分析。

分析资源利用情况还可以运用比较法,如将本企业资源实际利用情况分别与企业计划中设定的目标、与企业的历史最高水平、与企业所在产业的平均水平和最高水平、与竞争对手的情况进行比较。

(三)分析资源的应变能力

资源应变能力分析的目的是要确定一旦战略环境发生变化,企业资源对环境变化的适应程度。特别是对那些处于多变环境的企业来说,更应该做好资源的应变能力分析,这是建立高度适应环境变化的资源基础的出发点。另外具体分析时,要把分析重点放在那些对环境变化特别敏感的资源上。

(四)进行资源的平衡分析

关于资源的平衡分析存在两种观点:一种观点认为,为了保持资源的稳定平衡,应在企业内设立资源余量,例如设置一定水准的保险库存量,以防止物流供应商的意外;保持一定的备件数量以防止废次品;保持一定的富裕生产能力以应付订货量的突然增加等。另一种观点却认为,设置资源余量只会对企业内助长容忍差错和低效率的管理,日本企业采取的准时生产制就是基于这一观点。其实两种观点都有道理,应加以有机结合。对于反映管理水平、受企业可控因素影响较大、重置容易的资源,应通过加强管理来逐步降低甚至取消资源余量;对于受企业不可控因素影响较大,如受外部环境影响大、重置困难的资源应保持合理的资源余量,以应付环境变化。

进行资源平衡分析应主要做好四方面的平衡分析:

(1)业务平衡分析。即对企业各项业务的经营现状、发展趋势进行分析,以确定企业在各项业务上的资源分配是否合理。

(2)现金平衡分析。分析内容主要是企业是否拥有必要的现金储备或拥有应付战略期内现金需要的资金来源。

(3)高级管理者资源平衡分析。主要分析企业高级管理者资源的数量、质量、管理风格、管理模式等与制定、实施战略所需人力资源的适应程度。

(4)战略平衡分析。主要分析企业现时拥有的资源和战略期内可能获得的资源,对企业战略目标、战略方向的保证程度,即要确定企业资源是否符合实现战略目标的要求。若不符合，缺口在哪里？缺口有多大？哪些缺口需要填补？提高企业未来的资源基础需要采取什么措施？

总之，通过上述步骤进行企业资源分析，关键是要确定企业的资源强势和弱势。资源强势指的是企业所特有的能提高企业竞争力的资源，往往表现为：重要的专门技能（低成本制造诀窍、独特的广告和促销诀窍）、宝贵的有形资产（现代化生产工程和设备、遍布全球的分销网络）、宝贵的人力资源（经验丰富、能力强的劳动力；积极上进、学习能力强的员工队伍；关键领域中的特殊人才）、宝贵的组织资源（高质量的计划体系和控制体系）、宝贵的无形资源（品牌形象、企业声誉、员工忠诚度、积极的工作环境和强大的企业文化）、宝贵的技术资源（短周期的新产品开发和上市、大量的专利和专有技术）。资源强势是形成企业核心能力的重要基础。资源弱势指的是某种企业缺少或做得不好，使企业在竞争中处于劣势的资源，往往表现为：缺乏有着重要竞争意义的技能和专门技术；缺乏有着重要竞争意义的有形资产、人力资源、组织资源、无形资源。资源弱势制约企业竞争优势的形成、限制企业的战略发展空间。

依据现代战略学说，一个企业的资源强势是企业的竞争资产，而资源弱势则是企业的竞争负债。理想的状况是：企业的资源强势或竞争资产大大超过企业的资源弱势或竞争负债。进行企业资源分析的主要目的不是列出企业资源的数量、种类和品质清单，而是分析和判定相对于竞争对手企业的资源强势和弱势所在，进而确定形成企业核心能力和竞争优势的战略性资源。围绕战略性资源进行持续投入，以增加竞争资产，减少竞争负债，全面提高企业的资源基础。

【阅读案例】

山西煤炭资源整合 向先进生产力看齐

读不懂山西煤炭，就读不懂全国煤炭。“点亮全国一半的灯，烧热华北一半的炕。”没有山西煤炭工业的可持续发展，就没有中国煤炭工业的可持续发展。从这个意义上说，山西煤炭资源工业的跨越式发展，影响的又何止是山西！

新中国成立60多年来，山西共生产煤炭约106.3亿吨，占全国煤炭生产总量的1/4以上；外调量约70多亿吨，占全国省际煤炭净外调量的70%以上。上世纪80年代初，为了支撑国民经济翻两番目标的实现，国家提出把山西建设成为能源重化工基地。“有水快流”是当时能源基地建设的基本方针。一时间，乡镇煤矿如雨后春笋般，最多的时候，全省合法矿点数达到近11 000座，其中，国有大煤矿数量不足1%，乡镇煤矿产量占到全省的半壁江山。虽然，小煤矿的快速发展为保障国家实现翻两番的目标做出了巨大的历史性贡献，但也造成了全省煤炭行业“多、小、散、乱”的历史遗留问题，这些问题是导致山西矿难频发、生态破碎、环境污染、资源浪费的根源。区域经济也陷入了“因煤而兴，因煤而衰”的资源诅咒之中。

进入新世纪以来，国家高度关注山西能源，特别是煤炭工业的发展。山西省也针对煤炭行业存在的深层次问题，先后开展了“关井压产、淘汰落后、资源整合”等工作，减少了7 000多家小煤矿。但是，到2008年全省矿井数仍有约2 600座，小煤矿仍占到70%以上。

2009年，注定要在山西历史上留下浓重的笔墨。“不要带血的GDP，不要污染的

GDP"，成为山西上下践行科学发展观的共识。

问题：怎么走出"粗放经营、矿难频发、环境污染、资源浪费"的怪圈？

回答：向世界先进生产力看齐，煤炭大省就要办一流的煤矿。

论点：资源整合是煤炭工业可持续发展的客观规律，是实现科学发展的必由之路。

存疑：市场经济究竟"姓"什么？

山西省政府晋政发2008[23]号文件明确规定：一是大力支持大型煤炭企业作为主体，兼并重组整合中小煤矿，控股办大矿。这类企业主要包括省属五大煤炭集团和省煤炭运销公司、省煤炭进出口集团、中煤集团等8家。二是现已具备300万吨/年生产规模，且至少有一个120万吨/年机械化开采矿井的地方骨干煤炭企业，也可作为兼并重组的主体。其他作为兼并重组整合主体的地方骨干煤炭企业(矿井)，由各市人民政府提出，原则上应有一个生产规模在90万吨/年及以上矿井作支撑，兼并重组整合后企业生产规模应不低于300万吨/年，所属矿井至少有一个规模不低于120万吨/年。

山西省根据煤炭行业高危、资源和资本密集的特点，以及专业化、规模化、集约化的内在规律，为提高煤炭行业的生产力水平和健康有序的可持续发展能力，做出这一制度安排。

眼下，承载厚望的煤炭资源整合已经胜利在望、胜利在握。

近日来自山西煤炭工业厅的消息，山西煤炭资源整合方案报批工作已经结束，重组整合煤矿企业协议签订率达到90%，主体接管到位率达到71%。比照山西出台的煤矿兼并重组"时间表"，实际进展要比预期的快，效果比预期的好。对于"大整合"这一复杂工程而言，从签约到换证，这是一个实质性的飞跃。

10月11日，西山煤电与吕梁四矿合股组建的西山德威矿业管理公司率先挂牌成立。

10月25日，朔州19家民营集团首批领到崭新的《采矿证》，标志着全省大规模的换证工作全面展开。

全省矿井个数由2 598处减少到1 053处。全省将形成4个年生产能力亿吨级的特大型煤炭集团，3个年生产能力5 000万吨级以上的大型煤炭企业集团，11个年生产能力1 000万吨级以上的大型煤炭企业集团，72个300万吨级左右的地方集团。全省办矿企业由2 200多个减少到近130个。

重组整合后全省形成了以股份制企业为主要形式，国有民营并存的办矿格局，其中国有占20%，民营占30%，混合所有制的股份制企业占50%。

资料来源：根据新华网2009年11月02日"山西煤炭资源整合向先进生产力看齐"一文改编。

第二节　企业能力分析

一、企业能力的含义

一般来说，企业能力是指企业能够将其资源加以整合以完成预期任务和目标的作用力，或在更宽泛意义上，将资源转化为社会财富的作用力。须知，资源固然是企业开展经营活动的基础和前提，但资源本身并不能自动创造价值，资源的利用效率很大程度取决于企业对它们的作用力和生产力。企业能力体现为在整个价值链活动中使资源不断增值，并成为企业绩效与竞争优势的决定性因素。

企业能力的思想，最早可以追溯到亚当·斯密的劳动分工理论。1925年，马歇尔提出了企业内部成长理论，他认为专业化分工将导致企业内部出现新的协调问题，企业内部会发生伴随生产进程的公开知识积累，从而推动企业不断演化。1972年乔治·理查森进一步指出，能力反映了企业积累的知识、技能和经验，并蕴含在生产、营销、研发等企业具体活动中。20世纪80代初期，纳尔逊和温特则明确提出了企业经营战略中的能力观。

二、企业能力的分类

企业要根据自身的实际情况，对其能力进行分类，便于系统地掌握企业的能力状况。在分类的基础上，通过对企业能力进行评价，明确企业的优势和劣势。

企业能力可分为职能领域的能力和跨职能领域的综合能力两大类，如表5.3所示。职能领域的能力包括市场营销能力、财务管理与资本运作能力、人力资源开发与管理能力、组织能力、研发能力、制造和生产能力、管理信息系统开发与集成能力等。跨职能领域的综合能力则包括学习能力、创新能力、战略谋划能力、整合力和领导力。

表5.3　企业能力分类与举例

项目	企业能力类型	举例
职能领域的能力	市场营销能力	• 敏锐的市场意识 • 准确的市场定位和恰当的促销 • 渠道构建、控制和管理 • 有效的分销和物流体系 • 品牌创建、维护与提升
	财务管理与资本运作能力	• 健全的财务管理体系 • 良好的现金流 • 较强的偿付能力 • 资本运作能力
	人力资源开发与管理能力	• 有效、广泛、持续的员工培训 • 有效的激励体系
	组织能力	• 融洽的管理气氛 • 高效的组织运行 • 较高的战略管理水平
	研发能力	• 快速的产品革新 • 独到的工艺 • 较强的基础研究
	制造与生产能力	• 敏捷制造、柔性生产 • 精益生产 • 复杂制造

续表

项目	企业能力类型	举例
	管理信息系统开发与集成能力	• 完整的信息管理体系 • 信息分析和加工 • 电子商务
跨职能领域的能力	学习能力	• 良好的学习氛围 • 企业通过实践进行学习的能力 • 自适应能力
	创新能力	• 创新意识和创新氛围 • 奇思妙想,标新立异,独立特性,大胆创新 • 有效的创新组织和管理
	战略谋划能力	• 全球视野 • 对形势、局势、趋势、态势、大势的精准研判 • 审时度势的决断力
	整合能力	• 系统集成能力 • 有效的战略联盟 • 与上下游之间的良好关系,供应链整合能力 • 对资源的发现、整合、调度和优化能力 • 自组织能力
	领导力	• 变革管理,危机管理,不确定性管理与驾驭 • 健康的企业文化,充满活力的工作氛围 • 跨文化领导力,分布式领导

通常,企业能力首先体现在职能领域,如华为的研发能力强,海尔的制造能力强,蒙牛的营销能力强等。但是,企业应该更加注重提升自身的跨职能领域的综合能力,特别是学习能力和创新能力。在知识经济时代,企业是创造知识的组织,是技术创新的主体,不断创新是企业发展的不竭源泉和终极动力。

三、企业能力分析

企业的竞争优势源于企业的核心竞争力,核心竞争力又源于企业能力,而企业能力源于企业资源。换言之,企业可持续性的竞争优势是由企业在长期运行中,将具有战略价值的资源和能力进行特殊的整合、升华而形成的核心竞争力所产生的。这样一个整合过程正是企业素质的提升过程,也是一个以资源为基础的战略分析过程,见图5.1。

在识别、判定一个企业的核心竞争力之前,首先要弄清一个企业的基本能力状况。对企业基本能力状况的分析,可从企业生产经营所必需的各项功能的角度分别加以分析。

(一)财务能力分析

要分析判断一个企业的经营能力,首先必须分析企业的财务状况,因为企业的财务报表和资料记录了企业经营的整个过程和取得的绩效水平。分析企业财务状况广泛使用的方法是财务比率分析。财务比率分析通常从两个方面进行:一是计算本企业有关财务比

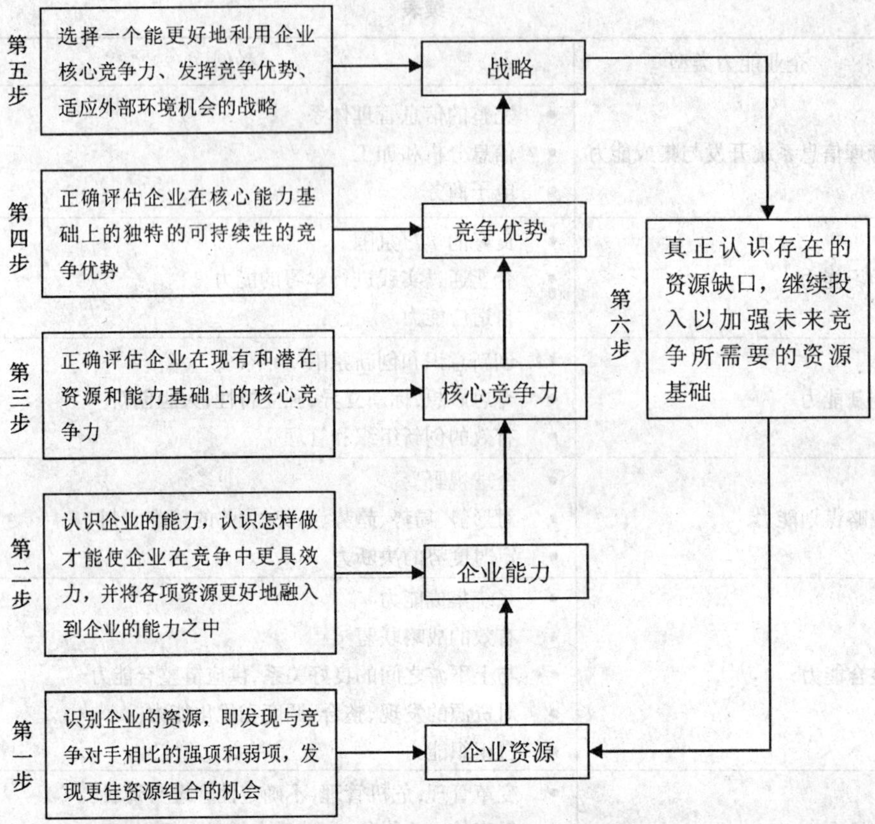

图 5.1　以资源为基础的战略分析

率,并与同行业中的竞争对手进行比较或与同行业的平均财务比率进行比较,借以了解本企业同竞争对手或同行业一般水平相比的财务状况和经营成果。二是将计算得到的财务比率同本企业过去的财务比率和预测未来的财务比率相比较,借以测定企业财务状况和经营成果在一个较长时间内的变动趋势。

财务比率分析评价体系主要由五大类指标构成,即收益性、安全性、流动性、成长性和生产性指标。分别计算出五类指标并画出雷达图,就能够清楚、直观、形象地揭示出企业的财务及经营状况的优势和劣势,这对于制定正确有效的企业战略具有十分重要的意义。

1. 收益性指标

分析目的在于观察企业一定时期的收益及获利能力,见表 5.4。

表 5.4　企业收益性指标

收益性比率	基本含义	计算公式
1. 资产报酬率	反映企业总资产的利用效果	(净收益 + 利息费用 + 所得税) ÷ 平均资产总额
2. 所有者权益报酬率	反映所有者权益的回报	税后净利润 ÷ 所有者权益

续表

收益性比率	基本含义	计算公式
3. 每股利润	反映股东权益的报酬	(净利润 - 优先股股利) ÷ 普通股发行在外平均股数
4. 股利发放率	反映股东权益的报酬	每股股利 ÷ 每股利润
5. 市盈率	反映股东权益的报酬	每股市价 ÷ 每股利润
6. 销售利税率	反映销售收入的收益水平	利税总额 ÷ 净销售收入
7. 销售毛利率	反映销售收入的收益水平	销售毛利 ÷ 净销售收入
8. 销售净利率	反映销售收入的收益水平	净利润 ÷ 净销售收入
9. 成本费用利润率	反映企业为取得利润所付代价	(净收益 + 利息费用 + 所得税) ÷ 成本费用总额

2. 安全性指标

安全性指的是企业经营的安全程度,也即资金调度的安全性。分析安全性指标目的在于观察企业一定时期内的偿债能力,见表 5.5。

表 5.5　企业安全性指标

安全性比率	基本含义	计算公式
1. 流动比率	反映企业短期偿债能力和信用状况	流动资产 ÷ 流动负债
2. 速动比率	反映企业立即偿付流动负债的能力	速动资产 ÷ 流动负债
3. 资产负债率	反映企业总资产中有多少负债	负债总额 ÷ 资产总额
4. 所有者权益比率	反映企业总资产中有多少是所有者权益	所有者权益 ÷ 资产总额
5. 利息保障倍数	反映企业经营所得偿付借款利息的能力	税息前利润 ÷ 利息费用

其中流动比率和速动比率均反映企业的变现能力,比率越高,流动负债得到偿还的保障越大。但比率过高则反映企业滞留在流动资产上的资金过多,未能有效利用,可能会影响企业的获利能力。一般而言,流动比率 2∶1 较为合适,速动比率 1∶1 较为合适。

资产负债率越高,在负债所支付的利息低于资产报酬率的条件下,股东的投资收益率就越高,说明经营有方、善用借债。但是比率越高、借款越多,偿债能力就越差,财务风险也越大,因此资产负债率要保持在适当水平。一般说来,低于 50% 的资产负债率较为稳妥。所有者权益比率与资产负债率之和为 1,所有者权益比率越大,财务风险越小。而利息保障倍数的比率若低于 1,说明企业经营所得还不足以偿付借款利息,因此该比率越高,说明按时按量支付利息就越有保障。

3. 流动性指标

分析目的在于考察企业在一定时期内的资金周转状况,是对企业资金活动的效率进行分析,见表 5.6。

表5.6 企业流动性指标

流动性比率	基本含义	计算公式
1. 存货周转率	反映存货的周转速度	销售成本÷平均存货
2. 应收账款周转率	反映年度内应收账款转为现金的平均次数	销售收入÷平均应收账款
3. 流动资产周转率	反映流动资产的使用效率	销售收入÷平均流动资产总额
4. 固定资产周转率	反映固定资产的使用效率	销售收入÷平均固定资产总额
5. 总资产周转率	反映全部资产的使用效率	销售收入÷平均资产总额

其中,流动资产周转率、固定资产周转率、总资产周转率分别反映流动资产、固定资产、总资产的使用效率,比率越高,说明资产利用越好、获利能力越强;存货周转率是衡量和评价企业购入存货、投入生产、销售收回等各环节管理状况的综合性指标,比率越高,说明资金回收越快、效益越好;应收账款周转率反映年内应收账款转为现金的平均次数,比率越高,说明企业催收账款的工作做得越好,坏账损失的可能性越小。

4. 成长性指标

分析目的在于考察企业在一定时期内经营能力的发展变化趋势。一个企业即使收益性高,但如果成长性不好也就表明其发展的后劲不足,未来盈利能力可能较差。因此分析企业的成长性对战略的选择至关重要,见表5.7。

表5.7 企业成长性指标

成长性比率	基本含义	计算公式
1. 销售收入增长率	反映销售收入变化趋势	本期销售收入÷前期销售收入
2. 税前利润增长率	反映税前利润变化趋势	本期税前利润÷前期税前利润
3. 固定资产增长率	反映固定资产变化趋势	本期固定资产÷前期固定资产
4. 人员增长率	反映人员变化趋势	本期职工人数÷前期职工人数
5. 产品成本降低率	反映产品成本变化趋势	本期产品成本÷前期产品成本

5. 生产性指标

分析目的在于判断企业在一定时期内的生产经营能力、生产经营水平和生产成果的分配等,见表5.8。

表5.8 企业生产性指标

生产性比率	基本含义	计算公式
1. 人均销售收入	反映企业人均销售能力	销售收入÷平均职工人数
2. 人均净利润	反映企业经营管理水平	净利润÷平均职工人数
3. 人均资产总额	反映企业生产经营能力	资产总额÷平均职工人数
4. 人均工资	反映企业经营成果分配状况	工资总额÷平均职工人数

上述企业能力的五性分析结果可以用雷达图的形式表示出来，如图 5.2 所示。雷达图的绘制方法是：首先画出三个同心圆，并将其五等分，形成五个扇形区分别表示收益性、安全性、流动性、成长性、生产性、指标区域。通常，最小圆代表同行业平均水平的 1/2 或最低水平；中间圆代表同行业平均水平，又称标准线；最大圆代表同行业先进水平或平均水平的 1.5 倍。其次，在五个扇形区分别以放射线的形式画出相应的财务指标线，并标明指标名称或标号。最后将企业同期的相应指标值用点标在图上，以线段一次连接相邻点，形成折线闭环就构成了雷达图。

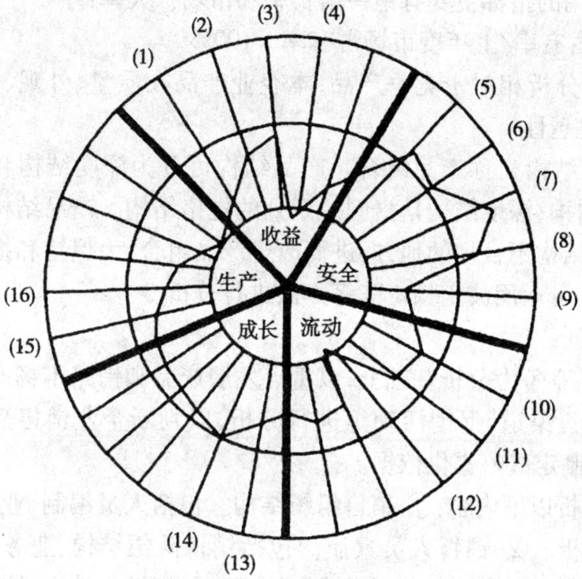

注：收益性：(1)资产报酬率；(2)所有者权益报酬率；(3)销售利税率；(4)成本费用率。

安全性：(5)流动比率；(6)速动比率；(7)资产负债率；(8)所有者权益比率；(9)利息保障倍数。

流动性：(10)总资产周转率；(11)应收账款周转率；(12)存货周转率。

成长性：(13)销售收入增长率；(14)产值增长率。

生产性：(15)人均工资；(16)人均销售收入。

图 5.2　雷达图

雷达图可以清楚、直观地反映企业财务及经营管理的优势和劣势。当指标值处于标准线以内时，说明该指标低于同行业平均水平，需要查找原因加以改进。若接近最小圆或处于其内，说明该指标处于极差的状态，是企业经营的危险状态，应重点加以分析改进；若处于标准线外侧，说明该指标处于较理想状态，是企业的优势所在，应及时总结以便巩固和发扬。

（二）营销能力分析

一个企业营销能力的强弱往往体现在其产品竞争能力、销售活动能力、新产品开发能力和市场决策能力之上。因此，营销能力分析通常从这四个方面来进行。

1. 产品竞争能力分析

产品竞争能力分析是对企业当前销售的各种产品的市场地位、收益性、成长性、竞争性和结构性等方面进行分析。分析结果将为改进产品组合和开发新产品指明方向。

（1）产品市场地位分析。产品市场地位分析除通过市场调查、分析判断该产品的知名度、美誉度、产品形象之外，还要定量测评市场占有率和市场覆盖率。这两个指标是衡量产品市场地位的重要标志，也是企业重要的战略目标之一。

市场占有率 = 本企业产品销售数（额）/市场上同类产品销售数（额）×100%

市场覆盖率 = 本企业产品投放地区数/全市场应销售地区数 × 100%

公式中的销售地区可以是省、市、县、区。

(2)产品收益性分析。产品的收益性高低直接决定企业的效益,企业应确立高收益的产品组合。收益性分析可以采用如下方法:① 进行销售额的 ABC 分析,以找出需深入调查的 A 类重点产品。② 进行边际利润分析,以明确企业各种产品的边际利润贡献度。③ 进行量本利分析,以查明经营安全性和确定目标销售量。

(3)产品成长性分析。通常是把企业最近几年的销售量或销售额按时间顺序画成曲线,来观察其增减变化趋势。采用的指标主要有销售增长率和市场扩大率:

市场扩大率 = 某年度市场占有率/上年度市场占有率 × 100%

(4)产品竞争性分析。就是分析相对于竞争产品,本企业产品在质量、外观、包装、商标、价格、服务等方面所具有的优越性。

(5)产品结构性分析。产品结构又称产品组合。产品结构可分为深度结构和宽度结构。宽度结构是指产品的系列结构;深度结构是指同一系列的规格结构。产品结构分析的目的是发现优势产品,弄清产品结构不合理的地方,进而改进产品组合,为保持和提高产品竞争力奠定产品结构基础。具体可运用波士顿矩阵等方法进行分析。

2. 销售活动能力分析

销售活动能力分析是在产品竞争力分析基础上,以重点发展产品和销路不畅产品为对象,对其销售组织、销售绩效、销售渠道、促销活动等进行分析,以判断企业销售活动的能力、存在问题、问题成因,进而为制定战略提供依据。

(1)销售组织分析。主要分析以下内容:① 销售组织结构。包括人员编制、业务分工、责任权限、管理方式等方面的分析。② 销售人员素质。包括销售队伍结构、业务能力、专业资格、培训进修情况、综合素质等方面的分析。③ 销售管理。包括销售计划、统计报表、顾客档案、市场调查、薪酬制度等方面的分析。

(2)销售绩效分析。主要分析计划完成率、地区发展状况以及销售活动效率等内容,见表 5.9。

表 5.9　销售绩效分析

项目	计算公式	项目	计算公式
1. 销售计划完成率	实际销售额/计划销售额	8. 新顾客销售额比率	新顾客销售额/实际销售额
2. 销售额增长率	$\frac{\text{本期销售额} - \text{前期销售额}}{\text{前期销售额}}$	9. 老顾客销售额比率	老顾客销售额/实际销售额
3. 销售价格保持率	实际销售价格/计划销售价格	10. 平均访问销售额	实际销售额/总访问次数
4. 销售毛利率	销售毛利润/实际销售额	11. 平均每日访问次数	访问总次数/实际访问天数
5. 销售费用率	直接销售费用/实际销售额	12. 访问成交率	成交件数/总访问次数
6. 欠款回收率	本期回收金额/(上期末应收款 + 本期销售额)	13. 顾客意见发生率	顾客意见总数/固定顾客数
7. 顾客平均销售额	实际销售额/销售顾客总数	14. 新顾客开发率	新顾客增加数/访问新顾客数

(3)销售渠道分析。① 销售渠道结构。分析企业直接销售和间接销售的各种形式,绘制销售渠道结构图,计算各个销售渠道的销售额构成比例和利润贡献率,分析现有渠道结构的合理性。② 评价中间商。依据与各中间商交易额大小及交易额增长率高低,从各中间商的重要性和发展性两方面进行分类和评价,确定今后需重点管理、扩大交易的中间商。③ 销售渠道管理分析。分析企业的渠道整合和渠道管理方针,重点分析企业与中间商是否建立了双赢的合作伙伴关系?若没有,问题何在?怎样建立?

3. 新产品开发能力分析

新产品开发能力分析应着重从新产品开发计划、新产品开发组织、新产品开发过程和新产品的开发效果四个方面进行分析,并将分析结果与主要竞争对手比较,进而判断企业此项能力的强弱,为企业战略的选择提供依据。

4. 市场决策能力分析

市场决策能力分析是以前述产品市场竞争力分析、销售活动能力分析、新产品开发能力分析的结果为依据,对照企业当前实施的经营方针和经营战略,来发现企业在市场决策中的不当之处,评估判断企业领导者的市场决策能力,并探讨企业中、长期所应采取的经营战略,以提高企业领导者的决策能力和水平,使企业获得持续的成长和发展。

(三)生产管理能力分析

企业的生产功能包括将投入品转变为产品或服务的所有活动。在绝大多数行业,企业生产经营的大部分成本发生于生产过程中,因此生产管理能力的高低决定公司战略的成败。而生产管理的首要任务就是开发和管理一个有效的生产体系。美国管理学者罗杰·施罗德认为,生产管理主要包括五种功能或决策领域:生产过程、生产能力、库存、劳动力和质量。因此,生产管理能力分析也应从这五方面展开。

(1)生产过程分析。主要涉及整个生产系统的设计。具体分析内容包括技术的选择、设施的选择、工艺流程分析、设施布局、生产线平衡、生产控制和运输分析。

(2)生产能力分析。主要涉及确定企业的最佳生产能力。具体分析内容包括产量预测、设施和设备计划、生产计划、生产能力计划及排队分析。

(3)库存分析。主要分析原材料、在制品及产成品存量管理。具体包括订货的品种、时间、数量以及物料搬运。

(4)劳动力分析。主要分析对熟练及非熟练工人及管理人员的管理。具体包括岗位设计、绩效测定、丰富工作内容、工作标准和激励方法等。

(5)质量分析。主要分析质量控制、质量检验、质量保证和成本控制。

(四)组织效能分析

企业的一切活动说到底都是组织的活动,组织是实现目标的保证,是进行有效管理的手段。分析组织效能、发现制约企业长远发展的组织管理问题并加以改进,则为企业战略的正确制定和成功实施奠定了坚实的组织基础。

进行组织效能分析,首先必须明确评价组织效能的一般标准。良好组织应符合以下基本原则:目标明确、组织有效、统一指挥、责权对等、分工合理、协作明确、信息通畅、有效沟通、管理幅度与管理层次有机结合、有利于人才成长和利用使用、有良好的组织氛围。

遵从以上评价标准具体进行组织效能分析时可以从多角度进行:

(1)从分析组织任务分解人手,对组织任务的分解过程和分解结果进行逻辑分析,进而对组织任务分解的合理性做出判断。例如分析职能管理体系的分工,如果任务分解不合理,任务交叉、任务割裂、任务空挡、轻重不分、横向协调不畅等,那么据此建立的职能组织结构也不可能合理。

(2)从分析岗位责任制、职责权限对等性入手发现改善的机会。在企业组织的等级链上,每一个环节即职位上都要贯彻责权对等原则。如果各个职位的责权不清晰、不对等,等级链就缺乏牢固的连接环,整个组织就会松垮、低效。

(3)从分析管理体制入手,对企业集权与分权的有效性进行分析。在分析时要主要分析影响本企业职权集中和分散的各种因素,例如组织的规模、职责和决策的重要性、组织文化、下级管理人员数量和素质、控制技术的发展程度、环境的影响等等,切忌"一刀切"。一般而言,规模较大的企业职权应适度分散,反之则需适度集中;从内部扩展起来的公司集权较多,合并或联合起来的公司分权较多;各级管理人员数量、素质不足则倾向于职权集中,反之则倾向于职权分散;实行多角化经营分权较多,实行单一化经营集权较多。其实集权和分权对于一个组织而言都是必要的,没有绝对的集权,也没有绝对的分权。该由下级获得的权力过于集中,是上级"擅权";该由上级掌握的权力过于分散,是上级"失职"。分析组织效能时,要考虑的不是分权好还是集权好,二是如何合理确定集权与分权的程度,以及哪些应集权、哪些应分权。

(4)从分析组织结构入手,确定现有组织结构是否适应未来战略方向。现代企业组织形式主要由直线职能制、事业部制、矩阵制、扁平式、网络式、虚拟式等。各种组织形式各有优势,此项分析旨在确定适应未来战略方向的最佳组织形式。

(5)从分析管理层次和管理幅度入手,发现新增或合并管理职能部门的可能性。管理层次决定组织的纵向结构,管理幅度决定组织的横向结构。现实中,管理幅度和管理层次的确定需综合考虑企业规模、生产特点、经营性质、授权程度、组织协调程度、管理者的能力、下级的成熟程度、工作的标准化程度、工作条件、工作环境等多种因素。

(6)从分析人员入手,根据组织任务分解、职位标准和职位手册等对企业所有现职管理者承担现职工作的能力和职业前景进行分析判断,看现职管理者的胜任程度和职位标准等是否应当修正。

(五)企业文化分析

所谓企业文化是基于共同价值观之上,企业全体职工共同遵循的目标、行为规范和思维方式的总称。当今,企业文化的价值越来越被企业界所重视。人们从海尔等许多大企业成功的范例中发现,这些企业之所以能在快速发展中立于不败之地,是由于它们成功地创造了具有自身特色的企业文化。哈佛学者约翰科特和詹姆斯·赫斯科特在对数百家企业长期研究基础上撰写了《企业文化和经营业绩》一书,得出如下研究结论:第一,企业文化对企业的长期经营业绩具有重大影响;第二,企业文化在下一个十年内很可能成为决定企业兴衰的关键要素;第三,影响企业长期发展的起负面作用的企业文化并不罕见,而且容易孳延,即便在那些汇集了许多通情达理、知识程度高的人才的公司中也是如此;第四,企业文化尽管不易改变,但它们完全可能转化为有利于企业经营业绩增长的企业文化。理论界的研究和企业界的实践均已证明,企业文化的力量既可能支持企业的战略管理,助其成功,也可能抵制它们,促其失败。因此,分析企业文化的现状,从中找出能够制约企业战略的关键要素,加强或改进,成为企业战略管理者面临的重要挑战。对企业文化进行分析应注意把握以下内容：

(1)企业文化现状分析。应对企业的物质文化层、制度文化层、精神文化层逐一分析。例如精神文化层需重点分析已为绝大多数员工认同的经营宗旨、价值观、思维方式、行为道德准则、心理期望、信念、具有企业个性特点的群体意识等内容。

(2)企业文化建设过程分析。企业领导人是如何塑造企业文化的？是否有科学的文化建设目标、计划、工作内容、预算保证等？企业是如何宣传贯彻现行企业文化的？现行文化是否为广大员工接受并付诸实践？

(3)企业文化特色分析。企业文化是企业独特的传统、习惯和价值观的积淀。企业文化的生命力和感召性在于其独具特色、震撼人心。例如海尔文化中海尔生存理念的特色是突出危机意识、居危思进、开拓进取。CEO 张瑞敏形象地归结为“永远战战兢兢,永远如履薄冰”。做好企业文化特色分析,准确把握企业文化的特色,是成功进行文化建设的关键。

(4)企业文化与战略目标、战略和内外环境的一致性分析。分析过去几年,企业文化是否与制定的战略目标和战略协调一致,所起的作用是正面,还是负面的,对企业绩效的影响有多大。企业文化是否与社会文化环境和产业文化环境相适应。

(5)企业文化形成机制分析。分析研究现有企业文化的形成机制,弄清企业为了占领目标、战略方向、战略业务选择以及政策方针与员工已接受的企业文化的相容或相悖程度,进而明确下一步文化建设的方向与思路。

以上逐一讨论了进行企业财务能力、营销能力、生产管理能力、组织效能、企业文化分析的基本框架和方法。综合以上分析,便可得出企业能力强势所在和弱势所在的结论,进而准确锁定企业面临的战略问题。例如,基于企业资源、能力的强势和弱势,哪些市场机会最适合本企业;应采取什么措施;企业现行战略的优劣势是什么,企业是否可以再做出某些局部调整后继续执行现行战略,或者必须对现行战略做重大变革。

第三节　企业核心能力分析

一、核心能力的内涵

核心能力这一概念是由美国密歇根大学商学院普拉哈拉德(C. K. Prahalad)教授和伦敦商学院哈梅尔(G. Hamel)教授于 1990 年在《哈佛商业评论》上发表的划时代文章“企业核心能力”中首次提出。在该文中核心能力被界定为“使得商业个体能够迅速适应变化环境的技术和生产技能”,是“组织中的累积性学识,特别是关于如何协调不同的生产技能和有机结合多种技术流的学识”。

在普拉哈拉德和哈梅尔之后,核心能力成为欧美企业界和管理学界的讨论热点。表 5.10 给出了国内外一些代表人物关于核心能力的主要观点。目前,关于核心能力使用最广泛的说法,来自迈克尔 · A · 希特和 R · 杜安 · 爱尔兰的定义:核心能力是能为企业带来相对于竞争对手的竞争优势的能力或资源。

表5.10　国内外关于企业核心能力的主要观点

代表人物	关注焦点	能力维度或表示
Prahalad/Hamel(1990); Kesler/Klostad/Clark(1993)	不同技能与技术流的整合	文字描述,是组织的标志,例如索尼的缩微能力
Klein/Gee/Jones (1998)	技能网络	各种能力及根据其相互关系所构成的网络
Prahalad(1993); Coombs (1996); Coyne et al. (1997)	各种能力的组合	技术、管理过程、群体学习的组合;技术能力、组织能力的组合;洞察力、预见力、前线执行能力的组合
Sanchez/Heene/Thomas (1996); Durand (1997)	各种资产与技能的协调配置	卓越资产、认知能力、程序与常规、组织结构、行为与文化等
Dorothy Leonard - Barton (1992)	知识载体	用各种知识载体来指示;员工、技术系统、管理系统、价值与规范
Henderson/Cockburn(1994)	对产品平台的作用	用户洞察力、产品技术能力、制造工艺能力、组织能力
Patel/Pavitt (1997)	用专利指示的相对技术能力	专利份额与显在技术优势
郭斌 (1998)	基于核心能力的组合创新	在市场竞争条件下,以企业技术过程为核心,通过企业战略管理过程、组织/界面管理过程、市场营销过程、制造过程的支撑和交互作用所表现出的获取持续竞争优势的能力。
康荣平、柯银斌(1999,2000)	中国企业能力,竞争空间	基本能力(本地市场);亚核心能力(全国市场);核心能力(全球市场)。
管益忻 (2000)	知识体系	企业全部的知识体系。
王益 (2000)	整合能力	战略整合能力;组织整合能力;技术整合能力。

显然,企业资源、能力、核心能力与竞争优势是一组密切关联的概念,它们之间的关系如图5.3所示。其中,核心能力具有根本性和长期性,能使企业获得稳定持续的竞争力和超额利润。核心能力通常表现在企业业务链、价值链上某些特定的节点上,也可能表现为一种系统能力,但不管哪些形态都对竞争优势起决定性作用。

二、核心能力的基本特点

(一)价值性

核心能力必须对用户看重的价值起重要作用,能对用户提供根本性的好处和“消费者剩余”。从一定意义上讲,用户是企业的某种资源与能力是否是核心能力的最终决定者。

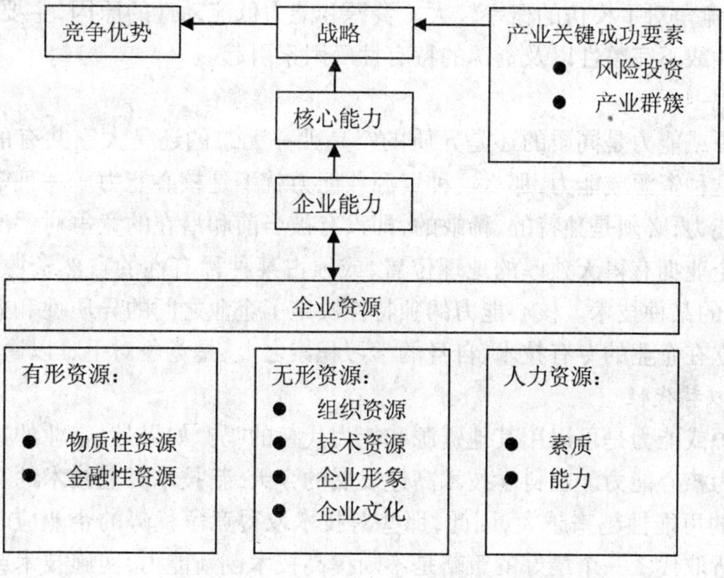

图5.3　企业资源、能力、核心能力与竞争优势之间的关系

此外,这里的价值性还有另一层意思,那就是这种资源或能力必须最终能够使企业获利。那些对企业来说不能获益或获益很小的资源或能力,自然不能成为企业的核心能力。

(二)难以模仿性

这种资源或能力很难复制吗？如果企业核心能力很容易被竞争对手所模仿,或通过努力可以很快建立,那么这种资源或能力就可以很快在竞争企业中传播开来,很难给企业提供持久的竞争优势。能力是否被模仿会受到多方面因素的限制,这些限制因素类似于进入壁垒。只有具有下面一条或者几条才能成立。

(1)持久性。是指资源和能力能在较长时期内维持其价值不变的特性。不同的资源和能力的持久性是存在差异的。比如,与许多高技术设备相比,企业的声誉和知名度拥有更强的持久性。一些成功企业的声誉和知名度为它们带来了竞争对手难以获得的市场机会和难以企及的持久竞争优势。

(2)路径锁定性。企业开创了一种战略途径,而企业竞争对手很难再通过这种途径建立竞争优势。一个典型的例子就是海尔集团,当它优势的售后服务已经深入人心之后,模仿者无论怎样努力也难以在售后服务方面建立起竞争优势。

(3)来源模糊性。竞争对手不能够了解对方竞争优势的来源,找不到模仿的途径,在这种情况下,这种资源或者能力就可以成为核心能力。难以模仿的东西,往往涉及许多复杂的组织流程、文化底蕴和“细节魔鬼”,表面上看起来很简单的事情,却知易行难。例如,麦当劳看似仅仅在生产、经营汉堡包,实际上却蕴涵着多年的经验,这些经验是长期积累的产物,绝非一时一日之功。

(4)强势威胁性。当一个企业的力量足够大,或者具有显著的规模经济性,或者具有强大的市场地位,抑或对竞争对手的进入具有绝不手软的报复倾向和能力,由此会形成阻止竞争对手模仿的威慑力,使得对手不敢模仿。

(5)低流动性。是指资源和能力在不同企业间的转移很难。如果资源和能力的流动性较高，那么被竞争对手模仿的概率较大。资源和能力低流动性的原因，主要由地理上的、信息的非对称性或不完整性以及资源的特有性等因素引起。

（三）独特性

这种资源或能力是同质的还是异质的？是独一无二的还是大家共有的？例如竞争者也广泛拥有这种资源或能力，那么这种资源或能力就不是核心能力。一种资源或一项能力要成为核心能力，必须是独特的、稀缺的，即没有被当前和潜在的竞争对手所拥有而为某企业独有。如企业拥有得天独厚的地理位置，或独占某种稀有性的自然资源，或拥有独树一帜、别具一格的某种技术。核心能力的独特性决定了企业之间的异质性和效率差异性。独特性往往建立在企业的专有技术、自身的学习积累之上，是竞争对手难以逾越的进入障碍。

（四）难以替代性

这种资源或能力是可以用其他资源和能力代替的吗？如果是，企业的这种资源或能力就不能称其为核心能力。在科学技术高速发展的今天，新技术对老技术的替代或新资源对老资源替代的可能性越来越大，因此，那些对技术取得竞争优势的企业应时刻警惕被新技术或新资源所取代。一个最好的策略是不断提高技术创新能力，实施技术或资源上的自我代替，以避免战略性等价物出现在竞争者一边。

（五）可延展性

从公司总体来看，核心竞争能力必须是整个公司业务的基础，能够不断推衍出一系列其他产品和服务，能够在创新和多元化战略中实现范围经济。核心能力应为企业打开多种产品市场提供支持，对企业的一系列产品或服务的竞争力起促进作用。有的能力在某一业务部门看来可能算得上是核心能力，但是如果由该项能力不能衍生出一系列新产品或新服务，那么从企业的角度看，该能力就够不上核心能力。

核心能力犹如一个能力"源"，通过其溢出、扩散、辐射和渗透作用，将能量不断扩展到终端产品上，从而为消费者源源不断地提供创新产品。如佳能公司利用其在光学镜片、成像技术和微重量控制技术方面的核心能力，成功地进入了复印机、激光打印机、照相机、成像扫描仪、传真机等 20 多个市场领域；3M 公司利用其在聚合物化学相关能力上的领先地位，成功地进入投影仪、软盘、光盘、收录机、绝缘胶带、遮蔽胶带、砂纸等多个市场领域；索尼公司则利用其微型化这一核心能力，制造出受消费者青睐的随身听、录音机和笔记本电脑。

【新视角】

企业能力的内在逻辑

企业能力理论是经济学与管理学交叉融合的结果，迄今已形成五个相对独立又相互补充的流派：一是资源基础论；二是知识基础论；三是激励能力论；四是核心能力论；五是动态能力论。尤其是核心能力理论的提出，引起了经济学界、管理学界和企业界的广泛关注，成为管理理论的前沿问题之一。从此，企业能力理论研究又迈上了一个新台阶。

从企业能力与企业成长的关系角度看，企业能力有三种类型，即基本能力、核心能力和战略能力：

1. 基本能力。指企业创造价值、获得生存优势的能力。主要包括企业家能力、技术能力、生产(作业)能力、管理能力、营销能力等基本活动能力,还包括信息、资金、商誉、人力资源等辅助活动能力。基本能力如图5.4所示:

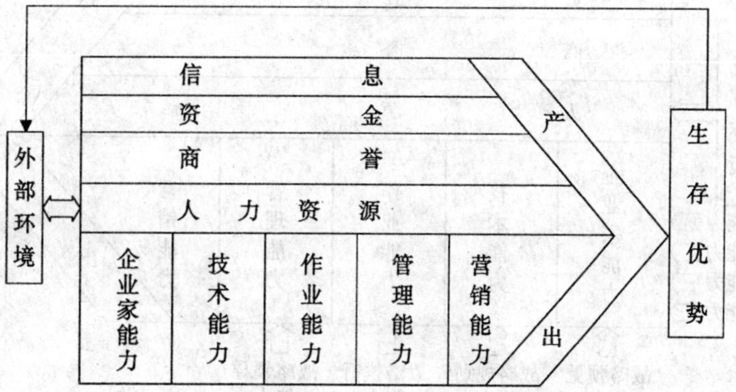

图5.4 基本能力

2. 核心能力。指企业创造超额价值、获得竞争优势的能力。在上述基本能力的基础上还包括学习能力、资源整合能力、文化构建能力、创新能力等。核心能力链如图5.5所示:

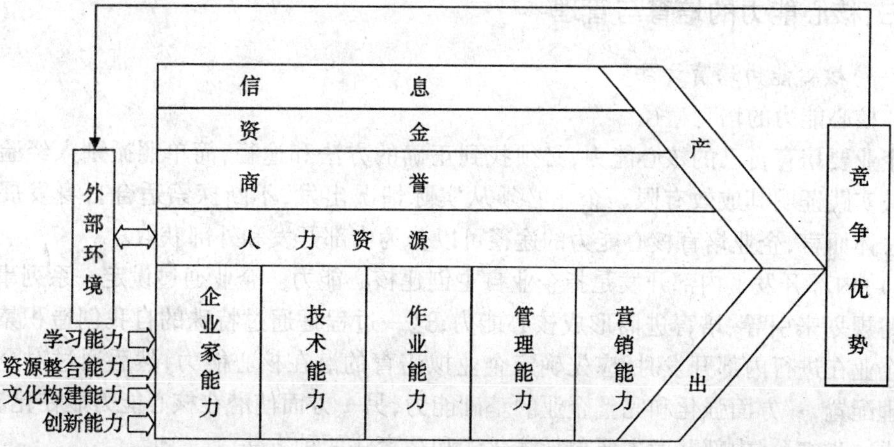

图5.5 核心能力

3. 战略能力。指企业持续创造超额价值、获得长期竞争优势的能力。在上述核心能力的基础上还包括战略预见能力、战略规划能力、战略执行能力、战略领导能力等。战略能力链如图5.6所示:

企业的基本能力、核心能力、战略能力之间存在着由低到高的层级递进关系,当一个企业缺乏基本能力时,是不可能生成核心能力的,更无战略能力可言;只有当企业拥有了基本能力,才有可能生成核心能力,进而累积为战略能力。而且企业能力的演变轨迹决定着企业发展的轨迹,基本能力是企业生存的基础,核心能力是企业发展的保证,战略能力是企业持续成长的前提。

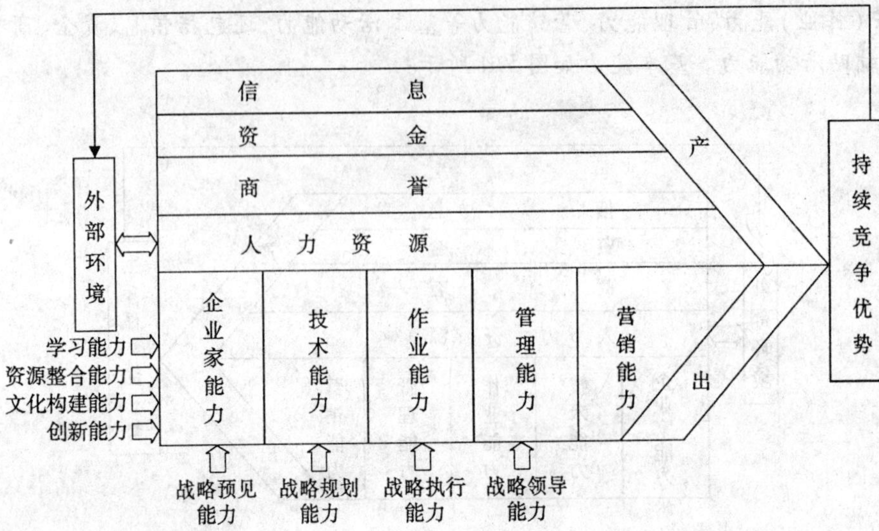

图5.6 战略能力

资料来源:刘治江.学习与创新:企业核心能力的本源[J].经济问题,2007,(3).

三、核心能力的培育与管理

(一)核心能力培育方法

1.核心能力的培育途径

企业要培育自己的核心能力,必须找到正确的方法和途径,简单照搬别人经验的做法已经被实践证明其成效有限。企业必须从实际情况出发,不断探索适合自身发展的新途径。总体而言,企业培育核心能力的途径可以分为内部开发和外部获取。

(1)内部开发。内部开发是指企业自主创建核心能力。企业通过设定一系列事先约定的战略规划来引导、培育进而形成核心能力,这一过程是通过特殊的自我创造积累来完成的。企业在进行内部开发时,应先确定企业拟培育的潜在核心能力,然后通过对企业资源的合理配置,一方面强化和完整企业的基础能力,另一方面使潜在核心能力显在化。

进一步细分,内部开发主要包括演化法和孕育法两种方法。

演化法是指经营者选定一个目标,由全体员工在原有工作岗位一起努力,通过组织结构、人才、技术和制度的有机整合,设法在合理期限内建立企业特定的核心能力。演化法一旦培育成功,效果会非常显著。

孕育法不像演化法那样需要全员参与,而是成立专门小组,由该小组针对企业选定的目标全力开发,负责在二三年内将拟定的核心理念培育出来。当这种核心能力在小组层面发展成熟到一定阶段,再移植到企业层面将其渗透到整个企业组织中,孕育法的优点在于孕育的环境经过特别设计,工作小组可以专心进行研究开发。一旦工作小组有了不错的进展,经营者可以将这些成果转移到其他部门。

(2)外部获取。内部开发是企业培育核心能力最基本、最常用的方法。通过内部开发得到的核心能力由于具有历史依存性以及与企业实际情况的紧密关联性,很难被竞争对手仿效,因而其好处是不言而喻的。但是,内部开发核心能力的周期通常较长,在当今这个变化日新月异的时代,漫长的自我积累过程可能导致企业还来不及成长得足够强大,就被“扼杀在摇篮之中”。因此,不少企业纷纷通过外部来获取核心能力,这样,不仅可以大大缩短企业培育核心能力的时间,有时候可能也比内部培育的方式来得更经济。

外部获取可以是直接的,也可以是间接的,大致包括并购和联合开发两种方式。

并购是企业获取核心能力的捷径。企业先挑选心目中的理想能力,然后寻求拥有这一能力的公司,通过并购最终获得想要的核心能力。从理论上说,核心能力是不能移植的。但是,通过并购机制,企业把外部拥有关键技术(或资源)的企业并入企业中,使被并购企业的技术专长变成企业的新能力,从而成为企业自身的专长和核心能力。

企业在使用并购法建立核心能力时,需要注意以下几个问题:一是企业要拥有的核心能力是什么?目标企业是否真的具备核心能力?二是这种核心能力通过企业自我培育能不能获得?如果能,需要多长时间、资金、人员投入?与并购相比,自我培育的优势和劣势是什么?三是企业打算在并购后对目标企业进行重组吗?何时开始?重组包括哪些方面?

联合开发旨在通过战略联盟的途径来获取核心能力。通过建立战略联盟不仅可以获得互补性资源,分担研发的成本与风险,增强企业对市场的适应性,还可以借助于联盟取长补短,优势叠加,取得联盟协作的溢出效应,使企业能够通过学习、交流、消化、吸收,进而获得并利用联盟伙伴的知识技能,加速自身核心能力的培养,并在联合中开发新产品,掌握新技术,获得新的增长点。

联合开发的联合对象,既可以是与企业自身能力具有互补性的其他企业,也可以是科研院所。一般来说,高等院校与科研机构拥有先进知识、专利技术和优秀科研人才,与它们积极联合,可获得最新科技成果。在联合开发中,企业应自觉与高等院校、科研机构保持密切的联系。

需指出的是,无论采用内部开发还是外部获取,都是结合企业的实际情况,根据企业发展的阶段性特征,采用不同的途径对企业的核心能力进行动态培养。其中最根本、最有效的途径是持续学习。学习是企业得以扩展、创造未来的能力。美国《财富》杂志指出:未来最成功的公司,将是那些基于学习型组织的公司。壳牌石油的企划主任曾说,当今世界最大的甚至唯一的竞争优势,就是有能力比你的精准对手学习得更快。不管企业过去多么风光辉煌,只要停止了学习,知识就会老化,能力就会退化,从而导致企业地位的边缘化。不管企业是通过自主开发或联合开发的方式获得关键技术和技能,还是通过技术市场、人才市场或知识产权市场,通过交易获取那些可形成总的核心能力的单项技能或技术,抑或是将可能形成核心竞争能力的各种技术、技能和专长等隐形知识整合成核心能力,持续学习都在其中扮演了极为重要的角色。

2. 核心能力的培育阶段

企业核心能力的培育主要有三个阶段,如图5.7所示。

(1)开发与获取构成核心能力的专长和技能阶段。核心能力通常有一系列专长和技能共同构成。企业在建设和发展核心能力过程中,会面临程度不同的要素匮乏或专长不足等短期问题。所以,通过各种方式获取建立核心能力所必需的专长和技能,成为培育核心能力的首要问题和首要阶段。

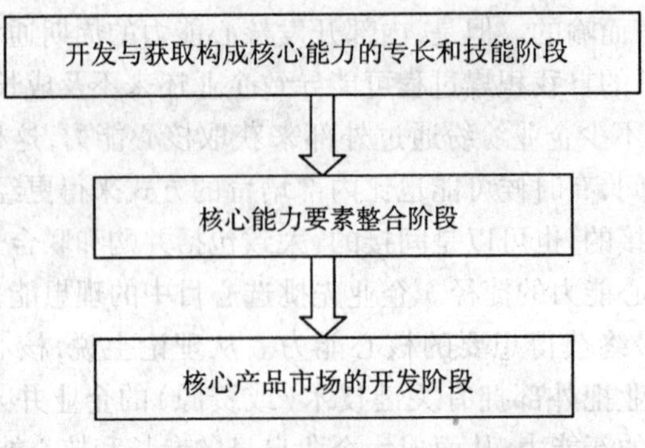

图 5.7　核心能力培育的三个阶段

在这一阶段主要由两方面的竞争:其一来自竞争力要素积累方面,一般发生在技术、人才等要素市场;其二是时间竞争。核心能力的建设是一个漫长的过程,只有那些能最早或在最短的时间内完成这项工作的企业,才能赢得优先使用权(fast mover advantage),获得有利的市场地位。

(2)核心能力要素整合阶段。企业的核心能力是企业技术水平、研发能力、设计、生产能力、管理能力和经济实力的综合体现,是企业长期积累形成的、能够给企业带来长期竞争优势的一个复杂系统。企业单个的分散的技能、专长和竞争力要素都不能成为核心能力,它必须是企业其他要素、技能、能力相互协调整合,联合协同成有机的整体。所以,在企业通过各种手段得到建立核心能力所需的专长和技能等要素后,如何有效整合这些要素,成为培育核心能力的关键。

(3)核心产品市场的开发阶段。核心产品不是终端产品,而是发端于核心能力且派生出终端产品的中间产品,核心产品不仅发端于核心能力,而且体现核心能力。核心产品又称实质产品,是顾客真正要购买的利益,是购买者所追求的中心内容、基本效用或益处,如卖冰箱不是卖立方体这个容器,而是卖“制冷”这种基本效用。企业拥有了核心产品,就拥有了在上下游业务链和供应链上的话语权和主导权。反之,若不能开发核心产品,则难免受制于人。与终端产品的市场份额相比,企业核心产品的市场份额更有意义。开发核心产品而不是直接生产终端产品,不仅可以使企业回避产品市场的激烈竞争,还可以回避在终端产品市场上可能遭遇的法律制约和渠道限制。

(二)核心能力的管理与开发

从理论上讲,随着时间的推移,任何企业的核心能力都可能被竞争对手复制。换言之,竞争优势的生命是有限的。总体来说,竞争优势的持久性受以下三个因素影响:环境变化、核心能力替代品的可获得性和核心能力的可模仿程度。

企业面临的问题,就是要有效地管理企业现有的核心能力,同时发展新的核心能力。对企业核心能力进行有效管理,有利于防止企业核心能力的“刚性化”。核心能力不足或核心“空洞化”固然使企业难以生存和发展,但核心能力刚性化也同样会断送企业的未来。核心能力和核心能力刚性是一枚硬币的两面,成功的企业通常都面临两难困境:一方面企业必须维护现有的核心能力;另一方面现有的核心能力又可能成为企业发展和变革的障碍。纵观国内外企业发展史,我们看到这样的事实:企业由于建立了某种核心能力而取得了巨大的成功,但由于企业长期固守这种核心能力而最终导致企业的衰败。企业可能在这一代技术上遥遥领先,殊不知却被革命性的下一代技术彻底抛弃,恰如一个人费尽了力气好不容易在某一项目上达到奥运冠军水平,却被奥组委告知该项目已被取消一样。实际上,数字技术对模拟技术的颠覆就是如此。为什么最成功的企业对外界环境变化的反应往往最迟钝?主要是核心能力刚性使然,是成功使得企业的核心能力不断强化进而出现"刚性",以致在日新月异的新技术浪潮来临时难以调整和转型,最终被边缘化乃至淘汰出局。

对核心能力进行管理包括以下几方面的内容:

1. 确认现有的核心能力

管理人员如果对企业核心能力的构成没有达成共识,就无法积极管理这些核心能力。虽然企业的大多数管理人员对本企业的优势有所认识,但一般难以指出某些特定技能与终端产品或服务的竞争力之间有何联系。为了找出并确认现有核心能力,有必要编写企业的核心能力一览表。

编写一览表的目的,是要把能力和包含这些能力的产品或服务区分开来,把核心能力与非核心能力区分开来,同时明确各项核心能力的构成要素。在此基础上,把企业的各种技术和技能进行汇集和整合,最后得到大家认可的企业核心能力。

在确定企业核心能力的过程中,企业还应将自己的核心能力与其他企业作比较,尤其需要和行业内或行业外的领袖企业作比较,以行业最高标准或是以最大竞争对手的标准作为基准进行对标。此外,企业高层管理人员必须全程参与其中,并组织各层次管理人员和全体员工积极投入这项确认现有核心能力的工作,以提高他们参与构建核心能力的积极性和主动性,并为有效管理企业最宝贵的资源打下坚实基础。

2. 制定核心能力发展计划

为了更好地构建企业核心能力,有必要制定核心能力发展计划,该计划应综合考虑市场和核心能力的不同状况(现有的和新的)。普拉哈拉德和哈梅尔在《竞争大未来》一书中,给出了发展核心能力的四种方案,见图 5.8。

核心能力	新的	10 年后领先 为了保持并扩大现有市场份额,需要哪些新的核心能力?	把握大商机 参与为了最诱人的市场,需要培育哪些新的核心能力?
	现有的	深耕细作 通过更好地利用现有的核心能力,提高我们在现有市场中地位的机会是什么?	填补空白 通过创造性地重新部署或重新组合现有核心能力,我们能够创造的新产品或新的服务是什么?
		现有的	新的
		市场	

图 5.8 制定获取核心能力计划

(1)深耕细作——图 5.8 左下角的方格是企业现有核心能力与现有产品或服务的组合。通过标出哪些核心能力支持哪项产品市场,企业可以发现和引进企业内其他部门与该产品相关的核心能力,与强化其在特定产品市场的地位。每个企业均应自问:把现有核心能力用好用足,以增进现有市场地位的机会何在?

(2)十年后领先——图5.8左上角的方格是企业新的核心能力与现有产品或服务的组合。方格提出了一个重要的问题:为了确保5年或10年后用户能将本企业当作首选厂家,从现在起我们应该开发何种新的核心能力?这种建立新的核心能力的企图旨在保持并扩大企业在现有市场上的份额。与此密切关联的另外一个问题是:目前用于满足现有顾客需求的能力,可能会被哪些新能力所取代或淘汰?实际上,关注和探究可能取代传统技能的新能力,是任何企业发展核心能力题中应有之义。

(3)把握大商机——图5.8右上角的方格是企业新的核心能力与未来新的产品或服务的组合。该方格所表示的商机和企业在目前市场上的地位或现有能力都没有任何关系,但如果这种商机意义重大,前景诱人,则值得企业全力捕捉和把握。这时,企业的战略手段可以使一系列规模不大但目的明确的兼并或合作,借此一方面了解并取得所需的能力,同时着手研究其潜在的用途。

(4)填补空白——图5.8右下角的方格是企业现有核心能力与未来新的产品或服务的组合。企业要做的就是要找到这样的市场,扩展现有的核心能力,开发出新的产品或服务。这种通过扩大、改进对现有核心能力的利用来提高现有市场地位的做法就称为“填补空白”。

3. 培育新的核心能力

培育新的核心能力是企业长治久安的现实选择,是企业常抓不懈的一项工作。为培育新的核心能力,需要在以下几方面着力。第一,在制定战略规划时,企业应将发展战略与拟定的核心能力培育计划结合起来。第二,企业要加强对未来趋势的研判,深刻洞察产业发展的态势,准确观察现有产品的缺陷,敏锐捕捉新技术的萌芽,大胆设想,周密论证。企业应该建立一种机制,该机制可以保证最优秀的人才最终能够去捕捉最具潜力的商机。第三,加强市场调研和与客户进行交流。客户对企业产品的质量好坏、性能优劣等最有发言权。企业必须打破传统观念,充分挖掘顾客资源,变企业与顾客之间单纯的买卖关系为合作伙伴关系,并使客户意见成为企业培育新的核心能力的重要资源。第四,加大对技术创新的投入,是技术创新的投入。研发经费是技术创新赖以进行的前提条件和重要保证,实证研究表明,作为企业核心能力重要表征的发明专利和知识产权与研发的投入显著正相关。企业研发的投入将直接影响技术升级换代的进程,从而影响企业的发展后劲和竞争力。第五,企业核心能力的培育需要一定时间,对新的核心能力的培养不能急躁冒进,急于求成,遇到困难和挫折时必须毫不动摇。要以持之以恒的态度,一抓到底,直至形成新的核心能力。

4. 优化配置核心能力

将核心竞争能力在企业内部进行扩散和重新部署,可以使一项核心能力在多种业务或者新市场上发挥作用。善于部署自身的能力可以使企业能够更有效地运用自己的能力。

(1)将注意力集中在能发挥核心能力作用和增强核心能力上来。可以对与企业核心能力无关或关系不大的业务采取收缩或撤退策略:或在存在合格供应商的情况下,对企业价值链上与核心能力关系不大的活动采取外包策略。

(2)在可以充分利用已有核心能力的新领域或新产品范围,根据具体情况,可以分别采取收购、合资、内部开发等不同方式增加相应的产品和服务。

(3)核心能力的内部扩散。下列措施有助于使企业的核心能力在内部调整和扩散:①让战略经营单位参与制定公司战略,使公司各业务部门的经理对公司范围内的优先商机达成共识。②建立明确的核心能力的分配部署机制,如对“填补空白”采用诸如“紧急项目小组”等高优先度的组织安排,并吸引公司各部门核心能力载体的人员参加。③建立促进核心能力内部扩散和调配的人事安排与激励制度,如“紧急项目小组”有权将公司内若干关键人才加以调用,用于开发新商机或提升公司氛围的业绩,并根据团队业绩对其进行考核与激励。④对于那些已被充分理解并显性化的技能采用明确程序进行培训的扩散方式:对于具有隐蔽性质的技能则采用“学徒式”方式进行内部扩散。⑤在组织内部进行“最优的实践交流活动”,以促进若干关键技能的内部扩散与交流。⑥在公司内配有一批自视为公司核心能力“携带者”的人员,使他们自成团体,进而促进技术与技能的交流与协调。⑦促进非正式沟通网络在核心能力扩散方面的作用,具体形式包括定期或不定期的内部讨论会、较频繁的个人面谈等。

5. 保护并保持核心能力

由于核心能力可以使企业在竞争中获得超额收益,竞争对手总是千方百计地对企业的核心能力进行研究和模仿。核心能力是通过长期的发展和强化建立起来的,核心能力的丧失会带来无法估量的损失。所以,企业在加强核心能力培育的同时,一定要重视企业核心能力的保护工作。为此,要针对核心能力丧失的主要原因,努力构筑核心能力的模仿障碍,尽量防止核心能力的丧失,延续核心能力的扩散。

(1)核心能力丧失的原因。①核心能力携带者的流失。核心能力携带者是指体现和掌握核心能力的技术人员和管理人员,他们在企业核心能力的建立过程中曾起过中流砥柱的作用,一旦他们离开企业为竞争者效力,可能会导致企业关键技术的泄密,使核心能力的优势大大削弱。②与其他企业的合作。企业在与其他企业合作时,常常会扩散自己的核心能力。例如,日本一些企业通过展览联盟从西方合作伙伴中获得大量的技术能力,从而使得西方企业的核心能力不再独享,它们的核心能力也就不复存在了。③放弃某些经营业务。例如,通用电气、摩托罗拉等公司从 1970 年至 1980 年间先后退出彩电行业,从而失去了各自在影视像技术方面的优势。④核心能力逐渐被竞争对手所模仿。防止核心能力被模仿成为行业中必备的能力。

(2)保护核心能力的措施。①加强对核心能力携带者的管理和控制。核心能力的携带者是企业的宝贵财富,企业高层管理人员必须清楚的识别他们,制定相关政策,防止这些人的流失。例如,可以通过股权激励给他们带上“金手铐”,使他们的利益与公司的利益保持一致,以及培养其忠诚度等。②自行设计和生产核心产品。核心产品时一种或几种核心能力的物质体现,企业通过自行生产核心产品,可以防止秘密技术和独特技能的扩散,从而将核心能力保持在说企业内部。可口可乐公司自行配置糖浆就是一个很好的例子。③谨慎处理某些经营不善的业务。在那些因短期市场前景暗淡而即将被企业放弃的业务中,可能含有某些具有潜在价值的核心能力或其组成部分。企业在处理这些业务时必须谨慎,要充分考虑到业务的放弃或转让所造成的影响,看看是否会对企业和竞争对手的核心能力带来什么影响。④加强对企业核心技术的保密措施与管理制度。⑤在现在核心技术或技能融合模式基础上,利用全面质量管理或“小决策”不断对其进行改良与改进。

四、动态能力理论

(一)动态能力理论的提出

企业如何在动荡的环境中获得持久的竞争优势,是当代战略管理研究的重点之一。在动荡的外部环境中,竞争优势的重要来源(资源和能力),一方面以逐渐加快的速度被积累和创造出来,另一方面也同时被耗用和侵蚀掉,艾琳(R. D. Alene)称这种现象为超竞争。在超竞争环境中,竞争优势的可保持性越来越低。因此,企业长期成功的道路不是试图维持长期竞争优势,而是通过不断地创新追求一系列暂时优势,使得企业比产业中的其他企业总领先一步。

基于以上思路,蒂斯等人于1992年提出了动态能力理论,这一理论随后得到了很大的发展。动态能力是指"企业保持或发展其作为竞争优势基础能力的能力"。为适应不断变化的外部环境,企业必须不断取得整合内外部的行政组织技术、资源和功能性能力。动态能力可以使企业在给定的路径依赖和市场位势条件下,不断获得新的竞争优势;可以通过学习获取和使用外部能力(市场中及其他企业的公共资源和部分战略资源),更好地保持企业竞争优势,进一步增强对市场环境反应的敏锐性。

蒂斯认为,让企业的生产要素与专有资源有机地结合企业的组织与管理能力,是企业在长期生产经营过程中积累形成的一种无形资源。正是企业的这种能力大幅度地降低了交易费用,而且该能力是企业竞争优势的主要来源。动态能力理论秉承了熊彼得"创造性毁灭"的思想,认为企业只有通过其动态能力的不断创新,才能获得持久的竞争优势。针对当今高新技术产业的飞速发展和瞬息万变的市场环境,该理论特别强调组织与管理能力创新能力,开拓创新以克服能力中的惯性和刚性,是动态能力理论的灵魂和特征。企业必须具有创新能力,创新能力是企业发展最为关键的能力。

(二)动态能力理论的基本点

1. 动态能力理论的逻辑思维

即通过外部环境分析,发现新机遇,制定相应战略。然后,尽可能选择合作伙伴来完成特定战略,以尽快取得新竞争优势。当战略目标达成后解散合作,再回到起点去寻找新机遇,如此循环往复,生生不息。通过不断创新来保持企业在超竞争环境下的持续发展。

2. 企业动态能力是一种开拓性的能力

企业动态能力能够使企业的资源和能力在有限的边界和相对短促的时间内,重新集聚、产生或得到增值性开发,以补充能力所受的侵蚀,从而增加企业的竞争力。在复杂动荡的环境中,动态能力崇尚建立开拓性学习能力。

3. 动态能力理论的战略目标是不断创造新优势

在瞬息万变、难以预测的环境下,所有的竞争优势都是短暂的。若因循守旧,固守原有的优势,必将导致竞争优势的最终丧失,只有不断地打破现有平衡,快速响应机会,重构企业内外资源,形成一系列暂时的新优势,才能保持企业持续的竞争优势。因此,动态能力理论就是不断创新理论。

4. 动态能力具有开放性特征

动态能力一方面强调建立从外部吸纳知识的特殊能力,另一方面强调企业将自身的能力与外部可利用的能力结合在一起的能力。于是,能力的范围便扩展到企业与企业之间的关系上来。企业可以运用网络组织、虚拟组织、无边界组织、战略联盟和企业集群等多种形式,形成一个开放、灵活、双向的学习模式。

5. 动态能力处于一种动态的非均衡状态

在一个变化无常的超竞争环境中,能力持续不断地培养、开发、运用、维护和扬弃,这正是动态能力的本质之所在——通过不断的创新而获得一连串短暂的竞争优势,从而从整体上体现出企业的持续竞争优势。

6. 动态能力关注与竞争对手间的战略互动

在超竞争环境中,竞争对手之间的互动明显加快,竞争互动已成为制定战略的决定因素。只有及时正确地预测竞争对手的战略动态,才能保证之间正确地把握时机,不囿于原有优势,着力创造新优势。为此,企业高管人员需要转变思维模式,由过去的实体思维,转变为博弈思维,要跳出以自我为中心的狭隘空间,在多因素、多主体、共时、互动的格局中运筹帷幄。

(三)动态能力理论:战略管理的新视角

传统战略管理理论将战略视为"行动之前的概念",注重企业的内部现有因素和外部环境当前状况,其战略焦点在于企业自身力量和外部机会的匹配。传统理论对企业优势和劣势的分析虽然也涉及企业资源和能力,但分析方法是静态的,其注意力集中在考察企业现有的情形和局势,未能关注未来的趋势。尤其忽视主动地培育企业参与未来竞争和发展所需要的专长。

当前,传统战略理论之所以难以满足企业的需求,难以有效地指导企业的经营实践,主要原因是环境变化多端、不可预测。在复杂动态环境下,唯一确定的就是不确定,企业必须有一种动态的方法使战略形成、实施、评价和控制平行进行。于是,动态能力理论应运而生。动态能力理论强调战略的动态性,把战略视为企业与其环境的相互作用过程。面对变动不变、繁复纷争的商业世界,只有那些能够对变化做出快速准确反应的、随机应变的企业,即拥有动态能力驾驭复杂局面的企业,才能真正成功,而这一切都有赖于动态机制的构建。

【阅读资料】

中国企业500强与世界企业500强差距分析

2004中国企业500强与世界企业500强相比较,资产规模仅为后者的5.61%,利润仅为后者的5.22%。其深层次原因是体制、机制方面的差距。

与世界企业500强相比,中国大企业发展的时间还不长,差距仍然很大。2004中国企业500强与世界企业500强相比较,资产规模仅为世界企业500强的5.61%,营业收入为7.3%,利润为5.22%,人均营业收入、人均利润额和人均资产,分别只相当于世界企业500强同一指标的16.23%、11.62%和12.46%。

中国企业500强与世界企业500强的差距,不单是量上的差距,更重要的是企业的素质、经营能力和竞争力。

1. 经营方式粗放,结构不合理

我国经济在高速增长的背后,也付出了较高的资源和环境代价。2003年,我国单位

GDP 所消耗的能源是日本的 10 倍、美国的 5 倍、加拿大的 3 倍；消耗的金属是世界平均水平的 2 ~4 倍。每增加单位 GDP 的废水排放量，要比发达国家高出 4 倍；单位工业产值产生的固体废弃物要高出 10 倍以上。

经营粗放、效益不高，还反映出我国经济在产业结构方面存在的突出问题。在 2002 年至 2004 年连续三年的中国企业 500 强中，第三产业企业数只占 20% 左右，大大低于美国第三产业企业在 500 强中所占比重高达 60% 的水平。

2. 技术创新和研发能力薄弱

我国与发达国家在技术创新和研发能力上的差距，主要表现为：一是缺乏自主创新能力，形成过度的对外技术依赖。电信设备、汽车等产业相继落入了“落后—引进—再落后—再引进”和“能力弱—依赖—越依赖—能力越弱”的双重怪圈；二是企业研发投入偏低。2003 年全国被调查的重点企业的研究开发经费，占销售收入的比重仅为 1.0%，远未达到国家规定的 3%—5% 的水平；三是专利意识淡薄，申请和保护力度不够。

3. 国际化程度低

2003 年中国企业海外投资额占全球外国直接投资总额的 1.75%，这与我国在世界上的经济地位不相称。与 2003 年中国外商直接投资 535 亿美元相比，中国的对外投资规模已显得微不足道。

国际上衡量企业的国际化程度一般有三项指标，即企业海外市场的销售额占其总销售额的比重、企业海外销售区域的覆盖程度、企业拥有的跨国人才数量。在全球最大的 100 家企业中，海外销售额占总销售额 50% 以上的企业多达一半以上；世界 500 强的董事会成员 40% 以上是外国人，高级管理层也多由多国人士组成，美国、日本、欧洲跨国公司具有国外工作经历的企业经理比重分别达到 32%、19% 和 47%。用这三项指标和国际上的先进水平来衡量，我国的大企业几乎没有同时达到相应标准的。

4. 垄断行业的企业仍占主导地位

世界企业 500 强排头兵都是竞争性行业的企业，而 2004 中国企业 500 强排在前 10 位的都是垄断行业的企业，这说明我国大企业的发展壮大依赖政府力量的惯性作用还在持续，这与主要靠市场打造的世界企业 500 强排头兵在整体素质上有明显差距。

以上差距还只是浅层次的，导致中国企业 500 强与世界企业 500 强差距的深层次原因，主要是体制、机制方面的差距。在 2004 中国企业 500 强中，国有及国有控股企业的比重高达 72%，其中中央所属的 189 家大型企业中就有 50 多家入围。这些大型国有企业的现代企业制度还未完全建立，部分大企业改制的法律形态也不够明确，还有一部分国企经营机制不适应国内外市场竞争的新形势；受行政隶属关系等体制和政策的牵制，企业的购并重组比较困难；企业重组和资产结构调整还存在不同的障碍。

5. 中国企业 500 强的进步

中国企业 500 强的成长性和运营指标，已赶上或超过世界企业 500 强。2004 中国企业 500 强的平均收入增长率 26.24%，比世界企业 500 强高出 15.74 个百分点

改革开放以来，我国企业活力明显增强，形成了一批有比较优势的企业和产业。特别是随着我国培育和发展具有国际竞争力大企业战略的不断推进，以中国企业 500 强为代表的大企业迅速成长，综合实力和竞争力不断提高。

6. 大企业的地位日益增强

中国企业500强营业收入占当年GDP的比重,2002年为67.99%,比2001年上升了4.35个百分点;2003年再次上升9.05个百分点,达到77.04%。这种逐步上升的态势,反映出大企业在国民经济中的地位和作用日益增强。

7. 大企业成长比较迅速

从2002年至2004年,中国企业500强的发展一直呈现出整体规模持续增大、成长速度加快的特点。

企业规模不断壮大。从2002年到2004年的三年间,中国企业500强营业收入年均增长21.36%,资产总额年均增长4.13%。2004年中国企业500强营业收入总额8.99万亿元、资产总额28.23万亿元、职工人数2066万人,分别比上一年增长了29.18%、3.16%、2.59%。

入围门槛持续提高。2004中国企业500强最后一位企业的营业收入为30.6亿元,2003年是25亿元,2002年为20亿元。中国企业500强的入围门槛每年平均提升5亿元。

进入世界企业500强的企业增加较快。1995年中国企业开始入评世界企业500强,入围的只有3家。到2004年,中国企业达到《财富》杂志世界企业500强标准的已经增加到18家,比1995年增加15家。

中国企业500强的成长性和运营指标,已赶上或超过世界企业500强。2004中国企业500强的平均收入增长率26.24%,比2004世界企业500强的平均收入增长率10.5%高出15.74个百分点;2004中国企业500强的平均资产周转率为0.32次/年,高于2004年世界企业500强平均0.24次/年的资产周转率。

8. 私营企业作用日渐突出

连续三年的分析表明,国有经济在中国企业500强中继续保持控制地位,但私营企业的个数及比重稳中有升,总体规模不断扩大。私营企业的数量在2002中国企业500强中占3.8%,2003年上升到13.8%,2004年又升至14.8%;营业收入2002年比重为1.41%,2003年为5.6%,2004年为6.02%;从业人数2002年比重为0.76%,2003年为3.64%,2004年上升到4.73%。

9. 中国工业化进程加快

2004中国企业500强分布在33个行业。石油、天然气开采与石油化工业实现了10318亿元的营业收入、540亿元的利润,分别占500强收入与利润总额的11.47%与17.06%,销售收入与利润水平均排名第一。行业营业收入排名第二位的是电力、蒸汽、热水、煤气业,共实现营业收入8881亿元,占500强总收入的9.87%。按企业个数排行,黑色金属冶炼及制品加工名列第一,为53家,占500强的10.6%。

2004中国企业500强中,第二产业仍是主导力量,企业数占500强企业总数的72.6%。

从2004中国企业500强的行业与产业分布,可以反映出我国工业化进程加快,重化工业带动作用的特征十分明显。

权威释疑:中国企业500强的努力方向

2003年,有11个行业洋品牌居于领先地位,而在16个行业中我国本土品牌的竞争力领先,尤其在家电领域,本土品牌全面超过洋品牌现在，中国经济的总量已经达到一定水平，具备了成长出世界级大企业的经济基础。我们必须紧紧抓住本世纪头20年的重要战略机遇期，遵循企业成长的规律，找准前进的方向，坚持不懈地推动中国大企业做强做大做久。

10. 以科学发展观指导企业成长

企业要在国际竞争中立于不败之地，关键在人才。作为知识载体的人才，已经成为社会经济发展最紧缺的资源。我国企业要做强做大，必须重视人的因素，真正做到尊重知识，尊重人才，充分发挥和利用我国人力资源丰富的优势，增强在国际市场上的竞争优势。

树立绿色GDP理念。环境污染损失将被逐步纳入我国国民经济核算，并将在有关地区开展试点工作。大企业要以此为契机，带头将绿色GDP的理念贯彻到企业经营理念和经营行为中去，渗透到企业制度和企业文化的方方面面。

确立循环经济理念。企业必须彻底摒弃“资源—产品—废弃物”的高消耗、低利用、高污染的线性经济模式，改为采用“资源—产品废弃物—再生资源”的低消耗、低污染、高利用率的循环经济模式，大力发展资源再生产业，坚持走新型工业化道路，加快经济增长方式的转变。

11. 实施基于核心能力的企业战略

我国企业必须把培育核心能力放在发展战略的首要地位，不断解决企业资源、规模和能力之间的矛盾，在具备一定核心能力的基础上，通过多种方式扩大企业规模。

一是通过管理的科学化和现代化，强化人力资源管理，建立学习型组织，加强知识管理，增进对资源未利用效用的了解，开拓资源组合的不同方式和方法。二是紧紧围绕核心能力的建设来配置资源，把最好最多的资源用在提高企业核心竞争力上。三是实施收购兼并。我国企业要充分利用当今世界经济产业结构调整、重组、转移，以及国内产业结构调整升级的时机，重视和研究在全国乃至全球范围内实现资本、技术、劳动力、原材料等资源的优化配置。四是积极采用虚拟经营。在组织上突破有形界限，在企业内部保留最关键的功能，将其他的功能虚拟化。虚拟经营主要有外包和战略联盟两种形式。

12. 推进体制、技术和管理创新

要围绕建立现代产权制度，完善现代企业制度，加快企业制度创新。要加快现代产权制度建设，大力发展混合所有制经济，使股份制成为公有制的主要实现形式。在此基础上，结合国有资产监督管理体制的改革，继续加快现代企业制度的建设，逐步形成灵活的所有权与控制权格局，健全公司法人治理结构，建立有效的激励与约束制度。

大力推进技术创新，增强企业的核心竞争力。一是发挥适用技术优势，形成自己的特色产品和特色服务。二是加大研发投入，建立高标准的技术中心，加强自主技术研发的力度。三是通过技术联盟、合作开发来获得技术优势。四是积极利用社会科研力量。

加强管理创新，提高现代化管理水平。为了适应竞争资源从传统的人、财、物到知识、信息和无形资产的转变，企业应相应加强信息化管理、人才管理、知识管理、品牌管理等。为了适应企业由国内市场转向全球市场，企业还应加强全球化管理、风险管理、跨文化管理等。

13. 培育国际知名品牌

加入WTO后，中国企业一次又一次遭受国外反倾销的现实告诉我们，仅仅靠价格竞争对于中国企业而言已不能完全适应需要，而必须培育出自己的强大品牌，使自己成为具有国际竞争力的公司。

应该说,国内企业在培育品牌上已经取得可观的成效。2003 年有关机构对国内 27 个行业的调查显示,有 11 个行业洋品牌居于领先地位,而在多数行业,即 16 个行业中我国本土品牌的竞争力超过外国品牌,尤其在家电领域,本土品牌全面超过洋品牌。这说明,在中国本土市场上,中国的品牌在某种程度上完全可以战胜外国品牌,不断提高国际竞争能力。

14. 大力实施“走出去”战略

跨国经营是国际级大企业产生和发展的必经过程,“走出去”是中国大企业做大做强的必然要求。

中国企业进入国际市场时,切记不要单纯地进行规模扩张,而要注重借跨国公司产业调整之际,发扬优势,补己之短,注重核心技术的收购和产业链的拓展及延伸,注重同海外企业结成战略伙伴。政府部门也要为企业的国际化经营创造良好环境,要针对现行境外投资管理体制存在的各种政策性障碍进行改进。金融、保险、航运、法律等机构要同步跟上,共同开发海外业务。

积极主动承担社会责任

在当今国际市场竞争中,企业的经营理念正在发生深刻的变化,商业道德、社会责任已经成为企业提高竞争力的重要因素,企业发展不仅要关注经济指标,更要关注人文指标和社会指标,这是企业文明、进步的重要标志。企业只有真正做到诚实守信经营,关心和保护劳动者权益,热心公益事业和促进社区发展,才能在社会上享有良好的信誉,赢得广大消费者的信赖,使企业不断做强做大做久得到有力的支持。(中国企业联合会会长陈锦华)

资料来源:http://bbs.zg-hl.cn/viewthread.php? tid=567

第四节　价值链分析

价值链分析是从企业内部条件出发,把企业经营活动的价值创造、成本构成同企业自身竞争能力相结合,与竞争对手经营活动相比较,从而发现企业目前及潜在优势与劣势的分析方法,是指导企业战略制定与实施活动的有力分析工具。

一、价值链分析的基本原理

价值链分析的关键是认识到企业不是人、资金、设备等资源的随机组合,如果不将这些资源组织进入生产经营中来,保证生产出最终顾客认为有价值的产品或服务,那么这些资源将毫无价值。因此,内部资源分析必须是一个从资源评估到对怎样使用这些资源的评估过程。

波特认为企业每项生产经营活动都是其为顾客创造价值的经济活动,那么,企业所有的互不相同但又相互关联的价值创造活动叠加在一起,便构成了创造价值的一个动态过程,即价值链。企业所创造的价值如果超过其成本,就能盈利;如果超过竞争对手所创造的价值,就会拥有更多的竞争优势。企业是通过比竞争对手更廉价或更出色地开展价值创造活动来获得竞争优势的。

二、价值活动的构成

企业生产经营活动可以分成主体活动和支持活动两大类：

(一)主体活动

主体活动是指生产经营的实质性活动，一般分成原料供应、生产加工、成品储运、市场营销和售后服务等五种活动。这些活动与商品实体的加工流转直接相关，是企业基本的价值增值活动，又称基本活动。每一种活动又可以根据具体的行业和企业的战略再进一步细分为若干项活动。

(1)原料供应是指与产品投入有关的进货、仓储和分配等活动，如原材料的装卸、入库、盘存、运输以及退货等。

(2)生产加工是指将投入转化成最终产品的活动，如机加工、装配、包装、设备维修、检测等。

(3)成品储运是指与产品的集中、存储、转移给客户有关的活动，包括产成品的收集、入库、保管、客户订单处理、送货等活动。

(4)市场营销是指与促进和引导购买者购买企业产品有关的活动，如广告、定价、促销、市场调查、分销商支持和管理等。

(5)售后服务是指与为保持或提高产品价值有关的活动，如安装、调试、修理、使用人员培训、零部件供应等。

(二)支持活动

支持活动是指以支持主体活动而且内部之间又相互支持的活动，包括企业投入的采购管理、技术开发、人力资源管理和企业基础结构。企业的基础职能活动支持整个价值链的运行，而不分别与每项主体活动发生直接的关系。

(1)采购管理是指获取各种资源输入主体活动的过程，而不是输入资源本身。在企业的许多部门都会发生采购活动管理。改进采购管理活动，对提高采购物的质量和降低费用有着重要意义。

(2)技术开发是指可以改进价值活动的一系列技术活动，既包括生产技术，也包括非生产技术。企业的每项生产经营活动都包含着不同性质、开发程度和应用范围的技术，因此技术开发活动不仅与最终产品直接相关，而且支持企业的全部活动，成为反映企业竞争实力的重要标志。

(3)人力资源管理是指企业的员工招聘、雇用、培训、考核、激励等各项管理活动。这些活动支持着企业中每项主体活动和支持活动，以及这个价值链。在任何一个企业中，都可以通过人力资源管理在员工的素质、技能和动力方面以及聘用和培训方面的作用来影响竞争优势。

(4)企业的基础结构是指与企业总体管理相关的活动，包括企业计划、财务、质量管理、组织结构、控制系统、文化建设等活动。

企业的价值链见图 5.9。

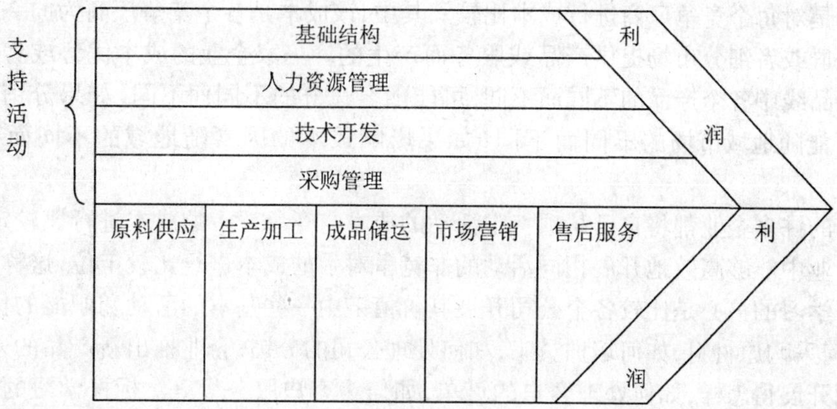

图 5.9　价值链

三、企业价值链与产业价值链

从图 5.9 中可以看出，企业价值链不是独立价值活动的集合，而是相互依存的活动构成的一个系统。在这个系统中，主体活动之间、主体活动与支持活动之间以及支持活动之间相互关联，共同成为企业竞争优势的潜在源泉。

从更广的角度讲，在大多数企业产业中，很少有企业单独完成产品设计开发、生产加工、市场销售、售后服务的全过程，除非企业具有非常充分的资金和十分全面的能力。因此，一个企业价值链往往是产品价值链的一部分，它同供应商价值链、分销商价值链、客户价值链一起构成价值链体系。

对一个企业而言，向最终顾客提供低价格的产品，可能是由销售商的较低的加价来支持的；而向最终顾客提供高质量的产品，也必然离不开供应商提供的高质量的零部件。所以，任何企业的价值链分析，应该放在产品价值活动的系统中进行分析。

四、构造企业价值链

为了诊断分析竞争优势，企业有必要根据价值链的一般模型，构造具有企业自己特色的价值链。企业在构造价值链时，需要根据利用价值链分析的目的以及自己生产经营特点，将每一项活动进行分解。分解的适宜程度取决于以下三点：有不同的经济含义；对差异化有巨大的潜在影响；在成本上表现为一个较大的份额或一个不断增长的份额。企业应该将可以充分说明企业竞争优势或劣势的子活动单独列出来，以供分析使用。对于那些不重要的活动，则可以归纳在一起进行分析。活动的顺序一般按照工艺流程进行，但也可以根据需要进行安排。无论怎样的顺序，企业的管理人员都应从价值链的分类中得到直观的判断。

一旦确定了价值链的主要要素之后，就可以进行战略成本分析工作了，即将公司的部门成本数据分解成各项具体活动的成本。

五、价值链分析

（一）关键活动的成本标杆学习

价值链分析最重要的应用是揭示具体企业与竞争对手相比的相对成本地位，所需要做的工作就是对每个竞争厂商进行成本比较。其中,该成本是各个竞争厂商为向一个界定清晰的客户群或者细分市场提供产品或服务而产生的。一家企业的成本优势或劣势的规模可能随产品线中各个产品的不同而不同,可能随客户群的不同而不同(如果分销渠道不同的话),可能随地域市场的不同而不同(如果影响成本的因素随地域的不同而有差异的话)。

当今的许多企业都将自己某项特定活动的成本与竞争对手的成本进行比较定位,或者同一个行业中能够高效地开展相同活动的非竞争对手的成本进行比较定位,这称为标杆学习。标杆学习的核心是比较各个公司开展其价值链中一些基本的活动和职能的优劣程度,例如,如何采购原材料,如何培训员工,如何处理公司的分销,企业推出新产品的速度如何,质量控制开展得怎样,如何处理客户的订单,如何为客户服务等等。标杆学习的目标是理解开展某项活动的最好做法,学习怎样才能降低成本。一旦发现自己开展某项活动的成本已经同其他公司的同一活动的成本不一致了,就应该采取行动,提供公司的成本竞争力。

世界500强中,约有80%以上的公司进行了一定形式的标杆学习。当然,标杆学习最难做的是取得比较对象的成本数据。但是,由于进行标杆学习和寻找最佳业务惯例能得到显而易见的好处,因而各企业千方百计地获得所需的数据。如从公开的报告、报表、行业协会的研究资料等收集信息,从咨询公司、行业分析专家那里获得帮助,让客户、供应商、合资伙伴成为你标杆学习的联盟。施乐公司是标杆学习的早期开拓者。1979年,日本的制造商在美国以每件9 600美元的价格销售其复印机,施乐派了一个考察团到日本区学习竞争对手的业务流程和成本。幸运的是,施乐在日本的合资公司(富士—施乐公司)非常了解竞争对手。该考察团发现:施乐公司推出了长期的标杆学习计划,将公司的67各关键工作流程同那些被认为在那些过程上“做得最好”的公司进行标杆学习。最后,施乐公司的产品恢复了竞争力。

(二)获得成本竞争力的战略选择

考察企业自己的价值链结构并将它同竞争对手的价值链结构进行比较可以表明:谁拥有多大的竞争优势或劣势,是哪些成本因素导致了这种状况的出现?这种信息对制定战略以消除成本劣势和创造成本优势起着至关重要的作用。

竞争企业之间的重大成本差异可能发生在三个主要的领域:行业价值链体系的供应商部分,企业自己的活动部分,行业价值链体系的前向渠道部分。对以上三个领域,可以分别采用下列战略行动:

(1)对于产生于行业价值链的上游部分的成本劣势可以采取的行动是:①通过谈判,从供应商那里获得更有利的价格。②同供应商进行紧密的合作,以帮助它降低成本。③改善供应商价值链和企业自己价值链之间的联系。④尝试使用成本更低的替代品。⑤尽力在其他地方砍掉成本以补偿这个地方的差异。

世界零售业巨头沃尔玛与其供应商的联系对很多企业都会有启示。一方面,它充分利用其规模优势,对供应商进行强有力的讨价还价,尽力获得最低价格。另一方面,它又与供应商结成长期伙伴关系,帮助供应商改善管理。沃尔玛与它的主要供应商宝洁公司的计算机系统相连接,从而建立了一个及时订货和传送系统。当沃尔玛的库存到了订货点时,计算机就通过卫星向最近的宝洁工厂发出订单,这些工厂就其商品送到沃尔玛的分销中心或直接运送到商店。通过双方价值链的连接和协调,宝洁公司能有效地做出生产计划,进行直线分销,并降低成本,最后宝洁公司又可以将节约的一部分成本让利给沃尔玛,形成了一种双赢的局面。

(2)对于存在于价值链体系下游部分的成本劣势可以采取的行动是:①促使分销商和其他前向渠道减少利润。②同前向渠道联盟或客户紧密合作,以寻找降低成本的双赢机会。一家巧克力生产商知道,巧克力的装运采用罐装车大批量液态装运,而不是用固态的巧克力条,就可以使其生产糖果的客户节约卸装和熔解的成本,而这样做还可以消除自己的巧克力成型成本和包装成本。③转向更具经济性的分销战略,包括前向一体化。如种子公司不通过中间商,直接向具有一定生产规模的农户销售种子。④试图削减价值链体系中其他阶段的成本以弥补这里产生的差异。

(3)对存在于企业内部的成本劣势可以采取的行动是:①简化高成本活动的经营和运作。②再造业务流程和工作惯例,从而提高员工的生产率,提高关键活动的效率,提高企业资产的利用率,或者改善企业对成本驱动因素的管理。③通过改造价值链消除某些产生成本的活动。④对高成本的活动进行重新布置,将其安排在活动的展开成本更低的地理区域。⑤分析自己的价值链,对它进行分解,看一看是否有一些非关键的活动由外部的合作商来完成比自己更为合适。这种做法在电子、电脑、汽车、电信等行业很盛行。⑥投资于节约成本的技术改善,如机器人、柔性制造技术、计算机控制系统等。⑦围绕棘手的成本要素进行革新,如对工程和设备追加投资。⑧简化产品设计,使产品的生产更有经济性。⑨通过价值链体系的前向和后向部分来补偿企业的内部成本劣势。

第五节　关键成功因素分析

一、关键成功因素分析的含义

关键成功因素(key success factors, KSF),是在探讨产业特性与企业战略之间关系时常使用的概念,是在结合本身的特殊能力,对应环境中重要的要求条件,以获得良好的绩效。它是系统开发规划方法之一,于1970年由哈佛大学教授 William Zani 提出。

关键成功因素法是以关键因素为依据来确定系统信息需求的一种 MIS 总体规划的方法。在现行系统中,总存在着多个变量影响系统目标的实现,其中若干个因素是关键的和主要的(即成功变量)。通过对关键成功因素的识别,找出实现目标所需的关键信息集合,从而确定系统开发的优先次序。

关键成功因素指的是对企业成功起关键作用的因素。关键成功因素法就是通过分析找出使得企业成功的关键因素,然后再围绕这些关键因素来确定系统的需求,并进行规划。

二、关键成功因素的主要来源

关键成功因素的重要性置于企业其他所有目标、策略和目的之上,寻求管理决策阶层所需的信息层级,并指出管理者应特别注意的范围。若能掌握少数几项重要因素(一般关键成功因素有5~9个),便能确保相当的竞争力,它是一组能力的组合。如果企业想要持续成长,就必须对这些少数的关键领域加以管理,否则将无法达到预期的目标。即使同一个产业中的个别企业会存在不同的关键成功因素,关键成功因素有4个主要的来源:

(1)个别产业的结构。不同产业因产业本身特质及结构不同,而有不同的关键成功因素,此因素是决定于产业本身的经营特性,该产业内的每一公司都必须注意这些因素。

(2)竞争策略、产业中的地位及地理位置。企业的产业地位是由过去的历史与现在的竞争策略所决定,在产业中每一公司因其竞争地位的不同,而关键成功因素也会有所不同,对于由一两家大公司主导的产业而言,领导厂商的行动常为产业内小公司带来重大的问题,所以对小公司而言,大公司竞争者的策略,可能就是其生存的关键成功因素。

(3)环境因素。企业因外在因素(总体环境)的变动,都会影响每个公司的关键成功因素。如在市场需求波动大时,存货控制可能就会被高级主管视为关键成功因素之一。

(4)暂时因素。大部分是由组织内特殊的理由而来,这些是在某一特定时期对组织的成功产生重大影响的活动领域。

三、关键成功因素的确认方法

(1)环境分析法。包括将要影响或正在影响产业或企业绩效的政治、经济、社会等外在环境的力量。换句话说即重视外在环境的未来变化,比公司或产业的总体变化来得重要,但实际应用到产业或公司上会产生困难。

(2)产业结构分析法。应用 Porter 所提出的产业结构五力分析架构,作为此项分析的基础。此架构由五个要素构成,每一个要素和要素间关系的评估可提供分析者客观的数据,以确认及检验产业的关键成功因素。产业结构分析的另一个优点是此架构提供一个很完整的分类,另一项优点就是以图形的方式找出产业结构要素及其间的主要关系。

(3)产业/企业专家法。向产业专家、企业专家或具有知识与经验的专家请教,除可获得专家累积的智慧外,还可获得客观数据中无法获得的信息,但因缺乏客观的数据导致实证或验证上的困难。

(4)竞争分析法。分析公司在产业中应该如何竞争,以了解公司面临的竞争环境和态势,研究焦点的集中可以提供更详细的资料,且深度的分析能够有更好的验证性,但其发展受到特定的限制。

(5)产业领导厂商分析法。经由该产业领导厂商的行为模式,可当做产业关键成功因素重要的信息来源。因此对于领导厂商进行分析,有助于确认关键成功因素,但对于其成功的解释仍会受到限制。

(6)企业本体分析法。此项技术乃针对特定企业,对某些方面进行分析,如优劣势评价、资源组合、优势稽核及策略能力评估等。由于透过各功能的扫描,确实有助于关键成功因素的发现,但实在耗费时间且数据相当有限。

(7)突发因素分析法。此项技术亦是针对特定企业,透过对企业相当熟悉的专家协助。虽然较主观,却常能揭露一些其他传统客观技术无法察觉到的关键成功因素,且不受功能别的限制,甚至可以获得一些短期的关键成功因素,但难以验证这些短期的关键成功因素。

(8)市场策略对获利影响的分析法(PIMS Results)。针对特定企业,以 PIMS(Profit Impact of Market Strategy)研究报告的结果进行分析。此技术的主要优点为其实验性基础,而缺点在于"一般性的本质",即无法指出这些数据是否可直接应用于某一公司或某一产业,也无法得知这些因素的相对重要性。

四、关键成功因素分析法的步骤

关键成功因素法主要包含以下几个步骤：

(1)确定企业或MIS的战略目标。

(2)识别所有的成功因素：主要是分析影响战略目标的各种因素和影响这些因素的子因素。

(3)收集关键成功因素的情报，确定关键成功因素：不同行业的关键成功因素各不相同。即使是同一个行业的组织，由于各自所处的外部环境的差异和内部条件的不同，其关键成功因素也不尽相同。

(4)明确各关键成功因素的性能指标和评估标准。

(5)制订行动计划。将成功关键因素对企业战略的影响变成切实的行动计划，并加以落实。

关键成功因素法的优点是能够使所开发的系统具有很强的针对性，能够较快地取得收益。应用关键成功因素法需要注意的是，当关键成功因素解决后，又会出现新的关键成功因素，就必须再重新开发系统。

第六节　SWOT分析法

一、SWOT分析法的含义

SWOT分析是一种对企业外部环境中存在的机会、威胁和企业内部条件的优势、劣势进行综合分析，据此对备选的战略方案做出系统的评价，最终选择出最佳竞争战略的方法。SWOT中的S是指企业内部的优势(Strenghts)；W是指企业内部的劣势(Weaknesses)；O是指企业外部环境中的机会(Opportunities)；T是指企业外部环境的威胁(Threats)。

企业内部的优势和劣势是相对于竞争对手而言的，一般表现在企业的资金、技术设备、职工素质、产品、市场成就、管理技能等方面。判断企业内部的优势和劣势一般有两项标准：一是单项的优势和劣势。例如企业资金雄厚，则在资金上占优势；市场占有率低，则在市场上占劣势。二是综合的优势和劣势。为了评估企业的综合优势和劣势，应选定一些重要因素，加以评价打分，然后根据其重要程度按加权确定。

企业外部的机会是指环境中对企业有利的因素，如政府支持、有吸引力的市场上进入障碍正在降低、市场需求增长势头强劲等。企业外部的威胁是指环境中对企业不利的因素，如新竞争对手的出现、市场增长率缓慢、购买者和供应者讨价还价能力增强、不利的人口特征的变动等。这是影响企业当前竞争地位或影响企业未来竞争地位的主要障碍。

二、SWOT分析矩阵

SWOT分析的基本步骤：

(1)罗列企业的优势和劣势，可能的机会与威胁。

(2)优势、劣势与机会、威胁相组合，形成SO、ST、WO、WT策略矩阵。参见表5.11。

(3)对SO、ST、WO、WT策略进行甄别和选择，确定企业目前应该采取的具体战略与策略。

表 5.11　SWOT 分析矩阵

	内部环境		
		长处 S: S1 S2 S3	劣势 W: W1 W2 W3
外部环境	机会 O: O1 O2 O3	SO 组合 方案: (1)O1S1S2 (2)O2S1S3 (3)O3S3	WO 组合 方案: (1)O1W1 (2)O2W2W3
	威胁 T: T1 T2 T3	ST 组合 方案: (1)T1T2S1S3 (2)T2T3S1S2 (3)T3S1	WT 组合 方案: T2W1

三、战略分析模型

将上述结果在 SWOT 分析图上具体定位,确定企业战略能力。企业在此基础上,选择所要从事的战略。如图 5.7 所示,SWOT 分析法为企业提供了四种可供选择的战略:

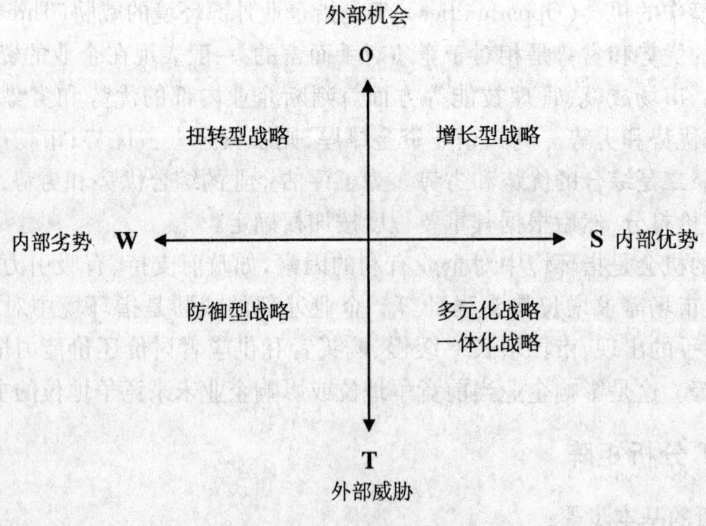

图 5.7　SWOT 分析模型

SO 象限内的区域是企业机会和优势最理想的结合。这时的企业拥有强大的内部优势和众多的环境机会,可以采取增长型的战略。WO 象限内的业务有外部市场机会但缺少内部条件,可以采取扭转型战略,尽快改变企业内部的不利条件,从而有效地利用市场机会。WT 象限是最不理想的内外部因素的结合状况。处于该区域中的经营单位或业务在其相对弱势处恰恰面临大量的环境威胁。在这种情况下,企业可以采取减少产品或市场的紧缩型或防御型战略,或是改变产品或市场的放弃战略。ST 象限内的业务尽管在当前具备优势,但正面临不利环境的威胁。面对这种情况,企业可以考虑采取多元化经营战略,利用现有的优势在其他产品或市场上寻求和建立长期机会。另外,在企业实力非常强大、优势十分明显的情况下,企业也可以采用一体化战略,利用企业的优势正面克服存在的环境障碍。

再次强调的是,准确地列出和透彻理解所列出的因素比实际的权重和评分更为重要。列出企业的优势、劣势、机会和威胁就像建了一张战略平衡表,它是外部环境和内部条件分析的总结。将这些因素列在一起进行综合分析,能从整体上分析一家企业的战略态势,在决策层中统一认识,确定合适的战略方案。所以,SWOT 分析法也是一种战略评价方法。

表 5.12 是一个以耐克公司为背景的 SWOT 分析实例。

表 5.12 耐克公司 SWOT 矩阵分析应用实例

内部因素 / 战略选择 / 内部因素	优势(Strengths) 1. 品牌忠诚度 2. 市场营销技术:有效的广告和促销策略 3. 在产品研发方面技术领先 4. 低成本、高质量的生产制造体系("网络型结构") 5. 良好的盈利性:高于平均水平的利润率 6. 1.24 亿美元的战略基金 7. 菲尔·奈特的未来式领导风格使事件处理速度很快	劣势(Weaknesses) 1. 高于平均水平的杠杆作用限制了借款能力 2. 从财务上看不能达到 30% 的年增长目标 3. 宽松的管理风格造成沟通不充分,不适合与大型公司 4. 缺少正式的管理体系,造成控制不利 5. 产品线太宽
机会(Opportunities) 1. 由于一些社会性趋势(如休闲)和事件(如 1984 年奥运会)美国市场需求增长 2. 增加入了低成本的产品线 3. 增加了富裕、注重地位和时尚的顾客群喜爱的产品 4. 增加了新的个性化产品或新用途 5. 海外市场的扩大	S+O 战略选择 耐克如何利用其优势把握机会? 1. 当地进行 R&D 开发新的产品线,例如足球装(O1、O2、O3、O4) 2. 开发中等收入、妇女以及国际市场	W+O 战略选择 耐克如何能克服劣势以把握机会? 1. 削减产品线,将精力集中在盈利多的产品上(W2、W5、O3、O4) 2. 新设计组织机构是发展方向能更集中(W3、O3、O4、O5)

续表

威胁(Threats)	S+T战略选择	W+T战略选择
1. 市场日趋成熟,竞争加剧 2. 顾客对价格敏感性增加,可能导致价格竞争加剧 3. 顾客对价格的敏感性增加,可能导致一般品牌和私人商标的增加 4. 社会趋势正由运动装向时尚装转变 5. 新竞争者的加入	耐克如何利用其优势应对其所面临的威胁? 1. 在R&D方面继续创新,缩短新产品开发周期(S3、T1、T4、T5) 2. 制定富有竞争力的价格策略(S4、T2、T3)	耐克如何避免劣势以应对其面临的威胁? 1. 削减产品线(W2、W5、T1) 2. 加强管理控制系统,使产品线得以控制(W2、W5、T1)

【阅读资料】

企业核心能力理论与管理学学科的发展

最近十几年来,有关核心能力(core competence)的研究已经成为企业管理学的一个研究热点。一项文献分析表明,普拉哈拉德与哈默(Prahalad & Hamel)1990年"企业核心能力"论文引证率非常之高,在上世纪90年代被收录于SCI、SSCI & HCI中的533篇文献所引证。引证该文献的论文大多发表在战略管理、技术管理、管理评论、研究开发管理、计划管理等领域的专业管理期刊上,这些期刊绝大多数被SSCI列为核心管理期刊(张炜,2002)。我国关于这方面的研究也逐渐增多,也发表了大量的研究文献。核心竞争力的概念曾被《世界经理人文摘》杂志评为在过去10年中对中国有巨大影响的10大管理实践之首(黄继刚,2002)。本文无意研究具体的核心能力理论和实践问题,而试图分析核心能力范畴的提出及其广泛深入的研究对于管理学自身发展的学科意义。

一、核心能力理论的背景与基本观点

长期以来,面对企业的兴衰更迭、大小变化,以企业为主要研究对象的企业经济学和管理学必须回答一个至关重要的问题:为什么有的企业能够长盛不衰、持续发展和壮大,而有的企业却在竞争中衰败和消亡。也就是说,企业生存和发展的基本规律是什么,决定企业生存和发展背后的最根本的因素是什么。这个问题意义如此重大,以至于如果不能科学地解释这个问题,企业经济学和管理学就很难成为真正的科学;但这个问题又是如此复杂,以至于迄今为止企业经济学和管理学对此问题还没有特别令人满意的回答。

由于企业的生存和发展是以企业竞争为前提的,这个问题可以具体化为企业竞争力的本质和决定因素问题。如果把这个问题作进一步的学术性表述,可以转化为围绕企业竞争优势的三方面的问题。一是什么给企业带来了竞争优势,即企业竞争优势的"源"的问题。二是产生企业竞争优势的因素与企业绩效之间有着怎样的内在逻辑联系,即企业竞争优势的"内在逻辑"问题。三是企业的竞争优势的可持续性问题,即影响竞争优势可持续性的因素有哪些,怎样获得企业可持续性的竞争优势(郭斌,2002)。这三方面问题一直是企业管理学和经济学的研究主题。

而核心能力范畴和理论,恰恰是要试图对上述重大主题进行分析和研究的。正是由于核心能力理论产生的重大背景，使其必然具有重大的价值和影响。企业核心能力理论的基本观点和分析逻辑，可以作如下的综述。

1. 企业竞争力来自于企业的竞争优势和这种优势的持续性

竞争力不同于一般的能力，它是指企业与竞争对手相比所具有的"对抗"能力。在资源稀缺、市场需求有限、企业异质和复杂动态的环境条件下，企业竞争力的强弱取决于在企业是否具有在特定业务经营领域内能够向顾客提供超过竞争对手的价值，即是否具有竞争优势。一般意义的竞争优势只能保证企业短期具有竞争力，类似"百年老店"之类的企业长期的竞争力来自于企业的持续竞争优势。企业保持持续的竞争优势，是企业能够在动态复杂的竞争环境条件下生存和发展的根本。竞争优势的持续性本质上并不是一个日历时间概念，而是说明竞争对手没有能力复制相应的竞争优势。

2. 企业竞争优势来自于企业资源和能力的直接支撑，而持续竞争优势则来源于企业核心能力。

企业能力是企业拥有的为实现组织目标所需的技能和知识。虽然广义的资源包括企业能力，但能力理论认为，能力与资源不同，能力是以人为载体的，是配置、开发、保护、使用和整合资源的主体能力。具有相似资源的企业通常在使用资源的效率方面有差异，这种差异就是企业能力的差异，是产生竞争优势的深层次因素。在核心能力理论看来，能力是决定企业异质性的根本，企业是一个能力系统或能力的特殊集合。隐藏在企业资源背后的企业配置、开发和保护资源的能力，是企业竞争优势的深层来源。更进一步，企业所有能力中核心和根本的部分，可以通过向外辐射，作用于其他各种能力，影响着其他能力的发挥和效果，这部分被界定为核心能力。在普拉哈拉德与哈默看来，核心能力是组织中积累性学识，特别是关于如何协调不同的生产技能和有机结合多种技术流的学识。一般说来，核心能力具有如下特征：(1)稀缺性，是企业所特有的。(2)可延展性，核心能力可以使企业进入各种相关市场参与竞争。(3)价值性，核心能力能够使企业为客户创造价值。(4)难以模仿性，核心能力应当不会轻易地被竞争对手所模仿。企业要获得和保持持久的竞争优势，就必须在核心能力、核心产品和最终产品三个层面上参与竞争。核心能力是企业竞争优势的源泉，最终产品是核心能力的市场表现，核心产品是核心能力的物质载体。

3. 组织学习是建立并不断强化企业核心能力的根本途径

能力理论认为，核心能力来自于企业组织的集体学习，来自于经验规范和价值观的传递。核心能力的形成要经历企业内部独特资源、知识和技术的积累与整合的过程。通过这一系列有效积累与整合，使企业具备了独特的、持久的竞争力。企业知识理论也认为，隐藏在核心能力背后并决定核心能力的是企业掌握的知识。企业核心能力也表现为知识和经验，这些知识和经验是通过不断的组织学习而得到和更新的。如果把组织中的个人通过学习获得的知识和经验成为能力"基因"，那么企业组织中一个团队通过学习而形成的知识体系就构成了单项核心能力，而整个组织的学习则整合单项核心能力，构成了一个能力体系，形成了企业整体核心能力（谢恩、李垣，2001）。也就是说，学习是使企业的个体能力向组织能力转化、最终形成核心能力的必要手段。知识的共享、经验技能和失败教训的共享，是企业组织学习的主要内容，通过知识共享可以使个人的能力、知识转化为企业集体的组织能力和知识。

4. 企业家创新精神是组织学习的动力源泉

企业家精神，是企业建立、生存和发展的原始动力。发现和创新是企业家精神的同义词，企业家的角色是制定创新决策，并进一步执行创新决策、产生所谓的新组合，从而保证企业具有竞争优势、获得经济利润。具体而言，一方面，企业家创新决策需要建立在对市场机会的把握和未来发展的预见基础之上，从而实现培育新的竞争优势来源；另一方面，企业家的创新决策还同时实现了对已有的竞争优势来源的破坏。从总体动态上看，由于众多企业家的创新决策的存在，已有的竞争优势源泉的不断被破坏、新的竞争优势源泉的不断出现，这意味着企业赖以生存和发展的知识基础在不断发生变化。对于一个具体企业而言，企业组织必须通过组织学习适应这种变化，支持自己企业的创新决策的制定和执行，从而不断培育新的竞争优势源泉。因此，企业家精神的实质，在于在激烈的市场竞争中通过创新获得超额利润。这是企业组织学习的原始动力，也是企业生存和发展的根本。

二、企业核心能力范畴与理论对管理学学科发展的特殊价值

核心能力理论的重要价值，不仅仅因为该理论的产生背景是试图回答企业竞争力本质和来源这个企业管理学重大问题。实际上，企业资源理论、企业知识理论等都试图从企业内生角度分析企业竞争优势的来源等重大问题。例如，企业资源理论认为，企业是资源的特殊集合体，那些与竞争对手相比具有资源的独特性和优越性、并能够与外部环境匹配得当的企业会具有竞争优势。企业资源中满足价值性、稀缺性、不可模仿和替代性标准的企业资源被称为关键资源，只有基于这些关键资源建立起的竞争优势才是持久的竞争优势。然而，与其他企业竞争优势内生性理论相比，核心能力理论具有其独特性。核心能力理论在试图回答什么是决定企业生存和发展的最根本因素、或者说企业持久竞争优势的源泉是什么这个问题时，赋予了这个“最根本因素”或“源泉”一个非常易于流传的专有名词——核心能力。而与“核心能力”这个“专用性”概念相比；“资源”、“知识”等概念就过于泛泛，因而这导致更多学者和企业家愿意接受企业持久优势的根源是核心能力（而不是关键资源或知识）的观点。从这个角度我们甚至可以认为，核心能力理论的主要魅力在于“核心能力”概念本身。

从理论产生角度看，无论是企业资源理论、能力理论，还是企业知识理论，更多地归属于企业经济学、现代企业理论的范围，都不属于企业管理学对关于企业竞争优势分析的专门理论，只有核心能力理论是从企业管理学角度分析企业竞争力的，这进一步决定了核心能力理论对管理学学科具有特殊的价值。

1. 核心能力范畴的提出为管理学研究提供了一个新的视角

管理学，虽然至今仍不存在一个统一的定义，但一般认为是研究管理活动、过程及其基本规律和一般方法，解决管理问题、指导管理实践的学科。而所谓管理，则是指在一定组织中通过计划、组织、控制、指挥、协调等职能充分调动利用各种资源、协调组织成员的行为，从而以尽量少的投入实现组织目标的活动或过程。在管理学的研究方法上，迄今为止还没有形成一个统一的研究方法，一般认为管理学具有多学科的移植交叉性，也就是将数学、经济学、社会学、心理学、工程学、系统论等学科的方法，单独或综合起来引入到管理学中，解决管理问题，从而构成管理学知识（崔援民、黄群慧，1998）。孔茨和韦里克（Koontz & Weihrich，1998）在其著名的《管理学》中曾归纳出 12 类管理分析模式或学派，包括经验或案例学派、人类行为学派、群体行为学派、协作社会系统学派、社会技术学派、决策理论学

派、系统学派、管理科学学派、权变和情景学派、经理角色学派和经营理论学派、麦肯锡7S模式等等，基本上都是这类研究思路。然而，核心能力范畴的提出则为管理学研究提供了一个新的视角，核心能力理论是从企业组织的本质和目标出发，研究管理问题的。核心能力理论认为，企业本质上是一个能力的集合体，能力是对企业分析的基本单元，而企业拥有的核心能力是企业长期竞争优势的源泉，积累、保持、运用核心能力是企业生存和发展的根本性战略，也是企业经营管理的永恒目标，计划、组织、协调、控制等各类管理职能都应该围绕企业核心能力而展开，生产、营销、财务等各个管理领域都应该以企业核心能力为中心。从管理的定义可以看出，管理活动是依托组织而存在的，管理活动的目标不在于管理本身，而是作为管理对象——组织的目标的实现，因而，研究管理问题的出发点应该是组织的目标。以上述12类分析模式为代表的现有管理问题的研究视角，所强调的是提高管理活动本身效率，而不区分不同组织的目标差异，试图寻找适用于所有组织（包括企业、政府机构、大学、俱乐部、教会、医院等大小不一、行业不同的盈利性和非盈利性组织）的管理规律。核心能力范畴和理论则是建立在企业理论对企业本质和目标的认识基础之上，演绎和发展管理学知识，这无疑是一个新的研究视角。从这个视角发展而来的管理学知识，并不缺少普遍适应性，这不仅因为企业是管理学关注的主要组织形式，还因为通过改变组织的假设条件可以将企业管理学知识应用到针对其他类型组织的管理学中，这种应用应该并不比从其他学科移植研究方法解决管理学问题更为困难。而且，如同经济学在理性人抽象假设前提下建立理论，进一步放松假设解释现实问题一样，核心能力理论在对企业本质的抽象认识基础上发展和演绎企业管理学知识，并进而推广到整个管理学中，这个研究视角相对更具有科学性。

2. 核心能力范畴和理论提供了一个贯穿企业组织内外管理学知识的逻辑线路

企业管理学的知识体系具有开放性和综合性，迄今已经形成包括众多分支学科和诸多理论流派在内的庞大的知识体系。这些知识基本上难以被归结于一个统一的逻辑体系中。尤其是企业管理学以企业组织边界为“分水岭”被分为企业外部经营和内部管理两大知识板块，而且这两大板块知识呈割裂状态，不存在一个内在统一逻辑。这体现在现实的企业管理实践中，企业外部经营职能部门和内部管理职能部门之间常常存在冲突和矛盾。而企业核心能力理论认为，企业的持续竞争优势源泉是企业核心能力，该理论从企业外部竞争需要入手，最终归结到企业组织内部能力的培养，提供了一个从企业外部到企业内部的“天然”理论逻辑。更为重要的是，这个逻辑的存在，就把整个企业管理学的知识建立在“竞争”的基础之上。如果理解了竞争对于经济学的重要意义，也就不难接受这一点对于企业管理学具有的重要价值。

3. 核心能力为整个企业管理学研究提供了一个新平台

核心能力理论和范畴，与20世纪90年代以来创新的其他企业管理学方法和技术不同（例如作业流程重组、学习型组织），它不仅仅是一个战略管理领域的创新，它涉及企业管理学的各个领域、管理活动的始终以及对各类管理领域和活动的整合。一般认为，企业培养核心能力的途径主要有二：传统途径和现代途径。传统途径就是产品经营，指企业为了实现内部资源的最优配置而采取的一系列管理行为，包括技术创新、供应管理、生产作业管理、市场营销管理、财务管理等。现代途径是资本运营，指企业为了有效整合外部资源而采取的更为复杂的管理行为，包括兼并、收购、分拆、上市、联营、破产等。因而核心能力的培育涉及企业经营管理的各种活动。虽然企业核心能力一般强调的是整合能力，但是从研究视角，需要从不同角度对核心能力进行层次分解，分解的最终结果会将核心能力落脚到企业各个管理职能领域和经营管理业务活动中。实际上，核心能力理论为企业管理学构成了一个新的研究平台，围绕企业核心能力的识别和确定、培育和建立、积累和应用、保护和评价等动态过程，是有可能把现有的企业经营管理知识进行重新组合的。

根据上述分析，我们可以引申一个初步判断：核心能力范畴和理论可能构成了企业管理学的一个新的研究范式。这个新的范式可以概括为：基于企业能力理论对企业本质和目标的认识，以企业核心能力为共同的研究视角，围绕企业核心能力的识别、培育、应用、评价等过程，发展共同的基本理论和分析框架，进一步以这些理论和框架为基础发展、演绎和重组企业管理学以及整个企业管理学的知识，最终将企业管理学知识应用于管理实践中。长期以来，由于企业管理学的学科的实践性、综合性、开放性、研究方法多元性等特征，使得企业管理学从一门科学角度衡量，缺少统一的研究范式。与之相比，经济学由于存在一种有共同的视角（经济人的偏好、生产技术和制度约束、可供使用的资源禀赋）、参照系（例如阿罗—德布罗定理、科斯定理、M—M 定理）和分析研究方法（例如供需曲线、所有权—控制权模型、不对称信息模型、萨缪尔森重叠带模型）组成的统一的研究范式，而发展迅速，在所有的社会科学中地位日益突出（钱颖一，2002）。从某种意义上说，与其说是管理学研究方法的多元性是管理学的本身的学科特征，倒不如说管理学作为一门科学，存在着一种"范式危机"。这种"范式危机"的存在，显然不利于作为一门真正科学而存在的管理学学科的发展。按照著名科学哲学家库恩的观点，这种"范式危机"至少表明管理学学科作为一门科学还不成熟。从这个角度而言，核心能力范畴和理论如果能够在将来发展成为一种管理学范式，无疑对管理学学科发展具有重要意义。

三、核心能力理论未来可能的发展方向

企业核心能力理论作为上个世纪 90 年代新兴的企业理论和企业管理理论，虽然已经显示出强大的生命力和如上所述的重要意义，但他还存在许多缺陷，甚至于核心能力的基本概念都存在着争议。有的学者曾将对核心能力的不同观点归纳为整合观、网络观、协调观、组合观、知识载体观、元件—构架观、平台观、技术能力观等 8 类观点（王毅等，2000）。具体到中外企业，关于核心能力的表述就更为林林总总。例如，索尼公司的微型化技术、佳能公司的精密仪器研制、NEC 公司的数字技术、松下公司的加工技术和分销能力、耐克公司的销售能力和设计能力、戴尔公司的直销能力、海尔公司的市场整合能力、长虹公司的技术吸收创新和低成本扩张能力，等等，都被研究者或企业家个人描述为相应公司的核心能力（范徵，2001）。这种状况甚至被有的学者讽刺为"盲人摸象"（适闲，2002）。应该说，这种对核心能力概念理解的歧义性，无疑阻碍了核心能力理论的进一步发展。

从企业管理学的学科发展的需要，我们认为，核心能力理论应该在以下几方面进一步地创新和发展。

（1）在经济学和企业管理学相关研究的成果基础上，建立一套相对严密的由概念，命题和定理组成的理论体系和分析框架。在对核心能力科学界定的基础上，把核心能力作为一种现代管理思想深入研究，探索将核心能力概念应用于除战略管理领域以外更为广阔的管理领域中。

（2）单纯从战略管理领域角度看。首先，需要发展一个关于企业核心能力的类似于波特建立的“五种力量分析模式”那样的操作性强的战略分析框架，使得企业核心能力分析有一套科学的程序。其次，需要探讨产业特性与企业核心能力的关系，分析企业所处的产业差异对企业核心能力所具有的重大影响，分析产业规模、产品特点、技术进步、市场结构、竞争程度、进入和退出壁垒等对企业核心能力培养和形成进而对企业战略的制定的影响，寻求规律性的东西，指导企业根据所处的产业特性辨识和培育核心竞争力，寻求经营战略的正确基点。再次，从企业核心能力角度解释现代企业的战略行为。现代企业的战略选择，如跨国经营战略、战略联盟，兼并战略、多角化经营战略、差异化战略等，可以从企业核心能力角度进行评定。对这些企业日常采用的战略行为进行分析，一方面可以归纳出这些战略的适用条件，从而指导企业进行科学的战略选择，另一方面也为企业已有的战略选择提供了新的评价和判断。

(3)建立企业核心能力的识别体系与企业绩效的评价指标。这涉及相互关联的两方面指标体系内容的建立。一是有关企业核心能力的评价指标体系。如何识别、评价企业的核心能力，需要有一套全面、科学的指标。没有这套指标的建立，就不能判断企业核心能力的差异，使基于核心能力制定经营战略无法操作。二是指标对企业绩效的衡量。这套指标用于测度运用核心能力理论制定和选择企业战略行为的结果。现在财务管理中逐渐重视关于可持续竞争优势的衡量、知识管理的衡量、无形资产的测量等，基本上反映了这种研究和发展趋势。

(4)大多数关于企业核心能力的研究，仅仅集中于战略管理领域或企业经济学领域，有必要将核心能力作为一种现代管理思想深入研究，把核心能力的概念应用到其他管理领域中，并积极发展有关核心能力积累和使用的有效管理原则。

最后需指明的是，本文并不否认有这样一种可能，随着对核心能力理论的深入研究，也许人们会认识到核心能力的范畴无法承担上述如此重要的促进管理学学科发展的角色。然而，即使如此，本文的分析也是非常有意义的，至少本文表明了这样的一个观点，那就是管理学学科的未来发展需要怎样的概念和理论创新。

资料来源：黄群慧. 经济管理[J]. 2002,(20).

★ **关键术语**

有形资源　Tangible resources　　无形资源　Intangible resources

企业能力　Enterprise capabilities　　市场覆盖率　Market coverage

核心能力　Core competencies　　核心产品　Core products

价值链　Value chain　　价值创造　Value creation

★ **复习与思考**

1. 如何对企业资源进行分类和分析？
2. 如何对企业能力进行分析？
3. 如何理解企业核心能力的基本含义？
4. 何谓价值链？价值链分析的目的是什么？
5. 关键成功因素分析所揭示的战略意义是什么？
6. 如何正确动用 SWOT 分析法？

★ 研究与讨论

1. 试研究分析企业的资源、能力、核心能力与竞争优势之间的关系。

2. 如何培育和增强企业的核心能力？

3. 企业内部环境分析方法有无创新之处？

4. 如何全面理解和评述企业核心能力理论？

★ 实践演练

1. 以某企业为例，分析其资源状况。

2. 以某企业为例，分析其能力状况。

3. 运用 SWOT 分析法对麦当劳、肯德基进行分析，并寻找出其核心能力所在。

★ 本章案例

有色金属加工企业 QMX 的总体战略制定

有色金属是国民经济、人们日常生活及国防工业、科学技术发展必不可少的基础材料和重要的战略物资。农业现代化、工业现代化、国防和科学技术现代化都离不开有色金属。现在世界上许多国家，尤其是工业发达国家，竞相发展有色金属工业，增加有色金属的战略储备。经过“十五”时期的快速发展，我国已成为世界有色金属第一生产国和消费大国。2005 年，我国十种有色金属总产量达 1 632 吨，比 2004 年增长 18.14%，连续四年位居世界第一。

QMX 公司成立于 2002 年 9 月，是一家按现代企业制度投资组建、走新型工业化发展之路的大型企业。QMX 公司现有总资产 35 亿，生产规模为每年 25 万吨，主营业务为有色金属初级加工产品，处于整个产业链的中游。公司采用多项国际、国内领先技术，引进了国际先进设备 15 项，并率先在国内同行业应用控管一体化的信息技术，以信息化促进工业化，走技术进步之路，提高企业的生产、经营和管理效率，实现企业可持续发展战略。公司成立时的生产线项目建设符合国家产业政策和环保政策，建设质量优良。

投产以来公司以市场为导向，创新为动力，不断开拓进取，创造了良好的经营业绩。在项目投产第一年，公司即通过 ISO 9001 质量体系认证，并以无不合格项通过了复审。建成了省级企业技术中心和国家级实验室，向着国家级技术中心的目标前进。荣获省级“五一”劳动奖、外贸出口十强企业、名牌产品和质量信誉双 A 级企业以及市场技术创新先进信用等级等荣誉称号。QMX 公司还是西部第一家海关加工贸易联网监管企业，取得了商检“出口一类企业管理”、“海关 A 类企业管理”、出口商品快速核放的资格等证书。

公司按照做优做强的发展目标，真正走出了一条信息化程度高、科技创新能力强、消耗与污染低、经济效益好、人力资源优势得到充分发挥的新型发展之路，为所在省市的支柱产业、中国有色金属行业加工业做出了应有的贡献。2004 年公司实现销售收入 20.22 亿元，利润 4.18 亿元。公司开始从初创期转入成长期。

正值此时，处于产业链中间的有色金属生产企业面临着前所未有的困境：一是由于长期粗放型增长使有色金属矿资源严重缺乏，造成国内乃至世界原材料价格不断上扬，生产成本不断提高；二是国家宏观调控不断进行——“淘汰落后产能、严格项目审批、遏制有色金属行业的再投资，提高资本银行准备金率、项目资本金率、限制贷款、实施差别电价、取消出口贸易退税、严格限制资源外流……”，使许多没有实力的企业金链断裂而被迫停产，而具备实力的企业也由于成本原因开始考虑减产，整个有色金属行业陷入了水深火热之中。与此同时，国内外一些有色金属巨头也趁机对心仪已久的小企业进行低价兼并，行业整合洗牌不断进行，行业集中度不断提高。对于身处“严冬”，迎来发展的“春天”。QMX 公司下一步发展方向如何选择，是否继续扩大规模生产还是转向投向投资其他产业；是寻求庇护，并入国际或国内行业巨头旗下还是独立自由发展？公司高层面临着重大抉择，担负着制定公司发展战略的重任。

一、QMX 公司战略决策环境

1. 外部经济政策环境

随着全球经济一体化进程的加快、资源的短缺、技术的进步和需求的多样化，中国有色金属加工业面临着机遇和挑战。作为发展中国家,中国正处于现代化建设的关键时期,正进入建设全面小康社会的重要历史阶段。随着经济的高速发展,全社会固定投资的不断增长,有色金属消费必将进入一个加速时期,这将会成为有色金属加工业发展的最大优势。

国家的宏观调控政策虽然在短期内增加了有色金属加工企业的生产运营成本,但从长远来看,国家对行业的调控极大地抑制了有色金属加工投资热,十分有利于国家政策、拥有能源优势和技术优势的大型企业的发展。

2. 原材料行业环境

近年来全球金属产量增量的50%以上来自中国,但从2004年起,宏观调控导致"中国因素"减弱,迅速扩张的有色金属原材料产能也将面临挑战,其所在产业正面临着历史的转折:从2006年起,随着全球大量新建或扩建的原材料生产厂投产,预计未来三到五年内原材料供应将进入相对宽松的环境,而中国和国外有色金属加工的产能未来几年增长幅度则有限,在原材料供求关系得到改善的情况下,畸高的原材料价格势必以回落为主。这一论断在2006年下半年已经得到证实。

3. 企业所处有色金属加工业的行业环境

从中长期来看,全球原材料将会维持供需平衡,价格将回归理性,但能源价格将上升,并且中国对有色金属加工行业的宏观调控使未来整个行业产能增长有限。据中国有色金属协会公布的数据显示,在宏观调控和高价原材料压力下,2005年整个行业产量增幅已明显放缓。在国际市场上,由于能源成本激增导致西欧和北美冶炼厂仍在大量关闭。两相抵消,全球产量增长将仍然低于消费增长。全球包括中国在未来几年内有色金属消费将使利润向产业链中间集中,这是地利;有色金属加工行业经历了严峻形势的考验后,产业集中度和企业经营管理水平有很大提高,这是人和。得天时,占地利,据人和,有色金属加工行业将会迎来春天。

二、QMX公司总体战略的制定与实施

1. 总体战略指导思想

根据国家"发展循环经济、建设资源节约型社会"的目标,以及公司所在有色金属产业发展政策和发展规划的原则要求,结合我国有色金属加工工业发展环境和公司的优劣势,借鉴同类国际跨国公司以合理产业链提高企业抵御市场风险能力的经验,考虑我国有色金属矿资源短缺、国内有色金属发展现状及初加工产品的市场需求预测,为节约资源,提高资源利用率,发展循环经济,实现人与自然的协调发展,QMX公司高层明确了指导思想并制定了公司的总体战略。即在全球范围内整合资源,扩大规模以适应国内宏观调控和产业政策的需要;上游控制资源,稳定原材料、能源供应;下游选择开发高附加值的深加工产品,扩大产品生产线,提供差异化产品和服务,创新盈利模式,提高企业竞争力与盈余能力;多元化经营,参与国际贸易和融资,融入全球有色金属工业价值链,实现从生产型企业到经营型企业的转变。

2. 总体战略定位

未来几年,公司应充分发挥设备先进、机制灵活以及地区能源资源充沛等优势,抓住产业调整带来的机遇。一方面,控制上游资源,拓展下游产业链,尽快发展壮大自己;另一方面,积极拓展机制创新、技术创新和管理创新,进一步降低产品成本,提高产品附加值,锁定客户资源,使公司在较快增长的同时保持较高的盈利水平;到2010年,努力把公司建成集能源、冶金、加工与贸易为一体的,面向全球市场的、具有核心竞争力的、可持续发展的大型有色金属集团。公司总体战略目标应在此基础上制定、完善并最终实现。

3. 总体战略目标

资产规模目标:保持公司总资产的快速增长,到2010年,使公司总资产达到150亿的规模。

营销目标:以市场为导向,创新营销模式,积极开拓新的市场区域和产业用户,搭建相适应的营销平台,到2010年,公司的销售收入达到150亿~180亿元人民币。

利润目标:强化成本控制,提高产品附加值,到2010年,力争达到税前利润20亿元人民币。

生产目标:到2010年,在生产规模方面达到年产90亿元;在技术经济指标和生产成本方面,处于全行业领先地位;在产品结构方面,近期主要以坯料加工为主,中远期发展具有高附加值的特色深加工产品,

加工产品达到公司总产品的 80% 以上，并在某些细分市场处于市场领先地位。

投融资目标：引入战略合作伙伴，灵活运用各种融资手段，以资金运作作为核心，拓展贸易、金融等相关业务，建立并完善融资和套期保值平台，为公司发展提供所需的资金支持，上游控制原材料和能源资料，横向扩大产能，并积极寻找机会进入下游深加工产业。

研究与开发目标：加强研发队伍建设，加大研发投入，不断更新、改进工艺设备，以市场为导向研究开发高附加值产品，各项工艺技术指标处于国内领先、国际一流水平。

4. 战略实施步骤与过程

公司总体战略目标长远，需分段实施，不同阶段具有不同特征，应选择不同的竞争战略。在分阶段实施的具体步骤上，QMX 公司运用产业价值链模型和 SWOT 矩阵分析确定了相对应的“三步走”战略。

首先，公司对于所在行业的产业价值链进行分析得出以下论断：当前行业价值链较短，上下游之间的关联度非常高；在整个产业链中，原材料和初加工产品的生产是关键，产量和价格是整个产业的核心指标，公司产业价值链可以表达为：上游原材料供应（Supply，S1）→中游初加工产品生产（Manufacture，M）→下游初加工产品的销售（Sell，S2），即供（S1）→产（M）→销（S2）三个环节。公司构造了表 5.12 所示的产业价值链模型，并对各种情形进行了分析，得出了相应对策。

根据公司对行业分析状况的分析，目前，产业链供需矛盾焦点正在从上游的原材料环节向下游的初加工产品环节转移，但由于上游原材料的供给集中度较高（基本属于寡头垄断），导致这矛盾焦点转移的过程在一定程度上延缓。原材料价格回落的时间会被推迟到 2006 年下半年，从 2007 年开始出现过剩，预计在未来两年内，原材料将开始出现过剩，价格也将缓慢下滑。在我国 GDP 平均增速大于 7.3% 的情况下，作为基础材料的初加工产品必将有较大的发展空，需求将会增加。据中国有色金属协会预测，初加工产品将在 2009 年出现供不应求的趋势，预计缺口在 90 万吨，缺口还会继续增大，在 2010 年达到 200 万吨。

表 5.12　产业价值链模型

条件	表象	对策
当 S1 > M 且 M < S2 时	上游供过于求，原材料价格下滑，初加工产品生产企业生产成本降低；下游初加工产品由于供不应求利润上扬	此时对初加工生产企业最有利，原材料供应和产品需求都有保障，并且改行业初级工产品同质化严重，故可选择横向一体化战略，扩大规模，增加现有市场份额，获得良好的发展
当 S1 > M 且 M > S2 时	上游供过于求，原材料价格下滑，初加工生产企业生产成本降低；但下游初加工产品需求在下滑长	此时初加工生产企业需延生产线，提高产品的附加值，可选择前向一体化战略，沿产业链向前延伸，努力扩大市场，增加市场份额
当 S1 < M 且 M < S2 时	上游原材料价格上扬，初加工生产企业生产成本提高；但下游产品需求仍然很旺	此时原材料的供应受到限制，可选择后向一体化战略，扩大原材料选购渠道，控制原材料资源，保证原材料的供应

由此看来，与产业价值链模型第一种情况 S1 > M 且 M < S2 相吻合。因此，公司高层认为，首先在战略实施的第一阶段，公司需要凭借自己独特的优势采取进攻型的竞争战略，寻找有利的合作伙伴，形成战略联盟，将产能扩大到 45 万吨，以成本领先战略挑战与自己规模、实力相当的企业，或比自己弱的企业，进一步夺取市场。同时，公司重视产品和技术的开发，及时地掌握环境和市场的变化，以争取在新的市场中取得有利的竞争地位，成为新领域领导企业。

其次，公司采取了战略分析的常用方法 SWOT 分析法，分析竞争对手的情况，制定了公司未来发展战略。QMX 公司利用 SWOT 阵距对自身优势（S）、自身劣势（W）、外部机会（O）和外部威胁（T）进行了综合分析得出公司目前内、外部情况机会和威胁并重，见表5.13。

表5.13 SWOT矩阵分析

	自身优势(S) 1. 能源优势；2. 人力资源优势；3. 装备一流，技术指标先进；4. 信息化程度水平高，ERP系统已经运行；5. 管理水平在国内一流；6. 经营创新能力高；7. 具有较强的研发能力	自身劣势(W) 1. 产业链不完整，原材能源受限制；2. 资金紧张，目前的融资手段不能支撑公司经营和发展需要；3. 相对国际、国内大型同类加工企业，公司规模较小，规模效益不突出；4. 远离原材料产地和产品销售市场，运输成本相对较高，库存量相对较大
外部机会(O) 1. 近年，随着国内经济的发展，国内、国际市场投资激增，2007年之后，原材料的供求关系发生逆转，原材料的价格将逐步走低，该类产品的需求旺盛；2. 原材料投资激增，原材料价格将逐步走低；3. 2007年之后能源有过剩趋势；4. 公司所在区域的产品深加工能力有所提升，使企业就近能够获得稳定的大客户；5. 政府宏观政策的调控将扩大企业的市场空间并使企业有可能获得低成本扩张的机会	SO战略 (增长性战略) 发展内部强项 抓住外部机会 最佳战略——迅速扩大生产规模，在现有产能的基础上，利用已有的基础设备，将产能扩大到45万吨，达到规模经济要求，争取在2007年投产，赶上该类产品供小于求的繁盛时期	WO战略 (扭转型战略) 抓住外部机会 解决内部弱项 最佳战略——合作化战略，通过合作解决资金紧张、原材料采购价格不可控和供应不平稳等问题，促进公司快速发展；同时，合作化战略还可以给公司带来管理水平的提高、技术方面的优势
外部威胁(T) 1. 原材料处于相对垄断状态，使企业受供应商的牵制；2. 公司所处行业正在加速整合，一些规模较小、竞争力较弱的企业将会面临淘汰和整合；3. 随着大型同类企业纷纷进行产业链一体化，会削弱公司能源成本优势；4. 由于原材料涨价及国家宏观调控政策，使得行业整体盈利性减弱；5. 由于产品同质性，客户的特定性，将会给企业带来市场风险；6. 将来将会出现替代品和国际进入者威胁	ST策略 (多种经营战略) 发挥内部强项 避开外部问题 最佳战略——一体化、多元化战略，即公司充分发挥自身优势去克服外部威胁。其中，一体化战略包括前向一体化战略和后向一体化战略。前向一体化战略是进行产品深加工，延长生长线，提高产品的附加值、占领细分市场。后向一体化战略解决扩大产量带来的原料、能源供应问题，降低成本。多元化战略是进行相关产品的深加工和能源一体化，解决产品单一化带来的市场风险，继续保持能源优势，提高整个企业的竞争力	WT战略 (防御性战略) 避开外部问题 解决内部弱项 最佳战略——加强内部管理、外部合作，克服弱点和威胁。一方面加强内部管理提高企业的竞争力；另一方面，要通过合作，克服外部威胁

随着其他同类大型企业的发展、能源过剩以及能源管理监控力度的加大,公司目前的优势将会逐渐削弱。公司在强化自身优势的同时,应与拥有原材料资源和能源资源的企业结盟,尽快扩大生产规模,整合产业链并在此基础上分阶段推行一体化、多元化战略,建成具有多元化核心竞争力、可持续发展的现代化大型有色金属集团,即"三步走"战略。

综合产业链模型和 SWOT 矩形分析结论,QMX 公司"三步走"战略具体实施步骤如下。

第一步　实施合作战略、扩大产能

(1)与具备能源、资金和技术实力的企业合作。公司通过与具备一定能源、资金和技术实力的企业合作,实现资源共享、风险或成本共担、优势互补的特定战略目标,在保持自身独立性的同时,通过股权参与或契约联结的方式建立较为稳固的合作关系,并在某些领域采取协助行动,取得双赢的效果。

(2)扩大产能到 45 万吨。在合作战略实施的前提下,公司将产能扩至企业较佳的经济规模——45 万吨一年,这是企业目前在宏观经济形势、产业政策和行业未来竞争态势下的必然选择。

(3)优化产品结构、拓展营销平台。随着公司产能的扩大,产品结构也应趋于多元化。目前行业加工产品的结构性过剩和结构性短缺同时存在,必须积极调整产品结构。市场方面,采取与下游加工企业合作,提供材料加工,锁定客户,并利用下游加工企业富余生产力,进行委托加工,丰富自己的产品线。同时结合公司实力和技术状况,在本阶段的产品加工以初加工产品为主,并积极开发具有国际竞争力的、高附加值和高技术含量的中间产品。

同时,随着生产规模的扩大和产品结构的调整,销售量将大幅度增加,会有大量的多品种、小批量的订单销售业务;深加工的开展延长了产品的生产周期,应积极采取各种手段极力避免市场波动对公司收益的影响;公司还需要通过贸易融资获取公司运营发展所需要的低成本资金。最后,全球经济一体化、资源短缺、技术进步和需求多样化,使行业竞争日益激烈,企业面临着缩短交货期、提高产品质量降低成本和改进服务的压力,公司应积极开展跨国贸易和融资活动,积极融入行业全球价值链中,尽早搭建大市场营销平台,尽快提升其核心竞争力,尽早才资源加工企业转变为面向全球的、具有核心竞争力的经营企业。

第二步　完善产业链、规模扩张战略

公司的第二步战略是控制上游资源,同时向下游产品深加工拓展,建成可以与国内外大型企业抗衡的完整产业链。当公司实力达到一定程度,结合行业环境变化,考虑继续扩大生产规模,将产能扩大到 90 万吨,销售收入达 180 亿元,使公司在规模上更加具有竞争力。

(1)后向一体化战略。主要是通过投资上游原材料、能源来获得稳定廉价的资源。同时由于有色金属矿产资源稀缺,国家严格控制矿产资源的开采和进出口,这势必加大后向一体化战略的实施难度,相反,由于公司的特殊环境和背景,使得控制能源资源变得容易。

(2)前向一体化战略。是以企业初始生产经营的产品(业务)项目为基础,企业生产经营范围的扩展沿着生产经营链条向前延伸,使企业的业务活动更加接近最终用户。即发展深加工业务,提高产品的附加值,涉足深加工产品的分销和零售环节,实现生产企业与客户间的联合,促进和控制产品需求,搞活市场营销。实施前向一体化战略,从市场层面来说,主要是为了获取下游产品的增值利润。从政策层面来说,有进出口政策改变的压力;从企业层面来说,则应重视产业链理念的构建。

前向一体化战略作为一种纵向扩张性战略,公司须具备一定的经济实力和技术积累,需在合作战略实现的基础上实施。同时,前向一体化战略也是公司完善产业链、提高产品附加值、贴近最终用户的需要,它要求公司选择合适的深加工产品,进入一个或多个有利的细分市场,公司的资金、技术、设备、人力资源以及营销和渠道必须满足新产品和细分市场的需要。

深加工市场细分日益明显,公司以深入细致的市场调查为依据,结合自身的比较优势,准确定位,选择部分市场潜力大、企业能获得比较优势的项目,把产品做细做精,把市场做大做强,在激烈的市场竞争中,以专长绝对优势取胜于专业品种市场。

(3)横向一体化战略。从长远来看,国家对整个行业的调控,十分有利于符合国家产业政策、拥有能源优势和技术优势的大型企业的发展。横向一体化战略就是在现有生产规模45万吨的基础上,扩大产量,争取2010年底达到年产量80万吨,充分利用企业现有资源达到规模经济最优。由于市场的不确定和难于预测性,扩大规模同时也加大了企业的经营风险。

横向一体化的战略实现的条件是要有充足的资金,以及产品市场需求旺盛。据权威机构预测,未来5~10年,我国对该行业有色金属的需求将以年平均11%的速度增长,在2009年我国将出现90万吨的缺口,这是扩大产能的外部机会。另外,公司也可借助合作公司强大的营销网络销售产品。

第三步　建设现代化大型经营集团

随着公司实力的增强,为保持并提升自身的战略地位,建成现代化的大型有色金属集团,完成从生产型到经营型的转变,公司应进一步完善企业的产业链、建立完整的物流体系及高效供应链,以资金运作为核心,拓展贸易和金融等相关业务,完善企业融资和套期保值平台,实现金融资本与生产资本的融合,以此带动核心业务发展,推行国际化战略,打造富有特色的管理和经营模式,培育企业的核心竞争力,并最终形成持续盈利能力。

资料来源:揭筱纹. 战略管理——概念、案例与分析[M]. 北京:清华大学出版社,2009.

研讨问题

1. QMX制定战略的内部依据是什么?
2. 你认为该企业所制定的战略是否正确和可行?有何新的建议?

第六章　企业竞争优势分析

■ 大师论语

战略就是实现竞争优势。

——日本管理学家　大前研一

战略的核心在于以快于竞争对手模仿的速度，为自己建造明天的竞争优势。

——管理学家　普拉哈拉德和哈默尔

可持续竞争的唯一优势来自于超过竞争对手的创新能力。

——美国管理顾问　詹姆斯·莫尔斯

■ 本章学习目标

- 竞争优势的含义及其性质
- 竞争优势的基本理论
- 竞争优势对战略分析的重要意义
- 竞争优势的内生论和外生论
- 持续竞争优势与核心能力的关系
- 企业动态竞争理论

■ 引例

分众传媒创造竞争优势

分众传媒之所以在短时间内得到迅速发展，离不开该公司对商机的准确把握。“广告什么时候最有效？当人们处在比广告更无聊的时间和空间的时候。”分众传媒首席执行官江南春如是说。正是由于分众传媒首先意识到人们处在电梯中无聊时光所隐藏的商机，及时消化理解，迅速进入楼宇视频广告行业抢占市场，才有了分众传媒辉煌的今天。

分众的前身永怡传播公司，是国内领先的民营本土广告代理公司。随着广告代理产业的相对成熟，市场竞争也日趋激烈。就在这个时候，江南春顿悟出一个新的商机领域。受众所接触的广告大都来自电视、平面纸质媒体、户外广告、互联网等一些大众化的传媒，但随着快节奏工作方式的普及，很多上班人士无暇顾及这一类广告。如何能让匆忙的白领阶层自然地留意于精彩的广告呢？此时，江南春给出创意，把液晶电视广告安插在能使这样一群人在一个特定的时间和空间里毫无干扰地欣赏的地方。正是这样一个创意的实施，分众传媒作为一个市场先行者开始拓展商务楼宇液晶屏广告业务，开发了创新性广告传媒平台。

因此，分众传媒与传统媒体相比，优势在于利用“无聊”商机所产生的差异化。传统的大众传媒受众目标过于分散，其广告有效性在日益快速的生活节奏下逐渐降低，满足不了一些特定人群的特定需求，而分众的出现正好可以弥补这种弱点。其创新性的另一个特点是采用液晶广告的方式，循环滚动播放，有效地提高了广告的覆盖度。正是基于这种差异化经营，分众传媒才得以出奇制胜，在成熟的传统广告市场上攻占一块很大的份额，并且日益壮大。差异化并非一定要有技术上的创新。正如波特所言，其他因素也常常可以导致差异化，如在活动的广度和竞争空间上。分众传媒的运作方式，可以认为是在竞争空间上实现了差异化。

不仅如此，分众传媒之所以能够成为行业龙头老大，还在于不断创造新的竞争优势，享受着作为行业领导者所带来的巨额利润回报。

一是借风险投资推动分众传媒的规模经济。2003 年 5 月，分众传媒赢得了国际知名的战略投资基金软银的巨额投资，并借资本之力在全国展开"圈楼活动"。与此同时，继续进行"圈钱"运动。2004 年 4 月，鼎晖国际 CDH 和另一家国际知名风险投资基金 DFJ 再次注入1 250万美金到分众传媒，推动其全国楼宇广告网络的深度覆盖。2004 年 11 月，美国最大的投资银行高盛公司、欧洲最大的风险投资基金 3i 又投入3 000万美金，成为分众传媒第三轮的投资者，从而使 2004 年度分众融资总额上升至4 250万美金，创造了 10 年来国内广告传媒私募融资的全新纪录。2005 年 10 月分众再次运用资本的力量，以超过 1 亿美元的价格收购了国内最大的电梯平面媒体"框架媒介"100% 的股权，从而顺利分享了"框架媒介"所拥有的 4 万部电梯和4 000万日均覆盖量。不久分众媒介又收购了全国排名第四的边界液晶屏业务。完成上述战略性的资本收购后，分众传媒在原有的网络基础上又新增了高档公寓媒体资源，使分众传媒日覆盖率和有效接触率迅速提高。

二是垄断性的资源占有，提高了市场进入壁垒。对稀缺资源的垄断占有是构筑进入壁垒的重要途径之一。楼宇电视行业本质上是一个资源竞争型行业。商业楼宇是稀有的不可再生的资源，由于合同都是独家性的，往往谁先占据后，其他人很难进入。分众传媒在风险投资的大力推动下，在全国各地迅速高效地占据了这项稀缺资源。2005 年 3 月，CTR 对国内楼宇电视市场运营商份额作了一次全面的调查，结果显示以楼宇覆盖量计算，分众占据70%，而以液晶电视数量比较，分众占据 77%，分众在被调查的 13 个城市均保持了强势地位。分众传媒尤其注意对高品质楼宇的占有。根据全球最大的不动产管理集团高力物业所提供的中国十大城市 TOP50 写字楼排行榜中，分众基本占据了 75% 以上的份额。分众在楼宇液晶电视市场的占有率加之其在流动场所如商场、宾馆、休闲娱乐场所的交叉覆盖，已能够做到对楼宇广告受众 85% 以上的到达率，覆盖已较为充分，分众传媒已经成为众多广告主的优先选择，给竞争者制造了难以逾越的市场壁垒。

三是目标集中优势。分众传媒所实施的是差异化集中战略。分众传媒把在写字楼上班的中产阶级设定为广告目标群体。这样的定位有着科学的根据。随着中国经济快速发展，社会阶层发生了巨大变化。城市中产阶层（月收入3 000 ~ 10 000元）迅速形成和崛起，财富阶层（月收入10 000元以上）迅速扩大和年轻化。中产阶层和财富阶层是高档和时尚商品的消费主力，是广告主市场营销的理想对象。分众传媒创造的楼宇电视正是把目光瞄准了传统媒体所不能充分覆盖的中高收入人群。这部分人群每天清晨上班，在办公室忙碌一天，晚上很晚回家，较少关注一般的报纸广告，也无暇去看电视广告，他们所能接受到的广告信息有限，但是这一类人，又恰恰是某些品牌和商品的主力和重度目标消费群体。分众传媒正是抓住了这样一个被大众市场忽略的细分市场，开创了吸引消费者眼球的分众传媒新模式。作为一个精确针对白领和精英阶层的媒体，其未来不可限量，因为城市化的进程使写字楼、公寓和商场已经成为市民最主要的工作与生活的活动区域。与此相对的是，传统的大众传媒尽管能对大众市场进行大范围广告宣传，但是在满足特殊市场需求方面表现欠佳，这也正是分众在细分市场和集中化战略上的优势所在。

四是关联与多元化优势。较之其他媒体，分众传媒拥有关联与多元化发展上的优势。分众传媒自成立以来，首先开拓的是商务楼宇广告市场。并且在未来几年中，分众传媒还将继续实现楼宇数与LCD数翻番，不断巩固这一市场。但是，由于楼宇广告市场经过几年的发展，相对比较成熟，成长速度减慢，分众以其战略性的眼光，开始推动旗下别的信息传播平台的发展，逐步涉入其他领域，开创新的利润增长点。例如，推出针对中国最高端人群的高尔夫联播网和针对商旅人士的机场巴士联播网，以及2004年底分众传媒全面推出的中国卖场电视联播网。由于分众在商务楼宇市场上的优势，进军卖场以及其他新领域将会更加容易。正如同波特所说，企业可以利用已有优势有效整合新的资源，从而比其竞争对手更少地克服阻力。毫无疑问，分众如若仅仅局限于商务楼宇领域，可以预想其潜在的商机是有限的。而当分众传媒的多元业务齐头并进，互为支撑，充分发挥关联和多元化竞争优势的威力，分众传媒将迎来新一轮的高速增长。

资料来源：希尔、琼斯、周长辉，《战略管理》，中国市场出版社，2007.

第一节　企业竞争优势的含义和性质

一、企业竞争优势的含义

企业竞争优势，是企业界、产业界和理论界都普遍关注的问题。然而，迄今为止，人们对竞争优势的含义和性质看法不一，形成了不同的流派。竞争优势作为战略理论研究的核心问题，在很大程度上可归因于波特教授的三部著作的影响和推动，即《竞争战略》(1980)、《竞争优势》(1985)和《国家竞争优势》(1990)。但波特在他的著作和论文中，并未给出竞争优势内涵以明确定义。同时，我们也注意到，在浩繁的现代管理著述中，对竞争优势概念本身的关注也相对较少。如何正确理解竞争优势的含义？竞争优势的性质是什么？这还得从前人对竞争优势的引入及理解出发，去理清竞争优势的来龙去脉，从中把握竞争优势的真实含义。

竞争优势概念最早是由英国经济学家张伯伦(E. Chamber lin)在1939年的著作《垄断竞争理论》中提出的。从词义上来看，韦氏英语词典将“优势”定义为一种优越的位置或情形，或者由于某种行为而产生的利益。关于“竞争”的概念问题，在《新帕尔格雷夫经济学大辞典》中，诺贝尔经济学奖获得者、竞争理论大师乔治·斯蒂格勒认为：“竞争系个人(或集团或国家)间的角逐，即两方或多方力图取得并非各方均能获得的某些东西时，就会有竞争”。既然竞争是一种排他性的经济行为，那么肯定有一些企业在竞争中获胜，也就是相对其他企业而言表现出一定的优势。这种优势应该是竞争的结果，而不是过程，其所表现的是一种相对优越的状态。由此看来，所谓的企业竞争优势就是在竞争过程中，企业相对于其他企业获得目的性资源所表现出来的优越性状态或地位。

首次把竞争优势概念引入到战略管理中来的是战略设计学派的代表人物是安德森

(Alderson,1965),他在战略制定的SWOT分析框架中,提出了企业优势的概念,强调从企业所处的环境及自身拥有的资源中寻找企业相对优势。

霍费(Hofer)和申德尔(Schendel)也是较早提出竞争优势的战略管理研究学者,他们认为企业竞争优势是一个企业通过其资源配置而获得的相对于竞争对手的独特的市场位势。

波特(M. Porter,1980)对竞争优势进行了系统研究,波特首先指出:"竞争优势是竞争性市场中企业绩效的核心,然而经过几十年蓬勃的扩张和繁荣,很多企业在追求疯狂的增长和多元化经营的过程中,将竞争优势抛于脑后。今天,竞争优势的重要性前所未有。全世界的企业都在面临增长的减慢和来自全球化的竞争,而竞争者们已不能在似乎不断增大的馅饼足够分享的前提下经营了。""企业在市场上的竞争优势有两种基本形式:成本领先和标新立异。竞争优势归根结底来源于企业为客户创造的超过其成本的价值。价值是客户愿意支出的价钱,超额价值产生于以低于对手的价格提供同等的效益,或者所提供的独特的效益补偿高价而有余。"

巴尼(J. B. Barney)认为:"当一个企业能够实施某种价值创造战略而其他任何企业和潜在的竞争者不能同时实施时,就可说该企业拥有了竞争优势。"

戴维·贝赞可(D. Besanko)等人认为,竞争优势是指"厂商具有在行业中业绩出众的能力,也即是赚取比同行更高利润率的能力。""一个很好满足消费者需要但同时牺牲了股东利益的公司不会有真正的超过竞争者的优势,而当一家企业获得了超过本行业平均利润的利润率,该公司就获得了竞争优势。"

L. J. 布儒瓦第三等认为:"竞争优势是一系列要素或能力,它使得企业一直比竞争对手业绩要好。"

国内学者对竞争优势也有不同的理解,比较有代表性的观点是:

一种观点认为(蒋学伟):企业竞争优势就是指一个企业在有效的可竞争性市场上向消费者提供具有某种价值的产品或服务的过程中所表现出来的超越或胜过其他竞争对手,并且能够在一定时期之内创造市场主导权和超额利润或高于所在产业平均水平盈利率的属性或能力。

另一种观点认为(周晓华、项保华):首先竞争优势应当是企业在市场竞争中存在的优势。竞争虽然存在不同的层次,但竞争优势最终应当体现在为顾客提供的产品和服务上。因此,离开市场或离开产品、服务,谈论竞争优势是没有意义的。只有让市场中起决定作用的顾客认知企业的产品或服务,企业才能真正获得生存和发展的空间。从这个意义上看,竞争优势是企业最重要的市场属性。它是企业为顾客创造出比竞争对手更多的顾客价值,而顾客价值是顾客认知的利益与顾客认知的成本之间的差值或比值。其次,竞争优势是企业竞争力的外在表现,而企业的资源能力只是企业竞争力的内在属性。

纵观上述研究我们可以得出以下两点认识:

(1)对竞争优势的理解不外乎三大类型:一是从竞争结果上理解,把企业的竞争优势定义为企业在竞争的产品市场上较其他竞争企业有优越的地位或状态,具体表现为顾客的满意、顾客的忠诚、较大的市场占有份额、高于行业平均水平的利润率;二是从企业竞争力方面来理解,把竞争优势定义为获取比同行更高的盈利水平的能力或属性。这一定义实际上与企业的竞争力概念相混淆;三是从竞争优势的来源来定义,认为竞争优势是一系列要素和能力。这一定义显然与企业竞争优势的来源相混淆。

(2)之所以出现如此多的竞争优势的定义，是因为混淆了企业资源能力、企业竞争力与竞争优势三个相关概念。基于以上分析，我们认为应从竞争结果来界定企业竞争优势，即竞争优势就是企业在产品市场上与同行竞争时运用其独特的资源和能力所表现出来的优势地位或状态，这种优势地位或状态具体体现在较高的顾客满意度、较高的顾客忠诚度、较高的市场占有率、较高的盈利率。具有竞争优势的企业一般是由于其有较强的竞争实力。

在这一定义中，有以下几点需要强调：

(1)竞争优势是与同行企业相竞争而产生出来的。竞争优势总是在一定竞争环境中与竞争企业较量中显示的。企业在国内市场上的竞争优势是相对于国内的竞争环境和同行企业来说的，这样的企业在国外市场上，未必就还有优势，因为不仅竞争环境变了而且竞争对手也扩大了，甚至对手的实力也强大一些。如联想在国内电脑市场上与国内同行相比很有优势，但到国际市场上由于会遇上更强大的跨国企业的对抗，又加上国际市场上消费者的需求特点、风格、使用环境等不同，其可能就表现不出竞争优势来。

(2)在这里所说的竞争优势是指企业在产品市场上与同行竞争所表现出来的产品竞争优势，不是企业内部的资源或能力优势。竞争优势不是指竞争优势的来源，也不是指企业整体的综合实力，而是指企业在产品市场上与同行竞争所表现出来的优势，这种优势是显性的。企业竞争优势的来源是多种多样的。企业在这些来源上的实力与同行相比较，也可能表现出优势（这就是 SWOT 分析中的优势），这些优势只是潜在的优势，如企业具有的技术优势、资源优势、组织优势等，但这些潜在的优势只有加以利用，并用来与竞争对手争夺市场或其他资源时才会转化为企业在产品市场上的显性竞争优势。竞争优势是企业运用战略和一系列策略在产品市场上获取和保持的有利的市场地位。这种有利的市场地位随着其他企业的模仿或进攻，或环境的变化，会逐渐丧失，因此企业要持续地发展和保持竞争优势，要么在原产品市场上维护和加强，要么在新的竞争平台上培育开发新的竞争优势，实现竞争优势的不断演化和发展。

(3)具有优势的企业往往拥有较强的综合实力或竞争力。这一较强的竞争力可以具体表现在规模、品牌、商誉、赢利能力和市场营销能力等上。这些因素的综合才是企业在市场上表现出来的实力或竞争力。在产品市场竞争中有较强竞争力的企业会在市场上表现为竞争优势。

二、企业竞争优势的性质

认识竞争优势的性质，特别是在动态环境下企业竞争优势的特性，对于我们研究动态环境下企业竞争优势问题，如动态环境下企业竞争优势的可持续性问题，是非常重要的。对于竞争优势的特性，现在的研究成果不多。企业竞争优势是一个复杂的概念，具有多方面的性质。

(1)这种较之于竞争者的有利地位或竞争优势的产生，固然与环境有关，但它主要还是以企业内生性资源和能力为基础。所谓内生性竞争资源和能力是指源于企业内部组织、文化、机制、人力等要素的运作而产生的竞争能力。这种内生性竞争能力对企业价值增长具有贡献、具有稀缺性、不可复制性和难以替代性（巴尼，1995）。

(2)特定的竞争优势价值的有限性。基于内生性资源和能力的竞争优势在一定的环境条件下是不好模仿和学习。但是，不好模仿和替代并不等于永远学习和替代不了；再则是随着科学技术的迅速发展和人们消费口味的不断变化,将会使得企业现有的竞争优势在未来的环境要求下贬值,甚至消失转换。因此此时表现为优势彼时可能不再是优势,甚至是前进的绊脚石。GE 公司当年在晶体管制造上具有优势,在半导体发明出来后随即快速贬值;IBM 在大型计算机业务上具有多方面的优势,但这种优势在个人电脑业务上无法使用。

(3)构成长期竞争优势资源要素的无形性和组合性。由于建立在有形资源上的竞争优势易于模仿和学习,真正构成企业竞争优势特别是长期竞争优势的资源,只能是不易学习和模仿的无形资源和能力,在管理实践中,许多因缺乏必要的无形资源支持的有形资源的扩张导致企业陷入困境。另外,企业竞争优势是多种竞争要素的组合,企业在最终产品上的竞争从来就不是某一要素的竞争,而是多种竞争要素的组合竞争。单一要素的竞争优势不仅难以持续,而且容易使企业陷入恶性竞争之中。

(4)竞争优势的相对性。①对显性竞争者有优势不一定对潜在的竞争者有优势;②对现在的竞争者有优势不一定对未来竞争者有优势;③一个企业的竞争优势是相对于一定时空条件和一定需求性质和特点来说的。此时此地显优势,在彼时彼地就不一定还显优势。因此,企业竞争优势实际上是相对优势,表现在时间相对性、空间相对性和竞争要素相对性三个方面。

(5)竞争优势既有静态性的一面,更有动态性的一面。竞争优势的静态性是指竞争优势都是在特定环境下建立的,反映的是企业在该条件下比竞争对手在市场上具有的相对优势。这一优势虽可以通过隔离机制得以维护,但在环境的动态变化下不可能永远维持下去。竞争优势的动态性表明,企业只有不断创新、不断创造出新的优势才能长期处于竞争优势地位。任何竞争优势在动荡的环境下都是暂时的,企业要想在产品市场上长期保持竞争优势地位,就得不断地根据环境的变化不断地创造新的竞争优势,即培育新的符合新环境要求的竞争优势。由于路径依赖性,新的竞争优势一般在原有竞争优势的基础上形成并提高。因此,从这个意义上说,动态竞争优势的概念比持续竞争优势的概念更加准确和重要,特别是对处于动荡变化环境中的企业更有现实指导意义。

【阅读资料】

企业竞争优势理论综述

企业竞争优势理论是以企业竞争力为核心展开的。从 20 世纪 80 年代初世界经济论坛组织达沃斯会议,与会的各国企业家、银行家、经济学家和政府官员提出"什么是企业竞争力及企业国际竞争力"的问题以来,企业竞争优势理论研究就被广为关注。经过数年努力,对企业国际竞争力(包括企业竞争力)的研究在 1986 年初步形成了相对独立的体系。1989 年世界经济论坛与瑞士洛桑国际管理开发学院开始携手合作共同进行国际竞争力的研究,从而大大推进了企业竞争优势理论的发展。至今,有关企业竞争优势理论的研究层出不穷。国内外学者在不同时期从各自信奉的学派出发提出了不同观点,主要有以下几种:

1. 基于自然禀赋、生产条件的古典竞争优势理论

这种理论认为国际竞争优势取决于该国或地区生产要素,即劳动力、资金及自然禀赋等方面具有的相对优势。斯密(Adam smith)的企业国际竞争优势思想是通过国与国之间

的分工优势来阐述的。他认为各国都应该按照各自有利的自然禀赋或后天有利的生产条件进行分工和交换,二者都可以形成该国生产上的成本优势,从而在国际市场上具有价格优势。这样将会使各国的资源、劳动力和资本得到最有效的利用,从而提高劳动生产率和增加物质财富。由于他的理论是建立在绝对有利的生产条件上的,人们称之为“绝对成本理论”(Theory of Absolute Cost)。李嘉图(David Ricardo)继承了斯密的优势原理学说,但他更强调比较优势或比较成本原理。他认为在国际资本与劳动力不能自由流动的情况下(假设条件),即使效率最低,成本最高的国家也有自己的比较优势;同时,效率最高,成本最低的国家也有自己的比较劣势,开展国际分工从而进行国际贸易可以节约各国的相对资源(劳动力和资本),因此国际贸易对双方都是有利可图的(Theory of Comparative Cost)。这样,李嘉图说明了在各国生产条件对比中绝对优势之中还有更有利的比较优势,而绝对劣势中仍有比较有利的比较优势。由此可见,古典经济学认为企业的竞争优势来自于各国的自然禀赋及后天的有利生产条件的相对成本。赫克歇尔和他的学生俄林在李嘉图的比较优势理论基础上提出了要素禀赋说。他们认为一国(企业)生产某种商品是否具有比较优势是由该国的要素禀赋决定的:一个资本比较丰裕的国家,趋向于生产和出口资本含量丰裕的产品,因为这种要素供应量比较充足,相对比较便宜,因此生产成本较低,因而产品价格相对较低;而进口国此要素较为稀缺,供应量较少,因而生产成本较高,从而产品价格也相对较高。正因为各国这种要素禀赋的不同,导致生产中投入的各要素比例不同,各国生产产品的成本的不同,从而导致各国企业产生竞争优势上的差别。马克思则从劳动价值论出发,认为各国(企业)的竞争优势取决于该商品中价值的含量。

2. 基于制度的竞争优势理论

这种理论认为经济体制是企业竞争优势形成及发展的动力,一个国家或地区企业要增强竞争优势,首要任务是缔造适应企业、本国市场发展的经济体制。(1)历史学派的观点。费里德里希·李斯特(Friderich List)的理论核心是生产力理论,其政策的核心是实行保护关税制度,反对自由贸易制度。他把“国民生产力”分为四种类型:①人的生产力;②自然的生产力;③社会的生产力;④物的生产力。他认为前二者要发挥作用必须在一定的社会秩序条件下,即在第三种生产力,也就是在一定的“社会的、市民的、政治的状态和制度下”进行。如果社会生产力混乱,其他因素就不能发挥作用,国家也不会富裕。因此他说:“财富的生产力(主要指制度)不知要比财富本身重要多少倍。”作为历史学派方法论的奠基者罗雪尔(Wilhelm Roscher)认为国民经济学的任务在于说明一种经济制度在当时为什么和怎样是合理的和有益的,而现时为什么会逐渐变成不合理和有害的东西。经济政策必须与一国的国情相吻合,他认为“一种经济理想不能适合每一个国家人民的不同的种类的欲望,正如一件上衣不能适合一切人的身材一样。”19 世纪 70 年代的新历史学派不仅强调政治、法律等正式社会制度对经济发展的作用,而且把道德伦理因素等非正式社会制度看做经济活动中的决定因素。施莫勒(Gustav von sohmoller)和瓦格纳(Adolf wagner)是其中突出的代表。(2)制度学派的观点。道格拉斯. C. 诺斯(Douglass. C. North)1968 年 10 月在《政治经济学杂志》上发表了《1600—1850 年海洋运输生产率变化的原因》一文,经过对海洋运输成本的多方面统计分析发现,尽管这一时期海洋运输技术没有大的变化,但由于船运制度和市场制度发生了变化,从而降低了海洋运输成本,最终使海洋运输生产率大有提高。罗纳德·科斯(Ronald Coase)在他的不朽著作《企业的性质》一文中阐述的核心思想,就是企业存在的原因是因为企业这种制度组织能够节约市场交易费用。刘易斯从发展中国家的现实出发，揭示了制度因素在经济增长和发展中的作用，并把制度作为经济发展"内生变量"来分析。西蒙·库兹涅茨（S·Kuznets）（1971）在关于经济增长源泉的分析上，也强调了制度的重要性。经济增长可以定义为不断扩大地供应它的人民所属的各种各样的经济商品的生产能力有着长期的提高，而生产能力的提高是建立在先进基础之上，并且需要制度上和意识形态上的调整。综上所述，经济历史学家和制度经济学家认为制度是形成一国企业国际竞争优势的关键，企业竞争力的强弱取决于经济体制及企业制度上的差别。他们认为企业的国际竞争优势来源于经济体制，发展中国家应遵循经济规律，推行工业化政策来消除现存的二元经济结构，从而实现经济结构的根本转变。

3. 基于资本积累的企业竞争优势理论

在发展经济学中占主导地位的是古典学派的结构变动理论，其中以刘易斯（Lewis）的"二元结构劳动剩余"理论和霍利斯·钱纳勒的经验分析模式为代表。刘易斯认为，实现发展中国家经济发展必须扩大城市工业部门，而城市工业（企业）的扩大，必须增进资本积累和技术进步，其中资金积累是主要的。刘易斯有一句名言："经济发展理论的中心问题是要理解一个由原先的储蓄和投资占不到国民收入4%或5%的社会本身变为一个自愿储蓄增加到占国民收入12%到15%以上的经济过程。"罗斯托（1960年）的"起飞"理论也强调了资金积累对经济发展的作用。他指出大多数发展中国家经济发展的主要阻力是资本形成问题，"起飞"有两个条件：（1）资本积累率达到10%以上；（2）建立"起飞"的主导部门（Leading Sectors）。由此可见，发展经济学派认为企业竞争优势来源于资本和技术的积累，特别是雄厚的资金。

4. 基于技术及其教育、创新的竞争优势理论

这种观点认为，企业的竞争优势来源于效率和技术创新，一国或地区的竞争优势的关键因素是该国或地区的教育制度和技术水平。美国经济学家希克斯（J·R·Hicks）（1932）认为，技术进步是提高劳动边际生产力从而也是提高工资的因素，也是提高资本的边际生产率，从而也是提高利润率的因素，即竞争优势来自于技术。钱德勒（chandler 1962）认为，企业的竞争优势来源于企业的外部环境，企业只有适应、改善自身的外部环境，才能求得生存与发展，外部环境包括经济、技术、社会文化、政府、法律等多个层面。美国经济学家丹尼森（Denison）（1974）认为，对经济长期增长发生作用并且能够影响增长率变动的主要因素有七类：（1）就业人数和它的年龄、性别构成；（2）包括非全日工作的工人在内的工时数；（3）就业人员的教育年限；（4）资本存量的大小；（5）资源配置状况；（6）规模节约；（7）知识进展。迈克尔·波特认为，竞争优势产生于一个企业能够为顾客创造的价值，来源于企业在设计、生产、营销、交货等过程及辅助过程所进行的许多相互分离的活动。普拉哈拉德（C. K. Prahalad）和哈默（Hamel）（1990）指出：企业核心竞争力是企业可持续竞争优势的源泉。核心竞争力包括3个要素构成：（1）企业产品和服务带给消费者的独特价值、效率；（2）企业的一系列产品；（3）其他企业难以模仿的能力。

5. 基于系统和组织观的企业竞争优势理论

组织与系统观认为，企业核心竞争力是企业在特定经营中的竞争能力和竞争优势基础的多方面技能、互补性资产和运作机制的有机融合，核心内涵是企业所专有的系统组织体系。正是企业这种专有的系统能力使其核心竞争力表现得独一无二，与众不同和难以模

仿。库姆斯(Coombs)认为,企业核心竞争力包括企业的技术能力以及将技术能力予以有效结合的能力。拉法(Raffa)和佐罗(Zollo)认为,企业的核心竞争力不仅存在于企业的操作子系统中,而且存在于企业的文化子系统中,根植于复杂的人与人、人与环境的系统关系中。因此,企业的竞争优势是企业核心技术、核心文化,特别是与企业组织能力的有机结合。鲍·艾里克森和杰斯铂·米克尔森认为,企业核心竞争力既是组织资本又是社会资本。组织资本是使企业提高对所承担任务协调能力的资产,而社会资本显示了社会环境作为系统的一部分对企业的重要性。

6. 基于知识资源、知识信息管理的竞争优势理论

该流派认为,企业核心竞争力是指具有企业特性的、不易外泄的企业专有知识和信息。竞争优势的基础是知识,创新来源于知识存量和知识流量,学习是竞争优势的核心。巴顿(Barton)是该流派的代表,他认为企业核心竞争力是企业独具特色的并为企业带来竞争优势的知识体系。它包括四个维度:技巧和知识基础、技术系统、管理系统、价值观系统。这四个系统之间存在较强的相互作用。麦肯锡咨询公司也指出,核心竞争力是某一组织内部一系列互补的技能和知识的组合,并能使组织一项或多项关键业务达到世界一流水平的能力。这一提法,强化了核心竞争力以知识的形式存在于企业各方面能力之中。知识是构成核心竞争力的特殊资源,由于不同企业之间存在知识的"异质性",决定了各自边际收益率的差别性。普斯格特和威斯克认为,信息是企业的核心资产,因为信息影响生产并与产品相伴而出,他们把信息分为四类:(1)雇员信息(人员——工作对应),包括每个雇员的能力和技术信息以及他们如何与他们所承担的职责相联系;(2)员工团队信息,包括如何建立最佳工作团队;(3)雇员的人力资本信息,包括在组织中哪些技能是有用的,哪些技能通过投资或努力可以变为有利的信息;(4)包括即将承担任务要求的生产效率信息。他们还认为企业行为、人的关系构成了企业的社会资本,社会资本包括企业文化和信息渠道,信息渠道是指组织中的个人通过非正式组织同社会进行交流的网状结构与关系,信息是企业竞争优势的关键部分。

从以上论述可以看出,不同时期不同的研究者从不同的角度,根据各自的论据与逻辑分析,对企业竞争优势问题的研究得出了不同的结论,丰富、发展了企业竞争优势理论,为后来者了解、研究企业竞争优势提供了有益的视角和理论基础。但他们的理论仅从各自的侧面去探索企业竞争优势,存在一些缺陷:基于传统资源(自然资源、生产要素等)的竞争优势理论明显不符合现代知识社会企业竞争力的实际状况;基于制度作用的竞争优势理论忽视技术作为生产力第一要素的作用,而基于技术及其创新的竞争优势理论又忽视了制度对技术进步、企业竞争优势的作用;基于系统组织观与知识观的企业竞争优势理论又过于抽象,笼统覆盖了企业的方方面面,不易被人理解和实际操作。

第二节　企业竞争优势的来源

一、企业竞争优势的外生论

企业的竞争优势,是指企业在与同行业企业的竞争中所表现出的相对于竞争对手的一种优势,依赖于这种优势,该企业可以获得超过该行业正常收益率的回报。所谓企业竞争

优势外生论，是认为企业的竞争优势主要是由企业外部的某些变量所决定的。这种观点在新古典经济学和管理学中都有反映。

(一)经济学中的竞争优势外生论

在新古典经济学中，企业被视作一个“黑箱”，是同质技术上的投入产出系统，实际上并没有企业的地位。在完全竞争的假设下，市场中的企业终究都是同质的，无所谓竞争优势。但是，现实中的同一行业中的企业之间存在着盈利差异是一个不争的事实。要对此做出解释，必须突破完全竞争市场的这一假设。因此，新古典经济学修正了假设前提，在不完全竞争市场结构（完全垄断市场结构、寡头垄断市场结构与垄断竞争市场结构）假设下，重新分析了行业市场，认为个别企业获得超额利润主要是由不同的市场结构所导致的。产业内存在着进入障碍和退出障碍、政府的保护与限制，产品的差异化所产生的相对垄断等，决定了企业的获利水平。美国哈佛大学的梅森(E. S. Masson)和贝恩(J. S. Bain)承袭了上述一系列理论研究，提出了现代产业组织理论的三个基本范畴：市场结构(structure)——市场行为(conduct)——市场效率(performance)，即所谓的S—C—P梅森—贝恩范式。

虽然梅森—贝恩范式所主要考察的是某一产业市场的结构、行为与绩效问题，它的基本目的在于制定产业组织政策。但是这一范式也注意到了企业间绩效的差异，并认为这种差异是由市场结构和市场行为所决定的。换句话说，由于市场结构、市场行为是存在于企业之外的，由此可以推论出企业的绩效（竞争优势）是外生的。

(二)战略管理学中的竞争优势外生论

在战略理论中，处于主流地位的迈克尔，波特(Michael E · Porter)的竞争战略理论认为，竞争是企业成败的核心所在。竞争战略就是在某一产业里寻求一个有利的竞争地位，即针对决定产业竞争的各种影响力而建立一个有利可图的和持之以恒的地位。竞争战略的选择由两个中心问题构成。一是产业选择问题，即从长期盈利能力和决定长期盈利能力的因素来认识各产业所具有的吸引力。各个产业并非都提供同等的持续盈利机会，一个企业所属产业的内在盈利能力是决定该企业获利能力的一个要素。二是竞争地位问题，即如何在一个选定的产业内取得企业的优势竞争地位。在大多数产业里，不管其盈利能力如何，总有一些企业比其他企业更有利可图。这两个因素共同决定企业战略的选择。在一个非常有吸引力的产业里，如果一个企业不能拥有有利的竞争地位，依然不可能得到充分的发展；另一方面，一个具有优越竞争地位的企业如果栖身于一个前景黯淡的产业，也不能得到满意的利润。因此，竞争战略受制于该企业所属产业的结构状况，制定战略应从产业分析开始。他强调指出：“产业结构分析是建立竞争战略的基础”，“理解产业结构永远是战略分析的起点”。产业结构强烈地影响着竞争规律的确立及与之相适应的企业战略的形成。竞争战略必须从对决定产业吸引力的竞争规律的深刻理解中产生。竞争战略的最终目的是运用这些规律，最理想的是将这些规律变换使其对企业有利。在任何产业里，竞争规律都寓于如下五种竞争力量之中：新竞争者的进入、替代品的威胁、买方的讨价还价能力和现有竞争者之间的竞争。

因此，战略管理中的竞争分析，基本上就是市场结构分析。企业发展战略的制定过程其实质上就是市场定位过程。我们可以从波特的竞争战略理论中找出梅森—贝恩范式的印迹，波特的竞争战略理论就是以梅森—贝恩范式为基础的，竞争战略不过是梅森—贝恩范式的产业组织理论在企业层次上的应用而已。企业的竞争优势源自于企业的市场地位，而市场地位可以通过一定的策略手段,如一体化、合谋、市场定位等得以实现,并受到各种形式的进入壁垒的保护。由此可见,波特的竞争战略所追求的竞争优势也是外在于企业的,是由外部市场中的竞争关系、市场机会所决定的。

二、企业竞争优势的内生论

(一)内生论的诞生

基于梅森—贝恩范式的波特竞争战略理论或产业分析方法,将企业所处的市场结构、市场机会视为企业竞争优势的源泉。这个看似很严密的理论无法回答这样一个问题:既然企业的竞争优势是由企业的外部因素(市场结构、市场机会等)所决定的,那么为什么企业在面临相同的条件下,其竞争优势依然存在差别呢?这也就是说,对于某一个行业而言,该行业所有的企业所面临的市场结构、市场机会等在客观上都是同质的,在较为充分的市场竞争条件下,市场机会不可能被某个企业长期独占。根据波特的竞争战略理论所推导出的逻辑结果只能是该产业内所有的企业的赢利状况应该是基本一致的。然而,事实上并非如此。

20 世纪 80 年代早期的实证研究结果引起了人们对上述理论的质疑。鲁梅尔特(R · P · Rumelt)的研究表明:"产业中长期利润率的分散程度比产业间的分散程度要大得多"。事实上产业内的分散程度比产业间的分散程度要大 3 ~ 5 倍。正如鲁梅尔特所言:"很明显,最重要的超额利润的源泉是企业具有的特殊性,而非产业内的相互关系。"由此可以推论出:企业表现为超额利润率的竞争优势并非来自外部市场力量,而应当是市场力量以外的、存在于企业自身的某种因素在起作用。也就是说,如果将企业以外的相同的因素剥离出去以后,那么可以发现,所剩下的只能是企业自身了。这就是竞争优势内生论。

在这一背景下,20 世纪 80 年代以来研究者们将探索企业竞争优势的着眼点转移到了企业的层面上。在经过大约 10 年对产业的分析模式的修正之后,深入企业内部寻找竞争优势特殊源泉的思想已渐明朗,产生了众多的理论,其中包括以资源为基础的企业观点(resource-based view of firm)、企业动态能力观点(dynamic capability)、企业能力(eapability)观点、核心能力(core competence)观点等。这些目前还处于"丛林"之中,概念各不相同的理论的共同之处在于,都认为与企业外部条件相比,企业内部条件对于企业获得市场竞争优势有着决定性的作用,企业内部资源、能力的积累是解释企业获得超额收益和保持企业竞争优势的关键。

(二)以资源为基础的企业观点

以资源为基础的企业观点可简称为"资源基础论",它是在对主流战略理论的反叛中成长起来的。其基本目标就是解析被经济学家视作生产函数的企业这个"黑箱",将其拆解为基本的成分,以寻找企业竞争优势的根源所在。资源基础论首创于 1984 年,以伯格·沃纳菲尔特(B. Wernerfet)的经典性论文《企业资源基础论》的发表为标志,后来一些学者(如蒂斯、皮萨诺、舍恩、1990,潘迪安、1992,彼得夫、1993 等)对其进行了丰富和完善。该理论的核心观点是,企业是由一系列资源束所组成的集合,企业的竞争优势源自于企业所拥有的资源,尤其是一些异质性资源。外部的市场结构与市场机会会对企业的竞争优势产生一定影响,但并不是决定性的因素。

（三）以能力为基础的企业观点

企业内的资源有很多种，但并非所有资源都可以成为企业竞争优势或高额利润率源泉。比如，部分物力资源，在市场上可以直接买到，而且在竞争较充分的市场上，它的价格和它的价值趋于一致，因此不可能产生租金。一个企业即使用一种先进设备获得了某种程度的优势，很快就会因该先进设备的普遍使用而失去竞争优势，从租金的产生和长期竞争优势形成来看，这样的资源是没价值的。这就揭示出这样一个道理：超额收益及长期竞争优势同对大多数企业都具有普遍性意义的资源间不可能存在因果关系，因为这样的资源要么供应充分，使任何一个企业都不可能从该资源中获得租金，要么供应稀缺，主要是因为针对这样资源进行的竞争导致企业无法以低于价值的代价取得。在以上任何情况下，企业都无法在这一资源基础上获得持续的超额收益和竞争优势。

基于这些考虑，后来的一些学者对资源基础理论进行了批判性的继承和发展，产生了企业能力理论，也即以能力为基础的企业观点（capability-based view of firm）。尽管汇聚在企业能力论这面旗帜下的研究者们所使用的概念各不相同，分析问题的框架与角度互有差异，但其基本思想却是一致的。由哈默尔和普拉哈拉德提出的企业核心能力（core competence）概念在理论发展中逐步取得了主导地位。

企业能力理论认为，以资源为基础的企业观点把竞争优势的源泉定义在具体的作为物的资源上，完全脱离了企业中人的因素，造成了资源与资源配置者之间的分离。稍作推断便可以看出，以资源为基础的企业观点存在这样一个隐含的假设，即资源的效用是可以脱离人的活动而客观存在的。实际上，客观存在的物质资源能够发挥多大的效用完全取决于使用它的人，资源异质性的背后是人的异质性。正如哈默尔和普拉哈拉德所指出的，决定企业竞争优势的能力是企业多方面资源、技术、不同技能的有机组合，而不是单纯的企业资源。在探寻企业竞争优势来源的过程中，企业的资源这一层又被剥离了，认识又向前推进了一步，企业竞争优势的根源由具体的、客观存在的资源变成了资源配置、开发与保护资源的能力。

（四）以知识为基础的企业观点

企业能力理论，将对企业竞争优势的根源的认识向前推进了一步。然而，企业能力理论没有对为什么企业拥有核心能力，以及一些企业在获得了核心能力的同时反而出现了“核心刚性”（core rigidities），最终丧失了核心能力等问题给出解释。因此，对企业竞争优势的探讨并未就此结束。可以进一步追问的是：隐藏在能力背后的又是什么？新近出现的企业知识理论认为，隐藏在能力背后、决定企业能力的是企业的知识以及与知识密切相关的认知学习。同时，在一定情况下，正是知识所固有的性质导致了企业的核心刚性。理论上，测度企业竞争优势的基本尺度包括四个方面，即创新能力、难以模仿、可持续性以及学习能力。正是在这几个方面，企业知识，尤其是默会知识发挥了关键作用。

（1）作为知识集合体的企业。企业能力理论将企业的竞争优势归结为企业配置、开发、保护资源的能力。实际上，这些能力可以概括为不断创新的能力，不断创新是企业竞争优势的根本。创新不外乎技术创新与组织管理创新。传统观点认为，资源的效用是客观的，是可以脱离人的活动而存在的。事实上，资源效用的大小取决于使用它的人。进一步地说，企业内各种资源效用发挥程度上的差别、创新能力的差别，都是由企业现有的知识存量所决定的，能力差别的背后实际上是知识存量的差别，能力是知识存量的显在表现，没有知识的支撑，能力将会成为无源之水、无本之木。一个人不可能说出或做出他所不知道的事情。企业正如同一个人一样，它也不可能做出自己所不知道的事情，不可能做出自己所不知道的资源配置决策，企业当前的知识存量与知识结构决定了企业发现未来市场机会、配置资源的方法。正如彼得·德鲁克曾经指出的，企业所拥有的、且唯一独特的资源就是知识。其他资源，比如资金或设备，不带来任何独特性。能产生企业独特性和作为企业独特资源的是它运用各种知识的能力。

(2)难以模仿。如果某种东西是容易模仿的话，那么它很快就会失去市场，失去竞争优势。不易模仿性实质上是一种垄断性，这是企业经营所追求的一种最高境界。一般认为，市场是竞争性的，似乎市场参与者都喜欢竞争。事实上，所有的市场参与者的行为都是在力图排他经营，远离竞争。这一见解源自于法国年鉴学派大师费尔南·布罗代尔(F·Braudel)对西方资本主义兴起富有洞见的考察。他认为，要取得市场交易的垄断地位，要么是借助行政的力量获得其他市场参与者无法进入的特许权；要么是在经营上使竞争者无法模仿。特许权问题在此存而不论，那么是什么决定企业经营上的难以模仿呢？这就是企业中的默会知识(tacit knowledge)。默会知识的不可模仿性突出地表现在：①过程性。企业中的默会知识往往是伴随着某个过程的知识，是体现在“干”中或实践中的知识。如果竞争者没有参与这个过程，是很难体验到这种知识的存在，更是难以模仿的。②完整性。企业中明晰的知识是与没有意识到的默会知识结合在一起共同发挥作用的。竞争对手只能模仿他们认识到的明晰知识，而没有认识到的默会知识根本谈不上模仿问题，他们所获得的知识是不全面、不完整的知识，无法真正地在企业中发挥作用。③不明确性。在模仿过程中，竞争对手总希望发现并模仿核心因素。但是，实际上，某一结果是由多种原因共同发生作用的一个函数，某一方面的默会知识往往就是起关键作用的要素，但它常常被忽略，从而导致模仿失效。这就是利普曼(Lippman)和鲁梅尔特(Rumelt)所提出的“因果关系不明确性”(causal ambiguity)。因果关系不确定性使得那些想模仿的企业不能确切地知道要模仿什么以及如何去模仿。这种不确定性限制了模仿活动，从而保持了异质性的条件。

(3)知识具有路径依赖性或历史依赖性。知识是通过积累而获得并发挥作用的。这不但说明，外部易于转移而来的明晰的知识可能并不会给企业带来特殊的效用，易于模仿，不会产生竞争优势。而且也说明了，知识所产生的竞争优势将有可持续性。这是因为，知识的积累必须以一定的知识存量为基础，缺乏相关的知识积累，企业无从习得和吸收其他的知识。换句话说，企业的增量知识严格依赖于企业的存量知识，这就是所表现出的知识路径依赖性或历史依赖性。如果企业的某一存量知识为企业创造了竞争优势，那么，这种优势将随着企业增量知识的产生得以保持，体现出竞争优势的可持续性或者竞争优势的自增强性，强者愈强。进一步地说，从知识的依赖性看，如果竞争对手现在处于劣势地位，那么，在正常的情况下，它将在相当长的时间里难以赶超。

(4)知识是认知学习的基础。企业竞争优势的一个突出表现就是企业的学习能力，学习能力是开拓新的竞争优势的根本。一般说来，经济理论中的学习涵括两个方面，一是策略或行为意义上的学习，即“博弈学习”(learning in games)。它是指企业在与自然博弈过程中，从所获得的经验中学习，不断地调整自己的策略或行为方式。二是指某种专门技术知识的学习，即知识的吸收。这两种学习的基础都是企业成员个人的认知学习。与企业知识密切相关的认知学习能力决定了企业的知识积累,从而决定了企业的竞争优势。企业所面对的外部环境从客观上说对每个企业都完全是相同的,但是由于企业的知识结构和认知能力各不相同,所以他们所能发现的市场机会也各不相同。知识存量不同,知识的吸收能力也就不同。

企业是一个知识的集合体,企业的知识存量决定了企业配置资源等创新活动的能力,从而最终在企业产出及市场力量中体现出竞争优势。同时,知识具有难以模仿性,它通过具有路径依赖性的积累过程才能获得,并发挥作用,成为决定企业未来知识积累的重要力量,这使得竞争优势得以持续下去。而由企业知识决定的企业认知学习能力是企业开发新的竞争优势的不竭源泉。正如哈耶克所指出的,企业作为一个知识的集合体,是一个知识分布系统,它通过具有路径依赖性的积累过程获得知识,并使知识发挥作用。新的知识逐渐融入企业的正式组织和非正式组织之中,成为决定企业未来知识积累的重要力量。企业的知识存量和认知结构进一步决定了企业配置、开发和保护资源的能力,从而最终在企业产出及市场力量中体现出企业的竞争优势。因此,知识,也只有知识,才是企业竞争优势的根源。

(五)以创新为基础的企业观点

熊彼特(J. Schumpeter)的创新理论认为,创新就是建立一种新的生产函数,把一种从未有过的有关生产要素和生产条件的新组合引入生产系统,即引进新产品、引进新技术、开辟新市场、控制原材料的新来源、实现新的组织形式五种创新。这种由企业家主导的企业创新活动而产生的创新,将给企业带来竞争优势。因而,创新是企业竞争优势的来源,竞争优势的不断更新和持续是企业不断创新的结果。

更进一步分析,企业创新理论的观点实际上是与企业知识理论分析紧密相关的。一方面,企业创新需要以企业员工吸收、交流和共享知识为基础,组织学习是企业创新的必要条件,而且企业创新的结果体现为企业原有知识的重新组合和新的知识出现,即企业知识的增加和积累;另一方面,企业家创新精神是企业组织学习和知识积累的根本动力,而企业组织学习和企业知识的吸收、共享、积累的根本目的在于支撑以企业家精神为核心的企业创新,培育持久竞争优势。既然企业核心能力是保证企业不断创新知识的,那么,培育企业核心能力的根本途径就是企业家创新精神主导的组织学习。具体而言,企业家创新精神主导的组织学习应该包括以下两方面含义:

(1)企业家创新精神是企业组织学习的原始动力。发现和创新是企业家精神的同义词,企业家的角色是制定创新决策,并进一步执行创新决策、产生所谓的新组合,从而保证企业具有竞争优势、获得经济利润。具体而言,一方面,企业家创新决策需要建立在对市场机会的把握和未来发展的预见基础之上,从而实现培育新的竞争优势来源;另一方面,企业家的创新决策还同时实现了对已有的竞争优势来源的破坏。从总体动态上看,由于众多企业家的创新决策的存在,已有的竞争优势源泉的不断被破坏、新的竞争优势源泉的不断出现,这意味着企业赖以生存和发展的知识基础在不断发生变化。对于具体一个企业而言,企业组织必须通过组织学习适应这种变化,支持自己企业的创新决策的制定和执行,从而不断培育新的竞争优势源泉。实际上,企业家精神的实质在于在激烈的市场竞争中通过创新获得超额利润,这是企业组织学习的原始动力,也是企业生存和发展的根本。

另外,企业家创新精神推动企业组织学习还具体表现在组织形式和结构创新本身。

企业家创新不仅包括产品、技术、市场和原料方面的创新，而且还包括根据市场机会和发展战略对企业组织形式和结构进行不断创新，这也构成新的竞争优势的一个来源，而在组织创新中进行组织学习是必不可少的。还应指出的是，企业家精神不仅强调发现和创新，而且重视对原有事物的冲击和破坏。跳出现有资源条件约束、具有打破已有优势源泉的勇气是企业家精神的关键体现。

(2)组织学习和建立学习型组织是企业不断创新、获得和保持持续竞争优势的根本途径。要获得和保持企业持久竞争优势，必须依靠企业的不断创新。而企业家创新精神主导的企业战略指导思想是机会导向的，在制定企业战略时主要关注环境中存在的变化，如原有机会消失、技术变革和新技术的产生、消费者行为和习惯的变化、社会价值观念转变、政府政策的改变等，较少顾忌实施战略过程中自己手中的资源条件如何。而弥补制定战略和实施战略的资源“缺口”的途径在于组织学习。通过组织学习，企业不仅可以提高现有资源、知识的利用程度，更为关键的是不断创造出新的知识，改善企业的资源和知识存量，从而持续提高企业能力，弥补缺陷和不足。因而，学习成为企业组织唯一的持续竞争优势的来源。

虽然上述各种理论关于企业持久竞争优势来源的观点不同于企业资源理论强调资源，能力理论强调核心能力，知识理论强调组织学习，而创新理论强调企业家精神，但上述分析也表明各个理论阐释是密切相关的。实际上，我们认为这四种理论阐释之间是存在内在一致性的，如果我们以“企业核心能力”概念为核心，综合企业资源理论、能力理论、知识理论和创新理论的基本观点，可以构建一个如图 6.1 所示关于企业竞争力、竞争优势的分析框架。这个框架不仅揭示了多重理论阐释的内在一致性和企业持久竞争优势的源泉，而且对一个企业培育持久竞争优势具有理论指导意义。

具体而言，这个分析框架包括以下几方面要点。

第一，企业竞争力来自于企业的竞争优势和这种优势的持续性。不同于一般的能力，企业竞争力是指企业与竞争对手相比所具有的“对抗”能力。在资源稀缺、市场需求有限、企业异质和复杂动态的环境条件下，企业竞争力的强弱取决于企业是否具有在特定业务经营领域内能够向顾客提供超过竞争对手的价值，即是否具有竞争优势。一般意义的竞争优势只能保证企业短期具有竞争力，类似“百年老店”之类的企业长期的竞争力来自于企业的持续竞争优势。企业保持持续的竞争优势是企业能够在动态复杂的竞争环境条件下生存和发展的根本。竞争优势的持续性本质上并不是一个日历时间概念，而是说明竞争对手没有能力复制相应的竞争优势。

第二，企业竞争优势来自于企业资源和能力的直接支撑，而持续竞争优势则来源于企业具有的战略性资源(或关键资源)和核心能力。企业资源理论认为，对于企业短期竞争优势而言，一般意义的企业资源就可以支撑，甚至一些偶然的机遇也会形成企业短期的竞争优势。然而，对于持续的竞争优势而言，只有那些满足价值性、稀缺性、不可模仿和替代性标准的企业资源——战略性资源才能带来持续的竞争优势。企业能力理论则认为，企业持续竞争优势来自企业的核心能力，企业核心能力是隐藏在企业资源背后的资源配置、开发和保护，资源和能力是企业持续竞争优势的深层来源。也就是说，企业核心能力对企业能否形成关键资源具有决定作用，并最终决定着企业的持续竞争优势和经营绩效。企业资源理论和能力理论的观点是可以统一的，如果说企业核心能力是企业持续竞争优势

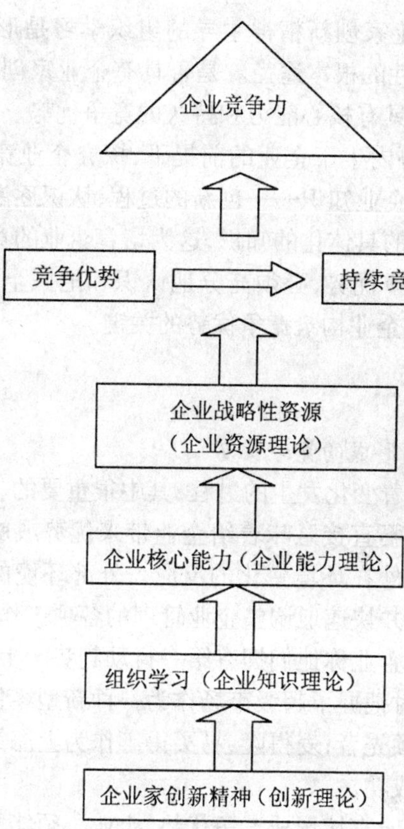

图 6.1　企业竞争优势来源理论分析框架

的活的源泉，那么企业战略性资源或关键资源可以认为是企业核心能力的固化形态。同时还可以认为核心能力作用的发挥也依靠企业战略性资产的积累。二者相互作用、相互促进支撑企业的持续的竞争优势。

第三，组织学习是建立并不断强化企业核心能力的根本途径。企业知识理论认为隐藏在核心能力背后并决定核心能力的是企业掌握的知识。企业核心能力也表现为知识和经验，这些知识和经验是通过不断的组织学习而得到和更新的。如果把组织中的个人通过学习获得的知识和经验成为能力“基因”，那么企业组织中一个团队通过学习而形成的知识体系就构成了单项核心能力，而整个组织的学习则整合单项核心能力，构成了一个能力体系，形成了企业整体核心能力。也就是说学习是使企业的个体能力向组织能力转化、最终形成核心能力的必要手段。知识的共享、经验技能和失败教训的共享，是企业组织学习的主要内容，通过知识共享可以使个人的能力、知识转化为企业集体的组织能力和知识。

第四，由企业家精神主导的企业创新文化是组织学习的动力。也就是说，企业家创新精神主导的组织学习是形成企业核心能力活的源泉。

企业家精神是企业建立、生存和发展的原始动力。企业家精神是创新和实现创新能力的代名词。企业家精神主导的企业文化是一种创新文化，创新机会的发现和实现创新的能力培育都需要组织学习，创新文化是一种鼓励组织学习的文化。

总之，从最根本上说，企业家创新精神主导的组织学习是形成企业核心能力活的源泉，是保证企业竞争优势持久性的根本途径。是否具有企业家创新精神、能否有效地开展组织学习最终决定了企业能否具有核心能力和持久的竞争优势。

由此，在承认企业竞争优势内生于企业的前提下，探究企业竞争优势根源的理论经历了企业资源——企业能力——企业知识——创新的过程，认识逐渐深化。将决定企业竞争优势的根本性因素定义为企业的具体化的知识，这为培育企业的竞争优势提供了一个可操作性的概念。要构建企业的竞争优势，必须充分地认识和把握企业知识活动的微观机理，学习与创新（个人和组织）成为企业构筑竞争优势的关键。

三、竞争优势的形成

（一）适应外界环境的变化形成的竞争优势

竞争优势的形成往往伴随着变化发生的过程，其中很重要的一部分是企业外部环境的变化。企业外部环境的变化并不直接意味着给企业带来优势或威胁。基于变化环境中的竞争优势的形成依赖于人们对外在环境变化的反应。外部环境的变化经常意味着新的机会。我们往往把识别这种机会并快速地调整企业管理的各项工作的能力成为企业家精神，也把面对机遇敢于第一尝试的企业称他们拥有第一行动趋势。上海华联、联合超市是上海最早成立的超市集团，它们及时把握了超级市场作为一种新型零售商形式在上海的良好发展机遇，一举成为上海超市的领先者；麦得隆、易买得等作为上海第一批仓储式销售的拓荒者，同样在其领域取得巨大的成功。

当然单纯的预测未来并不能直接形成竞争优势，企业必须能灵活地应用自己的资源和能力去适应各种形式的变化。这里的灵活性一方面指与工厂、设备有关的技术能力，另一方面同样涉及企业组织整体的灵活性，包括组织结构、决策系统、工作设计以及员工态度等。所以，快速反应的源泉来自于组织本身的柔性程度。

事实上，许多成功的企业决不消极地等待事物的变化，或仅依靠预测来进行反应；它们更侧重于自我创新，努力创造新事物来影响外部环境，为自身的发展提供良好的基业。例如，索尼公司坚定不移地追求“高、精、尖”的经营理念，不断地向市场推出如 Walk-man、Dis-kman Watchman 等耳目一新的产品，打破市场的原有格局和态势，为自身的发展拓展新的空间。

随着竞争程度的不断提高，竞争对手的实力也变得异常强劲。人们会注意到利用外界环境变化形成竞争优势的关键是反应速度，即在大家都预感某种变化将要发生的时候，最后的赢家往往是反应速度最快的企业。所以对企业资源和能力的快速重新组合并有效地执行新的战略计划成为竞争中制胜的法宝。

（二）内部系统的创新形成的竞争优势

外部环境的变化给具有敏锐触角及有企业家精神的人提供了形成竞争优势的良机。同时，企业内部系统的创新，包括对内部资源的重新组合也是形成企业优势的重要途径。

谈到企业内部系统的创新，人们马上会联想到技术创新，利用新技术开发新一代的产品。例如，英特尔不懈地堆芯片开发技术进行创新，以保持其领先地位。但同时我们应该注意到，这里所说的内部系统的创新同样意味着企业经营管理思想和方法的创新，特别是战略竞争方法的创新。例如，来自瑞典的世界著名家具零售商宜家，并没有像其他同行那样只是侧重于如何改善零售商服务质量、家具款式等问题，而是在世界各地建立长期的供应商关系，设计顾客可以自己组装的实用家具；大规模地开展连锁经营，并保持自己企业的鲜明个性，从而给家具零售业带来了新鲜的空气。

事实上，企业内部系统的创新要求人们有充分的想象力、创造力，甚至还需要人们的直觉。这里最重要的是能否创新出新的市场"游戏规则"。通常情况下这种新的"游戏规则"意味着创造该行业各项活动的新的结构，或者改变该行业活动的价值链。例如，过去的计算机市场为主要的几家计算机制造商所控制，如IBM、康柏等，但英特尔公司通过行业价值链的分析强烈地意识到CPU是计算机的心脏，因而成功的提高作为计算机零部件厂的知名度，提高以CPU技术的领先地位，进而向前延伸到主板的生产，从而彻底改变了其在行业中的地位，成为计算机行业的主宰力量。同样，微软公司也是深深地意识到软件将在未来计算机行业中的核心地位，全力投入并成为另一个巨人。这些企业的成功创新说明，要达到改变行业"游戏规则"的目的，以下三方面的工作至关重要：

(1)集中投资，建立自己的特殊能力。

(2)尽量避免竞争对手的注意。

(3)设立进入障碍，保护自己的优势。

当然以上所有工作的基础依然是正确地鉴别自己的资源和能力，特别是那些可以导致竞争优势的能力，并把那些资源和能力发扬光大。正式企业不断的创新能力迅速地改变着各行业的发展变化，也导致整个世界范围内的战略模式的变化。

【阅读案例】

戴尔的竞争优势

戴尔电脑公司在很长的时间里保持了极高的赢利能力。1998~2003年间，戴尔公司的平均资本回报率达到惊人的39%，这一数字远远领先于竞争对手。于此相比，苹果公司同期的资本回报率为7%，Gateway公司为10%，惠普公司为13%。即使在2001—2003年间个人电脑销售的低谷时期戴尔仍然保持了很高的资本回报率，而同期它的竞争对手们却在丧失赢利能力。如何解释戴尔的竞争优势？

答案就在戴尔公司的商业模式之中：将产品直接销售给顾客。迈克尔·戴尔指出，由于取消了批发和零售环节，他可以保留原来必须分给这些环节的利润并且将一部分利润已低价的形式返还给顾客。一开始，戴尔通过电话和邮件进行销售，但自从20世纪90年代中期以来，绝大部分的销售都是通过网站实现的。到2001年，85%的销售是通过互联网完成的。戴尔精心构造的网站允许顾客自行选择与他们所需要的性能相匹配的产品配置：芯片、存储、显示器、内置硬盘驱动器、CD和VCD光驱、键盘和鼠标，等等。因此每一位顾客都能获得满足自己独特需要的产品和服务。正是这种定制采购的能力吸引顾客不断为戴尔带来生意。高度的顾客忠诚帮助这家公司在2004年实现415亿美元的销售额。

戴尔卓越绩效的另一个主要原因是通过供应链管理零成本结构最小化，特别是削减存货成本，与此同时还能保证交货速度，三天即生产出符合顾客独特要求的电脑。戴尔共有200家供应商，其中一半以上不在美国，戴尔利用互联网向供应商提供订单流的实时信息，从而后者可以掌握以分钟计算的对其所生产的部件的需求动态，以及未来4~12周的预定订单量。戴尔的供应商利用这些信息调整自己的生产计划,生产出刚好满足戴尔需要数量的部件,用最合理的方式运输以保证刚好赶上生产时间。这种紧密的合作还能够沿着供应链回溯,因为戴尔还将这些信息发布给供应商的最大供应商们。例如,Seletrom 公司为戴尔生产主板,主板所装置的芯片来自德州仪器公司。为了协调供应链,戴尔的订货信息既发给 Seletrom 公司又发给德州仪器公司。德州仪器公司可以根据这调整生产以满足 Seletrom 公司的需要,而这也有助于 Seletrom 公司调整自己的生产以满足戴尔公司的订单。所有这些协作都减少了整个供应链的成本。

戴尔的最终目标是将所有库存挤出供应链,只留下从供应商到那戴尔的在途运输的部分,从而彻底用信息替代库存。尽管这一目标尚未实现,但是戴尔的库存已经做到了全行业最低。戴尔的库存只有 3 天,而其竞争对手如惠普和 Gateway 则高达 20 ~30 天。在计算机行业中这是一项极为重要的竞争优势,因为库存部件的成本占收入的 75%,而且产品更新速度极快,这些库存还会以每周 1% 的速度贬值。

总之,戴尔公司的竞争优势的基础是直销的商业模式,它取消了批发和零销的环节,令公司得以减低产品的价格。再加上高度的顾客忠诚和有效地内部经营,特别是卓越的供应链管理为公司创造了产业中最低的成本结构。当 2001 年个人电脑需求下降的时候,戴尔公司能够利用成本领先的地位在进行价格竞争、扩大市场的份额的同时,通过规模效应和其他提高效率的举措保持赢利能力。2004 年,戴尔公司在全球个人电脑市场上的份额由前一年的 14.6% 提高到 16.5%,排名第二的惠普公司的市场份额为 14%。

第三节　企业竞争优势的保持

人们会发现,他们花了巨大的努力建立起来的竞争优势,往往在激烈的市场竞争中慢慢丧失了,从而与企业战略者们原来期望相背离。如何保持竞争优势实质上是保持企业长期生命力的关键。保持竞争优势的方法首先在于找到竞争优势丧失的原因,深入分析这些原因。一般而言,企业竞争优势的丧失可分为三类:

(1)由于时间的推移,企业原有的竞争优势被对手模仿。

(2)外部环境的动态变化导致原有的优势不复存在。

(3)企业成长之后引起的企业病,使得企业失去企业家精神。

因此,我们必须对症下药才能找到保持竞争优势的正确道路。

一、防止他人模仿

(一)要成功模仿他人,必须满足以下四个前提:

(1)能准确地识别他人所具有的优势。

(2)通过这种模仿,可以达到更高的利润回报,从而构成模仿的动机。

(3)能准确地判断出构成那些竞争优势的基本组成因素。

(4)可以进行有效地资源重组,形成优势。

(二)防止他人模仿的四个方法

(1)适当地隐蔽由于竞争优势所带来的超凡表现,从而避免让人过早地注意或过快地跟踪。例如,即使有新的产品创新,市场需求旺盛时也不急于抬高价格,以避免对手过快地发现短期利润而加以追逐;或者即使有丰厚的利润也不暂时公开,后面原因导致有些公司不愿意很快走上市的道路。

(2)降低对手的模仿动力。要使得试图模仿者感到要形成竞争优势,赢得超额利润是一样异常困难的工作。这可以通过包括设置进入障碍或预设警告来提高对手模仿的难度。例如领先者可以通过其原有的经济规模效益和市场控制力,一旦发现有人模仿就大幅度地降低市场价格,使对手看不见预见的利益从而放弃计划。这需要企业有充分的能力和实力,再加上胆识,因为这涉及的成本及风险也是巨大的。

另一种降低对手模仿动力的方法是快速抢占市场。通过扩大产品线,制造差异化的产品,迅速提高生产能力,快速铺满市场渠道,以及各项专有知识。专利的迅速繁殖等手段,使拥有优势的企业能占领现有的和潜在的各细分市场,从而使试图模仿者的市场空间大大减小,丧失投资信心。

(3)使形成竞争优势的原因模糊化。模仿者要实施模仿计划,必须分析优势的成因。竞争者之间表面上的差异是轻易发现的,如一家超级市场的管理者可以自由地进出其竞争对手的商店,找到定价、货物陈列、商品结构、促销活动等方面的差别。但他并不容易搞清楚这些表象背后的,诸如采购系统、信息系统、人力资源以及那家超级市场的企业文化等影响因素。因此,如能将形成竞争优势更多地基于组织能力,基于企业各项资源和能力相互作用的结果之上,那么这就将竞争优势形成的原因模糊化了,也使模仿者的模仿行为面对更多的不确定性,风险也就随着大大提高。

(4)提高模仿者的资源重组难度。企业要想得到新的资源有两种途径:第一是买,第二是制造。因此,拥有优势的企业应考虑如何使形成竞争优势的资源的流动性减小,或者是使对手得到这些资源要付出的成本巨大。有些资源的地理位置决定了其不可流动。例如,美国施乐公司曾经拥有2 000项有关复印机的专利,它们把专利的价格定得很高或根本不卖,使想模仿者觉得成本太高,难于逾越。当然有些模仿者可以自己制造,但是基于整体组织资源而综合形成的特殊资源,模仿者必须花很长的时间才能达到。

二、保持企业家精神

面对动态的竞争环境和行业技术的日新月异,保持竞争优势的关键在于是否能有敏锐的眼光不断地关注企业内外部环境的变化,以及始终保持企业家精神。

企业战略的制定和执行要求战略制定者善于捕捉那些关键性的市场机会,并能将已有的企业核心能力以及优势在新的形势下或面对新的市场机会不断地加以充实和提高。优势永远是暂时的,优势的保持从某种角度来讲是需要打破原有优势才能建立新的优势。所以,优势拥有者要有勇气自己打破优势,才能不断保持领先。

在此过程中企业家精神能否长期保持是至关重要的。只有保持企业家精神,企业才能有不懈的追求,有新的目标。这其中企业领导扮演着重要的角色,他们的眼光、胆识、经验和勇气对企业总体来讲无疑会产生巨大的影响,企业全体人员只有在富有理想的企业领导的带领下才能为共同的新目标而努力,同时,光有理想也是显然不够的,面对动态变化的竞争环境,企业必须有严格的制度和灵活的机制来执行各项工作,从而最终取得胜利。

三、构建核心能力

“价值链”由美国哈佛大学著名战略学家迈克尔·波特提出,他认为不同企业参与的价值活动中,并不是每个环节都创造价值,实际上只有某些特定的价值活动才真正创造价值,这些真正创造价值的经营活动,就是价值链上的“战略环节”。企业要保持的竞争优势,实际上就是企业在价值链某些特定的战略环节上的优势。运用价值链分析方法来确定核心能力,就是要求企业密切关注组织的资源状态,要求企业特别关注和培养在价值链的关键环节上获得重要的核心能力,以形成和巩固企业在行业内的竞争优势。

核心能力具有价值性、难以模仿性、不易被替代和独特、可延展性,因此能为企业带来无法模仿、不可复制的持续竞争优势。那么核心能力如何保证企业获得持续竞争优势?核心能力以为用户提供颇有价值的好处为出发点,这奠定了企业的市场基础。如本田公司的发动机用户总是可以享受省油、易发动等众所周知的好处。核心能力使企业不断衍生出一系列创新产品和服务成为可能,这确保了企业在市场中的长久生命力。如佳能的核心能力由光学镜片、电子成像技术、微重量控制技术等构成,这些技术帮助佳能进入复印机、激光打印机、传真机等数十个最终产品领域。而且根据 Prahalad 和 Hamel 的观点,现代企业的成功不再仅仅依靠暂时或偶然的产品开发和某些所谓灵机一动的市场战略,而是企业所拥有的独特竞争优势的外化,是一种区别于其他竞争对手的知识体系,是在公司发展历程中逐渐形成和发展起来的一种知识、技能与资产互动的体系。也就是说,核心能力一般都内化于企业的整个组织体系中,是企业长期的、系统的学习经验的积累,而且还有不断创新的机制作保障,这些都使核心能力给企业带来的市场领先性不易消失,从而保证了企业竞争优势得以持续。

核心能力是企业持续竞争优势的来源,但是其本身不会自动地转化为竞争优势,需要构建相关机制与条件对核心能力加以支持。企业的核心能力需要与企业的竞争战略相结合才能给企业带来长久的竞争优势。

【阅读资料】

学习与创新:企业核心能力的本源

学习是企业核心能力之源

企业的发展壮大靠的是企业在基本能力基础之上建立起来的核心能力和战略能力,而核心能力起着继往开来的作用,是企业发展过程中的关键能力。企业核心能力实质上是蕴藏于人、文化与过程之中的、动态发展的知识系统,“是组织中的累积性学识”(Prahalad and hamel,1990),是企业创造超额价值的、异质的、难以替代和模仿的知识。而这些特殊知识来源于组织中的集体学习。正像劳伦斯·普鲁萨科所说:“唯一能给一个组织带来竞争优势,唯一不变的就是:知道什么,知道如何利用所有的知识和以多快的速度获取新知识。”

首先,学习是企业的一种本能。学习是有生命系统不可或缺的组成部分,是社会环境中活动的基础。企业是一个知识、能力的集合体和学习的组织系统,企业获取知识和能力的基本途径就是开展学习。知识就是力量,学习就是未来,唯一持久的竞争优势就是有能力比你的竞争对手学习得更快,学习无疑成为企业的一件终身大事,是企业的一个战略问题。

其次,企业学习是生成企业核心能力的源泉。企业学习是一个企业获取、创造和传播知识的过程,是对存在于组织内外的知识加以收集、存储、传播、运用并融合的一系列活动。

这些知识包括生产、技术、制度、管理等方面的知识。企业学习是一种组织学习，不同于个体学习，它是企业全体成员在企业运行过程中，通过实践、互动、共享和创造来进行的团队学习。企业的知识随着人与人之间、组织与组织之间的交互作用而不进增加、积累和传递。企业具有学习和创造新知识的能力，通过开展多方面的学习，创造、保持和增强个人、团队和组织的能力，以组织记忆为媒介，组织学习与组织知识相互补充，从而使企业的关键知识得以获取和传递。由于企业的知识和能力不是每一个员工知识和能力的简单加总，而是员工知识和能力的有机结合，通过有组织的学习不仅可以提高个人的知识和能力，而且可以促进个人的知识和能力向组织的知识和能力转化，使知识和能力聚焦，产生更大的合力。如果把企业中的个人通过学习获得的知识和经验称为能力"基因"，那么企业中一个团队通过学习而形成的知识体系就构成了单项核心能力，而整个企业的学习则整合单项核心能力，构成了一个能力体系，形成了企业整体核心能力。因此，与企业知识密切相关的个人和组织的学习能力决定了企业的知识积累，决定了企业能力和核心能力形成，从而决定了企业的竞争优势。

第三，企业的学习能力是推动企业的核心能力跃迁为战略能力的动力。学习是一种能力，是应变的根本。个人和组织的学习能力决定了企业的知识积累，从而决定了企业的竞争优势。"企业领先于竞争者的学习能力是竞争优势的重要来源"(Cross and Isrealrt, 2000)。企业竞争优势的一个突出表现是企业的学习能力，学习能力是开拓新的、持续的竞争优势之源。这是因为：(1)企业的竞争优势来源于企业能力尤其是核心能力，而核心能力则表现为一些核心的知识和技能，这些知识和技能只有通过不断的组织学习而得到更新，因此核心能力的培养和组织学习是不可分割的。(2)核心能力的形成要经历企业内部独特资源、知识和技术的积累与整合的过程。通过这一系列有效积累与整合，使企业具备了独特的、持久的竞争力。(3)通过有组织的学习使企业内个体和群体之间能够高效率地理解和交流知识，使企业的个体能力向组织能力转化，最终形成核心能力，成功实现能力链的有效运转。因此，企业要通过创建学习型组织，不断完善学习机制，持续改进学习方法，形成不断学习——提升学习能力——累积企业知识——增强核心能力——跃迁核心能力——持续建立竞争优势的良性循环。

由此可见，企业的生存优势源于其基本能力，企业的竞争优势源于企业的核心能力，企业的持续竞争优势源于其战略能力；企业的基本能力、核心能力和战略能力是内生的、递进的、动态发展的；企业成长壮大的过程是企业的基本能力、核心能力和战略能力不断累积和跃进的过程。

创新是企业核心能力之本

没有学习就没有创新和未来，企业的学习过程是一个连续的知识创造过程。"组织学习是通过不断创造、积累和利用知识之源，努力改变或重新设计自身以适应不断变化的内外环境，从而保持可持续竞争优势的过程"(陈国权，2002)。因此，企业能力由基本能力跃迁为核心能力，进而跃迁为战略能力，不仅是企业大量学习的结果，也是企业在学习的基础上不断创新的结果。创新是企业核心能力得以生成的最重要的机制，是核心能力之本。这是因为：

其一，创新是学习的重要组成部分。学习是获取任何知识的唯一路径，是企业核心能力的源泉。创新也是一种学习，而且是更重要的学习。企业学习可分为两种类型：一种是适应性学习,另一种是创造性学习。

适应性学习主要有三种形式:一是单循环学习,即在现有组织内发生的学习,目的在于修正错误,改变组织内部行为;二是双循环学习,即在组织与环境发生冲突时的学习,目的在于减少组织与环境之间的冲突;三是再学习,即从以前学习的经验教训中学习,目的在于加强学习过程本身(李政,2005)。显然,适应性学习重在生成企业的基本能力。

创造性学习是一种主动的、持续的、以知识创新为核心的学习类型,其实质在于创新企业的知识,形成核心能力,进而获得竞争优势。在现实中,学习行为不仅仅是在遇到问题、冲突和危机等刺激因素时才发生,而在遇到机遇、创新精神和获得新知识时也会触发(野中和竹内,1995)。创造性学习在学习型组织和知识型企业中最为普遍。因此,只有在适应性学习基础上进行创造性学习,企业才能使其基本能力跃为核心能力。

其二,创新是保持和跃迁核心能力的根本所在。管理大师德鲁克认为:"创新是一种赋予资源以新的创造财富能力的行为",是企业的基本职能之一。比尔·盖茨更是一语中的:"企业繁荣中孕育着毁灭自身的种子,要防止这种毁灭的唯一对策就是坚持不断创新"。

企业创新包括技术创新、组织创新、管理创新和价值创新。企业技术创新的水平和速度是企业能力的重要组成部分和最直接的体现,企业技术创新的过程决定着基本能力不断提升和跃迁为核心能力的过程。价值创新就是通过创新和改造企业的价值链,增加企业的价值,增强竞争优势。组织创新直接影响其他创新的效率,是核心能力提升和跃迁的关键。管理创新不仅可以直接生成核心能力,而且决定着核心能力能否跃迁和持续。

综上所述,学习为源,积累知识,形成核心能力,获得竞争优势;创新为本,创造知识,跃迁核心能力,获得持续竞争优势。保持和增强企业的核心能力,既不能无源,更不能无本。学习促进创新,通过不断创新进一步影响学习。如此动态循环,企业的基本能力不断跃迁为核心能力,核心能力不断跃迁为战略能力。只有这样,企业才能持续成长。

资料来源:刘治江.学习与创新:企业核心能力的本源[J].经济问题,2008,(7).

四、追求超级竞争

持续竞争优势是企业得以长期生存并发展的保障,但是必须意识到,随着产业环境的日益动态化、技术创新的加快、竞争的国际化和顾客需求的多样化,更多时候企业能否取得竞争优势的关键在于能否快速地从一种优势转到另一种优势,能否紧跟技术与经济的发展,想更高阶梯进军,取得一种相对持续的竞争优势,这也是超级竞争的核心思想。

超级竞争是一种动态竞争,这种竞争以高强度和高速度的竞争为特点,其中的每一个竞争对手都不断地努力建立竞争优势和削弱对手的竞争优势,任何企业的一个超级优势都是相对暂时的,都是可能被竞争对手的反击行动所击败。因此竞争战略的有效性不仅取决于时间在先,更主要的是预测竞争对手反应和改变需求或者竞争规则的努力。这种竞争战略充分体现了以顾客为本的战略思想,是一种由外而内的战略思维方向,考虑的是顾客需求什么,企业应该如何满足顾客的需求,把维系顾客或比竞争对吼更好地满足顾客作为企业发展的基础,并由此来对企业进行改革,以满足这种需求。因此,在超级竞争状态下,企业以顾客价值作为战略的取向,以价值创新为己任,以价值来维系顾客和满足顾客需求。这对整个行业而言是一种非零和的战略,而对企业而言,这种竞争状态要求企业能快速理解和把握顾客的需求及需求变化，有足够的柔性来调整各种资源的组合，并以顾客能接受的成本向顾客提供产品和服务，从而追求超级竞争，建立时间上的优势。

第四节　企业竞争优势的发展

一、持续竞争优势的内涵

企业竞争优势的可持续发展或称持续竞争优势研究，已成为战略管理理论中的一个重要研究方向，因为，企业战略管理的中心议题就是研究企业竞争优势的创造或维持。那么，什么是企业竞争优势可持续发展呢？

迈克尔·戴尔（Michael Dell）曾经说过："没有任何竞争优势和成功是永久的。赢家是那些不断进步的人，在商业中唯一不变的就是变化。"竞争优势的创造和维持，或持续竞争优势的获取，一直是理论界和产业界普遍关注的问题，而且它已经成为战略管理学研究的中心议题。

众所周知，竞争优势是指企业在有效的"可竞争性市场"上向消费者提供具有某种价值的产品或服务过程中所表现出来的超越竞争对手，并且能够在一定时期内创造超额利润或高于所在产业平均盈利水平的属性或能力。然而，企业不仅希望能够在短期内或在某个时点上获得竞争优势，更希望能够长期抵御竞争者的侵蚀而守住已有的竞争优势，并不断创造新的竞争优势。换言之，企业渴望取得持续的竞争优势。与竞争优势相比，持续竞争优势是一种在快速多变、复杂动态的环境下，仍能保持的卓尔不群的经营优势；是一种当产业中的竞争对手以及潜在的进入者尽力模仿或激烈挑战时，仍能长期战胜竞争对手的差别优势。这种始终拥有的持续竞争优势，才是真正的竞争优势。

对持续竞争优势的"持续"二字的理解需要当心，巴尼在其1991年发表的论文《企业资源与可持续竞争优势》中指出，持续性不是一个日历时间概念，竞争优势的持续性并不意味着它将永远存在，它只是暗示由于企业拥有持续的竞争优势，不至于因为其他企业的复制而被淘汰出局。之所以不把"持续性"解读为"永远"，是因为产业中竞争结构的不可预测的变化，常常使企业可持续竞争优势的源泉不再有价值。

那么，何种条件才能促使竞争优势可持续呢？巴尼认为，持续竞争优势的源泉应该满足四个条件，即有价值、稀缺性、不完全模仿（如独特的历史条件、原因不明、社会复杂性）和不可替代性。读者不难发现，这四个条件与核心能力的五个基本特点几近一致。

由于竞争优势可能瓦解或消散，企业要想真正拥有持续竞争优势，不只是风光一时而要风光一世，就应该经受住环境剧变和激励竞争的考验，并能在这个过程中创造新的竞争优势。即企业应该在现有竞争优势衰退之前，就展开新的竞争优势。企业由此构建相互联结的竞争优势"连续流"，形成连续的波浪式的轨迹，如图6.2所示。企业通过竞争优势的不断转换和升级换代，从现在顺利地过渡到未来，从而获得持续竞争优势。

持续竞争优势的持续性表明，持续竞争优势贯穿于企业的整个发展历程，而非企业发展过程的某一阶段。这就要求企业在各种市场环境下，包括相对稳定的环境和急剧变动的环境，都要能够适时地实施相对的创造市场价值的战略。与此同时，其他任何现有和潜在的竞争者则难以成功地进行模仿或"复制"。

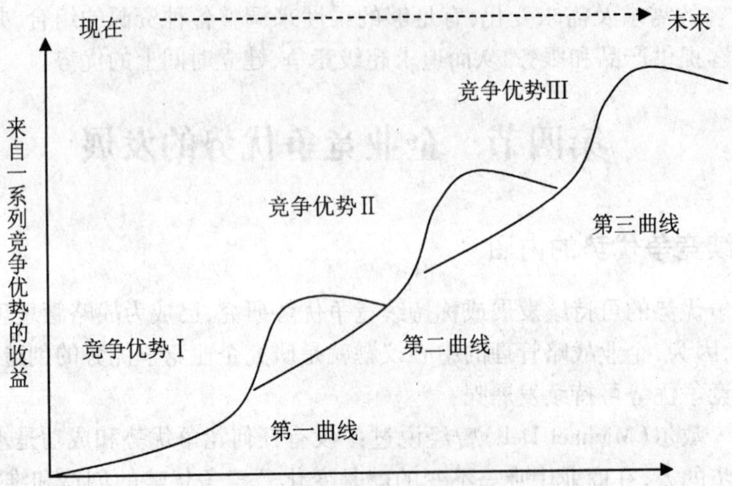

图 6.2　企业竞争优势持续流

二、核心能力与持续竞争优势

核心能力被界定为"能够为企业带来比较优势进而能形成竞争优势的能力或资源"。由此定义可知核心能力与竞争优势的关系是:竞争优势以核心能力为支撑,核心能力以赢得竞争优势为目的。理解二者的关系,尤其是把握核心能力对企业竞争优势的作用机制,有助于进一步探讨企业如何获取可持续竞争优势。

企业核心能力创造可持续竞争优势的机制是:在既定的产业环境中发现市场机会和顾客需求,然后企业依据其所拥有或控制的战略资源构筑核心能力,通过整合核心能力创建核心产品,在核心产品基础上生产出终端产品应直接出售,由此创造并体现企业的可持续竞争优势。如图 6.3 所示。

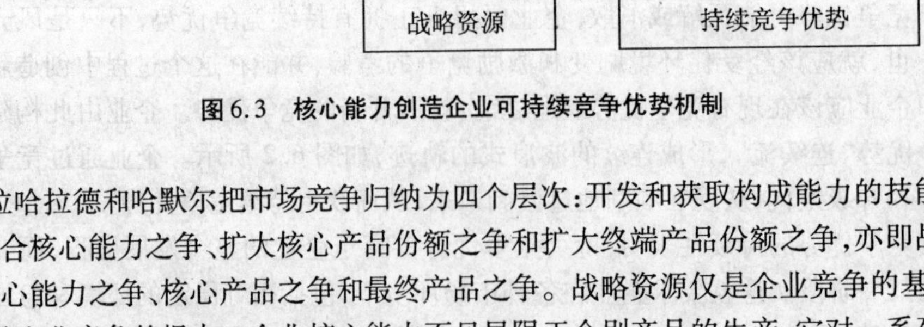

图 6.3　核心能力创造企业可持续竞争优势机制

普拉哈拉德和哈默尔把市场竞争归纳为四个层次:开发和获取构成能力的技能和技术之争、整合核心能力之争、扩大核心产品份额之争和扩大终端产品份额之争,亦即战略资源之争、核心能力之争、核心产品之争和最终产品之争。战略资源仅是企业竞争的基础,核心能力才是企业竞争的根本。企业核心能力不只局限于个别产品的生产,它对一系列产品或服务的竞争力的提升均有促进作用。

普拉哈拉德和哈默尔通过研究发现,成功的企业无一例外都着力于开拓核心能力。当一个企业拥有强大的核心能力,并且能有效地把它转化为核心产品时,这个企业就可以控制终端产品的开发和升级,进而长久占据市场龙头地位,获得持续竞争优势。然而,由于企业核心能力总是与一定时期的产业动态、管理模式以及企业资源等变量高度相关,因此,当这些变量发生变化时,企业核心能力不会一成不变,其动态演化必然发生,过去的核心能力可能会演变成基本能力。

另一方面,企业曾经拥有的竞争优势,如成本优势、技术优势,可能很快会随时间的推移、竞争对手的成长、产品的成熟或竞争战略的趋同而丧失。因此,积累、保持和增强核心能力是企业维持持续竞争优势的关键。企业要想获得持久的竞争优势,就必须准确把握未来市场的发展趋势和技术发展的方向,在建立、强化和发展核心能力方面不懈努力。核心能力的建立不可能"毕其功于一役",需要持续改进和积累,使其不断高度化,并始终起引领和支撑作用。

在看待企业竞争优势时,一定要注意外在与内在、表层与深层、无形与有形、现在与未来之分。而这些区分,都可以归结为核心能力与外在竞争力之分。基于价格的竞争(如价格战)和仰仗外在资源优势的竞争是伪竞争,通常以透支未来和慢性自杀为代价。真正的竞争是基于内在核心能力的竞争,是"为了未来的竞争"的能力,是企业持续发展和长寿的基因。所有企业都追逐利益,但利润只是影子,能力才是太阳。

【阅读资料】

持续竞争优势的定义和基础理论综述

Hofer 和 Schendel(1978)将持续竞争优势定义为企业特有的,针对竞争对手发掘的,能给企业带来持续的超越竞争对手的能力。企业持续竞争优势既可以是内生的,由内部核心能力决定;也可以是外生的,由外部环境条件赋予,因而它是企业系统化的综合能力,具有持久的生命力。波特(1997)认为,一个企业只要能够长时间维持高于其所在产业平均水平的经营业绩,就可以认定这个企业具有可持续竞争优势。邹国庆(2003)指出,持续竞争优势包含两层含义:一是企业所能为客户创造的价值方面具有超越竞争对手的能力重构的动态过程;二是竞争优势不一定只反映在更高的利润率上,因为企业可能将当前利润进行了长远投资(能力及未来所需的资源),以获得能够长期为顾客创造价值的潜能。

吴应宇,路云(2003)认为,决定企业持续竞争优势有两类性质不同的因素:一是能力和知识差别及不可仿制性;二是资源、能力和知识的不可替代性。区别这两点,对于持续竞争优势的创造十分重要。而这两种因素对竞争优势的持续性贡献则是在企业与环境相互作用中体现出来的。游达明,彭伟(2004)认为,可持续竞争优势以两种状态呈现出来:一是某时点上的竞争优势在长时间内的延续和保持;二是由多个短暂优势连续叠加而成。持续竞争优势是某时点上的竞争优势在长时间内的延续和保持,即在所有的仿制作业被尝试之后,企业仍能保持的竞争优势。尽管有竞争者或潜在进入者倾力模仿或减少它的优势,而企业的优势仍然存在。因此,持续竞争优势被定义成一种所有的仿制作业已被尝试之后仍然存在竞争优势的均衡。

刘建伟,张正堂(2003)进一步概括可持续竞争优势的两大特征:一是"动态性",即可持续竞争优势不是宿命论，不可能因为运气或拥有某项秘诀而一劳永逸地获得竞争优势，无论在什么结构的市场上（完全竞争、垄断竞争、寡头垄断、垄断），竞争优势都是暂时的、有条件的。只有不断创造新的条件才能维持竞争优势，或者以新的竞争优势替代旧的竞争优势，自我更新、自我超越才能实现可持续的竞争优势；二是“连续性”，即绝对的竞争优势是由相对的竞争优势组成的；长期的优势是由短期的优势组成的，可持续竞争优势是由一系列不间断的、甚至是一些小的和不重要的、短期的竞争优势积累而成的。

对持续竞争优势研究的理论可分以下四种：

1. 产业结构决定理论模型为代表的持续竞争优势观

该理论以迈克尔·波特为代表，认为企业的竞争优势来源于企业所处的产业结构和企业在该产业中的相对市场位势。企业在针对决定产业竞争的五种竞争性力量，即新竞争者的进入、替代品的威胁、买方的讨价还价能力、供方的讨价还价能力和现有竞争者之间的竞争的作用和影响下，能以低于竞争对手的成本来完成这些活动，或能以特异的方式创造客户价值，或能在某一细分市场内获得高于产业平均水平的收益，企业就能获得持续竞争优势。

赵骅，李德玉，陈晓慧(2004)认为企业的持续竞争优势来源于企业与外界环境的物质能量的交换过程之中，分析创建企业持续竞争优势的要素应当从企业的内外两个维度加以考虑，并将异质性资源、特异能力、创新和行业环境作为四个关键维度要素。

2. 资源基础观为代表的企业可持续竞争优势观

资源基础观以沃纳菲尔特和巴尼(1986)等人为代表，认为企业是由一系列资源束组成的集合，企业的可持续竞争优势源自于企业所拥有的资源，尤其是这些有价值的、稀缺的、不可完全模仿和不可替代的异质性资源。企业在信息不对称和有缺陷的要素市场上，通过资源选择和配置的最优化，实现资源价值的差异化和最大化，同时使竞争对手无法复制该资源。唯有这样，企业才能获得可持续竞争优势。

付晓蓉(2005)认为，由于企业的外部环境和顾客价值都是动态的，资源的价值性和稀缺性不可能恒定不变，要获得持续竞争优势，企业必须扩大资源的稀缺性，对资源稀缺性的关注就演变成对相关资产和流程如何创造卓越的顾客价值的考虑。因此，有效地利用现有资源，更快地进入市场，谋求创造顾客价值的先动优势：借助于企业基于市场的智力，预测顾客价值的潜在变化趋势，调整资源结构和使用方向，为未来的顾客价值创造做好筹划，这是对企业能否持续地为顾客提供卓越价值，赢得持续竞争优势的最大挑战。

蒋东仁(2005)提出了基于顾客价值的持续竞争优势获取过程：关键资产的形成，顾客价值创造及其效应，持续竞争优势的获取。在激烈竞争中，拥有大批忠诚顾客的企业才具有持续竞争优势，忠诚顾客是持续竞争优势的落脚点。

企业越来越把知识看成是自己最有价值的战略资源。隐含经验类知识的概念是波拉尼在20世纪50年代末60年代初提出的，他最早将知识划分为隐含经验类知识和编码化知识。从隐含经验类知识的内涵和特性出发，王江、金占明(2004)将其划分为四种类型，即：技巧、心智模式、处理问题的方式以及组织惯例。对于企业来说，这种集体的隐含经验类知识越是广泛和深厚，竞争对手就越难以模仿和复制。经验、技能和心智模式等这些隐含经验类知识由于其巨大的客户价值、稀缺性、不易模仿性和复制性，成为企业持续竞争优势的真正源泉。

金培(2000),贺小刚(2002)认为,企业是资源的特殊集合体,那些与竞争对手相比具有资源独特性和优越性,并能够与环境相匹配的企业就会具有竞争优势,这些竞争优势会由于要素市场不完全和资源有限流动而具有持久性。王静鹏,樊耘(2002)也从资源基础理论的角度出发,讨论了企业竞争优势的形成原因;针对当前复杂快变的竞争环境,提出企业要获得持续竞争优势,必须不断获得异质性资源;并探讨了资源生成的过程、企业家能力在企业资源生成中的作用,从而提出企业家能力是企业可持续竞争优势的最终来源的观点。同时并建立了一个持续的竞争优势的循环圈模型,在这个模型中,企业家能力处在循环圈的起点,所以说企业家能力是企业持续竞争优势的根本源泉。

3. 基于核心能力的企业可持续竞争优势观

核心能力观以普拉哈拉德和哈默尔(1990)为代表,认为企业竞争优势的来源在于企业内部内生的"核心能力"。企业通过自身独特的、有价值的、根植于企业组织内部的核心能力获得持续竞争优势。此观点强调在企业内部行为和过程中所体现的特有能力,强调企业应培育使竞争对手难以模仿、能为顾客创造显着价值并能开辟潜在市场的核心竞争力。

谭京生(2003)认为,竞争优势的可持续性主要取决于企业的组织能力,保持它的不可替代性,以克服 Eisenhaxdt 等提出的等效性问题。Zott(2003)对此进行了进一步的探索,认为建立持续竞争优势的组织能力须具备三个关键特性:时间、成本和学习。肖海林,彭星间(2003)提出了基于企业可持续竞争优势的产业平台、制度平台和市场权力概念,构建并探讨了以产业平台、制度平台、核心能力和市场权力为核心要素的企业可持续竞争优势四面体结构模型和分析框架,通过实证检验该模型,分析了可持续竞争优势来源的构成、层次关系和竞争优势得以"可持续"的机制。李梅英及吴应宇(2006)指出企业异质性是指在竞争市场中不同的企业在长期运行过程中积累形成,其他企业难以模仿的对于内外部资源利用、均衡和协调的能力,是企业持续竞争优势的源泉。企业持续竞争力取决于企业的异质性优势。另外,也有学者认为优秀的企业文化是一个企业的核心能力,所以企业文化也能够形成企业持续的竞争优势。Hansen and Werner felt(1989)比较了组织内部效应和市场位置对绩效的影响。他们的研究发现,组织内部因素比市场位置更有影响力,而且这两者之间几乎没有相关性。Barney(1986)从经济学的角度对组织文化进行了讨论,并定义了组织文化影响组织绩效的条件,提出文化成为持续竞争优势的来源必须满足三个条件,即具有价值性、稀缺性和不可完全模仿性。

4. 动态可持续竞争优势观

前面所述三者都是静态的持续竞争优势论,但静态竞争优势论只立足于企业所处的稳态或静态环境,并且着眼和局限于解释某一个方面,出现了它的局限性,动态的持续竞争优势论也因此开始出现。赵红菊,高雄,杜跃平(2003)认为,随着新经济的日益盛行,产业环境的动荡和不可预测,这些理论已经无法完整的和合理的解释企业可持续竞争优势的性质及其来源,更无法用来指导现代企业的实践。在新经济的大背景下,只有创新型企业,即在不断变革的环境中,那些不断应用创新来提高自己产品及服务差异性以增强应变能力的企业,才可能获得可持续竞争优势。技术创新是形成和提升企业在新经济中可持续竞争优势的关键要素和源泉,离开技术创新,企业的可持续竞争优势就成为无源之水、无本之木。

陆奇岸(2004)认为,在动态环境下企业竞争优势的演化不是线性的,而是非线性的,企业获得可持续竞争优势的关键在于实施相应的战略,突破原有的均衡态,从而不断获得新优势。谭力文等(2007)指出创新是企业竞争优势的源泉,而持续竞争优势的来源则是不断的创新。企业的持续竞争优势是各个竞争优势的连续积分的过程,即竞争优势的动态演化。

张灿等(2002)认为,在当今的超竞争甚至动态竞争环境中,一方面,持续发生的、不可预测的变化,限制了传统线性战略管理、资源配置方法的效果,缩短了竞争优势的持平期,这就要求企业整体战略能够做出快速调整;另一方面,又存在着新老资源转换和竞争优势交替之间阻碍战略变化的战略惯性问题。这样,就出现了矛盾:据以制定战略的信息、资源可能需要长期来识别、获取和配置;同时,管理者又必须制定出合理的战略以应对环境。对此,唯一有效的工具就是增强战略柔性,用它来调节和缓冲由因果模糊性引发的对适应性的某些限制和较长的动态反应时间以及环境的不确定性。

从以上的文献综述中可看出,可持续竞争优势的内涵非常广泛,不同的定义导致的观点及侧重点是不同的;因此,若仅从某一方面进行论述,显然有失偏颇。同时我国企业在国内的成长环境不同于国外企业,不同企业类型条件下寻找可持续竞争优势的有效方式也会不同;加之全球化的到来,我们更应该找到适合我国企业基业长青的可持续竞争优势理论,帮助我国企业获取可持续的竞争优势,从而让理论真正和实践相结合。

三、企业动态竞争

(一)动态竞争理论研究回顾

动态竞争的研究始于20世纪80年代初,至今仍是国外企业战略管理学界最重要、讨论得最热烈的研究方向之一。20世纪90年代末我国学者开始引入动态竞争的相关理论、方法和成果。关于动态竞争的研究,有两本著作为其发展做出了重要的贡献:一是1994年理查德(Richard A. D Aveni)主编的Hyper Competitive :Managing the Dynamics of Strategic Maneuvering;二是1996年乔治(George S. Day)与戴维(David J. Reibstein)合编的Wharton on Dynamic Compeititive Strategy。这两本著作对于复杂而快速变化的竞争现象作了概括。前者采用了“极度或超级竞争”这个概念,后者则采用了“动态竞争”的概念。动态竞争的研究有两类重要的研究内容:多点竞争(multipoint competition or multimarket competitioin)和竞争互动(competitive action—reaction)。

多点竞争的理论起源于产业组织经济学,主要研究企业间横跨多个市场的竞争问题,其关键的概念包括战略群、相互克制以及产品线的对抗等等。虽然这三方面的问题涉及不同的机制,但核心问题都是一样的,那就是企业间战略性的共谋有利于降低竞争强度,企业也乐于分享相似的市场,因为它们都清楚,激烈的竞争会损害彼此的利益。迈克尔·波特、卡尔纳尼(Karnani)和沃纳菲尔特(Wernerfelt)首先关注了多点竞争的问题。波特就相互避让这种竞争状况作了讨论。他认为,企业B在一个市场遭到企业A进攻时,企业B不会与企业A在这个市场上正面冲突,而会在企业A的另外一个市场对其发起攻击。卡尔纳尼和沃纳菲尔特讨论了“反击”和“据点的相互平衡”这两个概念。显然,在多个企业之间或者市场上进行竞争给企业带来了多种选择。并且,一方面可重新配置竞争环境中的资源,另一方面可改变影响企业行为的竞争结构。他们的研究突出了企业间可能在多个市场上进行报复的问题。而贝恩海姆(Bernheim)和韦恩斯顿(Whinston)基于博弈论的分析提出企业间可能由于存在多点竞争而在竞争市场上相互妥协的命题。

动态竞争的另一个研究路线是关于竞争者行为互动的研究。企业的行为不完全受理性的支配,采用博弈论的分析结果往往与实践运行的结果相差很大,因为其间还有大量的因素会起作用,有些因素的作用可能还是关键的。所以很多学者认识到不仅要从理论上分析企业的行为,而且要从经验上、以统计数据为基础进行实证研究,以进一步认识企业的竞争互动行为及其规律。由于考虑的经济、政治等环境相对静态,这类研究更多地关注在竞争者的行动上。

以陈明哲等人为代表研究的观点是,企业为了在市场中获得竞争优势,经常会面临进攻与回应这类对抗性竞争的问题。因此,有必要对分析竞争对手的理论和方法进行深入的研究。而且由于市场是各种企业之间互动行为所形成的社会结构,因此,企业的竞争行动取决于其他直接竞争者之间彼此实际行动的考察。

可见,多点竞争以及竞争互动式企业动态竞争中的重要研究内容。这类研究基本分析单位是企业的行为,相对传统战略管理研究方法和理论基础而言,具有一定的前沿性和先进性。在研究中,结合多点竞争与其他企业的对抗关系来讨论企业的竞争行为,这是与一般战略思维模式的不同之处。

(二)动态竞争的成因分析

20 世纪 90 年代以来,越来越多的企业管理者感到竞争环境越来越复杂,竞争的对抗性越来越强,竞争内容的变化越来越快,竞争优势的可保持性越来越低。促使动态竞争形成的原因是多方面的。

第一,经济全球化的趋势不断加快。20 世纪 90 年代以来,经济全球化、一体化成为世界经济发展的潮流。其主要特征是全球范围内各国各地区经济的日益融合和生产要素特别是资本在全球范围内的全面、自由流动。因此,各国各地区经济的发展与外部世界经济的变动日益相互影响、相互制约,贸易与投资日益一体化。这一切意味着社会物质经济运作的巨大变化,它必然要求企业的发展战略、管理模式发生变化。以我国企业为例,在外国企业和资本以直接或者间接方式进入中国市场之时,中国企业国际市场的开拓和对外投资能力也在不断加强,使我国企业不断走向国际市场。可见,经济和市场的一体化程度不断提高,企业的竞争环境呈现出越来越明显的动态特点。

第二,新技术、新产品开发的速度加快。新技术和新产品开发,可以降低成本,增加差异,树立进入障碍并根本性地改变竞争规则,因此各个企业都把新技术和新产品的研究与开发作为企业竞争和发展的根本手段和核心竞争力。随着科学技术水平的不断提高和企业投入的迅速增加,新技术和新产品开发的速度不断提高,大大地增加了企业之间竞争的互动和竞争优势变化的速度。

第三,竞争手段的现代化。电子信息技术和通信、交通行业的高速发展,使各个国家和各个竞争对手之间竞争互动的速度大大地提高。信息、通信和交通行业的发展,正在拉近世界变成一个地球村。同时,这些行业的发展也为国际大企业实施全球化战略和开拓全球市场提供了有力的手段,它们通过各种媒体影响和改变各个国家消费者的生活方式和消费爱好,使世界各个国家出现了需求趋同化。新的电子信息技术的广泛应用,使全球化企业可以在全球范围内有效地管理自己的企业,协调它们的战略行动和经营行为,及时地对各种竞争和需要做出准确的反应;可以使企业之间的信息沟通、合作和竞争——反应的行为以更高的速度和更低的成本进行;可以使企业在管理和经营方面更加有效地进行内部一体化。

第四,各个行业在产品和技术、市场结构和竞争结构等方面具有不同的特点。由于行业特点的不同使得各个行业在动态竞争的程度上有一定的差异;各个行业内部企业在规模、实力、创新能力方面也存在差异。中小企业多、实力相当、创新能力强的行业,动态竞争的水平就比较高。

(三)动态竞争的特点及其决定因素

1. 动态竞争的特点

归纳西方学者的各种观点,动态竞争主要有以下一些特点:

(1)有效企业竞争的变量急剧增加,并且各个变量的变化速度明显加快。

(2)动态竞争是高强度和高速度的竞争,每一个竞争者都在不断地建立自己的竞争优势和削弱对手的竞争优势,竞争对手之间的战略互动(strategic interactions)明显加快。

(3)任何一个抢先战略都有可能被竞争对手的反击行动所击败。

(4)任何竞争优势都是暂时的,而不是可以长期保持的。

(5)竞争战略的有效性不仅取决于时间领先,更主要的是及时建立新优势。

(6)企业间所有的行动都是互动的,所有的行动都是相对的,竞争者必须了解变化的趋势和竞争的反击后果。

2. 动态竞争的决定因素

决定动态竞争的因素主要有四个方面:企业规模、进攻和反应速度、创新能力、质量。

企业规模对于动态竞争具有两个重大但是相反的作用。一方面,企业大,相对于竞争对手来说它的市场影响就大,如波音公司相对于空中客车公司来说就有更大的影响力。但是;另一方面,企业大就意味着创新能力低和反应速度慢。

在动态竞争中,进攻和反应速度可以在很大程度上决定成败。在全球化的过程中,新产品开发和新市场进入的速度是保持竞争优势和获得高于平均水平的收益率的重要因素。企业的进攻速度越快,就越有机会使对手措手不及,从而抢占市场的先机。企业的反应速度越快,就越快追赶上率先发动进攻的对手,使对手的先动优势减至最小。

在动态竞争中创新能力是十分关键的,先动就意味着创新,而反应同样需要创新。当几家公司竞争开发相同产品时,创新能力强的公司就有可能率先开发成功,从而获得先动优势,包括专利和商标的保护、顾客的认知度以及决定行业技术的标准。而对于反应者来说,通过创新就有可能开拓出新的市场或者改变行业的规则,从而变被动为主动。

在动态竞争中,产品质量依然是企业关心的重点。产品和服务的质量在过去很重要,现在更是企业进入市场的通行证。没有质量,无论进攻还是反击,先动还是后动,都是难有作为的。

(四)动态竞争与静态竞争的区别

(1)静态竞争不考虑或很少考虑竞争对手的反应,但动态竞争条件下制定战略时要依赖于预测竞争对手的反应能力。

在动态竞争条件下要考虑以下问题:①企业应该选择谁为竞争对手?②竞争对手会不会做出反应以及会做出什么样的反应?③企业应采取先动的策略还是采取跟进策略?先动有什么优劣势?跟进(等着人家进攻再反击)有什么优劣势?④竞争对手反应会给企业

造成什么影响？⑤竞争行为对行业市场及竞争结构会造成什么影响？

(2)静态竞争出发点事扬长避短，以自己竞争优势打击对手的弱点。这种观点只有在竞争对手没有学习能力和竞争互动只有一次的情况下才是对的，而在动态竞争条件下就不对了。

在动态条件下会发生：①先动企业的优势有可能越来越不起作用，而竞争对手的抵抗力有可能越来越大，它会逐渐克服了自己的弱点，原先的竞争态势正在发生变化。②当竞争对手在现有竞争战场上没有优势时，竞争对手会想办法改变竞争规模或在其他领域重新制造新优势，使自己变得强大起来。③先发企业会由于过分依赖原有优势或固守原有优势，而没有及时建立新优势。例如，长虹彩电降价，在第一回合中长虹赢得了优势，而长虹公司的竞争对手制订在产品质量及营销上有创造了新的优势，因此在第二回合中，长虹彩电再降价，长虹反而竞争失败了。

(3)在静态竞争中，企业制定战略的目的是保持长期竞争优势，在动态竞争条件下制定战略的目的是要创造新的竞争优势。任何竞争优势都是暂时的，一旦竞争优势变得没有意义还很可能会成为企业的负担。动态竞争的条件就是要主动放弃原有的优势创造新的竞争优势，或使竞争对手的竞争优势变为过时。所以，动态竞争战略目的就是要获得高于平均水平投资收益。同时，要在互动的竞争中不断地建立新的竞争优势，为实现上述目的，企业就必须具有远见卓识，迅速行动及改变竞争规则的能力。

(4)在静态竞争中，已经有了许多对环境、行业、竞争对手的静态分析方法，如SWOT分析、波士顿矩阵、迈克尔·波特五种力量分析等，这种分析方法是立足于优势可以长期保持下去的假设。动态竞争条件要从竞争互动出发，而且不只是考虑一个竞争汇合，而是要考虑多个竞争回合，因此，应当将博弈论方法、战争游戏、情景描述等方法运用于竞争战略中。

(5)在静态竞争中，管理者把主要精力放在对客观环境结构和行业竞争结构的分析上。而动态竞争中，管理者相信客观环境、市场结构和行业竞争是可以通过企业的战略行为而改变的，行业中的主要企业可以通过自己的战略行为改变行业竞争的关键制胜因素，提高或降低行业动态竞争的水平，所得或者延长产品寿命周期。因此，在动态竞争中，管理者把主要精力放在企业本身的战略行动上。

动态竞争与静态竞争的区别见表6.1。

表6.1　动态竞争与静态竞争的区别

静态竞争条件下	动态竞争条件下
1. 不考虑或很少考虑对手的反应	1. 要预测竞争对手的反应能力
2. 扬长避短，以自己的优势打击对手的弱点	2. 先动企业优势有可能越来越减弱，对手抵抗力有可能越来越强
3. 制定战略的日的要保持长期竞争优势	3. 制定战略的目的是要创造新的竞争优势
4. 管理者的主要精力放在对企业外部环境的分析上	4. 管理者的主要精力是放在企业本身的战略行动上
5. 分析环境的方法有SWOT分析、波士顿矩阵、波特五种力量分析等	5. 分析环境的方法有博弈论、战争游戏法、情景描述法等

【阅读资料】

中国企业已进入动态竞争阶段

(一)全球信息化

由于网络时代的到来,改变了企业传统的竞争模式,使企业规模、核心能力等不再成为企业在竞争中获取长期优势的必要条件,它对企业竞争模式的改变表现在以下四个方面:

(1)企业之间距离更近了。全世界变成了一个"地球村",互联网的出现,使企业竞争环境随时发生着极快的变化,要求企业更快速地进行决策,加快竞争的反应速度。

(2)需求趋同化。由于网络时代的到来改变着人们的日常生活方式及商家的运作方式,生活节奏及工作节奏在加快,使得全世界各地的人们生活需求更加趋同化,人们在工作时间吃的是麦当劳等快餐,喝的是可口可乐和百事可乐,穿的就是那几家名牌服装,甚至世界旅游胜地也就是那几个地区,这是网络时代所带来的结果,因此企业运作方式也有了极大变化。

(3)竞争反应速度在加快。在网络时代,未来能取代竞争胜利的企业不是规模大的企业,也不是实力最强的企业,而是反应速度最快的企业。在21世纪,速度已成为取得企业竞争胜利的决定性因素。

(4)全球性企业及虚拟企业的出现。由于网络时代的到来,当前提供给顾客的已不是标准化的、一次性出售的产品,这种产品已无法满足个性化顾客的需求,现在是要为顾客提供"解决问题的方案",而不是产品。当然,方案最终也会以产品或服务的形式表现出来,但其中包含了对个性化顾客需求的理解和为此在技术等方面提出的解决方法、思想和其他有用的信息,这是传统产品和服务所不具备的。例如,如果计算机软件商与系统集成商能联合起来,按照集成方案设计软件,其软件功能根据用户的特定要求"量体裁衣",则软件就成为解决顾客问题方案的一部分,因而就具有附加价值。由此可见,当前企业已从出售一次性产品向出售解决问题方案转变。

虚拟企业的出现是因为商机稍纵即逝,而看到并想抓住商机的企业往往不能独自很好地完成所有的价值链活动,如若自行投资、培训人员,则耗资大,周期长,且对未来企业发展未必有利。选择好的合作伙伴,组成虚拟企业,可以充分利用企业外部资源,快捷而低成本地获得资源和能力,而且各企业并行开展价值链的不同活动,能大大缩短产品或服务推向市场的世界,及时对市场做出反应,同时根据顾客特定问题提供解决问题方案,这是对顾客变化的有效反应。

(二)全球经济一体化

全球经济一体化使跨国公司全球经营网络出现,因而使全球人力资源、物力资源、财力资源等生产经营要素全球优化配置,超越民族、国家和独立区位的利益,以全球为目标,为全球市场服务,通过全球经营网络来实现公司的战略目标。因此,一位学者认为未来的制造业就是今天的农业经济,因为在20世纪20年代,农业曾经是世界的优势产业,当时农业构成了西方发达国家20% ~40%的国民生产总值,有30%的劳动力在农业领域工作,但是没过多久这个优势就被制造业取代了,而今天的制造业正在步当年农业的老路,逐步要被知识型产业所取代。

伴随自动化程度的提高,劳动生产率在提高,全球经济一体化程度提高,产品价格在下降。据统计,从1960年至2000年任何一个制造业生产出来的产品,按系数换算产品价格都下跌了75%,今天的产品价格只相当于20世纪60年代的1/4,但与知识有关的产品价格,却每年随经济增长在上涨,如医疗、教育、保险等。据美国的有关研究预测,在21世纪初的未来20年中,美国国民经济生产总值的40%将来来自教育和医疗两个产业,即一个国家的国民经济至少有一半来自知识型产业而不是来自制造业。因此,发达国家制造业在本国的市场占有率已经下降,全球经济一体化使发达国家正在 把制造业转向发展中国家,美国三大汽车制造公司在美国本土的市场份额从1985年的84%降到1997年的61%,2002年降到56%,而知识型企业的竞争更多地表现为动态竞争。

(三)新产品、新技术开发速度加快

目前计算机技术发展速度符合摩尔定律,平均18各月一次小变化,2~3年一个大变化。生物技术、基因工程、通讯技术等都以人民难以想象的速度在发展,人类已进入知识经济时代,知识已成为当今社会创造财富的主要资源,知识竞争成为企业竞争的本质。工业经济时代的关键原材料是石油和钢铁,然而,现在石油开采成本大约50%是用在信息搜集和整理上。大钢铁厂以前制造1吨钢需要3~4人/小时的劳动量,现在平均生产1吨钢只需要0.75人/小时的劳动量,产品价值中智力含量大大提高,而物质含量在减少,如果说钢铁是工业时代的基础产品,则芯片就是信息时代的基础产品,今天芯片的价值超过了钢铁的价值,而芯片的价值不是芯片的材质,是芯片的设计及其制造芯片的复杂机器的设计,它的主要成分仍然是知识。知识是当今社会的基本原材料。即使是在制造业,知识的作用也是非常巨大的,制造业中产品的65%~75%附加价值是由知识为基础的服务能力形成的,一个高新技术企业智力资产要占其总资产的75%~80%。因此,新产品、新技术开发的竞争不仅是时间及速度的竞争,更本质的是知识的竞争,这些竞争都是动态的竞争。

(4)中国加入世界贸易组织使中国企业进入动态竞争阶段

中国经济体制改革使中国企业外部环境已经发生很大变化,中国加入世界贸易组织,使中国经济融入世界市场经济之中,更使中国企业面临着外部环境的多变性及复杂性。当前,中国企业的国际化是必然的大趋势,目前我国跨国经营的先行企业有可能在21世界跻身于世界跨国公司之列。因此,从现在起必须进行企业组织创新、管理创新,重塑和再造具有全球动态竞争观念和战略的新型组织形态,中国企业已进入动态竞争阶段。

四、创造持续竞争优势

(一)企业所处的产业环境

企业总是身处于某种特定的社会经济环境中,企业所处环境对于竞争优势的获得及发展具有比较明显的影响。第一,企业发展的环境发生了重要变化。这种变化可能源自某种突发性的社会、经济、技术变革,这种变革打破了原先市场的平衡;第二,企业外部环境本身并无任何变化,但企业对环境特点的认识产生了变化或企业自身的经营条件与能力发生了变化;第三,上述两者的结合。产业环境对竞争优势的获得和维持的影响力取决于他本身的变动性,不同产业环境之间的变动性具有较大的差异性。不同的产业环境状态对竞争优势的影响及其作用方式也不相同。企业所处的产业环境能够明显地影响企业市场行为的效率,由此影响企业的盈利水平和竞争优势的创造与维持。一般来说,每一个企业都身处某种外在环境之中，宏观环境主要通过产业环境对企业产生影响力。产业环境相对于宏观环境而言，对个体企业具有更大和更直接的影响，这是由于宏观环境一般不直接影响个体企业的决策与经营绩效，而是通过产业环境产生间接影响或发展作用。由此，企业所处的产业环境是企业创造竞争优势可持续发展的外在条件。

（二）企业战略资源

尽管企业所处的产业环境对其盈利水平具有很重要的影响力，但是相比较而言，企业自身所具有的素质更为重要。企业素质实际上就是企业所拥有或控制的资源的外在表现。因为，企业在产业内的相对市场优势的根本基础或源头在于其素质，或者说企业的市场优势实际上是其相对资源优势的市场反映或表现。尽管每个企业都拥有或控制某些资源，但是只是其中的战略资源才能够为竞争优势可持续性创造做出显著贡献。在相对稳定的环境中，战略资源在竞争优势可持续发展的过程中发挥基础性作用。从理论上讲，某种既定环境对身处其中的所有企业应该具有相同或类似的影响。导致企业之间经营绩效差异或竞争优势的有无与强调的原因不仅在于其所处的产业环境，更在于其自身的素质。企业素质表现为企业所拥有或控制的资源的数量、质量及其运作效率。产业环境只是企业获得竞争优势的条件，企业资源才是关键。当然，并不是所有的企业资源都能够对持续竞争优势产生作用，而只是其中的战略资源才能够胜任这种角色。所以企业战略资源是企业竞争优势可持续性的内在基础之一。

（三）企业核心能力

在市场经济条件下，同一种产品的生产与销售通常是由多家企业完成的。企业面对的是竞争性的市场，所以首先需要分析企业已经形成的核心能力及其利用情况。在竞争市场上，企业为了及时实现自己的产品并不断扩大自己的市场占有份额，必须形成并充分利用某种或某些竞争优势。竞争优势是竞争性市场中企业绩效的核心，是企业相对于竞争对手而言难以，甚至无法模仿的某种特点。由于形成和利用竞争优势的目的是为了不断争取更多的市场用户，因此，企业在经营上的这种特点必须是对用户有意义的，“竞争优势归根结底产生于企业为客户所能创造的价值”。是什么因素决定了企业能够形成某种竞争优势呢？普拉哈拉德和哈默尔认为是企业的核心能力。所谓核心能力是组织中的积累性学识，特别是关于如何协调不同的生产技能和有机结合多种技术流派的学识。这种能力不局限于个别产品，而是对一系列产品或服务的竞争优势都有促进作用。从这个意义上说，核心能力不仅超越任何产品或服务，而且有可能超越公司内任何业务部门。核心能力的生命力要比任何产品或服务都长。由于核心能力可以促进一系列产品或服务的竞争优势，所以能否建立比竞争对手领先的核心能力会对企业的长期发展产生根本性的影响。只有建立并维护核心能力，才能保证公司的长期存续。因为核心能力是未来产品开发的源泉，是竞争能力的根。所以说，利润重要，市场份额更重要；市场份额重要，竞争优势更重要；竞争优势重要，企业核心能力更重要。有了企业核心能力才能创造竞争优势的可持续发展，有了竞争优势的可持续发展才能扩大市场份额，才能使企业基业常情。因此，企业核心能力是竞争优势、市场份额和企业利润的真正来源。

（四）企业战略能力

彼得·德鲁克说：“竞争战略的主要目的是为了能比竞争对手更好地满足顾客的需求。企业经营目标的唯一有效的定义就是顾客。”一个企业要获得竞争优势，可以有两种基本的战略选择:一是提供更低的认知价格;二是提供更高的认知价值。具体应该采取何种战略,还必须以企业拥有的资源和能力为依据,而且要把战略和能力有效地结合,即从企业战略能力的角度思考问题。那么什么是企业战略能力呢?笔者认为,企业战略能力是企业能够持续地增加消费者剩余和生产者剩余的关键因素。它是企业的积累性学识(包括技术、设备、管理、营销等方面知识),是企业生存的基础并能指导企业未来的发展,与主要竞争对手相比,它具有独到的短期内不可模仿的特性,它有助于实现客户的根本价值并引导客户价值的提升。企业拥有一定的资源是必要的,但关键要看企业所能利用的资源数量和利用资源的方式和效率;企业拥有一定的核心能力是必要的,但关键是要寻找到差距,寻找到未来正确的发展方向。必须在正确的战略指导下,最大限度地使用资源和能力,资源、能力和战略三者的有机融合构成企业战略能力。企业战略能力主要从企业成长的过程中积累而产生的,但也可以通过市场交易而获得(可能需要很大的搜寻成本和转换交易成本);战略能力的关键在于"选择"、"协调"和"整合",它是企业创造持续竞争优势的充分条件,即企业有了战略能力,肯定能为企业创造价值,获得竞争优势,从而竞争优势才有可能持续性的发展。

(五)企业家能力

一个企业的发展总超不过企业家的视野,因为企业竞争优势、战略能力与企业家(企业经营者)能力息息相关,尤其是企业家对企业内外部环境的直觉与感知能力和对企业内外部资源的培育、提升与整合能力。那么,什么是企业家能力呢?熊彼特对企业家的定义:"企业家的职能就是识别企业的生产性因素,并整合它们。"笔者认为,企业家能力是一种识别、发展、完善企业现有资产或者新的资产构成的整合能力。第一,企业家能力不是指具体的个人,而是对一种功能的描述:无论是企业的决策层,还是战略管理者,当他们在识别和完成新的资产整合时,其行为就反映了一种企业家能力。第二,企业家能力强调了资源的下列特点:资源并不是无中生有的,所有资源都是来自于现有的经济或者技术领域中的资产和能力的整合。企业家能力所表现出来的直接结果就是一种从未存在的稀缺性资源,通常就是现有资产、技能和能力的整合。企业家能力本身并不产生资源,但它却传递了新的资产整合中最基本的两个因素:价值和稀缺性。一个企业拥有特定的技能、资产和能力,但这些因素本身并不能给企业带来经济利润,企业家能力将这些因素整合在一起,才能形成原来从未存在的稀缺性资源。这些资源可以是有形的,也可以是无形的,如品牌、技术、研发水平或者某种能力。新的资源整合通过提供企业独有的能力或降低成本,以及有利于企业的其他一些资源、战略获得增值,关键是企业价值和附加利润。综上所述,企业家能力可以整合企业现有资源、能力形成新的稀缺性资源或独特的能力,这些稀缺性资源或企业独特能力会给企业带来竞争优势,竞争优势的形成过程又有助于企业家能力的提高,这样就形成了一个持续的竞争优势的良性循环。企业也就获得了竞争优势的可持续性,所以说企业家能力是企业竞争优势可持续发展的根本与源泉之一。

(六)企业文化

企业文化作为企业发展战略或企业家能力发展过程中的一种力量或动力,随着知识经济的发展,它对企业兴衰将发挥着越来越重要的作用,甚至是关键性的作用。一个企业在产品质量达到一定程度时,对产品的市场地位和由地位决定的价位,以及产品的市场销售量,发挥重要或决定作用的仍然是产品自身的文化内涵。经济活动往往是经济、文化一体化的运作,经济的发展比任何时候都需要文化的支持。任何一家想成功的企业,都必须充分认识到企业文化的必要性和不可估量的巨大作用,在市场竞争中依靠文化来带动生产力,从而提高竞争力。哈佛商学院通过对世界各国企业的长期限分析研究得出结论:"一个企业本身特定的管理文化,即企业文化,是当代社会影响企业本身业绩的深层重要原因。"美国历史学家戴维·兰德斯在《国家的穷与富》一书中断言:"如果经济发展给了我们什么启示,那就是文化乃是举足轻重的因素。"同样,企业的生存和发展也离不开企业文化的哺育。谁拥有文化优势,谁就拥有竞争优势、效益优势和发展优势。今后的500强企业将是采用新企业文化和新文化营销策略的公司。企业家已经不能沉迷于过去或现有的成功,扬弃过去,超越自我、展望未来,建立新的企业价值观和企业文化是他们的首要任务。因此21世纪企业之间的竞争,根本的是文化的竞争。世界500强企业出类拔萃的技术创新、体制创新和管理创新的背后,优秀而独到的企业文化,是企业发展壮大、立于不败之地的沃土。企业文化是企业员工普遍认同的价值观念和行为准则的总和,这些观念和准则的特点可以透过企业及其员工的日常行为而得到体现。文化对企业经营业绩以及战略发展的影响主要体现在它的三个基本功能上:导向功能、激励功能以及协调功能。文化的导向功能是指共同接受的价值观念引导着企业员工、特别是企业的战略管理者自觉地选择符合企业长期利益的决策,并在决策的组织实施过程中自觉地表现出符合企业利益的日常行为;文化的协调功能主要指相同的价值观和行为准则的引导下,企业各层次和部门员工选择的行为不仅是符合企业的长期或短期利益的,而且必然是相互协调的;文化的激励功能主要指员工在日常经营活动中自觉地根据企业文化所倡导的价值观念和行为准则的要求调整自己的行为。企业文化的上述功能影响着企业员工、特别是影响着企业高层管理者的战略选择,从而影响着企业战略性资源的选择、企业能力的培养与各种资产、技能、资源与能力的整合。正是由于这种影响,与企业战略制定或资源的整合、能力的培养过程中需要采用的其他工具相比,文化的上述作用的实现不仅是高效率的,而且可能是成本最低、持续效果最长的。从这个意义上说,文化是企业竞争优势可持续发展的最为经济的有效手段。

(七)企业学习

(1)学习是企业的一种本能。企业既是一个知识的集合体,也是一个学习的组织系统。学习是有生命系统不可或缺的组成部分,是社会环境中活动的基础。企业是一个知识、能力的集合体和学习的组织系统,企业获取知识、保留知识并将知识转化为能力的基本途径就是开展学习。现在和未来,唯一持久的竞争优势就是有能力比你的竞争对手学习得更快,学习无疑成为企业的一件终身大事。企业学习是一种组织学习,是企业的一种本能、一种能力,是应变的根本,也是形成核心能力并获得和保持竞争优势的关键。

(2)企业学习决定着企业知识的积累和能力的形成。企业学习是一个企业获取、创造和传播知识的过程,是对存在于组织内外的知识加以收集、存储、传播、运用并融合的一系列活动。这些知识包括生产、技术、制度、管理等方面的知识。企业学习不同于个体学习,它是企业全体成员在企业运行过程中,通过实践、互动、共享和创造来进行的团队学习。企业的知识随着人与人之间、组织与组织之间的交互作用而不断增加、积累和传递。企业具有学习和创造新知识的能力,通过开展多方面的学习,创造、保持和增强个人、团队和组织的能力,以组织记忆为媒介,组织学习与组织知识相互补充,从而使企业的关键知识得以获取和传递。由于企业的知识和能力不是每一个员工知识和能力的简单加总,而是员工知识和能力的有机结合，通过有组织的学习不仅可以提高个人的知识和能力，而且可以促进个人的知识和能力向组织的知识和能力转化，使知识和能力聚焦，产生更大的合力。如果把企业中的个人通过学习获得的知识和经验称为能力"基因"，那么企业中一个团队通过学习而形成的知识体系就构成了单项核心能力，而整个企业的学习则整合单项核心能力，构成了一个能力体系，形成了企业整体核心能力。因此，与企业知识密切相关的个人和组织的学习能力决定了企业的知识积累，决定了企业能力和核心能力形成，从而决定了企业的竞争优势。

(3)企业没有学习力，就难以形成可持续竞争优势，也不会有竞争力。知识就是力量，学习就是未来。没有学习就没有创新和未来。在动态的环境中，如果企业只依赖某种相对稳定的竞争优势被动地适应环境，其竞争力是不够的，必须能够获得可更新、持续的竞争优势，进而能够深刻预见或洞察环境的变化并迅速地、不断地做出正确的反应。这就需要企业不断学习与创新。可见，学习已是企业的一个战略问题。企业要通过创建学习型组织，不断完善学习机制，持续改进学习方法，形成不断学习——提升学习能力——累积企业知识——持续创新——强化企业能力——建立可持续竞争优势——增强企业核心竞争力的良性循环。当然，企业的学习能力还取决于企业内部能力的强弱以及新知识、新能力与内部知识和能力的关联性。在培育企业核心能力、创造可持续竞争优势的同时，还要防止企业的核心刚性，即抗拒变化的惰性。企业防止核心刚性的有效方法同样是促进广泛的组织学习，通过不断创新，充分利用企业兼并、合并和协作机会，发展新的核心能力，形成可更新、可持续的竞争优势，从而增强企业的竞争力。

(八)持续性创新

如果企业所处的环境基本保持不变或相对稳定，那么企业只要选择和进入富有市场吸引力的产业，并且具备战略资源、核心能力、企业战略能力、企业家能力和优秀的企业文化，以及相对于竞争者来说更富效率的内在要素以占据有利的市场地位，就可以创造企业的持续竞争优势。它们只有在相对稳定的环境当中，才能够发挥其主导作用。然而，我们现在所处的环境由于各种因素的作用和变化而处于不断的变动之中，甚至可以说已经达到动态或剧变的程度。环境的动态化严重削弱了企业经营决策与行为可能性预见的基础。由此就使得企业的每一种既定形式的竞争优势都不可能长久地维持，最终都将消散，只是时间的长短不同而已。真正的竞争优势必须能够经受住长期和动态环境的考验或检验。这是因为，企业的成功或竞争优势的获得不能够只是依靠某个时点的定位(市场定位或资源定位)，而是应该从长期来看企业的总体经营绩效或表现。就像打仗一样，占领一城一地或打赢一次战役并不能够说明什么，战争的最终胜利取决于长期和全局的结果。在动态的环境中，如果企业只有一种竞争优势且无力新创竞争优势，那么企业在动荡环境中将很难生存。在动态环境中，企业要想能够获得持续竞争优势，就不能只是凭借其战略资源、核心能力等被动地适应环境，而是要求企业能够深刻预见或洞察环境的变化并迅速地做出相应反应。并应该立足于其所拥有或控制的战略资源、原有的核心能力、企业战略能力、企业家能力和优秀的企业文化利用各种市场机会进行持续性的创新，超越其所处环境和市场竞争。通过持续性创新，不断超越自己，从其既有的竞争优势迅速地转换到新的竞争优势，超过竞争对手，从而获得基于其整体发展的持续竞争优势。真正的竞争优势在于没有竞争的优势，避开竞争的最好办法就是创新并独占一个领域。也就是说，企业持续竞争优势源自于持续性创新。所以说持续性创新是企业创造和维持其竞争优势的唯一出路。

【阅读资料】

企业竞争的博弈分析

在《竞争战略》一书上，迈克尔·波特提出了著名的“产业结构分析模型”。波特认为，一个产业的竞争激烈程度及产业中的潜在盈利能力的大小，取决于产业结构中的五种竞争力量的大小（潜在的加入竞争者、产业竞争者、替代者、买方和供应方）。一个产业中的从业者与这五种竞争力量之间的关系是一种个体对抗关系，也正是这种个体对抗关系影响着一个产业的竞争激烈程度以及产业中的潜在盈利能力的大小。实际上，波特模型所揭示的是一种基于“零和”思维模式下的企业（个体）间的对抗性竞争关系。例如，一个产业中的从业者与同行业中的其他竞争者相争是为了在一定的市场中为本企业产品和服务谋取更多的市场份额。这种企业间的对抗性竞争关系是自20世纪70年代末以来世界上许多企业制定竞争战略的基础。20世界90年代中期以后，经济全球化改变了企业竞争的环境与方式，出现了主张竞争中合作的企业战略思想。由于全球经济的迅速发展，不可避免地出现了经济中相互依存、相互渗透、你中有我、我中有你的局面。在此经济格局下，企业竞争上升到了新的层次。同时，任何企业从事经营活动时，必须面对世界的挑战，知识型经济的发展使得企业战略发展方向面临重大调整，企业间不再是单纯的竞争关系。在竞争中寻求合作成为企业竞争战略的新追求，全球化的思维将以往企业间单纯竞争的关系改变为竞争与合作相结合的关系，下面将运用博弈论的分析框架对企业竞争与合作的战略选择进行分析。

博弈论，又名对策论，它是一门研究博弈中各个博弈方所选策略的科学，或者说，它是决策者在某种竞争下，“当成果无法由个体完全掌握，而结局必须视群体共同决策而定时，个人为了取胜，应该采取何种策略”的数学理论和方法。博弈论发展了原则上应用于所有互斗情形的一套方法，并进而探讨这些方法在每一具体应用中所导致的结果。

一般而言，一个博弈包括以下五个要素：

（1）博弈的参加者，即在所定义的博弈中究竟有哪几个独立决策、独立承担结果的个人或组织。只要在一个博弈中统一决策、统一行动、统一承担结果的，都可以作为博弈中的一个参加方。并且，在博弈的规则确定之后，各参加方都是平等的，大家都必须严格按照规则办事。

（2）各博弈方各自可选择的全部策略或行为的集合，即规定每个博弈方在进行决策时可以选择的方法、做法或经济活动的水平、量值等。不同博弈可供博弈方选择的策略或行为的数量很不相同，在同一个博弈中，不同博弈方的可选策略或行为的内容和数量也常不同，有时只有有限的几种，甚至只有一种，而有时又可能有许多种，甚至无限多种可选策略或行为。

（3）进行博弈的次序。在现实的各种策略活动中，当存在多个独立决策方进行决策时，就会有一个次序问题。因此一个博弈必须规定其中的次序，次序不同一般就是不同的博弈，即使博弈的其他方面都相同。

（4）博弈信息，即能够影响最后博弈结局的所有参加者的情报。信息在博弈中占重要的地位，博弈的输赢很大程度上依赖于信息的准确度与多寡。得益信息时博弈中的重要信息，如果博弈各方对各种局势下所有局中人的得益状况完全清楚，称之为完全信息博弈，反之为不完全信息博弈。在动态博弈中还有一类信息：轮到行动的博弈方是否完全了解此前对方的行动。如果完全了解则称之为“具有完美信息”的博弈，反之称为“不完美信息的动态博弈”。由于信息不完善，博弈的结果只能是概率期望，而不能像完美信息博弈那样有确定的结果。

(5)博弈方的得益，对应于各博弈方的每一组可能的决策选择，都应有一个结果表示该决策组合下各博弈方的所得或所失。绝大多数博弈本身都有数量的结果或可以量化为数量的结果，例如收入、利润、损失、个人效用和社会效用、经济福利等。博弈中的这些可能结果的量化称为各博弈方在相应情况下的“得益”。一个博弈必须对得益做出规定，得益可以是正值，也可以是负值。

博弈论中常常用到的一个博弈就是纳什均衡。考虑一个博弈，如果由各个博弈方的某一个策略所组成的某个策略组合中，任一博弈方的那个策略都是其余博弈方策略组合的最佳对策，那么这次策略组合就是一个纳什均衡。简而言之，就是给定其他人的策略选择，最佳的那个策略师最佳的（如产量最大、利润最大等），那么这种策略组合就是一个纳什均衡。

博弈模型可以分为很多种，各种分类相互之间都是交叉的，并不存在严格的层次关系。根据各种分类对博弈分类方法影响程度的大小，可对博弈进行如下分类：

首先，分为非合作博弈和合作博弈两大类，它主要是根据博弈方是否合作来划分。比如，两个寡头企业之间达成一个具有约束力的协议，联合以实现最大化垄断利润，并且各自按这个协议生产，这就是合作博弈。它们面临的问题就是如何分享合作带来的合作剩余（即合作所得利润与不合作所得利润之差）。合作博弈强调的是团体理性，强调的是效率、公正、平等。非合作博弈强调的是个人理性。个人最优决策，其结果可能是有效率的，也可能是无效率的。“合作博弈”的理论给企业经营者以重大的启示：竞争市场经济的不变规律，而竞争的战略和手段是多样的。在日趋激烈的市场竞争中，大型企业公司在各行业的竞争互相交织，双方有可能形成同盟或伙伴关系，共同提高彼此的竞争力或市场份额。

其次，在非合作博弈的范围内，可分为完全理性博弈和有限理性博弈两大类。大多数基本博弈概念、原理和分析方法都以完全理性假设为基础，因为这样可以使分析比较简单。

最后，根据各博弈方的总得益是否为零，还可分为零和博弈和非零和博弈。

博弈论作为一种研究主体行为的相互作用及均衡状态的方法，可以帮助企业在极具风险的开放竞争下，更透彻地分析竞争者、顾客、供应商的决策行为，以指导企业的决策。布兰登勃格和内勒巴夫将博弈论引入战略管理领域后提出的“竞合”学说，强调游戏规则的可变性以及竞争与合作在企业战略中占有同等重要的地位，引起了很大的反映。

随着时代的发展，博弈论从对抗性竞争不断地走向合作性竞争。对抗性竞争作为一种竞争规则，因其自身的不足和缺陷将越来越失宠于现代产业中的从业者。以紧密的合作代替个体对抗将很难依靠个体力量来自全球范围内规模、实力不等的竞争者。此外，现代社会科技飞速发展，信息传播加快，产品的寿命周期不断缩短，顾客的需求日趋个性化、多样化、从业者也将很难仅依靠自身的力量生产经营越来越复杂的产品及服务来满足市场的需要。因而必须与其他企业紧密合作，使不用企业间的资本、人才、技术以及信息资源得以有效灵活地组合，以充分利用市场机会。双赢策略可在合作竞争中位合作创造更大的利润空旷能够将，营造更持久有力的竞争优势。这就要求现代产业中的从业者必须更新观念（抛弃旧的“零和”个体对抗竞争思维模式并接受双赢合作竞争思维模式），扩大自己的竞争视野，辩证地处理竞争与合作的关系：在竞争中有合作，合作的目的则是为了竞争，合作是竞争的主要方式。

★ **关键术语**

竞争优势 Competitive advantage	持续竞争优势 Continuous competition
超级竞争 Hyper competition	企业家精神 Entrepreneur spirit
动态竞争 Dynamic competition	博弈论 Game theory

★ **复习与思考**

1. 何谓竞争优势？竞争优势与竞争力的关系是怎样的？
2. 企业竞争优势外生论的主要观点是什么？
3. 企业竞争优势内生论的主要观点是什么？
4. 企业竞争优势是怎样形成的？
5. 何谓持续竞争优势？与竞争优势有何区别和联系？

★ **研究与讨论**

1. 联系实际讨论竞争优势理论对战略管理的重要意义。
2. 动态竞争对企业竞争有何意义？
3. 企业如何创造持续竞争优势？

★ **实践演练**

1. 实地调查两家企业，试比较分析其竞争优势的强弱。
2. 如果你是海尔的管理顾问，你将提出怎样的战略能使海尔具有持续竞争优势？

★ **本章案例**

新东方的成长

1993年辞去北大教职的俞敏洪，在北京中关村的一所小学的低矮的平房里创建了新东方英语学校。那个时候学校只有两三名教师，招生的办法是拎着粥糊桶到大街上刷小广告。13年过去了，当年的新东方学校已经发展成为一家集教育培训、教育研发、图书杂志音像出版、出国留学服务、职业教育、在线教育、教育软件研发等于一体的大型综合性科技教育集团。2006年9月7日，新东方成功登陆纽约证券交易所，发售了750万股美国存托凭证，开盘价为22美元，成为第一家在海外上市的中国教育培训公司。

长期以来教育培训市场因为进入门槛低而竞争激烈。为什么新东方能异军突起，最后做大做强呢？根本原因在于新东方一直秉承的教育理念，那就是不仅要教好专业内容，还要注重人文关怀，不遗余力地向学员们灌输积极向上的人生观。和大学的品德教育不一样的是，新东方的灌输充满的了幽默、智慧和个人体验，让人喜闻乐见，印象深刻。新东方执著于追求“追求卓越、挑战极限、从绝望中寻找希望、人生终将辉煌”的精神，把这种精神传递给每一位来求学的学员。很多学员在多年以后可能再也找不着新东方留给自己的技术层面的知识了，却可能念念不忘当年所受到的精神鼓舞和激励。为什么说这是新东方成功的根本原因呢？因为教育培训从本质上来说，提供的是一种体验性的消费，而培训市场营销的最大特点是口耳相传的人际效应。新东方创建了一个不但能育才的，而且能励志的独特文化氛围，这使新东方赢得了口碑，树立了品牌，从众多竞争者脱颖而出。

熟悉新东方历史的都知道，俞敏洪创业前是北大英语教师，但是他当初进入北大学习后最差的一门功课就是英语。按照他后来自嘲的话来描述，这个来自江阴的农村孩子在英语课上除了老师叫自己的名字以外基本听不懂老师在讲什么。俞敏洪选择了刻苦攻读，奋起直追，最后以优异的成绩留北大任教。这段故事之所以有趣而且有意义，是因为它完全寓示了俞敏洪和他创建的新东方后来走过的成长历程。俞敏洪不是天才的企业家，甚至在很长的时间里对管理一窍不通。跟他当年的英语水平所引来的讥讽一样，他的管理能力同样引来了嘲笑——竟然是来自新东方的同事。然而，俞敏洪通过不断的学习、反思、实践，终于找到了自己的管理之道，顺利实现了组织转型，把新东方从最初的"夫妻店"和后来的"哥们帮"推上了现代企业制度的轨道。俞敏洪能够做到这一点，也许来自他一直感念不忘得北大精神，那就是既坚忍不拔，又永远保持谦卑胸怀，不断学习和创新。

如果不是有这样的学习能力，新东方可能在1999～2000年的关键时期就已经四分五裂了。新东方原来实行的制度用俞敏洪的话来说叫做"糖纸原则"，即加盟的人个人开拓业务，得到"糖块"(即实惠)，留下"糖纸"(即品牌)。这个制度极大地推动了早期业务的发展。新东方从1994年起开始就一直在进行多级跳跃，比如，1998年比1997年增长近100%，2000年比1999年增长200%，2000年新东方的教学收入接近1亿。然而，随着业务的发展，特别是市场形势的变化，新东方原有的制度暴露出了弊端，因为糖纸制度的另一个直接结果是新东方的创始元老都成了各路诸侯，每人都有自己的地盘。当市场中的商机发生倾斜时，各路诸侯因为利益边界问题产生纷争和冲突。为此新东方从2000年开始进行股份制改造，成立东方人教育科技发展有限公司，重新整合新东方的产业资源。在新组建的董事会，俞敏洪身兼董事长和总裁职务。有趣的是股份制改革后，俞敏洪却遭到了元老们的逼宫，因为他们担心以后再也分不到"糖块"了。当时的情形大有要么俞敏洪禅让或者被逐出，要么元老们集体离去拆了新东方的撑台之势。面对危机，俞敏洪采取的是以真诚换信任，留住了一部分元老，不但顺利化解了危机，而且为公司以后的发展铺平了道路。

组织转型了之后，新东方开始改变商业模式。简而言之，商业模式的改变表现为创建校园、业务拓展和地域扩张。新东方长期以来一直专注于利用租用教室进行短期培训。这样的办学模式的最大弊端是难以形成自己的校园文化。为此，从2002年开始，新东方开始向长期教育领域拓展业务，同时投资巨额建造属于自己的实体校园。首先，新东方在北京的中关村黄金地段投资了三个亿购买了一座办公大楼。接着在北京郊区兴建一座能够容纳1.5万人就读的新东方校园。随后，新东方走出北京乃至国门，不断开疆辟土，进行扩张经营。2002年新东方投资2.3亿在江苏扬州建起了占地355亩地、可容纳4 000学生就读的新东方扬州外国语学校。2004年，新东方在加拿大的多伦多和蒙特利尔开办了学校，正式进军海外市场。

与此同时，新东方开始涉足与教育和文化事业相关的一些商务领域，成为一个多元化经营的集团公司，旗下拥有新东方教育发展研究院、新东方文化发展研究院两家专业研究机构，以及新东方大愚文化传播有限公司、北京新东方迅程网络科技发展有限公司、北京新东方前途出国咨询有限公司等。其中，新东方大愚文化传播有限公司主要从事图书、期刊、音像的编辑、出版、发行及零售业务；北京新东方迅程网络科技发展有限公司专门致力于以外语培训为主，以多种职业考试培训为辅的在线教育服务和远程培训服务；而北京新东方前途出国咨询有限公司，则致力于为无数的新东方学员提供出国留学和移民咨询服务。

资料来源：希尔，琼斯，周长辉. 战略管理[M]. 北京：译，中国市场出版社，2007.

研讨问题

1. 如何认识新东方的核心竞争优势？
2. 当前和今后一段时间新东方会面临哪些新的挑战？
3. 新东方将如何保持和发展其竞争优势？

第三篇 战略选择

第七章 企业战略态势选择

■ **大师论语**

战略就是创造独特的有价值的位置，涉及许多行为。

——战略管理学家 迈克尔·波特

战略就是做出长期的选择。

——美国管理学家 詹姆斯·莱伯特

战略制定者的任务不在于看清企业目前是什么样子，而在于看清企业将来会成为什么样子。

——美国管理学家 约翰·W·蒂兹

■ **本章学习目标**

- 密集型增长战略的适用性和实施措施
- 一体化增长战略的优劣势和适用性
- 多元化增长战略的特点、优劣势和适用性
- 稳定型战略的特点及其类型
- 防御型战略的类型和优缺点
- 混合型战略的类型

■ **引例**

五粮液三步发展战略巩固"中国酒业大王"地位

改革开放以来，一大批拥有进步意识的国有企业大胆创新，积极进行企业制度改革，引进先进的企业发展及管理理念，成就了市场强者地位，五粮液就是其中最具代表性的企业之一。进入20世纪80年代中后期，这家前身为上世纪50年代初由8间草房组建的五粮液酒厂的国有企业抓住改革开放和机制转变的大好时机，有计划地实施了"质量效益型"、"质量规模效益型"、"质量规模效益多元化"三步发展战略，企业得到了长足的发展，进一步巩固了"中国酒业大王"的地位。

五粮液的变化归功于当年选择的战略步伐。

1985～1990年是苦练内功阶段，这一阶段是五粮液集团开展的质量管理的深化阶段。这一时期五粮液集团以深挖内部潜力，深化全面质量管理，促进优质品率的提高(科研技改为生产，生产围绕市场转，降耗促优保安全，管理到位增效益)不断改进外观质量和科技含量，增加附加值。五粮液接受并深入推行了全面质量管理观念，收到很大成效，经受住了1989年紧缩银根、名酒不准上宴席、由国家专卖改为自己找市场的严峻考验，夺取了市场先机。

正如《五粮液集团之歌》中所唱到的那样："商战！商战！商烟如海，战事如潮！""团结拼搏！创新开拓！奋进奋进！""要生存、要发展、要胜利！"在激烈的商战中，五粮液不断奋斗，遥遥领先。抢先意识到未来市场经济的严峻环境下只有抓住时机，打好基础才能为自己赢得生存的机会。早在1988年五粮液酒厂获得产品质量认证证书。此后，五粮液两次荣获"全国质量管理奖"，成为我国酒类行业中率先两度荣获"全国质量管理奖"的企业。

1991～1996年是扩大规模阶段。修炼好内功的五粮液开始在保证提升质量的前提下，加快扩展生产能力(规模)。此战略主要是从两个方面考虑：一是通过第一阶段的质量管理，公司积累了扎实的质量管理经验，企业的无形资产、产品的知名度得到了大幅度提高，名牌战略成效充分显露；二是结合五粮液生产工艺的特殊性和改革开放的大好形势，为扩大五粮液及其系列酒的市场空间创造了条件，从而获得了巨大的规模效益。

1997年至今，五粮液集团在以酒业为主业的基础上，实行多元化的质量规模效益扩张。具体步骤是：1997～2000年多元发展起步阶段；2000～2005年多元发展做强阶段；2005～2010年是多元产业在行业争取第一阶段。1998年，随着五粮液集团公司的组建和五粮液股份有限公司的上市，以产业多元化发展为标志，企业正式走上长期发展战略的第三步；2000年底又提出第二次创业，一个以白酒酿造为主业，塑胶加工、模具制造、印务、药业、果酒、电子器材、运输、外贸等多元发展的跨行业企业集团迅速壮大。如今，五粮液已经成为世界著名的白酒品牌，在中国国内更有着"白酒大王"的美誉，其品牌经营的运作以及企业的发展战略管理成为当前各大企业研究学习的对象。

2008年中国企业500强发布，作为中国白酒行业领军企业，五粮液集团以2007年全年实现销售收入252.38亿元的良好经营业绩，上榜"中国企业500强"，还以2007年纳税额34.60亿元的业绩分别位列"中国企业纳税200佳"第84名、"中国企业效益200佳"第113名。

资料来源：http://www.21food.cn/html/news/13/385374.htm

第一节　增长型战略

增长型战略是一种企业在现有的战略基础上向更高一级目标发展的战略。它以增长和发展作为自己的核心内容，引导企业不断地开发新产品、开拓新市场，采用新的生产方式和管理方式，以便扩大企业的产销规模，提高竞争地位，增强企业的竞争实力。

在实践中，增长型战略有多种不同类型，下面分别加以介绍。

一、密集型增长战略

密集型增长战略是指企业在原有业务范围内，充分利用在产品和市场方面的潜力来求得增长的战略。这种战略包括市场渗透、市场开发和产品开发，有时又称为加强型战略，因为它们要求加强努力的程度，以提高企业现有业务的竞争地位。

(一)市场渗透战略

市场渗透战略是企业通过更大的市场营销努力，提高现有产品或服务在现有市场上的销售收入。

1. 市场渗透战略的适用性

这一战略被广泛地单独使用或同其他战略结合使用，下列五种情况尤其适合采用市场渗透战略：

（1）企业特定产品与服务在当前市场中还未达到饱和。

（2）现有用户对产品的使用率还可显著提高。

（3）在整个产业销售增长时主要竞争者的市场份额在下降。

（4）在历史上销售额与营销费用曾高度相关。

（5）销售规模的提高可带来很大的竞争优势。

2. 市场渗透战略的实施措施

（1）通过转变非使用者，努力开发潜在的顾客，以各种促销活动激发新顾客的购买欲望，把产品卖给从来没有使用过本企业产品的用户。

（2）把竞争者的顾客吸引过来，这就要求产品质量提高、价格降低、服务周到、宣传巧妙，使竞争对手的顾客购买自己的产品。

（3）优化产品品质，增加产品特点，改进产品的式样，增加产品的新用途，从而促使使用者更加频繁的使用。

（二）市场开发战略

市场开发战略指将现有产品或服务打入新的地区市场。即企业以市场创新为主导，以原有产品为竞争武器，向新市场扩张。

1. 市场开发战略的适用性

特别适合于市场开发战略的情况主要有以下几种：

（1）可得到新的、可靠的、经济的和高质量的销售渠道。

（2）企业在所经营的领域非常成功。

（3）存在未开发或未饱和的市场。

（4）企业拥有扩大经营所需要的资金和人力资源。

（5）企业存在过剩的生产能力。

（6）企业的主业属于区域扩张型或正在迅速全球化的产业。

2. 市场开发战略的实施措施

（1）将本企业原有产品打入从未进入过的新市场。

（2）要在新市场寻找潜在用户，激发其购买欲望，扩大新市场的占有率。

（3）企业也可以考虑增加新的销售渠道，灵活运用各种中间商的销售途径，开发新的市场。

市场开发战略比市场渗透具有更广阔的成长空间，但风险也可能增大，因为企业将面临新市场的进入障碍，需要强有力的促销活动，将增大成本。同时，面对原有经营企业的反击，会使相当一段时间内利润很少，甚至没有利润。

（三）产品开发战略

产品开发战略是通过改进和改变产品或服务来增加产品销售。特别适合于采用产品开发战略的情况主要是：

（1）企业拥有成功的、处于产品寿命周期中成熟阶段的产品。此时可以吸引老用户试用改进了的新产品，因为他们对企业现有产品或服务已具有满意的使用经验。

(2)企业所参与竞争的行业属快速发展着的高技术行业。

(3)主要竞争对手以可比价格提供更高质量的产品。

(4)企业在高速增长的行业中参与竞争。

(5)企业拥有非常强的研究与开发能力。

从某种意义上讲,这是企业密集型发展战略的核心,因为对企业来说,只有不断推出新产品,才能应对市场的变化,保持企业的持续成长。另外,对于市场开发来说,有时并不是直接将原有产品打入新的市场,而是针对新的市场做了针对性的改进后才进入的。

二、一体化增长战略

一体化战略是指企业充分利用在产品、技术、市场上的优势,向经营领域的深度和广度发展的战略。一体化战略主要有两种类型:即纵向一体化和横向一体化。一体化战略有利于深化专业协作,提高资源的利用程度和综合利用效率。

(一)纵向一体化战略

纵向一体化就是将企业的活动范围在同行业中向后扩张到供应源或者向前扩展到最终产品的最终用户,包括后向一体化和前向一体化。见图 7.1 如一个制造公司投资自己生产某些零配件而不是从外部购买,该公司在本行业的价值链体系中就向后跨越了一个阶段,涉足两个业务单元。纵向一体化可以是跨越全线一体化,即参与行业价值链的所有阶段,也可以是部分一体化,即进入行业价值链的某一个阶段。纵向一体化战略的优势是以其成本节约保证额外的投资,或产生以差别化为基础的竞争优势,增强公司的竞争地位。

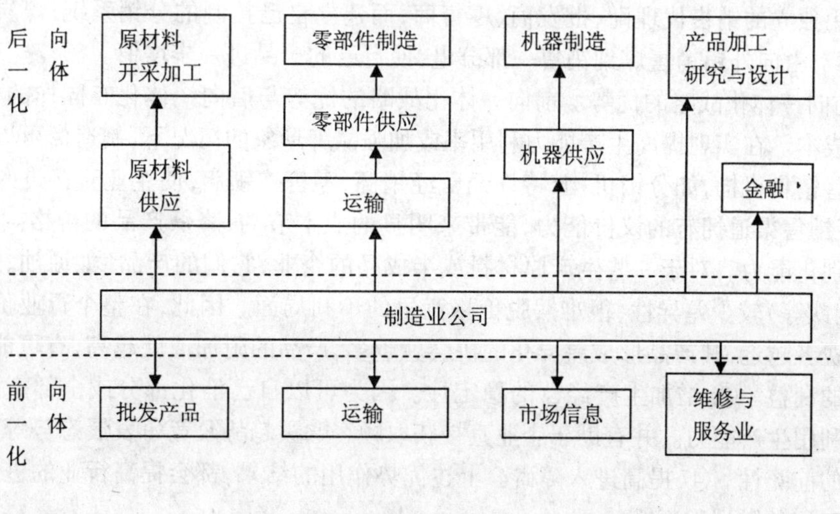

图 7.1　后向一体化和前向一体化

1. 后向一体化战略的优势和适用性

后向一体化战略是将企业的价值链进一步反向延伸,依靠自己的力量,扩大经营规模,由自己生产材料或配套零部件,也可以向后兼并供应商或合资办企业,使企业在内部就能够满足生产所需的大部分零部件、原材料、燃料、设备等供应。

企业采取后向一体化战略主要基于以下考虑:

(1)可以降低产品成本。①当企业自己生产所需的原材料或零部件后,能够较外购降低成本时,后向一体化才是应该考虑的。只有在以下情况时,后向一体化才能降低成本。②当企业所需的量很大,足以获得供应商所拥有的规模经济;而且在保证质量的前提下可以赶上或超过供应商的生产效率。③供应商拥有相当可观的利润。例如,许多用电量很大的企业,建立自备电厂,以降低用电成本。④企业所在行业迅速发展,供应商数量少而需方竞争者数量多,供应商讨价还价能力非常强。

(2)可以产生以差别化为基础的竞争优势。如果通过整合进入更多的阶段,可以增强公司的差别化能力,则是有利的。下列情况可以产生以差别化为基础的竞争优势:①将供应品自己生产后,能提高产品和服务的质量,改善公司对顾客服务的能力,或者能够从其他的方面提高企业最终产品的性能。②能够更好地掌握对战略起着关键作用的技术,建立或加强公司的核心竞争力。③能够增加那些能够提高客户价值的特色。例如,生产葡萄酒的企业往往要控制优质葡萄的产地,以使自己生产的葡萄酒独具特色。

(3)可以排除依靠供应商提供关键零配件或支持服务所带来的不确定性。可以降低公司面对那些不失一切机会抬价的供应商时所面临的脆弱。也就是说,如果供应商所供应的产品或服务在数量、质量、时间、价格上存在很大的不确定性,而企业又迫切需要稳定和有保证的供应的话,就应该考虑后向一体化。

(4)提高进入障碍。上述优势作用的结果,都会提高行业的进入壁垒,可以控制竞争的激烈程度。

2. 前向一体化战略的优势和适用性

前向一体化将企业的价值链进一步向前延伸,进入其产品的销售领域。例如,汽车制造商不使用独立的销售代理商、批发商、零售商,而建立自己控制的分销系统;煤炭企业建立坑口电厂,由向外销销售煤到销售一部分电,使自己的产品进一步增值。

(1)前向一体化战略的优势。前向一体化战略的优势与后向一体化有同样的根源:①降低产品成本。在实现提高生产能力利用率或加强品牌形象的情况下,制造商可以自己投资建立一些销售机构,如分销机构、特许经营经销商、零售连锁店,使企业直接进入销售渠道,取消了销售渠道拥有的议价能力,能带来明显的成本节约,降低产品的价格。② 提高产品的差别化能力。对于一些生产原材料或半成品的企业,它们的产品(如原油、煤炭、纺织纤维、钢铁等)较少差异性,很难摆脱价格竞争的不利局面。因此,在整个行业价值链中离最终消费者越近,其产品形成差异化的机会就越多,产品的附加值就越高,有可能给企业带来更多的利益。③ 增加生产经营的稳定性。因为可以自己消化部分或全部产品,就可以稳定地利用生产能力。并有助于企业直接获取顾客购买趋势及竞争发展态势等资料,提高了生产的前瞻性。④ 提高进入障碍。上述优势作用的结果,都会提高行业的进入壁垒,可以控制竞争的激烈程度。

(2)前向一体化战略的适用性。① 企业现在利用的销售商或成本高昂、或不可靠、或不能满足企业销售需要。② 可利用的高质量的销售商数量有限,采取前向一体化的企业将获得竞争优势。③ 企业所处的行业正在明显快速增长或预计将快速增长。④ 企业具备进入前面经营领域的资金和人力资源。⑤ 企业需要保持生产的稳定性。⑥ 现在利用的经销商或以企业产品为原料的企业利润丰厚,即它们所经营的领域属于十分值得进入的行业。

3. 纵向一体化战略的劣势

(1)弱化了竞争,降低了经营的灵活性。不管是前向一体化还是后向一体化,都会使企业依赖自己的厂内活动而不是外部的供应源。因此,对企业内部而言,每道工序的产出,都不必为是否能卖出而发愁,更不会像与外部供应商做生意时那样去讨价还价,反正企业内部另一个单位会使用,这种内部交易将弱化激励。对企业外部而言,纵向一体化意味着上游企业的经营激励也会因在内部销售而不是为生意进行竞争而有所减弱。

经营灵活性的降低主要体现在五个方面:一是纵向一体化要耗费不菲的资金资源,企业在增加行业中投资的同时,难以将资源投入到其他更有价值的地方,因为任何资源在企业内部都有一个机会成本;二是与某些独立实体签约相比,纵向一体化提高了改换其他供应商与顾客成本和难度,当一体化需要解体时,克服退出壁垒也具有相当的挑战性;三是一体化战略可能会削弱企业进行多元经营的能力;四是由于在所投资的设施耗尽以前放弃这些投资成本很大,出于对技术和产品设施现有投资的保护,一体化企业对新技术的采用通常要比非一体化企业慢一些;五是一体化切断了来自供应商或顾客的信息,降低了企业满足顾客产品种类需求的灵活性。

(2)强化了经营杠杆,加大了平衡难度。纵向一体化增加了企业的固定成本部分。如果企业在某一市场上购买某一种产品,那么所有成本都是变动的,而整合企业自己生产的产品,即使因某些原因降低了产品需求,企业也必须承担生产过程中的固定成本。关联业务中任何一个引起波动的因素,能在整个链条中引起连锁波动,进而经营周期、市场开发等都可能引起波动。因此,纵向一体化放大了企业的经营杠杆,使企业面临生产、销售上较大的震荡和周期变化,增加了经营风险。

同时,纵向一体化必然面对在价值链各个环节(阶段)间生产能力的平衡问题。价值链上各个活动最有效的生产运作规模可能不大一样,在每一个活动交接处都达到完全的自给自足是例外情况而不是一般情况。因此,纵向一体化加大了业务平衡的难度。

(3)降低了对市场的响应速度。后向一体化进入零配件的生产,可能会延长对设计和模型进行变化的时间,延长公司将新产品推向市场的时间。如果技术上的变化导致了对产品设计和模型以适应购买者不断变化的偏好,后向进入零配件的生产时一件负担很重的事情。因为这样做必须经常进行改模和重新改进设计,必须花费时间来实施和协调由此所带来的变化。反之,从外部购买零配件通常比厂内制造要便宜一些、简单一些,这使得公司能够更加敏捷地调整公司的产品满足购买者的需求偏好。

(4)增加了对技术和管理的要求。不管是前向整合还是后向整合,都需要拥有完全不同的技能和业务能力。零配件的生产、装配、批发分销以及零售都是不同的业务,涉及不同的关键成功因素。弄懂如何管理这样一个具有不同特点的企业,是纵向一体化的主要成本。一系列普通的管理方式和一系列普通假设,不一定适合于纵向相关业务;能够很好地管理一部分纵向链的管理者,也不一定能够同样有效地管理其他部分。因此,一体化增加了对技术和管理的要求。

4. 解体和外部寻源战略

近年来,一些纵向一体化的企业发现在价值链的很多阶段中进行经营并不理想,因而纷纷采取纵向解体(或者叫解束)战略。解体指的是从价值链体系的某些阶段中撤离出来,依靠外部供应商来供应所需的产品、支持服务或者职能活动。在下列一些情况下,可以考虑对价值链中原来由厂内运作的部分从外部寻求资源：

(1)某些活动由外部的专业厂商来做可能会更有效或者成本更低。

(2)该活动对于企业获取持久竞争优势的能力并不具有至关重要的意义，反而会挖空企业的核心能力、或者技术诀窍。例如，在西方的很多公司中，对于维修服务、会计、数据处理以及其他一些管理支持活动，常常利用外部的专业公司来做。

(3)这样做可以减少企业对变化的技术和变化的购买者偏好的风险程度。

(4)这样做能够简化企业的运作，从而提高组织的灵活性，减短周期，加速决策，降低协调成本。

(5)这样做可以使一家企业能够将精力集中于核心业务。

很多企业同供应商建立较疏远的关系，价格通常是这些企业选择供应商的决定性因素。这些企业会让供应商进行竞价，最终获得最低可能的价格。转换供应商对供应商所产生的威胁是最主要的武器。为了使这种威胁具有威胁力，各企业更倾向于同多个供应商签订短期的合同，而不是同单一供应商签订长期的合同，其目的在于加剧供应商之间的竞争。

但是，很多企业摒弃了这种作法，它们同较少的有着强大能力的供应商打交道，这些强大的供应商被公司当做战略合作伙伴。它们认为，同关键的供应商构建紧密的长期合作伙伴关系，充分利用和挖掘强大供应商的能力，可以抓住纵向一体化的优势，避免很多纵向一体化的缺点。

总之，纵向一体化战略既有很多的优点，也有很多的缺点，向纵向一体化的哪个方向走取决于以下的考虑：

第一，它是否会提高对战略起着至关重要作用活动的业绩，降低成本或者加强差别化。

第二，它对与协调更多阶段之间的活动有关的投资成本、灵活性和反应时间、以及管理费用所产生的影响。

第三，它是否能够创造竞争优势。

纵向一体化这个问题的核心在于：企业要想取得成功，哪些能力和活动应该在自己内部展开，哪些可以安全地转向外部的企业。如果不能获得巨大的利益，那么纵向一体化就不太可能成为诱人的竞争战略选择。

【阅读案例】

雅戈尔的纵向一体化战略

雅戈尔公司经过二十几年的发展，逐步确立了以纺织服装为主业、房地产和国际贸易为两翼的经营格局，旗下拥有上市公司雅戈尔集团股份有限公司以及各类子公司近40家，已经成为中国最具实力的服装企业。2003年中国500强企业名列第155位，“雅戈尔国际服装城”被中国服装协会确认为中国最大的服装先进制造业基地。

在全球“专注”、“专业”趋势越来越强、越来越被看好的情况下，雅戈尔却在积极向服装产业的上下游拓展：不但向商业、零售、连锁方向发展，组建庞大的分销网络；还向上游的纺织面料进军，建立自己的纺织面料城。它采用纵向一体化战略投巨资打造一条纺织、服装和分销零售网络的厚实商业链条，其纺织、服装和分销零售网络大概现状（投资金额：单位人民币）如下图所示。

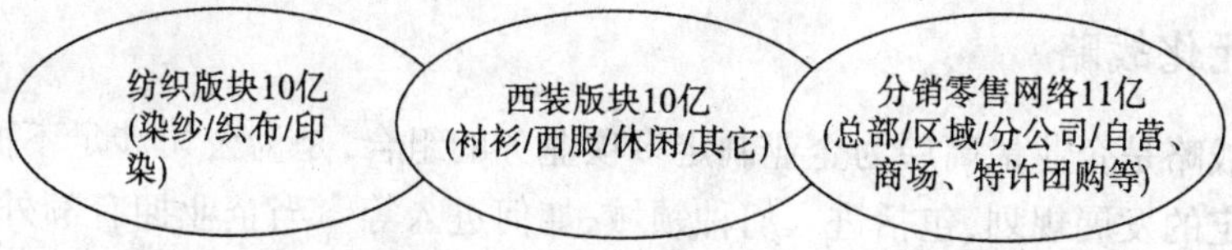

图例　纺织、服装、分销零售网络三大版块布局

（二）横向一体化战略

横向一体化战略也叫水平一体化战略，是指将生产相似产品的企业置于同一所有权控制之下，兼并或与同行业的竞争者进行联合，以实现扩大规模、降低成本、提高企业实力和竞争优势。

当今战略管理的一个最显著的趋势便是将横向一体化作为促进公司发展的战略。竞争者之间的合并、收购和接管提高了规模经济和资源与能力的流动。横向一体化战略一般是企业面对比较激烈竞争的情况下进行的一种战略选择。采用横向一体化战略的好处是：能够吞并或减少竞争对手；能够形成更大的竞争力量去和竞争对手抗衡；能够取得规模经济效益；能够取得被吞并企业的市场、技术及管理等方面的经验。一个很好的例子是，中国的冰箱市场竞争非常激烈。但是，当科龙、美菱等几家企业被横向整合在一起后，科龙等企业共同形成了一个每台冰箱150元的成本壁垒，中国的低端冰箱市场反而竞争趋缓了。

企业一般在下列情况下采用横向一体化战略：

（1）希望在某一地区或市场中减少竞争，获得某种程度的垄断，以提高进入障碍。

（2）企业在一个成长着的行业中竞争。

（3）需要扩大规模经济效益来获得竞争优势。当竞争者是因为整个行业销售量下降而经营不善时，不适于横向一体化战略对其进行兼并。

（4）企业具有成功管理更大的组织所需要的资本和人力资源，而竞争者由于缺乏管理经验或特定资源停滞不前。

（5）企业需要从购买对象身上得到某种特别的资源。

【阅读案例】

法国电信横向一体化战略

法国电信是横向一体化战略的典范，不断通过兼并和控股等方式开拓、扩大市场。其中最引人注目的是2000年斥资432亿欧元收购了英国第三大移动运营商Orange公司的全部股票，并把自己原来的移动电话业务归并于Orange品牌之下，成为仅次于英国Vodafone公司的欧洲第二大移动通信公司。

除此之外，法国电信在1999年购买了西班牙互联网接入提供商CTVJET参股当地CATV公司MSC(Madrid Sistemde Cablr)，并占其股份的10%；之后又收购了西班牙电信运营商Catalana；2000年1月以38亿美元收购了GloblalOne；2000年12月又以35亿美元收购美国Equant公司45%的股份。

三、多元化战略

多元化战略是企业最高层为企业制定多项业务的组合，是为公司涉足不同产业环境中的各业务制定的发展规划，包括进入何种领域，如何进入等。当企业拥有额外的资源、能力及核心竞争力并能在多处投入时，就应该实施多元化。同时，采用该种战略的企业经理层应具备独特的管理能力，能同时管理多项业务，并且能增强企业的竞争能力。

（一）多元化的类型

多元化公司各项事业的关联程度不同，造成多元化类型不同，表 7.1 列示了随着多元化层次的不同产生的五种类型的业务关系。除了单一事业型和主导事业型公司，充分多元化的企业被分为相关或不相关多元化两类。

表 7.1　多元化的类型

多元化程度	多元化类型	各项事业的关联程度
低层次多元化	单一事业型	超过 95% 的收入来自于某一项业务
	主导事业型	70% ~ 90% 的收入来自于一项业务
中高层次多元化	相关约束型	不到 70% 的收入来自主导业务，所有业务共享产品、技术、分销渠道
	相关型（相关和不相关的混合型）	不到 70% 的收入来自于主导业务，事业部之间联系是有限的
高层次多元化	不相关型	不到 70% 的收入来自主导业务，事业部之间通常无联系

1. 低层次多元化

低层次多元化经营的企业是将精力集中在某一项主导业务上。当一家公司收入超过 95% 的部分都来自于某一项主导业务时，该公司就应该划入单一事业型。主导事业型就是一家公司的收入中 70% ~95% 来自于某一项业务。如好食品公司（Hershey Foods Corp）是美国最大的巧克力及非巧克力糖果生产商，就是一家主导事业型公司。尽管该公司产品丰富，但公司绝大部分收入是来自糖果产品的销售。

2. 中高层次多元化

中高层次多元化可分为相关型、相关约束型及不相关多元化。当一家公司超过 30% 的收入不是来自其主导业务且它的各业务相互之间有着某种联系时，该公司的多元化战略就是相关型的。当这种联系直接且频繁时，就是相关约束型。相关多元化公司各业务在资源和资金上共享较少，而知识及核心竞争力的相互传递却较多。相关约束型公司各项业务共享很多资源和行动。不相关多元化公司属于高度多元化，公司各项业务之间没有太多的联系，如通用电气公司。

为了顺应全世界的专业化潮流，一些公司在多元化上改变了立场。汉生公司曾经被视为全世界采用高度多元化最成功的公司，在 20 世纪 90 年代该公司决定降低其多元化层次以强化主营业务，汉生公司出售或剥离了属下许多事业部。西屋电气公司是一家历史超过百年的老公司，实行相关多元化战略已多年。自从该公司收购了哥伦比亚广播公司后，多元化进程大大减缓,而当它与 Viacom 公司合并后,它又走向了多元化。

(二)相关多元化战略

相关多元化战略是企业为了追求战略竞争优势,增强或扩展已有的资源、能力及核心竞争力而有意识采用的一种战略。实行这种战略的企业增强新的、但与原有业务相关的产品与服务,这些业务在技术、市场、经验、特长等方面相互关联。例如,我国的海尔、长虹等知名的家电企业都实行相关多元化的战略,它们在电视机、冰箱、空调器、洗衣机等多种家电产品中经营。广义地说,前面讲的纵向一体化也是相关多元化的一种形式。

1. 相关多元化战略的优势

相关多元化的战略匹配关系给企业带来优势。战略匹配存在于价值链非常相似以至能为公司各方面带来机会的不同经营业务之间,它主要从两个方面给相关多元化的企业带来优势:一是产生范围经济;二是增加市场力量。

以相关多元化作为公司层战略的企业总是尽力利用不同业务之间的范围经济。当两种或更多的经营业务在集中管理下运作比作为独立的业务运作花费更少时,就存在范围的经济性。对于在多个行业或产品市场上经营的公司来说,范围经济性来源很广,包括分享技术,对共同的供应商形成更强的讨价还价的力量,联合生产零件和配件,分享共同的销售力量,使用同样的销售机构和同样的批发商或零售商,售后服务的联合,共同使用一个知名商标,将竞争性的有价值的技术秘诀或生产能力从一种业务转移到另一种业务,合并相似是价值链活动以获得更低的成本。范围经济性越大,基于更低成本。范围经济性越大,基于更低成本基础上创立竞争优势的潜力更大。如索尼公司作为领先的消费电器公司,采用了技术相关、营销相关的多元化战略进入了电子游戏行业;强生公司的产品包括婴儿产品、医疗用药物、手术和医院用产品、皮肤护理产品、隐形眼镜等;另外还有宝洁公司、吉列公司等,都是相关性业务组合的例子。

相关多元化经营也可以获得"市场力量"。市场力量是指企业对市场的控制力或影响力。当一个企业在多个相互关联的领域内经营时,它通常比那些在单一领域内经营的企业更有市场力量。如一个同时生产电视机、冰箱、洗衣机、空调微波炉等多种家电产品的企业,往往比只生产冰箱企业更有市场力量。纵向一体化同样也可能获得市场力量,因为它可以通过内部交易达到控制市场的目的。

战略匹配关系存在于各业务价值链的任何地方:生产、销售、营销及 R&G 活动中,主要体现在以下几个方面:

(1)技术匹配。当在不同的业务经营间存在共享共同的技术、探求与某种特殊技术相关的最大的经营机遇,或者具有可以将技术秘诀从一种业务转移到另一种业务的潜力时,就存在着技术匹配。

(2)市场匹配。当不同业务经营的价值链活动高度交叠,以至它们的产品有着相同的顾客,通过共同的中间商和零售商,或者以相似的方式进行营销和促销时,这些业务间就存在着与市场相关的战略匹配。

(3)运作匹配。当不同业务之间在获得原材料、R&G 活动、生产过程、或实施行政支持功能方面存在合并活动或转移技术和生产能力的机会时,就存在着运作匹配关系。

(4)管理匹配。当不同业务单元在公司、行政管理或运作问题的类型方面具有可比性,因此可将在一种业务经营中的关联方法转移到另一业务中时,就存在着管理匹配。

2. 相关多元化战略的适用条件

(1) 可以将技术、生产能力从一种业务转向另一种业务。

(2) 可以将不同业务的相关活动合并在一起。

(3) 在新的业务中可以借用公司品牌的信誉。

(4) 以能够创建有价值的竞争能力的协作方式实施相关的价值链活动。

3. 相关多元化战略的实现方式

(1) 进入能够共享销售队伍、广告、品牌和销售机构的经营领域。

(2) 探求密切相关的技术和专有技能。

(3) 将技术秘诀和专有技能,从一种经营业务转移到另一种经营业务。

(4) 将组织的品牌名称和在顾客中建立起的信誉转移到一种新的产品和服务。

(5) 并购非常有助于增强公司目前经营地位的新业务。

(三) 不相关多元化战略

不相关多元化就是公司进入与原有行业不相关的新业务,公司经营的各行业之间没有联系。美国通用电气公司是高度多元化的范例,从灯泡到信用卡,从医药到有线电视,跨越多种行业。

1. 不相关多元化战略的优势

尽管相关多元化会带来战略匹配利益,很多企业却选择了不相关的多元化战略,进入了有着丰厚利润或美好前景的任何行业。不相关多元化主要是出于寻求有吸引力的财务经济性。

(1) 经营风险在一系列不同的行业得到分散,因为公司的投资可以分散在具有完全不同的技术、竞争力量、市场特征和消费群体的业务中。

(2) 通过投资于任何有最佳利润前景的产业可以使公司的财力资源发挥最大的作用。

(3) 公司的获利能力更加稳定。理想的状况是公司某些业务的周期性下降与多元化进入业务的周期性上升相平衡。

(4) 增加股东财富。当公司的经理们能非常聪明地发现并购得具有利润上升潜力的价值被低估的公司时,股东财富就能增加。

2. 不相关多元化战略的适用性

(1) 企业所在行业逐渐失去吸引力,企业销售额和利润下降。

(2) 企业没有能力进入相邻产业。

(3) 企业具有进入新产业所需的资金和人才。

(4) 企业有机会收购一个有良好投资机会的企业。

3. 不相关多元化战略的实现方式

企业很少在内部组建新的子公司以进入新的产业,一般是通过并购形式实现多元化。任何可以并购的具有有利财务条件和令人满意的利润前景的公司,都可以作为进入产业领域的选择。挑选被收购公司要考虑以下因素:其业务是否可以达到公司获利能力和投资回报率的目标;是否需要注入资金以更新固定资产和提供流动资金;是否处于有着重大增长潜力的产业;是否可能出现业务统一困难或者违反政府有关产品安全环境的规定;这一产业对萧条、通货膨胀、高利润或政府政策的变动敏感程度等。

如果只考虑快速获得财务收益,有三种公司是最好的选择:一是资产被低估的公司。

以低于全部市值的价格将其收购,并以高于买价的价格将其资产和业务再次出售从而为公司带来实际的资本利润。二是财务困难的公司。借助母公司的财力和管理方法整合公司,然后作为长期投资或将其出售。三是增长前景很好但缺少投资资本的公司。

4. 不相关多元化的弱点

(1)管理难度很大

多元化公司涉及的领域越多,多元化程度越高,公司越难以对每个子公司进行监察和管理,越难以形成评价每个经营行业吸引力和竞争环境的真正技能。判断各业务计划和行动的质量也更加困难。因此,多元化公司要求管理者必须具备很高的洞察力和反应能力;能判断并购的结果;选拔有能力的管理人员;能辨别何时业务经理提出的战略计划是否合理;当一个业务单元的经营出现失误时知道如何处理。总之,多元化公司经营的难度在于要充分考虑到在不同产业中完全不同的经营特点和竞争环境,以做出科学合理的决策。

(2)不存在战略匹配利益

相关多元化是增加股东价值的一种战略方法,因为它是基于探求不同业务价值链间的联系,以降低成本、转移技能和专门技术以及获得其他战略匹配利益,其目标是将公司的各种业务间的战略匹配关系转变为业务子公司靠自己无法获得的额外的竞争优势,公司通过相关多元化得到的竞争优势是营造更大的股东价值的驱动力。

不相关多元化主要是创建股东价值的一种财务方法,因为它是基于高度灵活的公司财务资源和管理技能,以把握财务上具有吸引力的经营机会。由于没有战略匹配关系带来的竞争优势潜力,不相关的多种业务的组合业绩并不比各业务独立经营业务总和多,并且如果公司的管理者任意干预业务单元和运作或因公司政策失误使之无法经营,会产生更坏的结果。不相关多元化要想增加股东价值,公司战略家们必须在创建和管理多元化的业务组合方面具有高超技能,这表现在以下方面:① 在多元化进入能连续产生优良的投资回报的新业务方面做得很好,有将可利用的财力资源调度到营运高效运作的业务组合的能力,能准确地决策增加何种新业务,提高哪种业务水平。② 在将以前并购的公司处于顶峰时卖掉并获得溢价方面足够敏锐,这需要能分辨一项业务子公司何时处于面临下降的行业和不利的竞争条件,并且可能出现长期获利能力下降。③ 明智和积极进取地将公司财务资源由盈利机会暗淡的业务中转出,投入到正在快速增长和获得高投资回报的业务中去。④ 在监察业务子公司和对之进行管理方面做得非常好,通过给业务层的经理层提供熟练解决问题的技巧、创造性的建议和决策指导,以至于各业务比采用其他方式运作更好。

如果公司的总经理们制定和执行的不相关多元化战略能产生足够的以上成果,使得公司在为股东创造更多的红利和股票增值方面超过其他公司,那么股东价值才能真正得到提高。

(四)多元化战略的动机

企业实施多元化战略是为了增强企业的战略竞争优势,从而使企业的整体价值得到提升。不管是相关型还是不相关型多元化战略,只要能够让企业所有事业部增加收入和降低成本,就体现了多元化战略的价值。多元化能够获得比竞争对手更强的市场影响力,削弱竞争对手的市场影响力,通过业务组合降低管理者的风险等。如表 7.2 列出了多元化经营的主要原因。

表 7.2　多元化经营的主要原因

原因的性质	原因的目的	方法	适用于
提高企业价值的动机	范围经济性	共享资源、品牌，合并价值链活动	相关多元化
		移植核心能力	
	获得市场力量	通过多点竞争阻击竞争者	
		纵向一体化	
	获得财务经济性	有价值的内部资本分配	不相关多元化
		在各项业务之间降低风险	
		业务重组	
非提高企业价值的动机	规避税法		
	规避反垄断法		
	为企业低效率寻找新生长点		
	降低企业风险		
管理者的消极动机	降低管理的风险		
	提高管理者的报酬		

1. 政府法规的影响

政府法规也是企业多元化经营的外部推动因素。其中，反垄断法和税法的影响最为明显。我们以美国的情况为例做出说明。

20 世纪 60 年代到 70 年，美国政府为了鼓励竞争，防止企业通过纵向和横向一体化获得过大的市场力量，对企业的相关多元化并购进行严格的控制。结果，在此期间发生的并购案所涉及的大都是非相关业务并购。进入 80 年，面对日本等新兴工业化国家的竞争压力和经济全球化的浪潮，美国政府放宽了对同行业竞争者并购的监管，投资银行家也为此推波助澜。结果，恶意接管膨胀。在 60 年代和 70 年代是高度不相关多样化经营的企业，到 80 年代又纷纷通过重组实行“集中化经营”。

出于少纳税的考虑，是企业多元化的一个推动因素。税法对多元化经营的影响不仅包括个人税的影响，也包括公司税的影响。一些公司拥有大量的超过利润再投资后的现金，应该以红利的形式分给股东。然而在 60 年代到 70 年代，红利税要比个人所得税高得多。于是，股东更愿意公司留有这些资金用于购买和新建业务前景好的公司。如果经过一段时期后股票升值了，股东可以从这些资金中受到比红利更好的回报。一般说来，并购增加了公司固定资产折旧的折扣，增加的折旧降低了应纳税收入。

2. 为企业寻找新的利润生长点

当企业效益好时，企业倾向集中化经营，当经营状况不好，且仍有资源条件时，就会向多元化发展，改变经营方向，以寻找新的发展机会；而多元化并不一定改善企业效益，或许使效益更低，当经营状况不理想时，公司就会减缓多元化的进行，或者减少经营领域，收缩战线。图 7.2 说明了多元化与效益的一般关系。

某些企业加速多元化的进程，是因为其主业所在行业的产品需求趋向停滞或下滑。如

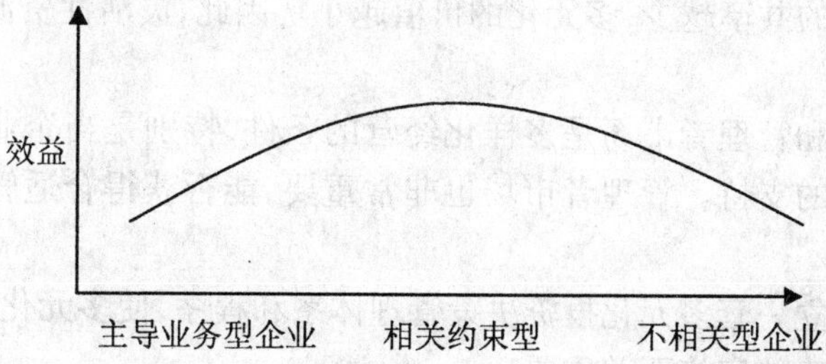

图 7.2　多元化与效益的关系

以生产"万宝路"而著名的菲利普·莫里斯公司,从 20 世纪 60 年代就意识到香烟市场将会逐步萎缩,因此有意识地将从香烟上获得的利润进行转移,兼并了一系列食品行业的公司。

某些企业的产品有较强的季节性或周期性波动,为了排除这种影响,也会促使企业多元化。如玩具生产商为工业制造塑料模具,军火生产商进入民用行业。

3. 分散经营风险

多元化经营的一个重要的理由常被说成是分散风险,即通过减少企业利润的波动来达到分散风险的目的,一些企业相信将它们所有的鸡蛋都放在一个筐里是不明智的,因为多元化进入不相关的领域。但是,在实践中这种效果却很难出现。没有几种富有吸引力的业务经营上有相反的上下波动周期,绝大多数的经营都相似地受经济波动的影响,没有足够说服力的证据表明高度多元化经营公司的合并利润在萧条时期或经济困难阶段比多元化程度低的公司的利润更加稳定或更少受到衰退的影响。

4. 管理者的多元化动机

多元化可以降低管理风险,因而可以降低高层管理者的失业风险和减薪风险。多元化可以让公司的管理者享受到只有他们可以得到而股东们却享受不到的好处。多元化使公司规模扩大,公司规模越大,高级经理的薪酬福利就越高。因此,在一定条件下,企业经营者会引导公司经营向多元化发展。

为了防止多度多元化的倾向,公司的监管机构应对公司的市场状况及高级经理人的薪资进行监控,防止管理者为了自身利益而实施多元化。

(五)多元化经营的条件

有多元化经营的动机只是多元化经营的一个条件,除此之外,企业要能成功地实施多元化战略,还必须具有一些其他的条件。

首先,企业要具备必要的资源才能使多元化具有可行性,才能顺利实施多元化。多元化的动力与资源缺一不可。资源包括有形资源和无形资源。由于各项资源的稀缺性及可流动性不同,它们创造价值的能力也不相同。有的资源既不稀缺、也没有太高价值,而且很容易被模仿和替代,这类资源容易被竞争对手复制。有形资源一般缺乏柔性,如厂房和设备,多余的生产能力只能用于生产一些非常相似的产品,而且还要在生产技术上高度一致。另外作为重要的有形资源,销售队伍是顺利实施多元化的保证,而且这种力量容易转移到其他新行业中。有形资源的运用有利于形成生产、营销、采购及技术之间的资源相互关系。

无形资源比有形资源更具有灵活性,有形资源的共享可以促进多元化,而无形资源的共享更有利。资源的灵活性越强,就越容易用于不相关多元化;灵活性差,则用于相关型多元化。总之,对资源的共享越少,多元化的价值越小。因此,灵活性资源可以使多元化走向更高层次。

第二,资本市场和管理者市场是多样化经营的条件,特别是当企业通过并购进行多元化时,需要资本市场的支持。管理者市场也非常重要,能否获得合适管理者常常是多元化经营的前提条件。

第三,企业应建立一套多元化投资决策管理体系和程序,使多元化经营决策科学化。

最后,多元化战略的实施至关重要。

综上所述,多元化的程度是由市场和企业自身所具备的战略性特点(如资源)所决定,并建立在企业各种资源的优化组合基础上,需要管理者用正确的动机去推动。动机越强烈,资源的灵活性越好,多元化的程度就越高。为了不使企业盲目地、过度地多元化,需要有科学的内部决策和监控控制。正确的战略决策,加上高效的战略实施,才能获得理想的企业经营业绩,如图7.3所示。

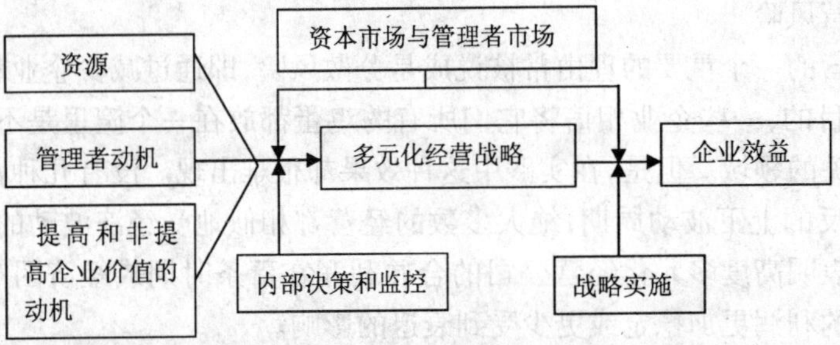

图7.3 多元化经营与企业效益关系的总结性模型

(六)多元化战略的实施

在企业众多可选择的发展战略中,由于多元化战略的操作弹性最大、权变因素最多、程式化和结构化程度最低,因而成为最具挑战性的一种战略。理论上,对多元化战略的争论和探究仍在继续;实践中,关于多元化经营的悲喜剧也未停止过上演。相比之下,悲剧居多,盲从型、投机型、跟风型、豪赌型、想当然型多元化更是不乏其例,非理性多元化甚至成了不少企业万劫不复的深渊和难以逾越的“卡夫卡峡谷”。

要成功实施多元化经营战略,需具备以上条件。在充分考虑上述因素的同时,以下的要点值得高度重视。

1. 选择多元化的路径

企业为多元化而多元化的情况比比皆是,特别是当机会来临而又唯恐别人捷足先登的情况下。于是乎慌不择路,急匆匆进入、一败涂地地退出成了许多中国企业集团的真实写照。这里,关键的问题是缺少对多元化经营战略路径的审慎思考。一般说来,多元化经营的战略路径,按难易程度由低到高依次为专业型、主导集约型、主导扩展型、关联集约型、关联扩散型和非关联性。与之相对应,企业的发展过程分别是:集中发展核心产品一相关多元化经营。海尔多元化经营战略的路径和脉络正是如此,海尔坚持七年的冰箱专业化经营,在管理、品牌、销售服务等方面成为行业的领先者。从1992年开始,海尔首先进入核心技术(制冷技术)同一、市场销售渠道同一、用户类型同一的冰柜和空调行业,逐步向黑色家电与知识产业(信息家电)进军,其多元化相关程度从高度相关到中度相关,最后才涉足非相关。很多企业多元化经营之所以失败,就是选择的多元化的路径不合理。

2. 把握进入新领域的关键要素

多元化进入新的经营领域,具体应怎样把握呢?一是要选择好时机。时机胜过天机,过早进入勇士不成仅成烈士,过晚进入又坐失良机,时机不成熟或错过了时机都会造成战略上的被动。因此,审时度势,至关重要。以三九胃泰为例,它当初最先进入的是包装印刷行业,选择的时机就很好。那时三九胃泰市场火暴,包装印刷厂85%以上的业务都是为三九胃泰服务,从而保证了初期稳定的业务来源。二是要把握好节奏。切忌立足未稳又急于新项目,“萝卜快了不洗泥”,进新领域速度太快,不仅容易乱自己的方寸,更严重的是会为未来留下隐患。三是要选择好对象。仍以三九胃泰为例,当时进入汽车业,它不是选择规模适中、管理规范、技术成熟的国有企业,而是去找乡镇企业,日后的分手就在所难免。四是要选择好次序。这里的次序即前面提及的路径,先进入哪个产业,再进入哪个产业,需要周密谋划,尽量避免同时进入多个产业,全面开花。五是要选择好方式。要自创、并购,还是结盟;是控股还是参股,都需细致思量。

3. 建立战略协同

战略协同通常有两层含义:一是企业现行战略与新战略在进程上的动态协同;二是在一定时期内保持相对稳定性的横向静态协同。简言之,战略协同具有“静态横向协同、动态进程协同”的特性。但不管是哪种协同,共同的特点都是追求更合理、更有效地配置资源,使其效用最大化,同时使企业的各种业务相互协调与和谐。多元化经营效果发挥得充分是否,很大程度上取决于战略协同效果的好坏。由于不相关多元化战略中的每项经营几乎都处于单打独斗的状态,很难彼此帮衬和相互借力,难以产生由战略匹配和资源共享所带来的协同优势,所以,相关多元化更值得鼓励和推崇。相关多元化基于探求不同业务价值链间的联系和协同以降低成本,获得战略匹配利益,其目标是将公司的各种业务间的战略匹配关系转变为各业务子公司靠自己无法获得的额外竞争优势。从而实现多种经营组合的合并业绩,高于各业务独立经营所获业绩的总和。

(1)驾驭好多种不同业务。一旦多元化进入多种领域,涉及多个行业,就要设法均衡地管理好这些不同的业务。公司管理人员应充分意识到,不同行业由完全不同的经营特点、竞争环境、资源禀赋和能力要求,其产业经验也截然不同。公司涉足的经营项目越多,多元化程度越高,就越是需要对每个子公司进行监察和尽早地发现问题,也越需要尽快掌握形成评价每个经营行业吸引力和竞争环境的真正技能,还需要更敏锐地判断由各业务的经理们提出的计划和其战略行动的质量。同时,尽可能在多个业务之间做到时间、空间和功能间的有序衔接和动态平衡。

(2)立足主业,适度多元。对于打算多元化的企业,应恪守“企业要固守自己的本行,不要离开自己擅长的基本领域太远”这一原则,树立“专业化是普遍的、一般的,多元化是特殊的、个案的”这一理念。稳定而具有竞争优势的主营业务,是企业利润的主要源泉和生产发展的基础。企业应该通过保持和扩大企业自己所熟悉和擅长的主营业务,尽力扩展市场占有率以求规模经济效益最大化。企业应始终追问,我们现有的产业做好了吗?利润稳定吗?有足够的富裕精力和实力问鼎其他产业吗?概观全球最大企业500强,其主业都很清晰,往往闻其名,就知其主业是什么。例如通用汽车、可口可乐公司等,可谓名实相符。

多元化(尤其是其中的不相关多元化)的一个关键问题,是在营建业务组合时应该撒多大的网,换言之,适度多元的"度"在何处?一个公司应投入少数几种不相关经营还是多种不相关经营?多大的多元化程度能使公司总经理进行成功的管理?解决后一问题的一种合理方法是询问"获得可接受的增长和获利能力的最小多元化程度是多少"和"考虑到多元化为公司管理增加的复杂性,能够管理的最大的多元化程度是多少",令人满意的多元化程度通常位于这两极之间。根据《财富》杂志的统计,在世界500强企业中,单项产品销售额占企业总销售额比重95%以上的有140家,占500强总数的28%;主导产品销售额占总销售额70%~95%的有195家,占38.8%;相关产品销售额占总销售额70%的有146家,占29.2%;而不相关多元化的企业则凤毛麟角。这些数据充分佐证和诠释了我们倡导的"立足主业、适度多元"。

4. 由"广而泛"转向"专而精"

对于已经多元化的大企业,要做到"有所不为而后有为",宁专勿多,把一些非主导业务剥离出去,集中内部资源强化主要业务的竞争优势。突出主业并对之强化,放弃非相关业务,在目前全球企业界已成共识。例如,西门子共识为做好白色家电,不仅忍痛卖掉彩电生产线,还把手机业务卖给明基共识;以小家电著称的飞利浦公司挥泪出让生产大家电的子公司;百事可乐为集中精力打败老对手可口可乐,不得不放弃饭店和快餐业;以"万宝路"著称的菲利普——莫里斯公司,前不久宣布大幅度裁员和重整,着手拍卖"非核心业务"。通用电气公司在韦尔奇接任总裁职位之后,进行了一系列重大改革,其中之一便是业务重组,缩减多元化领域。通用电气宣布即使损失大量投资,也要壮士断腕,剥离、分拆、变卖那些只能停留在行业第三位以下的业务,以确保在所在行业中的数一数二的地位。

"由广而泛"向"专而精"的战略转移已是大势所趋。不少500强企业因多元化战略而一度危机重重,痛定思痛后都重新回归到专业化发展的路径。例如ITT公司在20世纪70年代通过大量的并购活动形成了一个巨型企业集团,但最终却陷入了困境,不得不分解为旅馆、保险公司、汽车等一系列独立企业。尽管海尔的相关多元化做得几近完美,但不相关多元化却值得深入斟酌和反省。

5. 铸造核心能力:多元化经营的不二法则

在反复强调企业要突出主业时,并不排斥特定条件下的多元化。优秀的企业在经营领域的选择上,首先要确定自己的核心主营业务,并积极培养核心竞争力,以此为基础,循着相关多元化经营到不相关多元化经营的顺序考虑多元化经营。企业发展到一定阶段,既可以多元化也可以继续专业化,但不管是对人类能力有限性的挑战,多元化是否仅取决于能力的限制,能力的强弱才是决定是否要多元化以及在多大范围内多元化最主要的因素。

能力不仅是企业多元化的限制条件,也是多元化经营的终极依归。一家从事多元化经营的企业,若在经营过程中未能铸造自己的核心能力,不管它在财务上一时的表现多么出色,其多元化经营的所谓成功都是打折扣,而且是难以为继的。总部位于美国加利福尼亚州圣迭戈市、为标准普尔500指数成分公司的高通公司,凭借其开发和提高独具创新性的数字无线通信产品和服务著称于世,它之所以能够笑傲江湖,凭标准号令天下,靠制定标准挣钱,就在于其拥有杀手锏技术——CDMA(码分多址)数字技术,且在该领域里有非常深的造诣,形成了无数的专利壁垒。与高通公司类似的一些公司,不是没有技术,而是没有真正在一些领域钻研到深邃的地方,大多停留在花哨的应用层面上,大力推广关联应用。虽然多元,但是和高通,却有着不少的差距。

【阅读案例】

五粮液"酒后"造车

四川省和宜宾市政府最近为五粮液集团制定了"10 年1 000亿元销售收入、进入世界500 强"的目标。不过,要完成这一目标,仅仅靠涨价显然是不够的。五粮液集团显然还在寻找更多的途径。"只有通过多元化,五粮液才能做大。"

事实上,多元化道路是中国众多企业在做大做强过程中的一条常规路。从20 世纪90 年代起,国内众多企业如海尔、红塔、春兰、波导、美的、新飞和奥克斯在完成品牌升级和资金积累后,都进行了多元化发展。五粮液也不例外。多元化战略是五粮液集团上世纪80 年代末即已确定好的:主要从与主业相关联的产业做起,延伸酿酒产业技术链,拉长产品链,适时发展其他产业,逐步做大做强。"按照规划,未来酒业将只占到集团公司业务的1/4。"

目前五粮液集团多元化经营已经进入塑胶、印务、药业、果酒、电子、运输、日化、服装、保健、光电、数控机床、汽车发动机、汽车零配件、芯片业、显示器、证券等十几个不同领域。

尽管与春兰、波导等失败的多元化过程相比,五粮液没有明显的失误,但是也谈不上太多的成功。到目前为止,除了与主业相关的印刷、塑胶和模具为主的普什公司及玻璃公司实现盈利外(年销售额分别达到40 亿元和20 亿元),其余如汽车、洗发水、药品等投资都连连巨亏。即使是盈利项目,贡献度也很小。

为了加速向1 000亿元的销售目标前进,五粮液再次大举进入汽车及其相关产业项目。"2009 年,五粮液集团抓住国家对新能源汽车产业的支持和加大基础建设投资之机,加快相应产业的发展,如柴油发动机、汽车零部件、建材、玻璃绝缘子等,销售呈现强劲增长态势。"在这样的投资思路下,五粮液整车项目呼之欲出。

第二节　稳定型战略

一、稳定型战略的概念及特征

稳定型战略是指在企业内外环境的约束下,企业准备在战略规划期限内使企业的资源分配和经营状况基本保持在目前状态和水平上的战略。企业采取稳定型战略也就意味着企业经营方向及经营产品在其经营领域内所达到的产销规模和市场地位都大致不变,或以较小的幅度增长或减少。

从企业经营风险的角度来说,稳定型战略的风险是相对小的,对于那些曾经成功地在一个处于上升趋势的行业和一个不大变化的环境中活动的企业来说会很有效。由于稳定型战略从本质上追求的是在过去经营状况基础上的稳定,因此,它具有如下特征:

(1)企业对过去的经营业绩表示满意,决定追求既定的或与过去相似的经营目标。例如,企业过去的经营目标是在行业竞争中处于市场领先者的地位,稳定型战略意味着在今后的一段时间里依然以这一目标为企业的经营目标。

(2)企业在战略规划期内所追求的绩效按一定的比例递增。这里的增长是一种常规意义上的增长,而非大规模的和非常规的迅猛发展。例如,稳定型增长可以指在市场占有率保持不变的情况下,随着总的市场容量的增长,企业的销售额也随之增长,这种情况并不能算典型的增长型战略。实行稳定型战略的企业总是在市场占有率、产销规模或总体利润水平上保持现状或略有增加,从而稳定和巩固企业现有的竞争地位。

(3)企业准备以过去相同的或基本相同的产品和劳务服务于社会,这意味着企业在产品或服务上的创新较少。

从以上特征可以看出,稳定型战略主要依赖于前期战略。它坚持依照前期战略对产品和市场领域进行选择,以前期战略所达到的目标作为本期希望达到的目标。因而,实行稳定型战略的前提条件是企业过去的战略是成功的。对于大多数企业来说,稳定型战略也许是最有效的战略。

二、稳定型战略的类型

在具体实施方式上,稳定型战略又可依据其目的和资源分配的方式分为不同类型:

(一)无变化战略

无变化战略似乎是一种没有战略的战略。采用它的企业可能是基于以下两个原因:一是企业过去的经营相当成功,并且企业内外环境没有发生重大变化;二是企业并不存在重大的经营问题或隐患,因而企业战略管理者没有必要进行战略调整,或者害怕战略调整会给企业带来利益分配和资源分配的困难。在这两种情况下,企业的管理者和职工可能不希望企业进行重大的战略调整,因为这种调整可能会在一定时期内降低企业的利润总额。采用无变化战略的企业除了每年按通货膨胀率调整其目标以外,其他都暂时保持不变。

(二)维持利润战略

这是一种以牺牲企业未来发展来维持目前利润的战略。维持利润战略注重短期效果而忽略长期利益,其根本意图是渡过暂时性的难关,因而往往在经济形势不太景气的时候被采用,以维持过去的经营状况和效益,实现稳定发展。但用得不当的话,维持利润战略可能会使企业的元气受到伤害,影响长期发展。美国铁路行业在20世纪60年代处于十分困难的境况,许多铁路公司通过减少铁路维持和保养来减少开支,实行稳定型战略,维持分红。然而不幸的是这一困难时期延续到了70年代,铁路的状况十分恶化,最终使得这些铁路公司的经营受到了影响。

(三)暂停战略

在一段较长时间的快速发展后,企业有可能会遇到一些问题使得效率下降,这时可用暂停战略,即在一段时期内降低企业的目标和发展速度。例如在采用并购发展战略的企业中,往往会在新收购的企业尚未与原来的企业很好地融合在一起时,先采用一段时间的暂停战略,以便于有充分的时间来重新实现资源的优化配置。从这一点来说,暂停战略可以让企业积聚能量,为今后的发展做好准备。

(四)谨慎实施战略

如果企业外部环境中的某一重要因素难以预测或变化趋势不明显,企业的某一战略决策就要有意识地降低实施进度,步步为营,这就是所谓谨慎实施战略。比如,某些受国家政策影响比较严重的不是不问青红皂白地大干快上,置政策于不顾。

三、稳定型战略的适用性

采取稳定型战略的企业一般处在市场需求及行业结构稳定或者较少动荡的外部环境中，因而企业所面临的竞争挑战和发展机会都相对较少。但是，有些企业在市场需求以较大幅度增长或是外部环境提供了较多发展机遇的情况下也会采用稳定型战略。这些企业一般来说是由于资源状况不足以使其抓住新的发展机会而不得不采用相对保守的稳定型战略态势。下面分别讨论企业外部环境和企业自身实力对采用稳定型战略的影响。

（一）外部环境

外部环境的相对稳定性会使得企业更倾向于稳定型战略，影响外部环境稳定性的因素很多，大致包括：

（1）宏观经济状况会影响到企业所处的外部环境。如果宏观经济在总体上保持总量不变或总量低速增长，那么企业所处行业的上游、下游产业也往往只能以低速增长，这就势必影响到该企业所处行业的发展，使其无法以较快的速度发展。因此，由于宏观经济的慢速增长会使得某一产业的增长速度也降低，这就会使得该产业内的企业倾向于采用稳定型战略，以适应这一外部环境。

（2）产业的技术创新度。如果企业所在的产业技术相对成熟，技术更新速度较慢的话，企业过去采用的技术和生产的产品无需经过太大的调整就能满足消费者的需求和与竞争者抗衡。这样产品系列及其需求保持稳定，从而促使企业采纳稳定型战略。

（3）消费者需求偏好的变动。这是决定产品系列稳定度的另一方面。消费者频繁的偏好转移势必使得企业在产品特性和营销策略上与过去的做法有所不同，否则将会被竞争对手所击败，而这种策略上的变动毫无疑问将影响到企业的经营战略。因而企业若继续采用稳定型战略态势的话，很可能陷入被动。从这点来看，稳定型战略适合于消费者需求偏好较为稳定的企业。

（4）产品生命周期（或行业生命周期）。对于处于行业或产品的成熟期的企业来讲，产品需求、市场规模趋于稳定、产品技术成熟，新产品的开发和以新技术为基础的新产品开发难以取得成功，因此以产品为对象的技术变动频率低，同时竞争对手和企业的竞争地位都趋于稳定，这时提高市场占有率、改变市场地位的机会很少，因此较为适合采用稳定型战略。

（5）竞争格局。如果某企业所处行业的进入壁垒非常高或由于其他原因使得企业所处的竞争格局相对稳定，竞争对手之间很难有较为悬殊的业绩改变，则企业若采用稳定型战略可以获得最大的收益，因为改变竞争战略带来的业绩增加往往是不尽如人意的。

（二）企业内部实力

正如前面所说的，企业战略的实施一方面需要与外部环境相适应，另一方面要有相应的资源和实力来实施，也就是既要看到外部的威胁与机会，又要看到自身的优势与劣势。

即使外部环境较好，行业内部或相关行业市场需求增长为企业提供了有利的发展机会，也并不意味着所有的企业都适合采用增长型战略。如果企业资源不够充分，例如可以用来投资的资金不足、研发力量较差或在人力资源方面无法满足增长型战略的要求时，就无法采取扩大市场占有率的战略。在这种情况下，企业可以采取以局部市场为目标的稳定型战略，以使其有限的资源能集中在某些自己的竞争优势的细分市场，维护竞争地位。

当外部环境较为稳定时，资源较为充足的企业与资源相对较为稀缺的企业都应当采用稳定型战略，以适应外部环境、但两者的做法不同。前者可以在更为宽广的市场上选择自己战略资源的分配点，而后者应当在相对狭窄的细分市场上集中自身资源，以执行稳定型战略。

当外部环境较为不利，比如行业处于生命周期的衰退阶段时，资源丰富的企业可以采用一定的稳定型战略；而对那些资源不够充足的企业来说，则应视情况而定；如果它在某个细分市场上具有独特的竞争优势，那么可以考虑也采用稳定型战略态势；但如果本身就不具备相应的特殊竞争优势，那么不妨实施紧缩型的战略，以将资源转移到其他发展较为迅速的行业。

（三）稳定型战略的利弊分析

1. 稳定型战略的优点

（1）企业经营风险相对较小。由于企业基本维持原有的产品和市场领域，从而可以利用原有的生产经营领域、渠道，避免开发新产品和新市场所必需的大额资金 投入、激烈的竞争抗衡和开发失败的巨大风险。

（2）能避免因改变战略而改变资源分配的困难。由于企业经营方向和内容等与过去大致相同，因而稳定型战略不必考虑原有资源的增量或存量调整，相对其他战略态势来说，要容易许多。

（3）能避免因发展过快而导致的弊端。在行业发展迅速时，许多企业无法清醒地看到潜伏的危机而盲目发展，结果造成资源的大量浪费。我国的许多彩电和空调企业就犯过这种毛病，造成了设备闲置、效益不佳的结局。

（4）能给企业一个较好的休整期，使企业积聚更多的"能量"以便为今后的发展做好准备。从这点上说，适时的稳定型战略是将来增长战略的一个必要的酝酿阶段。

2. 稳定型战略的缺点

（1）稳定型战略的执行是以包括市场需求、竞争格局在内的外部环境基本稳定为前提的。一旦企业的这一判断没有被验证，就会打破战略目标、外部环境、企业实力三者之间的平衡，使企业陷入困境。因此，如果环境预测有问题的话，稳定型战略也有很大的风险。

（2）特定细分市场的稳定型战略往往也隐含着较大的风险。由于资源不够，企业会在部分市场上采用稳定型战略，这样做实际上是将资源重点配置在这几个特定的子市场上，因而如果对这部分特定市场的需求把握不准，企业可能更加被动。

（3）稳定型战略也容易使企业的风险意识减弱，甚至形成惧怕风险、回避风险的企业文化，这就会大大降低企业对风险的敏感性、适应性，从而也增大了以上所述风险的危害性和严重性。

稳定型战略的优点和缺点都是相对而言的，企业在具体的执行过程中必须权衡利弊，准确估计其收益和风险，并采取合适的风险防范措施。只有这样，才能保证稳定型战略优点的充分发挥。

【阅读案例】

菲亚特公司的稳定型战略

菲亚特公司是意大利境内最大的私营企业，它拥有数量惊人的子公司，而且在相当程度上影响着意大利的经济。意大利人自豪地称之为“意大利工业的骄子”。著名的阿戈内利家族是菲亚特公司的所有者,他们早在19世纪末就开始制造汽车了。

许多年来,菲亚特公司在意大利国内建立了稳固的市场,并长期占据这个市场。以此为根基,向其他一些地区稳步渗透。经过多年的发展,特别是二战后的快速发展,菲亚特公司已经成为世界汽车工业界举足轻重的大企业。

菲亚特公司的稳定型战略属于典型的阻击式防守战略(以守为攻),这种战略的指导思想是:“最有效的防御是完全防止竞争较量的发生”。其操作方法是:企业投入相应的资源,以充分显示企业已经拥有的阻击竞争对手进攻的能力。菲亚特公司正是这样做的。多年以来,它通过与历届意大利政府保持良好关系,得到了政府强有力的支持,确保了公司长期以来在意大利国内汽车市场的主导地位。当然,面对开放的市场,当政府再也无力阻止国外企业进入时,菲亚特公司能够及时采取反应式防御战略,利用自己的廉价优势,通过抢占国外低档汽车市场,弥补原有国内市场份额的损失,从总体上保持了公司的稳定发展。

第三节　防御型战略

一、防御型战略的类型

防御型战略是要通过调整来缩减企业的经营规模。防御战略也是一个整体战略概念,它一般包括收获战略、调整战略、放弃战略和清算战略等几种战略。

(一)收获战略

收获战略是指减少公司在某一特定领域内的投资。这个特定领域可以是一个战略经营单位、产品线,或是特定的产品或牌号。采取这种战略的目的是削减费用支出和改善公司总的现金流量。然后,把通过这种战略获得的资金投入到公司中更需要资金的新的或发展中的领域。执行这一战略时,这个特定领域的销售额和市场占有率一般会下降,但这种损失可以由削减费用额去补偿。

在下列情况下,公司可以采取收获战略:

(1)企业的某些领域正处于稳定或日益衰退的市场中。

(2)企业某领域的市场占有率小,且扩大市场占有率的费用又太高;或者市场占有率虽然很高,但要维持则需花费愈来愈多的费用。

(3)企业的某一领域不能带来满意的利润,甚至还带来亏损。

(4)如减少投资,销售额下降的幅度不会太大。

(5)公司如减少该领域的投资,则能更好地利用闲散资源。

(6)企业的某领域不是公司经营中的主要部分。

(二)调整战略

调整战略的目的是企业扭转公司财务状况欠佳的局面,提高运营效率,使公司能渡过危机,希望情况将发生变化,那时再采用新的战略。

公司财务状况出现下滑的一些主要原因可能是:工资和原材料成本升高;暂时的需求下降或经济衰退;增大的竞争压力;或是由于管理问题。可针对不同的原因采取不同的对策。在实施调整战略时,可采取下面的一些措施和行动:更换高层和较低层的管理人员;削弱资本支出;实行决策集中化以控制成本;减少新人员的录用;减少广告和促销支出;一般性的削减支出,包括解雇一些人员;强调成本控制和预算;出售一些资产;加强库存控制;催收应收账款。

(三)放弃战略

当收获战略或调整战略失效时,通常采用放弃战略。所谓放弃战略,是指卖掉公司的一个主要部门,它可能是一个战略经营单位,一条生产线,或者一个事业部。实施放弃战略对任何公司的管理者来说都是一个困难的决策。阻止公司采取这一战略的障碍来自三个方面:

(1)结构上的障碍。一项业务的技术以及固定资产和流动资本的特点阻止放弃。

(2)内部依存关系上的障碍。公司中各种经营单位之间的联系可能阻止放弃某一特定的经营单位。

(3)管理方面的障碍。公司决策过程的某些方面阻止放弃一个不盈利的业务。这些方面包括:放弃对管理者的荣耀是一种打击;放弃在外界看来是失败的象征;放弃威胁管理人员的前途;放弃与社会目标相冲突;对管理人员的激励体制与放弃某一业务背道而驰。

(四)清算战略

这种战略是通过拍卖资产或停止全部经营业务来结束公司的存在。对任何公司的管理者来说,清算是最无吸引力的战略,只有当其他所有的战略全部失灵后才加以采用。但在确实毫无希望的情况下,尽早地制定清算战略,企业可以有计划地逐步降低企业股票的市场市值,尽可能多地收回企业资产,从而减少全体股东的损失。因此,清算战略在特定的情况下,也是种明智的选择。

要特别指出的是,清算战略的净收益是企业有形资产的出让价值,而不包括其相应的无形价值。

二、防御型战略的利弊分析

(一)防御型战略的优点

(1)能帮助企业在外部环境恶劣的情况下,节约开支和费用,顺利地渡过面临的不利处境。

(2)能在企业经营不善的情况下最大限度地降低损失。在许多情况下,盲目而且顽固地坚持经营无可挽回的业务,而不明智地采用防御型战略,会给企业带来致命性的打击。一些世界性的大公司并不回避采取防御型战略。20 世纪 60 年代初,美国无线电公司和通用电气公司都试图进入计算机市场,然而这两个公司努力都没有得到预期的结果,于是两者都采用了防御型战略退出了计算机制造业。

(3)能帮助企业更好地实行资产的最优组合。如果不采用防御型战略,企业在面临一个新机遇时,只能利用现有的剩余资源进行投资,这样做势必会影响企业在这一发展机遇上的前景。相反,通过采取适当的防御型战略,企业往往可以把不良运作的资源部分转移到新的发展点上,从而实现企业长远利益的最大化。

(二)防御型战略的缺点

与上述优点相对应,防御型战略也有可能为企业带来一些不利之处。例如,实行防御型战略的尺度较难加以把握，因而如果盲目使用防御型战略，可能会扼杀具有发展前途的业务和市场。使企业总体利益受到伤害。此外，一般来说，实施防御型战略会引起企业内部人员的不满，从而引起员工情绪的低落，因而防御型战略在某些管理人员看来意味着失败和不力。这些防御型战略潜在的弊端往往较难避免，这为战略管理者在战略态势决策上提出了新问题，要求他们在防御型战略实施中对战略参与者加强宣传和教育，以减少可能的弊端。

【阅读资料】

企业防御型专利战略

企业防御型专利战略是与进攻型专利战略相对而言的，它指企业在市场竞争中受到其他企业或单位的专利战略进攻或者竞争对手的专利对企业经营活动构成妨碍或威胁时，所采取的打破市场垄断格局，改善竞争被动地位的策略。

1. 取消对方专利权战略

这是排除竞争者对本企业构成威胁的一种最有效的方式。这种战略既可以作为企业主动进攻的手段，也可以在企业遇到专利纠纷，受到专利侵权指控时作为防御策略运用，实现以攻为守的目的。主要做法是利用竞争对手专利上的漏洞、缺陷或不符合专利条件的情况，运用专利法赋予的权限，启动专利权撤销程序或无效程序，部分或全部取消对方的专利权。企业要达到上述目的，关键是要收集到竞争对手专利权无效的充分证据。主要渠道有：(1)研究、调查对方专利说明书对技术内容公开的充分性。由于专利法的目的是鼓励和推动发明创造的实施，各国专利法都要求专利说明书应写得全面而充分。我国专利法即规定：说明书应当对发明和实用新型做出清楚、完整的说明，以所属技术领域的普通技术人员能够实现为准。但在实践中，我国专利法对实用新型公开充分性的问题是不作审查的。对于发明专利而言，尽管这一问题在专利申请实质审查中已经解决，但囿于主客观条件的限制，有些说明书公开不充分的发明专利申请依然获得了专利权。并且，专利申请人为加强专利获权后许可证谈判的筹码，以及为了防止技术内容公开后会很容易地被他人仿制，通常要将其发明的一部分关键技术要点作为技术秘密保密。如果企业有充分的证据证明对方专利说明书公开不充分，即可行使无效宣告请求权。(2)分析、调查竞争对手专利说明书在审批中的修改、变动情况。专利说明书修改、变动是为法律所允许的。发明、实用新型专利申请的说明书及其附图、权利要求书公开的发明创造内容是以后修改的基础。但是，修改后的专利说明书不得超出原说明书的范围。企业如果找到竞争对手这方面不符合专利法规定的证据，即可请求宣告该项专利权无效。(3)深入分析、调查竞争对手不符合专利“三性”的情况。我国现行专利法对实用新型专利申请并不进行专利“三性”审查，因而实践中不符合专利“三性”的实用新型专利申请被授权的并不少。对发明专利而言，由于专利审查员知识的局限性和技术本身的复杂性，也很难保证被授予的发明专利都符合专利“三性”要求。企业可以通过文献调查、产品调查和追踪调查来判断有无相似技术或产品已经公开或实施，以及其他关于专利“三性”方面的事实材料，进而决定是否请求宣告对方专利权无效。

2. 文献公开战略

根据专利法的规定,发明创造欲取得专利权必须具备新颖性等特征。所谓新颖性,是指发明创造成果具有前所未有的特点。新颖性是一个客观事实,它不以专利申请人的主观意志为转移。新颖性的标准由各国法律规定。依据大多数国家专利法的规定,如果某项技术是“现有技术”中所没有的,它就具有新颖性,反之则不具备。现有技术是已公开的技术,是在专利申请日以前,公众能够得知的。文献公开的战略就是一种以公开发明来阻止部分对手申请专利、获得专利的战略。如果企业认为自己开发成功的技术、产品没有必要取得专利权,但又担心其他企业取得这一技术的专利权将给本企业带来威胁时,就可以采取抢先公开技术内容的方式,使之丧失新颖性,从而阻止竞争对手获得专利权。国际上一些企业,如美国的IBM公司就常常采用这种战略。西方一些报刊也时常登载企业提供的一些技术文献,使他人申请有关专利的计划流产。

3. 交叉许可战略

这是指企业间以专利技术作为合同标的进行对等交换的一种战略。在以复杂的综合技术为对象的领域中,这种许可作为有力的专利战略被广泛运用。一个企业不可能开发所有的技术,也不可能保证所有开发的技术都能获得专利权。如果本企业拥有自主开发的优秀专利,而竞争对手的专利对本企业的生产经营又构成妨碍时,就可实施交叉许可战略。交叉许可战略通常在企业间的专利比较接近,而专利权的归属又错综复杂或相互依存的情况下适用。如就改进发明与原发明、从属发明与基本发明有必要相互许可对方利用自己的专利,订立专利交叉许可合同。在专利实施许可合同中规定反馈条款也属于企业运用交叉许可的范畴,这在技术贸易中是常见的。还有一种情况则是就互不关联的两项专利技术,各方搞出的发明创造取得专利权后,相互之间都可以自由使用。西方一些大企业为合作垄断技术市场,就常常利用这种交叉许可战略达到对专利实施的垄断。

交叉许可战略的运用对企业双方来说都是有好处的。特别是对那些相似专利技术而言,为了防止相互侵权、促进共同发展,更具有意义。例如日本一公司在1973年3月申请了离子膜交换制碱法专利,不久另一公司也申请了类似专利。此后两公司为争得市场独占权而打得不可开交。为避免两败俱伤,双方以签署专利交叉许可协议的方式握手言和,并以此为基础成立了联合技术公司,共同占领了国内外市场。

4. 利用失效专利战略

失效专利是专利权已过保护期或因故提前终止的专利技术。专利权有一定的保护期限。保护期一旦届满,该专利技术即进入公有领域,任何人都可以自由利用,我国专利法规定的专利保护期是,发明专利为20年,实用新型和外观设计为10年,均从申请日起计算。专利权除因过期失效外,还可由于专利权人自动放弃,未按规定缴纳年费而提前终止。利用失效专利战略就是从失效专利中选择相关技术进行研究开发、生产的一种战略。

据统计,现在世界上专利累计数已达3 000万件,其中有效专利占12%左右,企业可以从占专利总数88%的失效专利中进行筛选,利用空间十分巨大。企业使用这些失效专利技术风险小、效益高,是一种既简捷又经济省力的途径。

具体地说,利用失效专利战略包括两方面内容。一是以到期的基本专利作为继续研究开发、创新的起点,重新组织专利申请的战略;二是对失效专利技术的实施使用战略。就前者而论,企业应在基本专利终止之前即开始实施,这样可以争取时间,以便在基本专利终止之时能迅速组织专利申请;就后者而论,企业不能抱有失效专利都是没有利用价值的观念。实际上,许多失效专利的技术内容对许多中小企业来说是颇有开发价值的。在专利历史上,盒式磁带录音机专利就颇耐人寻味。磁带录音机是由荷兰菲利普公司发明的,该公司先后将多国专利都主动放弃,因为公司以为此时发展录音机产业会没有市场。精明的日本人即利用失效专利战略,先后开发出品质不一的各式录音机,受到消费者普遍欢迎,因而获得了巨大的经济利益。

5. 绕过障碍专利战略

在有些情况下,如果企业竞争对手的专利十分牢固,并且将对本企业构成制约或威胁时,则可以实行绕过障碍专利战略。主要方式有:

(1)绕过权项,开发不抵触的技术。国外如日立金属对阿赖德公司的非结晶金属专利,国内如北京科技大学为绕开日美钕铁硼专利,自1983年起开始开发与日美专利不抵触的新技术,先后申请了多项制备钕铁硼直接法合成合金的新技术的专利,其中直接法的系列新技术在国际发明展览会上还获得了优秀发明奖。对于在这种情况下开发出的技术受到竞争对手专利侵权指控时,企业应当分析本企业的技术与专利技术是否存在抵触关系,弄清对方专利的权利要求范围。如果证实本企业技术与专利无抵触关系,不在专利权利范围之内,则可据理反驳。即使对簿公堂也有胜诉的把握。

(2)使用替代技术。绕过其他企业的专利,避免专利讼累企业可以考虑采用与专利不抵触的替代技术。不过,使用替代技术本身也有一定的局限性。例如,替代技术效果明显不如专利技术时,使用替代技术也会给企业带来一定的损失。而且替代技术是否侵犯他人专利权,也要心中有数,以免适得其反。如果专利权人愿意与企业订立专利实施许可合同,企业是否有必要使用替代技术,需要从经营战略的角度综合权衡。

(3)先用权战略。先用权是相对于专利权而言的,是对专利权的一种抗辩,并且是依赖于专利权存在而存在的一种对专利的法定实施许可。按我国专利法第62条第3项之规定,企业先用权具体是指企业在他人专利申请日前已经制造相同产品、使用相同方法或者已经做好了制造、使用的必要准备,享有继续在原有范围内制造使用的权利。先用权之设立是基于保护没有取得专利权的另一发明创造人的最低利益。专利法先用权的设立也可理解为专利侵权的一种例外。当企业对自己的产品或方法享有无用权时,那么在竞争对手取得专利权后,只要是在原有范围内继续制造或使用的,就不能被视为专利侵权。但也应看到,由于企业的先用权会受到生产规模、生产销售范围等的限制,且先用权本身不是独立的交易对象,它既不能单独转让,也不能成为许可贸易对象,不具有独占性。因此,企业先用权战略是一种被动的防御性战略。

(4)在不受专利地域保护范围内利用他的人专利技术。专利权除具有专有性、时间性特征外,还具有地域性特征,即专利权只在申请的国家或地区才有效。据此,我国企业对于超过优先权期间没有在我国申请专利的外国企业的国外专利,完全可以在我国使用,不构成专利侵权。

资料来源:冯晓青,《知识产权战略》第三版,知识产权出版社,2005.4.

第四节 混合型战略

一、混合型战略的概念与特征

前面所讲的增长型战略、稳定型战略和防御型战略既可以单独使用，也可以混合起来使用。事实上，大多数有一定规模的企业并不只实行一种战略，如格兰仕集团在其20多年的发展历程中采用了增长型战略、防御型战略以及本节要讨论的混合型战略等。

所谓混合型战略是指稳定型战略、增长型战略和防御型战略三种战略态势的一种组合，其中组成该混合战略的各战略态势称为子战略。从混合型战略的特点来看，一般是较大型的企业采用较多，因为大型企业相对来说拥有较多的战略业务单位，这些业务单位很可能分布在完全不同的行业和产业群之中，它们所面临的外界环境，所需要的资源条件不完全相同。因而若对所有的战略业务单位都采取统一的战略态势，显然是很不合理的，这会导致由于战略与具体战略业务单位的情况不相一致而使企业总体的效益总体的效益受到伤害。因此，混合型战略是大企业在特定历史发展阶段的必然选择。例如，广东的健力宝饮料公司就是采取这种混合型战略的典型例子。该公司在饮料传统业务上采取稳定型战略，而采用后向一体化的增长型战略从国外引进易拉罐生产线，同时又采用多样化战略生产高档运动服装，进而又在其运动服装厂中采用前向一体化战略，在全国各地设立零售商店，直接进入其产品。

从市场占有率等指标上来看，混合型战略并不具备确定的变化方向，因为采用不同战略态势的不同战略业务单位，其市场占有率的变化方向和大小不一致。所以，从企业总体的市场占有率、销售额、产品创新率等指标反映出来的状况并没有一个一般的结论，实施混合型战略的企业只有在各种不同的战略业务单位中体现出该战略业务单位所采用的战略态势的特点。

某些时候，混合型战略也是战略态势选择中不得不采取的一种方案。例如，企业遇到了一个较为景气的行业前景和比较旺盛的消费者需求，因而打算在这一领域采取增长型战略。但如果这时企业的财务资源并不很充裕，可能无法实施单纯的增长型战略。此时，就可以选择部分相对不令人满意的战略业务单位，对它们采用实行抽资或转向的防御型战略，以此来保证另一战略业务单位实施增长战略的充分资源。由此，企业从单纯的增长型战略变为了混合型战略态势。值得注意的是，稳定型、增长型、防御型和混合型战略等四种战略态势并无优劣之分，企业也不强调孰优孰劣，因为在特定场合下，这四种战略态势都有可能是最合适的选择。

二、混合型战略的类型

根据不同的分类方式，混合型战略可以分为不同的种类。本节将按照各子战略构成的不同和战略组合的顺序不同进行分类。

（一）按照各自战略的构成不同，混合战略可分为同一类型战略和不同类型战略组合

1. 同一类型战略组合

所谓同一类型战略组合指企业采取增长、稳定和防御中的一种战略态势作为主要战略

方案,但具体的战略业务单位是由不同类型的同一种战略态势来指导。例如,前面介绍过的健力宝集团就是采用由不同类型的增长型战略组成的混合型战略。因此,以严格意义上来说,同一类型战略组合并不是“混合型战略”,因为它只不过是在某一战略态势中的不同具体类型的组合。

2. 不同类型战略组合

这是指企业采用增长、稳定和防御中的两种以上战略态势的组合,因而这是严格意义上的混合型战略,也可以称为狭义混合型战略。不同类型战略组合与同类战略组合相比,其管理上相对更为复杂,因为它要求最高管理层能很好地协调和沟通企业内部各战略业务单位之间的关系。事实上,作为任何一个被要求采用防御战略的业务单位管理者都或多或少会产生抵抗心理。例如,总公司决定对A部门实行防御战略,而对B部门业务单位实行增长战略,则A部门的经理人员则往往会对B部门人员产生抵触和矛盾情绪,因为防御战略不仅可能带来业务不佳和收入增长无望,更有可能对部门管理能力的名誉产生不利影响,使个人的价值受到贬值。

(二)按照战略组合的顺序不同,混合型战略可分同时性战略组合和顺序性战略组合

1. 同时性战略组合

这是指不同类型的战略被同时在不同战略业务单位执行而组合在一起的混合型战略。战略的不同组合可以有许多种,但常见的是以下几种:

(1)在撤销某一战略经营单位、产品系列或经营部门的同时,增加其他一些战略经营单位、产品系列或经营部门。这其实是对一个部门采取放弃或清算战略,同时对另一个部门实行增长战略。

(2)在某些战略或产品中实行抽资转向战略的同时,在其他领域或产品中实施增长战略。这种情况下,企业实行防御的战略业务业务还为并未恶化到放弃或清算的地步,甚至有可能是仍旧有发展潜力的部门,但为了其他部门提供发展所需的资源,只有实行防御战略。

(3)在某些产品或业务领域中实行稳定战略,而在其他一些产品或部门中实行增长战略。这种战略组合一般适用于资源相对丰富的企业,因为它要求企业在并没有靠实行防御而获取资源的情况下,以自己的积累来投入需要增长的业务领域。

2. 顺序性战略组合

顺序性战略组合指一个企业根据生产与发展的需要,先后采用不同的战略方案,从而形成自身的混合战略方案,因而这是一种在时间上的顺序组合。常见的顺序性战略组合为:

(1)在某一特定时期实施增长战略,然后再在另一特定时期使用稳定战略。其好处是能够发挥稳定战略的“能量积聚”作用。

(2)首先使用抽资转向战略,然后再在情况好转时再实施增长战略。采用这种战略的企业主要是利用防御战略来避开外界环境的不利条件。

当然,不少企业会既采用同时性战略组合,又采用顺序性战略组合。总的来说,对大多数企业的管理层而言,可采用的战略选择的数量和种类都相当宽泛。明确识别这些可用的战略方案,乃是挑出一个特定企业最为适合的方案的先决步骤。

综上所述,由于战略态势的选择会对企业为了战略实施的效果产生重大影响,因而企

业在做出决策时必须慎重。有时在对各种可能的战略态势进行全面评价后,企业管理者会发现会发现好几项方案都是可选择的。在这种情况下,会有一些因素对最后决策产生影响,例如,企业过去的战略、管理者对风险的态度、企业对利益相关者的依赖性、企业文化和内部权势关系、时期性、竞争者反应等,这些因素在不同的企业和不同的环境中起到的影响作用是不同的,但了解这些因素对企业战略管理者制定合适的战略方案说是非常必要的。

战略态势分析和选择的方法首先要根据企业内各项业务的优势、相应的产业特征及发展阶段,分析企业目前业务组合状况,然后用一定的评价标准为各业务单位订出发展前景和目标,得出相应的战略态势选择。企业常用的战略态势分析和选择方法主要有波士顿矩阵分析发和战略群模型两种。

★ 关键术语

市场渗透战略 Market penetration strategy

一体化战略 Integration strategy

纵向一体化战略 Vertical integration strategy

前向一体化 Forward integration

后向一体化 Backward integration

水平一体化 Horizontal integration

相关多元化战略 Related diversification strategy

战略态势 Strategic situation

混合多元化 Conglomerate diversification

清算战略 Liquidation strategy

防御型战略 Defensive strategy

撤退型战略 Retrenchment strategy

★ 复习与思考

1. 密集型发展战略的类型和适用条件是什么?

2. 一体化发展战略的优缺点有哪些?

3. 相关多元化战略和不相关多元化战略的优势何在?

4. 企业为什么要选择防御战略?

5. 企业在什么情况下选择混合型战略?

★ 研究与讨论

1. 为什么大多数企业倾向于采用增长战略?

2. 有人说“成也多元,败也多元”,你是否同意这种说法? 为什么?

3. 试分析比较不同发展战略的优劣和适用条件?

★ 实践演练

1. 试选择一个你所了解的企业,识别其所采取的发展战略。

2. 列举一个采用组合战略或重组战略的事例,并说明采用原因和效果。

★ 本章案例

格兰仕的战略

格兰仕的成长与业绩,与其制定的富有个性化的战略,并坚持不懈地实施其战略密切相关,或者说,格兰仕的成功主要是其企业战略的有效运作。通过对格兰仕集团20多年来的企业战略形成、主要内容及变化进行较为全面的分析,其未来发展方向是:利用技术和市场的范围经济发展小家电产品;利用规模和成本优势,大举进入海外市场竞争(格兰仕集团这两年的发展路线正是如此)。在此基础上,我们从总体战略、竞争战略和职能战略三个层面及其关系展开,从而揭示出格兰仕集团企业战略更为全面、丰富的内容。

1. 总体战略

总体战略主要由领域与地域两大部分构成。领域是指企业经营的行业范围,即“我们现在在做什么?

我们未来要做什么?”地域是指企业经营的地理空间,即“我们在何处做?”领域战略依其经营行业数目可分为专业化经营和多元化经营(此处还有程度的不同),地域战略依其经营的地理范围可分为本地、全国、跨国、全球化4种类型。这样,我们对格兰仕的总体战略可做出如下的归纳:

(1)创业阶段。格兰仕在轻纺行业,再具体就是以畜毛为原料的轻纺行业从事经营活动,其经营范围具有较明显的前向一体化,即从畜毛的洗涤、整理,到粗梳加工、到染色,再到纺织,最后到羽绒服装及羽绒被生产。由此可判断,格兰仕在一体化战略实施方面有一定的经验和能力。这个阶段的产品主要是供外贸公司出口,且产品的加工和生产大多是以合资经营方式进行,这表明,格兰仕人从创业开始就注重利用外部资源,善于与他人合作,通过内外部资源的优化组合来实现企业的目标。

(2)转向阶段的集中一点战略。这个阶段的格兰仕总体战略是以集中一点为核心的,但其集中一点战略有自身的特点,即在战略性行业转移的背景下的集中一点,这与企业创业初期的集中一点战略有较大的不同:前者是将原有行业的经营资源大规模地转移到新选择的“某点”,从原有行业中撤离出来,集中全部资源来经营这个新的“点”;后者是在创业之初就集中全部资源攻其一点,没有行业转移问题。从这个角度来看,格兰仕的集中一点战略实施的困难度要大,这是因为从原有行业撤出并不是短时间能完成的,再加上原有行业与新选择的微波炉行业两者的相关程度极低(可以说是无相关的),经营资源的转移量小且效率低。因此,格兰仕集中一点战略的成功是一个很值得探讨的问题。

这个阶段的起点——1993年,格兰仕集团的产品销售额中,微波炉所占的份额不超过10%。在其后的过程中,格兰仕集团不断从轻纺行业中撤出,利用积累的资金不断地扩大微波炉的生产规模,到这个阶段的终点——1997年底,格兰仕集团的产品销售额中,轻纺产品所占的份额很低,成功地从以轻纺业为主转型为以家电业为主。

集中一点战略的要点是选择一个较合适的“点”,集中全部或几乎全部的经营资源把这个“点”做精、做深、做透、做大,并建立进入壁垒,使竞争者不断退出(主动或被动),潜在竞争者不敢贸然进入,从而实现企业的持续经营目标。

格兰仕集团于1991年选择微波炉为其集中经营“点”是合适的:第一,中国微波炉市场处在发育的初期,与发达国家相比差距很大,因此其市场前景看好,市场潜力很大。第二,微波炉生产企业并不多,且规模大多在10万台以下,市场竞争程度比其他家电产品要低得多。第三,外国品牌的产品在市场上居主导地位,但这些产品在其制造商的销售总额中所占的比重很小,因此,微波炉并非这些制造商的战略性或主导性产品。第四,格兰仕所在地——广东顺德是中国著名的家电产品生产基地,元器件、零配件的供应及其他相关技术和服务较为稳定。第五,微波炉产品的生产技术已是一项较为成熟的技术。

不仅如此,格兰仕集团在其后的经营中,始终坚持集中一点毫不动摇。据说,1995年放弃了一个几百万美元的羽绒制品订单。格兰仕集团不仅将轻纺行业10多年的经营积累以及撤出的收益全部投入到微波炉的生产与销售上,而且将微波炉产品本身的收益也全部投入,从而导致格兰仕集团的微波炉产销售量以惊人的速度增长,从1993年的试产1万台到1997年的近200万台。

建立进入壁垒是集中一点战略的重要内容。格兰仕集团在这方面的表现也是突出的。主要包括:第一,在总成本不变或降低的前提下,不断开发新产品和专有技术。1995年以来,格兰仕集团共获得球体微波、多层防漏等与微波炉相关的专利和专有技术100多项,开发100多个品种的新产品。尤其是美国研究机构成立以来,格兰仕的自主技术水平有较大的提高,新产品推出更多、更快。第二,利用总成本领先的优势,向市场推出质好价廉的产品,扩大市场占有率。1996年8月和1997年10月在全国范围内大规模、大幅度地降低产品价格,其成效非常明显:首先,使不少竞争者退出微波炉行业;其次,扩大了中国微波炉市场的总体容量;再次,极快地提高了格兰仕的市场占有率。第三,关键元器件的开发,在上述基础之上,格兰仕开始利用自己的技术力量开发关键元器件,并投入生产,进一步降低总制造成本。

(3)新阶段的多元化与国际化战略。

1998年开始的格兰仕集团发展的新阶段,其战略重点在多元化与国际化。

多元化是在小家电行业范围内进行的,除微波炉外,格兰仕集团向市场推出电饭煲和电风扇产品。

如果依照以4位数行业标准来划分，这些产品是不同的4位数行业，因此，可称其为多元化经营。这个阶段的多元化经营有如下特点：第一，以获取范围经济效益、提升企业战略能力为目标；第二，产品的技术、生产尤其是销售存在高度的相关性；第三，在初步形成核心能力的基础上进行的；第四，以内部开发为主的战略途径；第五，工业先导/技术主导型的战略模式。

国际化是指格兰仕集团不仅引进并集成了世界各国的先进生产设备和技术，而且还表现在：第一，市场的国际化，从全球市场视角来配置资源，以自有品牌方式向全球市场推出产品；第二，研发的国际化，美国的R&D机构与中国的机构共同合作开发自主技术和新产品；第三，人才的国际化，聘请外国专家和管理人才，以适应国际化经营的需要。但是，到目前为止，作为国际化战略最主要的生产国际化，并未成为格兰仕集团的重要策略。我们认为，生产的国际化必将成为格兰仕未来发展的重要策略。

2. 竞争战略

竞争战略的关键问题是在给定的产品/市场上怎样实现可持续的竞争优势。美国哈佛大学商学院迈克尔·波特总结的两种通用的竞争战略是：(1)成本领先；(2)差别化。

很明显，格兰仕集团在微波炉及其他小家电产品/市场上的竞争战略是成本领先，而不是差别化。格兰仕集团的成本领先战略在转向阶段和新阶段中有所不同：在转向阶段，格兰仕集团的竞争优势主要来源于规模经济基础上的成本领先；在新阶段，则主要来源于规模和范围经济基础上的成本领先。

格兰仕的规模经济首先表现在生产规模上。据分析，100万台是单间工厂微波炉生产的经济规模，格兰仕在1996年就达到了这个规模，其后每年以两倍于上一年的速度迅速扩大生产规模，到2000年底，格兰仕微波炉生产规模将达到1200万台，是全球第2位企业的两倍多。生产规模的迅速扩大带来了生产成！本的大幅度降低，成为格兰仕成本领先的重要环节。其次，格兰仕的规模经济还表现在销售、科研和管理等方面。

格兰仕集团的范围经济主要表现在利用微波炉经营的资源和能力积累，开拓电饭煲和电风扇的产品/市场。由于微波炉与电饭煲、电风扇同属于小家电行业，其产品技术、销售网络尤其是品牌延伸方面的相关程度很高，所以，格兰仕从单一产品向多种产品发展，其范围经济效益非常明显。

3. 职能战略

职能战略是在实施竞争战略过程中，公司各部门或各种职能应该发生什么作用，如何发挥这些作用。职能战略决定于竞争战略，每个竞争战略都要转变为职能层次上的战略才能具体实施，如市场营销、研究与开发、财务、人事、生产等。职能战略的内容非常具体和丰富，针对格兰仕集团的情况，我们选择其中最有特点的内容进行说明。

(1)营销战略。格兰仕集团在微波炉市场上的营销战略主要包括以下内容：第一，培育市场，通过赠送微波炉食谱等图书、在报刊上开辟专栏等方式，培育中国的微波炉市场。第二，启动市场，通过建立全国性的营销网络，主要是与各地代理商合作，共同启动微波炉市场。第三，占领市场，在微波炉市场上主要通过价格战方式，而在电饭煲市场上，通过多年的赠送活动来占领市场。第四，巩固市场，通过不断推出新产品，针对不同的市场区隔推出合适的产品来实现。还有，通过提高产品服务质量和水平来巩固市场。例如，格兰仕推出的"四星级"服务(为顾客诚心、精心，让顾客安心、放心)，"三大纪律、八项注意"的规范服务，一地购物、全国维修的跨区域服务等，都是格兰什巩固市场的重要策略。

(2)研究与开发战略。格兰仕的技术战略经历了引进、消化吸收、合作开发、自主开发这些阶段。在1997年以前，格兰仕集团主要是引进、消化吸收为重点，从1992年引进东芝公司的生产线和技术，到1996年引进全球范围内最先进的微波炉生产设备和技术，并在消化吸收的基础上进行集成。1997年，格兰仕集团设立研究与开发部门，1998年又在美国设立技术开发机构，开始走向合作和自主开发的新阶段。

(3)财务战略。为适应国际化经营的战略需要，格兰仕集团自1998年开始聘请全世界著名的咨询公司——Andersen公司为财务顾问，具体制定和实施格兰仕的财务战略。这在中国企业，尤其是乡镇企业中是罕见的。以Andersen公司的实力和经验，可以推断，格兰仕集团的财务战略对其竞争战略、总体战略的实现将会取到巨大的作用。

(4)人才战略。引进人才,并大胆使用是格兰仕集团的传统性策略。早在1991年,格兰仕集团就聘请了5名来自上海的中国微波炉专家,正是这5名高级工程师组成了格兰仕微波炉技术队伍的核心,奠定了其后与外国技术合作的基础。1993年聘请日本人从事生产,1998年为实施国际化战略,格兰仕集团聘请韩国人担任国际营销主管。

资料来源:根据康荣平、柯银斌发表于《管理世界》2001年第一期"格兰仕集团的成长、战略与核心能力"一文改编而成。

研讨问题

1. 格兰仕的总体战略是基于自身能力的吗？是否也考虑了外部环境因素？
2. 格兰仕的竞争战略为什么是低成本而不是差异化？
3. 请你为格兰仕设计未来的战略？

第八章　企业竞争战略选择

■ 大师论语

竞争战略的主要目的是为了能比竞争对手更好的满足顾客的需求。

——美国管理学大师　彼得·德鲁克

战略其实就是对如何开展竞争的问题做出清晰的选择。

——通用电气公司前 CEO　杰克·韦尔奇

善用兵者，不以短击长，而以长击短。

——中国古代思想家　司马迁

■ 本章学习目标

- 四种基本竞争战略的含义、战略利益与风险
- 不同产业结构下竞争战略的特点及实施条件
- 不同竞争地位下竞争战略的种类及其特点
- 动态竞争环境下竞争战略的选择

■ 引例

格兰仕的低成本战略

2003 年，格兰仕微波炉年产销 1 600 万台，内外销比例 3:7，全球市场占有率 44.4%，其中欧洲市场占有率近 50%，在南美、非洲占据 70% 以上的市场份额。到 2006 年，格兰仕已经连续 12 年蝉联了中国微波炉市场销量及占有率第一的双项桂冠，连续 9 年蝉联微波炉出口销量和创汇双冠，产品畅行欧、美、亚、非、大洋等五大洲的近 200 个国家和地区。

格兰仕的奇迹源于其成功实施了低成本领导战略。梁庆德敏锐地捕捉到 20 世纪 90 年代以来出现的国际产业分工的发展趋势，跨国公司将附加价值较低的生产环节向更低劳动力成本的国家和地区延伸，通过低成本把国外企业的微波炉主要部件生产线乃至整机生产线搬到顺德，在为国外企业做贴牌的同时大力发展自己的品牌。格兰仕通过整合国际微波炉生产价值链，不断提高自己的规模，以规模降成本，而成本优势则意味着价格优势。比如，当格兰仕生产规模达到 100 万台时，它按照 80 万台规模的成本定价，当规模达到 400 万台时，它按照 200 万台规模的成本定价，而在规模达到1 000万台以上时，又将价格降到规模为 500 万台企业的成本价一下。格兰仕除了充分利用规模经济杠杆以外，还通过引入 JIT 管理模式实现零库存、大流水，获得成本领导优势。在组织结构和人力资源管理上，格兰仕的做法也使与成本领导战略的要求一致。格兰仕提出“用工厂的方式”来管理整个集团公司，引入“扁平化”的内部管理机制，千方百计减少层级，尽量保持组织结构以直线为主的简明化。同时，格兰仕要求格兰仕人不但能独当一面，还是以一当三的好手。这一系

列措施都使管理成本得以大大的缩减。

成功的低成本战略使格兰仕成为市场的领导者。这让格兰仕获得了一个“价格屠夫”的称号。早在1996年8月和1997年10月,格兰仕就分别进行了两次大规模的降价活动,每次降价幅度都达40%,使微波炉行业产生两次大的“地震”。2001年4月,格兰仕推出300以下微波炉,再次让市场变得空间火爆。2002年1月,格兰仕数码温控王系列微波炉降价30%,使“高档中价”的高档机价位直逼其他品牌中低档产品的价格,加上数码光波、太空金刚、白金刚等高新技术产品的上市及热销,格兰仕“封杀”整个微波炉市场。2004年3月格兰仕推出一批400~600多元的光波炉新品,再次掀起价格风波。这种被命名为“金刚光波”的升级产品比原来的“小光波”便宜100多元,比最畅销的常规微波炉系列“黑、白金刚”同规格机型价格还低27%。

格兰仕的低成本战略使其能利用价格武器对行业进行一次又一次的清理和洗牌,同时也为自己构筑了安全防线。

在实施低成本战略的同时,格兰仕一直不忘新产品开发的重要性。格兰仕总是在新的一轮降价中空降一批新产品。1993年,当格兰仕刚刚开始产生微波炉时,只能生产两种型号的产品,而且产品专利还都是别人的。但到了2001年底,公司共申请专利231项,其中发明专利12项,实用新型38项,外观设计181项,涉及微波炉、空调、电饭煲、热水瓶等技术领域。格兰仕在1995年推出的电脑全自动微波炉、1996年推出的烧烤型微波炉、1997年推出的球体微波和多重防泄露微波炉、1998年推出的节能型微波炉等,都曾一度成为市场的热点。2001年格兰仕又谱写了微波炉的新历史,在国内市场推出光波微波炉。

从1999年到2003年,格兰仕连续5年获“全国用户满意产品”、“全国用户满意服务”等荣誉。

2000年,格兰仕宣布进入空调业。在随后的几年里,格兰仕在中山占地3 000亩,投资20亿打造全球最大的空调生产制造中心。格兰仕希望在空调业复制它在微波炉行业已经证明是成功的商业模式,在短时间内对中国空调制造业进行洗牌,并像在微波炉市场所取得的成绩那样,再摘取一个世纪单项冠军。2002~2003年格兰仕空调产品投放国内市场,销售曾一度攀升至行业前五强之列。2004年,格兰仕空调产销规模扩大到260万台,出口名列前茅。然而,自2005年以来,虽然有大批的空调企业被淘汰出局,空调市场的竞争却益发变得空前的激烈,加之原材料和其他要素成本的上涨,格兰仕面临着前所未有的挑战。业内分析家称格兰仕空调在国内市场仍然属于第三军团。格兰仕能再创奇迹吗?

资料来源:希尔,琼斯.战略管理[M].北京:周长辉,译.中国市场出版社,2007.

第一节　企业基本竞争战略

为在某一特定竞争领域形成并利用某种竞争优势,企业通常在五种基本的战略中进行选择:成本领先战略、差异化战略、集中成本领先和集中差异化战略、最优成本供应商战略,如图8.1所示。

在选择战略时,企业应评价两种竞争优势:比竞争对手更低的成本或差异化,即有能力采取一种较高的价格以超过为产生差异化所付出的额外成本。比竞争对手更低成本来自

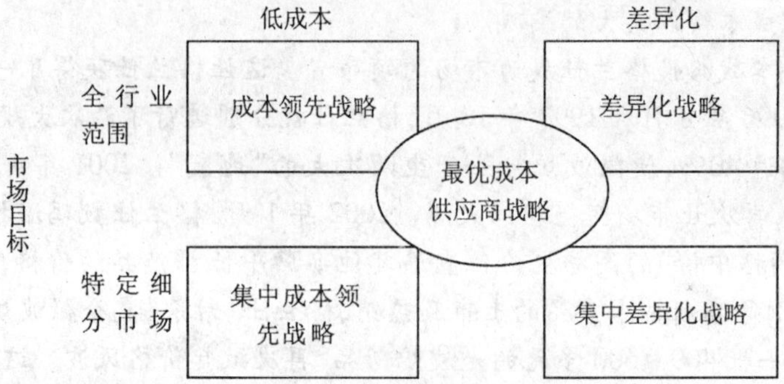

图8.1　五种一般竞争战略

于公司能够以不同于竞争对手的方式开展活动；差异化则表明一种能开展不同于竞争对手的活动能力。竞争优势往往存在于一定的领域内，这个领域是多维的，包括所提供的产业和所服务的顾客群，以及公司开展竞争的地理市场的范围。通过执行成本领先或差异化战略，企业的竞争优势可以与竞争对手在多个顾客群的竞争中获得。与此不同，通过执行集中化战略，企业可寻求一个相对集中的领域或细分市场上的成本领先或差异化优势。最优成本供应商战略是成本领先与差异化整合的战略。

这五种战略中的每种战略的有效性取决于企业外部环境中是否存在的机会和威胁，以及企业基于自身独特的资源、能力和核心能力的可能性。

一、低成本战略

(一)低成本战略概述

低成本战略亦称成本领先战略，是指企业通过在内部加强成本控制，在较长时间内保持企业产品成本处于同行业的领先水平，并以低成本作为向价格敏感的客户提供产品和服务的主要竞争手段，使自己在激烈的市场竞争中保持优势，获取高于平均利润水平回报的战略。

从最简单的意义上讲，利润(A)为售价(P)与成本(C)的差，即 $A = P - C$。为使利润(A)最大化，在售价(P)不变的情况下，就必须使成本(C)尽可能低，这是低成本战略最朴素的动因。

具体而言，实施低成本战略的主要动因包括：形成进入障碍；增强讨价还价能力；降低替代品的威胁；保持领先的竞争地位。概言之，采用低成本战略，可以使企业有效地面对行业中的五种竞争力量，以其低成本优势来赢得竞争优势。

对于低成本战略的理解要注意以下几个方面：

(1)该战略有两层含义：第一，是指企业通过在内部加强成本控制，在研发、生产、销售、服务和广告等领域内把成本降到最低限度，成为行业中的成本领先者。第二，强调以低价格向价格敏感型的用户提供标准化产品，企业凭借其成本优势，可以在激烈的市场竞争中获得有利的竞争优势。在企业所在的市场上，如果购买者对价格敏感，那么奋力成为行业中总成本最低的供应商，就是一个明智的选择；否则，成本再低也未必有意义。

(2)低成本战略的目标，是获取比竞争对手相对低的成本，而不是获取绝对的低成本。

在寻求成本领先领导地位时,公司的管理者必须认真考虑哪些是购买者认为至关重要的特色产品和服务。

(3)低成本战略一般要求企业成为整个行业内的(唯一)成本领先者,而不仅是争夺这个位置的众多企业中的一员。如果在实行该战略时未能认识到这一点,那么在战略上将会铸成大错。渴望成为领先的企业绝不止一家,一旦几个企业同时拥有了这样的地位,其竞争将会更激烈,因为每一个百分点的市场占有率都被企业认为是至关重要的。

(4)小幅度的、一时的成本领先,很难使成本领先战略成为企业的主要竞争战略,真正的成本领先应是持续的、竞争对手难以复制的。

(5)成本领先与产品特色的取舍。如果企业的产品在顾客面前须表现为具有特色的产品,那么在实行成本领先战略时,就必须充分地考虑这一点。在某些时候,成本的降低可能会以牺牲产品的某些特色为代价。是降低成本还是更强调产品特色,需要谨慎权衡,深思熟虑。

(6)低成本领导者获取很好的利润有两种选择:第一种选择是利用低成本优势定出比竞争对手低的产品或服务的价格,大量吸引对成本很敏感的购买者,通过薄利多销提高总利润;第二种选择是售价与竞争对手相同,维持现有的市场份额,利用低成本优势提高单位产品的利润率,从而提高公司的总利润和总的投资回报率。

(二)实施低成本战略的条件

在实践中,实施低成本战略要想取得好的效果,需具备相应条件。以低成本领导地位为前提的竞争战略最强有力的条件如图 8.2 所示。

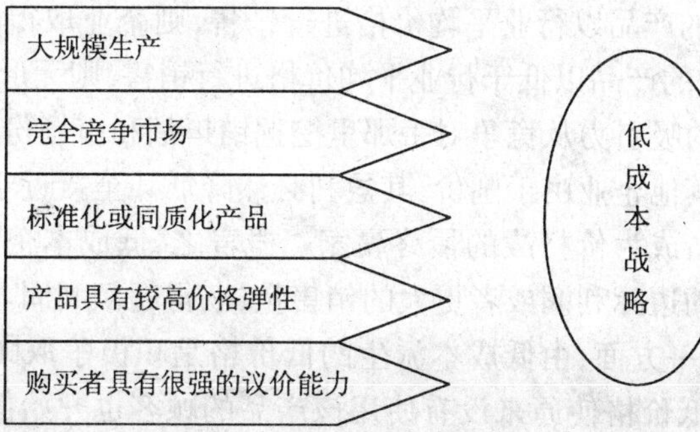

图 8.2　低成本战略的条件

1. 大规模生产

低成本总是与大规模联系在一起的。大规模的生产制造能够在采购、管理成本分担、专业化的生产设施、生产能力充分利用方面具备优势,而这些都体现在成本的降低上;与大规模生产相对应,低成本领先战略要求组织高度集权化、规范化和专业化。此外,如果企业掌握一些独特的工艺秘诀,能够在成本控制过程中领先于对手,也将构成低成本战略极好的基础。

2. 完全竞争市场

市场完全竞争意味着所在行业有众多厂商,卖方厂商之间的价格竞争异常激烈。这种情况下,成本领先的企业有降价空间,可以通过降低产品的价格赢得较大的市场份额;市场份额的增加又可以促进生产规模的扩大，生产规模的扩大又为更大力度的降价提供了可能，于是，一个良性的循环由此建立。

3. 标准化产品或同质化产品

当市场的产品基本上是标准化产品或者是同质化产品时，购买者很容易从众多卖方厂商那里获得，购买者从一个卖方厂商转向另一个卖方厂商所承担的转换成本很低。在这种条件下，低销售价格就成了决定购买者选择产品的主要因素，购买者自然愿意转向那些低价格、同质量的厂商。

4. 产品具有较高价格弹性

当品牌之间的差别化对购买者来说并不重要时，购买者对价格的差异就非常敏感。一般而言，购买者对价格越敏感，就越倾向于购买价格最优的厂商的产品，低成本战略就越有吸引力。这种情况下，低成本能够使价格低于竞争者，从而提高市场份额和销售额，甚至将一些竞争者彻底逐出市场。

5. 购买者具有很强的议价能力

这种情况下，低成本战略形成的成本优势，可以确保交易价格谈判的让利余地。可降价的空间使得厂商一方面通过妥协来满足顾客的需求，不至于造成顾客的流失；同时也使厂商的能力保持盈利，不至于出现亏损。

（三）低成本战略的战略利益

低成本战略是企业最普遍、最通用的竞争战略之一。实行这种战略的优势是显而易见的。

首先，就竞争而言，若企业的成本优于同行业中的其他企业，下列两种情况对低成本企业均有利。(1)若企业的产品以行业平均价格进行销售，则企业取得的利润就高于同行业的平均水平；(2)若企业的产品以低于行业平均价格进行销售，则无形中能够增加产品的竞争力，可以利用低价格的吸引力从竞争对手那里挖掘销售额和市场份额。如果行业内的企业竞相降价打价格战，其他企业由于削价，其盈利必然降低甚至接近于零或负，而低成本的企业却仍存在盈利空间，成为价格战的最终赢家。概言之，低成本企业可以在价格竞争激烈的市场中，凭借更大的边际利润或者更大的销售量，获得超额利润。

其次，就客户而言，一方面，由低成本派生的低价格是积极争取顾客、扩大销售量和市场占有率的有利手段，低价格使原来没有使用该产品的顾客也开始使用，使已经使用该产品的顾客更多地使用，还使从前使用竞争对手同类产品的顾客转向使用本企业的产品；另一方面，相对于其他企业而言，由于低价格使得企业存在较大的边际利润，因而容易同顾客达成双方都比较满意的价格协议，达到巩固和维护现有市场占有率和企业市场地位的目的。

最后，就供应商而言，由于企业的成本低，相对于竞争对手而言具有较大的对原材料、零部件价格上涨的承受能力，能够在较大边际利润范围内承受各种不稳定的经济因素所带来的负面影响。此外，伴随高效率和低价格，对供应商的需求量较大，因而为获得廉价的原材料或零部件提供了可能性，同时也便于同供应商达成长期稳定的协作关系。

（四）低成本战略的风险

低成本战略给公司带来要保持这一地位的沉重负担。意味着要为设备现代化投资，坚决放弃陈旧的资产，避免产品系列扩展以及对技术上的进步保持敏感。低成本战略的风险包括：

（1）成本领先者的生产设备可能因竞争对手的技术创新而过时。这些创新可能使竞争对手能以比原来成本领导者更低的成本进行生产。

（2）过于强调削减成本可能会导致公司忽视顾客需求或对有关问题的担心。因为一味强调不断削减成本，采取成本领先战略的企业经常难以洞察顾客需求的重大变化以及竞争对手在本来无差异的产品上所做的差异化努力。

（3）仿效成为成本领先战略的风险。竞争对手利用其核心能力有时会知道如何成功地仿效成本领导者的战略。当仿效出现时，成本领导者必须能够找到方法，使其产品或服务能为顾客创造更多的价值。一般可以通过两种途径：以更低的价格销售现有产品或保持价格不变但同时增添顾客认为重要的某种产品特性。即使是成本领导者，在把价格降到更低水平时，也一定要深思熟虑。如果企业把产品价格定在一个不切实际的低水平上，此时顾客对于他们想象的合理的价格的预期就很难扭转了。

（五）低成本战略的误区

（1）只重视制造活动的成本，忽视其他活动的成本。提起成本，多数管理人员会不由自主地想到生产。然而总成本中即使不是绝大部分也是相当大一部分产生于市场营销、技术开发和基础实施等活动，而它们在成本分析中却常常被忽视。

（2）忽视采购。一些企业为降低生产成本煞费苦心，却很少对外购性投入给以足够重视，甚至视采购为一种次要辅助职能，采购部门的注意力也仅仅集中在主要原材料的采购价格上，很少考虑外购性投入与其他价值活动成本之间的联系。其实对采购活动稍加改进就可能为企业带来重大的成本效益。

（3）忽视间接的或规模小的活动。成本优势应是建立在对价值链上所有活动低成本基础上的整体优势。但人们往往只重视对规模大的成本活动和制造、装配类直接成本活动的审查，忽视对维修和常规性费用等间接成本活动的审查，事实上在很多企业，间接成本不仅占有很大比例，而且比其他成本增长更快。

（4）对成本驱动因素的错误判断。不清楚或错误判断成本优势的重要驱动因素，对奉行低成本战略的企业往往是灾难性的，因为它将导致战略方向的错误。

（5）缺少对价值活动的内在联系的协调与优化。价值活动间影响成本的“联系”颇多，如在质量保证、检查和服务之间，企业往往顾此失彼，原因在于没有认识到“联系”的重要性。例如要求每个部门都以同样的比例降低成本，而没有认识到，那些部门适当提高成本反而可能会降低总成本。即缺少对活动间联系的协调与优化。

（6）只重视对现有价值链的渐进式改善，忽略对重组价值链的探索和努力。渐进式改善固然也有效果，但重组价值链却能产生一个全新的成本平台。

（7）过度降价导致利润率降低。只有在以下情况下企业才能获得低成本效益：降低幅度低于成本优势带来的收益幅度；单位销量的增加，足以在降低单位产品销售利润率的情况下增加总利润。一个企业的成本优势效益是5%，就不能降价20%，否则虽然销售额提高了19%，但总利润却可能没有提高；产品包含足够的属性吸引预期顾客购买。

（六）如何开发成本优势

成本优势的来源因产业结构不同而异。无论是实施简化产品型成本领先战略、改进设计型成本领先战略、材料节约型成本领先战略、人工费用降低型成本领先战略，还是生产创新及自动化型成本领先战略，都要在强调从一切来源中获得规模经济的成本优势或绝对成本优势上不遗余力。

实施低成本战略，需要在保持产品价格和消费者剩余不变的条件下，通过降低企业经营成本提高企业利润，低成本战略的理论基础是规模效应和经验曲线效应。一方面，企业应最大限度地获取规模经济，不仅要着眼于企业内部规模的调整，还要依托产业集群，通过灵活而经济地收缩纵向规模，扩张横向规模，获得集群的外部规模经济效应；另一方面，经验曲线效应表明，一项任务（可以是任何的产品或服务）越是经常执行，做它的代价（包括制造、营销、分销、管理等费用）越小。换言之，随着企业生产某种产品或者从事某项服务的数量的增加，经验的不断积累，其生产成本将不断下降，且在通常情况下，企业某项业务的市场份额越高，体现在这项业务上的经验曲线效应业务就显著。根据波士顿咨询公司的经验，如果一个企业某项业务的市场份额是竞争者的两倍，那么，较之竞争者该企业在此项业务上就具有20%～30%的成本优势。

要获得成本优势，一个简单的标准是：公司价值链上的累积成本，必须低于竞争对手的累积成本。以下九个方面就是实现企业成本领先战略的重要途径：

（1）规模经济。规模经济将使扩大生产规模形成的投资费用相对节约使成本下降。产量的增加使固定费用可以分摊到更多的产品中去，从而导致成本降低。

（2）资源共享。在公司内部同其他组织单元或业务单元最大限度地共享资源，分享机会。通常，一个公司内的不同产品线或不同业务单元，会共同使用同一个订单处理和客户账单处理系统，使用相同的销售力量，使用相同的仓储和分销设施，依靠相同的客户服务和技术支持队伍，通过资源共享，节省成本和额外开支。

（3）标准化、专业化和自动化。过程、零件、产品的标准化、专业化和自动化，可以使生产效率大幅度提高，流水线作业就是证明。特别是计算机集成制造、ERP、精益生产方式等自动化、智能化和集成化技术的广泛应用，极大地提高了作业效率，显著地降低了成本。而且，产量的大幅增加也为专业化、标准化和自动化提供了可能。

（4）协作与协同。如果一项活动的成本受到另一项活动的影响，那么，确保相关活动以一种协调合作的方式开展，可以降低成本。为此，企业不仅要提高内部管理水平，加强内部价值链活动，更好地协调价值链活动的各个因素；还要加强与行业价值链中其他活动尤其是那些高成本价值链活动的联系，以提高协作的协同度。

（5）学习型组织。随着时间的推移，企业会在生产、技术和管理等方面逐步积累丰富的经验和知识。通过创建学习型组织，企业员工之间可以充分分享这些宝贵的知识和经验，将从某个产品上学到的技能用于其他产品，以提高企业总体的效率和效能。相互学习切磋的结果，员工不仅在技能上能更快掌握捷径和诀窍，心智上也变得更为自信，还减少了犹豫、探寻、试错上的时间，降低了失误的概率。

（6）生产能力利用率。生产能力利用率是价值链的一个很大的成本驱动因素，对诸如航空公司这样具有高额固定成本的行业来说尤其如此。对那些承担折旧和其他固定费用的贵重生产设备，应尽量避免能力放空，使其满负荷运行，从而降低单位固定成本。美国西南航空公司深谙此理，笃信"飞机只有在天上飞才能挣钱"的硬道理，想方设法把飞机的运能用足，尽量减少飞机在地面停留的时间。

（7）关键资源成本。开展价值链活动的成本，相当程度上取决于公司为购买关键资源所支付的成本,采购是成本降低过程的最重要的环节之一。为此,企业需要充分调查和收集市场信息,选择信誉佳的供应商,建立长期合作伙伴并通过选择恰当的付款条款等手段降低采购关键资源成本。

(8)先手效应。有时候市场上首先行动者、第一个品牌的创立者,往往能比后来者以更低成本建立和维持其品牌名声,而且先行者在经济上也更划算。企业要从“规模型”变为“速度型”,由从前的“大吃小、强吃弱”变为今天的“快吃慢、先吃后”。实证研究表明,在相当多的领域后来者要获得与先行者同样的市场份额,往往要多付出3~5倍的代价。

(9)垂直一体化。相对外部寻源而言,采取前向一体化、后向一体化的主要目的,在于获取成本领先的收益。部分或全部一体化进入供应商或前向渠道联盟,可以使一个公司绕开有谈判强势的供应商或购买者,实现降低成本的优势。

在企业的经营实践中,以上数种成本因素交织在一起,综合影响着低成本战略的相对吸引力。因此,企业需要通盘考虑规模经济状况、生产能力利用率、与供应商和销售商的关系及学习和经验曲线效应等诸多因素,并系统地加以解决。

(七)成功获得低成本领导地位的关键因素

1. 建立注重成本的企业文化

成功的低成本厂商是通过不厌其烦的寻求整个价值链上的成败环节来获得成本优势的,所以必须建立注重成本的企业文化,让节约每一分钱的观念深入人心,成为一种自己的行动。员工广泛地参与成本控制,不断地将自己的成本同某项活动的最优成本展开标杆学习,深入地审查运作费用和预算要求,制定各种不断改善成本的方案,经理人员的额外福利也不多,各种设施充足但不浪费。

2. 准确地把握成本驱动因素

每个行业中的关键成本驱动因素都不尽相同,如规模经济,经验和学习,生产能力的利用率,关键资源投入成本,技术创新(产品或工艺),工厂的地理位置,与行业价值链中其他活动的联系,纵向一体化程度或专业化程度,新产品或新技术的使用时机等等。他们必须能准确地把握关键的成本驱动因素,管理价值链上的每一项活动。他们必须积极地重组价值链,再造业务流程,取消非关键的工作步骤。

3. 积极地投资建立那些低成本所需的资源和能力

虽然低成本厂商在提倡节约,但他们又积极地投资建立那些很有希望能够减少成本的资源和能力。例如,沃尔玛在所有的经营运作中使用最现代化的技术,它使用在线计算机系统来从供应商那里订货和管理库存,它的商店装备有先进的销售和检查系统,同时它有一个自己的私人卫星通信网络,用它每天来向数千个供应商传递销售点数据。

4. 严格的成本控制组织体系和管理

追求成本领先的企业必须有结构严密的组织和明确的责任、严格的成本控制制度、以目标管理为基础的激励体制等。参见图8.3。

二、差异化战略

(一)差异化战略概述

差异化战略又称差别化战略,是指企业为了使产品有别于竞争对手形成差异而突出一种或数种特征,借此胜过竞争对手的一种战略,其核心是取得某种对顾客有价值的独特性。

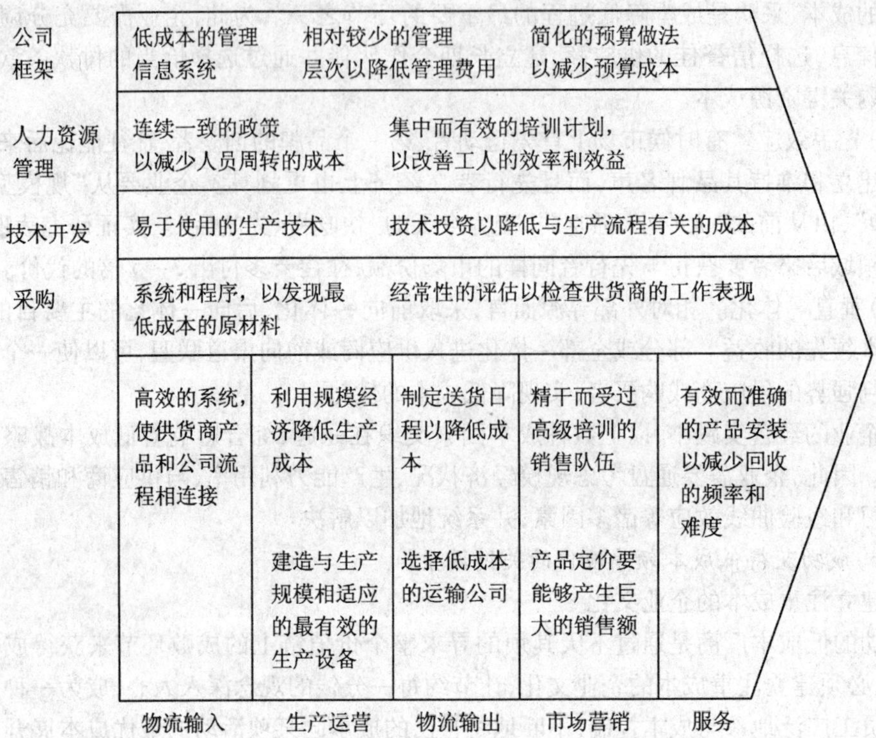

图 8.3　与低成本战略相关联的增值活动

实现差异化的方式不拘一格，在设计或品牌形象、技术特点、外观特点、客户服务、经销网络等多个方面均可展示独特性。最理想的情况是公司在几个方面存在差异化。

用 A,P,C 分别表示利润、售价和成本，显然有 $A=P-C$。由此可知，为使 A（利润）最大化，要么 C（成本）最小化，要么 P（售价）最大化。前者意味着企业应该实施低成本战略，后者则意味着企业应该实施差异化战略。企业的经营实践告诉我们，低成本战略的道路十分艰辛。那些成本具有刚性，不是想降就能降得下来，再说，低成本也有底线和尽头。因此，企业要从根本上获得竞争优势，不能一味地压缩成本空间，而应通过实施差异化战略，让自己的产品或服务与众不同，具有异质性，在广阔的创新空间大展宏图。

在同质产品市场上，企业只好诉诸价格战，结果红海一片。要开创蓝海，企业就应该通过价值创新，实施差异化战略。正是从这种意义上，我们说"差异化这个概念是以迈克尔·波特教授为中坚分子的定位学派竞争战略理论中最精妙之处，是精华和精要之所在"。

不仅如此，明茨伯格在 1988 年所著《一般战略——走向综合结构》一书中指出，波特的低成本战略，其实质与差异化战略如出一辙。低成本只是手段，低价格才是真正目的，通过降低成本而调低售价来吸引顾客才是企业最关心的事情。低成本其实是一种特殊的差异化，即价格差异化。同理，聚焦战略也是差异化战略中的一种，即范围或区域上的差异化。因此，波特的三大基本战略本质上就是一种战略：差异化战略。

对差异化战略的理解，要注意以下几个方面：

(1)产品差异化的具体内容反映在整体产品的不同层次上。在产品性能、设计、质量和附加功能等方面与竞争对手相区别的独特性,可称为产品“内因素”差异化,而在定价、分销渠道以及促销因素组合形态的变化,则称为产品“外因素”差异化。在多种经营战略下,企业要对每一种产品项目都采用内因素差异化战略,显然存在较大困难,而实行外因素差异化,即通过营销组合中其他因素的差异化,可以减少费用,争取到优势的市场占有率。

(2)差异化战略实际实施的有效性取决于企业的内外部条件。主要的外部条件:①存在多种途径来创造与竞争对手产品之间的差异,并且这种差异被顾客认为是有价值的;②顾客对产品的需求和服务的需求是多种多样的;③采用类似差异化途径的竞争对手很少;④技术变革很快,市场上的竞争主要集中在不断推出新的产品特色。主要的内部条件包括:①企业奉行创新文化,企业创新氛围浓郁;②企业具有很强的研发能力,研究人员对消费者的潜在需求有深刻的洞见;③企业有足够的经费投入研发活动;④基础研发、应用研究和产品开发以及市场营销等职能部门之间,具有很强的协调性;⑤企业具备吸引和保有高级研究人员、创造性人才和高技能职员的财力和物质设施。

(3)差异化战略是提供与众不同的产品和服务,满足顾客特殊的需求,其中,产品和服务的独特性至关重要。但是,独特性的获得需要付出代价,不计代价为差异而差异是差异化战略的一大误区。差异化战略绝不意味着可以忽略成本,如果为差别化付出的成本过高,大多数购买者就会难以承受产品的价格。所以,企业要成功地实施差异化战略,就要以顾客的需求为核心,在价格、产品、服务、形象等不同方面进行需求组合,在差异化和代价之间求得平衡。

(4)不同的战略会导致不同程度的差异化。差异化不能保证一定会带来竞争优势,尤其是当标准化产品可以充分地满足用户需求,或竞争者有可能迅速模仿时,最好能设置防止竞争者迅速模仿的障碍,以保证产品具有长久的独特性。成功的差异化意味着更高的产品灵活性、更大的兼容性、更低的成本、更高水平的服务、更少的维护需求、更大的方便性或更多的特性。差异化战略贵在坚持,不能指望一劳永逸,“毕其功于一役”。

(5)差异化战略既可实施于广阔的范围市场,使之形成在全产业范围中具有独特性的产品或服务,也可作用于狭窄的范围市场。在狭窄范围市场的情形下,差异化战略付诸实行的对象是一小群有特别需要或嗜好的消费者。此时,这种差异化战略亦有聚焦式差异化战略的称谓。

(二)实现差异化战略的条件

差异化的实现取决于许多因素。一是公司要弄清顾客是谁?他们的需求是什么?他们认为有价值的是什么?不同的顾客有不同的需求和价值观,如果采用差异化,应以什么为基础?二是管理人员要能够接近市场,从而能对顾客的口味和价值观十分敏感,并且有适时反应的能力。另外要在动态的基础上通过差异化来获得竞争优势。因为,在许多市场中顾客的价值观判断是不断变化的。因此,差异化的基础也需要改变,而且即使能确认顾客的价值观相对稳定,但随着时间延长,竞争者也会逐渐模仿,所以,采用差异化战略的企业必须不断地更新其差异化的标准,保持战略的不断变化。

因此,企业成功地实施差异化战略,通常需要特殊类型的管理技能和组织结构。例如,需要具有从总体提高某项经营业务的质量、树立产品形象、保持先进技术和建立完善分销渠道的能力。为实施这一战略,企业需要具有很强的研究开发与市场营销能力,以及由能够确保激励员工创造性的企业文化、管理体制和激励制度。

同时,执行差异化战略并不意味着可以忽视成本,追求差异化往往以很高的成本为代价,大量研发、产品设计、高质量的原材料及周到的顾客服务都需要支付成本。如果忽视了成本控制,差异化获得的高利润就会被成本劣势所抵消。因此企业必须在不影响差异化的前提下尽可能地降低成本,尽量保持与竞争对手的成本等价或近似。

差异化战略的适用性:①可以有很多的途径创造公司的产品与竞争对手的产品之间的差异,而且购买者认为这些差异有价值。②对产品的需求和使用多种多样。③采用类似差异化战略的竞争对手很少。④技术创新很快,竞争主要集中在不断推出新的产品上。

(三)差异化战略的战略利益

(1)能建立起顾客对产品或服务的忠诚度。当产品或服务的价格发生变化时,差异化战略可为企业在同行业竞争中形成一个"隔离带",免受竞争对手的侵害。

(2)顾客对商标的信赖和忠诚形成了强有力的行业进入障碍,增加了新加入者进入该行业的难度。

(3)差异化战略产生的高边际效益,增强了企业对供应商讨价还价的能力。

(4)企业通过差异化战略使购买商缺乏与之可以比较的产品选择,降低购买商对价格的敏感度。

(5)企业通过差异化战略建立起顾客对本产品的信赖,使得替代品无法在性能上与之匹配。

(四)差异化战略的风险

执行差异化战略有时会与扩大市场份额相矛盾。差异化战略具有一定程度的排他性,与提高市场份额两者不可兼得。因为差异化战略不可避免地以高成本为代价,有些客户不一定愿意或根本没有能力支付高价格,公司将不得不损失一部分市场份额。具体有以下几种:

(1)面临实行低成本战略企业的威胁。如果顾客对某种差异化产品可觉察价值的评价不足以使其认同该产品的高价格,这时低成本战略会轻而易举地击败差异化战略。

(2)买方需要的差异化程度下降带来的威胁。当顾客变得更加精明时,他们降低了对产品或服务的差异化要求,转而选择价格较低的产品。

(3)模仿者的威胁。竞争对手的模仿可缩小顾客感觉到的产品差异,这是随着行业成熟而发生的一种普遍现象。

(五)差异化战略的实施误区

(1)无价值的独特性。企业形成的差异化,在买方看来并不能降低他们的成本或者提高他们的利益。由于企业没有准确理解或者确认出买方认为有价值的差异化内容,结果导致差异化战略的失败。

(2)过度差异化。过度差异化使得产品的价格相对竞争对手的产品来说太高,或者差异化属性超出了买方需求,例如产品质量和服务水平超过了用户需要,那么这个企业应对质量、服务适当,而价格更便宜的竞争对手的挑战就很脆弱。

(3)定价过高。如果企业对差异化产品或服务定价过高,必然降低差异化对用户的价值,而使用户转向低价格的竞争对手。除非企业以一种适当的价格与用户分享所创造的价值,否则就可能失去客户。

(4)忽视对价值信号的需要。价值信号是买方辨识企业产品或服务价值的尺度。价值信号的存在源于买方知识的不完整性,因其不能完全辨识不同供应商之间的区别,因而需要依靠价值信号。忽视价值信号无异于拒绝买方了解企业产品和服务的价值。

(5)只重视产品而不重视整个价值链。一些企业仅仅从有形产品中寻找差异化机会,而忽视价值链的其他部分。事实上是整个价值链为差异化提供数量众多且持久的差异化基础。

(六)差异化战略的制定

尽管差异化战略是企业打造竞争优势的重要途径,但许多企业却囿于狭隘的观点只从产品实体或营销方法上来实施差异化,从而影响该战略的成功。以下通过几个步骤给出另一个选择和制定一种差异化战略的完整框架。

1. 确定实际购买者,弄清企业价值链对买方价值链的影响

企业、机构或家庭并非实际购买者,实际购买者是买方实体中一个或多个具体的决策个人,他或他们将对使用标准进行解释并定义价值信号标准。因而,企业首先要确定谁是实际购买者,进而需弄清买方价值链。显然,除非企业提供的差异化对顾客有价值,否则它就不会成功,而要弄清什么对顾客有价值,必须从分析买方价值链入手。企业提供的产品或服务是买方价值链的一种外购投入。

买方价值链决定企业的产品实际被使用的方式以及对买方活动的其他影响。工商企业或公共机构客户的价值链容易辨识,而个人消费者的价值链其实也可以辨识。它表现为一个家庭及其成员利用合适的产品或服务进行的一系列活动。前者的价值链反映了买方的战略和实施方法;后者的价值链反映了它的成员的习惯和需求。一个成功实施差异化战略的企业,能够在分析买方价值链的基础上找到降低买方成本,提高买方效益的独特途径。获得这种独特途径的关键,是要找到企业价值链与用户价值链之间的种种联系,因为每一种联系都存在着差异化的可能机会。企业价值链对买方价值链的直接或间接影响越多,形成差异化的机会就越多,在整体水平上取得难以模仿的差异化优势的可能性就越大。卡车制造商如果能找出自身价值链对买方价值链的所有影响,就可以通过改进自身价值链上的各种价值活动,来全面提升买方价值。例如,载重卡车的设计影响用户的载货能力和发货次数、卡车的减振性影响所运货物的质量和包装、卡车的能耗、易维修性、装卸的难易程度、服务、交货期、备件供应、信贷制度等均不同程度地影响用户的运营成本。可见一个企业为其客户创造的价值是由该企业价值链与其客户价值链之间所以联系的整体水平所决定。换言之,一个企业差异化水平的高低,取决于企业价值链与用户价值链的联系中全部独特性的累积价值的高度。

2. 确定买方的购买标准

对买方价值链的分析,提供了确定买方购买标准的基础。买方的购买标准有两种形式:使用标准和信号标准。使用标准包括产品的质量、功能、技术性能、价格和服务内容等。信号标准包括企业的信誉和形象、累积的广告效应、商标和包装、产品的外观和尺寸、从业时间、用户名单、市场份额、规模、财务稳定型、卖方职员的专业性、外表和个性等。使用标准是用户衡量企业产品为自身创造价值大小的尺度;信号标准是显示使用标准的独特性,将使这种价值得以实现。由于客户不会为他们所不知道的价值付款(虽然这种价值真是存在),所以企业实行差异化获得的溢价,既反映客户实际到手的价值,又反映客户对这种价值的觉察程度。一个交货价值中等但所发出的价值信号富有吸引力的企业,可能比一个交

货价值高但发出的信号不那么具有吸引力的企业获得更高的溢价。因而强调信号标准而忽视信号标准，将会削弱客户对一个企业的价值了解；强调使用标准而忽视使用标准最终也将失败，因为使用标准才是买方价值的真正来源。为准确确定买方购买标准，企业应做好以下工作：

(1)明确购买决策人和对决策有影响的人的具体购买标准；

(2)准确描述使用标准并尽可能具体化、定量化；

(3)依据对买方价值链的分析，确定用户具体使用标准重要程度的排序；

(4)根据购买决策人对使用标准的理解方式，分析确定购买决策人的信号标准，据此进行价值信号及其表现方式的设计和选择。例如，如果可靠的交货期是一个关键的使用标准，则过去的交货记录和顾客赠送的锦旗和表扬信可能就是有效的价值信号。

3. 评估企业价值链中现有的和潜在的独特性来源

价值链的独特性是形成差异化的基础，企业应结合买方价值链和买方购买标准对自身价值链做全面评估，确定哪些价值活动动能产生独特性，进而影响用户购买标准。

企业在分析现有价值活动独特性的来源时，还应注意发掘潜在的独特性来源，如采用新技术、新工艺、新材料、新的营销方式等增加独特性的可能，竞争对手价值活动现有独特性和潜在独特性的来源，都是确定企业差异化方向和程度的关键依据。

各种差异化驱动因素决定着整体差异化的水平和持久性，因而企业在研究价值链的独特性来源是，必须分析各种差异化的驱动因素的影响。这些因素包括：企业的各种政策、价值链中各种价值活动的时间和地理位置、不同价值链之间的协同效应、一体化程度、规模以及政治体制因素等。参见图8.4。

4. 制定差异化战略方案

经过以上步骤的研究分析后，企业就可以制定具体的差异化战略方案。该方案应符合两点原则：(1)能够控制各种差异化驱动因素；(2)能够有效控制实施差异化的全部成本。

一般而言，成功实施差异化的主要途径有以下四种：

(1)控制各种差异化驱动因素，从整个价值链出发提升整体独特性。具体包括：在一些辅助价值活动中开发差异化的来源，以提升整体的差异化程度；把产品的设计(意向使用标准)与用户的使用标准(实际使用标准)相统一，使用户能正确使用、易于使用产品；用信号标准加强使用标准的差异化；通过赋予产品在使用中产生信息的功能(如汽车行驶里程油耗的连续显示器)来形成差异化。

(2)控制实施差异化的成本。包括发掘形成差异化的廉价来源；控制成本驱动因素；降低与差异化无关的活动成本。

(3)改变规则以创造独特性。如通过影响、转变买方决策者的观念、决策方式和购买标准，来突出企业产品的独特性或独特性的可见价值；揭示未被买方和竞争者所认识的购买标准；发现并优先满足改变购买标准的用户的独特性需求。

(4)重构价值链。通过价值链的重新构造来实现差异化。

5. 检验差异化战略的持久性

除非已选择的差异化战略能够持久地赢得顾客，并能持久地抵制侵蚀或模仿，否则它就不会形成持久的竞争优势。在下列条件下，差异化将更为持久：(1)在差异化的同时创造转换成本，以减少买方改变供应商的威胁；(2)形成在差异化方面的成本优势；(3)设置模

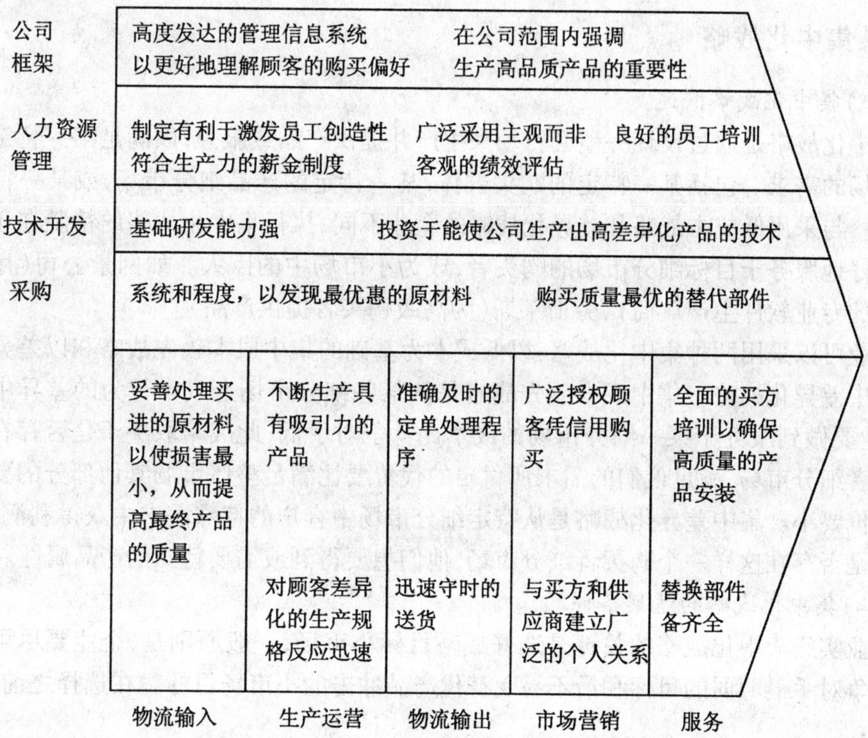

图 8.4　与差异化战略相关联的增值活动

仿障碍;(4)具有多重差异化来源。

【阅读案例】

保时捷:差异化战略打造核心竞争力

德国保时捷(Porsche)汽车公司作为一家中小型汽车公司,在种类繁多的汽车行业里,只选择跑车作为主产品,并以高新技术创造的优异性能和高贵品质著称,圈定的客户是痴恋钟情“驾驭智慧、驰骋科技”的爱车一族,从而形成了独特的产品定位,独特的客户定位,独特的价格定位以及为满足客户的需要而不断创新的技术,在业界独树一帜,成为实施差异化战略的典范。

差异化战略就是创造差异性,即有目的地选择一整套不同的运营活动以创造一种独特的价值组合。保时捷公司实施差异化战略掌握了五个基本要点:(1)有一个独特的价值诉求。(2)有一个与众不同的、为客户精心设计的价值链。(3)做清晰的取舍,并且确定哪些事不去做。(4)在价值链上的各项活动,必须是相互匹配并彼此促进的。(5)战略要有连续性。

三、集中化战略

（一）集中化战略概述

集中化战略是通过设计一整套行动来生产并提供产品或服务，以满足某一特定竞争性细分市场的需求。包括某一特定的购买群体，某一特定的产品细分市场，或某一特定的地理市场。与采用低成本战略和差异化战略的企业不同，执行集中化战略的精髓在于比竞争对手更好地服务于目标细分市场的购买者，成为小市场中的巨人。如网景公司（用来浏览万维网的专业软件生产厂商），劳斯莱斯（为高级购买者提供产品）。

企业可以采用两种集中化战略：以低成本为基础的集中成本领先战略和以差异化为基础的集中差异化战略。集中成本领先战略是从某些细分市场上成本行为的差异中获取利润，企业要做到服务于某一细分市场的成本比竞争对手低，此战略取决于是否存在这样一个购买者细分市场，满足他们的需求所付出的代价要比满足整体市场其他部分的要求所付出的代价要小。集中差异化战略是从特定细分市场中客户的特殊需求中获得利润，此战略取决于是否存在这样一个购买者细分市场，他们想要得到或需要特殊的产品属性。

（二）集中化战略的适用条件

企业实施集中化战略的关键是选好战略目标小市场，一般原则是，企业要尽可能选择那些竞争对手最薄弱的目标和最不易受替代产品冲击的小市场目标。在选择之前，企业必须确认：

（1）具有完全不同的用户群。购买群体在需求上存在差异，用户有独特的偏好或需求。

（2）在相同的细分市场中，其他竞争对手不打算实行重点集中战略。定位于多个细分市场的竞争厂商，很难满足目标小市场的专业化或特殊需求，或者如果要满足这个市场的专业化需求，其代价往往非常高。

（3）企业的资源不允许追求广泛的细分市场。整个行业由很多小市场和细分市场，而本企业资源实力有限，没有足够的资源和能力进入整个市场中更多的细分市场，从而选择与自己的强势和能力相符的有吸引力的目标小市场。

（4）没有其他的竞争厂商在相同的目标细分市场上进行专业化经营。其他竞争对手尚未打算在企业的目标市场上采用聚焦战略。

（5）行业中各细分市场在市场容量、成长速度、获利能力、竞争强度等方面存在很大差异，致使某些细分市场比其他部门更有吸引力。

（6）小市场具有很好的成长潜力，目标小市场足够大，可以盈利。

（7）拥有有效服务目标细分市场的资源和能力。

（8）采取聚焦战略的公司，凭借其建立起来的顾客商誉和能力，可以有效地防御行业中的挑战者，其产品和服务有较高的客户忠诚度。

（9）服务小市场的成本比竞争对手的低，能够给小市场的购买者提供他们认为更好的东西。

（三）集中化战略的战略利益

采用集中化战略能够给企业带来以下利益：

（1）能够集中使用整个企业的资源，服务于某一特定的目标；

（2）能够使企业快速适应市场的变化，抓住市场机遇；

(3)能够集中优势攻击竞争对手的弱点,形成竞争优势;

(4)能够有效地控制战略实施过程和评价企业经营绩效。

(四)集中化战略的风险

采用任何一种集中化战略,企业都面临着与在整个行业范围内采用成本领先战略或差异化战略的公司同样的一般性风险。同时还有以下风险:

(1)竞争对手可能会集中在一个更加狭窄的细分市场上而使本来的集中而不再集中。如在细分市场的基础上,开发出在性能、功能、规格等方面能满足具体客户要求的产品。

(2)在整个行业内竞争的企业可能会认为由执行集中化战略的公司所服务的细分市场很有吸引力,值得展开竞争,并实施竞争战略,使原来集中战略的企业失去了优势。

(3)由于技术进步、替代品的出现、价值观念更新、消费偏好变化等多方面原因,细分市场与总体市场之间在产品或服务的需求上差别变小,细分市场中的顾客需求可能会与一按不能顾客需求趋同。此时,集中化战略的优势就会被削弱或清除。

(4)由于狭小的目标市场难以支撑必要的市场规模,所以集中战略可能带来高成本的风险,从而又会导致在较宽范围经营的竞争对手与采取集中战略的企业之间在成本差别上日益扩大,抵消了企业在细分市场上的成本优势或差异化优势,使企业集中战略失败。

(5)实施集中化战略的厂商,通常使用的是非标准的专业设备,一旦市场发生变化,其退出成本和代价往往很高。

(五)实施集中化战略的关键

(1)选好集中化的战略目标和途径。企业实施集中化战略的关键是选好战略目标和途径。选好集中目标一般的原则是,企业要尽可能地选择那些竞争对手最薄弱的目标和最不容易替代产品冲击的目标。大体上,集中的焦点可分为产品线集中化,顾客集中化和地区集中化三大类,集中化战略的途径,通常有集中成本领先战略和集中差异化战略两种。这两种集中战略都有赖于目标市场与行业中其他细分市场之间的差异化。目标细分市场必须是有特定需求的消费群体,或者有服务于目标市场而与其他行业细分市场相区别的产品。

(2)集中化战略的成功实施,要求所经营的产业部门有足够的规模,有良好的增长潜力,而且对其他主要竞争对手的成功并不是至关重要,诸如市场渗透和市场开发这样的战略可提供相当大的专一经营优势。防止由于技术进步、替代品的出现、价值观念的更新、顾客偏好转向灯多方面原因导致的企业细分市场空间和利润空间缩小。

(3)实施集中化战略,尽管能在其目标市场上保持一定的竞争优势,获得较高的市场份额,但由于其目标市场本身相对狭小集中厂商的市场份额的总体量水平还是较低,因此,企业选择重点集中化战略时,应该在产品获利能力和销售量之间进行权衡和取舍,有时还要在产品差异化和成本之间进行权衡,迅速获取并保持竞争优势,从而有效抵制其他企业的跟随模仿战略。

(4)对小型企业而言,如果采用集中化战略的企业要想实现成本领先,可以在专用品或复杂产品上建立自己的成本优势,因为这类产品难以进行标准化生产,也就不容易形成生产上的规模经济效益。如果采用集中化战略的小型企业要实现差异化,则可以运用所有差异化的方法去达到预期的目的。低成本集中方法可以防御行业中各种竞争力量,使企业在本行业保持高于一般水平的收益,尤其有利于中小企业利用较小的市场空隙谋求生存和发展。企业还可以通过差异化集中,在选定的目标市场上,确立自己的特色优势。

(5)对中型和大型企业而言,要想有效地采取集中化战略,必须将其与差异化战略或低成本化战略结合起来使用。差异化意味着以广泛的市场为目标的竞争者在该细分市场中缺乏竞争性。因此,集中化战略的经营者可赢得独有的竞争优势。企业一旦选择了目标市场,便可以通过产品差异化或成本领先的方法,形成集中化战略。换言之,采用集中化战略的企业,基本上就是特殊的差异化企业或特殊的成本领先企业。如果一家公司能够通过将其能力和资源集中在一个界定清晰的细分市场上而明显地降低成本,在专用产品或复杂产品上建立自己的成本优势,那么,通过集中化来取得竞争优势就可以取得成功。

【阅读案例】

联合利华的集中战略

集中化战略在联合利华得到了充分体现:

一是企业集中化,1999年,把14个独立的合资企业合并为4个由联合利华控股的公司,使经营成本下降了20%,外籍管理人员减少了3/4;

二是产品集中化,果断退出非主营业务,专攻家庭及个人护理用品,食品及饮料和冰淇淋等三大优势系列,取得了重大成功;

三是品牌集中化,虽然拥有2 000多个品牌,但在中国推广不到20个,都是一线品牌;

四是厂址集中化,今年5至8月,通过调整、合并,减少了3个生产地址,节约了30%的运行费用。

五是营销环节集中化,把自己不特别擅长的零售营销转包出去,从而专心制定战略计划、管理主要客户及分销商,有利于迅速提高市场占有率和知名度,实现在华投资的战略目标。向第三方转包零售营销网络是集中化战略的又一重大创新。

四、最优成本供应商战略

(一)最优成本供应商战略概述

所谓最优成本供应商战略是指低成本地提供优秀的差异化产品,然后利用成本优势制定比竞争产品更低的价格,通过为买方提供超值价值来建立竞争优势的战略。这一战略之所以被称为最优成本供应商战略,是因为相对那些其品牌有着可比质量、服务、特殊、性能属性的供应商来说,该供应商的成本最优(最低)。这一战略的竞争优势源于企业在质量、服务、特色、性能属性上紧跟竞争对手,在成本上打败对手。因而企业要想成为最优成本供应商,就必须以低于对手的成本提供可比的产品性能、特色和质量。成功的最优成功供应商的特点是公司拥有资源、诀窍和不懈的努力,能够低成本地提供高级的产品或服务。

【阅读案例】

丰田汽车公司的Lexus战略

丰田汽车公司推出它的Lexus战略由三个特色:(1)丰田的制造技巧能使它以比其他行号车制造商更低的成本提供高技术性能、特色和高质量的产品;(2)利用其相对地的制造成本来制定比奔驰和宝马更低的价格。这两家公司的汽车销售价都在4万-7.5万美元之间,而丰田Lexus系列新车型的定价在3.8万-4.2万美元之间,结果从奔驰和宝马那里抢走了价格敏感性顾客;(3)为Lexus建立新的特约经销商网络,致力于提供行业中无与伦比的个性化细心体贴的客户服务。最终,Lexus的最优成本供应商战略取得了巨大的成功。

(二)最优成本供应商战略的战略利益

1.获得更加有利的竞争地位

实施这一战略的企业一旦具有把低成本和差异化融合在一起,与单纯依赖其中一种战略的企业相比,就处于一种更加有利的竞争地位,因为企业可以通过向顾客提供两类价值来获得竞争优势:差异化的特征和相对较低的成本。尤其当买方具有多样性需求使得差异化成为必要,而很多顾客又对价格、价值颇为敏感时,实施最优成本供应商战略就比单纯追求低成本战略或差异化战略具有更强的竞争优势。而且这一战略还使企业能更迅速地适当环境变化、更快地接受新科技和新技能、更有效地利用和发展其核心能力。

2.获得更好的经营业绩

成本领先意味着低成本,而与此同时又差异化,意味着可把价格定得更好,所以实行该战略能获得超过平均水平的利润。越来越多的事实证明了执行最优成本供应商战略与获取超额利润之间的关系。例如在韩国电子行业表现最佳的企业是实施这一战略的企业。学者们的研究证明,具有多种竞争优势的企业的经营业绩通常好于那些只具有一种竞争优势的企业。

3.取得科学的市场定位

最优成本供应商战略可将企业定位于中档市场——或中档的质量配合平均价格水平以下的价格;或者上乘的产品配合中档的价格。在大多数情况下,大多数顾客更喜欢购买中档价位的产品,而不是低成本生产商生产的便宜的低档产品,或者差异化生产商生产的昂贵的高档产品。所以该战略可使企业获得最大的顾客群。

(三)最优成本供应商战略的风险和误区

这一战略的最大风险和误区是企业提供的产品或服务,无论在低成本还是差异化方面都无法为顾客创造足够的价值。换言之,企业无法在选定的竞争范围内确定自己的领导地位,既无法成为成本领先者,又无法成为有效的差异者,就有可能"被困在中间",这就使企业无法成功应对五种竞争力量,也就无法获得超额利润。研究表明,经营业绩很差的企业几乎全部没有一个可识别的竞争优势。不具备一种鲜明的、可识别的竞争优势可能导致企业"被困在中间"。

(四)最优成本供应商战略的制定

最优成本供应商战略,本质上是通过寻求低成本和差异化之间的适度平衡来创造超值的顾客价值,因而它是一个复合战略。制定该战略可从前述差异化战略的制定步骤出发,寻求一个买方可察觉的、适宜的差异化水平和差异化方案,进而参考低成本战略的制定方法,制定一套保证差异化水平、保证成本绝对低于竞争对手的成本领先方案。该战略的制定过程实际上是在低成本和差异化之间反复试算平衡的过程。同时还要参照竞争对手可比产品的相对成本地位和相对差异化地位综合考虑加以制定。

第二节 不同产业结构下的竞争战略

基本竞争战略使企业建立了竞争优势,有力量抗击五种竞争力,在行业中处于有利地位。但不同行业在其特点、竞争状况等方面的差异使企业在竞争战略制定、选择时也要有所区别。同一竞争战略在不同产业环境中实施效果是不同的。

一、分散型产业中的企业竞争战略

分散型产业是一种重要的产业环境,在这种产业中,竞争企业很多,产业集中度很低,没有任何企业占有显著的市场份额,也没有任何一个企业能对整个产业的发展具有重大的影响,即不存在具有左右整个产业活动的市场领袖。一般情况下分散型产业由很多中小企业构成,存在于许多领域,如服务业、零售业、农产品、汽车修理、饭店、计算机软件开发、服装制造和服装零售等,其范围很广,在技术尖端性方面差别也很大,包括从高技术的太阳能加热设备到酒水零售业。

(一)造成产业分散的原因

分析产业分散的原因是企业制定竞争战略的基础。造成产业分散的原因很多,但在许多产业中,主要原因是源于产业本身的基本经济特性。

1. 低的进入壁垒或存在退出障碍

低的进入壁垒使大量的中小企业涌入,使其成为几乎是所有分散型产业形成的前提;同时,如果产业存在退出障碍,则收入持平的企业倾向于在产业中维持。除经济性的退出障碍外,还存在管理性退出障碍,因为有些竞争者的目标可能不是利润导向的,某些产业的独特吸引力使一些竞争者进入,即使是无利可图。

2. 多种市场需求使产品高度差异化

在某些行业中,顾客的需求是分散的,每一个顾客希望产品有不同式样,不愿意接受更标准化的产品,愿意也能够为此付出。这种需求的多样性在大众日常消费行业中表现得非常明显。如餐饮、理发、女性时装等产业。另外,市场需求区域或地区的差异也产生需求分散。因此,需求分散导致产品高度差异化,顾客对某一特定产品式样的需求很小,这种数量不足以支持某种程度的生产、营销以使大企业发挥优势。

3. 不存在规模经济

大部分分散行业在其运营活动的每个主要环节如制造、市场、研究与开发等都不存在规模经济。有些行业即使存在规模经济,也由于各种原因难以达到经济规模而不能实现。如在水泥、化工行业,高运输成本限制了高效率企业的规模及生产地点,决定了其市场及服务范围,抵消了规模经济性。由于库存成本过高或市场销售不稳定使企业产量波动而不能实现规模经济,此时大规模企业的灵活性不如小规模、低专业化的企业。另外高度的产品差异化及快速的产品变化也可产生规模不经济。

除产业经济特性外,导致产业分散因素还有非经济原因。一是现有企业缺乏资源或技能。有时企业具有克服分散的潜力,如可以发展规模经济,但缺乏资金或专业技能等战略资源,无法建立大规模设备体系及发展分销机构、服务网络、设备等可能促进产业集中的手段。二是现有企业眼光短浅或自我满足。即使企业具有促进产业集中的资源条件,也可能仍然留恋支持分散结构的传统产业实践，或感觉不到变化的机会。三是未被其他外部企业注意。尽管产业内存在集中的对象和条件，但外部企业并没有发现向产业注入资源展示新的前景以促进集中的机会。

（二）分散产业的战略选择

1. 克服分散，集中分散产业

分散产业的特点就是进入成本低，产业内竞争者弱小，因此克服分散集中产业将会有较高的回报。实现其可能性源于分散产业本身也是一个内部互相联系的系统，每一个造成零散的经济因素，会引起整个产业结构改变。克服分散的基本思想是：清除造成分散产业结构的基本经济因素。一般方法有以下几种：

（1）创造规模经济。通过技术创新引起投资增加与集中及机械化、自动化，成为产业集中的基础。营销创新业可以克服分散。如电视网。

（2）产品标准化与多样化结合。需求多样化是分散产业的特点，使企业难以实现标准化，进而克服分散。可以采用群组技术实现两者协调统一。

（3）特许经营或连锁经营。某些产业分散的原因主要是由于生产规模的不经济性或分散的顾客口味，对于此，产业集中分散的战略思想是使这些方面与其他方面分离，采取特许经营或连锁经营。如快餐业，其特点是要保持严密的本地控制和良好的服务，通过特许经营向顾客出售各个独立地点来克服分散，实现规模经济，如麦当劳、必胜客。

（4）尽早发现产业趋势。有些产业在产生发展成熟过程中自然形成集中，因此，如果分散原因是由于产业处于开发期和成长期则随着产业的演变会产生集中。

2. 适应环境，建立竞争优势

在一些情况下，造成产业分散的产业基本经济因素是不可克服的，此时，企业要通过提高在产业中的战略地位取得竞争优势。其基本思想是在分散产业环境下寻求实现成本领先、差异化、集中化等基本竞争战略的方法，使每一种方法都更好地使企业的战略姿态与分散产业中特殊的竞争性质相匹配，或者使在这种产业中激烈竞争力量中性化。

（1）严格管理。分散产业的特点是需要严密协调，本地化管理，倾向个人服务、近距控制等，因此可以采用严密管理下的分散化作为重要的竞争策略。以保持个别经营的小规离模并尽可能地自治取代在一个或少数几个地点增加经营规模。

（2）增加附加价值。许多分散产业的产品或服务是一般性的商品，其本身实现差异化的难度很大，在这种情况下，有效的战略是给商品增加附加值，如对销售提供更多服务，从事产品的最终构造（包裤脚边、鸡鱼加工等），或在产品售出之前对零部件进行分装或装配，及对主要零部件的配送。这样，在基本产品或服务中不能实现的差异化在这些战略中得以实现。另外，也可以通过向前一体化整合营销，更好地控制销售条件提高产品差异化，增加附加价值。

（3）产品专门化。当造成产业零散的原因之一是产品系列中存在多项不同产品时，产品类型或产品细分就是一种有效的实现高于平均水平的战略。它可以使企业通过使其产品达到足够大的规模来增加与供应商的砍价能力；还可以因企业具有专门技能而提高细分市场上产品差异化程度。这种目标集聚战略使企业在产品领域信息更灵，并可使企业具有的引导顾客的能力得到提高。但这种战略的代价是可能会对企业的发展前景形成某种限制。

(4)顾客类型专门化。企业专注于产业中一部分特定顾客也可以获得潜在收益。可能这些顾客因为购买量小或规模小而造成讨价还价能力低或对价格不敏感,或需要企业随基本产品和服务而提供附加价值。像产品专门化一样,顾客专门化可能限制企业发展前景,但企业可能会获得更高的利润率。

(5)地理区域专门化。有些产业在产业范围内达不到显著的市场份额或不能实现全国性的规模经济。但在某一地区范围内可能得到重要的经济性。其方法是集中设备、市场营销注意力和销售活动,如选择更有效率的广告,使用唯一的经销商等获得经济性。如在食品产业,区域覆盖战略绩效非常好,尽管存在一些大型全国性企业,但食品产品仍具有分散产业的特点。

(6)低成本、低价格。许多分散产业存在激烈竞争和低利润,以低间接费用、低技能的雇员、严格成本控制以及对细节的注重保持一种简单朴实的竞争姿态是最简单最有力的战略,能使企业在价格竞争中处于有利地位,并能获得高于平均水平的利润。

3. 避免潜在战略陷阱

分散产业独特的环境造成了一些特殊的战略陷阱。在分析选择战略时要注意避免某些常见的陷阱。

(1)避免寻求支配地位。分散产业的基本结构决定了寻求支配性市场份额的是无效的,除非可以从根本上出现变化。形成产业分散的基本经济原因一般会使企业在增加市场份额的同时面对低效率、失去产品差异性,及供应商和顾客的各种想法。当企业企图在分散产业中对所有的人在所有方面占优势会导致竞争力量的脆弱性达到最大值。波特以美国 Prelude 公司的例子说明了此种支配战略的失败。该公司曾宣布其目标是成为龙虾业的通用汽车公司。它建立了一只昂贵的具有先进技术装备的庞大的龙虾船队,建立了内部维修和船坞设施,实现了包括运输车队和餐馆在内的纵向整合。龙虾捕捞产业的经济性决定了它的船队比其他捕捞者并没有明显的优势,而高额管理费用和固定成本引起了小捕捞者的价格竞争,小捕捞者对于相当低的收益就感到满意,并不寻求较高的投资收益率。

(2)保持严格的战略约束力。在分散产业中进行有效竞争保持极其有效的战略约束力是必需的。其竞争结构要求市场集中或专注于某些严格的战略原则,执行这些原则要求有充分的勇气舍弃某些业务,也要求组织内部的资源配置具有相对的稳定性。一项无约束力的或机会主义的战略可能在短期内发生作用,但从长期发展来看,会降低竞争力。

(3)避免过分集中化。许多分散产业的竞争本质在于:人员服务、当地联系、近距离控制、对波动及式样变化的反应能力等。许多情况下,集权化组织结构与生产效率背道而驰,因为它延缓反应时间,降低地区水平的激烈,造成多种个人服务必需的熟练人员流失,同时,分散产业的经济结构经常造成集中的生产或市场营销组织部存在规模经济甚至是不经济的。因此这些领域的集中削弱了企业的竞争力。

(4)了解竞争者的目标和管理费用。分散产业的特殊环境决定了其中有许多小型企业和私营企业。他们的目标和管理方式是经常在家工作,使用家庭劳动力,管理费用很低,其目标也很低或与股份制公司不同。因而对价格变动或其他产业事件的反应与一般企业极不相同。

(5)避免对新产品过度反应。在分散产业中,巨大的竞争者数量几乎总是使买方具有强大的力量,使一种新产品成为激烈竞争的救星。但是由于分散产业需求的多样性与缺乏规模经济,企业对新产品做出的大量投资在该产品的成熟期并不容易收回或很难收得较高的收益。这样就存在着对新产品过度反应的危险,使成本和管理费用可能上升,使企业在分散产业的价格竞争中处于不利地位。

4. 分散产业竞争战略的制定

分散产业竞争战略制定时,可以遵循以下逻辑思路:

(1)产业结构和竞争者地位如何?即分析产业状况和竞争者,识别产业中竞争力量的源泉,产业结构及重要竞争者的地位。

(2)产业为何分散?即分析造成产业分散的原因。找出这些因素并建立其与产业经济的联系。

(3)分散是否可以被克服?如何克服?即分析是否能克服造成产业分散的原因,是否能通过改变战略或创新实现;资源注入或新的前景是否全是必需的;是否一些分散的原因将被产业的趋势直接或间接改变。

(4)克服分散是否有收益?如果可以克服产业分散,企业必须评价是否所预示的产业未来结构会产生有吸引力的收益。

(5)企业怎么去定位?企业必须预测一旦集中形成产业后的新结构趋势,并必须重新进行结构分析。最后分析选择企业为利用产业集中化而可以采用的最后方法。

二、新兴产业的竞争战略

新兴产业是新形成的或重新形成的产业,其形成的原因是技术创新、相对成本关系的变化、新的消费需求的出现,或其他经济和社会变化将某个新产品或服务提高到一种潜在可行的商业机会的水平。如由技术创新而产生了计算机、电讯、家用电器等产业;由于新的需求促使搬家公司、快递公司、礼仪公司等产业的产生。社会、技术、文化的进步使新兴产业会在任何时候不断被创造出来。

从战略制定的观点看,新兴产业的基本特征是没有游戏规则,新兴产业的竞争问题是全部规则都必须建立,使企业可以遵循并在这些规则下发展繁荣。缺乏规则既是风险又是机会的来源。

(一)新兴产业的结构特征

1. 技术的不确定性

新兴产业中通常存在着很高程度的技术不确定性。因为企业的生产技术还不成熟,有待于继续创新和完善;企业的生产和经营业没有形成一整套的方法和规程,什么产品结构是最好的?何种生产技术将是最有效的都不能确定。

2. 战略的不确定性

与技术不确定性相联系,由于更广泛的原因,新兴产业存在战略不确定性。因为产业内的企业对于竞争对手、顾客特点和处于新兴阶段的产业条件等只有较少的信息,没有企业知道所有的竞争者是谁,也没有企业能够经常得到可靠的产业销售量和市场份额的信息。所以在产品市场定位、市场营销和服务等方面不同的企业经常采用不同的战略,没有被产业认可的正确的战略。

3. 成本的迅速变化

新兴产业存在着高初始成本,但陡峭的学习曲线会使最初的高成本以极高的比例下降。小批量和新产品常在新兴产业中共同形成相对于产业能够获得的潜在收益的较高成本。然而随着生产过程和工厂设计的改进、工作熟练程度的提高、销售额的增长导致规模与累积产量的大幅度增加,企业生产效率会大幅度提高。按照某些常见的情况,当处于新兴阶段产业的技术在开始时比最终情况劳动密集程度更大时,这些因素的作用更加明显。如果学习收获能与产业增长时不断增加的获得规模经济的机会相结合,则成本下降会更快。

4. 萌芽企业和另立门户

产业新兴阶段伴随着极大比例的新成立企业,因为此阶段萌芽成型的游戏规则和规模经济的障碍,可称为萌芽企业。另外,还存在许多另立门户企业,即从那些已立足企业中出去的雇员创立的新企业。另立门户现象源于许多因素:一是在迅速发展和充满机会的环境中,与立足企业工资相比,权益投资的收益更具有吸引力;二是由于新兴阶段技术和战略的流动性,使立足企业的雇员具有良好的条件去获得新的更好的想法,并能充分利用其对产业的接近,这些想法在原有企业可能由于转换成本过大而无法实现,如可能会与不愿意采用他们想法的上级发生冲突,或可能会对企业过去已投资的资金造成损失。

5. 首次购买者

新兴产业产品或服务的购买者基本都是首次购买者,还有许多顾客持等待观望态度,期待新一代产品的出现。这时市场营销的任务是给予顾客有关新产品或服务功能和基本性质的信息,使之相信新产品能实现所要求的功能,并购买。

(二)早期进入障碍

与产业发展后的进入障碍相比,新兴产业的进入障碍有很大不同。常见的早期障碍有:① 专有技术;② 获得分销渠道;③ 得到适当成本和质量的原材料和其他投入;④ 经验造成的成本优势由于技术和竞争不确定性使其更为显著;⑤ 风险使资金的有效激活成本增加,因此增加了有效资本壁垒。

早期壁垒很少源于需要掌握巨大资源,一般不是规模经济、资本或品牌效应,更多是源于承担风险的能力、技术上的创造性及做出前瞻性以及储备投入物质与分销渠道的能力等。因此率先进入新产业的一般不是已立足企业,因为他们可能要为资金付出更多的机会成本,并经常对在产业发展早期阶段必然存在的技术和产品风险缺乏准备。

(三)新兴产业的发展障碍

新兴产业在其发展时,会不同程度地面临着限制或问题。这些障碍产生于产业的新兴,它的发展对经济实体以外的其他因素的依赖,以及其发展过程中需要引导购买者购买其产品作为替换而引起的外在性。

1. 原材料、零部件短缺

一个新兴产业的发展需求出现新供应商或现存的供应商增加产出或修改原材料和零部件以满足产业需求。在这一过程中就会出现原材料和零部件短缺。另外,在产业发展早期阶段,由于产业发展的需求和不能适应的供给,重要原材料价格会大幅度上涨。一方面原因是供给和需求之间的相互作用,另一方面是由于供应商认识到产品对产业的价值的结果。但当供应商扩展时,原材料的价格会迅速下降。

2. 产品、技术标准等缺乏

由于新兴产业中仍存在产品和技术水平的不确定性,产品和技术没有统一标准,加剧了原材料和互补产品的问题，并可能阻碍成本下降。同时新兴产业经常面临由于缺乏基础设施而引起的问题，如分销渠道、服务设施、专业技巧等问题。

3. 顾客困惑

新兴产业经常遇到顾客困惑问题，原因在于存在众多产品方案、技术种类及竞争者互相冲突或相互的宣传。这些现象是技术不确定的象征及缺乏技术标准和产业的参与企业间总的技术协议。这种混乱可能增加顾客的购买风险并限制产业销售额。同时，由于存在许多新建企业、缺乏标准、技术不确定等，新兴产业的产品质量经常不稳定，即使存在是少数现象，也会给整个产业的形象和信誉造成不利影响。这些因素又会影响新产业在金融业的形象和可信度，进而影响企业取得低成本融资的能力及取得信用的能力。

4. 被替代产品的反应

在面临新产品替代威胁时，老产品生产企业会采取各种有效的方法降低替代产品的威胁。其最佳战略可能是增加投资降低成本，迫使新兴产业中与学习和规模相关的价格下降目标还要向下移动，这给新兴产业的发展增加了难度。

由于新兴产业的发展存在许多障碍，进而新兴产业经营的企业失败率较高。但同时新兴产业的结构环境也为企业发展带来了机遇。

（四）新兴产业中企业面临的关键问题

在新兴产业中取得竞争的胜利要求大胆的企业家精神、开拓精神和愿意承担风险，对购买者的需求要有一种直觉，以及一种机会主义式的战略制定方式。新兴产业中的公司所面临的有两个关键问题：一是在公司的销售腾飞之前怎样为业务的初始运作筹集资金；二是要获取并确保市场领导地位，企业应该瞄准哪些细分市场和竞争优势。

以低成本或者差异化为基础的竞争战略通常是可行的，集中战略应该在企业的财务资源有限以及产业中可以追求的技术层面比较多的时候考虑。由于一个新兴的产业没有既定的游戏规则，产业中参与者也运用各种各样的战略，所以如果企业有强大的财务资源和强大的战略，它就可以制定产业规则，并成为产业的领导者。

（五）新兴产业的战略选择

新兴产业的发展存在着较大的风险和不确定性，产业结构不确定、竞争规则不确定，这些特点也决定了此阶段企业战略自由度很大，战略选择的影响就最大。因此这一阶段制定战略主要是处理好风险和不确定性。

1. 塑造产业结构

新兴产业中主导地位的战略问题是考虑企业是否有能力促进产业结构趋于稳定而且成型。通过战略选择，企业可以在生产方针、市场营销方法和价格策略等方面建立游戏规则。在产业的基础经济性和资源的限制范围内，企业应以某种方式建立有利于发展的产业法则，以获得长远的产业竞争地位。

2. 注意产业发展的外在性

在新兴产业的发展阶段，企业在争取自身的市场地位时，常常会损害产业发展，产业形象、可信性、产业吸引力、顾客困惑、与其他产业的关系及与政府、金融业的关系等都与企业发展状况有关，而产业内企业的发展也依赖于与其他企业的协调及产业的发展，因此一个重要的战略问题是在对产业的倡导和追求自身狭窄利益的努力之间做出平衡。在产业发展过程中，有两种可能：一是当一个产业开始实现重要突破时，在产业前途和企业前途之间的平衡会沿着向企业方向转化，当产业成熟时可能被淘汰；二是一个企业最初可能要采用它最终并不想遵循的战略，或加入到从长期看来必须放弃的细分市场中。这些对产业发展有利，而一旦产业发展成熟，企业就获得自由去选择最佳战略。

3. 注意产业机会与障碍的转变

新兴产业的迅速发展可能会使原有的障碍和机会发生变化。如当产业在规模上有所发展，企业也证明了自身价值时，供应商和销售渠道在方向上可能会发生变化。供应商可能会希望满足企业某些方面的需求，如产品规格、服务和交货期等；销售渠道可能变得更乐于作为企业的伙伴投资于广告或其他促销活动。尽早发现这些变化会给企业提供战略机会。另外，新兴产业早期的进入障碍也可能发生变化，当产业在规模上发展、在技术上成熟时，企业不会永远依靠专有技术或独特产品种类等进入障碍保卫自身产业地位，可能会出现其他障碍。同时产业的发展会吸引更有规模、资金和市场营销实力的企业进入，甚至购买者和供给者也可能以纵向一体化的方式进入。

4. 选择适当进入时机和领域

何时进入新兴产业是一个战略选择。早期进入面临的是高风险低障碍，并可获得很高收益。

(1)早期进入新兴产业的环境与优势。一般说来，具有以下特征时，企业进入新产业较为适宜：企业的形象和声望对顾客至关重要，企业可因作为先驱者而发展和提高声望；早期进入可以较早开始在这一产业中的学习过程；顾客忠诚非常重要，那些首先对顾客销售的企业将获益；通过早期对原材料供应、分销渠道等的承诺可带来绝对成本利益。

(2)早期进入的风险。早期产业竞争和细分市场建立的基础与产业发展晚期的重要基础不同，早期进入的企业建立了竞争基础后，可能面临高转换成本；开辟市场代价昂贵，包括顾客教育、法规批准、技术开发等，而企业却不可能独自享有开辟市场的利益；产业发展后，早期建立的小企业将被更有实力的企业取代，因此早期与小企业竞争会付出高的代价；技术变化将使早期投资过时，并使晚期进入的企业因拥有最新产品和工艺而获益。

新兴产业领域选择是一个重要的战略问题。新兴产业具有许多共同特征，如发展迅速，产业内有企业多数盈利，最终产业规模注定会很大等，这些吸引着企业进入新兴产业，但不同领域的市场发展趋势、发展速度、竞争对手与状况存在差别，因此产业整体盈利水平就存在差异。总的思考是如果一个新兴产业的最终结构是与高手平均水平回报相一致的，并且如果企业能够在产业中建立长期防御型地位，则它将很有吸引力。因此进入新兴产业的决策要进行产业分析。

三、成熟产业的竞争战略

产业从高速发展期逐渐进入稳定发展阶段，进入成熟期。在这一时期，产业竞争环境会发生根本性变化，企业要适应产业发展，做出战略性转变。

(一)成熟产业的竞争环境

1. 市场竞争更激烈

当企业原有市场饱和时，企业无法以保持其市场份额保持增长速度，此时竞争转向产业内部，去争夺其他企业的市场份额。竞争的加剧要求企业对自身市场占有率、市场地位等目标做出重新定位，并重新分析评价竞争对手的反应以及行动。不仅竞争者可能变得更具攻击性，而且非理性竞争也可能发生。广告、服务、促销、价格战等在成熟产业是常见的。

2. 竞争趋向成本和服务

产品在质量、性能等各方面已稳定，技术日益成熟，客户在知识和经验方面也日益丰富，已经购买或多次购买过，客户的注意力从决定是否购买产品转向在不同品牌之间进行选择。这种市场需求的变化使竞争趋向成本和服务，企业要重新评价其竞争战略的适应性。

3. 产业利润下降

成熟产业需求稳定，增长缓慢，企业面临战略转变的不确定性，这些意味着产业利润在短期内将下降。市场份额大的企业受影响最大。利润下降使现金流量减少，股票价格下降，融资困难。

4. 生产能力过剩

当新兴产业逐渐走向成熟时，增长速度减慢，生产能力需求增长降低，企业在设备、人员等生产能力方面的发展目标应与产业状况相适应。但许多企业在产业转变阶段生产能力投入过度，加剧了成熟产业的价格、广告服务等方面的竞争。

(二)成熟产业的竞争战略分析

成熟产业在基本结构的各主要方面较新兴产业发生了变化，新兴产业阶段的高速发展为多种战略的有效实施提供了条件，而到了成熟期，战略选择上的问题就显露了出来。此时，企业要重新进行战略分析与选择。

1. 提高财务意识，改进成本分析

为提高在成熟产业中的市场竞争地位，必须使产业组合合理化及正确制定产品价格，成本分析变得日益重要。在新兴阶段可以选择众多的产品系列和型号，有利于企业快速发展。但在成熟期，竞争转向成本和市场份额，因此企业要削减产品种类，将注意力集中于技术、成本和形象等方面有利的产品，因此在产品成本计算方面的改进有利于产品组合合理化。另外定价方法也要有所变化。

2. 满足现有顾客需求增长

在成熟产业获得新客户意味着与竞争对手争夺市场份额，代价昂贵，因此增加现有顾客购买比寻求新顾客更有利，可以通过提供外围设备和服务、产品升级、扩展产品系列等方法来扩大现有顾客需求范围。这种战略可能使企业进入相关产业，而且代价低。

3. 低价购买资产

由于成熟产业发展缓慢而使产业内企业发展速度降低。为保持企业的发展，企业可以购买不景气企业的资产或购买破产清偿资产以改善资产和盈利状况。并且此战略可以在技术创新较少的情况下实现低成本。

4. 避免战略陷阱

(1)转变意识。企业在发展过程中不断树立自我形象及意识，如“我们居于质量领导地位”等，这种思想意识影响战略的制定。当产业成熟时，市场环境、竞争状况发生变化，原有企业对产业、竞争对手、客户、供应商等方面的分析判断可能不再正确，企业要重新认识评价包括自身在内的产业环境。

(2)合理投入，避免现金陷阱。在成熟增长缓慢的产业内为创造市场地位投入现金是冒风险的。产业成熟不利于长期提高或保持利润，使流入现金不能补偿现金流出而回收现金投资。因此成熟产业现金投入成功的机会很小。另外,在成熟产业应注重获利能力而不是总收入。

(3)注重长远利益。产业向成熟转化时发展缓慢,企业面临较大的利润压力,这是一个产业发展过程中的必然阶段。有些企业为保持已有的获利能力放弃市场份额或减少市场营销、研发活动和其他方面的投入,影响了企业长期的竞争能力和市场地位。

(4)树立正确的质量观念。追求高质量是企业的目标之一,但在成熟产业顾客可能会在熟悉的市场中选择有质量差异但价格更低的产品,企业应注意这种需求的变化,适应市场在价格、营销方面竞争方式的改变,不是盲目的高质量,二是积极参与竞争,以合适的产品质量、低成本获得竞争地位。

(5)正确对待过剩生产能力。产业发展初期过量的投入造成成熟期生产能力过剩。此时企业面临的压力是如何发挥其作用,不能使之闲置。而过剩生产能力的使用可能使企业再加大投入,因此最佳的战略措施是削减过剩生产能力或将其出售。

【阅读资料】

电视产业十年(1999~2009)

从1999年到2009年,对于电视产业来说,是一个相当特殊的“黄金十年”。整个电视产业先后走过了“模拟电视时代”、“数字模拟时代”。在模拟电视时代,特丽珑彩管技术带动了一批日本电子企业,称霸全球长达30年之久;在数字电视时代,韩国彩电企业抓住了机遇,倾力发展数字电视技术,使得韩国的消费电子企业走到了世界前列;在“黄金十年”的最后一年里,以TCL等为代表的中国彩电企业,推出了互联网电视。影视、K歌、游戏、教育等互联网平台提供的内容,以及还能够通过后台智能在线自动升级功能,使得互联网实现了与电视的完美融合,开启了全球电视产业的“互联网时代”。

四、衰退产业的竞争战略

在产品生命周期中,衰退阶段的特征是:市场销售量降低,产品种类减少,研发和广告费用降低及竞争者减少。产品和市场衰退使产业衰退,衰退产业是指持续的一段时间内产品的销售量绝对下降的产业。这种衰退可能是缓慢的,也可能是迅速的。针对衰退产业一般的战略思想是:不要在增长缓慢或负增长的不利的市场投资,而应从中抽取现金。实际上此阶段产业环境使企业的战略选择较复杂,不同产业、不同企业有不同的竞争战略。

(一)衰退产业的竞争环境

1. 需求状况

(1)市场需求量的变化具有不确定性。企业无法确定其发展趋势,而且不同企业对需求的变化认识也不相同。企业在产业中的位置和它的退出壁垒影响它对产业需求下降可能性的认识。有些企业预计市场需求将回升或平稳而继续坚持,在销售量下降的情况下努力保持现有地位。如果大部分企业都确信市场需求肯定继续下降,企业从产业撤出的速度将加快。

(2)市场剩余需求的购买力结构。当需求下降时,剩余需求购买力的性质对于决定剩余竞争者的盈利起着重要的作用。一般情况下,如果剩余需求来自对价格不敏感的客户和一般砍价能力不强的客户,则为剩余竞争者提高获利能力提供了条件。另外,最终竞争的盈利性也将依赖于剩余需求对替代产品、对有实力的供应商的敏感程度,也依赖于移动壁垒,因为它使服务于剩余细分市场的企业免于受到那些从失去的市场中寻找出路的企业的攻击。

2. 退出壁垒

任何衰退产业都存在退出壁垒,它直接影响着企业的战略选择。退出壁垒使企业在衰退产业继续竞争,即使只能从投资中获得低于正常标准的收益。

3. 竞争的不稳定性

衰退产业的需求状况使竞争更加激烈,集中体现为价格战。其决定因素有许多方面,如固定成本很高;企业被产业退出壁垒束缚;企业意识到在产业中保留位置的重要性;剩余企业的实力较为平均,少数企业不可能轻易取胜;企业对相对竞争力没有把握;企业成为供应商的次要客户;分销商力量加强。

(二)衰退产业的战略选择

1. 衰退产业的战略

(1)领导战略。即在市场份额方面争取领导地位。其目标是从衰退产业中获利,这种产业结构特点是使剩余企业有潜力获取超出平均水平的利润,而且可以实现在竞争者中的领导地位。

(2)局部领导战略。即创造或捍卫在某一特定细分市场中的优势地位。这种细分市场不但将保持稳定需求或缓慢下降,而且能带来高收益。

(3)收割战略。即实施有控制的撤出投资,从优势中获利。采用收割战略,企业会力图优化业务现金流,取消或大幅度削减新的投资。减少设备投资,在后续销售中从业务拥有的任何残留优势上谋取利益,以提高价格或从过去的商誉中获利。收割战略的前提是过去存在企业能赖以生存的真正优势,同时衰退阶段的产业环境不至于恶化为战争,如果不具备任何优势,提高价格、降低质量、减少广告将使销售下降。从管理角度,此战略是最有利的。

(4)撤资战略。即在衰退产业中尽早清算投资。前提是企业只有在衰退早期出售业务才能使净投资的回收最大化,而不是实施收割战略后再采用其他战略。因为出售越早,需求是否随后下降的不确定性越大,资产在其他市场未饱和的可能性就越大。

2. 战略选择

衰退产业选择战略的关键问题是将企业的相对低位与留在产业中的价值相匹配。如表8.1所示。

表8.1 企业在衰退产业中的战略选择

企业相对竞争地位 / 留在产业中的价值	在剩余需求上有对竞争对手的相对优势	在剩余需求上没有对竞争对手的相对优势
产业结构有利于衰退	领导或局部领导战略	收割或迅速撤资战略
产业结构不利于衰退	局部领导或收割战略	迅速撤资

(1)当产业具有低不确定性和低退出壁垒时,拥有优势的企业可以寻求领导地位或捍卫局部领导地位,这取决于在绝大部分剩余市场上竞争或是选择一两个特定细分市场哪一个在结构上更有价值。更不拥有优势的企业则应该采用收割或迅速撤资战略。

(2)当产业具有高度确定性时,企业面临高退出壁垒和竞争环境的不稳定性,此时如果企业有很强的优势地位,可以选择收缩战略保护局部市场,或运用收割战略从优势中获利。如果企业不具有相对优势,最好是尽快退出。

3. 避免陷阱

(1)确认衰退。企业应客观分析产业发展的趋势,认识到产业环境的不确定性及产业的衰退,使企业能针对衰退产业的特点采用合适的战略。

(2)避免消耗战。不要与具有高退出壁垒的竞争对手竞争,这种竞争对手被迫对变化做出反应,而且没有足够的投资它们无法取得应有的地位。

(3)合理地采用收割战略。只有当产业结构对衰退阶段极为有利时,具有明显优势的企业才可以采用收割战略。

第三节　不同市场竞争地位下的竞争战略

各个企业作为市场活动的参与者,其实力和资源会有不同程度的差异,因而各自占据不同的竞争位置。依据阿瑟·D.李特尔咨询公司的观点,一个企业在其目标市场中占据着六种竞争地位中的一种:

(1)主宰型。这类企业控制着其他竞争者的行为,有广泛选择战略的余地。

(2)强壮型。这类企业有足够强大的实力,可以放心地采用不危及它长期地位的独立行动,而且它的长期地位也不会受到竞争者行动的影响。

(3)优势型。这类企业在特定的战略中有较多的力量可供利用,并有较多的机会改善其地位。

(4)防守型。这类企业有令人满意的经营业绩,足以继续经营,但它在主宰企业的控制下求生存,改善其地位的机会较少。

(5)虚弱型。这类企业经营业绩不能令人满意,但仍有改善的机会,如不改变就会被迫退出市场。

(6)难存活型。这类企业经营很差,并且没有改善的机会。

由上述分类可见,没有哪一种战略会适合所有的企业。企业必须认清自己在本行业竞争中的真实位置,以此为基础来制定有效的竞争战略。

为便于分析,以下将前述六种市场竞争地位概括为市场领导者、一般公司和弱小公司三种类型分别加以分析。

一、市场领导者的竞争战略

市场领导者已取得市场地位与竞争优势,但仍然面临众多竞争对手的挑战。因此,市场领导者要依据环境状况进一步采取合适的竞争战略,防止竞争对手的攻击,否则虽然在行业中取得了竞争地位,如果不继续采取一系列进攻性和防御性战略措施加大市场份额,巩固已有地位,公司的市场地位就会被侵蚀和削弱。

（一）进攻战略

市场领导者进攻战略的目的是保持公司的竞争优势，加强竞争地位。因此其进攻战略的实质是追求不断的改进和革新。率先推出新产品、更好的性能特色、质量的提高、改善对顾客服务以及降低成本的方式不仅可以帮助一家行业领导者避免自满，而且可以使竞争对手的产品和生产工艺过时，始终处于被动的防守位置。同时还包括扩大整个行业需求的战略措施，如为公司的新产品发现新的用途，吸引产品的新用户，促进用户更加频繁的使用产品；在竞争对手的核心地区新建大型的生产工厂，扩大产品线等。保持竞争优势的最佳战略选择是低成本或差异化战略。积极追求成本降低或者不断采取新的措施开发有特色的产品，使自己的产品同竞争对手的品牌相区别，从而成为竞争对手判断的标准，或者开发出独特的竞争能力，如更好的技术诀窍，迅速对变化的顾客需求做出反应的灵敏性。

如果一个市场领导者在市场份额所占据的统治地位还不足以给公司带来政府采取反托拉斯行动的威胁，则行业领导者所采取的进攻战略就意味着竭尽全力做到公司的成长率比整个行业的增长率要快，并且从竞争对手手中争夺市场份额。如果市场领导者的增长率低于行业平均水平，则它就会把自己的地位让给竞争对手。

（二）防御战略

市场领导者防御战略的目的在于牢牢保持现有的市场份额，加强现有的市场地位，保护公司所拥有的一切竞争优势。在一个行业中，竞争对手既可以是行业的新进入者，也可以是寻求改善现有地位的既有公司。防御性战略就是要降低被攻击的风险，减弱任何已有竞争性行动所产生的影响，提高新公司进入难度，捍卫公司最有价值的资源和能力不受模仿。

1. 采取一系列战略措施保护竞争地位

（1）提高广告费用，提高顾客服务质量，扩大研究与开发费用，从而尽量提高挑战者和新进入者的赌注。

（2）扩大产品生产线，推出更多的产品型号或者模型与挑战者已有或将要有的特色相匹配，或者弥补竞争对手可能忽略的市场点。

（3）增加个性化的服务以及其他能够提高顾客忠诚度的项目，并且使产品和服务的价格合理，提供顾客满意的质量，及给用户提供免费或低成本的培训，使顾客转向竞争对手的产品难度增加，成本增加。

（4）投入足够的成本保持成本优势和技术进步。超前于市场需求建立新的供应能力阻碍比较小的竞争厂商增加生产能力。

（5）同最好的供应商、分销商和特约经销商签订独占性合同，增加竞争对手获取同等质量部件的难度；提高提供给特约经销商和分销商的融资服务，避免同那些同样服务于竞争对手的供应商打交道。

（6）在管理程序方面对竞争对手的产品或者惯例提出挑战。

（7）提高公司资源资产和能力的灵活性，使公司适应新的发展态势的敏捷性比竞争对手相应的敏捷性更强。

2. 采取一些措施阻止竞争对手采取进攻行为

（1）公开宣告公司的管理层将维持公司现有的市场份额。

（2）公开宣告公司计划兴建足够的生产能力来满足而且可能会超过行业容量的预计

增长。

(3)提前发布有关新产品、技术突破以及计划推出的新品牌或模型的有关信息。其中,公司计划推出重要的新品牌或模型的目的在于希望挑战者将会将它们的行动推迟到它们看到这些被宣告的行动是否真的会发生为止。

(4)公开宣告公司将执行能够与竞争对手的条件或价格相匹配的政策。

(5)保持一定的“战略储备”性现金和可转换债券。

(6)偶尔对弱小的竞争对手所采取的行动予以强烈的反击,从而提高公司坚强的防卫者形象。

采取防御战略的条件是,公司已经获得了行业的统治地位,同时也不希望冒政府采取反托拉斯行动的风险。另外行业的成长前景很低,或者进一步扩大市场份额无利可图,不值得追求。要保证防御战略的成功,公司必须尽可能在任何情况下取得与行业一致的增长率,避免市场份额的下滑,而且要求在业务中投入足够的资金以保护行业领导者的竞争能力。

二、一般公司的竞争战略

一般公司是指在一个行业中竞争力位于领导者之后居于中游的企业,其市场份额比行业领导者小,也称二流公司,其中一些公司是未来的市场挑战者,努力实施进攻性的战略夺取市场份额以建立强大的市场地位。其余的公司则满足于现有的状况,愿意保持现有的市场地位。我们可根据两种行业特征分析其竞争战略。

(一)具有规模经济行业的竞争战略

如果一个行业具有规模经济,大规模就能降低单位成本,占有大市场份额的企业带来竞争优势。处于此行业中的企业有两个战略选择:模仿进攻性行动获得销售额和市场份额(可以建立达到大型竞争企业所享有的规模经济所必需的产量);从业务中撤退。大多数公司选择前者,具体采取以下战略措施:

1. 低成本战略

采取联合行动,降低成本同时降低价格,整合价值链;更好地管理成本驱动因素,提高经营运作效率;同竞争对手合并或并购等。但是低成本战略的成功条件是行业的一个领导者作为低成本生产商的地位还不够强大。

2. 差别化战略

实施以下列因素为基础的差别化战略:质量、技术卓越性;更好的顾客服务;最优成本;革新。在此类行业中,如果规模经济是成功的关键因素,则市场份额低的公司提高竞争地位存在一些障碍:一是在制造、分销或促销活动中获得经济性的可能性比较小;二是很难获得顾客的认知;三是不能大规模地提供大众媒体广告;四是在资金要求方面有困难。在这种情况下,公司可以通过以下措施建立竞争地位:① 将力量集中在能产生竞争优势的细分市场上;② 发展可能被顾客高度重视的产品;③ 率先推出新产品或更好的产品,建立产品领导者的形象;④ 使公司比变化慢的领导者更灵活更具创新性、适应性。

(二)不具有规模经济行业的竞争战略

如果行业规模经济很小,则二流企业在战略选择上有更大的灵活性。

1. 空缺市场点战略

空缺市场点战略的实质是将公司的精力集中到行业领导者忽略的顾客或者产品领域。一个最理想的空缺市场点应该有足够的规模和范围为公司赢得利润，有一定的成长潜力，很适应公司自己的资源和能力，同时又不足以激起行业领导者的兴趣。

2. 专业战略

专业战略一般将竞争行动集中在一个细分市场上，某个产品、某项特定的终端使用、需求特殊的购买者，其目的在于通过产品的独特性、特殊目的产品方面所拥有的专业技能或者专业化的顾客服务而建立竞争优势。

3. 卓越产品战略

卓越产品战略的基础是卓越的产品质量或者独特的属性。公司选择的消费群体是对质量敏感和以性能为导向的购买者。精湛的技艺、卓越的质量、频繁的产品革新、同顾客签订紧密的合同已吸引它们参与公司开发更好的产品，是此战略实施成功的关键。

4. 跟随者战略

跟随者战略的具体策略是特意不去模仿领导者的战略行动，也不积极从领导者手中争夺顾客。而是采用不至于激起报复行动的策略，常常采用聚焦和差别化战略而不入领导者主流。公司往往只是做出被动反应而不去模仿和进行挑战。它们更喜欢防御而不是进攻。公司又意识地将其能力集中于特定顾客群的特定产品用途上，集中于聚焦的研究与开发上，集中于利润而不是市场份额上，以及集中于谨慎而有效的管理从而保持已有的竞争地位。

5. 并购战略

二流企业与更小的公司并购组建一个具有更大竞争强势和市场份额的公司，实现低成本快速成长，巩固和加强公司的地位。

6. 利用竞争对手弱点的战略

(1)在竞争者市场份额很弱或竞争力量少的区域集中自己的竞争力量；(2)特别关注对手不能提供更好服务的消费群体；(3)努力争取其产品质量、特色或产品性能滞后的竞争对手的顾客，转向自己的品牌；(4)以强大攻势进攻其广告及品牌认知度很弱的竞争对手。

7. 特异形象战略

制定战略措施使公司形象突出于竞争对手，如创造价格最低的声誉，设计独特的产品属性，在新产品推出方面成为领导者，设计独特的创造性广告等。

(三)挑战对象的选择

要取得竞争战略的成功，必须选择合适的进攻目标。企业可以选择下列挑战对象：

1. 弱化的市场领导者

弱化的市场领导者的特点是：消费者不满意，产品线不如其他竞争者，竞争战略缺乏以成本领导地位或者差异化为基础的强势，对自己曾经首创的现已老化的技术不愿放弃，落后的设备，过度多元化，盈利水平一般或下降。挑战行业领导者的结果有三种：一是如果公司能改造其价值链或革新获得低成本或差别化的竞争优势，则有希望夺取市场领导者的地位，成为新的行业领导者；二是可能只从行业的领导者手中获得了一部分市场销量，成为强大的行业亚军；三是投入了大量的资源，最终一无所获。

2. 同等地位的竞争者

如果挑战者在资源和竞争能力方面具有比其他二流公司较强的优势,则可将其作为进攻的目标。

3. 经营困难的公司

挑战步履艰难的竞争对手,使它们进一步丧失财务力量和竞争地位,加速衰退。

4. 小型公司

小型公司资源、技能有限,挑战公司能够争夺其最大最好的客户。

三、弱小公司的竞争战略

竞争地位薄弱或经营困难的小公司根据不同状况有四种战略选择:进攻性的转变战略、防御战略、并购战略、收尾战略。防御战略是竭尽全力保持现有水平的销售额、市场份额、盈利水平及竞争地位。并购战略实质是放弃战略,其方式是把公司卖给其他公司。四种战略中转变战略与收尾战略相比较复杂,选择时需要分析考虑各方面因素,在此将其作为重点分析。

(一)转变战略

如果公司有一定的资源条件,当公司业务陷入危机时,可以采取转变战略,尽快地遏止和逆转公司的竞争和财务劣势。公司经营不良的主要原因有:债务过重,对市场发展估计过于乐观,忽略了通过降价提高市场份额而导致的对利润的影响,由于不能充分利用生产能力而导致固定费用过高,投入大量资金用于研究与开发以提高竞争地位和盈利能力却无成果,对公司进入新市场的努力估计过于乐观,频繁变动战略等。转变战略可以采取以下方式实现:

1. 改变战略

如果由于战略失误引起公司衰退,则需重新分析制定战略。根据行业环境,公司的资源强势和弱势,竞争能力及危机的严重程度,具体可采取以下策略:一是转向一个新的精准途径,重新建立公司的市场位置;二是彻底检查企业内部活动、资源能力、职能战略,以便更好地支持原来的业务战略;三是与同行业公司合并,制定新战略;四是实施收缩战略,关闭工厂,减少人员,减少产品和顾客,更加紧密地与公司资源能力、优势相匹配。

2. 提高销售收入

当公司面临以下状况必须采取措施提高收入:一是在业务活动中,削弱费用同时又确保盈利的余地很小或没有余地;二是回复盈利水平的关键是提高对生产能力的利用,提高收入的手段有削价、加大促销力度、扩大销售队伍、增强顾客服务、加快产品更新等,如果因为产品差别化而使顾客对价格不特别敏感,则提高短期收入的最快途径是提高价格而不是降价。

3. 削减成本

主要措施包括削减管理费用,清除非关键和低附加值的活动,对现有的设备实现现代化以提高生产效率,推迟非关键性资本支出,进行债务重组,减少利息成本和延长偿付期等。此战略适合以下状况:不景气公司的价值链和成本结构有着足够的灵活性允许进行大的手术;公司可以确定并矫正经营运作的缺陷;公司的成本明显过高,成本节约空间很大;公司相对比较接近平衡点。

4. 变卖资产

如果现金流很关键,可以变卖公司一部分资产或缩小规模,以遏制现金的流失以支持和加强其他业务活动。

(二)收尾战略

收尾战略是一个渐渐退出所在行业的战略,是处于维持现有状况和尽快退出该行业之间的一种状况。它以牺牲市场地位获取更大的近期现金流或利润,其根本财务目标是收回尽可能大的现金流以便用于开拓其他业务。

1. 收尾战略的实施

经营预算削减到最低程度;在原来业务中的再投资降低到最低程度;公司应采取一定的措施尽量延长现有设备的寿命;慢慢提高价格,渐渐降低促销费用;不明显地降低产品质量,减少非关键性的服务等,使原来业务逐渐萎缩。

2. 收尾战略的适用条件

行业长期前景没有吸引力;搞活原来业务的成本和代价很大,或者获得很薄的利润;维持或保护公司市场份额所付出的代价在上升;竞争上的松懈不会导致销售很快和直接下级;公司可将回收的资源投入到回报更高的机会中去;对于多元化公司,原来的业务不是其整体组合线的关键或核心部分;对于多元化公司,原来的业务并没有给公司的业务组合做出独特的贡献。

第四节　动态竞争战略

一、动态竞争下企业战略的思维模式和基本框架

由于动态竞争的特点已经完全不同于静态竞争,因此在动态条件下的战略思考和形成战略的思维模式发生了变化。不了解动态竞争下的思维模式,我们会发现我们无法制定有效的竞争战略,或者我们可以短期内实现目标,但是长期来说无法获得高于平均水平的投资收益。

与静态竞争相比,动态竞争下的战略思维模式有明显的不同。

在静态竞争下:

(1)企业的竞争优势主要靠差异化和低成本战略实现;

(2)企业长期独占资源,从而获得独特的资源和能力;

(3)企业通过政策和机会长期独占行业或市场,从而建立和巩固进入障碍;

(4)企业通过对大量资源的高度集中,从而拥有在资源和能力上的相对优势。

在动态竞争条件下:

(1)企业优势具有不可保持性,企业所有的优势都是暂时的,所有的竞争优势都会受到侵蚀,最终都有可能消失或者失效。所以在动态竞争条件下,竞争的优势虽然也要保持,但更重要的是及时通过创造新优势,削弱对手的竞争优势,或者通过改变竞争领域或规则,使竞争对手的优势过时。

(2)巩固、维持优势可能会成为创造新优势的障碍,企业战略的目的不是保持优势,而是主动放弃原有优势,并不断创造新优势。

(3)在动态竞争条件下,需要在静态分析方法的基础上采用动态的分析方法。例如,把博弈论和行为科学的方法运用对于竞争对手的行为和反应的分析;把联动分析用于对竞争性互动的分析;把情景描述、战争游戏和模拟分析等方法运用于竞争战略评价等。

从上述分析可以看到,由于动态竞争下的战略思维模式不同于以前静态竞争中的情形,因此,在动态竞争下,必须重新思考战略管理的过程,即战略的基本框架问题。目前在这个问题上学者们已经作了一些研究。这里介绍美国沃顿商学院的乔治·戴玉大卫·雷布斯坦恩教授在1996年出版的《动态竞争战略》一书中提出的动态竞争战略的基本框架。他们认为动态竞争的战略过程包含相互作用的四个方面,每个方面均与企业需要应付的挑战有关。为了形成有效的竞争战略,企业需要理解它们在竞争领域中的所在和竞争优势的源泉,预期竞争对手的行动,了解它们自己的竞争行动选择,以及分析各种战略行动的影响。

(1)竞争环境分析。竞争环境分析的核心是理解企业在变化的竞争环境中的竞争优势。有几个重要的问题需要考虑清楚:市场结构如何?企业处在什么位置?竞争对手是谁?企业的竞争优势体现在什么地方?行业中现有竞争对手的关系如何?公共政策将如何改变竞争态势?不清楚这几个问题,企业就会存在盲目竞争的危险。由于竞争环境的迅速变化,真正的竞争对手可能改变,自身拥有的竞争优势可能不复存在。如果企业不能根据变化的环境,及时确认新的竞争对手和构建新的竞争优势,就会迷失自己的发展方向。

(2)竞争对手行动与反应预期。这一部分涉及的主要是微观竞争分析,即企业与企业之间的竞争行动、反应分析:企业的竞争对手将对自己的行为做出什么样的反应?它们如何看待这场竞争的?伴随着时间的推移,它们的行为方式会产生哪些变化?博弈论在这方面提供了一些有效的方法,但竞争行动、反应分析还可以从其他方面进行,例如竞争参与者的动机、竞争行动的解释方式、预期和行为模式、决策方式等,需要综合经济的、社会的、心理的、组织的、政治的多种因素。

(3)竞争战略的形成。竞争行动方案的制订在完成以上两个分析任务之后进行。竞争行动方案包括行动、约束、竞争信息、优势、反应等各方面。形成企业的竞争方案需要考虑竞争者行为和意图、顾客的反应等。

(4)竞争战略的选择。在构筑一个竞争战略时,企业有哪些选择?企业怎样才能对对手的行为产生创造性的反应?企业如何才能抢先对手行动?在多轮此的重复竞争中,企业如何才能有效地分析战略?竞争战略的选择必须立足于长期的影响?因为动态竞争中战略成功与否并不是一轮竞争中就决定了的。如A企业率先行动,B企业做出反应,A企业再做出反应等等,这样的互动竞争战略必须立足于长远的考虑。

二、动态竞争下的企业战略选择

在动态竞争下,企业根据不同的情况可以采取不同的战略,包括先动战略、后动战略、多点战略和合作竞争战略。

(一)先动战略

企业率先行动,可以获取以下三个方面的竞争优势。

(1)先动者可以获得消费者的忠诚感,为后来者制造感情障碍。在信息泛滥的"注意力经济"时代,品牌一旦获得了消费者的认同,对于后来者是一个巨大的难以逾越的心理障碍。

(2)先动者可先于竞争对手获得高于行业平均水平的收益率。先动者由于较其他竞争者先进入新领域。待竞争对手进入时,再采取掠夺性价格迫使竞争者退出该行业。

(3)先动者成为行业标准的制定者,从而提高行业的进入壁垒。先动者率先推出的产品或技术可能成为社会普遍接受的行业标准,一旦这样的标准设立,统一的行业技术标准,而且该公司依靠创新,不断进行产品的升级换代,使得其他企业只能跟随,很难超越。

在制定实施先动战略时,企业需要考虑如下一些问题。

(1)对竞争对手反击能力以及自我的获利能力等进行认真分析、准确把握。如果对此没有清醒的认识,就只能是盲目地先动,不仅不能获得先动优势,还可能会遭受到竞争对手的强烈反击。

(2)应该注意跟进者的反应速度。竞争者需要长短不一的时间去研究是否需要进行反击,采取什么方式反击,以及组织资源去实施反击。跟进者对先动者行为做出的反应越快,先动者的先动优势所能维持的时间久越短。

(3)先动优势的维持与否还取决于跟进者的学习、模仿和创新的能力。要维持先动优势,先动者必须增加研究与开发的后续投入,保持对跟进者的创新优势。否则,跟进者会依靠学习、模仿和创新实现超越,成为行业新的领先者。

(二)后动战略

后动战略是相对先动战略而言的。后动者通过实施后动战略,不仅能改善后进入市场导致的竞争劣势地位,还能实现对市场先动者的竞争超越。

1. 进行创造性模仿

“创造性模仿”由哈佛商学院教授李维特(Theodore Levitt)提出。此后,彼得·德鲁克(Peter. Drucker)对其进行了精辟的论述,认为创造性模仿是“创造性仿制者在别人成功的基础上进行再创新”。他进一步指出,创造性模仿仍具有创造性,因为应用这些技术的企业家比发明家更了解发明的意义。

创造性模仿是后动者建立竞争优势的重要途径,通过比先动者更透彻地了解新技术与市场需求的关系,后动者能为新技术的应用寻求更准确的市场定位,并借助对新技术的创造性模仿来建立竞争优势。后动者进行创造性模仿的重要前提是技术获取,它们可以通过产品逆向工程、直接观察生产工艺或操作方法、生产设备购买、技术许可、技术转让和引进被模仿企业的人才等多种渠道获取技术。

2. 优化市场定位

由于先动者是市场上第一个推出某种产品或服务的企业,对于消费者到底需要什么样的产品功能、服务还不太清楚。这样不可避免地有时会出现消费者所需要的功能没有提供,而提供的又是消费者不需要的功能,在产品或者服务的定位上出现问题。而后者通过分析消费者的反应,对产品进行分析,重新定位,因而超过先动者,甚至有可能取代先动者在市场上的领先地位。

3. 实现成本领先

在新产品或服务推向市场时,先动者需要大量的市场开拓成本,如大量的宣传费用,指导消费者如何使用新产品或服务的支出等。而且先动者往往更注重产品性能的创新而忽略为降低成本进行的工业创新。同时,由于先动者往往能凭借率先进入市场形成一定程度的垄断,实施垄断价格获得超额利润,因此先动者本身也缺乏为降低成本而进行创新的动力。而后动者依靠产品工艺上的创新可以比先动者更迅速地实现规模经济和成本领先,从而制定更有竞争力的价格来迅速占领市场,扩大市场份额。

4. 重建竞争规则

后动者作为后进入市场的企业,如果亦步亦趋地遵守先动者制定的竞争规则,则企业往往会陷入很被动的地位。如果后动者能够改动或者重新定义游戏规则,就能获得超越先动者的优势。

重建竞争规则的途径包括:

(1)建立主流经营模式。如戴尔(Dell)利用互联网创立的电脑直销模式就重建了PC电脑的竞争规则。2000年,在与康柏(Compaq)的竞争中,它的直销模式使戴尔第一次以16.6%的市场占有率成为市场领导者。

(2)建立技术标准。技术标准通常是由该产业的主流技术演化而成的。通过率先建立标准或重建标准,可以实现行业竞争规则的重新洗牌,从而后动者能在新标准的基础上确立有利于自己的竞争地位。

(3)重建价值链。价值链是企业在一个特定产业的各种活动的组合。迈克尔·波特认为竞争对手价值链之间的差异是竞争优势的一个关键来源。同时,价值链的改变也将影响竞争格局的改变,通过流程再造、业务外包、组建动态联盟等方式,实现价值链的重建,使企业经营重点、产业组织结构以及行业竞争方式等发生变化,从而对竞争规则产生重大影响。

(三)多点竞争战略

多点竞争中的"点"就是一个"市场",其含义包括:

(1)区域市场或国家市场,如中国市场和美国市场。

(2)细分市场,如高档市场、中档市场和低档市场。

(3)一个产品线或者一个经营单位,如彩电或者专门生产彩电的子公司。

(4)以上各个部分的不同组合。

从以上分析可以看到,如果一个企业具有多个领域、多个细分市场、多种产品线或者多个行业性的二级子公司,那么相对而言,这个企业就具有多点竞争的优势,相反,则只有多点竞争的劣势。

在动态竞争下企业实施多点竞争战略的重要意义是能够避免两败俱伤局面。假定两个企业有至少两个区域市场是重叠的,并且双方在产品上存在着竞争关系,那么这两个企业之间实际上存着相互制约的关系。正是因为两个企业之间存在着潜在的"跨市场"报复的可能性,所以采用多点市场竞争可以避免你死我活的竞争。下面通过一个具体的例子对此进行解释。

吉列公司主要是生产一次性剃须刀的企业,而BIC公司是专门生产一次性钢笔的企业。吉列公司为了增加产品,决定进入一次性钢笔的行业,从而成为BIC公司的竞争对手。BIC公司如果不反击,就会让这个强大的竞争对手长驱直入。如果采取降低价格,正面阻击吉列公司进入的办法,就会降低整个行业的利润,吃亏最大的是自己。BIC公司最后选择了采用多点竞争的战略,开发一次性剃须刀回击吉列公司,把同样的问题放在了吉列公司面前。最后吉列公司为了自己和行业的利益,决定放弃进入一次性钢笔领域;而BIC公司因此也决定放弃一次性剃须刀。从这个例子就可以看到,如果竞争是在两个以上行业或者多市场经营的企业之间进行，采用多点竞争战略而不是针锋相对的反击战略，可以避免恶性价格竞争的出现，使企业以最小的损失获得最大的利益。

（四）合作竞争战略

传统的竞争是强调战胜对手，在动态竞争下则更强调竞争对手之间的合作。这样做的目的从战略上看，一是为了发展自己并向更强的对手挑战。二是竞争的终极目标在于共同扩展市场。因为客观上，在技术分散化的情况下，企业已不可能在竞争中达到长期垄断的地位，在竞争激烈的市场上，企业也不可能消灭行业中的所有对手。竞争的目的在于如何做出更大的蛋糕来共同分享，使竞争双方同时受益。三是竞争对手相互合作是为了行业的共同利益。如美国三大汽车公司的合作，不仅使行业降低了销售成本，扩宽了业务渠道，同时也整合了三大汽车公司原来各自为政的零部件供应系统，合作改善了三大汽车公司的成本结构，使各汽车公司乃至零部件供应商都获益匪浅。

合作可以产生竞争的“双赢”结果，当企业相互合作时，它们可以得到长期的合理利润。当一个企业采取仅对自身有利的战略时，如果竞争对手对这种行为进行强烈的报复，每个企业的境况会比互相合作差得多。为了避免这种后果，企业间就必须达成协议，联合起来，共同分享市场份额。具体而言，这种合作会有助于实现参与方之间的优劣互补，创造 $1+1>2$ 的协同效应，共同发展。竞争中的合作可保证企业获得更大的利益，越激烈的竞争要求越高层的合作形式，越善于合作则竞争力越强。企业在制定实施合作竞争战略时，需要在意识和操作层面作好以下准备。

（1）贡献意识。贡献是所有参与者在合作进程中的付出、给予及做出的改变等，而非一方的单独行动。贡献是合作能获得成效的基本起点。参与方贡献的结合形成的虚拟“组织界面”，是用以攫取最大利益、建立双赢局面和创造发展新契机的平台。

（2）成效意识。成效是指通过合作能够创造的具体有效的成果，是合作存在于进行的理由。成效是参与方协力制造的“蛋糕”，且共同分享。分享的比例与分别做出的贡献以及达成的共识有关。这块“蛋糕”的获得依靠单方力量是不能企及的，参与方正是揣着对其可能获得的向往与憧憬，着手建立合作关系。

（3）设计愿景。愿景是对合作可能性的描绘，是参与者所达到的目标及如何达到的方法、途径的丰富的想象。在成功的合作的进程中，总有一份共享的指引图即愿景，帮助参与者为贡献设定期望，衡量评估成效，并让价值发挥到极致。当然，愿景的设计不是天马行空般想象力的发挥，而是对合作可能达到的目标所作的一番具体而又实际的描绘。它与成效的获得息息相关。愿景的设定不是短暂的工作，它和贡献、环境一起，是获得成功的动态过程中的一部分。

（4）营建适宜合作的内外环境。合作的内环境指参与方之间所形成的特定的氛围，包括沟通能力、识别能力、合作的途径、相互参与的程度、合作的中介等，是合作成功的关键。合作的外环境是指参与方所处的共同的外部环境。许多合作是在外环境压力下的行为选择。外部环境是通过促使参与方之间内部环境的变化来最终促成合作的产生。系统和外部力量间的某种冲突经常引起系统内的合作。外部环境的威胁，促使系统内部的要素彼此依赖程度、相互接触频率增加，加大合作的可能性。但环境的压力也不是越大越好，过分恶劣的环境会危及参与方的自主独立性，使合作面临解体。因此，一个能够孕育合作的适应环境应当既相互依赖，又能让参与方相对独立、自主。

【阅读资料】

《蓝海战略》作者访谈

访谈对象:金和莫博涅(W. Chan Kim 与 Renee Mauborgne)

记者:Alistair Craven

人物介绍:金是波士顿咨询公司在法国 INSEAD 的战略和国际管理方面的首席教授,INSEAD 是世界第二大商学院。在加入 INSEAD 之前,他是美国密歇根大学商学院的教授,在欧洲、美国和亚太地区许多跨国公司中担任董事会成员及顾问,也是欧盟的顾问成员。

莫博涅是 INSEAD 的卓越成员,担任 INSEAD 在法国 Fontainebleau 的战略教授。她与金合作,发表在《哈佛商业评论》上的文章具有广泛的国际影响,其中两篇文章被选为《哈佛商业评论》最佳经典文章。他们还在《华尔街时报》,《纽约时报》,《财经时代》等多种刊物上合作发表文章,他们的新书《蓝海战略》被多次评为 2005 年度最重要的战略书籍。

记者:能否简单介绍一下你们的背景及触发你们合作《蓝海战略》的思想?

金和莫博涅:我们已经合作 20 多年了,开始是在美国,现在是在法国的 INSEAD,也有些时间在亚洲。一开始,我们都对企业如何远离竞争并创造较强的赢利增长产生兴趣。为了找到问题的答案,我们对 100 多年来的 30 多个产业进行了研究。与一般观点不同的是,在研究中我们没有发现任何永远优秀的公司,也没有发现永远优秀的产业,但是我们发现了灵活的战略行动。我们发现那些起着中心作用的战略行动就是创造蓝色海洋。蓝海能够使公司避开竞争,创造强有力的盈利增长,于是我们就写作了《蓝海战略》。在《蓝海战略》出版之前,它就打破了哈佛商学院出版社出售外版权的历史记录。

记者:这本书肯定是 2005 年最重要的商业图书,你们能否简单地解释一下"蓝海战略"这个概念?

金和莫博涅:我们用蓝海和红海来指导市场领域。红海是目前所存在的所有产业,即已知的市场空间。在红海里,产业范围是界定的,公认的,竞争规则也是众所周知的。在这里,公司努力超他们的竞争对手,争取在现有需求中占有更大的份额。随着市场空间日益拥挤,利润和增长的前景也日益减少。产品变成了商品,残酷的竞争是市场充满了血腥,因此被称为"红海"。

相反,蓝海指目前尚未存在的所有产业,即未知的市场空间,尚未受到竞争的影响。在蓝海里,需求是创造的,不是通过战争夺取的。这里有充足的增长机会,既能带来赢利,又能快速发展。在蓝海中,竞争是不相关的,因为竞争的规则尚未建立起来,蓝海是一个类比,用来说明尚未开发的更为宽广的、有巨大潜力的空间。像"蓝色"海洋,尚未被接触,在赢利增长方面具有广阔的潜力。

蓝海战略为打破血腥的竞争提供了一个系统的方法,通过重构市场界限,为企业及顾客创造了一个价值差距,从而使企业远离竞争。蓝海战略不是在现有产业中的竞争,而是为企业提供框架和分析工具,创造没有竞争的市场空间的蓝色海洋。但是,这本书不仅解决了如何创造蓝色海洋的问题,而且解决了如何在一个组织内实施这些思想的问题。

记者:你们书籍的某些地方存在争议,比如你们宣传争夺市场份额和寻找差异化实际上是企业受到误导企图创造盈利的增长。为什么这么说?

金和莫博涅:因为红海总是与企业生存的现实密切相关,看看目前的产业状况吧。越来越多的行业供给超过了需求,价格压力和产品竞争到处存在,更不用说现有产业中不断增加的外包压力。在这种情况下,为日益缩小的市场份额展开竞争,尽管必要,但已经无法保持高增长业绩。企业需要超越竞争。为了获取新的利润和增长机会,她们需要创造蓝海。企业需要在红海和蓝海的行动之间做出很好的平衡。但是,到目前为止,多数公司的战略计划仍旧使自己锚定在红海上。

记者:你们著作中的一个基本假设是,蓝海战略帮助公司创造需求,而不是争夺需求。考虑到大量市场和产业的存在及它们各自具有的不同特征,这种原则是否真正具有普遍适应性?

金和莫博涅:是的。尽管蓝海是个新概念,但却是企业过去和目前生命的主要特征。我们可以回首100多年前,看看今天许多非常基本的产业,像汽车,录像制品,动画,石化产品,保健和管理咨询,那时根本没听说过或者刚刚开始出现。再把时光倒回30年,手机,生物技术,折扣店,快递,小型火车等产业尚未形成,但如今却渗透到我们生活的方方面面。我们再把时光向前转20年或50年,如果现在问:多少今天未知的产业会出现,如果历史是未来的明鉴,回答会是许多许多。

事实上,企业永远不会原地不动,它们不断演变,经营改进,市场拓展,对手来了又走了。正如历史告诉我们的,我们拥有非常巨大的创造新产业及重新创造现有产业德尔潜力。本书不仅仅说明了蓝海的存在和重要性,而且更为重要的是,它提供了一个分析框架和工具,帮助企业以一种机会最大化和风险最小化的方式创造并获得"蓝海"。

记者:你们通过对上百个公司的业务发展进行研究,发现其中86%的新业务属于产品线延伸,仅有14%是旨在创造新市场或新产业。一个组织必须做什么才能形成一种蓝海概念?

金和莫博涅:如何形成一种蓝海战略观及成功地创造和获得蓝海的6项原则是:重构市场边界;关注大局面,而不是数字;超越现有需求;选择正确的战略顺序;克服组织障碍;建立战略实施。这6项原则说明如何以一种机会最大化、风险最小化的方式创造"蓝海"。蓝海战略不仅解释了成功创造蓝海背后的模式和原则,而且为企业提供了分析框架和工具。

记者:你们提出网上拍卖巨头eBay公司是蓝海战略的一个典型例子。eBay拥有的什么特征使得它成为这方面成功的公司?

金和莫博涅:像我们研究的许多创造蓝海的战略行动一样,eBay打破了低成本和差异化的权衡,创造了一个全新的产业。一方面,与购买古董和收藏品的两种传统拍卖形式——跳蚤市场和拍卖行相比,eBay通过把多数的价值增值活动外包给用户,保持较低的成本结构;另一方面,eBay通过提高购买的速度和方便性大大提高了买方价值,企业也拥有了一种特质,即网络外部性,使其蓝海战略难以被模仿。简单地说,eBay吸引买方和买方越多,买方转向其他潜在模仿者的动因就越低。

记者:你们讨论了加拿大的杂技团Cirque du Soleil,指出公司必须停止相互竞争,唯一的制胜方法是"停止竞争"。你们能否解释如此陈述的意义?

金和莫博涅:集中在一起互相竞争的公司越多,其战略行为方案就越由竞争来设定。公司花费了大量的时间、资源和能量,结果却产生了通往竞争的战略,产生面对面的竞争。相反,创造蓝海的公司不用花费什么来与对手竞争或打败对手,他们通过为买方和公司提供一种价值差距,从而远离竞争。

记者:鉴于过去三十年中我们见证的令人惊讶的发展速度,建议不断开发蓝海是否具有现实意义?换言之,在大多程度上你们的思想具有未来的前瞻性?

金和莫博涅:确实,如上所述如果历史是未来的一种预测,回答就是肯定的,蓝海总会存在。我们的著作第一次为公司进行行动提供了经过测试的分析工具和框架。

资料来源:www. managmentfirst. com/strategy/interview.

★ 关键术语

成本领先战略 Cost leadership strategy　差异化战略 Differentiation strategy

集中化战略 Focus strategic　最优成本供应商战略

分散型产业 Dispersion - based industries　成熟产业 Mature industries

衰退产业 Declining Industry　产业集群 Industrial cluster

★ 复习与思考

1. 分别说明四种一般竞争战略的适用条件、战略利益和风险?
2. 在不同产业环境中企业如何选择竞争战略?
3. 简述企业处于不同市场竞争地位下竞争战略的选择?
4. 动态竞争下企业如何选择战略?

★ 研究与讨论

1. 企业能否同时追求成本领先和差异化两种战略?
2. 以我国汽车产业为例,分析其存在的问题以及如何在这样的产业中竞争?
3. 以某产业为例,试找出处于不同市场竞争地位的企业并研究应采取什么竞争战略?

★ 实践演练

1. 各举出一个分散产业和新兴产业的例子,分析其面临的问题。
2. 各举出一个成熟产业和衰退产业的例子,并为其选择合适的竞争战略。
3. 如果你是中国电信的老板,你将采取怎样的战略以保持其在市场中的竞争地位?

★ 本章案例

宜家的蓝海战略

作为家具业的领跑者,宜家公司的成功得益于对蓝海战略的持续实践。对低成本和差异化战略的兼顾,可以保证企业在降低生产成本的同时也能满足客户需求,不仅有助于实现价值创新,也给予了企业持久的核心竞争力。

一、宜家的差异化战略

(一)产品的概念设计

在产品日益趋同的条件下,仅靠产品的功能特性满足顾客需求,已经不能有效形成企业的核心竞争力。为了更好地培养客户的忠诚度,最佳的途径是将产品的功能性和情感性特征相结合,在保证质量和功能的基础上,以产品为媒介,将企业的文化传递给顾客,从情感上满 足客户的需求,进而保证客户对企业品牌的依赖。按照以往的市场规则,家具企业本应该致力于提供功能性的产品,而宜家却考虑到家具在人们日常生活中的特殊意义,力求用富有艺术品位的家具,给客户营造舒适、温馨的家居氛围,从而使自己与其他企业区别开来。

(二)差异化服务

通过低成本战略,宜家赢得了大批中低收入的客户。在此基础上,宜家又将自己的目标客户群体向外围辐射：首先是针对同样的中低收入消费者，宜家在店内推出了低价美味的餐饮服务，这使得很多原本不想购买宜家家具的人群，因为有低价、快捷的餐饮而成为宜家的客户；其次，考虑到购物的乐趣，宜家采用了自助购物的模式，用详细的产品说明取代了传统的贴身店员服务，吸引了很多习惯于自助采购的客户。与此同时，宜家的产品展示划分为不同的单元，各种家具自然的结合在一起，客户可以把组合好的单元照搬到自己家中，免去了费力设计的精力，而这使得一些原本不喜欢花心思在家具上的人同样成为宜家的忠诚客户。

通过以上方式，宜家寻求到了那些处于市场边缘，却又能给企业带来巨大收益的客户群体。因此，从客户需求角度开创蓝海，首先应该关注企业潜在的市场空间，在维护现有客户的同时，最大限度的挖掘出企业外围的客户群体，然后再转向满足这些客户的差异化需求。

（三）扮演好“企业公民”的角色

近些年来，人们对环境的关注与日俱增，不仅是一些非政府组织，很多普通消费者在购买产品的同时，也会注意到企业的外部行为。家具行业需要大量的原材料，而这些原材料从最初的采购到后期的设计、生产都与周围的环境密切相关。宜家较早地意识到了环境保护对企业长期发展的重要意义，并制定了相对完整和切实可行的工作规范。此外，宜家还在世界各地开展了旨在推动森林管理的发展计划。

基于对市场环境和消费习惯的敏锐洞察，宜家顺利地扮演了“企业公民”的角色，进而从环保的角度对产品的研发进行了调整，满足了客户和社会在这方面的潜在需求。而事实证明，具有环保理念的宜家家具产品正越来越受到全球消费者的欢迎。

二、宜家的低成本战略

（一）战略性价格

为了给客户提供真正低价格的产品和服务，宜家在设计产品之前会充分考虑顾客对价格的承受能力，并结合产品特性设定预期的销售价格，这样由此得到的目标成本也会较其他企业低很多，而以后的生产流程会在这个目标成本之内，尽可能地保证产品的性能和品质。

（二）流线型生产作业与成本创新

在生产作业流程上，宜家的战略主要有三个方面：首先，寻找价格相对低廉的原材料。宜家不断寻求新材料、新技术来降低产品的成本，在保证品质的前提下，宜家不仅考虑木材，还充分利用复合塑料等原材料。其次，调整生产布局，将生产基地定位于成本低的地区。

此外，宜家还采用平板包装的模式进行产品的储运。平板化包装不仅有助于全球范围内的生产布局调整，同时降低了储运的空间，极大地降低了产品成本。

（三）与供应商的合作

宜家在全球50个国家拥有大约1350个供应商，并与之建立了一种理性的长期合作关系。除了与供应商通力合作之外，宜家也鼓励供应商之间开展竞争，并把订单交给那些衡量起来价格较低的厂商，这就不仅保证了宜家产品都基于最低的成本，而且还会以最高的效率生产并运送给各地的分销中心。

随着一体化战略的广泛应用，很多家具企业忽视了产品应有的风格，在日趋激烈的市场竞争中逐渐趋同化，而宜家则长期坚持家具设计的自主性，并投入了相当的人力和物力在产品的研发上，产品不仅处处凝聚着环保的理念，又秉承了一贯的北欧艺术风格，形成了自己独特的优势。

在品牌的推广和营销上，宜家可谓独具创新，不仅设有专门的展示单元，还通过目录展示的方式进行大规模的品牌宣传，在向全世界的消费者介绍家具布置的艺术和情趣，也提高了宜家品牌的全球影响力。

研讨问题

1. 宜家是怎样做到差异化和低成本并举的？
2. 宜家的蓝海战略给我们的启示是什么？

第九章　企业并购与战略联盟

■ 大师论语

企业所采用的战略应能够打破正常的产业发展进程并创造不利于竞争者的新的产业条件。

——宾夕法尼亚大学沃顿商学院教授　伊恩·C·麦克米伦

一个战略的核心是对所有部门和活动的整合，是选择不做什么。

——哈佛商学院教授　迈克尔·波特

改变战略、结构和体系是不够的，除非它们赖以产生的思维方式也发生变化。

——美国管理学家　彼得·圣吉

■ 本章学习目标

- 企业并购的含义、类型
- 企业并购的动因、程序和实施策略
- 战略联盟的概念和特征
- 战略联盟的成因和分类
- 战略联盟伙伴的选择

■ 引例

吉利18亿美元收购沃尔沃

吉利汽车已于哥德堡时间2010年3月28日下午2点15分，正式与福特汽车签约，成功收购沃尔沃汽车，获得沃尔沃轿车公司100%的股权以及相关资产（包括知识产权）。吉利集团董事长李书福和福特汽车公司首席财务官 Lewis Booth 在哥德堡签署了该协议，中华人民共和国工业和信息化部部长李毅中以及瑞典副总理兼企业能源部长 Maud Olofsson 出席了签署仪式。

吉利集团董事长李书福表示："中国这一全球最大的汽车市场将成为沃尔沃轿车的第二个本土市场。作为国际知名的顶级豪华汽车品牌，沃尔沃轿车将在发展迅速的中国释放出巨大的市场潜力。"福特汽车总裁兼首席执行官 Alan Mulally 表示："沃尔沃是一个卓越的品牌，拥有一流的产品。本协议为沃尔沃轿车的未来可持续发展奠定了坚实的基础。"

吉利集团将以18亿美元收购沃尔沃轿车。所有的收购资金已经到位，同时，吉利集团也准备好了沃尔沃轿车今后业务发展所需的营运资金贷款。除了股权收购，本协议还涉及了沃尔沃轿车、吉利集团和福特汽车三方之间在知识产权、零部件供应和研发方面达成的重要条款。这些协议充分保证了沃尔沃轿车的独立运营、继续执行既有的商业计划以及未来的可持续发展。吉利集团将保留沃尔沃轿车在瑞典和比利时现有的工厂，同时也将适时在中国建设新的工厂，使得生产更贴近中国市场。

李书福董事长另外表示："我们为和福特达成最终协议感到高兴，作为新股东，吉利将继续巩固和加强沃尔沃在安全、环保领域的全球领先地位。沃尔沃轿车的用户可以放心，这个著名的瑞典豪华汽车品牌将继续保持其安全、高品质、环保以及现代北欧设计的核心价值。"

作为此交易的组成部分，吉利集团将继续保持沃尔沃与其员工、工会、供应商、经销商，特别是与用户建立的良好关系。交易完成后，沃尔沃轿车的总部仍然设在瑞典哥德堡，在新的董事会指导下，沃尔沃轿车的管理团队将全权负责沃尔沃轿车的日常运营，继续保持沃尔沃轿车在安全环保技术上的领先地位，拓展沃尔沃轿车作为顶级豪华品牌在全球100多个市场的业务，并推动沃尔沃轿车在高速增长的中国市场的发展。

此协议还有待监管部门的审批。在对退休金缺口、负债、现金和运营资金核算的基础上对收购价格进行常规性的调整后，吉利和福特预计今年第三季度完成交割。

吉利还将在北京建立沃尔沃主要生产基地，吉利计划北京基地的规模逐步达到年产30万辆沃尔沃系列整车，五年内全球生产目标增加到年产90万辆。吉利汽车计划收购沃尔沃后2011年可实现盈利。

国家发改委有关人士分析称，收购对于双方而言有三方面利好因素：第一，沃尔沃有着优秀的商品竞争力，吉利收购该品牌能够在技术、研发等方面"抄近道"；其二，沃尔沃需要一个良好的产品销售渠道，显然福特已经力不从心，而吉利在全球扩张的步伐越来越快；其三，中国也需要一个强有力的自主品牌以打破合资品牌满天下的局面。

资料来源：网易汽车

第一节　企业并购

一、企业并购概述

所谓"并购"是合并和收购的合称，企业并购是一种企业产权交易行为，通过产权交易，达到增强企业竞争优势、实现企业战略目标的目的。

(1)我国公司法规定了合并有两种形式，即吸收合并和新设合并。吸收合并是指一个公司吸收一家公司或多家公司，被吸收公司解散，并依法办理注销登记，丧失法人资格，被吸收公司的债权、债务由吸收公司继承，吸收公司的登记事项发生了变更，也应当依法办理变更登记。企业的吸收合并即狭义的企业兼并。

新设合并是指两个以上的公司合并设立一个新的公司，原合并各公司解散，合并各方的债权、债务由合并后新设公司承继，合并各方依法办理公司注销登记，合并各方同时放弃法人资格，并依法办理新设公司的登记，成立一个新的公司。

(2)收购是指一家公司通过收买另一家企业部分或全部股份，从而取得另一家企业部分或全部资产所有权的产权交易行为。收购中被收购公司的法人地位并不消失。收购有两种形式：即资产收购和股权收购。在股权收购的情况下，收购方成为收购公司的股东。在资产收购的情况下，收购方不成为被收购公司的股东。

在股权收购的情况下，由收购方购得的股权数量决定其收购结果，主要有以下三种情况：

一是参股，即部分收购，收购方仅购得被收购公司的部分股权，在这种情况下，收购方通常仅以进入被收购公司的董事会为目的，而在股权的持有上不要求达到控制。

二是控股，收购方购买被收购公司股权较多，收购方以收购一定股份成为被收购公司的控股股东为目的。这种形式可以比较小的资金管理较大规模的企业。如香港李嘉诚家族以98.2亿港元资金控制市值达900亿港元的长江实业集团。

三是全面收购，即收购方以全面控制被收购方为目的，收购对方公司的全部股份，被收购方即转化为收购公司的全资子公司。

【阅读资料】

国际企业并购的五次浪潮

19世纪末至今一百多年的时间里，西方企业已经经历了五次大规模的并购浪潮。

1. 第一次企业并购浪潮

第一次企业并购浪潮发生在19世纪末20世纪初，其高峰时期是1898－1903年。并购主要发生在铁路、冶金、石化、机械等行业。特点为：以减少同行业竞争程度为目的的横向并购为主；并购遍及各个行业，但主要发生在制造业和加工业；金融业起了重要的中介作用。

2. 第二次并购浪潮

第二次并购浪潮发生于19世纪20年代。并购主要集中在汽车工业、化学工业、电子工业、化纤工业等一系列新兴行业。主要特点是：以纵向并购为主；投资银行再次起了主要作用；并购技术和形式的改进，提高了并购的成功率；一些国家政府直接涉足，加速了资本的集中，产生了大量寡头垄断。

3. 第三次并购浪潮

第三次并购浪潮发生1954－1969年。主要特点是：行业垄断程度进一步加大；以跨行业的混合并购为主，企业通过采取多样化战略进入以前未曾涉足的经营领域。

4. 第四次并购浪潮

1970年代中期至1980年代末，以信息技术为中心的新技术革命推动了并购的发生。主要集中在商业、金融业、广播业和医疗卫生等服务行业。主要特点是：并购资产规模空前；杠杆收购是并购的主要手段。

5. 第五次并购浪潮

发生在20世纪90年代，主要特征为：规模巨大，数量众多，速度加快；强强联手，抢占市场份额，并购面广；金融并购风云再起，超强联合又创景观；跨国并购强势依旧。

6. 并购浪潮的新发展

新一轮并购浪潮即将席卷全球，将更集中出现于石油天然气、日用消费品、制药、商业软件和互联网等行业中。

二、企业并购动因

企业作为一个资本组织，必然谋求资本的最大增值，企业并购作为一种重要的投资活动，产生的动力主要来源于追求资本最大增值的动机，以及源于竞争压力等因素，但是就单个企业的并购行为而言，又会有不同的动机和在现实生活中不同的具体表现形式，不同的企业根据自己的发展战略确定并购的动因。

(一)企业并购的效应动因

在并购动因的一般理论基础上，提出许多具体的并购效应动因。主要有：

(1)规模效益效应。并购会带来企业生产经营效率的提高，最明显的作用表现为规模经济效益的取得，常称为 1+1>2 的效应。

(2)市场份额效应。通过并购可以提高企业对市场的控制能力，通过横向并购，达到由行业特定的最低限度的规模，改善了行业结构、提高了行业的集中程度，使行业内的企业保持较高的利润率水平；而纵向并购是通过对原料和销售渠道的控制，有利于控制竞争对手的活动；混合并购对市场势力的影响是以间接的方式实现，并购后企业的绝对规模和充足的财力会对其相关领域中的企业形成较大的竞争威胁。

(3)经验成本曲线效应。其中的经验包括企业在技术、市场、专利、产品、管理和企业文化等方面的特长，由于经验无法复制，通过并购可以分享目标企业的经验，减少企业为积累经验所付出的学习成本，节约企业发展费用，在一些对劳动力素质要求较高的企业，经验往往是一种有效的进入壁垒。

(4)财务协同效应。并购会给企业在财务方面带来效益，这种效益的取得是由于税法、会计处理惯例及证券交易内在规定的作用而产生的货币效益，主要有税收效应，即通过并购可以实现合理避税；筹资增值效应，即通过并购筹集资金并获得增值；进入资本市场，股价预期效应，即并购使股票评价发生改变，从而影响股票价格，并购方企业可以选择市盈率和价格收益比较低，但是有较高每股收益的企业作为并购目标。

(二)企业并购的一般动因

企业并购的直接动因有两个：一是最大化现有股东持有股权的市场价值；二是最大化现有管理者的财富。而增加企业价值是实现这两个目的的根本，企业并购的一般动因体现在以下几方面：

(1)获取战略机会。并购者的动因之一是要购买未来的发展机会，当一个企业决定扩大其在某一特定行业的经营时，一个重要战略是并购那个行业中的现有企业，而不是依靠自身内部发展。原因在于：直接获得正在经营的发展研究部门，获得时间优势，避免了工厂建设延误的时间；减少一个竞争者，并直接获得其在行业中的位置。企业并购的另一战略动因是市场力的运用，两个企业采用统一价格政策，可以使他们得到的收益高于竞争时的收益，大量信息资源可能用于披露战略机会，财会信息可能起到关键作用，如会计收益数据可能用于评价行业内各个企业的盈利能力；可被用于评价行业盈利能力的变化等，这对企业并购十分有意义。

(2)发挥协同效应。主要来自以下几个领域：在生产领域，可产生规模经济性，可接受新技术，可减少供给短缺的可能性，可充分利用未使用生产能力；在市场及分配领域，同样可产生规模经济性，是进入新市场的途径，能够扩展现存分布网，增加产品市场控制力；在财务领域，充分利用未使用的税收利益，开发未使用的债务能力；在人事领域，吸收关键的管理技能，使多种研究与开发部门融合。

(3)提高管理效率。其一是企业现在的管理者以非标准方式经营，当其被更有效率的企业收购后,更替管理者而提高管理效率;其二是当管理者自身利益与现有股东的利益更好地协调时,则可提高管理效率,如采用杠杆购买;其三是现有的管理者的财富构成取决于企业的财务成功,这时管理者集中精力于企业市场价值最大化。此外,如果一个企业兼并另一企业,然后出售部分资产收回全部购买价值,结果以零成本取得剩余资产,使企业从资本市场获益。

(4)获得规模效益。企业的规模经济是由生产规模经济和管理规模经济两个层次组成的。生产规模经济主要包括:企业通过并购对生产资本进行补充和调整,达到规模经济的要求,在保持整体产品结构不变的情况下,在各子公司实行专业化生产。管理规模经济主要表现在:由于管理费用可以在更大范围内分摊,使单位产品的管理费用大大减少。可以集中人力、物力和财力致力于新技术、新产品的开发。

(5)买壳上市。目前,我国对上市公司的审批较严格,上市资格也是一种资源,某些并购不是为获得目标企业本身而是为获得目标企业的上市资格,通过到国外买壳上市,企业可以在国外筹集资金进入外国市场。中国远洋运输集团在海外已多次成功通过买壳上市控股了香港中远太平洋和中远国际。中远集团(上海)置业发展有限公司耗资1.45亿元,以协议方式一次性购买上海众城实业股份有限公司占股份28.7%的发起人法人股,达到控股目的,成功进入国内资本市场。

此外,并购降低进入新行业、新市场的障碍。例如,为在上海拓展业务,占领市场,恒通通过协议以较低价格购买上海棱光实业国有股份,达到控股目的而使自己的业务成功地在上海开展;还可以利用被并购方的资源,包括设备、人员和目标企业享有的优惠政策;出于市场竞争压力,企业需要不断强化自身竞争力,开拓新业务领域,降低经营风险。

企业并购作为其发展的内在动力和外在压力的表现形式,它的作用主要在于:企业的总体效益超过并购前两个独立企业效益之和的经营协同效应;由于税法和证券市场投资理念等作用而产生的一种纯货币收支上的财务协同效应;可实现企业的主营业务转移等发展战略。成功的企业并购可以搞活一些上市公司和非上市公司,有助于提高上市公司的整体素质和扩大证券市场对全体企业和整体经济的辐射力;企业并购能强化政府和企业家的市场意识,明确双方责任和发挥其能动性,真正实现政企分开;企业并购为投资者创造盈利机会,活跃证券市场;有利于调整产业结构,优化资源配置,转变经济增长方式。

在企业并购决策时,应遵循的主要原则有:并购目的上主次分明的原则;并购后行为主体的企业化原则;实施方案的科学论证原则;并购机理上的资产核心原则;并购行业选择上的产业政策导向原则;并购容量的整合显著有效原则;并购进程上的渐进原则;并购重组与生产经营有机结合原则等。这里的所谓整合,就是并购方所拥有的调整包括被并购企业在内的所有生产经营要素与环节的能力;所谓的以资产为核心,是指集团通过控股、参股等形式与其他企业建立起紧密的资产联系,并购双方的资产可否建立一种有助于提高整体效益的关系,并购方的地位取决于净资产的多少和整体资产的获利能力。总之,以上述原则为依据,可以保持企业的长期可持续发展。

三、并购的类型

企业并购有多种分类方法,下面仅从并购双方所处行业、并购方式、并购动机、并购支付方式进行分类。

（一）从行业角度划分

1. 横向并购

是指并购双方处于同一行业，生产同类产品或生产工艺相近的企业之间的并购，这种并购实质上是提高了行业集中度。这种并购可以扩大生产规模、节约共同费用，取得规模经济效益，提高设备使用效率，便于采用先进技术设备和工艺，便于统一技术标准、加强技术管理和技术改造，可以提高市场份额，增强企业竞争能力及盈利能力。

2. 纵向并购

是指处于同一产品、不同生产阶段的企业之间的并购，从而实现纵向一体化的战略目标。这种并购除了可以扩大生产规模、节约共同费用外，还可以使生产环节密切配合，保证原材料、零配件工艺、加速生产流程连续化，缩短生产周期，减少运输，仓储损失、节约能力和其他能力，取得规模效益及协同效应，同时也分散了风险。

纵向并购又分为三种：

（1）前向并购，即：向下游企业的并购，向本产品的下游加工企业、向本产品的运输及贸易企业的并购。

（2）后向并购，即：向上游企业的并购，向本产品的原材料、零部件的企业并购。

（3）双向并购，即：向上下游企业的并购，既向本产品的原材料、零部件的企业并购，又向本产品的下游加工企业并购。

3. 混合并购

是指对在产品和市场上与本企业有直接联系的企业的并购，以达到多样化战略的目标。这种并购能够促进企业业绩的迅速增长，增加了进入新行业的成功率，实现多样化经营，分散经营风险，有助于实现战略转移，达到稳定地获得较高利润的目的。

（二）从并购动机划分

从并购公司的动机划分，可分为善意并购与恶意并购。

1. 善意并购

当收购公司提出并购条件后，如果被并购公司（目标公司）接受并购条件，这种并购称为“善意并购”。在善意并购下，并购条件、价格、方式等可以由双方高层管理者协商，并经董事会批准。由于双方都有合并的愿望，双方是在自愿、合作、公开的前提下进行的，因此，这种并购成功率较高。

2. 恶意并购

又称“敌意并购”，即：如果收购公司提出收购条件后被收购公司（目标公司）不接受，则收购公司只有在证券市场上强行收购，或者在未与目标公司的经营管理者商议的情况下提出公开收购要约，实现目标公司控制权的转移，这种方式叫“恶意并购”。在恶意并购条件下，目标公司通常会采取各种措施进行反收购，此时证券市场也会迅速做出反应，股价迅速升高，因此，除非收购方有雄厚的实力，否则很难成功。

（三）从收购的融资方式划分

从收购的融资方式划分为杠杆收购和管理层收购。

1. 杠杆收购

指收购方以目标公司资产作抵押，通过大规模的融资借款对目标公司进行收购。其中这些负债大部分由收购方发行的高利风险债券组成，由于这种债券使发行企业负债增加、信用降低、风险加大,故称为“垃圾债券”。收购成功后,收购者再用收购公司的收益或依靠出售其资产来偿还债券本息。这种以目标公司资产和收益作为有保证的融资,标志着债务观念的转变。“蛇吞象”式的杠杆收购的威力主要源于这种创新的债务观。

2. 管理层收购

指由管理层本身对自己的企业进行收购,通常采取杠杆收购方式才能成功。管理层收购经常被作为对抗恶意收购的一种手段。有时管理层也会采用该方式取得控制权,再选择时机将公司以更高价格卖出。

四、并购的程序

(一)企业并购的一般程序

一般程序主要是在非上市企业之间并购时采取的,具体步骤如下:

(1)准备工作:包括聘请财务公司、律师和会计师等专家成立并购小组,共同策划并购事宜;确定目标公司并与之初步协商,以了解被并购方的有关资料;调查。

(2)并购合同的安排:并购双方形成并购决议;并购决议的批准。

(3)并购各方签订并购合同:其内容一般将载明存续公司合同内容;新设合并合同内容。

(4)并购合同签约后的事项:在规定时间内到政府有关部门登记。

(二)上市公司的收购程序

(1)前期准备阶段:形成决策;完成收购策划;保密措施。

(2)发动收购:收购一定数量股票。

(3)要约收购:确定要约条件;提交要约文本;发布要约公告。

(4)结果披露。

(三)我国上市公司收购程序的有关法律规定

我国《证券法》规定了上市公司收购的程序和步骤。采用协议收购方式的,收购人可以依照法律、行政法规的规定同被收购公司的股东以协议方式进行股权转让。

(1)反并购的预防措施。对潜在并购方保持高度警觉;建立合理的股权结构;在公司章程中设置反并购条款。

(2)反并购的经济手段。反收购时可以运用的经济手段主要有三大类:①提高收购者的收购成本:包括资产重估;股份回购;寻找“白衣骑士”;“金色降落伞”。②降低收购者的收购收益或增加收购者风险:包括“冠珠”(Pearl of crown)对策;“毒丸计划”(Poison pill);“焦土战术”。③收购收购者:又称“帕克曼”战略(Pac - Man strategy)。

(3)反并购的法律手段。反并购的法律措施是目标公司的经营者以收购方违反各种法律、法规为由提起诉讼,以实现阻止并购的目的。诉讼的目的通常包括:逼迫收购方提高收购价以免被起诉;避免收购方先发制人,提起诉讼,延长收购时间,以便另寻“白衣骑士”;重振目标公司管理层的士气。

反收购防御的手段除经济、法律手段以外,还可利用政治等手段,如迁移注册地,增加收购难度等等。

【阅读资料】

我国企业并购的程序

一般企业并购程序应为：

1. 企业决策机构做出并购的决议。企业股东会或董事会根据企业发展战略，对企业进行并购形成一致意见，做出决议。并授权有关部门寻找并购对象。

2. 确定并购对象。企业并购成功的第一步是选择正确的并购对象，这对企业今后的发展有着重大的影响。一般可以通过两种途径来选择，一种是通过产权交易市场，其信息来源于全国各地，信息面广，信息资料规范，选择余地大。另一种是并购双方直接洽谈，达成并购意向，制定并购方案并向有关部门提出申请。

3. 尽职调查并提出并购的具体方案。并购企业应对目标企业所提供的一切资料如目标企业的企业法人证明、资产和债务明细清单、职工构成等进行详细调查，逐一审核，并进行可行性论证，在此基础上提出具体的并购方案。

4. 报请国有资产管理部门审批。国有企业被并购，应由具有管辖权的国有资产管理部门负责审核批准。

5. 进行资产评估。对企业资产进行准确的评估，是企业并购成功的关键。并购企业应聘请国家认定的有资格的专业资产评估机构对被并购方企业现有资产进行评估，同时清理债权债务，确定资产或产权的转让底价。

6. 确定成交价格。以评估价格为基础，通过产权交易市场公开挂牌，以协议、拍卖或招标的方式，确定市场价格。

7. 签署并购协议。在并购价格确定后，并购双方就并购的主要事宜达成一致意见，由并购双方的所有者正式签订并购协议。

8. 办理产权转让的清算及法律手续。在这个过程中，并购双方按照并购协议的规定，办理资产的移交，对债权进行清理核实，同时办理产权变更登记、工商变更登记及土地使用权等转让手续。

9. 发布并购公告。并购完成后，并购双方通过有关媒体发布并购公告。

根据我国《公司法》的规定，上市公司的并购程序：

1. 选择目标公司。并购公司先根据直接需要选择出目标公司。

2. 聘请顾问。由于收购过程中有许多问题需要解决，因此目标公司选好以后，应该聘请有关方面的顾问，同时应做好保密工作。

3. 收购目标公司不超过5%的发行在外的股票。

4. 继续收购。当收购公司直接或间接持有目标公司发行在外的普通股达到5%时，在该事实发生之日起三个工作日内，向目标公司、证券所、证监会做出书面报告并公告。但这不包括因目标公司发行在外的普通股总量减少所引起的持有5%以上发行在外的股票。在做出此报告并公告之日起2个工作日内和做出报告前，不得直接或间接买入或卖出该种股票。以后，持有目标公司的股票增减变化每达到这种股票发行在外总额的2%时，应当自该事实发生之日起3个工作日内，向目标公司、证交所和证监会做出书面报告并公告。在做出此报告并公告之日起2个工作日和做出报告前不得再直接或间接买入或卖出该种股票。

5 发出收购要约。当持有目标公司发行在外的普通股达到30%时，在该事实发生的45个工作日内向证监会做出有关收购方面的书面报告。然后向目标公司索要股票持有人购买该种股票所支持的最高价格，和在收购要约发出前30个工作日该种股票的平均市场价格之中的较高的一种价格。在收购要约发出前，不能再行购买该种股票。

在发出收购要约的同时，向受要约人、证交所提供本身情况的说明和与该要约有约的全部信息，并保证材料真实、准确、完善，不产生误导。

收购要约的有效期不得少于30个工作日，自收购要约发出之日起算。自收购要约发出之日起30个工作日内，收购要约人不得撤回其收购要约。而且，收购要约的全部条件适用于持有同种股票的所有人。

收购要约人要约购买股票的总数应低于预售要约的总数。

五、并购实施策略

(一)目标公司分析

在并购之前必须对目标企业进行选择，对每一个被选择对象要进行全面分析，是否并购某企业，要根据并购后能否达到本企业战略的要求，能否达到战略目标而定。在做出初步并购决策以后，要对目标企业进行分析。

1. 产业分析

(1)产业总体状况。产业总体状况包括产业所处生命周期阶段及其在国民经济中的地位、国家对该产业的政策等。

大部分产业在发展过程中都要经历一个由产生、成长、成熟到衰退的周期，处于不同生命周期阶段的各个产业的发展状况是不同的，这也决定了位于该产业的公司的发展。如果一个公司位于一个处于成长阶段的产业，则这个公司的发展空间就会相对较大，前景较好；反之，其发展就会受到相对限制。

各个产业在经济发展的不同时期在国民经济中的地位是不同的，一定时期内一些产业处于主导地位，在国民经济发展中发挥着重大作用，这些产业很容易受到国家重视，得到政府的扶持。如果公司位于这些产业中，则容易从中受益。

(2)产业结构状况。包括：产业的主要经济特性，行业变革的驱动因素，行业的竞争结构(即对行业内五种竞争力的分析)，市场集中度，在产业中取得成功的关键因素，产业是否有吸引力，是否能获得平均水平以上的盈利等。

(3)产业内战略集团状况。产业内各竞争者可以按不同的战略地位划分为不同的战略集团，一个产业中各战略集团所处位置、战略集团之间的相互关系对产业内竞争有很大的影响。如果一个产业各战略集团分布合理，公司处于有利的战略集团的有利位置，则对公司经营十分有意义。

通过以上对目标公司所处产业状况分析，可以判断对目标公司的并购是否与公司整体发展战略相符，并判断并购后是否可以通过对目标公司的良好运营为公司创造收益。

2. 法律分析

(1)审查公司组织、章程。在对公司组织、章程的审查过程中，应该注意对收购、兼并、资产出售方面的认可，并购中应该经过多大比例投票认可方能进行的规定；公司章程和组织中有无特别投票权和限制。另外,对公司董事会回忆记录也应当进行审查。

(2)审查财产清册。应审查公司对财产的所有权以及投保状况,对租赁资产应看其契约条件是否有利。

(3)审查对外书面合约。应对被收购公司使用外界商标、专利权或授权他人使用的约定,以及租赁、带理、借贷、技术授权等重要契约进行审查,注意在目标公司控制权转移后这些合约是否还继续有效。

(4)审查公司债务。注意其债务偿还期限、利率及债权人对其时否有限制。例如,规定公司的控制权发生转移时,债务立即到期。

(5)审查诉讼案件。对公司的过去诉讼案件和或有诉讼进行审查,看是否有对公司经营有重大影响的诉讼案件。

3. 经营分析

(1)运营状况。通过对目标公司近几年的经营状况的了解,分析其利润、销售额、市场占有率等指标的变化趋势,对今后运营状况做大致预测,同时找出问题所在,为并购后的管理提供基础。

(2)管理状况。调查分析目标公司的风格、管理制度、管理能力、营销能力,分析并购后是否能与母公司的管理相融合。

(3)重要资源。通过分析目标公司人才、技术、设备、无形资产,以备在并购后充分保护和发挥这些资源的作用,促进整个公司的发展。

4. 财务分析

对目标公司财务方面的分析十分重要。财务分析主要是确定目标公司所提供的财务报表是否真实反映了其财务状况。这一工作可以委托会计事务所进行,审查的重点主要包括资产、负债和税款。审查资产时应注意各项资产的所有权是否为目标公司所有;资产的计价是否合理;应收账款的可收回性是否提取了足额的坏账准备;存货的损耗情况;无形资产价值评估是否合理等。对债务的审查主要集中在查明无漏列的负债,如有,应提请目标公司调整。另外,应查明以前各期税款是否足额及时缴纳,防止收购后由收购公司缴纳并被税务部门罚款。

(二)目标公司价值估算

在并购实施过程中,收购方必须对目标公司的价值进行估算,从而为公司的出价提供基础。另外通过估算目标公司的价值和其现金流量,可以决定相应的融资方法。由于公司是市场经济中的一种特殊商品,其价值是由多种要素所决定的,公司的盈利能力则是它的使用价值,因此目标公司的价值估算是一个十分复杂的问题。一般在公司的并购中,目标公司的价值估算可以用三种方法进行:净值法、市场比较法和净现值法。

1. 净值法

净值法用公司净资产的价值作为目标公司的价值。净值法是估算公司价值的基本依据。利用这种方法估算公司的价值,一般是目标公司不适合继续经营或收购方主要目的是获取目标公司资产时使用。使用这一方法的关键是正确估计目标公司资产和负债的实际价值,因此必须在保证目标公司资产负债表准确性的基础上进行。

(1)资产的估算

在资产价值的估算中应该注意以下项目:有价证券一般应以市值而非账面价值为基础

技术;外币应计算汇兑损益;应收账款应注意其可回收性以及是否已提取足额的坏账准备;存货应合理估算其目前的市价;固定资产按其净值计算;无形资产的价值采用合理的方式评估其价值。

(2)负债的估算。应对目标公司的负债进行审查,查明有无漏列的负债,它可作为目标公司的价值。

2. 市场比较法

(1)公开交易公司的估价

尤其是对于没有公开上市的公司,可以根据已上市的同业类型公司的市价作为标准,估算目标公司的价值。具体操作是先找出产品、市场、目前盈利能力、未来业绩成长等方面与目标公司类似的若干家上市公司,将这些公司的各种指标与股价的比率作为参考,计算目标公司大约的市场价值。在实践中,可以根据收购公司的不同目的,选择不同的标准,尽可能使估算价值趋向于实际价值。

(2)相似公司过去的收购价格。如果最近市场上有同类公司成交的案例,则可以这些公司的成交价格作为参考的对象。这种方法由于所采用的标准是收购公司支付的真实价值,且由于继续经营的溢价和清算的折价均已包括在收购公司的成交价格中,所以相对较为准确。但这种方法由于很难找到经营项目、财务绩效、规模等十分相似的公司作为参考,且不同的目标公司由于收购公司战略、经营条件的不同,对收购公司又不同的意义,因此这一溢价很难合理确定,这对这一方法的采用产生了很大局限。

3. 净现值法

如果收购公司的目标是为了对其继续经营,那么对目标公司的价值估算应以净现值法为宜。净现值法使预计目标公司未来的现金流量,再以某一折现率将其折现为现值作为目标公司的价值。

这一方法将收购后公司的利润资本化为目标公司的价值,它是基于目标公司未来的盈利能力,而不是基于其资产的价值来估算公司的价值。这符合公司这一特殊产品的本质,因为在收购后对目标公司继续经营的情况下,目标公司的使用价值是其盈利能力,而非资产本身。传统上用以往年度目标公司的会计盈余为基础估算公司的价值,这忽略了货币的时间价值,且没有反映未来时期公司的盈利能力、经营风险,因此无法反映收购后继续营运的价值。由于上述原因,净现值法是目前美国公司收购时通用的评估方法。

由于净现值法是将目标公司未来的现金流量折现为现值估计其价值,因此这一方法的关键在于未来现金流量的折现率的确定。在具体操作上需要注意以下事项:

(1)现金流量

在净现值法下,现金流量的计算公式为:现金净流量 = 税后净利 + 非现金费用 + 税后利息费用 - 固定资产与营运资金投入。这个公式可用于对无债务负担的目标公司进行估计,因此在计算出公司价值后再减去负债额,得出目标公司的估算价值。

(2)残值计算

在计算最后一年的残值时,不应以会计折旧的概念来计算残值。通常用最后一年的现金流量除以折现率来计算。

(3)年限确定

在确定现金流量的年限时,应根据企业的具体情况进行。一般经营状况稳定的企业实际可以长一些，而经营状况变化快的企业，如高科技企业则可以短一些。

(4)折现率的确定

在确定折现率时，一般应以买方企业购买目标企业的资金成本来确定折现率，因为不同的资金成本要求有不同的报酬率。

以上三种方法在估算目标公司的价值时经常被采用，这三种方法适用不同的场合，并不存在优劣之分，在并购之中可以灵活使用，也可以几种方法同时使用。

(三)筹资

在企业并购中，收购公司需要支付给目标公司巨额资金，因此，如何筹集资金成为公司并购实施过程中的一个重大问题。

1. 筹资渠道的选择

从资金筹措的来源角度划分，筹资渠道可以分为内部筹资渠道和外部筹资渠道。

(1)内部筹资渠道

企业内部筹资渠道是指从企业内部开辟资金来源。企业内部筹资的来源有三个方面：企业自有资金、企业应付税利和利息、企业未使用或未分配的专项基金。一般在企业并购中，企业都尽可能选择这一渠道，因为这种方式保密性好，企业不必向外支付借款成本，因而风险很小。

(2)外部筹资渠道

外部筹资渠道是指企业从外部所开辟的资金来源，主要包括：专业银行信贷资金、非金融机构资金、其他企业资金、民间资金和外资。从企业外部筹资具有速度快、弹性大、资金量大的优点，因此，在并购过程中一般是企业筹资的主要来源。其缺点是保密性差，企业需要负担高额成本，因此产生较高的风险，在使用过程应当慎重。

2. 筹资方式的选择

随着我国金融市场的发展，企业的筹资有多种方式可以选择。在并购中企业可以根据自身实际情况选择合理的方式。

(1)借款

企业可以向银行、非银行金融机构借款来满足并购的需要。这一方式手续简便，企业可以在较短实际内取得所需资金，保密性也很好。但企业需负担固定利息，到期必须归还本息。如果企业到期不能合理安排还贷资金，会引起企业财务状况的恶化。

(2)发行债券

债券是公司筹集资本，按法定程序发行并承担在约定时间内支付一定利息和偿还本金义务的有价证券。这一方式与借款由很大共同点，但债券融资的来源更广，筹集资金的余地更大。

(3)普通股融资

普通股市股份公司资本构成中最基本、最主要的部分。普通股不需要还本，股息也不需要像借贷和债券一样需定期支付，因此风险很低。但采取这一方式筹集会引起原有股东控制权的分散。

(4)优先股融资

优先股综合了债券和普通股的优点，既无到期还本的压力，也不必担心原有股东控制权的分散。但这一方式的税后资金成本要高于负债的税后资金成本，且优先股东负担了相当比例的风险,却只能取得固定的报酬,所以发行效果上不如债券。

(5)可转换证券融资

可转换证券是指可被持有人转换为普通股的债券或优先股。可转换证券由于具有转换成普通股的利益,因此其成本一般较低,且可转换债券到期转换成普通股后,企业就不必还本,而可获得长期使用的资本。但这一方式可能会引起公司控制权的分散,且如到期后股价大涨而大大高于转换价格,会使公司蒙受财务损失。

(6)购股权证融资

购股权证是一种由公司发行的长期选择权,允许持有人按某一特定价格买入既定数量的股票,它一般随公司长期债券一起发行,以吸引投资者购买利率低于正常水平的长期债券。另外,它也是在银行紧缩和公司处于信用危机边缘时给予投资者的一种补偿,以鼓励投资者购买本公司债券。它与可转换债券的区别是,可转换债券到期转换为普通股并不增加公司的资本量,而购股权证被行使时,原来发行的公司债并未收回,因此可增加流入公司的资金。

3. 筹资成本分析

筹资成本是指公司为取得使用资金而付出的代价,其中包括支付给股东的股息和债权人的利息等。在并购筹资过程中,公司必须权衡筹资风险与筹资成本,以使公司保持一个合理的资本结构,保障公司的良好运营。一般公司在并购过程中都是从多种来源筹集并购所需要的资金,因此各种资金的成本也是不同的。

(四)并购后的整合

整合内容包括:战略整合、业务整合、制度整合、组织人事整合和企业文化整合。

1. 战略整合

并购后,必须把目标企业的战略纳入到整个企业战略规划中来,要重新规划目标企业在本企业战略中的地位和作用,对原来目标企业战略进行调整,甚至要重新制定战略目标及相应的战略,使之与本企业战略形成一个相互配合的、紧密关联的战略体系,发挥战略协同效应,也只有这样才能促进整个企业更快发展。

2. 业务整合

并购后,必须对目标公司的业务进行整合,要根据目标公司的有形资源、无形资源,根据本企业整体战略的需要,对目标公司的原业务重新进行调整,使企业整个生产运作体系更趋合理,更好地发挥规模效应和业务协同优势,提高劳动生产率,保证产品质量,以适应企业生产经营的需要。

3. 制度整合

并购后,必须对目标公司的管理制度进行整合。如果目标公司管理制度很好,并购后不必加以改变,可以直接利用目标企业原有的管理制度,甚至可以将目标公司的管理制度引入并购企业之中,对并购企业进行改造。如果目标公司的管理制度与并购方的要求不相符合,则并购方企业可以将自身的一些优良的管理制度引入到目标公司之中,如财务制度、人事制度等,通过这种制度输出,对目标公司原有资源进行整合,使其发挥出更好的效益。

4. 组织整合

并购后,必须对目标公司组织结构进行调整,使目标公司的组织机构设置的原则与企业整体战略的要求相一致,要和企业整体的组织建制相协调。

5. 人力资源整合

并购后，必须对目标公司的人力资源进行整合，对目标公司的干部及员工重新安排，由于并购后目标公司的战略作了调整，因此多余的员工要辞退。一般来讲，本企业要派高层管理人员到目标公司任职，对目标公司的干部要重新进行调整，目标公司的科技人员要和企业的科技人员进行整合。

6. 文化整合

并购后，必须对目标企业的文化进行融合，应深入分析目标企业文化形成的历史背景，判断其优缺点，根据企业整体战略的需要，吸收双方企业文化的优点，摒弃其缺点，从而形成更为优秀的、有利于企业战略实现的企业文化，制定双方企业融合的方式、方法及步骤，并在目标企业中推行。应当说，双方企业文化能否融合，才是并购能否取得成功的关键。

【阅读案例】

TCL的国际化苦旅

TCL集团股份有限公司创办于1981年，经过20多年的发展，TCL从无到有、从小到大，经历了"电话机时代"，"彩电时代"、"多元化时代"、"国际化时代"四个阶段，成为在中国电子信息市场有一定竞争力和品牌知名度的大型企业。

初试锋芒

从1997年开始，TCL彩电事业进入了发展的快车道。然而，国内家电市场的竞争也日趋激烈。TCL彩电在力压长虹、创维等公司后，发现其国内市场的利润已越来越微薄。亚洲金融危机后，TCL的出口导向型发展模式也遭到了极大的挑战。在这种压力下，TCL鼓起第一个"吃螃蟹"的勇气，开始尝试走出国门。

1999年，TCL主板在香港上市。凭借资本优势，TCL在越南开设第一家境外工厂。经过18个月的探索和拼搏，越南分公司终于迎来了海外经营的第一缕曙光。如今，TCL彩电在越南市场的占有率已达20.25%，仅次于三星的21.84%，位居第二。TCL彩电已经连续三年被评为越南优质产品，成为越南市场名副其实的国际产品。

在越南战绩的鼓励下，TCL加快了在周边国家的拓展步伐。TCL陆续在菲律宾、印度、印尼、俄罗斯、阿根廷等新兴市场建立了分公司或者办事处。这其中，有的稳步发展，有的则困难重重。TCL在印度的教训最为深刻，当地恶劣的经营环境让TCL在2002年不得不全面退出。

并购施耐德

随着国际家电巨头的竞逐，TCL感到新兴市场的开发空间变得日益有限，预期这些市场必将步入与国内市场类似的窘境。而欧美成熟市场则不同，这些市场的消费者对质量和品牌的认可度较大，市场容量大、利润高，这对于产能快速扩张的中国企业来说是一个具有巨大诱惑力的市场。但这些市场消费者的品牌意识很强，对于质量和技术的要求也更为严格。如果通过自有品牌进行扩张，TCL要进入这个成熟品牌已经占领4/5份额的市场，显然困难重重。

2002年德国老牌电视企业施奈德破产后寻求买家。机会降临到TCL头上，TCL决定毫不犹豫的全资收购。2002年10月25日，TCL全资收购的德国老牌电视企业施奈德在德国慕尼黑正式开业，拉开了TCL海外并购的序幕，它标志着TCL国际化的区位选择和进入模式的一个新方式，也就是利用当地品牌、渠道、制造，绕开反倾销等贸易壁垒，进军欧美发达国家市场。不幸的是，TCL并没有扭转施奈德的颓势，自正式就手的那一天起，施耐德就持续的亏损。3年半时间里，TCL在施耐德更换了4个CEO，但对如何改善经营状况束手无策，施耐德的最后结局是关门大吉。

在2005年的中央二套《对话》节目，李东生坦承当时在并购施耐德的过程中，没有请专业机构去做详细的调查，而是凭自己的经验去谈判并做出判断。而且，TCL当时对整个业务的整合缺乏充分的估计，自己也“没有足够的能力去支持施耐德业务”（引自李东生2005年2月20日《对话》节目）

并购汤姆逊

2003年7月，法国汤姆逊公司通过投资银行找到TCL，希望出售彩电业务。汤姆逊公司创建于1879年在全球消费类电子领域具有举足轻重的地位，不仅是电视机的鼻祖，直到当时，其旗下的汤姆逊和RCA品牌依然是欧美市场的主流，而阿尔卡特更是中国消费者所熟知的世界著名品牌。TCL想取得这两者的市场地位，资金和时间的代价是无法计算的。这对一直图谋欧美市场的TCL来说，无疑是一个难得的契机。

面对如此巨大的诱惑，TCL的高层们很快便达成了并购的共识，一致认为此举有利于规避北美和欧盟的贸易壁垒，迅速切入欧盟市场，同时完善产业结构，形成规模效应。

2004年1月，TCL并购汤姆逊彩电业务，成立TTE，其中TCL集团持股67%，汤姆逊持股33%。同年8月1日，TTE公司正式在香港注册，运营总部设在深圳，TTE在全球拥有5个利润中心（中国、欧洲、北美、新兴市场、战略OEM）、5个研发中心（中国、法国、美国、印度、德国）和10个生产基地（深圳、惠州、河南、无锡、南昌、内蒙古、墨西哥、波兰、泰国、德国、越南），全球营销网点超过2万个，员工总数达29 000人，在亚洲及新兴市场以推广TCL品牌为主，在北美市场已推广RCA品牌为主，在欧盟市场已推广Thomson品牌为主。

TCL与汤姆逊彩电业务的重组，更被认为将改写全球彩电产业格局。在TTE成立的时候，李先生曾说，与汤姆逊彩电业务的重组，对于TCL来说，最大的益处在于从资源全球化配置、企业国际化视野、知识产权和核心技术困扰三方面走出新天地。TCL对汤姆逊的并购，使TCL完成了彩电事业在全球主要区域的市场布局，并确立了TCL作为全球最大规模的彩电制造商的行业领导地位。

国际化困局

然而，事与愿违。TTE的经营状况却每况愈下。从2004年8月成立到12月，TTE公司的主营业务收入为158亿元，亏损了6 386万元。2005年一季度主营业务收入锐减为86亿元，亏损增至7 708万元。其中，原汤姆逊业务在TTE业务中的比重迅速下降成为业绩下滑的主要原因。

2006年8月30日，TCL集团发布的中期年报显示：受累于TCL多媒体欧洲业务的巨额亏损，集团上半年净亏损扩大至7.38亿元，比上年同期增加6.49%，而2004年同期则赢利3.73亿元。

亏损的原因是多方面的。下面三个方面的问题也许特别值得一提：

其一，欧洲的管理团队没有在技术和市场转变时做出有效地调整和管理，对欧洲业务的整合和重组计划推进迟缓。其实，从2004年未到2005年整整一年，TTE总部对欧洲利润中心完全没有控制力，真正的操作管理没有合到一处，使 TCL－汤姆逊变成一种形式上的婚姻。

其二，对欧洲市场由 CRT 向平板转型的速度估计不足，没有做好充分的准备。在欧洲，液晶电视仅用两年的时间就取得79%以上的市场份额，，而汤姆逊在大屏幕电视显示技术发展方面上没有选择液晶，却选择了数字光显背投 DLP，导致了其在液晶显示技术领域处于相对落后状态。直到2005年5月以后，TCL的液晶电视产品才开始大规模投放市场，却已经错过了欧洲市场最重要的冬季攻势。

其三，人才的问题一直成为 TCL 国际化的瓶颈。一位资深人士指出，国际化人才不足是 TCL 的硬伤。随着集团整体上市、TTE 正式投入运营及其他新业务的发展，摆在 TCL 面前的首要问题就是"缺人"。TCL 在引进国际人才方面也一直不遗余力，但这些引进的人才最后都因为各种原因离开了 TCL。

重组 TTE

连续几年的亏损让 TCL 尝尽了苦头。2006年10月底，TCL 终于沉不住气了，宣布 TTE 欧洲业务开始重组。重组后的欧洲业务模式要变得简洁明快，所以要裁撤冗员。据说，90%以上的员工的工作将受到重组的影响。而 TCL 将要为此付出代价。据悉，此次重组预估成本为9 000万欧元。

在国际化征途上屡受挫折的李东生，下定决心重塑 TCL。2006年以来，从决策层到经营层，TCL 大胆的引用、启用大批有国际化背景的新人，一批 TCL 的创业老臣相继离去或退居二线。2007年初，求贤若渴的李东生终于为 TTE 找到了新总裁的合适人选——曾任麦肯锡北京分公司总经理吴海。吴海具有优秀的国际化背景，但愿他的出任会给公司的运营带来积极的影响。

第二节　战略联盟

一、战略联盟的概念、特征及分类

（一）战略联盟的概念

战略联盟是指两个或两个以上的大型企业为了实现资源共享、风险和成本共担、优势互补等特定战略目标，在保持自身独立性的同时，通过股权参与或契约联结的方式，建立较为稳固的合作伙伴关系，并在某些领域采用协作行动，从而取得双赢或多赢的效果。

由上述定义，可以看出：

1. 战略联盟是建立在大型企业的各方面有相近的"战略愿景"上，谋求的是较为长远的战略上的共同利益。

2. 战略联盟企业之间是一种合作伙伴关系，它超越了一般市场交易关系，但也没有达到合并的程度，是介于市场交易和企业一体化之间的中间组织，双方在密切合作的同时仍保持各自独立性和平等地位。

3. 战略联盟关系的建立和维持主要有两种方式：股权参与或契约联结。股权参与就是通过相互持股或共同出资建立一家新企业（如合资）等方式，使联盟各方紧密结合在一起，契约联结则主要靠签订各种协议来 保护各成员企业间的利益或约束彼此的行为。另外,联盟各方虽不一定签署正式协议,但在承诺和信任基础上通过默契合约的方式来维系各方的合作行为,这种方式也可视为契约联结。

4. 联盟企业间的合作并不一定是全方位的,在大多数情况下只在某些领域进行合作,而在其他领域有可能又形成竞争的局面。

5. 战略联盟一般是在大型跨国公司之间进行的,由于企业竞争的结果,在一个产业中只剩下几个大型企业或大型跨国公司,从而形成寡头竞争的局面,若再全面竞争下去,只有几败俱伤,因此只有建立战略联盟,才能使跨国公司进一步发展,因此战略联盟的出发点是为了取得“双赢”或“多赢”的效果。

(二)战略联盟的特征

1. 边界模糊

战略联盟是介于企业与市场之间的一种“中间组织”,联盟内的交易不是企业内部的交易,因为这种战略联盟交易的进行不完全依赖于某一个企业的治理结构;但联盟内的交易也不同于市场上的交易,因为交易的进行并不完全依赖于市场的价格机制,战略联盟模糊了企业和市场的具体界限。

2. 平等的合作伙伴关系。

(1)相互往来的平等性。联盟成员均为独立法人实体,彼此没有行政层级关系,二是遵循自愿、平等、互利、互惠原则,独立进行决策,不必受其他成员企业决策的影响。

(2)合作关系的长期性。联盟关系不是企业之间一次性交易关系,而是相对稳定的长期合作的关系。

3. 经营收益的协同性

即每个联盟成员企业都有之间核心的资源和特定优势,但没有哪个企业的技术能在所有方面都居于世界领先水平(尤其是在高新技术行业中),通过战略联盟,将各企业优势结合起来,使每个环节都可能是世界一流的,这是任何单独企业所望尘莫及的,借助联盟可实现技术上优势互补,产生战略协同效应,每个成员都能获得与其在联盟中的地位和贡献相对应的收益,这种收益是单独一个企业所难以获得的。

4. 组织形式呈网络型

企业战略联盟是松散的协作关系,有时企业战略联盟并不是一个独立经济实体,其结构松散,当外部环节出现发展机会时企业战略联盟迅速组成并发挥作用,当外部环节发生变化企业战略联盟不适应要求时也可迅速解散。

另外,一个公司可以同时和若干个公司结盟,而其盟友又同其他若干公司结盟,因而战略联盟常呈网络状,自20世纪80年代以来,这种模式已成为较为普遍的组织结构模式。

(三)战略联盟的分类

1. 股权式战略联盟

股权式战略联盟分为两种,一种是对等占有型战略联盟,另一种是相互持股型战略联盟。对等占有型战略联盟是指双方母公司各拥有50%的股权,建立合资企业。相互持股型战略联盟是指各成员为巩固良好的合作关系,长期地相互持有对方少量的股份。

2. 契约式战略联盟

契约式战略联盟最常见的形式有:

(1)技术交流协议。联盟成员间相互交流技术资料，通过知识的学习来增强企业竞争实力。

(2)合作研究开发协议。联盟成员分享各成员间科研成果，共同使用科研设施和生产能力，在联盟内注入各种资源，共同开发新产品。

(3)生产营销协议。联盟成员共同生产和销售某一产品。

(4)产业协调协议。联盟成员建立全面协作与分工的产业联盟体系，一般多见于高科技企业中。

契约式战略联盟并不使联盟内各成员企业的资产规模、组织结构和管理方式发生变化，各成员企业仅完成协议规定的各项任务，成员企业间仍保持各自独立性，甚至在协议规定的领域之外相互仍是竞争关系。

相对于股权式战略联盟而言，契约式战略联盟由于更强调各成员企业的协调和默契，因而更具有战略联盟的本质特征，在经营的灵活性、自主权和经济效益方面比较股权式战略联盟具有更大优越性。

股权式战略联盟要求组成由法人地位的经济实体，对资源配置、出资比例、管理结构和利益分配有严格规定；契约式战略联盟无须组成经济实体，也无须设常设机构，其结构比较松散，只靠协议来执行，而且协议在某种意义上只是一个"意向备忘录"。

股权式战略联盟依各方出资多少有主次之分，且对各方的资金、技术水平、市场规模、人员配备有明确规定，股权多少决定着发言权的大小；契约式战略联盟中，各方一般都处于平等和相互依赖的地位，在经营中各方保持其独立性。

在利益分配上，股权式战略联盟要求按出资比例分配利益；契约式战略联盟中各方可根据各自的情况，在各自承担的工作环节上从事经营活动，获取各自的收益。

股权式战略联盟初始投入大，撤资难度大，灵活性差，风险大，政府的政策限制也较严格，契约式战略联盟则不存在上述问题。

股权式战略联盟有利于扩大企业资金实力，通过合资或部分拥有对方股份的形式，增强双方的信任感和责任感，因而有利于长期合作，但灵活性差；契约式战略联盟具有较好的灵活性，但企业对联盟的控制能力差，松散的组织缺乏稳定性及长远的利益考虑，联盟内成员之间沟通不充分，组织效率低下，等等。

二、战略联盟产生的背景及其意义

(一)战略联盟产生的背景

战略联盟作为一种新的合作竞争模式，它的出现并不是偶然的，而是有着深刻政治、经济背景，它是社会经济发展的产物，世界经济一体化、区域经济集团化、国际分工的深化和科学技术的迅猛发展，构成了企业战略联盟的宏观背景。

1. 世界经济一体化

世界经济一体化的发展，使得纯粹意义上的国内市场已不复存在，各国经济实际上都已不同程度地融入国际大市场，企业的国内竞争也正成为全球竞争的一部分。面临市场全球化竞争的强大压力，企业单靠自身力量单打独斗显得势单力薄，因而被迫把目光转向企业外部，试图通过联盟的方式，借助联盟伙伴的力量增强自身的竞争实力。对于新竞争者，也面临着全球化市场上与其他老竞争对手重新划分市场的问题，往往也需要借助外部力量,以求在竞争中保全自己的势力范围。许多跨国公司为了保存自己的实力,也要采取联盟的方式进一步扩大经济规模,大力开发高新技术产品,努力增强自己的实力。例如,法、德、英、西班牙四国航空公司组成空中客车集团,研究开发新型客机以对方波音公司的挑战。

2. 区域经济一体化

由于区域经济一体化,使区域内各国取消了或减少了关税和非关税壁垒,加剧了个成员国企业之间的竞争,企业在市场扩大和激烈竞争推动下,力求扩大生产规模,增强企业实力,因而趋向于建立和发展战略联盟组织。同时为避免企业之间无谓的相互残杀,成员国政府也在资本供应、税收政策等方面提供优惠,促进企业之间的联盟合作。另外,区域经济一体化以后,不仅使区域内部企业之间竞争加剧,还使区域与区域之间企业竞争加剧,往往对区域以外的企业实行统一的关税和非关税壁垒,采用统一的贸易保护主义的正常,使得区域以外的企业很难以传统的方式进入区域内市场,例如,欧共体建立以后,美、日企业很难进入欧盟国家的市场,为此,美国企业纷纷与西欧同行业企业结成战略联盟,绕过联盟的种种贸易保护主义障碍,并以欧共体成员国身份,在税率最低的欧共体国家从事生产、销售等经营活动。欧共体的企业之所以愿意与美国货日本企业结成联盟,主要是因为西欧跨国公司与美、日跨国公司在技术上仍有一定差距,例如,日本三菱集团和德国奔驰公司在若干领域结成战略联盟;在电子领域,三菱集团和奔驰公司联盟合作生产商用汽车集成电路;在航空领域,它们将合作研究和开发大型民用喷气机,其目的就是为了开发电子技术、新材料、通信和信息 产业等领域的新业务,奔驰公司帮助三菱公司进入欧洲市场,三菱集团帮助奔驰公司在日本建立汽车的营销网络。

3. 国际分工的深化

世界经济一体化使国际分工日趋深入,从产品专业化到零部件专业化,再到工艺流程专业化,分工范围更加广泛,各生产工序已延伸到几个、十几个国际。国际分工越发展,各国企业之间相互依赖和协作的关系就越密切,因而促进企业战略联盟的形成和发展。国际战略联盟除了具备协调一致的网络功能外,联盟内成员进入、退出壁垒小 ,保持了较高的灵活性。

4. 科学技术迅猛发展

科学技术飞速发展的结果,使产品和技术生命周期大大缩短,而产品及技术越来越复杂,一项复杂的高科技产品从策划、设计、研制到有关设备选型、研制、试制、安装、批量生产,直到市场营销是一个庞大的系统工程,对单个企业来讲往往难以胜任,因此急需建立战略联盟,加快新产品的研发、生产、销售,以适应科技飞速发展的需要。

(二)战略联盟的意义

1. 促进科技创新

战略联盟可以承担巨额科技开发经费,这是单个企业难以承担的。例如,波音公司于日本富士、三菱、川崎重工等企业共同投资40亿美元联合开发波音777喷气客机,同时还耗资60亿美元同法、德、英、西班牙四国共同研制一种载客量达700人的新型客机,这些巨额研发投入时单个企业无力承担的。

目前科学技术的发展正朝向综合化、集成化、边缘化的方向发展,战略联盟可以开发尖端综合复杂的技术。一项复杂的高新技术、新产品的研制涉及越来越多领域的科技知识和技术，必须是多方协作才能完成，如半导体、生物工程等新技术、新产品的研制等都是众多企业、众多学科、众多专家及工程师集团智慧的结晶，需要许多企业形成网络式联盟才能完成的庞大复杂的系统工程。

2. 避免经营风险

跨国战略联盟的形成可以避免企业的经营风险。目前企业外部环境变化速度加快并且日益复杂，风险变得越来越大，对单个跨国公司来讲是难以应对这一复杂环境变化的，这就决定了企业新产品、新市场的开拓具有很高的风险，这时企业自然要建立战略联盟，加强各企业的合作，使其做到利益共享，分担风险。环境变化的不确定性，就要求企业建立高度灵活的经营结构和组织结构，而战略联盟是适应这一环境要求、降低竞争压力的较好的组织形式。

3. 避免过度竞争

建立战略联盟，可以理顺市场上的竞争秩序，减少因应付激烈竞争而付出的高昂成本，形成有序的合作竞争。

传统的企业竞争方式是要么让竞争对手失败，要么让竞争对手消失，形成“你死我活”的对立竞争关系，而实际上虽然存在分歧和对立，但同时也存在共同利益，竞争企业在某一方面双方利益和目标达成一致时，就拥有进行局部合作的基础，因而企业竞争关系从完全对立走向部分对立、部分合作，从对立竞争转变为合作竞争。企业与竞争对手之间不仅是“分馅饼”的竞争，不仅仅是“此消彼长”的关系，而是通过合作创造一个更大的馅饼，双方都努力把馅饼做大，开拓新的市场空间。从博弈论的角度来看，从势不两立的圈子中跳出来，实现从“零和博弈”到“正和博弈”，达到双赢的效果。战略联盟并不否认竞争的存在，而是使竞争以新的形式在新的层次上出现，即从原有的价格竞争向非价格竞争转变，从恶性竞争向比较优势竞争转变。

企业双方合作时竞争中的合作，合作的目的也是为了增强各自的竞争优势。例如，美国威斯汀豪斯公司和三菱重工曾宣布在核电站方面的合作投资项目，签署了为印尼、中国国家和地区等建立核电站的文件，但这两家公司在日本市场上公开地进行着针锋相对的竞争，由此在国际竞争版图上就形成了三种重要的竞争形态，即：合作圈与圈外公司的竞争及合作圈与其他合作圈的竞争；合作圈内的公司在合作领域之外的竞争；合作圈内公司先合作后竞争。因此，企业之间合作与竞争是同时进行的，形成了“左手握拳、右手握手”的格局。

4. 实现资源互补

建立战略联盟可以使各企业做到资源互补。客观竞争环境要求企业取得战略绩效的目标与企业自身所具有的资源和能力所能达到的目标之间存在着巨大差距，因而也就限制了企业走一切依靠自身资源和能力的自我发展的道路，客观上要求企业走战略联盟的道路，通过战略联盟可达到资源共享、优势互补的效果。

5. 开拓新市场

建立战略联盟是迅速进入新市场、进入其他行业领域的捷径，可以大大降低市场风险。例如，丰田公司于美国通用汽车公司建立战略联盟就顺利地突破了美国队日本汽车的进口限制，丰田公司在此联盟中投入 1 亿美元，就获得了在美国从事汽车制造所需要的全部信息,获得了如何与地方政府、工会及经销商打交道的经验。又如:日本尼桑汽车公司和德国大众汽车公司结成战略联盟,由尼桑公司在日本销售大众公司的汽车,大众公司在欧洲销售尼桑的四轮双驱动小轿车,目前,90%以上的美国电子公司参与了一个或多个国内战略联盟,60%以上的公司参与了与外国公司的联盟。

三、战略联盟伙伴的选择

一家公司一旦决定要组建一个战略联盟,那么它首先要做的事就是考虑选择合作伙伴的各种因素和标准,这些标准的核心可以归纳为3C原则。即:兼容(Compatibility),能力(Capability)、投入(Commitment)。

(一)兼容性

兼容是一个成功的联盟所必须具备的最重要条件之一。两个企业进行合作,如果缺少兼容性,那么不管他们的业务关系在战略上多么重要,也不管彼此多么有能力,都将很难经受时间的考验,也很难应付变化的市场和环境,因为他们首先要做的事情是能够在一起工作。

如何应用3C理论来寻找一个相容的合作伙伴?

一是从自己现有的合作伙伴中寻找。寻找一个兼容的合作伙伴,最好的办法就是在已经于自己存在业务联系的客户中选择。因为已经有了业务往来的经历为今后友好相处奠定了基础,两家企业人际关系已经建立,每个公司对方都有较深入的了解,合作双方对未来联盟业务也比较熟悉。

二是分散风险,不要把鸡蛋放在一个篮子里。虽然从现有的合作伙伴中挑选联盟伙伴有许多好处,但也不要对现有伙伴过分依赖。要注意不要把自己的视野限制在一个狭小的范围之内,从而丧失为特定业务找到最佳合作者的机会。

三是兼容测试。要对未来的合作伙伴的兼容性进行测试,要根据对方企业的硬件、软件要素及有形、无形特征来测试彼此兼容性。

(1)对潜在合作伙伴兼容性硬件因素测试。① 公司在规模和能力上的兼容性。公司应该寻找在规模和能力与自己相似的合作伙伴。② 对现存的联盟网络的兼容性。公司在测试兼容性时要考虑以下问题:你的合作伙伴与你的强硬竞争对手有或可能有紧密的合作关系吗?如果有的话,它们合作的领域是否正是你容易受到伤害的领域?你能接受上述这种形势吗?公司是否有防止对手把双方共享的专有资源让你的其他竞争对手使用的手段?你的合作伙伴的其他联盟关系是否会阻碍你进入你所期望的领域?你的合作伙伴是否会把商业秘密泄露给你的竞争对手?③ 通过以往合作的记录测试兼容性。在考察以往的合作经历,记住这句话很有意义:没消息可能是最好的消息。④ 从公司战略上测试兼容性。如果联盟双方战略有矛盾,那么再理想的合作伙伴也不能与你愉快合作。在这方面应当考察以下内容:你的签证合作者与你合作的动机和目标是什么?合作者向联盟投入的关键资源是什么?合作者的优劣势是什么?⑤ 从公司文化上测试。要了解潜在合作者的文化是什么?双方文化的分歧和这些分歧的可控性以及它们将会对联盟产生的冲击。⑥ 从公司的组织管理和实践上测试兼容性。要仔细研究潜在的合作者与自己的公司在组织管理做法上是否存在兼容性。例如,合作双方是否都是集权式或分权式管理?如果不是,双方的管理队伍是否有足够的弹性,并愿意花足够的精力来解决潜在的冲突?双方在组织结构上是否有兼容性？合作双方的管理某市是否有兼容性？⑦ 从其他方面测试兼容性。如在生产管理、市场营销、财务管理、安全、健康、环境策略等方面都要测试兼容性。

(2)对潜在合作伙伴兼容性软件因素测试。与硬件因素相比,软件因素同等重要。公司文化是否融合,特别是双方高层管理人员和主管联盟企业的经理们是否能友好相处,考验决定一个联盟的命运。事实上,能否和睦相处取决于各种因素。在软件因素中最重要的当属相互之间的信任。在联盟中相互有巨大价值,正是高层管理人员相互信任使联盟过度一个又一个危机。现实中,联盟较低层次的管理者之间常有一些争执和不信任,有很多抱怨和问题来自嫉妒和误解,但如果双方高层管理者相互信任,相信对方的诚意和判断,他们就能超脱这些琐事并摆脱这些问题。

(二)能力

合作者必须有能力才能与你合作,合作才有价值。在评价合作对象的能力时,公司应当为每一个潜在合作对象准备一份档案材料,以便更好地评价它们的优点及弱点。主要应评价以下几点:

(1)在拟合作的领域,你与合作伙伴谁更活跃?

(2)对方的市场实力如何?

(3)对方的技术水平、生产能力、销售网络如何?

(4)对方的核心竞争力在哪里?

(5)对方管理者(尤其是高层管理者)的素质与能力如何?

应当建立一个专家小组对每一个潜在合作者进行能力测试。

(三)投入

找一个与企业有同样投入意向的合作者是联盟成功的第三个条件。尽管合作者很有能力并且与自己很相容,但是,只要他不愿意向联盟投入时间、精力和资源,联盟就很难很好地运作,因此,必须对潜在合作者进行测试,以确定对方是否也与你一样有积极的投入意识。对投入意识的测试可归纳为两点:

(1)联盟的业务是否属于合作对方的核心产品范围或核心业务范围。如果拟设立联盟的业务范围对合作者的主要业务来讲是微不足道的,那么,合作者就很有可能不向联盟投入必要的时间和资源,同时合作对象还很有可能退出联盟,而使你处于进退两难的境地。

(2)确定合作伙伴退出联盟的难度。联盟面临的危险之一就是公司把合作已纳入其全球战略中,并且投入了大量的资源和精力,而其合作的另一方却突然要求退出 联盟,从而使公司陷入进退维谷的境地,所以,公司最终决定建立联盟关系前,必须测试:对方退出联盟的可能性有多大?困难程度有多大?本公司失败的代价有多高?

【阅读案例】

光荣与梦想——强强联手,家居业六巨头打造“冠军联盟”

2009 年 4 月 23 日,北京人民大会堂,国内家居业六大龙头品牌——欧派橱柜、东鹏陶瓷、大自然地板、雷士照明、红苹果家具和美的中央空调的企业负责人携手宣誓成立国内首个泛家居行业联盟——冠军联盟。六大品牌将整合资源,在品牌、客户服务、渠道等层面展开深度合作,推动家居产业跨界升级,为消费者带来最放心的家居一体化解决方案。

冠军联盟的主要发起人之一、首任轮值会长，欧派橱柜董事长姚良松表示，“冠军联盟”，顾名思义是具有冠军品质的大品牌联盟，入选的企业，都是行业领军品牌，销量大、拥有强势的渠道资源和优良的客户口碑，联盟通过深度合作的方式，将各大企业的力量，联合在一起，制定一系列的优惠政策，以刺激消费、拉动市场，并以联盟的名义组织、参与公益环保事业，共同推动行业健康发展，势必为社会、消费者、企业带来巨大价值，达到多赢的局面。

冠军联盟的成立得到各界政要及行业协会的高度重视，商务部政研室处长、中国品牌报告编辑部主任吴国华先生，第八届全国工商联副主席、中国民(私)营经济研究会会长保育钧，中央电视台广告部副主任何海明，全国工商联家具装饰业商会执行会长兼秘书长张传喜等相关领导均出席冠军联盟成立发布会。

商务部政研室处长吴国华指出，联盟启动表明中国企业界共赢合作、勇于承担社会责任，是中国企业家成熟的标志，希望更多的中国企业共同合作，支持政府提振内需、扩大就业。

责任与创新

冠军联盟的成立充分体现了六大品牌的社会责任感和创新精神。在经济仍然低迷的2009年，作为房地产行业的下游产业，家居行业略显沉寂，压力不小。加之家居行业内竞争激烈，传统渠道变革加剧，整个行业面临洗牌。在这样的市场环境下，欧派、东鹏、大自然、雷士、红苹果和美的中央空调六大品牌，决定主动出击、跨行业联盟，迈出具有历史性意义的一步。通过组建“冠军联盟”，六大企业在经济低迷的市场环境下相互借力，整合各大品牌的优势资源，为整个家居行业注入新的活力，从而推动整个家居行业的发展。

冠军联盟的成立既是应对经济低迷的一种措施，同时又代表了家居行业的发展趋势。通过调查发现，随着生活节奏的加快，消费者在购买家居产品的时候希望能够有一种一站式的购买方式和服务，家居一体化已经成为一种趋势。冠军联盟的成立正是代表了家居行业在面临行业现状和发展趋势、品牌发展和提升等各种问题时应运而生的全新模式。这种模式为消费者提供了一种全新的家居消费体验，通过冠军联盟，消费者可以体验一站式的家居购买，一站式的服务、一站式的优惠。

致力于提高绿色环保的生活品质

家居建材与环保事业唇齿相依，绿色环保直接影响行业未来的可持续的发展。冠军联盟深知家居行业与环境的紧密联系，积极响应国家建设“绿色家园”的号召，通过倡行各种有意义的绿色环保及公益事件，为社会贡献一份力量。

2009年4月22日，就在联盟正式启动的前一天，六大品牌负责人奔赴中国沙漠化严重的地区——甘肃刘家峡，启动了“万绿母亲林”大型植树活动，在活动现场，各企业负责人不仅亲手种下了象征绿色希望的树苗，还在植树现场进行了“拯救地球，我们在行动”的联盟联合环保宣誓，表示各企业争当优秀企业公民的决心，各企业负责人达成共识，今后，联盟将继续为创造绿色环保美好家居而努力。

2009年8月，冠军联盟携手瑞丽家居杂志在全国发行了80万册的《绿色家居指导手册》，同时通过冠军联盟6大品牌遍布的营销渠道向消费者免费派送。为了让更多的消费者受惠，在冠军联盟官方网站和6大品牌的企业网站提供免费下载服务。《手册》的发布，为消费者提供一体化家装解决方案，赋予消费者超值的冠军品牌体验价，以及现代精致的生活享受。另外,对家居行业来讲,它标志着“冠军联盟”不断以“最优性价比”的产品,努力促进家居行业由“价格营销”向“价值营销”跨越。对社会来讲,它更体现出“冠军联盟”拉动内需,领跑行业发展,推动节能环保的社会责任。

致力于为消费者带来更多实惠

“冠军联盟”成立目的在于刺激消费、拉动内需,而最实际的目的是各品牌在为消费者提供优质产品的同时,尽量压低自身利润,为消费者带来切切实实的利益。

自成立以来冠军联盟都以高优惠、大让利吸引了消费者的关注度,六大品牌也成为消费者选购家居产品时的首选,品牌影响力和美誉度得到极大提升。从全国15个城市的“非常5+1”到全国100家城市的“百城千店,亿元盛惠”的联合“军演”,再到高调参加博鳌房地产论坛,对话地产大鳄,已顺利度过磨合期。9月19日冠军联盟在全国重点城市正式启动“千城万店,礼献中国”联合行动,此次让利范围之广、优惠力度之大在中国家居业中绝无仅有,其目的在于刺激消费,推动家居行业进一步回暖,同时在建国60周年到来之际,回馈消费者。

冠军联盟一直致力于为消费者提供品质、高性价比的家居一体化解决方案,帮助消费者以更小的花费享受到更高品质的生活,引领家居行业的价值回归。可以说,冠军联盟是金融危机下产生的全新的营销方式,而在经济正逐渐回暖的今天,它将引领整个家居行业的潮流。

资料来源:冠军联盟官方网站.

四、战略联盟取得成功的关键因素

一个战略联盟的管理活力取决于合作伙伴如何看待对方,联盟伙伴的任何一方都有义务去建立一个基本的相互理解、相互尊重的关系,这种义务所发挥的作用是任何管理条文或管理技巧所无法替代的。根据一些高级经理人员的经验,若想建立牢固、坚实的合作基础,及必须重视三条简单而又重要的原则,即:第一,平等对待;第二,主管领导支持;第三,求同存异,避免对抗。

许多研究者都注意到,信任是合作成功和稳定发展的关键因素,大部分经理都认为,信任涉及即可靠性,即事前相信合作伙伴是诚实的、可靠的,是会遵守诺言的。但光是诚实和可靠性并不是产生信任,如一个常说要惩罚你,并说话算数的伙伴是诚实可靠的,但他不会成为你愿意信任的伙伴,不会再没有考虑对对方影响之前采取行动,因此信任除了对对方可靠性的预期之外,还还可以包括相互替代对方着想的因素。换言之,信任是对对方不会以自私自利方式行动的可能性的理解,是对彼此会互助互利的相信。

创造信任的五大要素是:

(1)交流。交流时培养信任的一个重要手段。

(2)减少交往底线的数量。许多公司为成功地建立同合作伙伴的信任关系,往往首先从减少或限制伙伴关系的数量开始。

(3)公平。在联盟运作过程中要注意分配公平,即合作结果是公平的;还要注意程序公平,即管理合作关系的程序时公平的。

(4)保持长期关系。保持长期关系有助于信任的发展。

(5)灵活性与非正式性。信任能使关系充满灵活性和非正式性,信任的基础可以使联盟只需要最低限度的合同,甚至完全没有合同。灵活性与非正式性在环境充满不确定性时具有特别重要的意义。在不确定性环境下,合同不可能订得很严密,合同执行中需要有一定的灵活性,这时信任因素能使双方相信对方不会采取机会主义行为。在绩效难以度量的情况下,信任关系尤为重要,因为在相互信任、利益一致情况下,可以不要求对绩效进行直接的测量。

【阅读资料】

企业战略联盟失败的原因

战略联盟是一个十分复杂的组织,许多研究发现,要使战略联盟取得成功,需要有成功的组织和出色的管理,如果组织管理不当,就会招致失败。据统计,令人不满意的战略联盟占总战略联盟数量的40% ~70%,这些研究的基础结论是:单独从事研究开发活动比同一个合作伙伴共同研究开发活动要容易得多,协调一个独立的供应商的交易关系比协调一组股权交叉的复杂供应商或客户关系要容易得多,在直接的公司作决策比在合作伙伴中共同作决策要快得多,在一个企业内实施决议比在战略联盟中实施决议要容易得多。因此,如何管理战略联盟是非常关键的,如何利用其优点避免其弱点始终是一个值得研究的问题。

1. 联盟各方的利益结构不对称

战略联盟双方(或多方)利益结构有一部分是共享的,其他部分是不能共享,共享部分可能实现联合收益的最佳化,其他部分则不能,这时,一方企业或双方企业便有牺牲共同利益而让其他部分利润最大化的动机,从而造成双方关系紧张。例如,广汽汽车集团和法国标致公司在广州办合资企业,法国标致公司在向合资企业提供零部件时,面临两种选择:或者把转移价格定得很高,从而单独在法国获利;或者把价格定的较低,同广汽汽车集团在合资企业中共享利润,结果法国标致公司选择了前者,造成合作关系紧张,最终导致双方分手。

2. 联盟各方面面临的竞争条件不同 ,导致各自优先考虑的问题不同

例如,欧洲空中客车的联盟中,合作各方在自己国内市场面临的竞争强度不一样,因此,对联盟发展方向存在意见分歧。

3. 联盟在各企业战略中所起的作用不同

由于联盟在各企业战略中所起的作用不同,因此联盟在各企业经营中就有不同的重要性,从而导致各方希望对合作企业行驶的战略控制程度不一致,从而导致意见分歧。

4. 联盟各方对联盟的资源的投入不平衡

在很多情况下,有资源的一方不太看重联盟,因此在资源投入上不是很积极,而十分重视的一方则可能对对方资源形成依赖,因此造成联盟各管线紧张。

5. 竞争地位的变化导致联盟的解体

企业竞争地位随着联盟双方技术、管理能力的交换而发生变化,如一方在联盟中技术及管理能力不断加强,另一方则相对削弱,联盟中竞争地位的平衡就逐渐丧失,联盟使面临分手的危险。

6. 联盟各方面管理风格及企业文化的差异

因每个企业都有各自独特的历史、观点及价值观，有逐渐独特的文化，因此，在战略联盟中如何使不同的企业文化兼容是相当困难的，有时就联盟各方认识不同而归于失败。

许多大公司的总经理对成功地实施战略联盟总结出四条经验：兼容的战略与文化；各方大致相当的贡献；各方大致相当的实力；没有利益冲突。其中最重要的是各方企业的决心和努力，各方企业决心越大，越努力，战略联盟就越能取得成功。除了要有可行的战略思想、现实的总体战略之外，战略联盟还需要各方面的相互信任和合作，这是组建战略联盟的必要条件。联盟各方需要创造一种信任气氛，要求各方都了解为什么要参与战略联盟？应当组织什么样的联盟最恰当？联盟的活动如何同母公司的战略配合？联盟的协同效果是什么？联盟对每一个企业有什么好处？怎样处理合同中的敏感问题？对以上这些问题可能联盟各方都有不同看法和不同意见，但联盟各方必须从一开始就对上述问题有一个基本统一的认识，建立起一个基本信任关系，并保持这种关系，才有可能把战略联盟搞好。

7. 情况发生 变化，使联盟破裂

(1) 战略发生变化。这是出现问题的根本原因，联盟中一方的业务发生重大变化，现在的联盟对某些成员企业在经济上已没有意义，联盟便失去了存在的必要。

(2) 所有者或管理者发生变化。如果新老所有者或管理层的利益关系不一致，联盟运行的连续性就受到影响，甚至会使联盟破裂。

(3) 市场预期不能实现。在联盟之初，对市场发展有一个预测，但后来因为市场条件变化多端，当场的预测很难变为现实，促使联盟破裂。

(4) 财务困难迫使联盟解体。因为某一个或某几个合作者资金不能到位，有的企业为了自己内部的投资而不顾联盟的资金需要，使联盟走向解体。

8. 对合作伙伴能力的期望不切实际

不管是有意还是无意，当期望中的合作伙伴的实力不能带来预期结果时，许多联盟 便会解体。

9. 对技术发展趋势判断失误，而使联盟解体

10. 利用联盟退出某种行业

一些跨国公司把联盟作为从一个行业或市场进行全面撤退的第一步，这时联盟的终结就是其直接的目的，当经济和社会因素使得一家企业难以剥离一种业务时，那么战略联盟就成了最佳选择，该企业就选择了一个合作伙伴建立战略联盟，联盟建立以后，经营状况不佳，该企业宣布从联盟中退出。这里要说明的是：当跨国公司利用联盟退出某类行业时，管理当局应当坦诚说明其真实意图，否则就将对联盟造成极其严重的破坏性影响。

★ 关键术语

企业并购　Merger & Acquisition　　横向并购　Horizontal M&A

纵向并购　Vertical M&A　　混合并购　Conglomerate M&A

管理层收购　Management buyout, MBO　　战略联盟 Strategic Alliance

股权式战略联盟　Shares of Strategic Alliance

契约式战略联盟　Contractual strategic alliance

★ 复习与思考

1. 企业并购对企业发展有何益处？存在些什么问题？

2. 企业并购失败的原因是什么？如何避免？

3. 何谓战略联盟？它与传统企业组织有何异同？

4. 如何选择战略联盟伙伴？

★ 研究与讨论

1. 企业并购的难点在哪里？

2. 企业战略联盟的优势何在？风险有哪些？

★ 实践演练

1. 通过查阅资料，简述中外企业并购的历史狂潮。

2. 各找出一家我国企业战略联盟成败的企业，总结其经验教训？

★ 本章案例

美国在线与时代华纳的兼并案

2001 年 1 月 10 日宣布的美国在线以 1830 亿美元兼并时代华纳的并购案，从表面上看不过是又一桩令人震惊的大并购案。尽管那些高层管理人员纷纷登台亮相，向世人保证着是一次平等的合并，是两家公司、两种文化小心翼翼的融合，但事实是：美国在线是兼并者。最能说明问题的是，新公司的交易代号是美国在线。

在新经济环境下，企业的发展模式十分清晰：数字将压倒模拟，新媒体的发展速度将远远快于旧媒体。美国在线的销售额仅及时代华纳的 1/5，美国在线员工人数只有时代华纳的 15%。时代华纳是出版及娱乐帝国，自 20 世纪 20 年代开始便主宰了美国文化。然而，由于投资者将一种新经济股票的价格定位高于旧经济巨子的近两倍，从而美国在线便拥有足够的资源成为购买者，而不是被收购者。

如今，新经济巨子斯蒂芬·凯斯和罗伯特·皮特曼将与旧经济大师杰拉尔德·李文（就任新公司的首席执行官到 2003 年）联合起来——组建一种很可能改变信息及约了媒体（不论是数字的还是其他形式的）面貌的庞然大物。即将出任美国在线时代华纳公司董事长的凯斯投下巨注，把传统巨擘时代华纳与自己的网络帝国合二为一，创造出一个人们期待已久、将在今后几年出现的具有无比优势的混合物，将娱乐、信息、通信、在线服务融为一体。这一努力将把比人们早先想得更多的资源、受众、广告主集聚到新的数字市场，凯斯和美国在线总裁发现了一个摇摇领先于其他人（可能在今后几年也无法追上）的机会。

拥有时代华纳公司 9% 的股份的自由媒体公司（Liberty Media）总裁罗伯特·贝内特指出："世上没有另外一个美国在线。这是一桩具有跨时代意义的交易，我不知道这是否能够被复制。"

当然，这起并购也使得美国在线付出了巨大的代价。为了占领这一战略要塞，美国在线计划的出价比时代华纳市场价溢价 71%。然而，在随后的日子里美国在线高扬的股价迅速下挫，因为投资者关注的焦点已有所转变，美国在线与时代华纳的联合，可能产生一家回报率与旧经济息息相关的公司。将与时代华纳总裁理查德·帕森斯一道出任共同首席营运官的皮特曼表示，市场认为美国在线将成为时代华纳的翻版，而不是相反，这种看法是错误的。他指出，时代华纳拥有"传统业务知名的品牌、长期的消费关系、充裕的现金流量。你所要做的就是加入催化剂，在一个很短的时期内，你就可以改变增长率。增长率将与网络企业的增长率相仿，不过它是建筑在已创出品牌的业务之上的。"

然而，除了股票定位之外，美国在线还面对一个基本风险，尽管美国在线是个征服者，但它很可能成为规模庞大的时代华纳帝国的俘虏。时代华纳拥有 8.2 万名雇员，具有一套独特的就经济管理文化，很有可能将仅有 15 年历史的灵活、迅速、具有企业家驱动文化特征（在新经济时代至关重要）的美国在线吞噬掉。

尽管并购案的内容十分丰富，但是你可以简单的方式想象这一合并：渠道及内容。时代华纳的有限系统覆盖面为20%，这赋予美国在线一条比以前的计划（仅依赖当地电话线的升级及卫星电视）更清晰的进入宽带之路。新的、迅速的联结——通过时代华纳的系统便可获得，不仅能使目前网络提供的一切更加有趣，而且将使一切新事物成为现实。凯斯指出："我们目前正处在一种基本的、新的因特网体验的尖端，这是一整套体验，包括一各式各样的设施，其中电视的地位越来越重要，是更富吸引力的多媒体体验。"

当所有这些带宽及此类东西全连接上后，美国在线是到华纳公司将拥有全世界最大的容量，能够吸引最多的受众、注册者、广告、电子商务。从《时尚》、特纳的经典电影、CNN 新闻直到最新推出的 Kid Rock CD，所有人都能从时代华纳这里找到自己需要的东西。谁也没有李文更透彻地认识到这一点，李文投入数亿资金，力争让这些资产在网络时代发挥更大的作用。但是许多项目，如 Pathfinder Web 门户网站，最终一事无成。而且时代华纳公司"旧经济"的资产负债表及股东不会允许那种为了打造庞大的在线品牌而必不可少的连年损失，但是美国在线一类的网络企业却能做到这一点。

最后，这样情形有利于李文及其折中主义的领导班子相信——放弃公司的控制权以求泊靠"新经济"还是值得的。帕森斯指出"这的确相当艰难，我们苦干 10 年，最终仍有可能达不到具备竞争力的水平。"

美国在线当然也得到了凭其自身无法获得的必需之物：进入宽带销售及更为丰富的内容。美国在线近几年曾努力自己开发新内容，但它曾一度收缩这一做法，美国在线现在认识到，仅仅作为一个光彩夺目的网络接入供应商是无法维持长期繁荣的。Sun 点子计算机公司总裁兼首席营运官爱德华·赞得指出："有一天美国在线突然醒悟，认识到自己的核心竞争力并不是信息传递渠道，而是内容。这就像火车企业弄明白了自己并非是火车公司，而是运输企业一样。"

美国在线从时代华纳销售渠道如何获得更多的收益？时代华纳与这个世界上最大的在线社区联手能得到什么回报呢？

两家公司合并后最强大的优势可能是其订购者（用户）：超过 1 亿消费者。美国在线拥有 2 200 万注册用户，时代华纳最大的财源来自其 2 800 万杂志订户、1 300 万有线电视订户、3 500万有线电视电影服务（HBO）付费订户。另外，时代华纳还从 7 500 万观看 TBS 和 TNT 频道的家庭及全球收看 CNN 的用户处收取费用。再者，新公司在网上也有相当规模的用户存在。除了美国在线的资产，时代华纳也有数百个网站。

Starcom 北美公司是一家购买媒体广告时段的企业，该公司董事总经理雷内特·麦卡恩指出，这对广告主而言是个很有前途的媒体及业务。他说："合并后的公司将拥有一个奇异的数据库。他们会有一种神奇的方法将客户的数据库条块化，向我所希望的特定的目标受众传递信息。"

这些都是理论上的判断。如何能在现实中生效，很大程度上取决于两家公司管理层的密切配合。颇具讽刺意味的是，美国在线与时代华纳宣布合并的日子，恰好是 10 年前时段公司同意与华纳通信公司合并的日子。李文指出："任何一项大的交易，最大的风险可能就是人事风险。"

假如美国在线时代华纳由于内部纷争而脱离正轨，那么 10 多个竞争对手正跃跃欲试。如数字领域的竞争对手——从网络业的微软、雅虎到电信巨子，再到媒体领域的大型公司，如沃尔特·迪尼斯和维亚康姆。在这一交易完成后，他们或许都不得不重新调整自己的战略。例如，美国电话电报公司便在有限领域投入了 1 110 亿美元巨资。不过美国电话电报公司避开内容，而将重点放在了创建连接家庭的宽带和地方电话系统，而且其与时代华纳的一项交易一拖再拖。现在李文表示，他会将宽带渠道、内容及各种潜力并入网络电信中。而且，凯斯在接受《商业周刊》的采访时指出，他正与美国电话电报公司及 MCI Worldcom 公司（他是这两家公司的董事）磋商组建电话公司事宜。

还有一件令人头痛之事：美国在线时代华纳信誓旦旦地表示要开发其宽带网络服务。拥有经营有限调制解调器业务 Exite@ Home 公司 26% 股权的美国电话电报公司，一直为开放其宽带服务，拒绝其他网络公司向 Exite@ Home 公司一样享有同等待遇。Exite@ Home 公司首席执行官托马斯·叶尔莫鲁克指出："对全面开放有限网络的辩论已经到了盖棺定论的时候了。"

为了与“新新媒体”展开更为广泛的竞争，一些分析家认为美国电话电报公司于微软之间可能建立更加密切的联系，并很可能与迪斯尼、维亚康姆一类的内容公司建立关系。微软网络部营销主管优素福·迈赫迪指出：“这起并购使得我们更容易在其他媒体公司中找到合作伙伴。他们现在是否会与美国在线结盟呢？”

实际上，在盘根错节的媒介领域，美国在线与时代华纳之间的合并已经使情况更加复杂：美国在线为了拓展其欧洲业务而与德国贝塔斯曼公司成立的合资企业的情况如何呢？贝塔斯曼公司的董事长已经推出了美国在线董事会。尽管两公司股价在起初上涨了50%之后，美国在线股价下跌，时代华纳股票回落，但双方的合并并非是崩盘仅在眼前：因为这一合并没有什么“禁锢”表明双方的股价已经周到了尽头。凯斯指出：“我们拥有许多（业务），但我不能说我们已经拥有了所需要的一切。”

研讨问题

1. 美国在线与时代华纳兼并的战略意图是什么？
2. 美国在线与时代华纳在资源和能力方面具有哪些战略联系？
3. 你认为新公司的战略愿景是什么？
4. 你认为新公司将如何整合两家公司的资源和能力以实现公司的战略愿景？
5. 兼并后的新公司将面临那些挑战？

第十章　企业国际化经营战略

■ 大师论语

企业如果固守过去曾行之有效的战略，那么它必将败于竞争对手。

——美国科恩集团董事长兼首席执行官　威廉·科恩

未来真正出色的企业，将是能够设法使各阶层人员全心投入并有能力不断学习的组织。

——美国管理学家　彼得·圣吉

■ 本章学习目标

- 企业国际化经营的动因及特点
- 企业国际化经营的意义
- 企业的国际化战略
- 企业进入国际市场的方式
- 影响企业进入国际市场方式的因素

■ 引例

联想：三步战略实现国际化

在中国企业国际化的征程中，联想的国际化战略毫无疑问是一面旗帜，是中国企业国际化“苦旅”中的一道亮丽风景线。

通过并购IBM全球PC业务，国际化的新联想已经具备了更为强大的技术创新能力，一个集全球创新之力打造的国际化的研发体系，已经显示出它前所未有的创新优势。

2006年8月，在《福布斯》杂志公布的“中国顶尖企业榜”中，联想高居榜首。这项旨在为中国读者推荐最具价值企业的调查，充分肯定了联想在国际化进程中的表现，

为了国际化，联想实施了全球化三步走的战略。

第一步是宣布联想全球换标。2003年，联想全球换标，由“legend”换为“lenovo”。杨元庆当时称：联想之所以换标，是为联想国际化做准备，“legend”在海外许多地区已经被注册。

当时，联想与IBM还在秘密接触中，联想收购IBM的PC业务最终能否成交还是未知数，但柳传志打造全球化联想的决心已定。

全球化战略的第二步是收购IBM的PC业务。柳传志认为：“来自中国的联想收购IBM的业务本身就是一个让世界震惊的消息，就是对联想品牌的一次宣传。”宣布收购IBM的PC后，联想的任务是整合全球业务，达到协同效应，然后准备实施第三步战略。

联想全球化的第三步就是借力奥运进军全球。柳传志说：衡量联想收购是否成功，就

得看联想品牌国际化战略是不是成功，前两步成功了，第三步不成功，那么联想收购IBM的PC就不能算成功，联想全球化战略也不算成功。因此，奥运战略对联想至关重要。

此前的都灵冬奥会已经初显端倪。联想为都灵冬奥会提供了4 767台lenovo开天台式电脑、1 600台Think Center台式电脑、630台笔记本、350台服务器、600台桌面打印机。从计时计分、到成绩处理再到资讯的传播，联想以优质的产品和周到的服务得到了国际奥委会全面的肯定和高度的赞誉。

以都灵为主会场，协同全球45个国家和地区，联想第一次大规模在海外市场推广lenovo品牌的产品，这是联想在全球范围内打造lenovo国际品牌的里程碑。都灵冬奥会，联想不仅以“零故障”赢得美誉，还在全球范围选用11位冬奥会冠军、世界冠军作形象代言人，全方位地实施整合营销传播，提高了联想知名度和美誉度。

作为2008年奥运会的TOP赞助商，联想又成为奥运会火炬官方合作伙伴，联想创新设计中心主创的“祥云”火炬将走遍全球五大洲。

联想在国际化进程中，需要做大“lenovo”品牌，而奥运正是一个好时机。如果能把握好这一点，2008年奥运会后，联想跃居全球PC的第一把交椅并不是梦想，毕竟目前的联想和戴尔、惠普的差距并不是可望而不可即的。

时至今日，联想的国际化备受关注——不仅仅因为联想是中国IT业的领跑企业，不仅仅因为联想是中国电子行业最为响亮的品牌，而是因为在这个全球化浪潮席卷而来的时代，联想已经成为中国经济全球化的一个坐标，成为中国企业冲向海外的象征，更寄托了国人对中国企业国际化的期冀。

资料来源：孙永杰. 联想：三步战略实现国际化，中国电子报，2007-06-07.

第一节　企业国际化经营的原因及特点

一、企业国际化经营的原因

一般说来，企业进行国际化经营有两个目的：一是获利；二是求稳定。就获利来说，国际化经营可使企业获得满足国外市场对本企业产品或服务日益增长的需求的机会，扩大本企业产品的销售范围，从而获得更多的利润。此外，对企业产品或服务的新需求，对企业的生产经营过程起到稳定的作用，而不至于受国内市场周期性变化的影响。下面列出企业走向国际化经营的具体原因。

（一）利用技术领先的地位

当一个企业开发出一种新产品后，起先它会具有明显的竞争优势。随着这种产品的逐渐传播和成长，在国内市场上它越来越失去其独特性和所具有的竞争优势，这时企业通常会将这种产品向国外市场拓展。因为同一产品在不同市场上的市场生命周期是不一样的。在一个国家的市场上已经进入成熟期或衰退期的产品，在另一个国家的市场上可能刚刚进入成长期，而在其他国家的市场上则可能处于投入期。因此，将产品向不同的市场扩散，就可保证或利用产品技术领先的地位。

（二）利用卓越而强大的商标名称

当一件产品的品牌在国内具有良好的声誉时，它通常诱使企业在全球范围内设立生产系统。也许是由于人们普遍存在的"崇洋"心理，或者是其优异的产品质量，洋牌子的产品通常被认为较国内产品要好。这种情况在服装、汽车、家用电器中尤为明显。反过来，进行国际化的竞争，活跃于几个大的主要的国际市场上，更进一步巩固和加强了企业的声望和信誉。

（三）利用规模经济优势

当存在超越本国市场容量的规模经济时，企业为了降低产品成本，取得规模经济而带来的效益，就不得不向新的市场渗透，将企业的储运、采购、生产和市场营销等活动转向国际市场。例如，业已证明现在生产高速钢的企业，其最低的效益规模大约为国际市场需求的40%。有时，国际范围内的纵向一体化是实现规模经济的关键，因为国际纵向一体化系统的有效规模较之国内市场规模要大得多。

（四）利用低成本的资源

当生产成本成为产品生产的关键因素时，企业会把生产转移到资源或劳动力相对较低的地区，在世界范围内规划生产经营的最佳资源配置，并向全世界销售产品。只有这样，企业才能保证降低其产品成本，增加其产品的竞争力，保证企业经营的最佳整体效益。

二、企业国际化经营的特点

由于企业进行国际化经营而超越国界的异地性，使它们面临的生产经营环境与国内市场经营的企业有较大的差异，其特点与国内市场经营的企业也有较大的差别。具体表现在以下几个方面：

（一）经营空间广泛

经营空间广泛指的是国际化经营的企业，在获取资源的途径、经营范围的拓展和产品开发程度等方面要比国内市场经营的企业广泛得多。国内经营的企业基本上是利用企业内外资源，在原有产品和业务构成的基础上，以国内活动空间为主体开展经营。国际化经营的企业由于在获取资源、产品生产、产品销售、研究与开发等方面的经营活动扩大到世界范围，就要求在制定战略时，把整体世界市场作为自己经营活动的舞台和战略发展的空间。

（二）经营环境复杂

经营环境复杂表现为环境因素的多样性、不可控性和不确定性。影响企业生产经营活动的环境因素远比国内复杂，这些影响因素包括政治、经济、法律、文化以及民族心理等方面的差异和变化。它们比国内环境因素具有更强的不可控性。因为，所谓国际市场实际上是由世界上大大小小一百多个国家和地区的市场组成的，每个国家和地区的环境因素均有其不同的特点。企业在进入不同的国际市场时，将面临彼此各异的市场环境。这就对企业经营者知识的广度和结构提出了更高的要求。

（三）竞争激烈

国际化经营的企业面向的是国际市场，而国际市场都是买方市场，各国商品销售者之间的竞争十分激烈。特别是第二次世界大战后，由于生产的高度国际化，跨国公司已成为国际市场上的一支重要力量。它们实力雄厚，进行国际经营活动的经验丰富，在许多产品领域居于垄断地位。企业在进行国际化经营时，与跨国公司的竞争难以避免，这对初涉国际化的企业无疑是严峻的挑战。对此情况,企业竞争失败的危机远比国内经营要大。

（四）信息管理难度大

由于经营空间距离较大,信息的传递和交流不如国内方便。语言与文字的差异、商业习惯的不同,以及不同国家政府的政治倾向等,都使得企业进行市场调查,获得经营信息的困难比国内要大得多,所花的费用也高得多。除此之外,经营空间的广泛性要求搜集的信息范围广,经营环境的复杂性要求信息搜集要全面,而竞争激烈要求信息的传递迅速、准确,反馈及时。这些都是国际化经营的企业的信息管理带来了不小的难度。

（五）计划和组织要周密

经营空间的广泛性,经营环境的复杂性和信息管理的高难度对国际化企业的经营活动的计划和组织提出了更高的要求,包括原料采购、产品生产、销售、运输等方面的计划和组织。国际化经营企业的原料来源、元器件和零配件的供应可能都在国外市场,产品也销往国外,这样远距离运输是个难题。国际化经营企业为了履行合同,保证及时交货,必须保证原料的及时供应,保质、保量、按时根据国外订货的合同加工出产品,并及时运送给用户。因此,对国际化经营的企业来说,在原料供应、产品生产、销售、运输过程的计划和组织上要比国内经营的企业投入更多的经营力量,对管理工作要求更高。

【阅读资料】

国际化经营的挑战与风险

一、一般的挑战与风险

国际化是一个艰辛的旅程,跨国公司的管理者们不得不面临众多风险。企业在进行全球经营时,不同国家和地区在社会、语言、文化、宗教、传统、价值体系、人口、环境、政治、法律、基础设施等诸多方面均有所不同,这些都对国际化经营提出了较大的挑战。对一个横跨几大洲、员工使用多种语言的企业进行管理,自然要比对同处在一个屋檐下、说同种语言的企业进行管理困难得多。进行国际经营往往还需要对某些区域性经济组织进行了解,包括欧洲经济共同体、拉丁美洲自由贸易区、国际复兴开发银行及国际金融公司等。相对于国内经营而言,由于国际经营存在更多的变量与关系,跨国公司的战略管理过程要面临更多的陌生性、复杂性、动态性和不确定性。

企业参与国际竞争,除需考虑各国之间的基础差异外,还要特别考虑国际竞争所独有的东道国贸易政策、汇率变动等因素。一些国家的贸易政策反复多变,如尼日利亚1989年前规定石油外贸比例不得高于20%,然而,在其后的若干年内却多次上下浮动,最终变为如今的45%。还有一些国家币值极不稳定,通货膨胀严重,这也是跨国投资、贸易的重大风险所在。典型如津巴布韦,这个原本的“非洲粮仓”,在陷入严重的粮食短缺和经济危机后,通胀率高达7638%,而民间的数字更是官方2007年7月份公布的这个数字的两倍。近几年,国际金融市场动荡异常,汇率、利率变化无常,振幅很大。在当今这个微利的时代,好不容易赚来的辛苦钱,却被波动的汇率毫不留情地蒸发掉。还有不少国家实行外汇管制,即使赚了钱也很难汇回国。

企业参与国际竞争,一国及国际的政治局势变化,同样构成国际经营的风险。政治局势变化一般包括政治冲突、军事冲突、选举和政权更替等。一些国家频发的战乱、民变和其他意外因素对跨国经营造成的威胁很大。以中国企业为例,一些国内企业在尼日尔、赞比亚都曾碰到过绑架、交火等事件,造成人员伤亡,还有个别地方爆发排华风波。

企业参与国际竞争,对国外购买者的偏好、市场状况、分销渠道、长期增长潜力,尤其是各国在某些方面的差异等问题,也需要给予充分关注。比如,德国五家连锁零售商就控制了65%的市场,而在意大利一家连锁商控制超市2%的市场。此外,本地化问题、子公司所有权比重问题及内部转移价格问题,也是跨国公司普遍面临的挑战。

二、跨国公司面临的新挑战

近年来,跨国公司的挑战又呈现出一些新的趋势:一是以物品为基础的生产转为高技能、高技术和以服务为基础的生产。二是生产方式由大规模集中转向灵活分散。三是企业经营的基本条件由与工业经济相适应,向与信息经济相适宜转变。四是从产品竞争转向组织竞争。团队组织、网络组织、虚拟组织、无边界组织、学习型组织、孵化组织、扁平化组织、女性化组织、跨文化组织、自适应组织等,方兴未艾,异彩纷呈,展现出勃勃生机与活力。五是企业的获利能力更多地取决于企业的R&D投资力度和知识网络,该网络不仅能够在内部畅通地传达信息,进行创新,而且可以从外部系统中获取信息,对网络进行自我否定和自我加强,从而形成保持递增的正反馈机制和正强化机制。六是跨国公司越来越表现出全球性和本地化两方面的特征,"全球本地化"与"本地全球化"相得益彰。七是亚洲新兴市场正在崛起全球领袖企业。比如,发源于中国香港的汇丰银行、发源于印度的兰伯西实验有限公司和发源于韩国的三星电子,它们已经在其核心业务中达到全球标准的竞争力,其关键流程也已达到甚至超过全球基准水平。

第二节　国际化经营的环境分析

国际化经营的企业面临复杂多变的国际环境。企业在决定将其业务向海外扩展之前,必须充分全面地了解国际环境的现状和发展动态,这是国际化经营战略取得成功的前提和基础。下面分析企业在走向国际化经营时所应考虑的环境因素。

一、国际贸易体制

国际化经营的企业的目标是针对国际市场,因此首先应了解国际贸易的格局和体制。

(一)关税

关税是一国政府对进出该国的产品所征收的税金。各国的关税制度不完全相同,一般有:单列税制,即一个国家的关税对各国同一类商品采取一个税率,无优惠待遇;另一种为双列税制,即一个国家对同一种商品采用两种以上的不同税率,对最惠国家实行低税率关税。关税一般是根据商品重量、体积或价格来规定税率。关税可以是增加国际收入的关税,也可以是保护本国企业的保持关税。在后一种情况下,国家往往对进入的货物征收倾销税。根据《反倾销协议》:用倾销的手段将一国产品以低于正常价格的办法挤入另一国贸易时,如因此对某一缔约国领土已建立的某项供应造成重大损害或产生重大威胁,或者对某一国内工业的建立产生严重阻碍,这种倾销应该受到谴责。缔约国为了抵制和防止倾销,可以对倾销的商品征收数量不超过这一产品倾销差额的反倾销税。因此,反倾销税是对商品倾销国货物征收的一种进口附加税,目的在于保护本国产业和国内市场,抵制外国进口商品的竞争。

(二)非关税壁垒

它是指除关税以外的限制商品进口的各种措施。非关税壁垒名目繁多,据统计,已有850多种。其中主要有:进口配额制、进口许可证制、商品包装和标签的规定、繁杂的海关手续、政府的采购政策等。而其中最常用的是进口配额,它是指输入国对某一产品领域同意进口,但对进口商品总量规定限额。其目的是为了保护国内某些产品和就业。

(三)国际贸易的支付方式

国际贸易需要将一国的货币兑换成另一国的货币。由于各国货币价值经常波动,因此汇率就会带来一定的问题。事实上,汇率的改变可能会使国际贸易所得的收益化为乌有。由于销售和交货与收回货款的时滞问题,汇率的问题对进口商或出口商的影响更为突出。表10.1列出了这种影响。

表10.1 汇率变动对进口商和出口商的影响

汇率变动	以进口商货币结算时的影响		以出口商货币结算时的影响	
	进口商	出口商	进口商	出口商
进口商货币升值	无影响	结算后获得更多的国内货币	支付较少的国内货币	无影响
出口商货币升值	无影响	结算后获得较少的国内货币	支付更多的国内货币	无影响

二、政治—法律环境

国家的政治-法律环境是否有利于外国商品进口和外国投资,各个国家有相当大的差别。国际化经营的企业如决定在某国扩展经营业务时,至少必须考虑该国以下方面的因素:

(一)对外国企业的态度

有的国家对外国企业表示积极欢迎,鼓励外国企业投资,为外国企业准备工业布局条件或基础设施等。有的国家对外国企业并不持友好的态度,这反映在许多方面,如禁止外国独资企业,限制外国企业的投资份额,政府控制外国企业返还母公司的利润数量及货币种类等。

(二)政治的稳定性

不仅要考虑交易对象国家政治形势的现状,还要考虑将来的稳定性。如果政局不稳,领导人频繁更迭,则对外国企业有没收、征用和收归国有的危险。因此,如果政局不稳,与其对国外直接投资,不如选择出口贸易。反之,如果政局比较稳定,则可考虑直接投资。

(三)政府的管理制度

诸如有效的报关手续、提供市场信息、外国政府所实施的制度和办事效率等。

(四)贸易或投资条约和协定

这些协定是两个或两个以上的国家为确定彼此之间的经济关系而缔结的书面协议。这些条约或协定的内容比较广泛,如关税的征收、海关手续、船舶航行、双方企业在对方国际所享受的待遇或保护、特种所有权(专利权、商标权等)的处理和商品转口等。

法律环境指的是与国际化经营有关的法律,如涉及海外子公司设立的公司法、劳工法、商标法、专利法、所得税法,与竞争有关的法规,与进口有关的法规,投资保护法规等。此外,还包括国际法律规范形式的国际公约。

三、经济环境

企业进行海外经营时还必须研究相关国家的经济状况和经济动向。

1. 国家的经济发展水平

一个国家总体的经济发展水平不仅决定着出口该国商品的种类,也影响着投资类型和方向。一国经济发展水平的划分体系有六个阶段法和四个阶段法,下面介绍四个阶段法的划分标准。

(1)自给自足的经济。在自给自足的经济结构里,几乎所有所有的人都从事单一农业劳动,生产的产品大部分被消费掉,以剩下的财务进行物物交换,也进行服务于财务的交换。显然,这种类型的经济能给外国提供的贸易或投资机会是很少的。

(2)原料出口经济。在这种经济中,只有一种或少数几种丰富的自然资源,缺乏其他资财,收入几乎全部靠资源的出口。例如,智利的锡和铜、刚果的橡胶、沙特阿拉伯的石油等就是如此。这类国家和地区是部分机械设备、材料加工设备、工具、器皿和运输工具以及奢侈品的良好市场。

(3)产业发展中经济。在这种经济结构里,工业占一定的重要地位,一般占国内生产总值的10%～20%。随着工业的发展,进口较多的是钢材、重型机械、通讯设备、半加工纤维制品,很少进口纤维成品、纸制品和汽车。随着产业的发展,出现新的富裕阶级和为数不多的中产阶级。他们都需要新式的商品,而且都要从外国进口。

(4)产业经济。产业经济发达的国家根据工业技术或资本的输出程度建立起自己的工业基础。这种国家与其他工业国换工业产品,与其他经济类型的国家之间用产品交换原料和半成品。由于中产阶级在大规模产业活动中占有相当重要的地位,这些国家已是一切种类商品的广阔市场,并且也有许多的投资机会。

(二)国内生产总值总量及其分布

国内生产总值的总量反映一个国家的总体经济实力,而从国内生产总值的增长率来看,更能判明一个国家的经济运行状况及前景。但是反映该国贫富的标准尺度及人均国内生产总值这一指标最为科学和合理。然而,不仅要考查一国的国内生产总值总量,还要分析一下国内生产总值的分布状况,即社会财富的分配模式。这种分配模式除与该国总体经济发展水平有关外,更多的是受政治制度的影响。国内生产总值的分布模式可分成五种类型:全是低收入阶层;大部分是低收入阶层;低收入阶层与高收入阶层并存;低、中、高收入阶层并存;大部分是中产阶级。国内生产总值的分布模式主要影响市场的需求结构和需求规模。

(三)国际收支

公司进行国际化经营必须考虑所在国的国际收支状况。因为,一方面国际收支影响该国的本位货币的币值,一个国际收支严重逆差的国家往往会贬低本国货币,扩大出口;另一方面,国际收支影响该国政府的经济政策以及对外来资本的态度。一般所在国是欢迎国外直接投资的,这有利于该国经济的发展与国际收支稳定,但国际收支逆差会影响国际企业的汇出利润与原料进口。

(四)集团贸易与区域性经济

自从20世纪80年代初以来,世界经济出现的一个重要现象是集团贸易和区域性经济集团的兴起。集团贸易与区域性经济合作的模式,包括建立共同市场(削弱或取消内部关税及增设共同对外关税和完全的海关联盟)、自由贸易区、区域开发合作集团等多种形式。业已建立和将要建立的区域性经济集团有欧洲联盟、北美自由经济贸易区(美国、加拿大和墨西哥)、东盟自由经济贸易区、亚太经济合作区组织APEC等。世界上主要的合作集团是欧佩克,即石油输出国组织。它的目的是在成员国之间控制石油生产水平和油价。

四、地理、社会、人文环境

(一)地理环境

1. 气候与地形

一个国家的地形与气候条件,不仅影响着产品的生产与适应能力,也关系着市场的建立与发展。此外,海拔、温度、温差都会给产品的功能和使用条件带来影响。

2. 自然资源

资源是跨国经营必不可少的重要条件。自然资源的位置、质量及可供应量影响着投资的规模和技术选择。

(二)社会、人文环境因素

1. 人口状况

包括人口总量规模、人口增长趋势、人口密度,以及按年龄、性别、教育程度、职业、城乡和地理位置划分的人口分布状况及变化趋势。此外,还要研究家庭结构。因为家庭结构不同,对商品的需求存在明显差别。总之,人口总量及其分布和结构,加之人均国内生产总值等,都对消费需求的总水平有决定性的影响,是确定目标国家市场规模大小的重要指标。

2. 基础设施

社会基础设施包括交通运输条件、能源供应、通讯设施和商业设施。商业设施包括广告、销售渠道、银行和信贷机构。基础设施越发达,国际企业就越能顺利地在目标国家开展投资生产和销售活动。否则,企业就必须花很大的经营代价,甚至在经营成本很高时不得不放弃这个市场。

3. 教育水平

人们受教育程度不同,对商品的需求和鉴别能力也不同,接受文字宣传能力也有区别。如果目标国家教育程度很低,国际企业就要派较多的管理和技术人员到该国发展业务,而不能过多地依赖当地人才。

4. 宗教信仰

不同的宗教信仰有不同的文化倾向与戒律,影响着人们认识事物的方式、行为准则和价值观念,对商品的需求,包括商品的结构、外形、颜色等都有特殊的要求。此外,社会、人文环境还包括诸如该国的生活方式、占统治地位的社会价值观念、审美观念、风俗习惯、语言文字等因素。

第三节　企业国际化战略选择

进行国际化经营的企业可以从不同的维度去定位，具有多种可供选择的战略方案。

一、“成本—差异化”维度

企业在进行国际化战略定位时，有两个维度至关重要：一是降低成本的压力；二是因地制宜的压力。以这两个维度分别作为坐标系的横轴和纵轴，以压力的高低作为可取的变量值，由此产生一个矩阵。在该矩阵所围成的四个方格里，分别对应企业国际化战略的四个基本战略：全球化战略、国际化战略、跨国化战略和多国化战略，如图 10.1 所示。

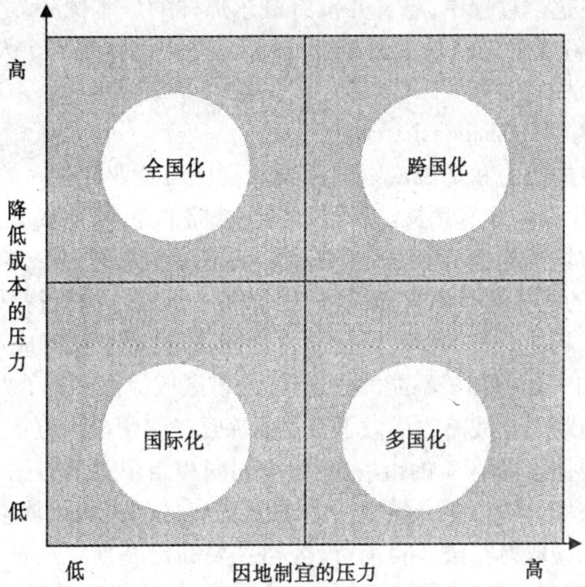

图 10.1　降低成本与因地制宜的压力

（一）全球化战略（Global strategy）

该战略因地制宜的压力低，但降低成本的压力高。当企业成本降低的压力强烈而地区调适的要求最小时，这一战略最为有效。运用全球化战略的企业，通过在世界上最佳的区位大量生产标准化的产品，以实现规模经济、区位经济和经验曲线效应。众所周知，向全球所有用户提供标准化的通用产品，会比提供差异化产品带来更好的利润，因为标准化就等于效率。而且，随着国际交往的频繁和经济一体化的深度展开，各国需求趋同的趋势越来越明显，标准化、通用化在工业品行业尤其普遍。全球市场上客观存在着有巨大需求的标准化消费产品，如化学品、钢铁、石油、飞机、半导体晶片、传真机、电视机、个人电脑、掌上电脑、液晶显示屏、轮胎、可口可乐、糖、汉堡包等。

沃尔玛公司作为实施全球化战略的典型代表，深谙其顾客不需要沃尔玛为其量身定做满足基本生活需要的糕点、饮料和纸巾，而是需要足够低的价格降低生活成本。所以，沃尔玛的主要精力就是把大规模采购来的全球通用产品，以最低的成本送到顾客能够购买的地方，再以最低的价格卖给最终消费者。

（二）国际化战略（International strategy）

该战略因地制宜的压力和降低成本的压力双低。当企业具有核心能力，国外市场当地竞争者又缺少这种能力，通过向国外市场转让有价值的技能和产品来创造价值，并且企业面临的地区调适和降低成本的压力都相对较弱时，采取国际化战略是有效的。运用国际化战略的企业，通常将产品开发集中在母国，向世界各地出售的产品，虽不像全球化战略所要求的那样完全相同，但差异不大。

以惠普公司为例，该公司在美洲、欧洲和亚洲市场销售的笔记本电脑几乎一样，只是在外壳的彩绘喷涂上提供一些选择。但是，惠普凭借其过硬的产品品质、良好的品牌形象和出色的“金牌服务”，在笔记本上取代台式机的大趋势下，一举打败戴尔的直销模式，成功赢取了市场份额。在这个过程中，惠普并没有戴尔那样的成本优势，之所以能够赢得消费者的认可，取得高于行业平均值的成长速度和利润率，关键在于对个人电脑的深刻理解和赋予产品高附加值的核心能力。

（三）跨国化战略（Transnational strategy）

该战略因地制宜的压力和降低成本的压力双高。当企业面临高的降低成本压力与高的调试压力时，跨国化战略才有意义。采用跨国化战略的企业，主要立足本国市场，仅在少数极其有限的国外市场参与国际竞争，其基本的诉求是同时取得成本和差异化的双重优势。显然，这一诉求的挑战性是不言而喻的，因为通常低成本的获得是以牺牲差异化为代价，反之亦然。突破、超越低成本和差异化冲突的钥匙是：寻求具有成本优势的区域（国家或地区），通过内部知识转移和核心能力的迁移，为该区域提供有竞争力的差异化产品。

中国移动在实施跨国化战略方面做了有益的探索。作为国内电信行业的绝对第一，中国移动占据了移动通信市场70%的市场份额，净利润相当于竞争对手中国联通的营业额。该公司立足于国内市场，同时在全球战略中采用比较稳健的跨国化战略，逐步进行国际化，力争在个别国外市场先取得突破。目前，该公司主要在巴基斯坦经营GSM网络。之所以选择巴基斯坦，很大程度在于该国成本的比较优势。同时，中国移动为适应该国在电信业发展产业政策、运营网络制式等方面的要求，吸引当地消费者，做了大量本地化的工作。通过本地化和差异化，争夺市场份额，现已成为当地第六大电信运营商。

（四）多国化战略（Multinational strategy）

该战略降低成本的压力低，但因地制宜的压力高。当本地化程度高而成本压力低时，采取多国化战略最为有效。多国化战略强调产品的适应性，意味着在各国分别实行本地化，以适应消费者在兴趣和偏好上的差异。世界各国、各地的文化、传统、习俗、发展阶段、基础设施、分销渠道、消费偏好等千差万别。例如，北美家电系统的电压为110伏特，而欧洲标准为240伏特；北美消费者对于小卡车有强烈需求；而欧洲国家小卡车主要由企业购买；如此等等，不一而足。因此，采用多国化战略的企业，需要在其从事业务的各个东道国市场，分别建立适应当地条件的价值创造系统和营销策略，以寻求地区调适最大化。由此可知多国化战略或有不足：重复建设生产设施造成高成本，各个子公司各自为政，企业内部的核心能力利用不足。

通信设备制造商华为公司是采用多国化战略的典型代表。华为的业务涵盖2G和3G两大市场。在现在主流2G网络GSM和CDMA中，华为在欧洲、亚洲和美洲等不同市场，根据客户的不同需求提供不同的路由器、交换机等网络设备和相应的升级服务。在面向未来竞争激烈的3G市场中,华为在WCD-MA、CDMA2000和TD-SCDMA全面布局,在最成熟的WCD-MA已经获得了荷兰、日本等发达国家不小市场份额。华为的成功就在于,在高附加值的通信设备行业,充分抓住客户的需求,把主要精力放在根据客户需求进行针对性的产品研发和服务配套上。

表10.2　不同的全球战略的优势与劣势

战略类型	优势	劣势
全球化	具有充分开发和利用规模经济性、区位经济性和经验曲线效应的能力。一招鲜吃遍天。	缺乏因地制宜性。
国际化	具有向国外市场转移独特竞争优势、转让技能或产品来创造价值的能力。	缺乏因地制宜性,难以实现区位经济性,不能充分利用经验曲线效应。
多国化	具有通过因地制宜实现产品和营销定制化、本土化的能力。	无法实现区位经济性,无法开发和利用经验曲线效应,难以向外国市场转移独特竞争能力。
跨国化	具有充分开发和利用经验曲线效应和区位经济性的能力,具有实现产品和营销定制化的能力,有利于组织内部知识的学习、共享、转移和核心能力的迁移。	有组织问题所带来的实施困难。

二、"盈利性—合法性"维度

与上述"成本-差异化"维度不同的是,"盈利性—合法性"维度主要考虑盈利性和合法性两个指标。盈利性是指国际经营活动能为公司带来的收益增加、成本减少或稳定性的增加程度;合法性则是指国际经营活动与东道国的法规、政策、文化、习俗等环境要素的适应程度。根据这两个维度,珀尔马特(Perlmutter)于1969年将企业的国际营销战略定位分为四类:国际中心主义、多中心主义、地区中心主义和全球中心主义,从而建立了所谓的EPRG体系(见图10.2)。

(一)本国中心主义(Ethnocentrism)

以本国为核心,集中控制本国管理人员与技术等,完全当地化。电力行业的巨擘中国华能集团公司充分体现了本国中心主义的特点。华能公司以火力发电为主,占据了中国10%的电力市场份额。其发电生产所需动力煤、生产的电力的最终消费者,几乎全部来自国内市场,其扎根中国市场的特色彰显无遗。

(二)多中心主义(Polycentrism)

它努力使分公司或子公司适应当地的经营环境,管理比较分散。快速消费品行业的宝洁公司是多中心主义的典型。宝洁公司在美国研发、在中国生产、在世界主要消费市场进行同步市场营销,通过把产业链中的相关环节布局在最合适的多个区域(国家或地区),形成了强大的竞争力和市场优势,长期大幅领先其竞争对手联合利华公司。

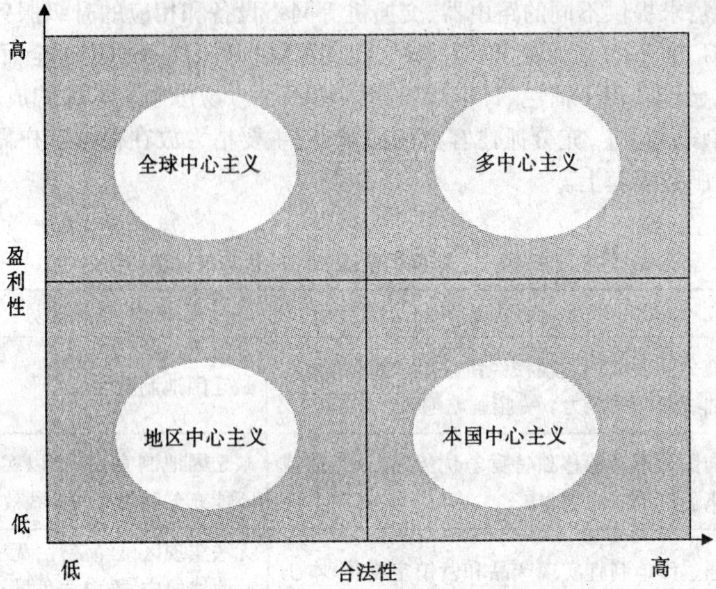

图 10.2　盈利性与合法性

(三)地区中心主义(Regioncentrism)

它按一定的区域划分和配置资源,管理既集中又有一定的分散性。蓝色巨人 IBM 公司更多体现了地区中心主义的性质。IBM 在细化自己业务部门的同时,逐渐形成了亚太、欧洲和北美等几大地区中心。在这些地区中心下面再分为大中华区、印度等市场,保持集中性和分散性的统一。

(四)全球中心主义(Geocentrism)

它在全球范围内配置资源,管理既集中又分散,但是形成了网络。通用电气公司是全球中心主义的杰出代表。通用电气一方面在重要的人事任命、资金、品牌等方面加强管理和调度,在集团层面统一配置关键资源;另一方面,又对 29 个事业部实行分类管理,通过分权和放权使各个事业部拥有相对独立的自主经营决策权,由此促使通用电气长期在各自的领域保持持续的领先优势。

三、"市场—资源"维度

确定全球化的战略定位还可以考虑另外两个维度:市场全球化和资源全球化。根据这两个维度,企业可划分为四种类型:(1)海外市场开拓者;(2)海外资源利用者;(3)全球市场经营者;(4)本地市场竞争者(如图 10.3 所示)。企业可以选择开拓全球市场,也可以选择在全球范围内整合资源,或者兼而有之,在全球范围内利用资源以征战全球市场。

对于任何一个国际化经营的企业来说,选择一个有效的国际战略是一项复杂而困难的决策。但是,基本来说这种选择基于国家的比较优势和特定企业的竞争优势。当一个国家较其他国家能更经济地或更便宜地生产某些商品时,可以说这个国家就具有生产这些商品的比较优势。生产要素决定了一个国家的比较优势,这包括自然资源、充足的及高质量的劳动力和资本、可应用的技术,以及这些资源的相对成本等。而竞争优势是指企业所具备

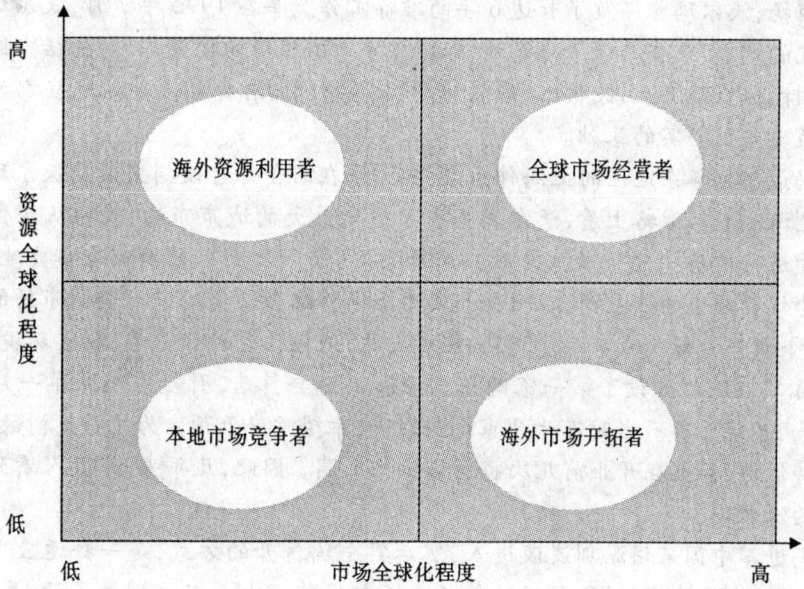

图 10.3　市场与资源

的独特专利性的特点,包括品牌名称、专利、技术诀窍等。竞争者如果不进行大量投资以及不冒很大风险的话,就不能模仿出其他企业所具有的那些专利性特点的。

国家的比较优势影响着企业在哪里生产以及在哪里销售产品的决策;竞争优势则影响着企业沿着附加价值链,将其资源集中于什么样的活动和采用什么样技术的决策。

【阅读案例】

沃尔玛的中国战略

全球第一大零售商沃尔玛,已连续多年被《财富》评为500强第一名。2005年的零售额达到2879.89亿美元。以前,沃尔玛大多数的国际投资都在靠近美国的墨西哥和加拿大,可是,最近它已经转移到了阿根廷、巴西、印尼和中国等国家。沃尔玛的目标是向所有的消费者而不只是美国人提供低价商品。

沃尔玛的扩张战略体现出有礼有节的文件特征。在业态上,沃尔玛选择了折扣店的形式,有利于早期的扩张。在产品和价格决策上,沃尔玛以低价销售全国性知名品牌,从而赢得了顾客的青睐。在物流管理上,沃尔玛采用配送中心扩张领先于分店扩张的策略,并及其慎重地选择营业区域内的最合适地点建立配送中心。在空间扩张上,沃尔玛采用垄断当地市场后再向下一个邻近地区进攻的基本原则和在配送中心周围布下大约150个左右的分店的策略。在数量上,沃尔玛更是始终保持理智的控制,不是一味追求数量的增加,而是重视销售额的优势和企业领导地位。在扩张业务上,沃尔玛也相当有节制,海外投资相当稳健,在条件较为成熟时才逐渐涉足南美、亚洲和欧洲国家。

与另一个进入中国的跨国零售"巨人"家乐福大张旗鼓地迅猛夸张相比,沃尔玛的中国征途几乎不动声色。沃尔玛犹如一位棋风稳健的围棋高手,谨慎布子,稳打稳扎。为了进入中国市场，沃尔玛曾经做了长达6年的准备工作。早在1992年7月，沃尔玛就获得了中国国务院的批准，在香港设立办事处，专门从事中国市场的调查工作，包括中国的经济政策、官方支持、城市经济、国民收入、零售市场、消费水平、消费习惯等。这些都为沃尔玛在中国的发展奠定了坚实的基础。

沃尔玛最早把华东地区的上海作为主要目标，在与合作者谈判失败后沃尔玛就将中国总部转移到深圳。从战略上看，沃尔玛失去了中国最大的城市市场，因为从区位上看上海是最有利于进行中路突破"（长江走廊），两翼齐飞（南下北上）"的商业战略要地。同时，南方地区多为规模较小的供应商，在理念和实力上很难配合沃尔玛进行全国市场的布局。但是，深圳这个新兴的移民城市人才充足，经济发达，地理位置毗邻香港，政策环境非常有利。1996年沃尔玛在深圳开设了第一家购物广场和山姆会员店，引起当地业界一片震动，"狼来了"的呼声不绝于耳。当时有十几家企业联手，希望政府干预。为了避免树敌太多，沃尔玛尽量保持低调，甚至在开业前几次将商品价格上调。因此，几年来，多数人看到的是一个并不可怕的沃尔玛。

沃尔玛进军中国采用深圳淡淡进入，然后再全国铺开的方式，是一种适应当地环境的发展模式，虽然发展速度较慢，但风险较低。沃尔玛曾经表示在深圳最多开15家店铺，自己在深圳市场便会处于饱和状态，因此沃尔玛今后的发展重点在深圳以外。在深圳，沃尔玛并不想挑起战争。在多数人的印象中，沃尔玛一直在南方活动，而且在对外宣传中沃尔玛也保持一贯的低调和谨慎。进入中国的这几年中，沃尔玛把大部分时间花在考察市场及培训管理人员上。就这样，沃尔玛悄悄地编织起撒向全国的巨网，深圳之后它又分别进入了东莞、昆明、大连、福州和汕头。

经过几年的时间，沃尔玛已经基本完成了全国分片区设点的战略意图，为中国入世后的发展做好了准备。作为全球最大的零售商，进入中国几年来，沃尔玛一直没有扑向它的核心猎物，而是悄悄地迂回在中国的海岸线上，它在熟悉环境并等待时机。2001年，沃尔玛在中国就开了4家店，分别位于福州、昆明、大连和沈阳。通过研究沃尔玛在中国的店址分布，可以发现：华南以深圳为中心，西南以昆明为中心，华北以北京为中心，东北以大连为中心的区域格局已初具雏形。随着各区域中心店的开业，沃尔玛在中国的发展战略已经铺开。

从2001年开始，沃尔玛在中国的发展速度开始加快。前几年沃尔玛在中国的扩张速度比不上家乐福的一个原因是，从开店方式看，沃尔玛在中国采取的是配送中心建设在前、店铺发展在后的方式，这也是其自有发展的标准模式。这种模式在发展初期带来较高的营运成本，同时也会制约跨区域的店铺发展速度。沃尔玛坚持了多年的配送中心先行的发展方式可能不会轻易在中国改变，这就意味着解决发展速度要通过其他途径。不容忽视的是，沃尔玛非常擅长资本运作，这在其中外多次的并购活动中已经表现出来。今后，它也可能通过兼并和收购的方式把那些在中国获得市场先机的企业纳于自己旗下。

沃尔玛从1996年开始从深圳进入中国市场，与其缓慢的扩张形成鲜明对照的是，不断加大采购中国商品，并输出到全球连锁店中，从这方面分析，沃尔玛不仅看中了中国巨大的潜在消费市场，而且看中了中国的商品。就过去的几年而言，后者甚至摆在一个更重要的位置。

这与沃尔玛对中国零售市场的竞争判断有关。中国本土零售企业在国家政策的阶段性保护下，占领市场的热情近乎疯狂，华联、超市发等中国零售企业的竞争异常激烈。在这种情况下，沃尔玛在中国入世之前保持低调扩张，而加大力度进行采购中国的商品不失为上策。

沃尔玛在深圳开店，其最初的目的也许并不在赢利，而是将其作为挺进中国的一个哨所。在这期间，凡是广东省的一些商贸交易会、展会，都能看到沃尔玛采购部门人员忙碌的身影。深圳的高交会和世博会、顺德的国际家用电器博览会，都是沃尔玛采购人员光顾的场所。在这些会上，采购人员每次都签下了大量的订单。从沃尔玛在中国的发展轨迹看，仅2000年，沃尔玛就从中国采购了100亿美元的商品，而其5年时间只在中国开了8家店铺，这种明显对比的含义不言而喻：采购中国商品能够保证沃尔玛获得巨额利润。一般零售企业的纯利润大概在8%左右，一次计算，沃尔玛通过采购商品一年就从中国赚走人民币近70亿元。2001年沃尔玛又决定将其全球采购总部搬到深圳。

虽然进入中国的时间并不长，但沃尔玛在竞争中的优势和特点已凸显出来。首先，管理高度规范化和经营理念科学化是沃尔玛最大的特点。沃尔玛的所有管理均通过信息技术完成，无论总部管理人员还是商场营业员都是按计算机的指令工作行事。可以说，沃尔玛在价格上对国内企业的杀伤力远不及其先进的管理理念和科学化的管理。

沃尔玛在卖场布置和商品促销方面非常有特色。沃尔玛并不是完全靠牺牲供应商和自己的利益来促销，总体上讲，沃尔玛的促销活动非常讲究技巧，能很好地迎合消费心理。沃尔玛谨慎地维护公司的品牌形象，确保每家店都能维护公司的形象，能给消费者很好的服务，给股东很好的回报。

沃尔玛十分重视员工的培训，其培训体系之健全也是多数国内商业企业无法比拟的。沃尔玛的每个员工从入职前到入职后的培训内容相当完善，中国员工入职前的培训量一般都不少于3个月，员工培训后对本岗位的知识能够全面掌握。

沃尔玛部分国际品牌商品的价格优势非常明显，这一点并不表现在价格标签上，而是体现在其取得的采购回扣上。例如，美国宝洁公司对中国国内各商家的供货价格是一致的，但作为宝洁公司的最大客户，沃尔玛每年均可在美国宝洁总部取得可观的采购佣金。

沃尔玛在信息技术方面的投资不遗余力，公司专门负责软件设计的工程师就有2 000多名。目前，沃尔玛中国公司于美国总部之间的联系都是通过卫星来传送的。沃尔玛美国公司使用的大多数系统都已经在中国得到充分的应用和发展，如存货管理系统，决策支持系统和扫描销售点记录系统等，为沃尔玛的商店规模成倍增加时，它们不遗余力地向市场推广新技术。通过信息共享，沃尔玛能和供应商一起增进业务的发展，能帮助供应商在业务的扩张和成长中掌握更多的主动权。

资料来源：揭筱纹，战略管理—概念、案例与分析[M].北京：清华大学出版社，2009.

第四节　企业进入国际市场的方式

所谓进入国际市场的方式是指企业使其产品、技术、工艺、管理及其他资源进入国外的国家（地区）市场的一种规模化的部署。从经济学的角度看，企业进入国外市场仅有两条道路。第一，在目标国家以外的地区生产产品向目标国家出口；第二，向目标国家输送技术、资金、工艺，以直接或者联合方式运送当地的资源（特别是劳动力资源）生产产品，并在当地销售。

从经营管理的角度看，上述两条道路可以分成几种对国际化经营企业具有不同成本和利益的进入方式。这些进入方式可分为出口进入、合同进入和投资进入三大类。

一、出口进入方式

出口进入与其他两种主要的进入方式（合同进入和投资进入）最重要的区别是：企业的最终或中间产品是在目标国家之外生产，然后运往目标国家，这就限制了劳动力的出口。

（一）非直接出口进入方式

这一方式是指国际化经营的企业通过企业所在国的中间商来办理出口业务。主要有以下两种不同类型的中间商。

(1)驻在国内的出口商。它们可以是本国开的国际贸易公司或出口商行，也可以是常驻国内的国外买主。这些中间商收购企业的商品，直接承担责任向国外销售。国际化经营的企业将产品卖给出口商即可。

(2)国内出口代理人。出口产品由出口代理人寻找国外买主，代表国外买主订货、运货、支付贷款，出口代理人收取一定的佣金，但不拥有出口产品的所有权，企业要承担全部风险。另一种形式是利用经纪人进行产品的出口。经纪人只负责寻找国外顾客，收取佣金，并不直接办理与销售有关的服务，不承担风险。

出口代理人和出口经纪人之间的相同之处是：都不拥有产品的实际所有权，受人委托安排双方客户的合同和沟通它们之间的联系，促成交易后由委托人按照交易额的一定比例支付佣金。不同之处是：经纪人和委托出口企业之间的关系通常不是长久的。当经纪人促成一项交易后，这种关系便告终。而出口代理人通常与出口企业签订长期代理合同，这种关系往往要保持好几年或更长一段时间。

非直接出口方式的优点是投资少，企业不需向国外派遣销售人员或开设分店，风险小。但这种进入方式也有其缺点：一是不利于企业了解国际市场环境和与国外的客户保持密切的联系；二是由于企业要向中间商支付较高的手续费，因而非直接出口的盈利性不高。这种进入方式比较适合商品出口量不大而又缺乏充分地经营出口业务能力的企业。

（二）直接代理商或经销商

这一方式是指依靠目标国家的中间商来出口销售产品。外国代理商是独立的中间商，它对出口企业的产品没有所有权。代理商的主要任务是将货物销给其他的中间商（批发商、零售商）或最终买主，他的报酬按常规是销售佣金。国外经销商对出口企业的产品拥有所有权，并将其转销给其他的中间商或最终买主。

（三）建立国外销售分店（或子公司）

国外销售机构承担在该国的流通业务，负责保管和推销业务，具有产品展示中心和服务中心的功能。

二、合同进入方式

合同进入方式是一个国际化经营的业务与目标国家的法人之间就转让技术、工艺等方面订了长期的、自始至终的、非投资性的合作合同。合同进入方式和出口进入方式的区别是，前者主要输出的是技术和工艺，尽管它可能会开辟产品出口的机会。与投资进入方式

的区别是,它不对目标国家投资。主要的合同进入方式有下列几种:

(一)许可证贸易

许可证贸易时指企业在规定的期间将自己的工业产权(专利权、技术秘密或诀窍、注册商标等)转让给国外法人,而许可证接受者须向提供许可证者支付一定的报酬和专利权使用费。根据转让方授权大小程度的不同,可以将许可证贸易分为下面五种类型:

(1)独占许可。指许可方给予被许可方在规定地区、规定期限内有权制造、使用和销售某项技术产品的独占权或垄断权,而技术许可方及任何第三者都不得在这个规定地区内制造、使用和销售该技术产品。

(2)排他许可。指技术许可方和被许可方在规定的地区内有制造、使用和销售的权利,但许可方不得将此种权利给予第三者。

(3)普通许可。指技术许可方给予被许可方在规定地区内有制造、使用和销售的权利,而许可方仍保留直接或转让给第三者在这个地区内制造、使用和销售的权利。

(4)可转让许可。即技术的被许可方有权将其他得到的权利以直接的名义再转让给第三者。

(5)交换许可。即双方以各自拥有的专利技术活专有技术等价交换使用。

许可证贸易是进入国际市场的方便途径。从提供许可证的企业看,可以在不需投资的情况获得盈利;可以通过工业产权的出口,打破各种贸易壁垒;向国外输出技术,有利于建立自己的技术派系,提高产品竞争能力。但是,提供许可证的办法与自己在国外安装生产设备、组织生产相比,可能出现一些缺点。首先,接受许可证者可能不能很好地组织正常生产,或接受许可证者取得极大的成功,使提供许可证的企业感到,若是自己组织生产,本来可以得到的巨额利润被人拿走而惋惜。倘若中途废除许可证合同,接受许可证者可能成为可怕的竞争对手。为避免这种危险,发许可证者应与接受许可证者建立双边合作、分享利润的关系。这种关系能否建立,关键是提供许可证者能否保持革新的势头,使接受许可证者甘愿依靠发许可证者。

(二)特许经营

特许经营是由特许授予人准许被授予人使用他的商业商号、注册商标、经营管理制度与推销方法等从事企业经营活动。被授予人则给特许授予人一定代价,授予人对被授予人以有效协助,被授予人有义务接受其监督与控制。特许经营和许可证贸易尽管类似,但在动因、提供的服务和有效期限等方面是不一样的。在特许经营中除了转让企业商号、注册商标和技术外,特许者还要在组织、市场及管理方面帮助特许证人,以使专营能持续下去。

(三)合作生产

合作生产是企业与国外制造商签订合同,由国外制造商生产产品,而企业主要负责产品销售,一般是将产品销往制造商所在国家的市场或其他地区。为了获得制造商按照说明书生产的产品,国际化经营的企业一般要向当地的制造商转让技术和提供技术帮助。合作生产能给国际化经营企业带来许多好处;它需要较少的资金和管理资源的投入,得以很快地进入目标国家,避免当地所有权问题。而且它允许企业对销售过程和销售服务实行控制。如果国外制造商的生产成本低,则合作生产就会大大提高企业产品的竞争能力。不过,采用合作生产的缺点是,对生产过程的控制力很小,改善产品所得的利益完全归制造商。但企业可以以极小的风险抓住机会在国外取得厚利,最后可能将国外的制造商全部买下来。

(四)管理合同

这是向国外企业提供管理经验、情报信息、专门技术知识的合同。它赋予国际化经营企业在目标国家管理工厂日常运行的权力,而由国外企业提供所需的资本;国际化经营企业不是输出产品,而是输出管理经验与劳务。在一般情况下,管理合同不授予国际经营企业有权力进行新的资本投入、承担长期债务、决定红利政策、设立基础管理或更变政策或是对所有权的安排做出改变等,因此所管范围只是企业的日常运营。缔结管理合同是进入国际市场风险最小的方式,合同开始生效就有收益。提供管理经和知识的企业,如能在一定期间里取得对方企业若干股份的选择权,这种合同就更有吸引力。如果提供经营管理经验和知识的企业,能在别的方面更有效地利用这种经营能力,或者单独经营可以取得更多的利润,则缔结这种合同就不是最佳选择。

(五)建筑或交钥匙工程合同

这种合同把标准的建筑工程合同向前推进了一步,它要求承包人在将国外项目交给其所有者之前,应使其达到能够运行的程度。甚至在建筑工程全部完成后,为了使所有者进行项目的准备,承包人有责任提供诸如管理和操作培训一类的服务。这种安排有时被称为"交钥匙附加承包"。在签订和执行交钥匙承包合同中,承包人应该充分落实该合同,要明确规定工程项目计划和设备,各方的义务和责任,不可抗力的含义和合同违约后的法律后果以及解决争端的程序等事项。

三、投资进入方式

投资进入方式涉及国际化经营的企业拥有的制造厂和其他生产单位在目标国家的所有权问题。在生产范围内,国外子公司可能是完全依靠由母公司进口半成品的简单的组装厂,也可能是那些承担全部产品制造任务的生产厂。在所有权和管理控制范围内,国外的生产分公司可分为两种,一种是母公司拥有完全的所有权和控制权的独资企业;另一种是母公司和当地企业共同拥有所有权和控股权的合资企业。

(一)独资经营

它是指国际化经营的企业单独在国外投资建立企业,独立经营,自担风险,自负盈亏。如果国外市场需求潜力很大,企业具有国际化经营的经验和能力时,企业可能考虑采用这种进入方式。独资经营与其他进入方式相比有许多益处。企业可以在国外市场获得便宜的劳动力和廉价的原料,或者受到外国政府的投资鼓励,节省运费等有利条件,因而可降低产品成本;企业可以积累更多的国际化经营经验;由于投资给东道国带来的就业机会,企业可以在该国树立良好的形象;企业可与东道国政府、顾客、当地供应商、经销商等保持密切的联系,使产品更适合当地的市场环境;企业能完全控制投资的使用,使企业制定出一个一体化的长远的国际战略,使子公司的目标与母公司目标保持一致。

独资经营的主要缺点是企业对巨额投资承担风险,这对企业财务来说是一个很大的压力;独资公司常被东道国政府以及当地社会视为外国企业,易遭排斥,面临的国家风险比较大;由于对东道国的社会政府经济环境不够熟悉,在争取东道国各方面的理解与合作,处理与东道国各方面的纠纷时常常比较可能;某些东道国对独资企业与合资企业实行差别待遇,往往对独资企业之给予较少的优惠而限制却比较多。

(二)合作经营

这是指国际经营企业和目标国家的投资商共同投资,在当地兴办企业,双方都对企业拥有所有权和经营权,即共同投资、共同管理、共担风险和共享利益。这个合资企业的创立可以是国际化经营企业购买当地公司的股份;或当地公司购买国际经营企业在这个目标国家的分公司的股份;也可能是双方合资创办新的企业。

从经济角度看,如果目标国家的投资商缺乏资金或管理能力,从而无法单独投资经营,则联合投资利用当地资源就不失为合理的进入市场的方式。就政治因素而论,有些国家规定外国企业只有同本国企业合资才能进入其市场,这就迫使国际化经营企业不得不采取合资经营的方式。但合资经营业有缺点,合资双方可能在投资、生产、市场营销以及利润的再使用等方面发生争执,影响企业的正常经营;如果国际化经营公司将自己的独有技术和管理技能投入合资企业,很容易被合资伙伴所掌握,其将可能发展成为自己强有力的竞争对手;国际化经营企业在合资公司中进行转移定价时会受到其他合资伙伴的限制与阻碍;合资各方作为资本投入,合资公司的各项资产,特别是无形资产很难准确估价,会影响各方的利益。

第五节　影响企业进入国际市场方式的因素

选择一个或几个正确的国际市场进入方式对于一个企业来说是个复杂而困难的决策。它需要考虑各种影响因素,对所有可供选择的各种进入方案进行大量的分析比较。根据美国宾夕法尼亚大学鲁特教授的观点,选择正确的进入方式应充分考虑企业外部因素和企业内部因素,见图 10.4 所示。外部因素包括目标国家市场因素、目标国家环境因素、目标国家生产因素和本国因素;内部因素包括企业产品因素和企业资源投入因素。

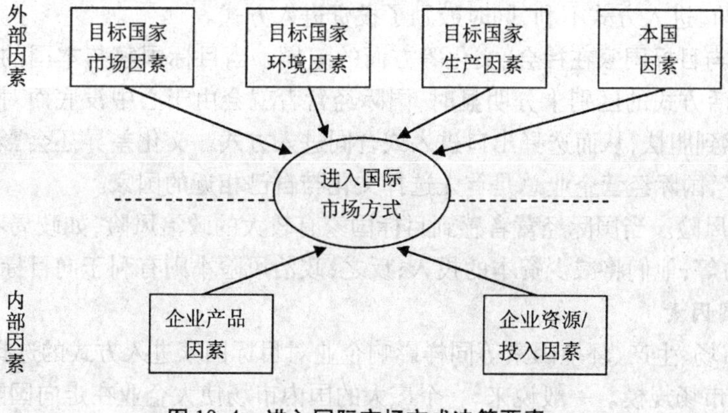

图 10.4　进入国际市场方式决策要素

一、影响进入国际市场方式的外部因素

(一)目标国家的市场因素

(1)国家市场规模的大小。较小的市场规模可选择出口进入方式或合同进入方式。反之,销售潜力很大的市场选择分支机构或子公司出口进入方式,或者投资进入方式。

(2)国家市场的竞争结构。竞争类型总是在分散型(有许多不占主要地位的竞争者)、卖主垄断型(有少数占主要地位的竞争者)及寡头垄断型(具有单一公司)之间变化。对分散型竞争的市场,一般选择出口进入方式,对卖主垄断型或寡头垄断型市场,则常常选择投资进入方式。如果断定向目标国家出口或投资的竞争太激烈,企业也可转而采用许可证贸易或其他合同进入方式。

(二)目标国家的生产因素

目标国家的生产要素投入(原料、劳动力、能源等)以及市场基础设施(交通、通讯、港口设施等)的质量和成本对进入方式的决策有较大的影响。对生产成本低的国家,应选择投资进入方式。反之,生产成本高会抑制在当地的投资。

(三)目标国家的环境因素

(1)目标国家政府对外国企业有关的政策和法规。限制进口的政策(如提高关税,紧缩配额和其他贸易壁垒)使得人们放弃其他进口方式而转向其他。同样,限制外国投资的政策往往会使人们对投资信心不足而选择其他初级的进入方式,以及放弃独资转向合资,目标国家也可能采取优惠政策(免税)来鼓励投资。

(2)地理位置。当距离目标国家很远时,由于运输成本高,出口产品竞争不过当地的产品,只得放弃出口进入方式而转向其他。在降低运费、大幅度减低运输成本的情况下,出口企业有可能在目标国家建立综合运行系统,逐步实行向投资进入方式的转变。

(3)经济状态。它以国内生产总值和个人收入的增长率,以及就业情况的变化等来表示。对处于经济快速增长的目标国家,应选择投资进入方式。反之,对于经济处于缓慢增长的目标国家,则应采取其他进入方式。

(4)外部经济关系。这包括目标国家的支付能力、债务负担、汇率态势等。目标国家如果支付能力下降,则会导致政府的进口限制、支付能力限制以及外汇比价贬值等。进口限制抑制了出口进入方式;控制汇率限制了利润和资本的返回,从而也限制了投资进入方式;汇率下降对出口进入方式不利,同时鼓励了投资进入方式。

(5)本国与目标国家在社会、文化等方面的差异。当目标国家与本国的价值观、语言、社会结构、生活方式的区别十分明显时,国际经营者就会由于心中没底而对在目标国家进行生产经营感到胆怯,从而选择出口进入或合同进入方式。文化差异还会影响选择目标国家的先后顺序,国际经营企业总是首先选择文化与自己相近的国家。

(6)政治风险。当国际经营者感到目标国家有较大的政治风险,如政局不稳定、私产受到征用的威胁等,他们将减少资本的投入;反之,政治风险小则有利于向目标国家投资。

(四)本国因素

本国的市场、生产、环境因素等同样影响企业对目标国家进入方式的选择。具体包括:

(1)国内市场规模。一般说来,一个广大的国内市场使大企业在走向国际化经营时,比小企业更倾向于采用投资进入方式(还有一种影响是大的国内市场使企业趋于国内市场导向型,减弱了走向国际化经营的兴趣)。反之,国内市场小的企业热衷于通过出口以达到最佳的经济规模。

(2)本国的竞争态势。卖方垄断行业倾向于仿效那些要增强竞争力量的国内对手。进一步讲,当一个企业向海外经营时,其竞争对手也随之而至,因为垄断者不愿看到对手在出口或许可证贸易方面对自己构成威胁,他们的反应就是向海外投资。反之,分散型的竞争格局促使企业更倾向于采用进口货许可证贸易进入国际市场。

(3)本国的生产成本。如果本国的生产成本高于目标国家,则应当采取在当地进行生产的进入方式。

(4)本国政府对出口和向海外投资的政策。当本国政府采取税收及其他鼓励出口的政策,保持中立或者限制海外投资时,企业倾向于采取进口货合同进入方式。

二、影响进入国际市场方式的内部因素

(一)企业产品因素

(1)产品的独特性。与相竞争的产品相比,明显占上风的高优势(高独特性)产品能承受高运输成本、高关税而仍能保持在国外目标市场的竞争能力,因此,高优势产品选择出口进入方式。反之,弱优势的产品必须在目标国家价格的基础上的优势,也许只能选择在当地进行生产的方式。

(2)产品所要求的服务。要求一系列售前和售后服务的产品,对于与目标市场有一定距离的企业来说是一个难题。因此,服务密集型制成品倾向于采用分支机构或子公司出口以及在当地生产的进入方式。如果企业必须找到在国外目标国家进行这些服务的途径,因为服务不可能在一个国家生产出来再出口到外国去。

(3)产品的生产技术密集度。生产技术密集度高的产品使企业优先采用技术许可证贸易方式进入目标国家,如许多生产资本品的企业多采用许可证贸易。

(4)产品适应性。对适应性差的产品只能选择出口进入方式。而对在国外市场上推销适应性好的产品,可选择使企业与国外市场最为接近的进入方式(许可证贸易、分支机构或当地投资生产)。

(二)企业的资源投入要素

(1)资源丰裕度。企业在管理、资金、技术、工艺和影响等方面的资源越充裕,企业在进入方式上的选择余地就越大。反之,资源有限的企业只能采用出口进入或许可证贸易进入方式。

(2)投入愿望。虽然资源是影响进入方式的因素,但还不足以确定企业进入方式的选择,因为资源必须和把它们投入国外市场的发展愿望联系在一起。高投入愿望意味着经营者在选择进入目标国家方式时,与低投入愿望的经营者相比有更为广泛的余地。前者更倾向于采用投资进入方式。

表 10.3 汇总了选择进入方式所考虑的外部和内部诸因素,以及它们所对应的进入方式选择。可以看出,企业对进入目标国家或市场的选择常常是各种矛盾作用的结果。

表 10.3 影响进入方式选择的外部因素和内部因素

	一般性选择				
	非直接和代理、经销商出口	许可证贸易	分支机构及子公司出口	资本投入当地生产	服务合同
外部因素(国外)					
低销售潜力	×	×			

续表

	一般性选择				
	非直接和代理、经销商出口	许可证贸易	分支机构及子公司出口	资本投入当地生产	服务合同
高销售潜力			×	×	
分散型竞争	×				
卖主垄断型竞争				×	
市场基础结构差			×		
市场基础结构好	×				
生产成本低				×	
生产成本高	×		×		
限制进口政策		×		×	
自由进口政策	×		×		
限制投资政策	×	×	×		×
自由投资政策				×	
地理位置近	×		×		
地理位置远		×		×	×
经济动荡				×	
经济稳定	×	×			×
外汇管制	×	×			×
外汇自由兑换				×	
汇率下降				×	
汇率上升	×		×		
文化差异小			×	×	
文化差异大	×	×			×
低政治风险			×	×	
高政治风险	×	×			×
外部因素(国内)					
大市场				×	
小市场	×	×			
分散型竞争	×		×		
卖主垄断型竞争				×	
生产成本低	×		×		
生产成本高		×		×	×

续表

	一般性选择				
	非直接和代理、经销商出口	许可证贸易	分支机构及子公司出口	资本投入当地生产	服务合同
强力推动出口	×		×		
限制海外投资	×	×			×
内部因素					
高优势产品	×	×			
一般产品				×	
服务密集型产品			×	×	
服务型产品		×		×	×
技术密集型产品		×			
产品适应性差	×				
产品适应性好		×	×	×	
资源有限	×	×			
资源丰富			×	×	
低投入	×	×			×
高投入			×	×	

三、企业向国际化经营演变的阶段

企业一旦决定走向国际化经营后,它首先选择风险最小的市场进入方式。随着国际化经营规模的进一步扩大和国际化经营经验的积累,企业将逐渐选择能更好地控制国外市场进行的进入方式。但是为了获得更大的控制权,企业不得不投入更多的资源和承担更大的市场及政治风险。对国际竞争能力信心的增长,将使企业在控制和风险之间产生一种雄心勃勃的转变,更倾向于去控制。其结果是,国际化经营企业更加热衷于以投资者的身份进入国外目标市场。图 10.5 显示出企业进入方式决策的演变过程。可以看出,随着对进入方式控制的增强,随之带来的风险也越大,独资经营具有最大的风险。

根据许多国际化企业的实践经验,一个制造企业在走向国际化经营的过程中,一般按照以下的四个阶段逐渐演化:

第一阶段:非直接出口或特殊项目出口。企业在刚开始进行国际化经营时,选择非直接出口或临时性的服务项目,往往是顾客提出出口请求(包括顾客对许可证的要求),然后企业向目标国家做少量投入。在这一阶段,企业对待国际化经营的态度是被动和反应型的。

第二阶段:积极出口或(和)许可证贸易。企业在经过第一阶段的成功之后,会积极努力地向经营国际化迈进。它们通常通过代理或经销商,或者建立自己在海外的分支机构或

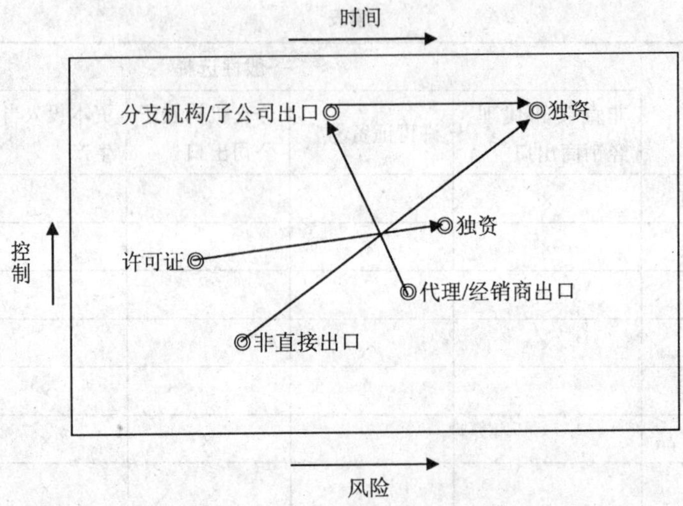

图 10.5　企业进入方式决策的演变

子公司向国外市场渗透。这一阶段也包括积极主动地通过许可证贸易而进行国际化经营。同时,在企业管理者的头脑中,已把国际贸易与国内贸易区别 开来。在企业的组织机构中,会设立国际销售部门(出口部)来具体负责海外经营业务。

第三阶段:积极出口、许可证贸易和在国外投资经营。这一阶段是在第二阶段的基础上,更加努力地向国外市场渗透。企业在一些国际投资经营进入制造业,在另一些国家混合采用出口和许可证贸易。在企业的组织结构中,一个有独立权威的、覆盖各种国际经营活动的国际部代替了原有的出口部。但是,在企业的整体战略部署上,跨国家或地区的国际经营活动不是一体的,国际经营战略与国内经营战略也不是一体的。

第四阶段:全方位的跨国生产和销售。在这一阶段,企业在全球范围内部署创造价值的活动,跨国的资源服务于跨国市场,企业的各种活动在世界范围内完全一体化,国际经营战略与国内经营战略完全一体化,构成统一的跨国经营战略。本国只是作为国际市场的一个组成部分,公司只不过是由此"发端"并具有协调能力的总部。在企业的组织结构设立中,一些以地区或产品建立基础的全球性机构组成的子公司取代了以前的国际部。

以上阐述了一个企业从开始出口到跨国经营所走过的四个阶段。可以看出,处在第一阶段的经营者仅仅限于一两种进入方式;处于第四阶段的企业则是对所有可能的进入方式进行评估,从中选择最合适的进入方式。内部因素的变化,特别是企业对国外市场投入愿望的增强,是促使其向国际型演变的主要力量。然而,一个已经建立起来的跨国公司并非必须经过这四个阶段,跳跃性地演化更能快速地使一个企业向跨国经营型转变。

【阅读案例】

中兴通讯的国际化

始创于1985年的中兴通讯在成立之初可能从未设想过会有今天这样大的业务范围和规模。短短20年时间,这家从深圳起步的小电子公司已经跻身于强手如林的国际通讯设备巨头之间。2006年,中兴通讯的CDMA基站以12 000台的出货量高居全球首位。截至

2006 年底，中兴通讯已在全球 50 多个国家和地区部署超过 1.4 亿线容量的软交换 NGN 系统；在接入领域，位列全球第三大 IP DSLAM 供应商；WCDMA 进入 20 多个国家。在美国《商业周刊》评出的 2006 年“中国十大重要海外上市公司”和“中国十佳品牌 20 强”当中，中兴通讯唯一一家榜上有名的通信设备公司，成为国内公司走国际化道路的楷模。

早在 1995 年，中兴通讯就启动了国际化战略，成为中国高科技企业最早实践“走出去”战略的标杆企业。中兴通讯在持续 10 多年的国际化发展历程中大致经历了“四个阶段”。

第一阶段：从 1995 年到 1997 年，是初始探索阶段。中兴通讯明确了国际市场拓展战略的长远意义，并有少量产品在海外市场如印尼、马来西亚实现突破。这一时期，中兴通讯主要是在个别周边国家设立“据点”，初步了解了国际市场的一些运行规则。

第二阶段：从 1998 年到 2001 年，是规模突破期。这一时期，中兴通讯陆续进入南亚、非洲多个国家，海外市场实现了由“点”到“面”的突破。

1998 年 5 月，中兴通讯中标孟加拉电信网改扩建项目，为该国提供交换、传输等设备，以及机房建设、外线铺设等一揽子服务，这是公司获得的第一个海外通信工程总承包项目。同年 10 月，中兴通讯独家赢得巴基斯坦全国固定电信网“交钥匙”工程，在与西门子、爱立信、阿尔卡特、NEC 等国际知名企业展开的激烈竞争中，凭借技术先进、价格合理等优势脱颖而出。巴基斯坦总承包项目金额为 9 500 万美元，是中国通讯制造企业在海外获得的最大一个通信“交钥匙”工程项目，国际通信界第一次聆听到了来自中国的响亮的“声音”。同年，中兴通讯还同德州仪器公司（TL）合作在深圳建立了一个实验室，并在美国建立了三个研发中心。

1999 年，中兴通讯的第一家海外子公司——中兴巴基斯坦公司在伊斯兰堡成立，中兴通讯积极地参与到了巴基斯坦电信网的长期建设中。2000 年 12 月，中兴通讯同刚果人民共和国邮电部签署合作协议，在刚果首都金沙萨建立合资公司，为刚果提供移动和固定电话运营服务，这是中国通信企业首次涉足国外的电信运营业务。随后不久，2001 年 1 月中兴通讯又同塞浦路斯电信总局签订了塞浦路斯全国智能网合资合作协议。中兴通讯的业务在亚非地区开始全面铺开。

第三阶段：从 2002 年到 2004 年，是全面推进期。这一时期，中兴通讯前后进入印度、俄罗斯、巴西等市场潜力巨大、人口众多的战略市场，海外市场逐步进入稳定发展阶段，并开始在发达国家设立代表处，为进军欧美高端市场奠定了基础。

第四阶段：从 2004 年开始至今，是高端突破期。2005 年是中兴通讯的“国际年”，公司基本完成了对欧美高端市场的战略布局，宽带数据、3G 手机等产品已批量进入欧洲、北美市场。在加大争取大规模的全球订单的同时，中兴通讯还陆续同葡萄牙电信、法国电信、沃达丰、和记电信以及阿尔卡特、爱立信、思科等全球通信巨头建立了合作伙伴关系，这一年是公司成立以来战略合作最为密切的一年。公司 2005 年全年的销售收入超过 215 亿人民币，其中，国际销售收入高达 36%。2006 年中，中兴通讯的海外收入达到 102 亿人民币，占主营收入的 44。4%。中兴通讯向着全球化方向坚定地迈进。

中兴国际化之路又是曲折之路。比如 2000 年，中兴进入中东某国。该国市场当时被历史悠久的欧洲公司及其他一些竞争对手牢牢把持着，几乎没有人知道中兴通讯的名字。此过固网市场被四家公司占据，客户已决定不增加新机型。而固网交换是中兴通讯最成熟优秀的产品。公司在形势恶劣的条件下决定“强行突破”，用 9 个月的时间拿下第一个项目。中兴通讯后发先制，最后在交换市场实现三分天下。而在该国移动 GSM WIL 市场突破方面则整整用了两年时间，中兴通讯利用“了解客户规划、先期派员工勘查、然后替客户规划发展目标”的销售方式，不断宣讲引导，终于在2003年下半年开花结果。中兴通讯当地代表处总结出弱势竞争的几条“铁律”：展示形象，打持久战；明确目标，量力而行；集中资源，重点突破等。该国目前已成为中兴通讯的战略重点。

印度市场是中兴通讯除中国以外最大的市场，2006年为中兴贡献了6个多亿的销售额。印度的运营商RELIANCE、TATA、BSNL都是中兴的重要客户。其中RELIANCE是印度最大、全球第四大CDMA运营商，以“苛刻”闻名于业内。RELIANCE的合作对象都是知名设备供应商，对中兴通讯一直持怀疑态度。与RELIANCE的交流自2005年10月开始，中兴技术人员首先通过一轮宣讲和设备测试，以“严谨”打消其疑虑。测试圆满结束后RELIANCE仍不放心，有决定来中国实地考察。几次实地测试，RELIANCE表示中兴通讯的产品和技术超出了他们的期望。2006年RELIANCE这座堡垒被攻克。

迄今，中兴通讯全球已拥有12个海外业务平台，96个代表处，服务全球年100多个国家500多个运营商客户。运营商客户从事国际市场推广的员工约6 000人，占公司市场员工的50%。海外市场中，员工本地化为65%。在美国、瑞典、印度和国内建立了14个研发中心。中兴通讯已加入了ITU、ETSI、3GPP2、IEEE等50多个国际标准化的组织，并获得移动通信（WCDMA、CDMA2000、TD－SCDMA），NGN、光网络、数据、交换、多媒体通信、网络安全、及终端等多个领域的国际标准起草权和编辑者席位，累计提交国际标准文稿1 000余份。

★ 关键术语

非关税壁垒	Non－tariff barriers	国际战略	International Strategy
多国战略	Multinational strategy	全球战略	Global Strategy
跨国战略	Transnational strategy	合资经营	Joint ventures
特许经营	Franchise	全球化	Globalization

★ 复习与思考

1. 企业为何要开展国际化经营？
2. 企业国际化战略有哪几种类型？
3. 企业如何进入国际市场？
4. 影响企业进入国际市场方式的因素是什么？

★ 研究与讨论

1. 以海尔和海信为例，讨论企业如何选择国际化战略？
2. 研究讨论中外合资企业成功的经验和失败的教训。

★ 实践演练

1. 请你列举3家世界著名企业实施国际化战略成功的例子。
2. 请你列举3家世界著名企业实施国际化战略失败的例子。
3. 请你列举3家中国企业实施国际化战略成功和失败的例子。

★ 本章案例

透视海尔国际化的内核:走出去、走进去、走上去

在美国的家用电器超市里,Haier 的商标已能足够迷惑相当多的消费者,不少人会以为这是一家美国公司。这不是神话,那里摆放的很多冰箱,确实来自南卡州坎姆顿的美国海尔工业园。在国外市场上售卖的消费产品,看不到"MADE IN CHINA"标志的机会是很少的,但一家中国品牌的产品贴着"MADE IN USA"标签却极少见。长虹制造的彩电也大量出口美国,但你只能看到"长虹的芯"和"APEX 的脸",还有很多的中国企业无奈地充当着幕后无名英雄。在只有狼才能横行的世界里,安于做羊是危险的,只有狼才有资格与狼共舞,正如张瑞敏所言:要做到与狼共舞,必须首先变成狼。海尔做到了,它的经验值得千千万万的国内传统企业学习和借鉴。

一、海尔国际化历程

1984 年,海尔创立之初只是一家濒临倒闭的集体小厂,当时叫青岛电冰箱总厂。同年,海尔从德国利勃海尔整体引进了四星级双门电冰箱,这种冰箱当时在亚洲市场尚属空白。而且,在引进设备的同时还引进了 1 942 条德国 DIN(德国标准化学会)标准以及 ISO(国际标准化组织)国际标准。海尔把引进的这些技术和标准加以消化吸收,逐步转化为企业的内控标准,到 1988 年,已有 400 多条应用在海尔冰箱的生产实践当中,产量达到 152 185 台,占国内电冰箱总产量的 2%,并夺得了中国电冰箱史上的第一枚质量金牌。

1990 年,海尔冰箱首先成功打入对产品要求最为严格的德国,逐渐进入欧美发达国家。2004 年,海尔集团欧洲的总部落户意大利里瓦雷泽。如今,海尔冰箱已进入全球 160 多个国家和地区,2007 年,海尔集团实现全球营业额 162 亿美元,其中海外收入为 41.6 亿美元,占总收入的 1/4。

1992 年开始,海尔以"吃休克鱼"为理论依据,先后兼并了 18 家亏损企业,开始探索多元化战略之路。经过 6 年的发展,海尔先后上马了冷柜、空调、洗衣机、彩电等全系列家电产品,成为行业中的佼佼者。

1998 年,海尔的国际化全面启动。与其他品牌在印度、越南等与中国距离较近的发展中国家建厂不同的是,海尔率先在美国建厂,并雇用当地的员工,这样的高成本在当时看来没有几个企业可以承受。以这样的策略来践行其国际化的战略规划"3 个 1/3" - 1/3 的产品国内生产国内销售;1/3 的产品国内生产国外销售;1/3 的产品海外生产海外销售。海尔国际化取得了丰硕的成果:2000 年底,海尔集团的营业收入是 406 亿元人民币,2001 年是 602 亿元人民币,2002 年是 711 亿元人民币,2003 年达到了 805 亿元人民币,2004 年为 1 016.289 3 亿元人民币,2007 年更是达到了 162 亿美元。美国电器协会的统计数据显示,海尔冰箱在美国当地的市场份额已接近 10%。

二、海尔以品牌国际化起步

在海尔的成长历史里,"品牌"似乎是其冥冥中发迹的基因。正确的第一步是重要的,开始创业的 1984 年,在张瑞敏还没到青岛电冰箱总厂履任的前几个月,该厂与德国著名的冰箱制造商 Libeherr 工程有限公司达成了制造技术合作协议,在那个"外国的月亮都比中国月亮圆"的年代里,海尔首先给自己配置了一身洋服。在国人的印象里,德国技术意味着先进、严谨、高质量、耐用、高档,海尔必须让自己制造的产品证明和延续这些特征。这就使得当初张瑞敏抡大锤砸冰箱的故事,有了必然的逻辑基础。德国品牌带来的心理优势必须用过硬的制造质量来体现,海尔一开始就是用质量战略来维护和打造品牌形象的。

在电子消费产品领域,真正的技术创新始终只掌握在少数巨头手里,这是经过几十年巨额研发投入积淀之下形成的专有技术壁垒,发展中国家的企业很难通过更省钱省力的途径来赶超。在成熟技术领域,技术创新空间越来越有限,应尽量避免产品同质化。中国企业必须寻找夹缝并出奇制胜。品牌就是与对手产品区别的主要手段。在信息不完全对称的市场上,品牌成为商品质量识别的标志,而且也是满足消费者某种心理的重要媒介,是商品竞争力的凝结体,具有与技术创新类似的累积效应,利用得当就能成为竞争利器和阻挡对手的"进入壁垒"。海尔在传统的电器产品领域,正是意识到了技术创新和国际品牌的重要,在创新方面独辟蹊径,以比国际巨头少得多的投入,专攻缝隙市场,进行市场细分化的创新设

计。同时，痛下苦功，打造强势品牌。海尔提出的“质量高于利润”，并不表明对利润的忽视，而是为贯彻“名牌战略”必须采取的经营理念。利润的局部牺牲实际上是对品牌的投资，最终会通过品牌的建立赢回成倍的回报。

要成为公认的名牌，就必须走向国际市场。在产品出口方面，海尔明确提出，出口是为了创国际名牌，而不是为了创汇。在这一原则下，制定了“先难后易”，即先进入发达国家和地区，创出品牌声誉之后，再以高屋建瓴之势杀入发展中国家和地区的战略实施步骤。海尔通过12年在国内市场的经营，从一个地方品牌成长为全国性知名品牌，并兼并了一批国内同行后，1996年开始国际化经营，先是在印尼、菲律宾、马来西亚等国练兵，当海尔产品通过了异常严格的德国测试认可后，又进入了法国、意大利、美国、加拿大、日本、澳大利亚，东南亚、中东等地，经销商纷至沓来。目前，海尔是冰箱出口德国、美国第一、空调成为国内出口欧盟第一的中国厂商。海尔的美国分部已经开始结束品牌投入阶段的亏损，开始产生小规模赢利。海尔除了在海外发展的数十家经销商和3万多个经销点外，在菲律宾、马来西亚、中东、非洲、亚太、拉美有十多个加工厂和组装厂，在美国实现了设计、制造和销售本土化。

现在盘点海尔的“先难后易”的海外渗透战略还不是时候。海尔虽然在180立升冰箱市场上和GE、惠尔浦等巨头各占20%份额，但更多的是在竞争对手忽略的利润较薄的小产品线，并未占领高端和主流产品市场，还未引起竞争对手的重视和恐慌。在进入发达国家时，一般是找对手产业链最薄弱的环节，用最有竞争力的产品先突破进去，先占领局部市场。海尔与这些巨头相比，更像是一路尖兵而不是大部队，也可以说，在真正的对决还没有开始的时候，不能检验海尔舍近求远的战略是否能抵御对手的反击。

另外海尔设计的首先突破难点和瓶颈状态，把困难程度和时间提前。产品进入发达国家市场得到认可后，再进入发展中国家，并认为由此就可以使发展中国家的跨国经营问题迎刃而解的设想值得商榷，这个设想直接来自在国内成功的经验：海尔冰箱是先占领了北京、上海有了一定名牌效应后，在其他中小城市销售才所向披靡。特别是海尔采取的多元化产品共享单一品牌，而品牌始终给消费者以低端产品的印象，不利于海尔满足多层次的消费市场。尽管如此，海尔的国际化品牌目标是正确的，全球大规模的注册商标、建立营销网络、投资建厂等，为海尔成为国际化名牌企业，实现全球贸易铺平了道路。

点评：

“借船出海”曾经是国内企业国际化经营的一句很响亮的口号。海尔一开始就借了德国著名的冰箱制造商Libeherr的船，填补了技术上的缺口。其实类似的机会也曾经给予了很多本土企业。然而多数企业上了船，却没能走多远，差异就在缺少在品牌方面采取及时有效的措施。“借船”只是手段，“出海”才是目的，海尔借了当时冰箱行业最具有优势的德国船，利用对方的技术致力于打造自己的产品和品牌，这种借力突围的做法，减少了海尔进入欧美日等发达国家市场的阻力。

三、快速、多样、多变也是创新

国内企业大多都能认识到技术创新对于取得竞争优势的重要性，但对什么是创新存在认识的误区。目前国内家电商品供大于求，生产能力与实际消费能力比为3∶1，加之国际跨国公司的进入，中国家电市场已是严重的供过于求的买方市场；家电的需求也越来越个性化，具有多样性、多变性，因此，企业要想获得市场就必须走在市场消费之前。通过市场获取需求信息，进行市场细分化的创新设计、在严格的质量保证体系中将设计转化为优质产品，通过国际星级服务，进入市场，根据市场反馈，再去发现新需求，进行更高层次的技术创新，这就是海尔的以技术创新为中心的不断循环、往复螺旋上升的运作体系。

能否贴近用户需求，比竞争对手快一步、高一步，哪怕是快半步提前推出能满足客户的产品，就是创新。电子消费产品的专利更多的是对产品的外观设计和扩展的用途，而不是在基础技术方面的进步。海尔的很多产品设计思想来源于对客户需求的密切关注，如“大统帅”是针对美国人对冰箱外观、制冷能力和使用习惯等区域化特征而专门设计的；海尔在营销时发现，美国大学生租的房子很小，根据这样的市场情况，海尔在小冰箱上加了一个折叠台，将冰箱和电脑桌合二为一，创造了一款电脑桌冰箱。这款产品推出后，迅速风靡美国各大高校，并迅速占领美国市场50%以上的份额；为适应印尼市场，开发了高节能、宽电压范围、单门冰箱；为适应巴基斯坦人穿衣的习惯，专门设计了一次可以洗15件长袍的洗衣机。这是靠海尔在“1.5天7个新产品,1天申报1.8个专利”的技术创新速度赢得的优势。海尔已在美、法、荷、加、日设立了6个产品设计分部,在韩、澳、奥、中国台湾、中国香港等地设立了10个信息中心。这些信息收集点可以最快地速度感知市场的动向,并通过联合开发迅速做出新产品样品,利用竞争对手的忽略和缓慢的反应,快速进入小规模新产品市场。海尔速度胜过日本家电企业。在美国本土运营的第三年,海尔冰箱的本土销售就实现1.5亿美元的营业额,而日本松下电器在美国达到相同的数值用了10年。

海尔的创新经历了引进消化、吸收模仿、引智创新这几个阶段。但海尔同其他具备创新能力的企业一样,舍得对科研开发一直保持高投入。其在正式进军国际市场以前,每年用于科技研究与开发的投入占销售收入的3%,1996年达到销售收入的3.7%,1997年达到4%,海尔将逐步提高到占销售收入的7%~8%。这种高投入使研究中心在科技成果与开发、硬件装备、软件管理和人才集中方面都达到国内企业一流水平,获得了可观的成果。

与十几年前靠产品质量征服欧洲市场相比,如今的海尔冰箱在全球竞争靠的是卓越的工业设计。2006年海尔集团投入研发经费达67亿元,占公司营业收入的比例为6.2%,大大高于国内同行平均水平。其中,海外研发的总投入已经占到总投入的70%。2007年,海尔冰箱从全球35个国家的2 293件产品中脱颖而出,一举摘取德国IF工业设计奖。次年3月,由海尔欧洲基地设计的卡萨帝意式三门冰箱从全球40多个国家的4 000多款参赛产品中脱颖而出,获得“红点至尊”设计大奖,这是中国冰箱业首次夺得该项大奖。作为全球规模最大、最负盛名的顶尖工业设计赛事之一,已拥有50年历史的“红点至尊”大奖被人们尊称为工业设计的“奥斯卡”,它代表全球工业设计潮流和发展趋势的风向标。6月份,海尔卡萨帝系列冰箱凭借操作方便等卓越的功能设计获得德国PlusX大奖,海尔因此成为亚洲唯一获此殊荣的冰箱品牌。在海尔推出卡萨帝系列冰箱后,美国GE与韩国LG也相继推出相似产品。在英国,购买海尔卡萨帝冰箱可获得英国政府给予20~70英镑的节能补贴,原因是海尔卡萨帝冰箱达到了当地市场风冷冰箱最高A+能效标准。在中国,以高达34.6%的市场份额稳居中国高端冰箱市场第一。

点评:

对于传统行业里的企业如何创新,不应形而上学地认为只有技术进步才是创新。尽管将新技术应用于提升传统产品的空间仍然存在,但是对中国企业更为现实的做法是在现有技术的基础上,在细节上下工夫,在模式上出亮点,在速度上争领先,这是短期可见效的对策。作为长期对策,应不断提高对于核心技术的跟踪和投入。如此长短结合,持之以恒,必有胜出机会。

四、企业国际化竞争四层次

海尔对于所有传统行业里的本土企业走向国际市场的最大借鉴,在于摒弃了绝大多数企业惯用的靠低价取胜的竞争策略,在竞争层次上超越了国内对手,而直接将目标瞄准了国际巨头。海尔的“国门之内无名牌”观念,看似偏激,其实是对市场态势的准确理解。

“中国造”给世人留下的最深刻的印象是便宜,质量虽然可以接受,但算不上是优质产品。在这样的市场中,即使成为中国的第一品牌,仍然与国际水平没有可比性,易被人忽视。在传统产业里,革命性的技术已极其稀有难见了,竞争取胜的其他因素越发显得重要。

市场竞争的胜负,在很大程度上取决于竞争对手所获得的竞争位势,多数竞争行为发生在四个层次上:价格竞争、质量竞争、创新竞争和品牌竞争。如果仅依靠价格竞争,只是最简单和最低层次的竞争,这样的水平并不能形成很高的竞争优势。从中外企业实践来看,随着时间的推移,越来越多的企业从简单低层次竞争依次发展到依靠质量、创新和品牌的高位势竞争,甚至达到综合使用四层次竞争的白热化状态。

国内传统行业较好的公司多数采用价格和质量竞争的组合,但往往又过度依赖成本竞争而逐渐忽略了质量,陷入低价质劣的恶性循环。而海尔极少采用低价竞争,海尔的核心竞争优势来自其质量、创新和品牌战略的紧密结合,其成本优势实际是中国制造业的普遍现象,而不是由生产规模扩大带来的。

在弯曲向上的竞争位势线上,从低到高依次是价格竞争、质量竞争、创新竞争和品牌竞争。最外边的椭圆代表综合竞争优势。单一的竞争方式无法达到最理想的竞争优势,即由质量、创新、品牌竞争优势和规模生产带来的成本(低价格)的综合优势。

当然,海尔也需要留意,在欧美高端市场,如果光有名牌而缺少规模,市场份额也很难扩大,与国际巨头短兵相接的胜算就很小,这是海尔国际化过程中需要强化的一个环节。中国有实力的制造企业真正进入美国的不多,海尔仍然需要打造自己强健的体魄,培养在主流产品市场与国际巨头竞争的力量。海尔善于依靠自身力量实现有机地滚动式成长。但是,在全球家电行业,企业集中度越来越高,规模对于竞争力的影响力逐渐增大,发展速度相对缓慢就等于衰退,海尔应该尽快学习如何快速成长。海尔已经开始尝试通过跨国并购实现跨越式发展,海尔竞购美国著名电子产品制造商 Maytag,在惠尔浦的反击下也未能成功。

国内市场越来越国际化,跨国企业携着品牌和技术创新进入中国,并试图加大本地化程度而吸纳中国的成本优势,国内企业的单一成本优势的陷落只是时间问题,如不改变这种状况,必然会变成束手就擒的羔羊。中国企业如何在激烈的市场竞争中立足,已不仅仅是发展问题,而是争取生存空间。中国企业要敢于冲出去,冲出去可能生也可能死,但不冲出去就只有死路一条。我们的企业已具备成本优势,需要去建立起质量、创新和品牌优势,和打入国门的对手相比,国内企业打出去面临更多的困难。

资料来源:郑磊. 透视海尔国际化的内核. 中国经营网,2009 - 09 - 14.

研讨问题

1. 海尔国际化的主要经验是什么?有哪些启示?
2. 你认为海尔在国际化的旅程中会遇到哪些困难?怎样克服?

第十一章　企业战略的制定、评价与选择

■ 大师论语

战略制定是一个非常复杂的过程，它不仅涉及人类认识最复杂、最细致入微的内容，有时也涉及人类认识的潜意识，而且还涉及社会发展方面的内容。

——美国管理学家　亨利·明茨伯格

除非战略评价被认真地和系统地实施，也除非战略制定者决意致力于取得好的经营成果，否则一切精力将被用于为昨日辩护，没有人会有时间和精力开拓今天，更不用说去创造明天。

——美国管理学家　彼得·德鲁克

■ 本章学习目标

- 企业战略制定的程序和方法
- 战略方案设计和评价要求
- 战略评价的过程和影响因素
- 影响企业战略选择的因素
- 选择战略方案的标准

■ 引例

八佰伴破产：淘汰超市时代的到来

1997年9月18日，日本零售业的巨头八佰伴日本公司向公司所在地的日本静冈县地方法院提出公司更生法的申请，这一行动，实际上等于向社会宣布了该公司的破产。八佰伴日本公司主管八佰伴集团的日本国内事业以及在欧美、东南亚等地区的海外投资，拥有26家店铺，由八佰伴集团董事长、现任八佰伴国际流通集团总裁的和田一夫的第四个儿子和四米正担任总裁，八佰伴日本公司宣布破产前的总负债额为1 613亿日元（折合约13亿多美元）。在东京证券交易所第一市场上市的超级市场破产，这在战后的日本还是第一次，同时，它也是日本百货业界最大的一次破产事件，因而震撼了日本和亚洲。日本《经济界》杂志半月刊1997年秋在增刊登了题为“八佰伴破产的教训——象征着淘汰超市时代的到来”的文章。关于八佰伴日本公司破产的原因，一般认为主要有以下几点：

一、扩张过快，摊子铺得太大

八佰伴日本公司总经理和田光正在接受《经济界》杂志记者采访时表示，公司破产的原因是先行投资过多。和田光正说：“当时我认为投资计划是绝对没有错误的。从结果来看，我想是因为公司对日本和海外的经济形势及对自己企业的能力过于乐观了。”然而，事实上，八佰伴在海外并没有详细周密的投资计划。80年代后期和90年代初，“八佰伴日

本”为了快速扩展国际事业，趁着日本泡沫经济的时机，在债券市场上大量发行可转换公司债券。这种筹资方法，虽然摆脱了从银行取得资金的限制，却也失去有效的财务监督，极易陷入债务膨胀的危机。事实上，自1996年11月以来，八佰伴日本公司的经营状况就已经开始恶化。此外，八佰伴日本公司把公司的利润以及通过发行公司债券这种“炼金术”聚集的大量资金投到了海外市场。然而这些资金的回收情况却不尽如人意。加之在此期间又出现了泡沫经济，业绩欠佳导致股价下跌。曾通过可转换公司合同券筹资600亿日元的八佰伴，从1997年12月起到2001年，每年要偿还100亿日元。假如筹措不到偿还资金，公司的信誉自然要面临危机。

二、缺乏银行支持

“八佰伴日本”直接向金融市场发行没有银行担保的公司债券，直接在市场吸收资金，这一举动，虽然反映了日本企业从依赖银行贷款的间接资金来源，转变为直接从市场吸收资金的直接资金来源的时代潮流，但也得罪了长期交往的主力银行，因此，当“八佰伴日本”资金流通不畅，而发行的公司债券却到了必须偿还的时候，曾经担当“八佰伴日本”主力银行角色的往来银行——东海银行、住友信托银行、日本长期信用银行却采取了袖手旁观的姿态。总经理和田光正承认，银行不支持也是造成公司破产的一个因素。董事长和田一夫曾向身边的亲信说过，“公司是被银行挤垮台的”。八佰伴破产的事实从一个侧面表明了过于追求浪漫的垄断经营者专横的经营方式的失败。

三、没有明确定位

有人说，八佰伴“没有一个把什么货卖给什么人的明确的经营战略”。八佰伴原本是一个地方超市集团，但在向海外进军的进程中，一会儿以日侨为对象，一会儿又转向当地人。八佰伴不仅不断改变销售对象，而且还不断改变经营手法。虽然在海外经营的初期得到了侨居海外的日本人的大力支持，有一个好的开端，但由于在日本国内的积蓄不足，经营能力有限，因而被后发展起来的超市和百货商店抢走了客源。80年代以后，八佰伴在海外开设了四十多家超市，但目前只剩下27家。有人批评说，八佰伴在经营上没有考虑消费者。在超市行业中，必须通过对细小事务的逐步积累，才能真正取得成果。八佰伴日本公司忽视服务对象而带来的教训是沉痛的。

四、管理人才培育落后于需要

在国际化和多元化过程中，“八佰伴日本”仍然维持着家族企业的经营形态。在一个每一环节都必须以专业化参与竞争的环境里，个人力量终究是有限的。和田一夫也察觉到这个问题的重要性，他在80年代所著的《八佰伴的世界战略》一书中，对此就有专门的论述，并已就培养国际企业人才采取一系列的措施。然而，人才的培育成长，不是一蹴而就的事，事业的发展却是一日千里，正如八佰伴集团内的一位老职员说：“和田一夫其实是一个很好的前锋，只是无人能替他把守住后方。”

资料来源：管理学案例库.

第一节　企业战略的制定

一、企业战略制定的概念

战略制定是企业的决策机构组织各方面的力量，按照一定的程序和方法，在分析环境的基础上，确定企业的战略目标，为企业拟定各种战略方案的过程。

战略方案的产生过程是在环境分析、发现不平衡的基础上，根据企业任务和消除不平衡的战略目标，提出改变设想开始的，在此基础上，对提出的各种改变设想进行收集、整理和归类，组成多种不同的初步方案，在对这些初步方案进行初步筛选、补充和修改以后，对余下的方案进一步完善，并预计其执行结果，便形成了一系列不同的可行方案。

一个企业选择这个战略而不选择另一个战略，在大多数情况下并不带有必然性和客观性，而是具有较多的主观性与偶然性。这是因为企业战略制定者往往受到来自多方面的影响，从而影响了战略的制定。

二、企业战略制定的程序和方法

（一）战略方案制定的程序

（1）识别和鉴定企业现行的战略。在企业运营的过程中，随着外部环境的变化和企业自身的发展，企业的战略也应该作相应的调整和转换。然而，要制定新的战略，首先必须识别企业的现行战略是否已经适应于形势。因此，识别和鉴定企业现行的战略是制定新战略的前提。只有确认现行战略已经不适用时，才有必要制定新的战略。同时，也只有在认清现行战略缺陷的基础上，才能制订出较为适宜的新战略方案。

（2）分析企业外部环境。调查、分析和预测企业的外部环境是企业战略制定的基础。通过环境分析，战略制定人员应该认清企业所面临的主要机会和威胁，觉察现有和潜在竞争对手的图谋和未来的行动方向，了解未来一段时期社会、政治、经济、军事、文化等的动向，以及企业由此而面临的机遇和挑战。

（3）测定和评估企业自身的资源与能力。企业可以通过内部分析来测定和评估企业的资源与能力，摸清企业自身的状况，明确自身的优势与劣势。

（4）准备战略方案。根据企业的发展要求和经营的目标，依据企业所面临的机遇和机会，企业应列出所有可能达到经营目标的战略方案。

（5）评价和比较战略方案。企业根据股东、管理人员以及其他利益相关团体的价值观和期望目标，确定战略方案的评价标准，并依照标准对各项备选方案加以评价和比较。

（6）确定战略方案。在评价和比较方案的基础上，企业选择一个最满意的战略方案作为正式的战略方案。有时，为了增强企业的战略的适应性，企业往往还选择一个或多个方案作为后备的战略方案。

企业战略制定出来之后，企业必须将战略构想、计划转变成行动。在转化的过程中，企业要注意三个相互联系的重要阶段：一是战略操作化。企业利用年度目标、部门战略与沟通等手段，使战略最大限度地变成可以具体操作的业务。二是战略制度化。企业通过组织结构、资源配置等方式，使战略真正进入企业的日常生产经营活动之中。三是战略评估与控制。战略是在变化的环境中实施的,企业只有加强对执行过程的评价与控制,才能适应环境的变化,完成战略任务。这一阶段的任务,主要是建立控制系统、监控效益和评估偏差、协调与反馈等三方面的内容。

（二）战略方案制定的方法

1. 自上而下的方法

实施集权制的企业在采用这种方式制定战略时,一般由企业总部的高层管理人员制定企业总体战略计划,然后各个部门再根据直接的实际情况及总部要求进一步发展这一计划。实行分权制的企业一般是在这些计划之后,再将计划返还各事业部去执行。

这种方法的显著特点是,企业高层管理人员决定整个企业经营方向,并对各事业部或各部门提出如何达到这一方向的具体指导,这样,企业高层管理人员可以集中精力去思考经营方向,制定战略目标和战略。其不足之处是:高层管理者可能因没有经过深思熟虑对下级各部门不能提出详尽的指导,而且有可能因指挥不当而打乱了目前企业执行的计划。

2. 自下而上的方法

总部高层管理人员对事业部的计划不给以具体指导,只要求各事业部提交计划,各事业部根据所掌握的环境和市场信息以及内部资源情况,检验和平衡事业部的计划,最后给以确认。

这种方法的优点是:企业高层管理者对事业部没有具体指导,这样各事业部感到在计划中的约束较少,从而提出较完善的战略计划,同时也给各事业部提供了制定战略计划的机会。不足之处是:有些习惯于自上而下指导方式的事业部管理人员会感到无所适从,可能会影响计划的完整性和综合性。

3. 上下结合的方法

在制订计划的过程中,企业总部的直线管理人员以及事业部的管理人员都参与有关战略计划制定的对话,通过讨论,高层管理人员往往会改变或调整原定的战略目标或战略,企业总部与事业部参谋辅助人员常在一起讨论计划的变化,并向总经理推荐适当的战略。

这种方法多为分权制企业所采用,其最大优点是可以产生出较好的协调效果,从而企业也可以用较少的时间和精力形成更具创造性的计划。

4. 设立特别小组的方法

企业的高层管理人员组成一个战略计划小组,由总经理负责,共同研究企业所面临的问题,这个小组的工作内容与成员构成都有很大的灵活性,可以因企业遇到问题的不同而采取各异的措施。

一般来讲,小型集权制企业多乐于采取这种方法,有的大型的分权制企业也可能采取这种方式。在企业里,如果总经理与计划小组成员间关系好,这种方法可以有很好的成效;如果总经理过分注意个人权威,则不可能取得良好效果。

中国企业制定战略计划的工作方式大多数采用自上而下的方法,因为中国相当多的企业目前仍然采用直线职能制的组织形式,权力集中于经理本人或几个最高层管理人员手中,因此一般都是由企业高层管理人员制定了企业总体战略的框架,明确企业战略思想,然后再要求各事业部根据自己的实际情况及总部的要求进一步发展这一战略计划。

三、战略方案的设计

战略方案设计作为制定的一个重要组成部分,在整个战略管理中具有举足轻重的地位。例如,一个总体发展战略方案通常由以下要素构成:战略背景、战略思想、战略目标、战略阶段、战略重点、战略策略及结论,而总体战略方案设计就是对上述要素的具体谋划和明确规定。

(一)战略背景

战略背景是战略方案设计的基本要素之一。它主要考察、分析企业所处的环境条件,所以也称之为外部战略环境分析和内部战略条件分析。

战略背景分析之所以重要,是因为通过战略技术分析(如PEST分析法、SWOT矩阵分析法、BCG矩阵分析法)的运用,不仅可以知己知彼,而且还可以了解过去,立足现在,展望未来,从而使战略方案的设计更科学、更全面、更前瞻。

(二)战略思想

战略思想是总体战略方案设计的指导思想或哲学基础。它通常是以价值观为核心的若干思想观念的组合,如市场观念、竞争观念、服务观念、创新观念、信息观念、信用观念、开发观念、效益观念。

战略思想是战略思维的结果。其认识过程是:以正确的战略理论为指导,科学地分析战略背景并对它做出理性的判断和认识,然后从各种认识中通过逻辑推理形成战略思想。有了正确的战略思想之后,在战略方案设计中就可以比较完整地阐述企业使命或宗旨。

企业在设计战略方案时,必须明确战略思想,并用最简练的语言描述企业使命及其事业领域的设想,进行战略定位。

(三)战略目标

战略目标是企业使命(思想和宗旨)的具体转化,是企业根据实际情况在一定时期内理性的预期。在战略方案设计中,可以把战略目标设计为总目标和具体目标、长期目标和短期目标。一般来说,总目标与长期目标相一致,具体目标和短期目标相吻合。

企业在设计总体战略方案时,对战略目标既要进行定性确定(如树立良好企业形象、提高企业知名度),又要进行定量确定(如市场占有率、利润增长率)。

(四)战略阶段

战略阶段又称战略步骤,它是企业为实现战略目标而作的阶段划分。为完成企业使命所确立的战略目标通常是一种长期目标和短期目标的结合。对战略进行阶段性划分,就是要求企业从战略的高度、长远的角度,着眼未来、着手现在,既要有远大的抱负,又要有踏实的步骤;既要明确各阶段在战略过程中的地位、作用,又要明确不同阶段战略的中心任务,并通过各阶段短期战略目标的不断实现来实现企业长期战略总目标。

为使设计的战略方案可行、可信、可操作,在设定战略阶段的过程中,必须给出比较明确的时间表和目标要求,同时要根据企业资源、文化、组织的实际情况,科学地阐述战略阶段之间过渡的条件、方式及具体化的数字。在描述战略阶段时,必须突出重点、顾及一般,使整个战略蓝图通过各战略阶段能够很清楚地展现在人们面前。

(五)战略重点

战略重点是企业实现战略目标需要考虑和解决的关键问题。这些问题事关重大,涉及企业优势发挥和机会把握,以及克服劣势和挑战威胁的各个方面。但是在实际战略方案选择中,不可能把所有的问题都罗列出来当做战略重点,多重点等于无重点。因此,必须通过科学的分析,找出那些事关战略目标能否实现或能否顺利实现的关键问题。

在确立战略重点时，还必须通过划分战略阶段来确定不同阶段的战略重点，同时要正确处理和协调各阶段重点的转移，以及战略重点和非战略重点之间的关系。一般来说，战略重点一经确立，企业往往会集中优势资源，进行重点突破，这就需要有协作精神和牺牲精神。

（六）战略策略

战略策略通常是指企业为实现战略目标而采取的对策、措施或手段，也可以更宽泛地定义为企业为实现战略目标而制定的方针、政策。在战略方案设计中，往往把方针、政策的制定放在战略的指导思想中与企业哲学和宗旨一起讨论，而把对策、措施或手段作为战略策略的主要内容。也有研究者认为，战略策略就是职能战略。因此，有些战略方案，除了有总战略方案外，还有分战略方案。但是，不管怎样理解战略策略，在提出战略策略时，必须努力做到目的明确，适应变化，前瞻后顾，新颖独到，逻辑严密，切实可行；必须能够提出新思路、新举措，能发现和解决新问题。

（七）结论

结论是战略方案设计的概括总结。它通常要求把战略方案的设计思路和主要内容凸显出来，说明方案的优势和机会，以便决策者进行不同战略方案的比较选择。现在我国不少企业已做A、B两套战略方案，以后可能还会有更多的战略方案可供选择。因此，结论显得格外重要，它可以增加人们对方案本身的认识程度。结论在战略方案设计中虽然不是主要因素，但至少应该是重要因素。

【阅读资料】

有关制定成功企业战略的十三条训诫

从过去的经验中，可提炼出十三条训诫。如遵守这些训诫，就能帮助战略家们制定出较好的战略行动计划：

1. 在制定和执行战略行动时，要把增强公司的长期竞争地位放在最优先的地位。保障公司长期盈利性的最佳途径就是增强它的长期竞争力。不断增强的竞争地位每年都有回报，而仅能满足年季度财务的目标的光彩很快就会消失。

2. 要理解：一个明确而连贯的竞争战略如果制定和执行得好，就能建立声誉和公认的产业地位；反之，一个旨在抓住随时出现的市场机会的不断变化的战略，却不会有多大收获。短期的财务机会主义，缺乏长期连贯性的战略，总是带来最糟糕的一种利润，即不会重来的“一锤子利润”。

3. 要避免“徘徊其间”的战略，即在低成本和差别化、广阔的市场和狭窄的市场之间去折中，这就很难产生竞争优势和独特的竞争地位。唯有执行得好，既低成本、又差别化的战略”例外。

4. 要投资于创造持久的竞争优势，这是获得高于平均水平的盈利性的最可靠的单一手段。

5. 要尽力去进攻，以建立竞争优势；要尽力去防守，以保护竞争优势。

6. 要避免采用只有在最乐观的情况下方能成功的战略。随时想到竞争对手会采取反击措施以及市场出现不利状况的时刻。

7. 要尽量避免采用僵化、不灵活的战略，它会使公司在长时期内失去适应市场变化所必需的机动性。尽管战略的长期连贯性是一种优点，然而使战略适应变化中的情况也是正常而必须的。再者，追求低成本或高质量的战略应当解释为“同竞争对手相比较而言”以及“符合顾客的需求和期望”，并非不顾一切地去争取做到最低的成本或最高的质量。

8. 不要低估竞争者的反应和举措。当竞争对手被逼到无路可走、其生存都受到威胁时，他们就是最危险的。

9. 在没有稳定的竞争优势和充裕的财力资源时，不要去攻击那些有实力的、富有资源的竞争对手。

10. 要考虑：去攻击竞争劣势通常都比攻击竞争优势更有利，且风险更小。

11. 如无成本优势，在削价上要谨慎。只有低成本生产者能在长期内在削价中取胜。

12. 要小心：去夺取竞争对手的顾客经常会招来报复，出现市场营销的“拼死相争”和价格战，损害所有人的利润。

13. 在采用差别化战略时，要努力去打开在质量、性能特征或服务上的很有意义的缺口。如果同竞争者的产品差别大小顾客可能看不见，对他们也无关紧要。

第二节　企业战略的评价

一、企业战略评价的目的、条件和原则

战略方案评价的目的是确定各个战略方案的可行性和有效性，然后按照其可行性和有效性的程度，在众多方案中确定出少数几个企业战略的备选方案。所以，这也是对战略方案的一种选择，只不过它所选择的不是企业最后采用的方案，而是为了确定最后方案而选择出几个备选方案。

战略方案评价前提条件：首先有相应的战略方案；其次是要有战略方案的评价标准；再次是要有科学的评价方法。

为了保证战略方案选择的准确性，战略方案的评价应符合下列评价原则：(1)整体优势最大化；(2)竞争优势最大化；(3)行业优势最大化。

二、企业战略评价的标准和要求

要分析由战略研究设计人员提出的若干战略方案对企业及所属事业部的未来经营将会带来什么影响，比较各方案优缺点，风险及效果，这是一个分析判断的过程，其评价分析要按照一定的标准、符合一定的要求。

(一)企业战略方案评价的标准

理查德·鲁梅特(Richard Rumelt)提出了战略评价的四个标准：一致(consistency)、协调(consonance)、优越(advantage)和可行(possible fesibility)。其中，“协调”和“优越”是针对外部环境评价的，主要是用于检查企业战略的基础是否正确；而“一致”和“可行”则用于内部评价，主要检查企业战略实施过程中的问题。

（二）企业战略方案评价的要求

（1）分析各战略方案是否与国际环境、宏观环境及行业环境未来发展趋势相适宜。

（2）分析企业现在的经营状况及其发展趋势。主要分析经营和效益的情况、企业产品的竞争力、产品结构与市场地位（按产品的性能、质量、价格、服务、产品开发能力、产品生命周期、产品技术展现、产品获利能力等问题进行分析）。

（3）保持企业现有的经营战略，能否达到企业战略的目标，差距何在。

（4）与企业战略目标相比，各种战略方案的有效性如何，存在何种差距，研究可缩小差距的其他战略方案。

（5）各种战略方案对企业资源的要求。分析现有企业资源能否满足各战略方案的需要，即分析企业资源现状、资源结构和资金利用情况分析（按人员结构、资金结构、技术装备结构、劳动生产率、资金周转率、资金利润率、设备利用率等方面进行分析）。

（6）各种战略方案对企业组织与管理等方面的要求。分析企业现有的组织效能与管理现状（即对企业管理体制、管理方式、经营机制、领导体制、决策方式、职能部门设置与工作方式、总公司与分公司及子公司的关系等问题进行分析），企业现有组织与管理现状能否满足各战略方案的要求，从组织与管理上应作哪些调整才能保证战略的实施。

（7）各种战略方案内部一致性分析，即分析每个经营战略方案对企业内部的研究开发、生产发展、市场营销、人力资源、财务资金等方面要求要求是否协调一致，有无相互矛盾。

（8）在每种战略方案中各战略阶段划分是否恰当，企业在各阶段中承受能力如何。

（9）比较各种战略方案的优缺点、风险及效果，提出战略性的补充措施。

（10）预估在企业战略实施中将会遇到的困难和阻力，以及克服困难的可能性。

三、企业战略评价过程

战略评价是个性化极强的管理工作，评价过程需要根据具体情况进行分析和判断。战略方案评价是一个分析判断过程，它要分析战略方案对企业及所属经营单位将会带来什么影响，比较各个方案的优缺点、风险及效果。

企业战略方案评价过程如下：

（1）考察战略方案与外部环境的适应程度。战略选择是其内外部综合分析的结果，其基础是对外部环境的认知。如果这些基础发生了变化，那么，战略方案的合理性就会受到冲击，就需要进行调整。因此，监测环境的变化、考察战略方案对环境的适应性是战略评价的第一步。

（2）确定每个方案对企业提出的要求。每个战略方案的实施都会对企业提出不同的要求，如战略实施是否有充足资金来源？企业自身的能力能否达到战略要求的水平（如质量水平、服务水平等）？企业能否处理好战略实施可能带来的竞争压力？企业是否确保无论是管理层还是操作层都具有一定的技能？企业在生产过程和技术等方面是不是已具备了一定的竞争力？企业是否已具备一些渠道，保证必需的原材料和服务的供应？战略实施前是否已具备一定的市场竞争地位和必要的市场营销能力？

（3）分析每个方案本身的一致性。如该战略方案是否与企业的战略目标相吻合？该战略实施对企业的资本结构会产生什么影响？该战略实施带来的调整能否被企业内部各级工作人员接受？战略实施是否会使企业内某些部门、小组或个人的工作安排、组织结构产生重大的变动？战略实施是否要改变企业与外部的关系？是否为周围环境所接受？该战略是否与现存的整套管理体制相吻合？是否需要大的变动？

(4)分析每个方案的利益、风险与困难。如该战略方案的收益性、投资回报、投资回收期如何？战略方案是否能增强企业的实力，并给企业更多的机会？该战略方案有可能给企业带来多大的风险？实施战略方案会有哪些困难？如何克服这些困难？

四、影响战略评价的基本因素

对于企业在战略制定与选择来说，基本上是一个战略决策问题，决策反映的是决策者们的水平、能力与综合素质。而战略决策很大程度上决定于战略评价。战略评价就是分析论证每一个可行战略方案的机遇与挑战、优点与缺点、成本与收益。在对战略进行分析评价过程中，人们希望去进行客观的、公正的评价，但由于影响战略评价工作的因素很多，要保证战略评价工作的正确性，提高评价工作的水平，我们还必须注意以下一些问题。

(一)战略评价者的价值观与行为偏好

战略评价工作人员的价值观念，认识事物的态度、行为方式与行为偏好会对战略评价的结果产生很大影响。例如二战名将美国的巴顿将军经常选择攻势战略而很少采用防御战略，原因在于他对于进攻与防御的认识、利弊评价不同。再如一个喜欢投机的人与一个喜欢踏踏实实做事的人对同一战略的认识与评价也会大不相同。

(二)战略评价者所采取的工具与方法

在现代战略评价工作中，工作人员较多借用一些评价工具与方法，这正如医生诊断疾病一样。我们提倡采用现代的、科学性的、有针对性的战略评价方法，反对采用落后的、经验性的、宽泛性的工具与方法。从某种意义上讲，战略评价的工具与方法很大程度上影响了战略评价结果的质量。

(三)战略评价者掌握的信息与资料

我们认为，战略评价工作中必须掌握充分、及时、准确、全面的信息资料，然后才能做出客观、公正的评价。但由于信息资料的分散性，不对称性和保密性，每一个战略评价者所掌握的信息资料都是打了折扣的，因而必然影响到战略评价的质量。因此，在进行战略评价时，应特别注意拥有那些关键性、重要的信息资料。

(四)战略评价的时效限制

由于人们评价战略总是根据过去的信息资料和对未来的预测去进行评价，而一个具体战略的短期表现与长期效应往往并不一致，如果人们对于过去的时间关注太短或对于未来的预期过长，就会使战略评价产生偏差。因此，战略评价工作者必须考虑时间限制对评价结果的影响，避免武断或过早地下结论。

总之，影响战略评价的因素很多，因而使评价结果具有风险性与不确定性，这一点人们应该认识到，从而使战略决策过程既要尊重、依据战略评价结果，又不要过于迷信战略评价结果。

五、战略方案的评价方法

(一)增长率－市场占有率矩阵法

1. 增长率－市场占有率矩阵的分析变量

该方法首先由波士顿咨询公司(BCG)提出,因此,亦称 BCG 增长率－市场占有率矩阵法。这种方法假定,最小的和最简单的公司除外,所有的公司都是由两个以上的经营单位所组成。换言之,一切经营单位都有若干在经济上有明显区别的产品－市场面。在一个公司范围内的这些经营单位合称为企业的经营组合。BCG 矩阵法提出,企业必须为经营组合中的每一独立单位分别地制定战略。

波士顿咨询公司主张,一个经营单位的相对竞争地位和市场增长率是决定整个经营组合中每一经营单位应当奉行什么样战略的两个基本参数。以两个参数为坐标,波士顿咨询公司设计出一个具有四象限的网络图,如图 11.1 所示。横轴代表经营单位的相对竞争地位,它以经营单位相对于其主要竞争对手的相对市场占有率来表示。相对竞争地位决定了该经营单位获取现金的速度。因为如果一个经营单位较之其竞争对手有较高的市场占有率,它就应该有较高的利润率,从而应得到较多的现金流量。在这里,以相对市场占有率而非绝对市场占有率来代表竞争地位,是由于前者更好地说明了与主要(或最大)竞争对手的关系。例如,如果企业的一个经营单位具有 10% 的绝对市场占有率,那么在一个主要竞争对手分别有 12% 的市场占有率和 45% 的市场占有率两种不同的情况下,具有 10% 的绝对市场占有率企业就意味着不同的竞争地位。显而易见,第一种情况表明企业较第二种情况更具有竞争地位。因此,以相对市场占有率来表示竞争地位更具合理性。而任意一年某经营单位的相对市场占有率计算公式为

$$相对市场占有率(当年)=\frac{经营单位的销售额或量(当年)}{主要竞争者的销售额或量(当年)}\times 100\%$$

$$相对市场占有率=\frac{经营单位的绝对市场占有率}{主要竞争对手的绝对市场占有率}\times 100\%$$

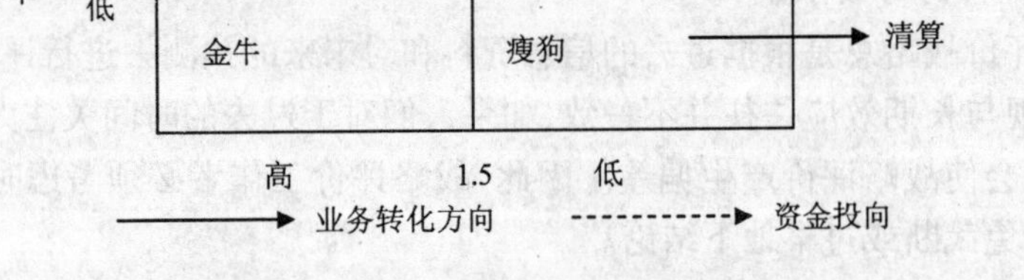

图 11.1　增长率－市场占有率矩阵

在 BCG 矩阵图中,纵轴表示市场增长率。市场增长率代表着对一个经营单位来说市场的吸引力大小,也就是说它决定着投资机会的大小。如果市场增长迅速,它为迅速收回资金、支付投资收益提供了机会。当然,由于市场增长得越快,维持其增长所需的资金就越多,因而这样的机会也可能带来一些问题。市场增长率的计算公式如下:

$$市场增长率(当年) = \frac{当年市场需求 - 上年市场需求}{上年市场需求} \times 100\%$$

2. 增长率 - 市场占有率矩阵的分析内容

一般说来,高市场增长率被认为是高于10%,而高与低相对市场占有率的分界线是1.5,也就是说,如果某一经营单位的销售额是其主要竞争对手的1.5倍或更多,则它就被认为具有较高的相对市场占有率。然而,这种划分并非绝对。根据不同行业的实际情况,可以采用不同的划分界限。

波士顿咨询公司认为,一个企业的所有经营单位都可列入任意象限中,并依据它所处的地位(相对市场占有率以及市场增长率)采取不同的战略。具体步骤是:(1)将公司分成不同的经营单位(SBU);(2)确定每个SBU在公司中的相对规模;(3)确定每个SBU的市场增长率和相对市场占有率;(4)绘制整个公司的经营组合图;(5)根据每一SBU所处的位置而选择适宜的战略。

金牛有较低的市场增长率和较高的相对市场占有率。较高的相对市场占有率带来高额利润和现金,而较低的市场增长率只需要少量的现金投入。因此,金牛通常产生出大量的现金余额。这样,金牛就可提供现金去满足整个公司的需要。从而支持其他需要现金的经营单位。对金牛类的经营单位,应采取维护现有市场占有率,保持经营单位地位的维护战略;或采取收获战略,获得更多的现金收入。

瘦狗类是指那些相对市场占有率和市场增长率都较低的经营单位。较低的相对市场占有率一般维持着少量的利润。此外,由于增长率低,用追加投资来扩大市场占有率的办法往往是不可取的。因为用于维持竞争地位所需的资金经常超过它们的现金收入。因此,瘦狗类常常成为资金的陷进。一般采用的战略是清算战略或放弃战略。

幼童类指那些相对市场占有率较低而市场增长率却较高的经营单位。高速的市场增长需要大量投资,而相对市场占有率低却只能产生少量的现金。对幼童类而言,因增长率高,一种战略是对其进行必要的投资,以扩大市场占有率使其转变成明星。当市场增长率降低以后,这颗明星就转变为金牛。如果认为这些幼童不可能转变成明星,那就应当采取放弃战略。

明星类的市场增长率和相对市场占有率都较高,因而所需要的和所产生的现金数量都很大。明星通常代表最优的利润增长率和最佳的投资机会。显而易见,最佳战略是对明星进行必要的投资,从而维护或改进其有利的竞争地位。

对大多数公司来说,它们的经营单位分布于矩阵中的每一象限。企业应采取的经营组合战略可概括如下:首要目标是维护金牛的地位,但要防止常见的对其追加过多投资的做法。金牛所得的资金应优先用于维护或改进那些无法自给自足的明星的地位。剩余的资金可用于扶持一部分的幼童,使之转变为明星。多数公司将会发现,若选择同时扩大全部幼童的市场占有率的战略,它们的现金投入是不够用的。因此,应放弃那些不予投资的幼童。不同经营单位的特点以及所应采取的战略列于表11.1。

3. 波士顿矩阵的局限性

波士顿矩阵以两个具体指标的量化分析来反映企业的外部环境与内部条件,较SWOT分析有了进步,更因为其简单易行而被众多企业广为采用,但同时也因此而受到许多批评。主要的批评意见如下:

(1)市场份额不过是企业总体竞争地位的一个方面,市场增长率也不过是表明市场前景的一个方面,而且仅仅按高、低两档来划分四个象限,这些都太简单化了。

表 11.1 应用 BCG 矩阵的战略选择

象限	战略选择	经营单位盈利性	所需投资	现金流量
明星	维护或扩大市场占有率	高	多	几乎为零后为负值
金牛	维护或收获战略	高	少	极大剩余
幼童	扩大市场占有率或放弃战略	没有或为负值	非常多 不投资	负 值 剩 余
瘦狗	放弃或清算战略	低或为负值	不投资	剩 余

(2)计算相对市场份额时只同最大的竞争对手联系起来,而忽视了那些市场份额在迅速增长的较小的竞争者。

(3)市场份额同盈利率之间不一定有密切的联系,低市场份额也可能有高盈利;反之亦然。

(4)瘦狗单位不一定就应当很快放弃。在衰退产业中,一些市场份额低的产品如果需求稳定并可以预测,则仍有较稳定的收益来源;如果竞争者都退出,则该产品的市场份额还会增长,甚至可能成为市场领先者,变成金牛。

4. 波士顿矩阵的改进

考虑到增长率-市场占有率矩阵法的局限性,波士顿咨询公司于 1983 年设计出新的矩阵图,见图 11.2. 在新设计的矩阵中,横轴表示经营单位所具备的竞争优势的大小,而纵轴以在行业中取得竞争优势的途径的数量多少来表示。在这个矩阵中,有四个象限,从而也就有四种不同的经营单位类型及战略。

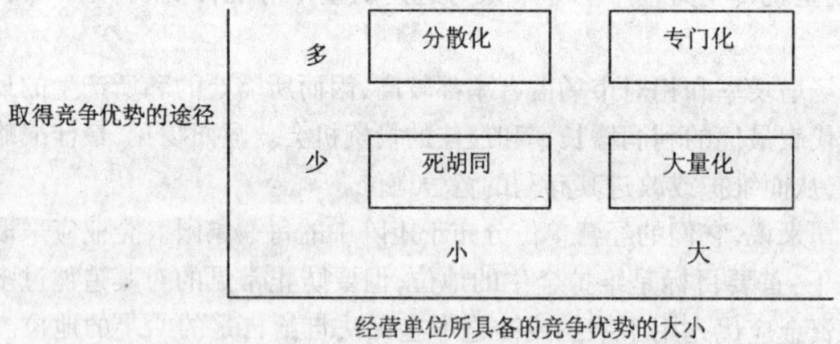

图 11.2 BCG 新矩阵

(1)大量化的经营单位具有较多的竞争优势,但这种行业中所具有的取得竞争优势的途径不是很多。企业所处的行业一般说来具有为数不多的竞争者;竞争者们的生产活动大致相同或相似;在这些行业中存在着规模经济和经验效益。根据这些特点,最适宜的经营战略是成本领先战略,并以大量生产为基础。

(2)专门化的经营单位具有较多的竞争优势和取得这些优势的途径。所处行业具有可分开的各种活动;在每一专业化的活动中有许多竞争者。但存在着一个主导地位的竞争者。处于这种地位的经营单位所采取的战略是在每一活动中进行专门化,类似波特的差异化战略。

(3)死胡同的经营单位既没有较多的竞争优势,行业又缺乏实现竞争优势的途径。这些行业具有如下特征:规模不能影响成本;行业中有许多竞争者进行竞争;进入行业的障碍很低但退出该行业的障碍却很高;所有企业盈利性都很低。处于这种地位的经营单位类似于波特战略中的"中庸"企业,因此必须进行战略上的转变才能摆脱困境。

(4)分散化的经营单位具有较多的实现竞争优势的途径,但企业本身具有较少的竞争优势。经营单位所处的行业具有如下特点:不存在规模经济;进入和退出行业具有较低的障碍;在产品或市场中存在较多的可区分开的活动。根据上述特点以及经营单位自身的弱点,最适应的经营战略是集中化战略。

(二)行业吸引力-竞争能力分析法

行业吸引力-竞争能力分析法事由美国通用电器公司与麦肯锡咨询公司共同发展起来的。根据行业吸引力和经营单位的竞争能力,它也用矩阵来定出各经营单位在总体经营组合中的位置,据此来制定出不同的战略。如图 11.3 所示。

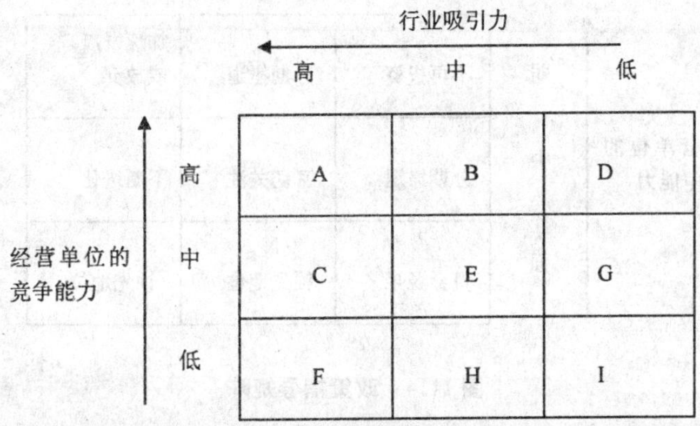

图 11.3 行业吸引力-竞争能力矩阵

经营单位所处行业的吸引力按强度分成高、中、低三等。所评价的因素一般包括:行业规模、市场增长速度、产品价格的稳定性、市场的分散程度、行业内的竞争结构、行业利润、行业技术环境、社会因素、环境因素、法律因素、人文因素等。

经营单位所具备的竞争能力按大小分为高、中、低三等。所评价的因素包括:生产规模、增长情况、市场占有率、盈利性、技术地位、产品线宽度、产品质量及可靠性、单位形象、造成污染的情况、人员情况等。

行业吸引力的三个等级与经营单位竞争能力的三个等级构成一个具有 9 象限的矩阵,公司中的每一经营单位都可放置于矩阵中的每一位置。但总体来说,公司内的所有经营单位可归结为三类,而对不同类型的经营单位应采取不同的战略:

1. 发展类。这类包括处于 A,B 和 C 位置的经营单位。对于这一类经营单位,公司要采取发展战略,即要多投资以促进其快速发展。因为这类行业很有前途,经营单位又具有较强的竞争地位,因此应该多投资,以便巩固经营单位在行业中的地位。

2. 选择性投资类。这类包括处于 D,E 和 F 位置的经营单位。对这类单位,公司的投资要有选择性。选择其中条件较好的单位进行投资,对余者采取收获或放弃战略。

3. 收获或放弃类。这类包括处于 G,H 和 I 位置的经营单位。这类单位的行业吸引力和经营单位实力都较低,应采取不发展战略。对一些目前还有利润的经营单位,采取逐步回收资金的收获战略。而对不盈利又占用资金的单位则采取放弃战略。

与行业吸引力－竞争能力分析法相类似的是由荷兰皇家/壳牌公司所创立的政策指导矩阵法,根据行业前景和竞争能力它也用矩阵来定出各经营单位的位置。行业前景分为吸引力强、吸引力中、吸引力弱三等。并以市场增长率、市场质量、市场(行业)的盈利稳定性以及其他因素(法规形势)等加以定量化。经营单位竞争能力分为强、中、弱三等,由市场地位、生产能力、产品研究和开发等因素决定。

对落入不同区域的经营单位,公司应采取不同的战略,如图 11.4 所示。这些战略可概述如下:

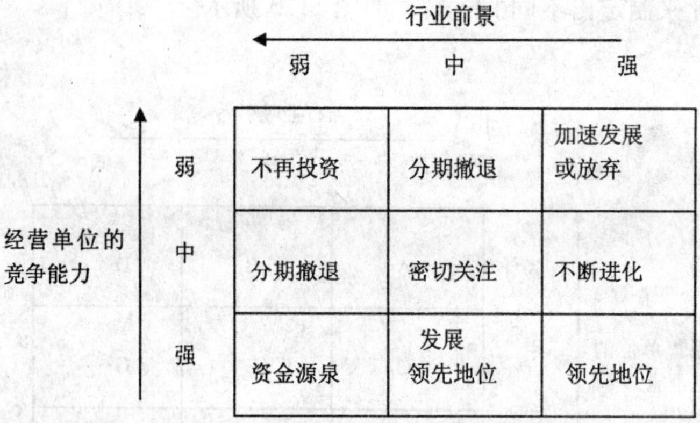

图 11.4　政策指导矩阵

(1)领先地位。应优先保证该区域经营单位需要的一切资源,以维持其有利的市场地位。

(2)不断进化。应通过分配更多的资源,努力使该区域经营单位向领先地位区移动。

(3)加速发展或放弃。该区域经营单位应成为公司的高速飞船。公司应选择出其中最有前途的少数经营单位加速发展,对余下者采取放弃战略。

(4)发展。这个区域中的经营单位一般会遇到少数几个强有力的竞争对手,因此很难处于领先地位。可采取的战略是分配足够的资源,使之能随着市场而发展。

(5)密切关注。该区域经营单位通常都有为数众多的竞争者。可采取的战略是使其带来最大限度的现金收入,停止进一步投资。

(6)分期撤退。对这些区域的经营单位,应采取的战略是缓慢地退出,以收回尽可能多的资金,投入到盈利更大的经营单位。

(7)资金源泉。对这一区域采取的战略是,用少量投资以求未来的扩展。而将其作为其他快速发展的经营单位的资金源泉。

(8)不再投资。对这一区域的经营单位应采取放弃战略,将拍卖资产所得的资金投入到更有利的经营单位。

下面讨论如何将行业吸引力和竞争能力中的每个因素进行定量化,以便确定等级度量法,见表11.2.然后,对每一等级赋予一定的分值。如某一因素很不吸引人,可以给1分的值;而很吸引人的因素赋值5分。

表11.2　里克特等级及赋值

等级	很不吸引人	有些不吸引人	一般	有些吸引人	很吸引人
赋值	1	2	3	4	5

其次,根据实际情况对行业吸引力或经营单位的竞争能力中的每一因素,确定一个等级值。但是,由于每个因素的地位和重要程度对经营单位来说是不一样的,因此还要赋予每个因素一个权数,以代表其重要程度。这些权数加起来要等于1。以行业吸引力其他的量化为例,表11.3中除了社会、环境、法律外,对其他因素给了一个权数。

表11.3　行业吸引力加权平均

因素	权数①	等级②	计分③=①×②	因素	权数①	等级②	计分③=①×②
市场规模	0.15	4	0.60	周期性	0.05	2	0.10
增长	0.12	3	0.36	时政	0.10	5	0.50
价格	0.05	3	0.15	能源	0.08	4	0.28
市场多样性	0.05	2	0.10	社会	OK	4	–
竞争	0.05	3	0.15	环境	OK	4	–
利润率	0.20	3	0.60	法律	OK	4	–
技术	0.05	4	0.20	人力	0.05	4	–
通货膨胀	0.05	2	0.10	总计	1.00	3.38	

从表11.3中可以看出,权数最大的是利润率,权数为0.20,说明它是最重要的。其次是市场规模,权数是0.15。总分计算的办法比较简单,先将权数乘以等级值得出每个因素的计分,最后把所有因素的计分累加起来就是行业吸引力的总分。在本例中,行业吸引力总分为3.38。

用同样的程序和方法,也可计算出经营单位竞争能力的总分,如表11.4所示。

表11.4　竞争能力加权平均

因素	权数①	等级②	计分③=①×②
研究与开发	0.10	1	0.10

续表

因素	权数①	等级②	计分③=①×②
生产	0.05	3	0.15
推销	0.30	3	0.90
财务	0.10	4	0.40
分配	0.05	2	0.10
管理能力	0.15	5	0.75
利润率	0.25	4	1.00
总计	1.00		3.40

第三,根据行业吸引力和竞争能力总分值来确定经营单位的位置。在这里为了简单起见,将行业吸引力或竞争能力中的强、中、弱三等级的分界点定位3.0和1.50,即分值在1.50以下者为弱,处于1.50~3.0之间者为中,高于3.0者为强。以上述例子来说明,行业吸引力总分为3.38,竞争能力总分为3.40,则经营单位处于矩阵图的左上方,是一个比较理想的企业,如图11.5所示。如果公司有多个经营单位,如表11.5所示,则用同样的办法可确定出每个经营单位在矩阵图中的位置。

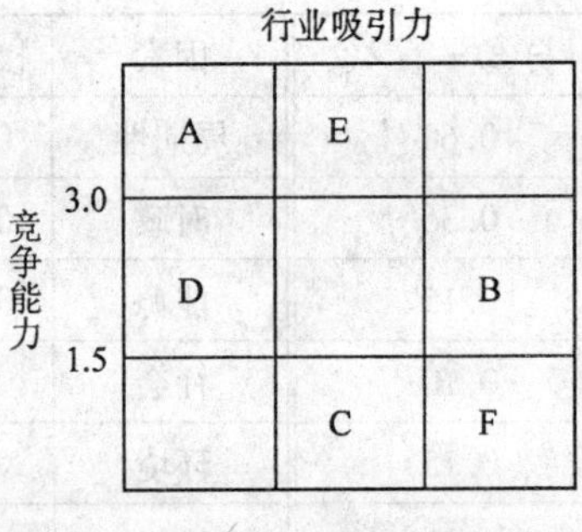

图11.5　经营单位所处位置

表11.5　多个经营单位的总分值

经营单位	竞争能力	行业吸引力
A	3.40	3.38
B	2.50	1.05
C	0.75	2.45
D	2.20	3.50
E	3.60	2.35
F	0.75	1.10

最后,根据不同经营单位在矩阵中所处的位置,应用行业吸引力-竞争能力分析法,对不同位置上的经营单位采取不同的战略。

（三）生命周期法

生命周期法由亚瑟·利特尔咨询公司所提出，并被战略管理学界所接受。该方法以两个参数来确定公司中各个经营单位所处的位置：行业成熟度和战略竞争地位，如图 11.6 所示。

生命周期法认为，任何行业根据所表现的特征，可划分成下列四个阶段：孕育阶段、发展阶段、成熟阶段和衰退阶段。在划分行业成熟度时，一般考虑下列因素：增长率、增长潜力、产品线范围、竞争者数目、市场占有率分布状况、市场占有率的稳定性、顾客稳定性、进入行业的难易程度、技术等。每一阶段的行业在上述因素上所呈现的特点列于表 11.6 中，根据这些特征可对所在行业的成熟度做出判断。

表 11.6　行业成熟度各阶段的特点

因素	孕育阶段	发展阶段	成熟阶段	衰退阶段
1. 增长率	较国民生产总值增长更快	高于国民生产总值	等于或低于国民生产总值	增长为零或负增长
2. 增长潜力	基本不满意或产品只相对不知晓	部分满意或产品相对不知晓	一般满意或生产被知晓	满意或产品早已知晓
3. 产品线范围	窄；很少品种	宽；多样化	宽；标准化	窄；如果行业分散的话则较少
4. 竞争者数目	竞争无统一规则；数量通常增加	最多；后开始减少	稳定或下降	最少
5. 市场占有率分布	无统一规律；通常很分散	逐渐地（或快速地）集中	稳定	集中化或很分散
6. 市场占有率稳定性	不稳定	逐渐地稳定	基本稳定	非常稳定
7. 顾客稳定性	不稳定	逐渐稳定	稳定	非常稳定
8. 进入行业的难易	容易	比较困难	非常困难	无吸引力
9. 技术	快速发展；已知技术很少	变化中	已知晓；容易获取	已知晓；容易获取

确定一个经营单位的战略竞争地位需要一定的定性判断，这种判断一般基于这样的多项指标，如产品线宽度、市场占有率、市场占有率的变动以及技术的改变等。应用生命周期法，一个经营单位的战略竞争地位可划分成：主导地位、强劲地位、有利地位、可维持地位和软弱地位五种类型。每种地位的特点分述如下：

（1）主导地位：能够控制竞争者的行为，具有较广的战略选择，且战略能独立于竞争者而做出。

（2）强劲地位：能够遵循自己的战略和政策，而不会危及长期的地位。

（3）有利地位：可能具有一定的战略优势，有能够保持其长期地位的好机会。

(4)可维持地位:具有证明其运营可继续存在的满意的经营绩效;通常以忍耐能抵御最重要的竞争对手;有能够维持其长期地位的一般机会。

(5)软弱地位:令人不满意的经营绩效,但有改进的可能;可能具备较好地位的特点,但有主要的弱点;短期内能够生产,但想要长期生产下去则必须改进其地位。

以行业成熟度为横坐标,竞争地位为纵坐标,这样组成一个具有20各单位的生命周期矩阵。按照亚瑟·利特尔咨询公司的建议,有四种战略选择,即发展类、选择性发展类、收获或恢复类以及放弃类。在任何情况下采取哪一类战略见图11.6。

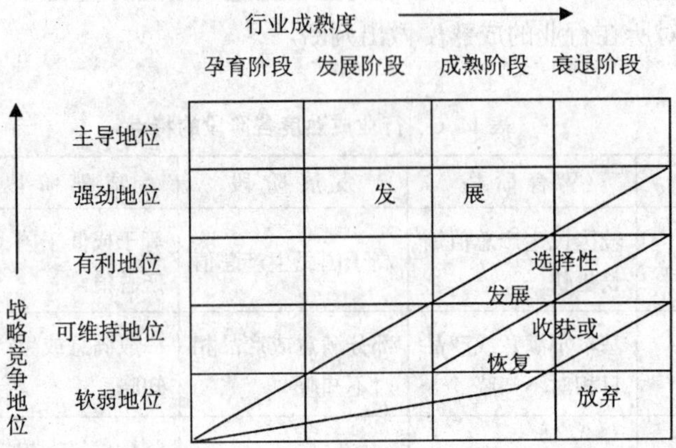

图11.6 生命周期矩阵

(四)产品—市场演化矩阵法

该方法由查尔斯·霍福尔提出,它在许多方面与利特尔的生命周期法相似。产品-市场演化矩阵有15个区域,见图11.7。每一经营单位按产品-市场演化阶段(此为纵坐标)和竞争地位(此为横坐标)确定出它在矩阵中的位置。圆圈大小代表行业的相对规模,圆圈中阴影部分表示经营单位在行业中的市场占有率。竞争地位分为强、中、弱三等,产品-市场的演化过程划分成开发阶段、成长阶段、扩展阶段、成熟饱和阶段和衰退阶段。

对图11.7中每一经营单位可采取的战略方案,霍福尔提出以下几条有益的建议:

(1)经营单位A看来是一颗潜在的明星。它相对较高的市场占有率、处于产品-市场演化的开发阶段及潜在的强大竞争力等因素,使它成为公司大力投资的理想对象。

(2)经营单位B优点类似A,不过,对B的投资取决于它的特殊性质,即为什么它的市场占有率如此相对较低,而其竞争地位都较强。为使投资有益,必须制定一项战略来克服市场占有率过低的弱点。

(3)经营单位C属于一个处于成长阶段和规模较小的行业,不仅竞争地位弱,且市场占有率低。必须制定战略来弥补这两个不足之处,以使将来的投资有益。这也可能是放弃的合适对象,以便将其资源用于经营单位A或B。

(4)经营单位D正处于扩张阶段,它的市场占有率较高,竞争地位较强。对它的投资应该用于维持其相对强大的竞争地位。从长远角度看,D应该成为一只金牛。

(5)经营单位E和F都是公司的金牛,应成为公司资金的主要来源。

(6)经营单位G犹如处于增长率-市场占有率矩阵中瘦狗象限的企业。如果可能的

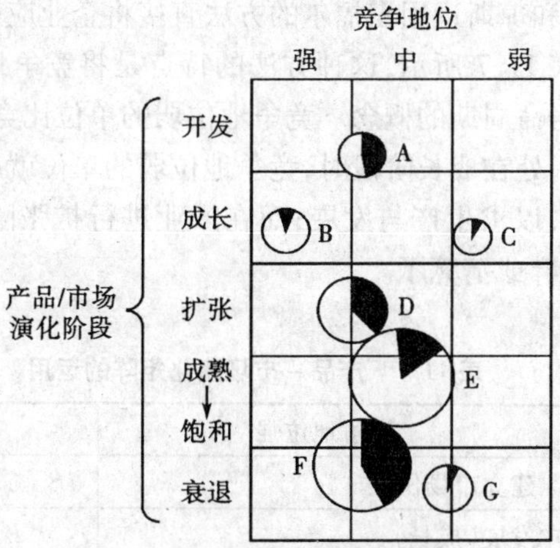

图 11.7　产品－市场演化矩阵

话,它在短期内应多回收资金,但长远的战略更可能是放弃。

不同的多业务的公司可能有不同的经营组合,但大多数组合都是三种理想模式的变形体。这三种理想模式为:成长型、盈利型、平衡型,见图 11.8。每种组合都表明一个公司在分配资源时可能制定的不同目的和目标。成长型矩阵是指其经营单位都集中在产品/市场演变的前几个阶段,市场前景较好,但可能遇到资金短缺的困难。盈利型矩阵则相反,其经营单位更多地集中于产品/市场演变的后几个阶段,市场前景都不太妙,但资金充裕,要有出路。所以,许多具有多项业务的公司趋向于采取平衡组合模式。这种模式在提供资金的部门与需要资金的有限数量的明星和正在诞生的明星之间谋求平衡。同时,对衰退中的经营单位加以控制,保证公司对它们的投资最少,长期战略通常是放弃的。

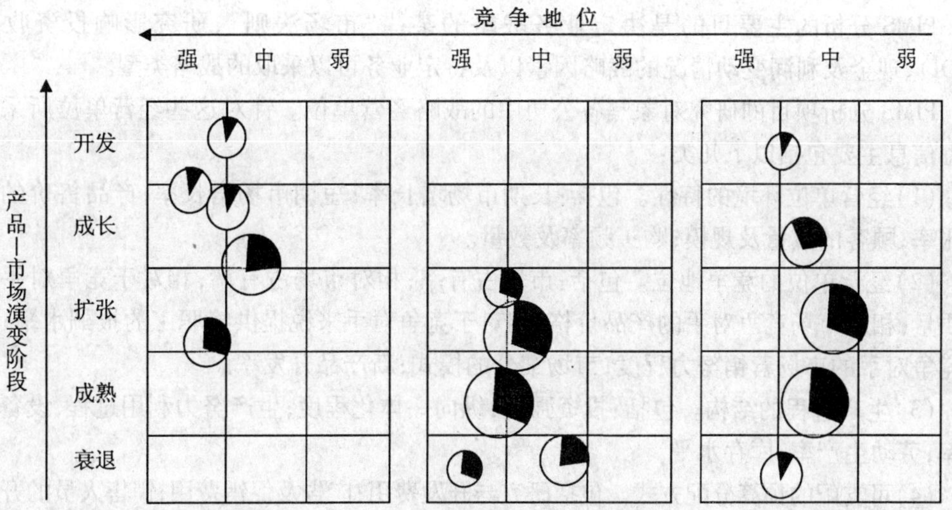

图 11.8　公司中经营单位组合的三种理想模式

另外两位学者希尔和琼斯运用霍福尔的方法直接将企业应采用的战略写入各个区域，供投资决策者参考，见表11.7所示，这种方法的特点是将竞争地位这一因素只划分为强、弱两档，而且使用产业寿命周期的概念。竞争地位弱的单位比竞争地位强的单位应当有不同的战略思维：当产业尚处在成长阶段时，竞争地位弱的单位就应当采取集中战略，注意寻找适合自己的细分市场，以求生产与发展；而在产业进行扩张阶段（即市场增长率开始下降）之后，就需要考虑放弃或清算了。

表11.7　产品－市场演化矩阵的运用

产业寿命周期阶段	竞争地位强	竞争地位弱
开发	建立市场份额	建立市场份额
成长	发展（成长）	市场集中
扩张	增加市场份额	市场集中或抽资、清算
成熟	维持现状或抽资	抽资或清算、放弃
衰退	市场集中、抽资或削减资产	转向、清算或放弃

（五）PIMS分析法

1. PIMS分析所需的信息支持

PIMS是英文Profit Impact of Market Strategies的缩写，其含义为市场战略对利润的影响。PIMS研究最早于1960年在美国通用电器公司内部开展，主要目的是找出市场占有率的高低对一个经营单位的业绩到底有何影响。后来，哈佛商学院和市场科学研究所的学者们开始搜集其他大公司内部经营单位的信息资料，扩大研究范围。迄今为止，已有200多个公司参加了PIMS项目，其中多数在《幸福》杂志排出的全球500家最大的企业榜上有名。

PIMS分析的主要目的是决定业务战略的某些“市场法则”，研究影响投资收益率（ROI）、现金及利润变动情况的战略因素以及特定业务可以采取的战略类型。

PIMS分析项目的研究对象是各公司中的战略经营单位。针对这些经营单位所采集的数据信息主要包括以下几类：

（1）经营单位环境的特性。包括：长期市场增长率；短期市场增长率；产品售价的通货膨胀率；顾客的数量及规模；购买频率及数量。

（2）经营单位的竞争地位。包括：市场占有率；相对市场占有率；相对于竞争对手的产品质量；相对市场竞争对手的产品价格；相对于竞争对手来说提供给职工的报酬水平；相对于竞争对手的市场营销努力程度；市场细分的模式；新产品开发率。

（3）生产过程的结构。包括：投资强度；纵向一体化程度；生产努力利用过程；设备的生产率；劳动生产率；库存水平。

（4）可支配的预算分配方式。包括研究与开发费用；广告及促销费用；销售人员的开支。

（5）经营单位业绩。包括：投资收益率；现金流量。

2. PIMS分析的战略要素的影响

通过对上述多个变量的回归分析，PIMS分析人员得出若干研究结论。其中在战略要素与经营绩效的关系方面,研究人员认为存在着9个对投资收益率和现金流量有较大影响的战略要素,它们在很大程度上决定了一个经营单位的成功或失败。现将这些战略要素的影响分别叙述如下:

(1)投资强度。投资强度以投资额对销售额的比率或对附加价值的比率表示。一般说来,较高的投资强度会带来较低的投资收益率和现金流量。因此,由于设备自动化程度较高和库存成本较大等原因而造成的投资强度较高的经营单位通常显示出较低的投资收益率。对于这些资本密集的经营单位来说,可以通过集中于特定的细分市场、扩展产品线、提高生产率、开发多用途的灵活性设备、租赁设备等措施,减低投资强度对利润的影响。

(2)劳动生产率。劳动生产率以每个员工所创造附加价值的平均值来表示。劳动生产率与经营业绩呈正相关关系。劳动生产率高的经营单位较劳动生产率低的经营单位有较高的经营业绩。

(3)市场竞争地位。市场竞争地位可以用相对市场份额来表示。市场份额对利润和现金流动有正向影响。具有高市场份额的企业可以使规模经济、经验曲线得以发挥,保持企业较高的讨价还价能力。从而获得较高的利润与现金流。因此,企业应努力扩大市场份额。但在提高市场份额的预计利益少于为此所增加成本的情况下,企业则应当采取榨取性的投资战略,而不应在市场份额方面再做努力。

(4)市场增长率。一般来说,较高的市场增长率会带来较多的利润,但对投资收益率没有什么影响,对现金流量则有不利的影响。也就是说,处于高市场增长率行业的经营单位需要资金来维持或发展其所处的竞争地位,因而需要耗费资金,减少了现金回流。这也正好说明为什么波士顿矩阵中相对市场占有率高和市场增长率低的经营单位(金牛类)产生最多的现金,而瘦狗类和幼童类产生负的现金回流。

(5)产品(服务)的质量。产品质量与经营业绩密切相关。出售高质量产品(服务)的单位较出售低质量产品(服务)的单位具有较好的经营业绩。对集中的市场或一体化程度较低的业务来说,高质量产品格外重要。另外,产品质量与市场占有率具有明显正相关关系,二者起互相加强的作用。当一个经营单位具有较高的市场占有率并出售较高质量的产品时,其经营业绩也最好。

(6)创新或差异化。当一个经营单位已经具有较强的市场竞争地位时,通过采取创新战略或差异化战略来增加研究与开发费用、增加产品种类与差异化程度会提高经营业绩。反之,当经营单位的市场竞争地位较弱时,采取上述战略则会对利润有不利影响。

(7)纵向一体化。一般而言,处于成熟期或稳定市场中的经营单位提高纵向一体化程度会带来较好的经营业绩。而在迅速增长或处于衰退期的市场条件下,纵向一体化程度的提高对经营业绩有不利的影响。另外,经营业务一体化程度较低时需要有较高的产品质量。

(8)成本因素。工资增加、原材料涨价等生产成本的上升对经营业绩的影响程度及方向是比较复杂的。这取决于经营单位如何在内部吸收成本上升部分或怎样将增加的成本转嫁给客户。

(9)现时的战略努力方向。企业或经营单位不同时期的战略目标、战略态势以及战略类型不同,这些都会对投资收益率和现金流动产生影响。

以上九个战略因素对企业的影响是复杂的,其中某两个因素之间有时会相互抵消,有时又会相互强化。

此外,PIMS研究还发现,产品的种类与企业业绩并没有直接关系,而起决定作用的是经营单位的特点,即PIMS方法适用于对各种行业的战略分析。

（六）汤姆森和斯特克兰方法

该方法建立于波士顿咨询公司的增长率－市场占有率矩阵方法基础之上,经汤姆森和斯特克兰二人加以完善之后而提出。它用市场增长率和竞争状况作为决定经营单位选择战略的两个参数。市场增长状况分为迅速和缓慢两级;竞争地位也分为强和弱两级。图11－9画出了市场增长状况与竞争地位的四种组合或四个象限,以及每种象限内的战略方案组合。战略选择按照最可能的吸引力顺序排列,现分述如下:

象限Ⅰ中的企业(快速的市场增长与强劲的竞争地位)处于优越的战略地位,因此,最合理的战略是集中经营现有的产品或服务,预期企业做出努力以保持或提高市场占有率,进行必要的投资以继续处于领导地位。此外,处于象限Ⅰ的公司还可考虑实行纵向一体化,以作为巩固其市场地位和保持其利润收益的一种战略选择,这是企业具有财力资源和工艺导向时更应如此。企业突出的优势还可为公司进行相关多样化发展提供了机会,这样可作为分散风险的一项措施。

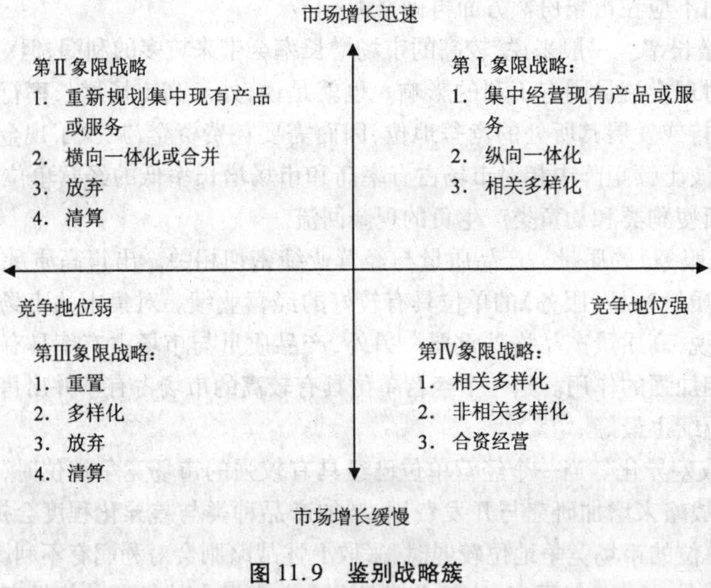

图11.9 鉴别战略簇

象限Ⅱ中的企业有良好的市场,但竞争地位虚弱。推荐的战略首先是集中经营现有的产品或服务。然而,实施这一战略必须回答两个基本问题:为什么目前的措施导致了很弱的竞争地位?应采取什么措施来成为一个有效的竞争者?在市场迅速扩大的条件下,如果公司有资源并能够克服战略上或组织上的弱点的话,它总能寻找出一个有利的空隙市场。然而,如果公司缺少成功地实施集中生产经营业务,可考虑放弃某一经营单位;生产单一产品的公司可采取清算拍卖战略。

象限Ⅲ中的公司处于停滞的市场中,而且公司又具有较弱的竞争地位,这样的公司最为虚弱。可选择的战略依次为:重置战略——释放无生产率的资源用于可能的发展项目上;多样化战略——或相关多样化或非相关多样化;放弃战略——放弃这一业务,跳出该行业;清算战略。

象限Ⅳ中的公司虽然市场增长率低,但竞争地位强劲。这种条件可使公司利用来自现有业务的多余现金,来开展多样化的项目。相关多样化战略是第一选择,它可利用公司显著的优势来取得主导地位。但是,如果相关多样化的机会不那么特别吸引人的话,可考虑非相关多样化战略。合资经营也不失为一合乎逻辑的方案。不论哪种方案,公司的意图是减少对现有设施的投资,这样可释放出最大量的资金用于新的发展方向上。

第三节　企业战略的选择

一、企业战略的选择及其影响因素

战略选择过程是做出选定某一特定战略方案的决策过程。制订和评价可供选择的战略方案,是进行这个战略决策过程必不可少的先决条件。假若战略评价过程已经筛选出显然优化的战略方案,则决策就很简单。然而,在大多数情况下,战略评价过程提供给战略决策者的是若干种可行方案。在这种情况下,决策者就要考虑多种因素,进行多方面的权衡。因此,选择战略并非一个例行公式化的或很容易的决策。正像有人指出的那样,这种决策实际上是一种智力活动过程。它要比想象的更曲折、更复杂、更微妙和更具有特性。决策者通常游弋于有意识和无意识之中,思前想后,在具体与抽象间反复,在机会和威胁中试手,并且决策过程完全是动态的,没有真正的起点或终点。战略决策者要经常地进行这种智力活动过程。

一般认为,在战略决策者选择某一特定战略的过程中,有下列几个因素影响着他的战略选择,即:

(一)企业对外界环境的依赖程度

任何企业都存在于它的外部环境之中,而环境受股东、竞争对手、顾客、政府和社区的影响。企业的生存对这些因素的依赖程度,影响着战略选择过程。具体说来如下:

(1)依赖程度越高,企业选择战略的灵活性就越小,除非发生危机的情况。① 企业依赖于少数几个股东的程度越高,它战略选择的灵活性就越小。② 企业依赖于其竞争对手的程度越高,则它越不可能选择进攻的战略(依赖性在此指竞争中处于相对较弱的地位)。③ 企业的成功和生产越依赖于少数几个顾客,则企业对他们的期望应做出较快的反应。④ 企业越是依赖于政府和社区,则它对市场状况和股东的要求不具有灵敏的反应。

(2)企业经营面对的市场的易变程度,影响着战略选择。如果市场面中的情况变化程度较大,则企业的战略需要具有较大的灵活性。

上面对环境的度量基于“客观”衡量基础之上,但事实并不能为自己说话,客观的现象需要决策者主观的理解。因此,确切地说,是决策者对外部环境依赖性的主观认识影响着战略的选择。这样,处于同一环境中的同一公司,如果由两个决策者来进行战略选择,可能会有不同的战略方案。

(二)管理者对待风险的态度

管理者对待风险的态度影响着战略选择。某些企业管理者极不愿承担风险,而另一些管理者却乐于承担风险。不同的风险态度会导致不同的战略选择：

(1)如果管理者认为,风险对于成功是必不可少的,并乐于承担风险的话,则企业通常采用进攻性战略,接受或寄望于高风险的项目,在它们被迫对环境变化作为反应之前就已经做出了反应。并且,这类管理者考虑较广泛的战略方案。

(2)如果管理者认为风险是实际存在的,并敢承担某些风险的话,那么管理者就会试图在高风险战略和低风险战略之间寻求某种平衡,以分散一定的风险。这就像在赌博中,两面下注一样来避免较大的损失。

(3)管理者认为若较高的风险将毁灭整个企业,需要减低或回避风险的话,则他就考虑很少的战略选择方案。可能采取防御性的或稳定发展的战略,拒绝承担那些高风险的项目,乐于在稳定的产业环境中经营。

总之可以看出,管理者和股东对待风险的态度,会增加或减少他们所考虑的战略方案的数目,并增加或减低采用某一特定战略方案的可能性。

(三)企业过去的战略

对大多数企业来说,过去的战略是战略选择过程的起点,这就导致新考虑的多数战略方案受到企业过去战略的限制。明茨伯格曾对德国大众汽车公司1934－1969年和美国1950－1968年在越南的战略选择变化进行过详细的研究,他认为:

现在的战略从过去某一影响的领导者所制定的战略演化而来。这个独特的、紧密一体化的战略对以后的战略选择是个主要的影响因素。

此后,这个战略就变得格式化。官僚化的管理组织使战略得以贯彻和实施,即原决策者推出这个战略并向下属说明,尔后低层管理人员将这个战略得以实施。明茨伯格将此称为推拉现象。

当这个战略由于条件变化而开始失效时,企业总是将新的次战略嫁接到这个老战略上来,仅在以后才探索一种全新的战略。当外部环境变化更大时,企业才开始认真地考虑采取防御战略、组合战略或发展战略。而以前可能曾有人建议过这些战略,但决策者却忽视了。

明茨伯格对战略选择过程的研究结论具有概括性的意义。它说明过去的战略对以后的战略选择有影响,战略选择过程更多的是一种战略演变过程。其他研究也表明,人们过去选择的战略是有惯性的,已渗透到组织中。这可以部分地说明为什么在改变过去的战略时,往往需要更换高层管理人员,因为新的管理者较少地受到过去战略的约束。

(四)企业中的权力关系

所谓权力是人间的一种关系,指的是某个人影响另一个人或群体去做某些事情的能力。经验表明,在企业中权力关系的存在是关键的事实。在大多数企业中,如果一个权力很大的高层管理者支持某一战略方案,它往往就成为企业所选择的战略,并且会得到一致意见地拥护。例如,福特汽车公司的小亨利·福特、国际商用机器公司的老华森、国际电报电话公司的哈罗德·基宁等这些有权势的总经理,都曾经大大地影响过所在企业的战略选择。从某种意义上说,人品也涉入到战略选择之中。主要人员喜欢什么以及尊重什么等,都与选择什么样的战略有关。总之,权力关系或企业政治对战略选择有重大影响。

(五)中层管理人员和职能人员的影响

中层管理人员和职能人员(尤其是公司计划人员)对战略选择有重大影响。鲍威尔和舒沃兹的研究指出，如果中层管理人员和公司计划人员参加战略选择过程，那么：

（1）他们选择的战略通常与总经理选择的战略有所不同。

（2）中层管理人员和职能人员的观点部分地受到他们个人的视野，以及其所在单位的目标和使命的影响。

（3）他们倾向于向高层管理人员推荐那些低风险、渐进式推进的战略选择，而非高风险和突破性的选择。

卡特（E. Carter）研究了一些中小型公司所做出的六项关于收买的决策，这些研究发现：

（1）较低层管理人员倾向于上报那些可能被上司接受的方案，而扣下不易通过的方案。在可能的情况下，他们的选择总是适合于自身的目标。

（2）在对建议中的战略选择进行评价时，不同的部门都从自身利益来评价方案并出现不同的评价结果。

（3）企业外部环境的不确定性越大，下层管理人员就会使用越多的评价标准来指导战略选择过程。

（4）职能人员为战略选择提供的数据量取决于：收集数据的难易程度；他们对日后数据执行情况负责的程度；为获得有利决策所必需的数据量；认为上司作决策时所希望有的数据量。

总之，中层管理人员和职能人员是通过草拟战略方案以及对各方案风险的评价来影响战略选择。一般来说，他们对战略方案做出的建议和评价，总是与过去的战略差异不大，少冒风险。

（六）时间因素以及竞争对手的反应

时间因素主要从几个方面影响战略的选择：第一，有些战略决策必须要在某个时限前做出，在时间紧迫、来不及作全面仔细的评价分析的情况下，决策者往往着重考虑采用这种战略方案所产生的后果，而较少考虑接受这种战略方案的效益，这时不得已而往往选择防御性战略；第二，战略选择也有一个时机问题，一个很好的战略如果出台时机不当也会给企业带来麻烦，甚至是灾难性的后果；第三，不同的战略产生的效果所需时间是不同的，如果经理人员关心的是最近两三年内的企业经营问题时，他们大概不会选择五年以后才产生效果的经营战略，即战略所需的时间长度同管理部门考虑的前景时间是关联的，企业管理者着眼于企业长远发展，则他们就会选择较长时间跨度的战略。

企业高层领导在做出战略选择时要全面考虑竞争对手将会对不同的战略做出哪些不同的反应，如果选择的是一种进攻型战略，对竞争对手形成挑战的态度，则很可能会引起竞争对手的强烈反应，企业领导必须考虑这种反应，估计竞争对手的反击能量，以及对战略能否取得成功的可能影响。

除上述六项因素外，企业在最后做出战略选择时，企业应采取权变的态度，如果企业战略的基本假设条件发生变化，企业就要调整或修改已选定的战略。因此，这次没有入选的战略方案不应废弃，应当存档，在今后战略调整或修改过程中仍会有较大的参考价值。

二、企业战略选择的标准

(一)适应性测试

一个好的战略应该能够适应企业的内外环境条件。在评估战略适应性时一般主要考虑以下几点：

(1)该战略对在战略分析中发现的问题，如企业在资源、能力和技术方面的劣势以及外部环境威胁解决到什么程度。例如，该战略是提高还是降低了组织的竞争地位？增加还是削弱了企业与供应商和顾客的讨价还价能力？是否有利于对付来自新进入者和替代品的威胁？

(2)该战略是否完全利用了组织的优势和外部环境提供的机会。例如，一个技术水平很高的公司是否利用了其科研开发能力。

(3)该战略与组织的使命和目标是否一致。例如，该战略的实施虽然改善了企业的财务绩效，但却破坏了企业长期形象，那么该战略不是什么好战略。

(二)竞争优势测试

一个好战略应该能够为企业带来竞争优势，提升企业的竞争地位。战略为企业建立的优势越大，战略就越好。在竞争优势测试中，主要评估战略对提升企业适应市场需求的核心能力的贡献，是加强了企业某一关键性资源和能力的独特性，还是弱化了某一关键性资源和能力的独特性。

(三)业绩测试

一个好战略应该能带来企业业绩的提高。在业绩评估中，主要是对盈利能力、市场占有率或份额、成本效率进行计算、比较和分析。

(四)可行性测试

一个好的战略不仅前景吸引人，而且应该有实施的条件和可行性。在评估可行性时，主要看实施战略所需要的资源(财力、物力、人力)和能力(管理能力、营销能力、科研能力、生产能力等)是否具备或准备好。

(五)可接受性测试

一个好的战略应该使各方面利益相关者均可接受，那种一部分高兴而另一部分反对的战略不是好战略。在评估可接受性时，要注意以下几点：

(1)内外利益相关者都能接受，即企业与社会各方面都满意；

(2)上下利益相关者都能接受，即企业的上层与中下层管理人员和职工都支持；

(3)左右都能接受，即企业内部各部门、各单位都满意，股东、债权人和经营者、职工都理解。

如果某一战略方案不能通过上述一项或几项测试，那么对它就可以不予考虑；如果某一战略方案在5项测试中结果最好，那么它就是最有吸引力或最优战略选择；如果企业已经对某一战略选择做出了承诺，但是已经过了很长时间预期结果仍未出现，同样可以用这5项测试来检查既定战略的好坏。

三、企业战略选择的方法

企业战略的选择分为两个层次：

第一个层次是公司总体战略方案的选择，其主要过程是：根据下属各经营单位的实力及所处行业的吸引力与发展阶段对整个公司进行统筹分析；判断企业各经营单位保持现有战略组合条件下的工作绩效；将预期公司绩效与公司战略目标比较，确定主要绩效差距；判定采用缩小绩效差距的备选战略方案（包括经营单位不同战略的组合）；评价备选战略，做出战略选择。

第二个层次是企业经营单位战略方案的选择，其主要过程是：分析企业经营单位根据环境要求采取相应战略后可能出现的结果；将预计结果和企业经营单位的战略目标相比较，确定绩效差距和战略重点；判定用了缩小绩效差距和解决战略重点的备选战略；评价备选战略方案，做出战略选择。

企业战略方案的选择事关全局，一招不慎，将会造成全盘皆输的后果。方案选择正确与否，与方案选择的方法息息相关。企业战略方案的决策，一般采取定性分析和定量分析相结合的方法。通常条件下的定性选择方法很多，如召开座谈会、专家评议、类比法、职工代表大会民主审议等；定量选择的方法也很多，主要方法则是数量模型评价法。

（一）定性分析方法的程序

（1）企业决策者在股东会和职工代表大会上，向会议报告方案策划、设计、评估，以及出台的背景情况和经过，阐明讨论和选择方案对本企业发展的意义等。

（2）组织股东代表、职工代表学习、研究和讨论方案，在大家充分发表意见的基础上，收集、归类、分析和整理两会的意见和建议，并通报方案制订部门，同时报告决策当局。

（3）由方案制订部门与两会的代表介绍方案制订的过程，说明制订方案的指导思想及达成的目标，解释代表们提出的问题和建议，回答代表们提出的备采纳意见建议的询问。

（4）企业决策者依据方案预选的根据、影响方案选择的因素，做出原则选择判断，继而对方案涉及的不同利益集团进行技能型说服。但作为决策者，对不同利益集团的冲突需持公正态度，客观进行协调，努力避免冲突的激化。

（5）通过方案制订部门筛选来自股东和职工方面的正确意见和建议，对方案进行补充和修改，使之更加完善和具有可操作性，具有代表性和群众性。

（6）在此基础上将再次修改后的方案，再次提交股东会和职工代表大会讨论，有的可以无记名投票的方式决定方案取舍，有的也可以根据讨论的集体意见，由企业领导集体做出选择决定。

（二）定量战略规划矩阵（QSPM 模型）

定量战略规划矩阵的目的是用于选择最佳战略，这种方法是目前最流行的战略评价方法。和其他方法一样，定量战略规划矩阵要求战略决策者在各变量的权数和得分上做出主观决策，因此必须谨慎使用。

QSPM（Quantitative Strategic Planning Matrix）模型是在分析和确定内外关键因素的基础上决定每一可供选择战略的相对吸引力，而每一可供选择战略的相对吸引力是通过计算各内外因素的影响总和得出的。虽然 QSPM 模型可以评价数量不限的战略，但是这些可供选择的战略必须是可以比较的。

表 11.8 是 QSPM 的基本格式。此表的左边一栏列出关键的外部和内部因素，包括从 EFE 矩阵和 IFE 矩阵直接得到的信息；顶部一行列出可行的战略方案，包括从 SWOT 矩阵得出的以及后来选择出来的方案，如方案太多，还可只列经过筛选、需要评价的部分战略。

表 11.8　QSPM 的基本格式

关键因素	备选战略			
	权数	战略一	战略二	战略三
关键的外部因素				
经济				
政治/法律				
社会/文化/环境				
技术				
竞争				
关键的内部因素				
管理				
市场营销				
生产作业				
研究与开发				
计算机信息系统				
财务会计				

表 11.9 是北京某汽车租赁公司的 QSPM 案例。其编制步骤如下：

(1)在表的左边一栏列出 EFE 矩阵和 IFE 矩阵提供的因素，包括各因素的权数。

(2)在表的顶部列出拟评价的战略。这里是从 SWOT 矩阵的 SO 战略方向中抽出的三个战略：战略一是采用新技术，以国内高科技企业和外资企业为主要客户群，高价高服务；战略二是与旅游公司联盟，拓展新的用户市场；战略三是与银行联合，推出租车信用卡，只对会员服务。目的是对三个战略进行定量评价，决出优选顺序。

(3)评定各战略的吸引力分数。所谓吸引力分数是指表列的各关键因素对战略选择的影响程度：如影响大，则吸引力强，反之则小。如无影响，则吸引力为零。一般可采用四级评分法：1 分表示吸引力很小，2 分表示有些吸引力，3 分表示有相当吸引力，4 分表示很有吸引力。如无吸引力，则不给分。应注意的是，如果对某一战略给出 AS，则对其他战略也应给出 AS；反之，如对某一战略不给分，则对其他战略也不给分。

(4)计算吸引力总分。即将每个关键因素的权数乘战略的吸引力分数，吸引力总分越高，表明该因素对战略的影响越大，即战略的吸引力越大。

(5)计算吸引力总分和。即将各战略的吸引力总分再加总。根据总分和的大小，即可看出各战略的吸引力大小，据此可排除优选顺序。如表 11.9 所示，现在的优选顺序是：首选战略一（吸引力总分和 5.81），次选战略三（总分和 4.48），最后选战略二（总分和 4.42）。

在采用 QSPM 这一定量评价法时，关键步骤是评定吸引力分数，要求每个分数都应当是经过理性分析的、合理的和经得起推敲的。要尽量避免给各种战略以同样的 AS，例如在同行（即同一因素）中出现两个相同的分数。

表 11.9　北京某汽车租赁公司的 QSPM 表

关键因素	权数	备选战略					
		战略一		战略二		战略三	
		AS	TAS	AS	TAS	AS	TAS
机会							
1. 国家汽车工业“十五”规划出台	0.06	2	0.12	3	0.18	1	0.06
2. 旅游市场的火爆	0.07	2	0.14	4	0.28	1	0.07
3. 各种新技术在汽车租赁管理中的应用	0.08	4	0.32	3	0.24	2	0.16
4. 有驾照、无汽车的人数增加	0.08	1	0.08	3	0.24	2	0.16
5. 国家队自购公务用车的限制	0.08	4	0.32	2	0.16	1	0.08
6. 加入 WTO 后国外汽车商涌入	0.05	3	0.15	2	0.10	1	0.05
7. 高科技企业、外资企业等公务用车数量增加	0.08	4	0.32	2	0.16	1	0.08
威胁							
1. 国外汽车制造商和国外汽车租赁商的进入	0.09	4	0.36	3	0.27	2	0.18
2. 汽车出租价格偏低	0.05	3	0.15	2	0.10	1	0.05
3. 缺乏统一的监督和相应法律法规	0.07	3	0.21	2	0.14	4	0.28
4. 汽车保险制度不健全	0.07	2	0.14	2	0.07	4	0.28
5. 个人信用体系未形成，骗车偷车现象尚难控制	0.07	3	0.21	3	0.07	4	0.28
6. 国内企业产业实力弱小	0.07						
7. 汽车流通渠道不通畅	0.08	4	0.32	2	0.16	1	0.08
优势							
1. 长期经验的积累	0.08	4	0.32	2	0.16	1	0.08
2. 长期的客户和供方关系	0.10	4	0.40	1	0.10	2	0.20
3. 团结、熟悉业务的队伍	0.08	4	0.323	0.24	2	0.16	
4. 背靠强大的集团公司	0.09	3	0.27	2	0.18	4	0.36
5. 车辆较新，档次较高	0.06	4	0.24	1	0.06	2	0.12
6. 品牌知名度较高	0.07	4	0.28	2	0.14	3	0.21
劣势							
1. 缺乏高素质人才队伍	0.11	2	0.22	3	0.33	4	0.44
2. 缺乏信息管理的经验	0.10	2	0.20	3	0.30	4	0.40
3. 缺乏电喷车维修能力	0.07						
4. 租赁网点少	0.07	3	0.21	4	0.28	2	0.14

续表

关键因素	权数	备选战略					
		战略一		战略二		战略三	
		AS	TAS	AS	TAS	AS	TAS
5. 车型结构不合理	0.06	3	0.18	4	0.24	2	0.12
6. 管理模式陈旧	0.11	3	0.33	2	0.22	4	0.44
总计	2.00	–	5.81	–	4.42	–	4.48

注:AS – 吸引力分数;TAS – 吸引力总分数

QSPM 评价法的优点是适用于各类组织和各类企业,可以同时考虑的战略数量可多可少,不受限制。它把影响战略选择的全部关键因素都结合起来考虑,不致忽视或侧重一部分因素。但是,这种方法也有局限性,它总是要求做出直觉性判断和经验性假设,权数和吸引力分数的确定肯定有较多的主观意识,而且它的科学性还取决于 EFE 矩阵、IFE 矩阵等提供的信息的质量。

【阅读案例】

"中国有个浪莎红"——浪莎内装战略规划

通过"浪莎,不只是吸引"的央视广告长期播放及遍布全国打着浪莎旗号的销售点,浪莎品牌早在前几年已是声名鹊起,成为袜品第一品牌。浪莎内衣作为一个新品类,如何在成熟的内衣市场开辟一片蓝海?

进军内衣,破冰之旅

浪莎是目前中国袜业市场的第一品牌,曾获得中国袜业多个第一称号:

第一个进入中央台媒体做广告

第一个取得袜业的中国驰名商标

第一个荣获全国袜业"中国名牌产品"称号

第一个在中国组建袜业连锁专卖网络体系

……

随着市场的不断壮大发展,浪莎董事局决定向相关行业进行延伸,以最大限度地延伸并发挥浪莎的品牌价值。在众多品类中,浪莎选择从内衣作为第一主打延伸产品。除继续巩固浪莎袜品之外,又有一个新的挑战与新的市场摆在我们面前——将浪莎内衣打造成浪莎集团的另一张王牌,让浪莎内衣在中国内衣市场全新崛起。

但是袜品和内衣毕竟是不同的类别,进入一个陌生的行业,不仅是凭着勇气和信心,更重要的是建立在对内衣行业有充分认识基础上,理性思考,准确判断。

如何把这步棋走得更漂亮,要根据浪莎资源状况和市场实际状况制订浪莎企业战略目标,建立支持其战略的企业组织基础、管理基础和人力资源基础。战略定位的成功,系统匹配和均衡,是实现浪莎目标的保障。

要实现突破,就必须超越传统,以战略为导向进行变革。

一、内衣行业分析

1. 行业背景描述

内衣行业演变过程经历了：以三枪、宜而爽为代表的传统内衣，也就是通常说的常规内衣；以俞兆林、南极人、北极绒为代表的保暖内衣；以婷美为代表的美体修形概念的功能性内衣；以猫人为代表的时尚、性感内衣。

整个过程的发展，实际上有一定规模的内衣企业，先后或多或少都参与保暖内衣市场的逐鹿。主要由于保暖内衣技术门槛低、产品同质化、技术操作无标准、行业管理不规范的特点，致使追逐利润的投机成风。众多企业一窝蜂地进入保暖内衣市场，生产厂家从当时寥寥无几发展到500多家，更加剧了市场竞争的复杂化。

这主要表现在以下几个方面：信任危机，品牌打折；价格大战，美誉度下滑；混淆概念，误导消费；科技诱饵，降价促销。单一产品难以应对复杂的竞争，特别是新进入的厂家，更需要整合资源，打造平台优势。

羽绒服生产厂家等企业在向内衣转型过程中纷纷遇到不测，产品同质化使得单个产品难以占据长久优势；"浪莎"如何有效地从袜品延伸到内衣，打造内衣领先品牌、建立绝对的强势品牌，继而推出多元产品，迅速成为内衣行业先锋，是目前我们面临的挑战——

2. 中国内衣发展现状及回顾

现状一：大品牌越来越少，小品牌越来越多

除了三枪、宜而爽等几个品牌外，内衣企业总体销售规模都比较小，能达到3亿元以上企业不多。市场不断发展，消费者越来越成熟。一方面行业有部分原领头企业因为没有及时调整策略，市场也萎缩，销量不断下滑，品牌老化；另一方面，市场却催生了大量生产型的企业直接参与销售，一批沪派、浙派、粤派、苏派从内衣生产加工型企业及一批其他行业新的品牌加入，抢占终端，市场全面开花，厂家云集，小品牌越来越多。

现状二：生产型企业的崛起，品牌符号化

内衣市场不断成熟，需求也越来越大，生产型的企业不满足外加工的订单上面的生意，面对巨大的市场诱惑，生产和成本优势加之多年的加工生产也逐步形成市场意识，不少生产型的厂家意识到拥有品牌才拥有市场，才能长久，不甘心被动做加工，并也跃跃欲试，于是注册或者购买一个品牌，成立销售公司，直接进入市场。代表企业有顺时针、花雨伞等。原来一部分先导入的企业没有系统的维护，没有品牌文化支撑，品牌成了一个符号。

现状三：市场越来越大，单品利润越来越低

内衣市场的整体容量不断扩大，保暖内衣作为单独行业从内衣分离出来至今已有近10年时间，结束了一个产品的导入期与成长期，已经进入成熟期。年产量从最初数十万套飚升到现在的3 000万套，并且还不断扩大。与此同时，内衣市场价格也越来平民化，有关单位统计过，保暖内衣的平均零售价格大约在130多元/套，比起前几年市场零售价300多元/套，利润下降不少，近一两年来，市场价格逐步稳定，利润越来越低。有些省级代理商笑称，是为厂家做搬运工，单品一套利润做批发8块钱都赚不到，如果库存掌握的不合理，根本没有办法保证利润。

现状四：进入全面竞争，单一优势丧失

市场从来就是烽火连绵，竞争不断加剧，如，低价格竞争，每件产品售价从2005年同比

2004 年下降了 30～50 元;彩棉大战,各品牌均有 30～50 万套彩棉产品;短期促销,电视广告品牌运作趋弱,卖场甩卖,价格搏杀,买赠成为主流形式;概念战,产品雷同,质量趋低,新概念产品将成为新的亮点;贴牌风行出于低价格竞争的因素与市场控制软弱,贴牌将大行其道。如此种种的竞争,单一优势难于取胜。要获胜必须具备快速生产能力、产品开发能力、库存控制能力、渠道管理能力、品牌运作能力……

现状五:保暖内衣终端制胜分天下,推动行业洗牌

全线押注:顶呱呱、纤丝鸟、暖倍儿、帕兰朵、朵彩、顺时针、北极绒、俞兆林等品牌全线押注,凭借已有的品牌基础及市场网络加大力度进行终端深度挖掘,寻求突破。

军团大扩张:鄂尔多斯、恒源祥等为代表的一批有实力的军团并没有因为市场派系林立的激烈竞争而停止朝保暖内衣品类的延伸,加大终端开发力度。

市场的竞争也促进行业的规范,行业也已经到了修整改编的时候,将导致 40% 以上的生产厂家被淘汰。

通过以上分析,综合如下:

横向	群雄逐鹿、品牌竞争、资源同质化及简单战术竞争
纵向	概念战、品牌战、广告战、价格战……
综合	无明显优势强手、无绝对优势者、省相对优势者
市场	越来越大的市场
消费者	越来越细分的市场需求　越来越理性的消费　体验要求
竞争者	从原材料、生产到品牌、终端全价值链竞争;单一优势与简单　机会优势的逐步丧失
供应商	选择最具优势企业倾斜,强者愈强、弱者愈强区域品牌获胜质量、专注、快速反应

二、企业内部分析

1. 浪莎现状描述

通过对浪莎集团的深入了解后,浪莎的内部情况也逐步清晰起来,总结起来就是"三大优势、三大问题":

(1)优势

品牌优势。2002 年 2 月 28 日,浪莎商标被国家质检总局授予"中国驰名商标",2004 年 8 月 8 日又荣获"中国名牌产品"荣誉称号,并先后顺利通过 ISO9000、ISO14000 环境标准体系认证,被评为"绿色企业"、"绿色产品"。浪莎集中国驰名商标、中国名牌产品、国家免检产品于一身,拥有多个第一称号,是行业唯一具有众多优势的企业。在当地有一定影响力,得到政府等相关部门的扶持,国家、省市领导到义乌视察时,浪莎也常作为一个有代表性的企业而得到各部门领导的关注。

生产优势。浪莎拥有三个厂区,拥有近5 000名员工,集聚了全国各高等院校科技研发人才、集聚了纺织专业国内外的高级工程师(法国、意大利、美国等国工程师)。浪莎拥有有快速生产能力,浪莎用 10 年的时间创造了一艘袜业航空母舰。浪莎拥有国际最优秀研发人才——博士后工作站,国际先进技术——无缝技术、纤维技术等。浪莎拥有强大的开发能力,世界顶级的美国杜邦公司合作、与东华大学成立针织品研究所、与美国道康宁合作开发新产品。

规模优势。浪莎第一个引进世界最先进的数码设备(意大利、罗娜缔、马太克),拥有3 000多台国际上最先进的全电脑设备、占地面积1 000多亩的工业园、投资8 000多万无缝内衣生产设备的基地。

(2)问题

产品问题。通过对浪莎调查发现,浪莎内衣业务单元存在的问题点:①浪莎内衣没有独特优势,面料和款式采取跟进策略,跟着朵彩、顺时针、帕兰朵等几个品牌的特点走。②2006年准备做市场细分,走差异化道路,但因为各事业部门由销售指标考核,所以好卖的都上,造成各个品牌界限的混淆,对未来浪莎及子品牌的市场发展存在较大的不利影响。a.人力资源:浪莎虽然拥有众多研发人才和外国专家,那都在袜品领域,内衣事业部内部缺乏产品主管和匹配的专业人员来保证产品从开发到设计、辅料采购、生产等环节,确保完成时间、控制产品质量。b.生产体系:浪莎的生产优势在于袜品,对内衣缺乏面料、款式、色彩等开发设计能力,对内衣缺乏快捷的速度来批量生产产品、缺乏对市场准确的判断、库存的控制没有经验。c.功 效 比:假设投入800万推广费用,销售总额1.8~2亿,利润率在6%~8%左右,总体净利润在1 000~1 600万左右。

渠道问题。渠道和终端建设条件不具备:a.时间不具备:从内衣门外汉到市场的导入需要一个过程,如果马上要完成全国渠道和终端的建设,需要一定的时间,包括产品、终端道具、人力资源等各个方面的建设都需要时间。b.条件不具备:现在产品未成型,产品手册、相关物料均没有,经销商对产品,对浪莎没有完全的认识和足够的信任。c.新终端模型不成熟:从内衣门外汉到市场的导入需要一个过程,如果马上要完成全国渠道和终端的建设,需要时间。

历史问题。代理模式不一:原来袜品渠道主要采取加盟和流通并存的销售形式,厂家直接供货,区域多家经销模式。新旧渠道交替:内衣的常规做法以省级代理为主的代理制为主,原有流通渠道和现有代理商制度如何衔接?终端形态不一:原有袜品的终端以小专卖店和KA为主,点多但营业面积和规模小,内衣的主要终端是以商场专柜为主的终端形态。营销管理系统:①营销管理支持系统:a.营销体系混乱:浪莎集团有营销中心,但其是在公司总经办下属的一个部门,而总经办和事业部有是平行的部门,浪莎事业部有十几个,营销中心既要负责袜品市场的开发和维护,同时肩负丝袜、棉袜、内衣等的众多品类的产品销售,且人员有少全国总共不到20个人,完全没有办法兼顾10几个事业部销售工作。每个事业部均有销售经理,营销中心和事业部销售经理工作职责不明确,最后营销中心成为客户服务部。b.缺乏分工、专业:如果说以事业部为中心,当着一个完全的分公司,但事业部除了生产,最重要的市场部没有,销售也只有1~2名销售人员,缺乏专业人员,也没有明确分工。c.决策不及时(生产、营销):由于与事业部平行的的总经办下的技术中心等职能部门和生产部门没有明确的工作流程和准则,所以导致工作互相推诿,同时集团没有给事业部部长充分授权,大小事情都要董事长批准,所以层层批准,决策很慢。②服务支持系统:a.缺乏市场扶持:袜品的销售相对简单,对加盟商的扶持手段也比较单一,因为内衣没有系统的营销政策,产品、物料未成型,所以无法提供提供市场支持。b.缺乏专业指导:企业内部缺乏专业人才,和合理分工,根本无法对经销商提供专业市场指导。c.缺乏货品保障:对内衣缺乏快捷的速度来批量生产产品、缺乏对市场准确的判断,在现有基础上货品也就无法提供保证。

面对复杂多变的市场现状，面对浪莎盘根错节的问题，我们项目小组陷入了两难境地，一是面对浪莎高层进入内衣的期望，浪莎的内衣基础实在太薄弱了，二是现在内衣市场进入难度比较大，竞争异常激烈。

如何突破？浪莎必须占领一个制高点，以绝对的高度和优势那必须另辟蹊径，区隔竞争对手。

从内衣市场发展现状来看，市场形态、商业业态、消费者的价值观已悄然发生变化，内衣市场未来发展将呈现以下趋势：

内衣品牌化趋势：中国服装目前进入品牌文化竞争层面，内衣尚未进入品牌文化时代，仍停留在品牌粗放经营的阶段、停留在产品时代，品牌化的发展是必然趋势。

品牌体验化趋势：基于体验经济所衍生出来的品牌体验营销是满足消费者的价值观的一种新营销体现方式，体验营销实践表明，消费者体验是离不开价值，因为它是体验的最好表征。体验营销正成为时尚与流行的方向标。

终端主题化趋势：主题专业店终端的发展速度迅速发展，逐渐成为与综合百货商场、超市并驾齐驱的一种商业业态，从以往单纯的产品博弈中的泥沼中走出来，内衣终端主题化将逐步形成。

经营战略聚焦化趋势：零售资源将向优势企业、优势资本集中，从单个产品品牌运作到整合到统一平台经营方向发展，搭建全新的品牌商业新模型。

经过大量走访市场、经销商访谈、消费者调查后，我们发现：浪莎目前具有众多的优势胜于同行，不论是企业规模还是品牌……于是一个清晰的战略形成了。

三、营销战略

(一)战略导向

(1)从“生产为导向”到“以消费者为导向”的战略转变

浪莎是生产型企业，其最大的特征，也就是现在最大的障碍，就是浪莎企业的价值导向——以生产为导向。其逻辑是，从省钱的角度出发的，要考虑怎样使产品数量更多、价格更便宜。公司高层关注点停留在设备、生产、技术等方面，整个集团组织结构也是以生产为主，集团没有品牌管理部门，内衣事业部没有专职市场部，生产和销售的天平完全倾斜。见下图。

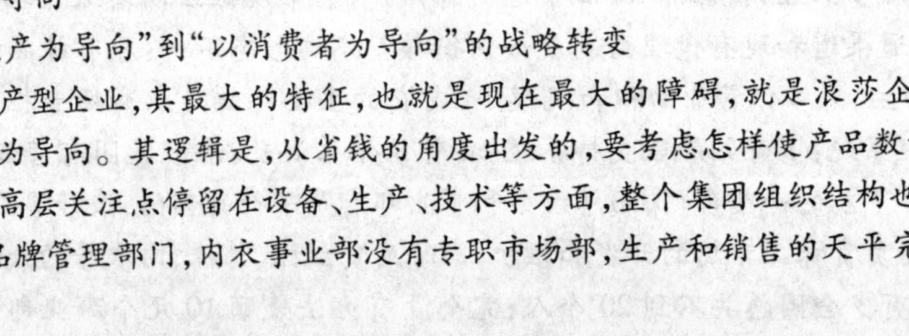

提高浪莎高层对品牌运作的重要性，是推动变革的关键。变革要从价值导向的转变开始，通过对消费者的调查发现浪莎的生产能力和技术消费者并不是最关心的，消费者所关

心的是购买浪莎过程的综合感受，他们认为浪莎的产品质量和技术是企业必须具备基本要素。企业所做的一切就是促使形成消费者购买浪莎内衣产品的理由，我们在产品初期就要从了解消费者购买的动机开始，并满足他们的需求，创造新的需求。

通过我们双方的沟通，浪莎高层认同从“生产为导向”到“以消费者为导向”这一战略转变。企业战略的转变，最有效的解决办法就是期望与目标的确定、专业系统的建立、系统变革。变革是难度最大，也是最重要的一个要素。变革的目的就是系统提升浪莎集团内部组织能力，使得浪莎集团内部流程完备、高效顺畅；各种标准得到完善与贯彻；形成高效协作的团队文化；提升市场响应速度等等。见下图。

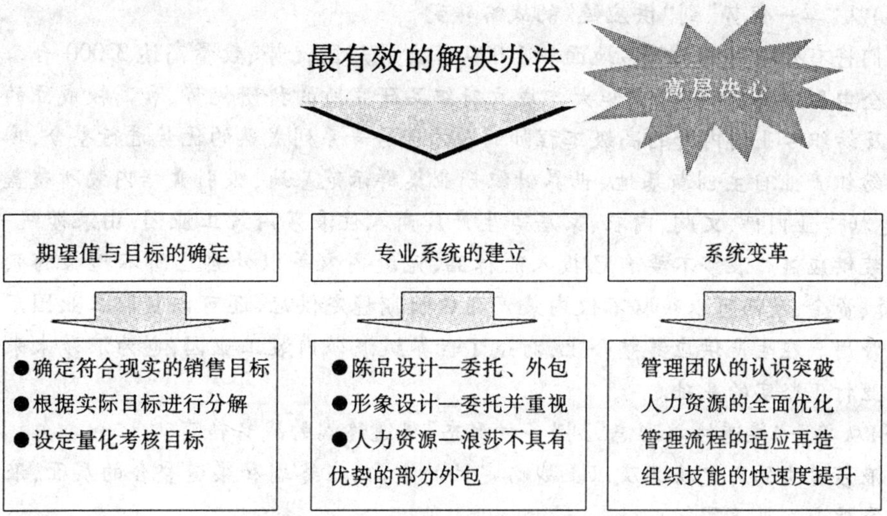

但这些只有建立在对浪莎企业的运营诊断提出能力发展的方向，然后再在这个方向上提出具体的变革方案。在现阶段就具体工作中针对具体问题去完善浪莎企业的内部组织结构，并不断修正员工培训与加强辅导。

(2)从“内衣”到“内装”的战略转变

根据以消费者为导向的原则，我们通过针织品消费者购买行为和心理调查发现，白领及城市精英，特别是商务人士从外在服装的关注转移到对内在服装的关注，对内衣、袜品、内裤、家居等内穿服饰提出了更高的要求；目前内衣单一的产品结构难以满足他们对内穿服饰多品类购买一体化或者一站式的需求。

针对未来消费趋势导向，内衣行业产品结构存在单一现象，我们全面整合渠道和终端，提出内装概念这一战略定位，打造了多品类集群为主体结构的终端品牌模型。

(3)从传统营销到“色彩营销”的战略转变

以消费者导向就是要对消费者的需求和行为做深度了解，避免在企业把精力消耗在竞争的刀锋上，而自我封锁了走向“蓝海”市场的通道。

通过以上对中国内衣市场行业发现背景下的消费者的分析后，发现大多消费者对于内衣的认识仅停留在价格因素等诸多单纯产品价值层面，并非对内衣所代表的一种文化或者一种生活方式的认同，也就是说对建立在产品基础上精神层面价值的认同。这也是中国内衣所缺少的。这恰恰浪莎集团所具备的，浪莎有充足的资金，可以在规模、系统上去满足这一需求。

我们认为未来浪莎的核心竞争力建立在对消费者的深刻了解上。我们发现市场需求后，如何切入？文化建立是多元的，但必须立足一个点上，我们在调查和收集资料的基础上，发挥了我们对内衣文化的想象力。我们发挥了这样的创意：将浪莎内衣文化转化成色彩形式来表达：①通过色彩来诠释浪莎品牌文化，这是内衣行业乃至于国内其他行业也是罕见的，在竞争日趋白热化的中国内衣市场，浪莎率先提出“色彩营销”理念，必将在营销理念上占据制高点，有效卡位，形成区隔屏障。②必须在浪莎品牌文化的基础上，协同浪莎产品文化。在此基础上，我们再去寻找诠释浪莎品牌文化的色彩。

(4)从“单一优势”到“供应链”的战略转变

我们将有效地利用浪莎占地面积1 000多亩的厂区优势、数量高达3 000台套国际最先进的全电脑设备优势、与东华大学成立针织品研究所的科研优势、和高校成立的博士后工作站及纺织专业国内外的高级工程师的人才优势等系列成熟的优势进行整合，率先建设成世界纺织产业自主创新基地，世界针织产业集群示范基地，吸引囊括内装所覆盖的所有品类，包括专业内裤、文胸、内衣、家居等生产厂商入住浪莎内装工业园，由浪莎统一管理，形成内装供应链。浪莎不要自己投入除袜品、无缝内衣等以外自己所不擅长的领域的设备、人员、资金，反而可以获取不仅内装产品的长期稳定供应，还可以获取工业园厂房租金及管理费用。在生产供应链整合上，打造了世界级浪莎内装工业园，也为浪莎未来成为世界型企业打下坚实的基础。

(5)从单一“渠道终端形态”到“多种形态”渠道终端的战略转变

从浪莎过去的历史状况及以上战略定位的方向，在终端和渠道整合的层面，浪莎必须面临三个转变。见下图。

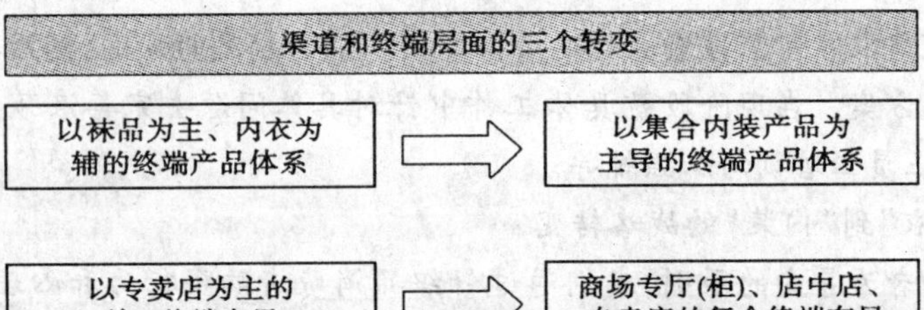

(二)战略规划

战略导向清晰后，基于对以上了解分析，我们对浪莎的战略营销做了很深入的分析和研究，并大胆提出新的设想。

1. 战略性行动

(1)浪莎发动中国内衣第三次革命，首次提出中国内装的品牌口号

通过对行业演变过程中，经历了从突出产品价值，以规模+生产为特征的普通(常规)内衣；突出品牌价值，以功能+概念为特征的保暖内衣的两个阶段。这两个阶段，正是中国

内衣的一道壕沟。

为了全国的战略高点，浪莎必须主动跳出竞争，跨过壕沟，直接进入将突出整合思维，以品牌＋生产＋终端为特征的第三阶段。

在内衣行业目前能具备第三个阶段特征要求的国内企业只有为数不多的类似三枪、浪莎等几家的规模大的企业。具有这个资格的浪莎必须抓住这次机遇，高调进入，发动中国内衣第三次革命，以规模取胜，谋求市场第一位置！

从竞争角度，如果单一以概念战或者价格战在现今的市场竞争中已经无法取胜。从产品角度，用单纯的内衣品类导入，那无疑是画地为牢，难以得到突破性的发展。我们必须跳出内衣，从另外一个高度去思考。针对第三个阶段的特征、浪莎拥有的资源状况以及内衣行业特点，我们系统地整合起来，内装就是基于在这么一个背景下成立的。内装概念成立后把她实际转化到营销中，落实到产品、落实到终端。即整合内衣为主导，囊括了袜品、内裤、内衣、文胸、家居、毛衫、羊绒衫等多品类的集合。见下图。

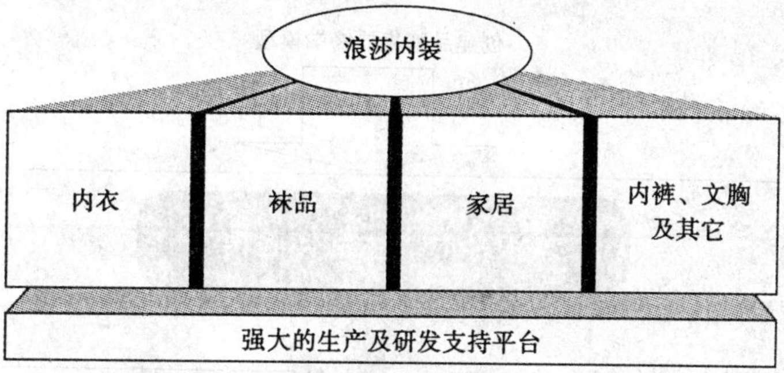

内装——中国内衣市场颠覆性的概念
内装——未来内衣市场的主要发展方向
文化导向——物化向文化的发展趋势，外装到内装的导向(例男士外衣——男装)
内装——品牌+生产+终端资源整合的主导趋势

在内衣发展中，此举也属于首创，这种创新是代表着行业阶段性发展主流。浪莎品类的整合创新，可以占领制高点，建立了区隔，从企业长远利益和全面发展具有很大延展空间。

为了支撑浪莎内装的成立，以规模见长的浪莎拟整合现有1 000多亩的工业园建成全国乃至全球最大的内装工业园。

(2)浪莎发动渠道整合革命，打造以内装为主体结构的终端品牌模型

结合浪莎自身的生产\终端和品牌优势，打造出以品牌集群为主体结构的终端品牌模型，最终成为中国内衣市场的第一品牌。终端品牌的形成必须具备生产、研发、专注、体验、快速反应几个要素。见下图。

根据以上终端品牌形成的要素，我们通过对浪莎整合、创新、细分手段，打造出浪莎内衣终端平台优势，创建浪莎内衣品牌集群终端模型，体现浪莎内衣品牌核心——时尚，引导体验式消费。

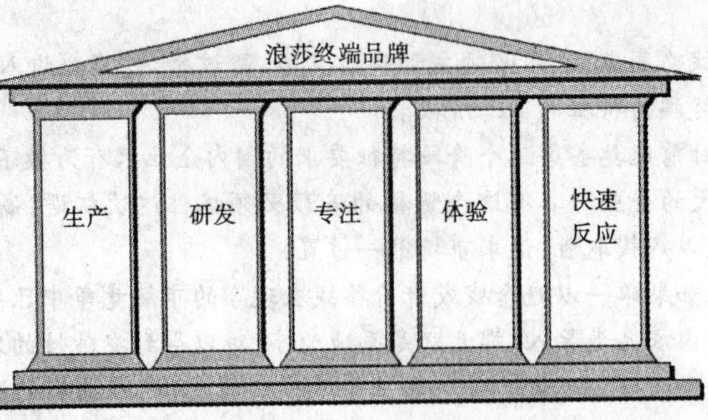

为此，我们把这种终端形态命名为：浪莎时尚生活体验馆，这是一个从时尚袜品到时尚内裤、时尚内衣、时尚文胸、时尚家居、时尚毛衫、时尚羊绒衫等的全新品牌体验终端。传达了时尚和专业的产品形象，将全面提升消费者感受，满足消费者需求。见下图。

创建品牌集群终端模型

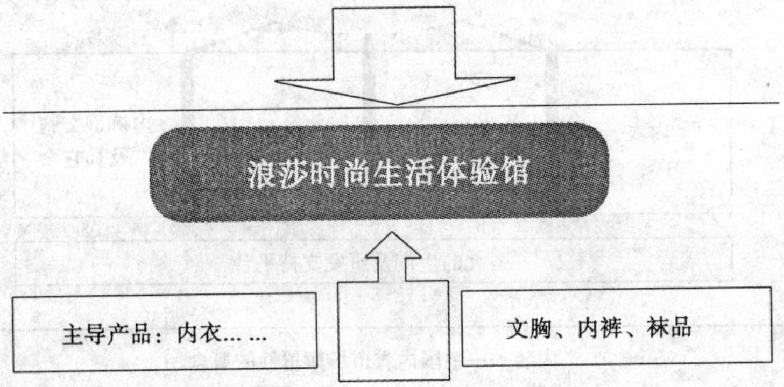

(3)打造以“色彩营销”为主要手段的营销战略

“色彩营销”为主导下，我们将有效地运用色彩传达浪莎内衣商品的思想。通过对浪莎内衣目标人群的研究和消费心理了解后，给浪莎产品恰当定位，然后给产品、包装、人员的服饰、环境装饰一直到购物袋等配以恰当的色彩，“人——色彩——价值”的统一体，将浪莎内衣的思想传达给消费者，使营销过程省力化和高效化。

(4)建立于系统相匹配、均衡的组织结构

从“生产为导向”到“以消费者为导向”战略转变，也是浪莎集团由单纯生产型企业到具备品牌运作复合型企业的转变。企业规模是组织设计的重要决定性因素，浪莎的企业规模决定了它的组织结构在组织设计中的以下结构倾向：

结构[illegible]	结构倾向结构要素
管理层次(纵向复杂性)	少
部门和职务的数量(横向复杂性)	少
分权程度	低

技术和职能的专业化程度	低
规范化程度	低
书面沟通和文件数量	少
专业人员比率	小
中高层管理人员比率	大

由于浪莎集团规模比较大,我们先从浪莎内衣事业部开始完善组织结构。通过以上分析和内衣事业部的内部诊断,提出以消费者为导向,以营销系统与生产系统为重心的组织结构的建设。①明确市场管理职能分工、充足的人员配备、鲜明的市场决策导向。②加快市场反应速度。③确立明确的业绩目标。④弱化非营销系统管理职能。⑤以营销系统为核心,其他部门主要是为其服务,确立主次关系。

浪莎内衣事业部原有的组织结构见下图。

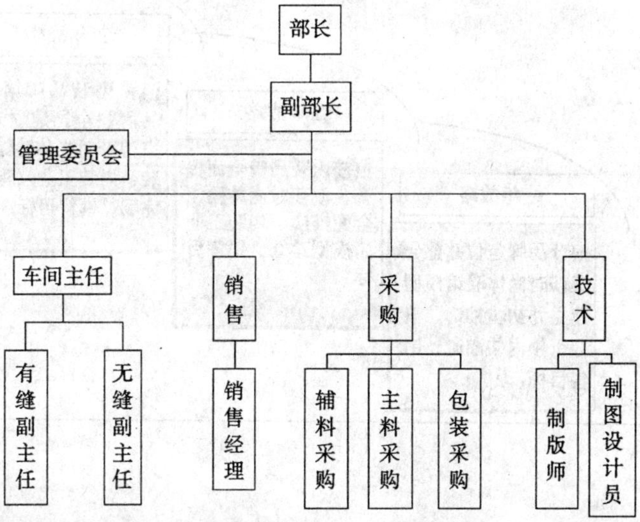

根据组织的客观环境进行以下的调整,现在的组织结构存在明显的缺陷,没有专门的营销系统,销售系统功能也不合理。

一个以消费者为导向的企业,必须建力一个完整的市场中心,这是企业的中枢神经系统,而浪莎的营销系统里,没有明确的市场中心,在市场研究、营销策划方面的工作有待增强,区域推广工作指导、监控不足;销售中心也有待加强。

我们建议浪莎内衣事业部组织结构设计成独立分公司的结构。见下图。

2. 战略行动规划

(1)浪莎内衣业务单元未来战略规划

以浪莎内装工业园为基础,整合浪莎多品类,打造中国最大的内衣终端品牌——浪莎时尚内装体验馆,最终成为中国内衣行业第一品牌。

近期目标:2006 年,实现 2 亿元的销量,领导内装潮流;

中期目标:到 2008 年,实现 5 亿元以上的销量,全国建立 5 000 家以上浪莎时尚生活体验馆终端，成为中国内装第一品牌。

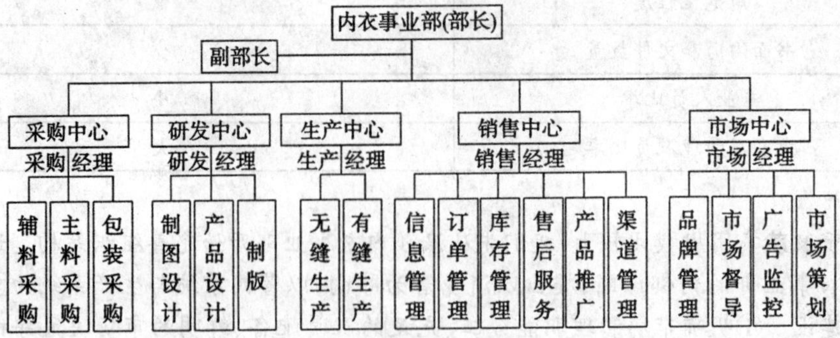

浪莎内衣业务单元企业三年战略见下图。

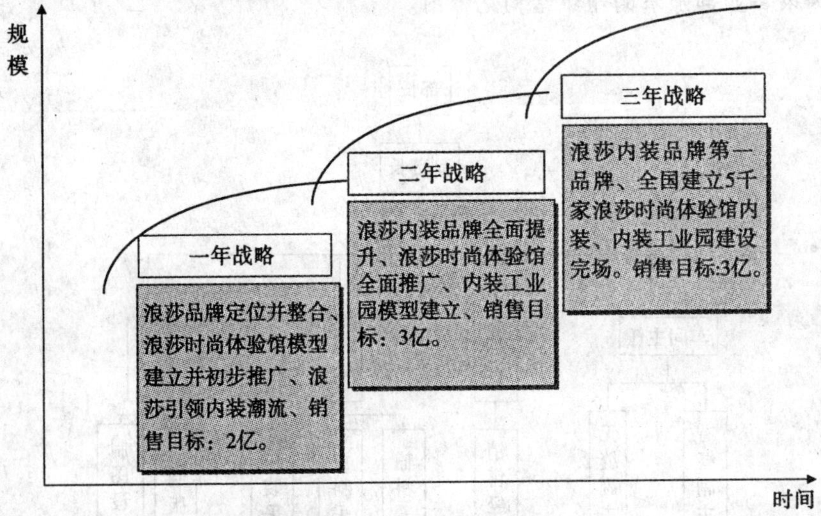

(2)浪莎远景

销售网络将覆盖到中国每个乡镇

浪莎内装将进入全中国每个家庭

1 000 个以上终端成为百万黄金店

5 年内成为国家高新技术产业

6 年内成为跨国集团上市企业

四、浪莎内衣品牌塑造

1. 浪莎内衣品牌差异化的塑造

借助浪莎现有品牌影响力，塑造产品声誉

浪莎袜品品牌历程：——在袜品领域具有广度的品牌资产和集中度的品牌印象，即女性化 、专业、实力、时尚。

(1)借助即有品牌影响力

浪莎内衣必须借助于浪莎即有的品牌影响力是最省心的做法，以往品牌的沉淀都可以为今天浪莎内衣所用，同时浪莎内衣在原来品牌的基础上拓展外延，这样在传播方面可以互为补充。见下图。

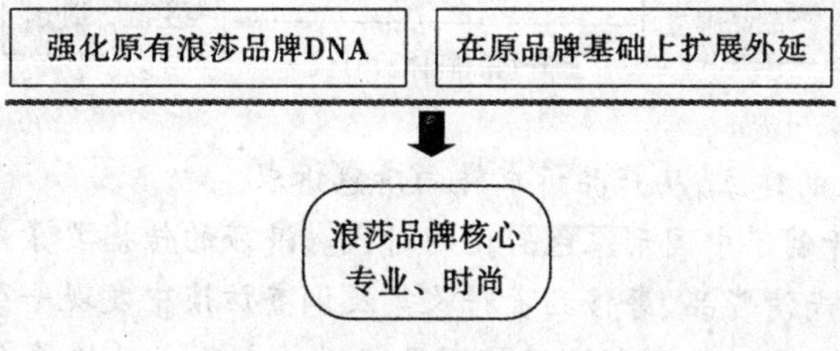

专业也是专注的一种表现，内装是一个专业度很高才能达到的，浪莎的内装工业园就是专业的体现，从价值链开始，工业园就是品质和专业的支持系统。

时尚，这也是浪莎的品牌的主张，国际巨星张柏芝的形象的延伸，个性的彰显。

(2)将品牌资产转化为产品溢价

传统的做法是把产品声誉转化为品牌溢价，而今天的浪莎品牌知名度是最大的资源，我们利用浪莎的品牌资产为产品溢价，为浪莎内衣进入市场作基石。反过来，浪莎内衣的产品品质和合理的价格为品牌加分，互相支持。

(3)浪莎内衣品牌定位与策略

浪莎集中体现在规模化资本运营，打造成为内衣行业资本密集度最高、规模化最大、战略竞争力最强的运营平台，成为中国内装第一品牌。见下图。

浪莎内衣——秉承浪莎专业、时尚血统

品牌定位	中高档品牌
核心价值	专业、时尚
形象	知性、美丽
目标消费	女性白领及辐射人群

角色定位策略：
内衣品牌集群之主力(中高档)品牌；
渠道策略：
以商场、专卖店为主、其他市场为辅；
产品策略：
基础产品、特色产品、概念产品三个层面；
价格策略：
主推产品定位主在120-300元之间；

2. 浪莎内衣终端品牌差异化的塑造，把“浪莎时尚生活体验馆”打造成时尚标杆

“浪莎时尚生活体验馆”的形成将全面进入中国人的生活，成为时尚标杆。浪莎首次提出内装文化口号，率先进入了终端整合时代，提前进入品牌体验时代，从单纯的品牌符号上升到品牌体验。

通过以上分析，浪莎内装品牌差异化已明显形成：浪莎内装品牌为主流的形态，细分内装包含的多品类的产品体系，为消费者提供现场体验感受，提供内穿服饰一站式采购。浪莎时尚生活体验馆，聚焦生活元素、时尚元素集成的终端形态。

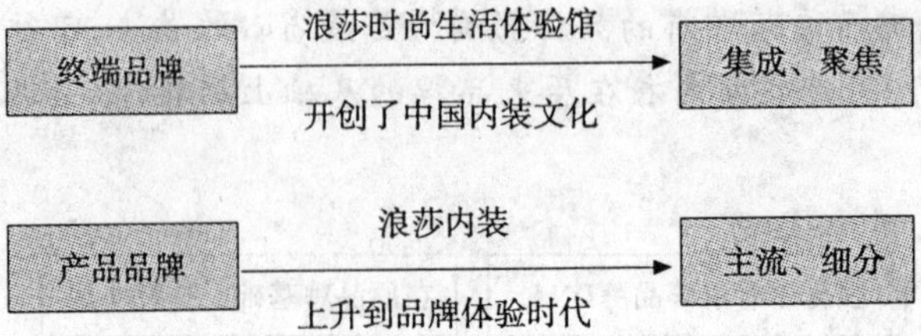

3. 浪莎品牌文化的建立,从产品诉求转向情感诉求。

浪莎红的诞生,开创了中国形象色彩化的时代。浪莎的传播要素是什么?时尚。时尚是什么?在我们对时尚消费品、奢侈品资料收集及调查访谈中发现一个让很多企业主和经营者惊讶的答案——色彩。把色彩运用贯穿品牌运作大获成功的著名企业不乏少数,如:“奥迪黑”、“IBM 蓝”、“麦当劳黄”,如今已成为成功品牌的象征。这个答案让我们项目组很兴奋。

浪莎红由此诞生了。

为什么选择红色?

红色是所有颜色中波长最长的颜色。

红色,是最时尚的颜色。

在时尚界,无论什么时候,红色都永远不会被淡忘,不会被忽略。红色可以成熟妩媚,可以青春活跃,也可以大胆前卫,不论是什么质地、浅或深的色度、剪裁与设计、都可呈现红色风情万种的时尚魅力。2006 年,时尚服饰界又劲吹红色风潮。在这一季春夏时装展上,红色作为一种新的色彩时尚,占据了米兰、巴黎、伦敦的 T 台。

红色,是具有文化的颜色。

女人穿上红衣、抹上红色唇膏时的表情,是自信的、骄傲的,红色赐予女人非凡的气质,可以超越其他色彩带来的感受。女人与红衣的结合,是一种最完美的表现。红色对于中国的女人,还潜含着一层古老的、深刻的文化蕴意。

红色,是被追求的颜色。就像红色跑车,备受青睐。如红色保时捷、宝马、奥迪、三菱等名车。红色“宝贝”,是大多数年轻人梦寐以求的一个梦想。

红色,是吉祥的颜色。

浪莎从草创阶段到成为行业第一品牌以来就以红色为主色,一直沿用今。

……

红色具备了浪莎所有的气质,所以,我们选择了红色。

浪莎红确定后,我们马上和中国流行色协会取得了联系,此举得协会大力支持,浪莎集团迅速注册下来。

中国有个浪莎红,即符合浪莎作为民族企业的一面旗帜又充分体现品牌的核心要素——时尚感。于是便有了:

2006 年,浪莎集团与中国流行色协会联合首次以品牌特定色彩命名,开创了中国形象色彩化的时代。

五、战略实施

1. 建立具有浪莎特色的产品策略

对于产品体系，我们不仅根据市场多年的经验，收集了市场、行业、经销商等各方信息，同时也请教东华大学面料研究方面的专家、推荐一位内衣资深地开发设计师，由我们多方形成一个开发小组。确定了06年浪莎内装产品的体系，其策略是：浪莎内衣产品分为基础产品、特色产品、概念产品三个层面，逐步建立以优势产品为核心的产品体系，以市场为导向定价策略，形成有层次、梯队、差异化的产品结构，以满足不同消费者需求。特色产品和概念产品运用了新纤维，如丽赛、珍珠粉等，并推出首件独具匠心地运用珍珠，融合无缝工艺的羊绒内衣的浪莎无逢珍珠羊绒内衣。

2. 制订具有竞争力的价格策略

浪莎产品体系出来后，成本也随之出来了。价格策略也是企业取胜的一个关键。浪莎内装品牌定位中高档，零售价格也随品牌定位，定在中高价位，保有较大的利润空间，既有利于规模化的广告运作，也有利于在市场做大之后，面对竞品时有更多的调价空间。

同时规定统一全国零售价格，统一供货价格。

3. 制订适合浪莎现状和未来发展的渠道策略

浪莎袜品全国拥有1 000多个终端，但由于终端形态限制无法最大化为内衣所用，对面这些如何采取建立改造和重建两种手段。终端的重组和新建是对浪莎和代理商的终端网络资源的重新组合和建设，通过策略的规划，把浪莎和代理商的终端资源进行交换，形成浪莎内衣的终端强势网络。见下图。

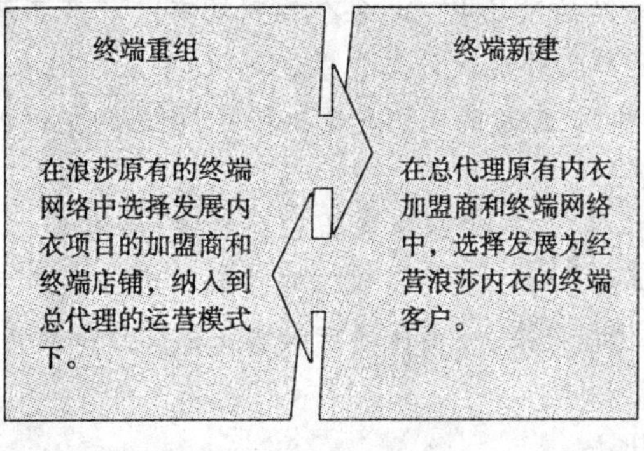

实现浪莎打造终端的战略计划，浪莎将进行终端、渠道、品牌三个层面的整合

4. 浪莎红元素的推广运用

浪莎红元素出来后，我们设计了浪莎红的颜色色卡，这是不同于一般意义的红，浪莎红是一种融合中西文化合璧的，有一定视觉冲击力而有底蕴的颜色。易记忆，易传播。我们通过浪莎红在浪莎内装所有相关的视觉上、传播上影响消费者对浪莎内装的情感，更重要的在终端上让顾客感受到浪莎产品带来的人性化体验。通过众多的环节中表现成无形的却又非常有效的沟通，自然地引起消费者的购买行为。

(1)设定色彩形象概念及浪莎内装系列产品形象

我们设定了以女性白领及辐射人群为主要消费对象和浪莎内装及体验馆的战略位置，同时顾及时代潮流、浪莎内装系列产品的特点、时尚元素等信息，设定浪莎内装产品形象及终端形象。见下图。

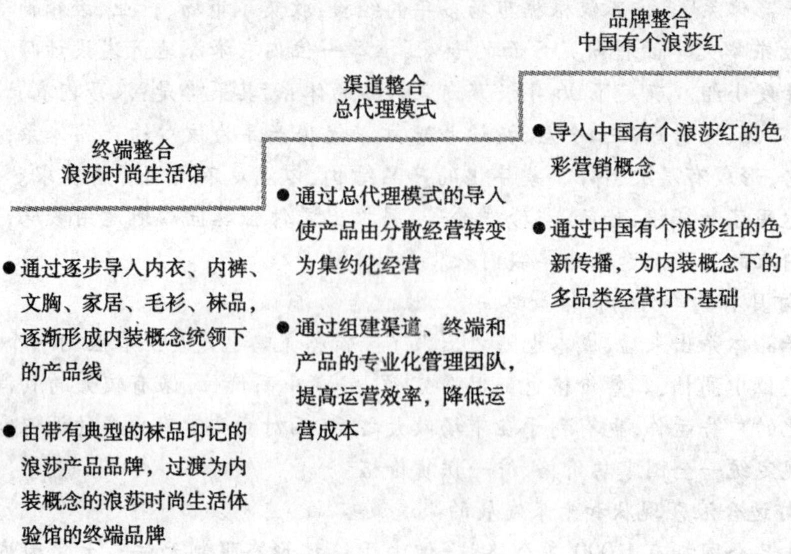

(2)拍摄浪莎红形象广告,我们通过影视表现效果,把原本简单的颜色变得灵动、震撼。用“中国有个浪莎红”作为传播口号,坚信浪莎红势必将脱颖而出,吸引更多目光,成为关注焦点。

(3)浪莎红运用到产品的设计中,如:每个系列均有一款产品浪莎红、产品开发,如:单独开发一个浪莎红弹裤,产品外观设计与包装,如:06年浪莎内衣产品全部运用浪莎红元素产品展示的色彩布局陈列,环境的色彩气氛烘托等,色彩视觉设计的触角无所不及。

5. 整合传播 重拳磅击

我们必须让“中国有个浪莎红”迅速成为社会热点,一定要重磅出击。关键是如何声势发挥到最大,影响到极致。可以从大众媒体宣传和公关传播两方面重磅出击,高空宣传可以促进终端得到最大传播效果,公关传播可以建立公信力和影响力。两种方式播相辅相成,可以达到最佳的效果。

(1)公关传播重磅出击

关于公关传播,我们和北京世纪神光公关公司进行认真研究,我们充分利用浪莎知名度,结合国内媒体公共关系资源,直接启动新闻公关重要推广手段,设计新闻主题,制造新闻内容,吸引媒体关注,力争形成焦点,直接启动市场。

推广方案分为导入期、品牌推广期两个阶段,第三次内衣革命、内装(内装工业园)概念、浪莎红概念三个方面。从浪莎作为袜业大王进军内衣行业,发动内衣革命;到整合多品类成立内装终端集合模型、到建立最大的内装工业园、到“浪莎红”为元素的色彩营销手段,一环扣一环。确立浪莎在公众中强势进入内衣业的高大形象,引起社会和经销商注意,突显企业的设计、生产和技术优势,暗示浪莎在内装领域的领导地位,高调推出“浪莎红”概念,暗示浪莎的行业主导地位和前卫营销手段,正面肯定浪莎前卫营销手法,为舆论争议画上句号。类似内容如:

中国袜王厚积薄发大规模进军内衣业

中国袜王敢为人先,发动中国内衣第三次革命

浙江建成世界首个大型内装工业园

巨资投入科技创新,中国袜王要做内装大王

中国流行色协会首次尝试用企业品牌命名流行色

中国流行色协会用企业品牌命名流行色引发争议

中国流行色协会宣布明年起公开拍卖流行色冠名权

……

(2)大众媒体高空轰炸

大众媒体高空轰炸分成两部分,一部分“浪莎红”品牌广告宣传炒作,联合央视、卫视、地方台(配合活动宣传可以以滚动字幕的形式告知当地促销活动信息)三级联动,全面轰炸。一部分结合浪莎内衣产品为主的产品广告层面传播,两种形式互补充。前者主要以央视、卫视为主,后者主要是以地方台投放为主。

(3)报媒广告软硬结合

在进入实质销售阶段时,再结合高空和公关传播启动报媒广告,报媒广告更是侧重于浪莎产品促销活动的宣传。

除了公关和央视传播,其他媒体将联合各地经销商一起共同投放,浪莎在销售政策上给以支持。

6. 携风雷势,创磅礴局 全国刮起“浪莎红”风暴

经过以上努力,“中国内衣浪莎年” 招商会拉开全面序幕,打响了内衣革命的第一枪。

4月10日我们如期在浪莎集团所在地义乌五星酒店锦都大酒店召开全国招商会议。在没有刊登任何广告下,浪莎第一年举办内衣招商会议,来自全国的经销商参会人数近千人之众,锦都大酒店没有办法住下,又另外开了两个酒店。更富有戏剧性的其他内衣品牌招商会议因人数少难于召开的尴尬场面形成了强烈的反差。

(1)“浪莎红”引爆现场,大获成功

2006年4月10日上午,随着中国流行色协会副会长兼秘书长梁勇先生的发言:“本次活动推出的”浪莎红“是国内首次以企业命名色彩,开创了国内流行色应用的先河。中国流行色协会,在美丽的义乌见证了”浪莎红“的诞生。”洪亮的声音缭绕整个会场“‘浪莎红’的诞生也是中国内衣界的一次革命,‘浪莎红’必将红遍中国,红遍全世界!”

这次会议,浪莎红脱颖而出,吸引更多目光,成为关注焦点,成为最大的记忆点,从会议问卷和外围得到的真实的反馈信息,浪莎红赢得行业、客户认同和赞许。

(2)现场签约率达到95%

在短短一天会议后,第二天签约时,全国除台湾以外的省份,经销商合同签订签约率达到95%以上,而且基本都是新经销商。更有趣的是,有个三个山东地区级经销商为了争取代理权,不仅提前两天报到,在厂里磨了近一个星期。

后记:

现在的成功,只仅仅迈出了第一步,未来的路也许会有坎坷,但我们坚信,随着浪莎红全方位的整合传播,浪莎配套系统的跟上,浪莎会成为中国内衣三年内的主旋律,浪莎红会红遍每个终端。

在本案中,我们开创了三个先河:

一是在战略定位上,把握未来消费趋势导向,全面整合渠道和终端,第一个提出内装概

念。打造了多品类集群为主体结构的终端品牌模型，迎合了白领及城市精英，特别是商务人士从外在服装的关注转移到对内在服装的关注，开创了业内之先河。

二是在营销模式上，大胆创新，第一个运用“色彩营销”手法。与中国流行色协会联合首次以品牌特定色彩命名——“浪莎红”，有效地运用浪莎独有的色彩传达浪莎内衣商品的思想，形成“色彩——物质——价值”的统一体，将浪莎内衣的思想传达给消费者，使营销过程省力化和高效化。这是对传统营销到的跨越，开创了中国形象色彩化的时代。同时在传播上也获得了很大的成功，“中国有个浪莎红”的传播口号不逊色于恒源祥“羊、羊、羊”具有的强烈记忆度，易迅速传播等的传播优势。

三是在生产供应链整合上，第一个打造了世界级浪莎内装工业园，我们将有效地利用浪莎占地面积1 000 多亩的厂区优势、数量高达3 000台套国际最先进的全电脑设备优势、与东华大学成立针织品研究所的科研优势、和高校成立的博士后工作站及纺织专业国内外的高级工程师的人才优势等系列成熟的优势进行整合，率先建设成世界纺织产业自主创新基地，世界针织产业集群示范基地，吸引囊括内装所覆盖的所有品类，包括专业内裤、文胸、内衣、家居等生产厂商入住浪莎内装工业园，由浪莎统一管理，形成内装供应链。浪莎即不要自己投入除袜品、无缝内衣等以外自己所不擅长的领域的设备、人员、资金，反而可以获取不仅内装产品的长期稳定供应，还可以获取工业园厂房租金及管理费用。也为浪莎未来成为世界型企业打下坚实的基础。

资料来源：根据中国服装网资料整理而成.

★ 关键术语

相对市场占有率 Relative market share　市场增长率 Market growth rate

里克特等级 Richter rating　经营组合 Business combinations

战略制定 Strategy formulation　战略评价 Strategy evaluation

战略选择 Strategic choice

★ 复习与思考

1. 企业制定战略的程序如何？

2. 战略评价的标准和基本要求是什么？

3. 何谓战略选择和鉴别战略簇模型？

4. 企业选择战略时应考虑哪些因素？

5. QSPM 评价法的优缺点？

★ 研究与讨论

1. 试比较分析市场增长率——占有率矩阵、行业吸引力——竞争能力矩阵和产品——市场演化矩阵的优劣？

2. 怎样才能科学、有效地对企业战略做出评价？

★ 实践演练

1. 试运用所学战略评价方法对某企业的战略方案做出评价。

2. 选择一家你熟悉的企业，了解它在进行战略评价时所采用的方法，其科学性和有效性如何？

★ 本章案例

通用电器公司的战略计划

通用电器公司是美国最大的电器公司，共拥有职工约40万人，制造、销售和维修的产品约13万种，其中包括飞机的引擎、核反应堆、医疗器械、塑料和家用电器等，业务范围遍及144个国家和地区。1978年该公司各类产品的销售额达到约200亿美元，利润超过了10亿美元，其中40%是来自国际市场。

一、战略计划由来

由于通用电器公司的规模越来越大，产品种类越来越多样化，公司在经营管理上面临着几个主要问题需要决策，如冒风险以达到利润快速增长，还是使利润持续不断地低速增长？是建立一个分权式的组织机构以保持组织灵活性，还是建立一个集权式的组织机构以加强对整个公司的控制？面对经营环境、技术和国际市场等复杂变化情况，如何抓住机遇和迎接挑战？

经过多方面的考察与研究后，公司选择了高速增长的经营战略，这就意味着即使遭遇到经济下降状况，公司也要使经营利润获得不断的增长。为了做到这一点，公司不但在业务上保持了多种经营方式，以便抵消经济危机对某些业务的影响，同时，在组织上建立了分权式组织机构，以促使下属各单位部门不断地改进经营管理，力求使经营利润不断增长。为此，通用电器公司制定了战略性计划，以应对来自经营环境、政治、经济、技术和国际上的各种挑战。

通用电器公司管理制度的演变大体上经历了三个阶段，即20世纪60年代采取分权制，建立了一个高度分权的利润中心，其结构共由四层结构组成，即最下层为事业部，共有175个，每个事业部都有一个利润中心，这些事业部由45个部管辖，45个部又由10个大组管辖，这10个大组构成最高管理层，可向公司最高办公室报告工作，最下层部门销售额一般不超过5 000万～6 000万美元，如果超过这个限度，则需要将此事业部一分为二。此时，公司的管理哲学是控制幅度，这个幅度要“小到一个人足以管理的程度”，这套高度分权的利润中心结构，有效地促进了业务增长和经营方式的多样化，公司经营获得高速发展。

20世纪70年代，公司遇到了新情况，即销售额大幅度增长的同时，并没有带来投资报酬率的增长，主要是由于事业部数目猛增，部门之间缺乏协调而造成使用资源的重复努力。此外，投资缺乏计划性与方向感，使投资所产生的效益发生了打折现象，甚至对有些可能在将来被淘汰的企业也进行了投资。

为阻断这种现象的蔓延，公司从管理方面进行改革，并开始制定战略计划，还建立了一套制定战略性计划的机构、程序与原则，使公司扩大了经营规模，增加了产品种类，保持了利润的不断增长。此时的战略计划重点是建立战略计划经营单位，并将各下属单位的战略需要与整个公司的财源分配战略相结合。于是，到了80年代，公司进入了第三阶段，即战略经营管理时期。

二、建立战略计划机构、程序和原则

从组织机构上来说，通用电器公司在传统事业部和大组机构基础上又建立了制订计划机构，即战略计划经营单位。这些经营单位规模不一，大组、部、部门都可成为战略经营单位，像这样的战略经营单位共有43个。从定义上说，一个战略计划经营单位必须有一致的业务，相同的竞争对手，有市场重点及所有的主要业务职能，如制造、设计、财务、经销等，所有这些均由战略计划经营单位经理负责。

这样，公司便形成了双重结构和双重任务，即新建立的战略计划经营单位是计划机构，其职责是制定战略，而原有的组织机构任务是执行战略。如大型蒸汽轮机部是个庞大的组织，其年销售额近10亿美元。此外，公司还有个燃气轮机部，其规模是前者的一半，虽然，此两个组织都非常庞大，但都不是计划部门或战略计划经营单位。计划的制订工作是在统辖这两个部以及其他部的轮机业务大组一级进行，也就是说，这个轮机业务大组是个战略计划经营单位，这个大组的战略思想，是向全球工业和公用事业用户提供发电设备，大型蒸汽轮机的功率高，而燃气轮机的特点是灵活性，将此两个放在一个战略计划经营单位考虑，可使两者相辅相成，而非相互竞争。

又如公司常采用两种牌子，即通用电器和热点，销售全套家用电器设备，包括电冰箱、洗衣机等，为有效地进行生产，这些家用电器被分别组织在不同的部门，但为了制定战略性计划，所有生产家用电器部门被集中于一个家用电器大组内，这个大组便成为一个战略计划经营单位，这样做的目的，使公司对客户有一个协调一致的战略，又可使公司在经营业务方面具有高敏感性。

当然，在实际操作中常将生产组织和计划机构分开，如生产食品加工设备，特种电子元件和变压器的各个部和事业部被划入一个工业零件大组，由于这些产品之间并没有战略上的共同点，每个部和事业部都在自身独特的领域内进行生产，每个部和事业部都是一个战略计划经营单位，并制定自己的战略经营计划，但将这些部和事业部划进工业零件大组内的目的，是为了在生产上进行控制，而不是为了成为一个制定战略计划的机构。

制定战略计划程序主要有六个步骤，即任务一形势分析一目标一战略一计划一应变计划。公司在明确任务前提下分别进行形势分析，即观察外部经营环境，考虑社会、经济、政治、技术等发展趋势在过去、现在与将来如何影响到市场、顾客、竞争对手、供应商，并积极寻找发展机会与可能存在的威胁；当分析本公司资源时，应考虑到本公司酝酿、设计、生产、销售、资金和管理等方面能力，以便寻找到公司存在的优劣势；当分析目标时，考虑公司股东、贷方、顾客、雇员、供应商、政府和社会的期望，辨别出每一个因素是如何指导或限制企业发展。

总之，这个过程要求应进行全面分析，分析时应尽可能地将所有因素考虑进去。经此分析后能制定出比较有效的战略。如20世纪60年代时，公司机件维修业务部的任务仅仅局限于修理本公司在美国卖出超过保修期的电动机、变压器、断路器等，在制定了战略计划后，这个部将业务扩大到了非通用电器公司产品、非电器产品和外国产品的修理，这样做的结果，就使这个部的业务扩大到了全球，在过去的五年中，年销售额和利润都增长了20%以上。

由于通用电器公司制定战略计划程序清晰，问题考虑周密，大大提高了公司在市场的竞争力，如公司在60年代时无线电业务领域的主要竞争对手是美国无线电公司、飞歌公司、齐尼思和爱默森公司，这些竞争对手今天都已从市场上消失了，由于竞争对手主要业务是生产和制造无线电，与此相比，通用电器公司将经营业务定位于无线电供应，还将业务拓展到国外，从远东供应厂商那里获得无线电后再转卖。由于生产战略与供应战略差异很大，使通用电器公司在无线电行业中至今仍处于领先地位。

又如，通用电器公司在市场上供应喷气式飞机引擎方面也取得很大成功，公司在进行了非常周密的市场环境分析后，生产出了市场对路的产品。公司经分析后认识到，飞机引擎发展周期为5年左右，今天对产品的噪音水平、化学污染、燃料节约、第一次生产成本、服务能力等都已提出全面要求，在战略计划制定过程中，公司对这些问题均进行了充分和综合性的考虑，大大提升了产品综合性质量。

通过制定战略计划过程，通用电器公司找到了发展业务和进行多样化生产的机会，如公司下决心兼并了考克斯广播公司，从而在广播和可视电报方面开拓了新市场；又兼并了犹他国际公司，从而加强了公司 自身在能源和工业原料供应方面的地位。

通用电器公司还规定了一些须共同遵守的原则，以保证战略计划制定及程序实施，所采取的原则主要包括：首先，所有管理人员都要参加战略计划制定和学习。公司提出，将320名高级管理人员集中4天研究与制定战略计划；将420名未来的计划人员集中2周时间全部完成战略计划制定工作；全公司1万名各级经理人员要有一天时间了解战略计划视听训练。

其次，制订计划时间表，以便对各种战略计划进行检查。为从物质上保证战略计划落实，需通过预算对不同的发展机会进行资源分配；审查战略计划是否付诸实施情况。此外，运用投资矩阵图表明投资的轻重缓急，投资矩阵图中横轴为工业吸引力，纵轴为企业在该行业中竞争力，投资策略是向经营增长类企业倾斜；有一定发展前途的企业为第二位；赢利类企业则要求投资与赢利保持平衡；对业务萎缩类企业不能投资，若已有投资的，则应坚决撤回。

最后，对战略计划经营单位的经理人员实行奖励制度，即采用考核制度以评价这些经理人员对公司的奉献程度，对投资增长类企业经理人员来说，当其行动与计划能为公司带来长远利益时，会得到更多的奖励；反之，对业务萎缩类企业经理人员来说，奖励多少主要依据经理人员能否在短期内为公司赢得更多利润，将奖励与战略性任务联系起来，有助于克服不顾实际潜力而盲目发展业务。

三、实施新的战略管理

为了应付复杂多变化的外部经营环境，公司保留了计划机构与生产组织双重结构，为了应付日益扩大的经营规模，公司建立了新管理部——大部。全公司共分6个大部，即消费品和服务大部、工业品和零件大部、动力系统大部、国际部、技术系统部、材料大部和犹他国际公司，其中，规模最小的犹他国际公司年销售额约为10亿美元，其他大部有些年销售额达到100亿美元。

大部的经理人员除了负责制定大部战略外，还对下属各战略计划经营单位的经营好坏负有责任，对下属各战略计划经营单位的战略负责。大部战略不仅包括向各战略业务单位分配资源，而且，还要在各战略计划经营单位所主管的业务范围之外制定业务发展计划。

为了处理国家复杂的业务，公司已将原来在一个管理层制定战略计划的做法，扩大到若干管理层制定战略性计划，甚至在不同业务之间制定战略性计划。现在公司除有40－50个战略（计划）经营单位的计划之外，还有6个大部的战略性计划和1个全公司的战略性计划。这些上层的计划不是下层计划简单的综合，每个管理层的计划都有不同的范围。如整个公司的增长指标快于国民生产总值时，则消费品和服务大部的增长指标应快于国民生产总值中的消费部门，生产电视机的战略计划经营单位增长指标应快于整个电视机工业。为此，公司允许在不同范围内扩大产值，如生产电视机企业可将业务伸人临近的视听设备领域、消费品和服务大部可考虑将业务延伸人旅游服务领域、整个公司可考虑将多元化经营发展到农业领域。总之，不同范围、新增产值和统一指标是制定多层次战略性计划的中心思想，也是在统一指标下进行分权管理的中心思想。

实施新的战略管理还包括对已定资源计划的管理，即在公司与大部一级，公司对各职能部门，如财务、人事、技术、生产、销售等进行观察，以便寻找到节省资源的好方法。如工业品和零件大部帮助下属战略计划经营单位雇用和培训电子工程师；在主要家用电器大组里建立“超级采购队伍”，这个队伍为整个消费品和服务大部中各战略计划经营单位负责采购物品；有30个产品事业部可通过工业销售部销售网将产品销往5 000多个地方。通用电气公司正试图将世界范围的计划协调起来，并采用一种正式的程序去进行协调。总之，通过内部协调和资源共享，大大增强了公司整体经营能力。

通用电气公司认为，从70年代的分权管理发展到80年代的战略性计划的制订，又发展到90年代的战略性经营管理，由于这种管理制度的演变，适应了公司规模和经营多样化的发展，因而给公司带来了巨大利益。为了管理像通用电气公司这样规模巨大的和多样化的企业，公司还在继续研究新的管理方法。但公司认为，管理程序、管理结构固然重要，但同样重要的是需要有一批经理人员。目前，公司仍在不断寻求和研究新的管理方法，同时更需要大批经理人员从战略上思考问题，并付诸于实际行动。

研讨问题：

1. 通用电气战略计划的机构、程序和原则是怎样的？
2. 在复杂多变的环境下，通用电气又是如何实施战略管理的？
3. 通用电气的战略管理对我国企业有何借鉴之处？

第四篇　战略实施

第十二章　企业战略实施

■ 大师论语

有什么样的战略，就应有什么样的组织结构。然而这一真理往往被人们忽视。有太多的企业试图以旧的组织结构实施新的战略。

——美国管理学家　戴尔·麦康基

战略制定者的绝大多数时间不应该花费在制定战略上，而应该花费在实施既定战略上。

——美国管理学家　亨利·明茨伯格

■ 本章学习目标

- 战略实施的原则与模式
- 战略计划与资源规划
- 战略与组织结构的关系
- 经理能力与战略的匹配
- 战略人力资源管理
- 战略与企业文化的关系

■ 引例

克莱斯勒的战略实施创举

传统战略管理方式的问题在于，各项活动的实施在很大程度上是孤立的，缺乏公司整体战略的指导。

那么，公司可以采取哪些措施来改变这种状况呢？克莱斯勒集团（Chrysler Group）的成功经验第一个给我们提供了建议，将所有与战略相关的活动归入一个职能部门是解决这一问题的良策。

20 世纪 90 年代初，克莱斯勒集团凭借一系列创新举措获得了巨大的成功，但之后则陷入了低迷期。再加上经济衰退、成本上升和进口汽车对市场份额的蚕食，该汽车巨头的绩效每况愈下。到 2000 年，它预计下一年度将亏损 50 多亿美元。

就在这个时候，其母公司戴姆勒－克莱斯勒公司（DaimlerChrysler）任命迪特尔·蔡澈（Dieter Zetsche）担任新的 CEO，后者实施了包括采用平衡计分卡系统在内的重大战略变革。

该项目由企业战略副总裁比尔·拉索（Bill Russo）负责实施，他领导的企业战略部门与高层管理团队合作，依照公司的新战略建立平衡计分卡系统。该战略部门还充当培训师和咨询顾问，帮助各业务单元和职能部门根据当地的运营情况，建立与公司目标协调一致的本地计分卡系统。设计阶段结束之后，整个公司都一步一步推行了计分卡系统，该战略部门仍然负责为该系统收集数据和汇报流程。

到这一阶段为止，克莱斯勒公司的平衡计分卡项目仍然遵循着传统模式。有所创新的地方是企业战略部门的新角色。该部门牵头准备与平衡计分卡有关的资料，以向9万多名员工宣传公司的战略。拉索则在每次召开管理层会议之前，向蔡澈简要介绍通过平衡计分卡的报告流程所发现的问题，这些问题需要管理层投以关注和采取行动。

作为高层管理团队的一员，拉索在每次会议后都要做好后续工作，确保行动计划得到传达和实施。由于积极主动地参与战略管理流程的制定和后续行动，企业战略部门的职责范围得到了扩展，新纳入了许多全公司范围的战略实施流程。

于是，克莱斯勒公司的战略管理办公室便应运而生——该部门目前大约有13名全职员工，他们不仅负责管理整个公司的战略，而且还协助各个业务单元开发新的产品。

这种全新的战略实施方法似乎令克莱斯勒公司受益匪浅。2004年，尽管国内汽车市场疲软，克莱斯勒公司仍然成功推出了一系列令人心动的新车型，实现利润12亿美元。

资料来源：罗伯特·卡普兰，战略管理办公室《哈佛商业评论》2005年11月号.

第一节　企业战略实施的原则与模式

一、企业战略实施的概念与原则

(一)企业战略实施的概念

企业战略实施是企业战略管理的关键环节，是动员企业全体员工充分利用并协调企业内外一切可利用的资源，沿着企业战略的方向和途径，自觉而努力地贯彻战略，以期待更好地达成企业战略目标的过程。

企业战略制定与企业战略实施有着根本区别：战略制定是在行动之前的一种谋划，而战略实施是将战略谋划变为战略行动，是运用各种资源将战略变为现实并最终达到战略目标的过程；战略制定是一种分析思维的过程，而战略实施是一个实际行动的过程；战略制定只需要对几个人进行协调，而战略实施却需要对全体干部、员工进行协调。

成功的战略制定并不能保证成功的战略实施，实施战略要比制定战略重要得多，而且也困难得多、复杂得多。图12.1说明了战略制定与战略实施不同配合的结果。

当企业制定了良好的战略而且又能有效地实施这一战略时，则企业有可能比较顺利地实现战略目标，取得战略的成功。

企业没有能完善地制定出良好的战略，但企业执行这种战略时却一丝不苟，非常有效地实施这一战略，这时企业会遇到两种不同的情况：一种情况是企业能很好地执行这一战略，在战略执行过程中发现了原有战略的不足之处，并在执行过程中采取各种措施弥补了或者克服了原有战略的某些缺陷，在一定程度上避免了战略的某些失误，挽回了一部分损失，因此，企业也取得了一定的业绩；另一情况是企业认真地执行了这个不良战略，结果加

战略实施 \ 战略制定	坏	好
好	挽救或遭受失败	成功
坏	失败	收效甚微

图 12.1 战略制定与战略实施的关系

速了企业的失败。

企业制定了很好的战略，但贯彻实施很差，使企业处于艰难境地，一旦出现这种情况，管理人员的第一反应常常是从战略本身找问题，而并不是从战略实施中找问题，结果是重新修订出来的战略仍按照老办法去实施，最终使企业战略收效甚微，甚至以失败而告终。

企业面临很不完善的战略又没有很好地执行，在这种情况下，企业管理人员很难把战略扭转到正确的轨道上来，最后使企业遭到重大损失而失败。

由上述四种情况看，只有制定了良好的战略又能有效地实施这一战略，才能使企业取得成功。而战略实施却是一个复杂的系统工程，在实施的过程中企业阻力会相当大，如果企业高层领导没有坚定的决心和信心，战略是很难贯彻到底的。

（二）企业战略实施的基本原则

在企业战略的实施中会遇到许多在制定战略时未估计到或不可能完全估计到的问题，因此，在战略实施过程中要贯彻三个基本原则，以作为实施企业战略的基本依据。

1. 适度合理性原则

由于战略目标和企业战略制定过程中受到信息、环境以及认识能力等因素的局限，对未来的预测不可能很准确，所制订的企业战略也不可能是最优的，而且在战略实施过程中由于企业外部及内部条件的变化较大，情况比较复杂，因此，只要基本上达到了战略预定的目标，就应当认为这一战略的制订及实施是成功的。战略的实施过程不是一个简单地机械执行的过程，而需要执行人员大胆创造，大量革新，因为新战略本身就是对旧战略以及与旧战略相关的文化、价值观念的否定，没有创新精神，新战略就得不到贯彻实施。因此，战略实施过程也可以说是对战略的创造过程。在战略实施中，战略的某些内容或特征有可能改变，但只要不妨碍总体目标及战略的实现，就是合理的。

另外，企业战略目标和战略总是要通过一定的组织机构分工实施的，也就是要把庞大而复杂的总体战略问题分解为具体的、较为简单的、能予以管理和控制的问题，由企业内部各部门以至部门的各基层组织分工去贯彻实施，组织结构是适应企业战略的需要而建立的，但一个组织机构一旦建立就不可避免地要形成自身所关注的问题及本位利益，这种本位利益在各组织之间以及和企业整体利益间发生一些矛盾和冲突，有时也是不可避免的，为此企业高层领导要做的工作就是对这些矛盾冲突进行协调以至折中、妥协，以寻求能为各方面所接受的解决办法，而不可能离开客观条件去寻求所谓的绝对合理性，只要不损害总体目标和战略的实现，还是可以容忍的，即在战略实施中要遵循适度的合理性原则。

2. 统一领导、统一指挥原则

对企业战略了解最深刻的应当是企业高层领导人员，一般说来，他们要比企业中下层管理人员及一般员工掌握的信息更多，对企业战略的各个方面要求及相互关系了解得更全面，对战略意图体会最深，因此战略的实施应当在企业高层领导人员统一领导、统一指挥下来进行，只有这样其资源的分配、组织结构的调整、企业文化的建设、信息的沟通及控制、激励制度的建立等各方面才能相互协调、平衡，才能使企业为实现战略目标而卓有成效地运转。

同时，要实现统一指挥的原则，要求企业每个部门能接受一个上级的命令，但在战略实施中所发生的问题，能在小范围、低层次解决的问题不要放到更大范围、更高层次去解决，这样所付出的代价最小，因为越是在高层次的环节上去解决问题，其涉及的面越大，交叉关系也越复杂，当然其代价也就越大。

这一原则看起来简单，但实际工作中由于企业缺少自我控制及自我调整机制或这种机制不健全，因而在实际工作中经常违背这一原则。

3. 权变原则

企业战略的制定是基于一定环境条件下的假设，在战略实施中事情的发展与原先的假设有所偏离是不可避免的。战略实施过程本身就是解决问题的过程，如果企业内外环境发生重大变化，以致原定战略的实现成为不可能，显然这时需要把原定的战略进行重大的调整，这就是战略实施的权变问题。其关键在于如何掌握环境变化的程度，如果当环境发生并不重要的变化时就修改了原定战略，这样容易造成人心浮动，带来消极的后果，可能会导致一事无成。但如果环境确实发生了很大变化而企业又不能及时做出反应，仍坚持实施已定战略，将最终导致企业经营失败。

权变的观念应当贯穿于战略管理的全过程，从战略的制定到战略实施，权变的观念要求识别战略实施中的关键变量，并对它做出灵敏度分析，提出当这些关键变量的变化超出一定的范围时原定的战略就需要调整，并准备相应的替代方案，即企业应对可能发生的变化及其对企业造成的后果，以及应变替代方案，都要有足够的了解和准备，以使企业有充分的应变能力。当然，在实际工作中，对关键变量的识别和启动机制的运行都是很不容易的。

从图12.2可以看出，企业经过认真分析其外部环境及内部条件后，深思熟虑地制订了原先战略A，并得到了企业高层领导的认可，于是战略A开始进入实施阶段。但实施时间不久，企业高层管理人员可能发现A战略中有一部分内容已不符合当时的内外环境，企业受条件限制，A战略中的C部分已经不能实施了，于是原定战略A中只有B的内容可以继续实施。又过了一段时间，这时企业高层领导者或咨询专家提出了新的战略D，而这时企业实际上往往可以接受的是将战略B与战略D相结合，采用了现实的战略E。当E战略实施不久，又可能发现E战略中的一部分内容已不符合当时的内外环境了，于是企业战略的变化进入到了下一个循环当中。上述的过程就是企业战略的权变原则。

因此，在当前企业处于千变万化的外部环境中，不会再出现“具有远见卓识”的战略学家说“8年前制订的战略已100%实现了”的情况，制定战略前的深思熟虑是必要的，而在实施过程中出现意外也是在预料之中的，关键是有预见能力及应对突发事件的能力，好的战略家应当把深思熟虑能力与预见能力、突发事件应对能力结合起来，才能满足企业战略权变性的要求。

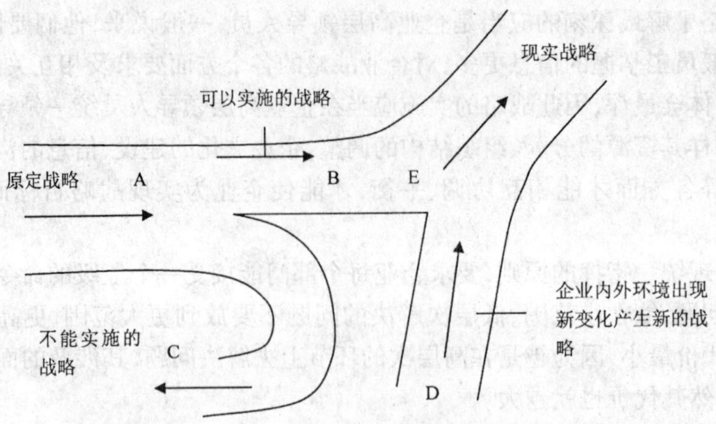

图 12.2 企业战略实施的权变过程

二、企业战略实施的模式

在企业战略实施中，战略实施有五种不同的模式：

(一)指挥型

这种模式的特点是，企业高层领导考虑的是如何制定一个最佳战略的问题。在实践中，战略制定者要向企业高层领导提交企业战略方案，企业高层领导经研究后做出结论，确定了战略后，向企业管理人员宣布企业战略，然后强制下层管理人员执行。

这种模式的运用要有以下约束条件：

(1)总经理拥有较高的权威，靠其权威通过发布各种指令来推动战略的实施。

(2)本模式只能在比较容易实施的条件下运用。这就要求战略制定者与战略执行者的目标比较一致；企业现在的运行系统不会构成威胁；企业组织结构一般都是高度集权式的体制；企业环境稳定，能够集中大量信息，多种经营程度低；企业处于强有力的竞争地位，资源较宽松。

(3)本模式要求能够准确有效地收集信息并能及时汇总到企业高层领导手中，因此，它对信息条件要求较高。这种模式不适应高速变化的环境。

(4)本模式要求有一定数量的战略规划人员。因为在权利分散的企业中各事业部常因强调自身利益而影响了总体战略的合理性，因此，企业需要配备一定数量的有全局眼光的规划人员来协调各事业部的计划，使其更加符合企业的总体要求。

这种模式的缺点是把战略制定者与执行者分开，即：高层管理者制定战略，强制下层管理者执行战略，因此，下层管理者缺少执行战略的动力和创造精神，甚至会拒绝执行战略。

(二)变革型

这种模式的特点是：企业高层领导考虑的是如何推动企业战略的实施。在战略实施中，企业高层领导要建立一个机构并由这个机构去推动战略的实施，要对企业进行一系列变革，如建立新的组织结构，新的信息系统、变更人事，甚至兼并或合并经营范围，采用激烈手段和控制系统以促进战略的实施，为进一步增加战略成功的机会，企业高层领导者往往采用以下三种方法：

(1)利用新建立的组织结构和参谋人员向全体人员传达新战略优先考虑的战略重点是

什么,要把企业的注意力集中于战略重点。

(2)建立企业的战略绩效评价系统及控制系统,采用各项激励政策以便支持战略的实施。

(3)充分调动企业内各部分人员的积极性,争取各部分人对战略的支持,以此来保证企业战略的实施。

这种模式在许多企业中比指挥型模式更有效,但这种模式并没有解决指挥型模式存在的如何获得准确信息的问题、各事业单位以及个人利益对战略计划的影响问题以及战略实施的动力问题,而且还产生了新的问题,即企业通过建立新的组织结构及控制系统来支持战略实施的同时也失去了战略的灵活性,在外界环境变化时使战略的变化更为困难。从长远观点看在环境不确定性大的企业,应避免采用不利于战略灵活性的措施。

(三)合作型

这种模式的特点是:企业高层领导考虑的是如何让其他高层领导人员从战略实施一开始就承担起有关的战略责任。为发挥集体智慧,企业董事长或总经理要和其他企业高层领导人员一起对企业战略问题进行充分讨论,形成较为一致的意见,制定出战略,再进一步落实和贯彻战略,使每个高层领导者都能在战略的制订及实施过程中做出各自的贡献。

协调高层领导人员的形式多种多样,如有的企业成立有各职能部门领导参加的“战略委员会”专门收集在企业战略问题上的不同观点,并进行研究分析,在统一认识的基础上制定出战略实施的具体措施等。总经理的任务是要组织好一支合格胜任的实施战略管理人员队伍,并使他们能很好地合作。

合作型模式克服了指挥型模式及变革型模式存在的两大局限性,使企业高层领导接近一线管理人员,获得比较准确的信息。同时,由于战略的制订是建立在集体智慧的基础上的,从而提高了战略实施成功的可能性。另外,由于高层领导分工负责来贯彻战略,因此,战略实施会取得较好的成果。

该模式的缺点是:由于战略是不同观点、不同目的的参与者相互协商折中的产物,有可能会使战略的经济合理性有所降低,同时仍存在着谋略者与执行者的区别,仍未能充分调动全体员工的智慧及积极性。

(四)文化型

这种模式的特点是:在高新技术企业中,企业中的大部分员工都是知识分子,知识分子的特点是要知其然还要知其所以然,因此,要调动全体员工实施企业战略的积极性,就必须向这些知识分子讲清楚为什么要实施这个战略?怎么实施及何时实施这个战略,这样才能调动这些知识分子贯彻实施战略的积极性。企业高层领导运用企业文化的手段,不断向企业全体成员灌输这一战略思想,建立共同的价值观和行为准则,使所有成员在共同的文化基础上参与战略的实施活动。由于这种模式打破了战略制定者与执行者的界限,力图使每一个员工都参与实施企业战略,因此使企业各部分人员都在共同的战略目标下工作,使企业战略实施迅速,风险小,企业发展迅速。

文化型模式也有局限性,表现为:

(1)这种模式是建立在企业大多数员工都是有一定学识的知识分子的假设基础上的,在实践中员工很难达到这种学识程度,受文化程度及素质的限制,一般员工(尤其在劳动密集型企业中的员工)对企业战略制定的参与程度受到限制。

(2)极为强烈的企业文化可能会掩盖企业中存在的某些问题,企业为此也要付出代价。

(3)采用这种模式要耗费较多的人力和时间,而且还可能因为企业高层领导不愿放弃控制权,从而使员工参与战略制定及实施流于形式。

(五)增长型

这种模式的特点是:企业高层领导考虑的是如何激励基础管理人员实施战略的积极性及主动性,为企业效益的增长而奋斗。即高层领导要认真对待基础管理人员提出的一切有利于企业发展的方案,只要方案基本可行,符合企业战略发展方向,在与管理人员探讨了解解决方案中的具体问题和措施以后,应及时批准这些方案,以鼓励员工的首创精神。作为大型企业集团来讲,母公司先不讲公司的战略目标,先由下属子公司提出企业战略目标,最后母公司把子公司提出的战略目标加以综合平衡就形成了母公司的战略目标,这样做的好处也在于调动基层管理人员的积极性。采用这种模式,企业战略不是自上而下地推行,而是自下而上地阐述,因此企业高层领导应具有以下认识:

(1)企业高层领导不可能控制所有重大的机会和威胁,有必要给下层管理人员以宽松的环境,激励他们帮助总经理从事有利于企业发展的决策。

(2)企业高层领导的权力是有限的,不可能在任何方面都把自己的愿望强加于组织成员。

(3)企业高层领导只有在充分调动及发挥下层管理者积极性的情况下,才能正确地制定和实施战略,一个稍为逊色但得到人们广泛支持的战略,要比那种“最佳”的却根本得不到人们热心支持的战略有价值得多。

(4)企业战略是集体智慧的结晶,靠一个人很难制定正确的战略。因此,企业高层领导应坚持发挥集体智慧的作用,并努力减少集体决策的各种不利因素。

上述五种模式各有其优缺点,实际上在战略实施中应当是上述五种模式的综合,即:战略的实施应当是在企业高层领导者指挥下进行,企业应当建立一个组织结构来推动战略的实施,还要让企业高层领导各负其责,认真地领导战略的实施,企业高层领导还要向企业全体员工讲清楚如何实施战略,调动广大基层管理人员积极性和主动性,只有这些工作都做好了,企业战略的实施才真正有效。

三、企业战略实施的主要任务

虽然每个企业具体情况不同,企业战略实施的方法也不尽相同,但是下面 8 项管理任务会反复出现于战略实施过程中,这是企业高层领导者必须花精力去完成的战略实施的基础性工作。

(1)建立一个有竞争力的与战略相适应的组织。

(2)合理预算和规划资源,保证对价值链中关键环节的资源投入。

(3)制定战略实施的政策和程序。

(4)不断提高价值链各个环节的运作水平。

(5)建立企业信息交流和运营系统,保证经理人员能成功地承担战略实施中的角色。

(6)建立和战略目标及实施战略相联系的业绩管理与薪酬激励体系。

(7)创造一种与企业战略相吻合的企业文化氛围。

(8)发挥领导作用,不断提高战略实施水平。

以上企业战略实施的8项管理任务可综合为图12.3所示。

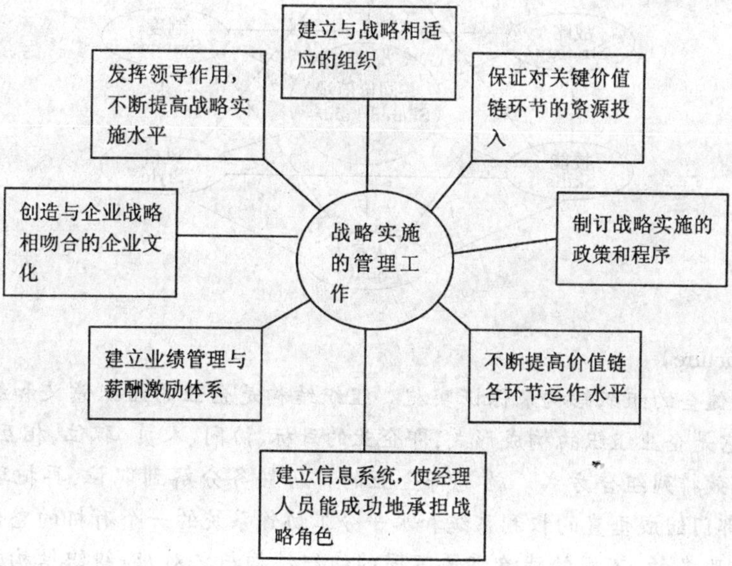

图12.3　企业战略实施的8项管理任务

【阅读资料】

麦肯锡7S模型

麦肯锡7S模型是麦肯锡顾问公司研究中心设计的企业组织七要素，指出了企业在发展过程中必须全面地考虑各方面的情况，包括结构（Structure）、制度（Systems）、风格（Style）、员工（Staff）、技能（Skills）、战略（Strategy）、共同价值观（Shared Values）。也就是说，企业仅具有明确的战略和深思熟虑的行动计划是远远不够的，因为企业还可能会在战略执行过程中失误。因此，战略只是其中的一个要素。在模型中，战略、结构和制度被认为是企业成功的“硬件”，风格、人员、技能和共同价值观被认为是企业成功经营的“软件”。麦肯锡的7S模型提醒世界各国的经理们，软件和硬件同样重要，两位学者指出，各公司长期以来忽略的人性，如非理性、固执、直觉、喜欢非正式的组织等，其实都可以加以管理，这与各公司的成败息息相关，绝不能忽略。

1. 硬件要素分析

战略（strategy）

战略是企业根据内外环境及可取得资源的情况，为求得企业生存和长期稳定地发展，对企业发展目标、达到目标的途径和手段的总体谋划，它是企业经营思想的集中体现，是一系列战略决策的结果，同时又是制定企业规划和计划的基础。1947年美国企业制定发展战略的只有20%，而1970年已经达到了100%了。日本经济新闻社在1967年曾进行过专门调查，在63家给予口答的日本大公司中，99%有战略规划。在美国进行的一项调查，有90%以上的企业家认为企业经营过程中最占时间、最为重要、最为困难的就是制定战略规划。可见，战略已经成为企业取得成功的重要因素，企业的经营已经进入了“战略制胜”的

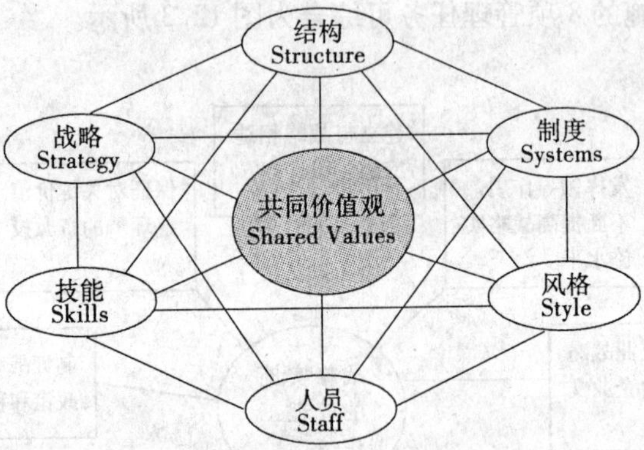

时代。

结构(Structure)

战略需要健全的组织结构来保证实施。组织结构是企业的组织意义和组织机制赖以生存的基础,它是企业组织的构成形式,即企业的目标、协同、人员、职位、相互关系、信息等组织要素的有效排列组合方式。就是将企业的目标任务分解到职位,再把职位综合到部门,由众多的部门组成垂直的权利系统和水平分工协作系统的一个有机的整体。组织结构是为战略实施服务的,不同的战略需要不同的组织结构与之对应,组织结构必须与战略相协调。如通用电气公司,在 20 世纪 50 年代末期,执行的是简单的事业部制,但那时企业已经开始从事大规模经营的战略。到了 60 年代,该公司的销售额大幅度提高,而行政管理却跟不上,造成多种经营失控,影响了利润的增长。在 70 年代初,企业重新设计了组织结构,采用了战略经营单位结构,使行政管理滞后的问题得到了解决,妥善地控制了多种经营,利润也相应得到了提高。由此看出,企业组织结构一定要适应实施企业战略的需要,它是企业战略贯彻实施的组织保证。

制度(Systems)

企业的发展和战略实施需要完善的制度作为保证,而实际上各项制度又是企业精神和战略思想的具体体现。所以,在战略实施过程中,应制定与战略思想相一致的制度体系,要防止制度的不配套、不协调,更要避免背离战略的制度出现。如具有创新精神的 3M 公司的创新制度,在 3M,一个人只要参加新产品创新事业的开发工作,他在公司里的职位和薪酬自然会随着产品的成绩而改变,即使开始他只是一个生产一线的工程师,如果产品打入市场,就可以提升为产品工程师,如果产品的年销售额达到五百万美元时,他就可以成为产品线经理。这种制度极大地激发了员工创新的积极性,促进了企业发展。

2. 软件要素分析

风格(Style)

学者们研究发现,杰出企业都呈现出既中央集权又地方分权的宽严并济的管理风格,他们让生产部门和产品开发部门极端自主,另一方面又固执地遵守着几项流传久远的价值观。

共同的价值观(Shared Values)

由于战略是企业发展的指导思想,只有企业的所有员工都领会了这种思想并用其指导实际行动,战略才能得到成功的实施。因此,战略研究不能只停留在企业高层管理者和战略研究人员这一个层次上,而应该让执行战略的所有人员都能够了解企业的整个战略意图。企业成员共同的价值观念具有导向、约束、凝聚、激励及辐射作用，可以激发全体员工的热情，统一企业成员的意志和欲望，齐心协力地为实现企业的战略目标而努力。这就需要企业在准备战略实施时，通过各种手段进行宣传，使企业的所有成员都能够理解它、掌握它，并用它来指导自己的行动。日本在经济管理方面的一个重要经验就是注重沟通领导层和执行层的思想，使得领导层制定的战略能够顺利地、迅速付诸实施。

人员(Staff)

战略实施还需要充分的人力准备，还要有适合的人员去实施。实践证明，人力准备是战略实施的关键。IBM 的一个重要原则就是尊重个人，并且花很多时间来执行这个原则。因为，他们坚信员工不论职位高低，都是产生效能的源泉。所以，企业在做好组织设计的同时，应注意配备符合战略思想需要的员工队伍，将他们培训好，分配给他们适当的工作，并加强宣传教育，使企业各层次人员都树立起与企业的战略相适应的思想观念和工作作风。如麦当劳的员工都十分有礼貌地提供微笑服务；IBM 的销售工程师技术水平都很高，可以帮助顾客解决技术上的难题；迪斯尼的员工生活态度都十分乐观，他们为顾客带来了欢乐。人力配备和培训是一项庞大、复杂和艰巨的组织工作。

技能(Skills)

在执行公司战略时，需要员工掌握一定的技能，这有赖于严格、系统的培训。松下幸之助认为，每个人都要经过严格的训练，才能成为优秀的人才，譬如在运动场上驰骋的健将们大显身手，但他们惊人的体质和技术，不是凭空而来的，而是长期在生理和精神上严格训练的结果。如果不接受训练，一个人即使有非常好的天赋资质，也可能无从发挥。

第二节　企业战略计划

一、企业战略计划的目的与意义

(一)企业战略计划的目的

战略计划是指将企业视为一个整体，规定在较长时期内所要实现的战略目标，并对所需资源做出的一种安排。战略计划的目的有：

(1)改变企业的经营方向。

(2)加速增长，增强获利能力。

(3)淘汰经营效益差的业务或单位。

(4)将资源分配到最有潜力的领域当中。

(5)为高层管理人员提供有效的信息。

(6)为企业的预算和作业计划提供框架。

(7)对威胁和机会进行分析，更好地认识企业的潜能。

(8)建立完善的沟通体系，进行有效的内部协调。

(9)控制企业的生产作业活动，培训管理人员。

(二)企业战略计划的意义

(1)战略计划是高层管理者指挥的依据，也是所有管理人员的一项任务高层管理者在制定战略计划之后工作并没有结束，还要根据战略计划进行指挥，他们要分派任务，要根据任务确定下级的权力和责任，要促使企业中全体人员的活动方向趋于一致而形成一种实施战略所需要的巨大的组织化的行为，以保证达到战略所设定的目标。

同时，战略计划工作是企业各层次上所有管理人员的一项任务，即每个管理人员都应参与制定和实施战略计划，只不过参与的程度因其所在管理层次与重要程度不同而异。因此，管理人员既是战略计划工作者，同时又是战略计划的组织者和指挥者，从这个意义上讲，战略计划工作是每个管理人员的一项任务，起着指挥战略管理、联系和协调战略管理与作业管理之间关系的作用。

(2)战略计划是防止将来不确定性的手段

未来的情况是变化的，尤其在当前世界处于急剧变化的时代，国内的社会经济体制在变革，技术在革新，人们的价值观念也在变化，战略计划是预测这种变化并且设法适应变化、消除对企业造成不良影响的一种有效手段。战略计划是针对未来的，因此，战略计划制订者必须要对未来的变化进行预测，估计未来情况的变化将对达成战略目标产生何种影响，在变化确定发生时应该采取什么对策，并制定出一系列备选方案，一旦出现变化就可以及时采取措施，不至于无所适从。尽管有些变化是无法事先预知的，尤其战略计划是一种长期计划，这种不确定性就会更大。这种不确定性的情况有可能是由于人们掌握信息的有限性，也可能是不可预见的偶然因素引起的，但这并没有否定战略计划的作用，通过战略计划工作，进行科学的预测可以把未来的风险减少到最低限度。

(3)战略计划是减少浪费、提高效益的方法

战略计划工作如同一般计划工作一样，其重要任务之一就是使企业的未来各项活动均衡发展，对战略计划认真进行研究将能够清除不必要的活动所带来的浪费，避免在未来的活动中由于缺乏依据而进行轻率判断所造成的损失。有了战略计划，企业中各成员的努力将合成一种组织效应，这将大大提高工作效率从而带来经济效益。战略计划工作还有助于用最短的时间完成工作，减少迟滞和等待时间，促使各项工作能够均衡稳定地发展。有了战略计划，使企业的可用资源能充分发挥作用，并能尽量利用一切可以利用的企业外在资源，从而降低成本。

(4)战略计划是管理者进行控制的基础

战略计划包括建立战略目标及各个战略阶段的分目标，这些目标或指标将被用来进行控制，也许有些目标或指标还不能直接地在控制职能中使用，但战略计划却提供了一个标准或基础，控制的所有标准几乎都源于此。计划职能与控制职能具有不可分离的联系，战略计划的实施需要有战略控制活动给予保证，在控制活动中发现偏差，又促使管理者进一步修订计划，建立新的目标，实施新的战略计划。

二、企业战略计划制定的程序

一个完整的战略计划工作一般需要三个步骤才能完成，即：确定各事业部战略目标，制定各事业部的战略方案；确定各职能部门的任务及策略；资源分配及资金预算。

(一)确定各事业部战略目标，制定各事业部的战略方案

战略计划工作的第一步是对企业总体战略及战略目标进行说明，企业总部的经理与事业部的经理之间要进行初步的讨论，共同商讨各事业部的战略目标，在对话的基础上，企业

总部为事业部经理制定事业部的战略计划规定了一定的方向，然后，各事业部根据自己的实际情况制定出事业部的战略方案，详细说明各事业部所确定的经营活动范围目标，提出战略与实施方案。战略方案制定以后，事业部经理要向企业总部高层管理人员提交自己的战略目标与战略以及实施计划，最后由企业总部来平衡，以减少各事业部之间相互竞争的风险。最后，企业总部在均衡配置企业各项资源基础上阐明企业的总体战略目标。

（二）确定各职能部门的任务及策略

当各事业部的战略明确之后，事业部门的经理要与其职能部门的经理共同研究今后几年贯彻事业部战略的具体计划，要基本上明确各职能部门的目标（如销售目标及利润目标），明确完成计划的项目、范围、时间和数量，同时要制定出各职能部门的策略。在以上各项工作完成之后，事业部经理要把各职能部门的目标及策略加以协调和平衡，明确事业部工作的重点。

（三）资源分配及资金预算

明确了各事业部的战略及工作重点以后，企业总部要决定资源分配及安排资金预算。资源分配的原则在很大程度上取决于企业总部最高管理层的战略思维与企业当前的经营重点，如果总部与事业部之间有很好的沟通，在企业的发展方向上有基本的共识，其资源分配一般不会出现大的冲突，企业总部要考虑满足每个事业部对资源的要求，也需要有全盘的考虑，确保其总体平衡。企业总部为了满足竞争及抓住机遇的需要，资源分配要有一定的灵活性，以便更灵活地运用及有效发挥这些资源的作用，使企业得到更好的发展。

一般来讲，财力资源是企业组织中最基本、最活跃的资源，它可直接或间接转化为其他资源。企业在战略实施的过程中，希望各种资源分配到最能支持战略获得成功的部门或经营单位去，但在实践中常常会遇到一些影响资源分配的因素，常见的有资源保护机制、个人价值偏好、互惠的政治交易、战略的不确定性及战略的不完整性等。

(1)资源保护机制。在企业中，人、财、物等资源都有专门部门负责开发、保护和节约，企业战略虽然已指出了急需资源的单位，但由于资源分配对目标的影响是间接的，不能清楚地看到战略实施的最终结果，因此，部门管理人员在他们权力范围内是唯恐资源分配上出差错，总是害怕浪费稀缺资源，而不肯把资源分配到战略最需要资源的部门中去。

(2)个人价值偏好。主管资源分配的管理人员个人的价值观对于资源分配面、分配数量及分配时间都有很重要的影响，这种影响有时不易觉察。当这些人的个人价值观念与企业战略一致时，资源分配便会按照战略预期的设想进行，如果不一致，资源分配便会出现人为的障碍。

(3)互惠的政治交易。企业内部的各种矛盾冲突，往往会使为战略目的而进行的资源分配复杂化，不同的利益集团私下相互提供好处的做法往往会加速或阻碍资源分配。当重大战略决策有利于某些部门时，这些部门的管理人员会积极支持该项决议获得批准，以取得资源，如果这些决策不利于他们，管理人员的政治交易会压倒理智的判断，他们会结成各式各样的联盟，影响决策方向，使资源分配方案得不到落实。

(4)战略的不确定性。新的战略的实施结果难以确定，因此，资源分配人员往往有“等着瞧”的思想，他们往往愿意进行比较安全、可靠的短期资源分配，而不愿进行长期资源分配。

(5)战略的不完整性。有的企业战略过于空泛，职能部门无法按照此战略分配资源，结果每次资源分配时都要重新研究资源使用的方向和可能产生的效果,既费时又费力。

上述五种因素都使企业战略与实际资源分配严重脱节,而具体执行部门由于缺少必要的资源,因而不能保证战略的贯彻执行。

为理顺战略与资源分配的关系,应建立有效的资源分配系统,主要有以下四项工作:

(1)按照战略计划分配资源。战略计划规定了主要的战略措施的性质、过程及步骤,在总计划下还应有具体计划,计划中的每个项目都应有明确的起止日期及资源的投入量,这些具体的步骤及项目计划保证了资源分配的稳定。但在实践中,战略计划实施是一个动态过程,因此资源分配要有一定的灵活性,允许适当地变化,如在战略前景不甚明确时,则在资源分配计划中要留有一定余地;在战略计划实施过程中,发现某些战略措施与实际情况不符,可将该项措施退回最初批准者,进行重新评审。同时,资源分配计划也要定期进行阶段性评审,以保证资源分配的正确及顺利进行。

(2)明确资源与战略的关系。企业要规定每项资源分配都应提交书面说明,阐明该项资源分配对现行战略实施的影响,主管部门如果认为该项分配无助于现行战略的实施,可以否定这个计划,这样做可以达到两个目的:一是保证资源分配的计划是根据战略实施的要求而制定的;二是迫使管理人员在资源分配计划中考虑战略问题,促使他们将日常工作与战略实施结合起来。

(3)制定有关的政策。为了加强指导,企业要用一定的政策来约束资源分配的随机性,任何与政策相违背的建议一般都不予考虑。企业总部在制定政策时要认真调查研究,在全面考虑各个经营单位的不同情况下,企业要制定出一般性的政策,同时还要制定出针对个别具体问题的政策,使得各部门有章可循,有法可依。

(4)下放一定的资源分配权。每项战略措施都有自己的预算,甚至要成立项目的临时性组织,企业总部在对各项措施所需资源进行分配以后,同时提出各项战略措施应完成的数量、质量及时间要求。至于每个项目内部的资源分配决定权,应当下放到负责各项战略措施的实施单位中去,以使战略计划与投资紧密结合起来。

在处理资源分配与战略的关系上,以上四项工作应视企业具体情况来展开。当资源分配方案确定以后,应立即做出资源分配预算,不能在战略已经提出的情况下长期没有落实资源分配的方案,那样,人们会把战略只看成是美好的愿望,而实际却把资源用于日常的生产经营活动。

预算是数字化了的战略计划,是企业各种计划的综合反映,预算有三个特点:一是每项预算都可以进一步分解成为几个职能部门的工作指标,例如直接人工预算一项可以分解成招工人数、预计工资额、加班工资预算、病休等指标,企业中生产管理、人事、财务等部门都要参与这方面的工作。二是各项预算间存在着密切的内在联系,一个要素发生变化便会影响到另外的因素,如减少库存可能会对生产率和资金产生影响。三是预算过程是一个动态过程。

预算将战略计划转化为行动计划,其步骤如下:

(1)计划阶段。企业不能只根据以往的绩效作预算,而应根据所定战略的具体细节来制定,在预算编制过程中企业应利用制定战略时所用的有关未来的信息。

(2)协调阶段。在这个阶段中,预算的各个要素应相互衔接,保证一致,预算的协调实际上是在不同职能和作业之间进行沟通,使管理人员认识到整个过程中各个要素的相互作用，一个完善的预算可以保证各部门工作的协调，形成全面的一致。

(3)控制阶段。控制是战略实施的重要组成部分，预算在控制中起着沟通的作用，它向各级管理部门提供有关的信息，预算是一种有关未来的期望值，现实中的预算往往与未来的实际有某些出入，企业可根据以往的经验及时调整、修正预算。

(4)重新计划阶段。在有必要重新制定预算时，企业可吸取以往的经验及目前战略实施的教训，进一步保证整个系统的运行与企业战略目标的一致，更要有利于进行有效控制与反馈。

总之，预算既是评估计划的重要指标，也是协调各事业部活动的主要手段，它既是计划职能的一部分，也是控制职能的一部分，下属部门的每一项活动无一不直接或间接和预算相关联。企业高层管理者要十分重视预算工作，务使各事业部预算与企业总部预算相平衡，同时也要在战略计划执行过程中随时注意预算的变化，以便更好地指导实际工作。

大型企业的战略计划工作过程从理论上说是简单的，但从操作上看这一过程要复杂得多，一个完美的战略计划工作是通过训练有素的经理、足够的信息、丰富的实际经验及有效的协调才能完成。

三、企业战略计划的内容

战略计划系统所要得出的实质性成果便是企业的长期竞争优势，例如，新生产基地的建立、研究与发展规划、产品的多样化，企业的并购、组织结构的整顿与改组、新市场的开发等。一个战略管理者要能使企业长期有效地经营下去，必须通过创新来适应预期的未来环境，而不是呆板地适应眼前的局部环境。然而未来的环境具有不可控性，所以，计划中的事项必须要有充分的弹性。从这个角度来看，企业战略计划系统必然是一个适应机制，它能使组织信心百倍地对付变幻莫测的环境。这种内在规律性也就决定了战略计划系统必须有以下几方面的内容。

(一)对企业总体战略的说明

说明什么是企业的总体经营战略？为什么作这些选择、实现此战略将会给企业带来什么样的重大发展机遇？这种说明还包括总体战略目标和实现总体战略的方针政策。被说明的战略目标是总体战略所预期的未来“目的地”。对这些目的地可以定量加以描述，同样也可以定性地表述。这里需要指出的是，那种定量目标与具体的、有数量概念的分阶段目标有着本质的区别，它们应该是得到概括性的和非限制性的阐明。

(二)企业分阶段目标

分阶段目标是企业向其总目标前进时欲达到的有时间限制的里程碑。一般需要对分目标加以尽可能具体与定量地阐述，也是保障实现总目标的依据。企业的分阶段目标常常与具体的行动计划和项目捆在一起，而这些行动计划与项目均为达成企业总目标的具体工具。

(三)企业的行动计划和项目

行动计划是组织为实施其战略而进行的一系列重组资源活动的汇总。在战略计划阶段，这些行动计划常为包括研究、开发及削减等方面的活动。例如，执行产品开发计划或产品改进计划，有利于新产品战略的实现。同样，一个开发特殊技术领域的战略，可能会涉及并购、人员开发等诸行动计划。各种行动计划往往通过具体的项目。例如，一个新产品开发计划常需诸多开发项目来实现。

(四)企业的资源配置

制订计划的基本决策因素便是资源的配置。实施战略计划需要设备、资金、人力资源及其他重要资源。因此,对各种行动计划的资源配置的优先次序应在战略计划系统中得到明确规定。战略计划系统应指明在实施战略中需要的各种资源。所有必要的资源,在尽可能的情况下应折算为货币价值,并以预算和财务机会的方式来表达。预算及财务机会对理解战略计划系统来说具有重要意义。这里需要指出的是,对财务上的过分考虑势必会影响到战略计划系统的真正意义,以致损害了企业战略计划的效能,同样会使企业的活动因单纯追求财务指标而偏离战略发展的轨道。为尽量减少这方面对战略的损害,企业可以将计划中的财务部分单独分离开来,以保证战略的"数字盲目症"不会出现,从而可以真正突出计划的战略成分。

(五)企业的组织保证及战略子系统的接口协调

为了实现企业的战略目标,必须以相应的组织结构来适应企业战略发展的需求。由于企业战略需适应动态发展的环境,因此,组织结构必须要具备相当的动态弹性。另外,企业战略计划系统往往包括若干子系统,如何协调、控制这些子系统,计划系统对这些子系统间接口处的管理、控制应相当明确化。

(六)应变计划

以上叙述的各种计划内容都需企业做出决策。而这些决策基本上是由各种对环境的预测与假设而推出的,它们在某种程度上就是正确反映了客观现实,具有诸多可取之处,但它毕竟包含了相当的主观性,这不利于计划系统的适应性。有效的战略计划系统要求一个企业必须具备较强的适应环境的能力。要获取这种能力,就要有相应的应变计划作为保障。要看到各种可能条件在一定时间内都可能突如其来地发生变化,与其唐突应战,还不如及早备战。如果将应变计划作为整个战略计划系统的一个正式部分的话,则企业可以应付各种瞬息万变的环境,可在错综复杂的竞争之中独领风骚。

四、资源规划与配置

战略执行不能离开相应的资源基础,资源不仅是做事的保障,也是促使人做事的激励因素。实施战略时,配置资源是战略执行的第一步,处于企业最顶层的高级管理人员,最主要工作就是配置战略资源。若资源配置不当,不但战略不能有效推进,还会损害员工的积极性。

资源配置并不仅指有形资源的配置,还应包括无形资源的配置。无形资源虽然重要,但极易被忽视,如品牌的延伸问题,高层管理人员和关键研究开发人员时间与精力分配问题等,这些都应纳入资源配置的范畴。

(一)战略与资源

在战略实施过程中,企业必须对其所拥有的资源进行优化配置。战略与资源的关系主要表现在以下几个方面:

(1)资源是战略实施的重要保障。战略与资源相适应是指企业在战略实施的过程中,应当有必要的资源保障。基于这一关系,战略选择必须考虑资源条件的限制,战略决策必须建立在现有资源条件的基础上。任何偏离企业所能达到的资源条件的战略,都是一厢情愿的战略,都是在天上飘却难以落地的战略。战略执行同样需要一定的资源基础,否则,“巧妇难为无米之炊”。

(2)战略的目标之一是提高资源的利用效率。资源总是短缺的,即使不是绝对短缺也是相对短缺。好的战略不仅能使资源得到有效利用,还能使其效用最大化。战略应该促使企业充分挖掘并发挥各种资源的潜力,特别是无形资源的潜力。

(3)战略应该促进资源的有效储备。所谓有效储备是指对必要的资源以低成本、快速度、在适宜的时机进行储备。可以通过两个方面来达到这一目的:一是战略推行的结果可以附带产生新的资源;二是新资源可以成为其他战略必要资源而被经常性地及时使用。战略在执行中,通过现有资源的良好组合和有效利用,可以在变化中创造出新的资源,从而为企业战略储备资源。

(二)战略资源分析

众所周知,战略的制定建立在资源分析基础上,尽管在制定战略时已充分考虑了如何发挥优势,避免劣势,但企业一旦确定战略之后,仍需要进一步分析企业资源和能力与战略的匹配情况,以便优化配置企业资源,培育企业欠缺的资源。

有很多方法可以分析企业的资源状况,其中价值链分析方法就是一种值得推荐的较系统的方法。通过这种方法,一方面企业可以分析在一项成功的业务中,哪些价值活动是重要的,哪些是次要的;另一方面,可以判断在重要的价值活动上企业的资源是否足够,在次要的价值活动上如果企业的资源不足,可否实施业务外包,企业怎样才能将优势资源集中在重要的价值活动上,等等。

此外,企业还需分析拟采用的战略与所需资源的匹配状况,表 12.1 给出了三大基本竞争战略对资源的特殊需求。

表 12.1　基本竞争战略对资源的特殊需求

基本竞争战略	对资源的特殊需求
低成本战略	高水平的采购管理;对设备大规模的投资能力;完善的质量保证体系和完好的设备状态;高效率的成本管理;低成本的营销渠道等
差异化战略	高水平的研发能力;对促进活动的投资能力;高水平的营销专家和完善的营销调研系统等
集中化战略	与目标市场相吻合的资源和能力

(三)战略资源的配置方法

无论企业具有怎样的资源优势,资源的稀缺性总是存在。在资源配置过程中,企业的决策者总能感觉到来自不同部门或项目组资源竞争的压力。有限的资源在众多的“资源渴望”中分配时,需要遵循一定的原则。

1. 战略资源配置的原则

在进行资源配置时,应遵循以下以下一些原则:

(1)首先抓住产业成功的关键要素。企业中的优良资源应首先满足产业关键的成功要素和需完成的关键任务。

(2)把握任务时序上的缓急。任务或者项目的时序安排是战略所规定的,但要遵循项目间或者活动本身的内在规律性。企业在分配资源时,要明确各项战略任务的优先次序,按任务时序配置资源。在企业业务组合战略中,还应确定不同业务在什么时候进入、什么时候扩张和什么时候退出。业务组合应该能够保证企业在现金流以及其他资源方面实现动态平衡,资源配置在时序上的缓急,应该与实现这些平衡相适应。

(3)保持适当的战略资源冗余。企业按任务或按目标来分配资源,其实是一种计划,这种计划是以"预计"为基础的,具有很多不确定性。为了确保目标完成,或提高可靠性,企业需要有一定量的资源冗余,不能满打满算。与资源冗余密切关联的是资源储备,战略资源储备是企业为了应对环境变化所必需的。

(4)战略导向的资源配置。战略资源配置既要立足于当前,更要着眼于长期。现实中,一些企业或被短期利益所吸引,使战略资源分散,不能通过聚焦以成就大的事业;或经常迫于眼前的压力,如原材料要买,工资要发,设备要维修,促销要做,等等,唯独在研发、员工培训、管理创新等方面,未能意识到其战略重要性而不肯投资。其结果是疲于应对"燃眉之急",却忽视了"当务之急",最终导致企业倒闭。

2. 战略资源的分配

在企业战略资源中,除人力资源之外的有形资源均可以用价值形态来衡量,但无形资源如何配置却很难把握。目前,当谈及企业战略资源配置时,主要是指对人力资源和资金资源的分配。

(1)人力资源分配。战略人力资源分配包括三个方面内容:① 为各个战略岗位分配现有的管理和技术人才,其中重点是相关业务领军人物的配置。② 对战略实施中缺少的人才进行外部招聘,一方面及时提供战略实施需要的人才;另一方面适时增加企业的人才储备。③ 在战略实施过程中,保持对各单位战略执行和人力资源状况的跟踪,及时调整企业各部门人力资源的配置。

人力资源配置的重点,是详细考虑某特定战略对人力资源的需求,包括所要求的人数、人员所应拥有的技术和水平等。具体配置时需要从人力资源的构成、招聘、培训这三方面考虑。在招聘和选聘时,需与组织的战略方面和所经历的变革强度结合起来。如果战略变革不大,则可以大量使用现有员工或经过培训后使用;反之,变革越大,则越要吸收新人加入。

(2)资金资源分配。企业战略调整要求预算同步调整,资金重新分配。在这一过程中,如果处置不当,削弱执行关键性战略活动的部门所必需的资金,将会损害整个实施过程,导致战略实施失败。因此,重新修订预算使其能够支持战略,是战略实施过程中至关重要的一部分,因为每一个组织单位都需要人力、设备、机构或其他资源,以执行战略规划中的任务。实施一项新战略,常常需要将资源由一个领域转移到另一领域,削减人员过多或占用资金过多的单位规模,增加那些对战略成功非常关键的单位规模,停止那些不再适宜的项目和活动。

战略资金分配一般采用预算方式。预算将战略目标明确为财务指标和数量指标,使其成为战略执行和考核的依据。一般预算可以分为以下几种类型:

零基预算。根据阶段性战略目标的要求,将所有经营活动重新进行成本分析,然后确定预算。但零基预算工作量大,如果预算周期短,则需要进行大量分析,然后确定预算。这种预算可以防止预算与实际的大幅度偏离。

滚动预算。按照战略规划的要求和年度目标，将上一阶段执行的情况作为下一阶段预算的根据，以战略目标增减为基准进行滚动调整。

规划预算。它是按战略所规划的项目来分配资源。规划预算覆盖整个项目期间，与项目规划期同步，旨在直接考察一项规划对资源的需求和成就。

灵活预算。预算情况随执行情况变动，有助于克服"预算游戏"及增加预算的灵活性。但在企业中难以全面操作，多用于重要项目的专项预算。

产品生命周期预算。根据不同产品在不同生命周期阶段对资金的需求，以及不同的费用项目，确定预算额度，编制各项资金的支出计划及原则。

（四）战略与资源的动态组合

战略制定的基点之一是企业资源，战略的目标也包括不断积累和扩大企业资源，当企业获得新的资源之后，就增加了基于资源的战略能力。这个过程实际上就是企业战略与资源的动态组合过程。在战略实施过程中，企业资源会逐渐向战略重点集中，新资源被不断引入以支持战略发展；同时，旧资源与新资源之间也逐步融合，从而形成进一步推进企业战略发展的基础。此时，高层管理者必须考虑资源的再调整和组合。使资源与战略之间动态相辅并发挥乘数效应。

(1)战略与资源的动态相辅状况分析

业务的资源配置和战略的动态相辅效果可以划分为四个方面：资源优势整合型、资源选择协调型、资源退出型、资源保持型，可通过以下矩阵进行分析，如图 12.4 所示。

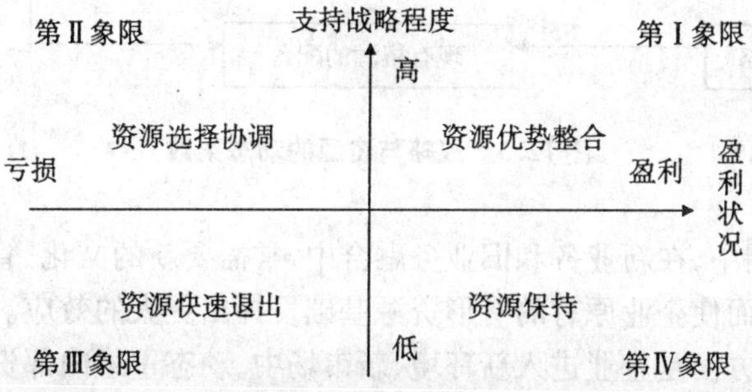

图 12.4　战略与资源配置效果分析矩阵

第Ⅰ象限：支持战略并有盈利。在这一象限中，资源配置符合战略发展方向，而且能够产生盈利，表明资源使用效率较高。如果企业继续投入资源，可能会放大这种效果，从而进一步优化资源配置，推动战略执行，提高竞争能力。在此区域的资源应发展成为企业的核心资源。

第Ⅱ象限：支持战略但尚未取得盈利。在这一象限中，资源的整体组合尚存在问题，需要调整资源组合，以尽快实现盈利。一般有两种可能：一是如果业务规模发展符合战略预期，那么最可能的是某些资源投入过多，没有发挥应有的效率，应当调整；二是如果业务规模没有达到战略预期，那么可能是关键资源投入不足，应当增加那些资源，推动业务向第Ⅰ象限转变。

第Ⅲ象限:不支持战略也没有盈利。这一象限中的资源配置既不符合企业长期发展战略,又不能为其他业务发展提供资源,应该果断退出。

第Ⅳ象限:不支持战略但有一定盈利。这一象限中的业务虽不符合企业长期发展战略,但能够产生利润,表明现有资源的运用能够为其他业务发展提供新的资源,应该暂时保持该业务的资源配置。

以上分析矩阵可以针对企业中不同业务,进行全面的资源分析。其横坐标用盈利状况主要是为了反映现有资源使用状况,也可以调整为其他指标,如用净现金流来代替。

2. 战略与资源的动态乘数效应

战略与资源的动态乘数效应,是指企业在执行发展战略中产生的资源集聚效应,其中既有有形资源集聚产生的规模效应,也有无形资源与有形资源叠加而产生的效应。如图12.5。

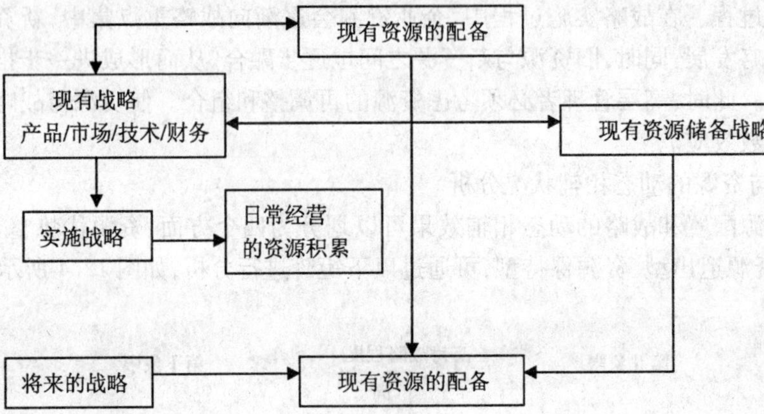

图12.5　战略与资源的动态乘数

在企业战略发展中,在新业务和旧业务融合中,常需要新的文化、管理体制、机制转变、品牌价值提升等,从而使企业原有的有形资源基础发挥出更大的效应。动态乘数效应的产生有两方面原因:一方面是企业进入新环境、新市场中,动态重组内部资源提高了企业资源组合的效率;另一方面是新业务与旧业务之间产生的规模效应,如单位产品管理成本下降,单位市场推广成本降低等规模效应。

企业在战略推进中,要发挥动态相乘效应需做好三方面的工作:

(1)在战略推进和业务重组中,注重无形资源的积累。

(2)战略推进中,新业务拓展的先后次序应考虑与旧业务的相关性。通常,相关性较强的业务更有利于产生动态乘数效应。

(3)为了提高战略的推进效率,必要时,可以选择一些短期看来与资源基础不符合的战略举措,保持现实与目标之间的适度差距,激发内部的变革动力,促进动态相乘效果的产生。

【阅读资料】

IFLA 2006~2009 年战略计划

一、前言

国际图书馆协会和机构联合会(IFLA)成立于1927年,是代表图书馆和信息服务机构及其用户利益的最重要的国际组织,反映全球图书馆的呼声。

IFLA 的工作重点包括三项支柱性内容:

社会支柱——图书馆和信息服务机构服务于社会,保存社会记忆、为社会的发展供给养料、确保教育和研究的顺利进行、提升信息获取、共享和使用、支撑社会团体的发展。

专业支柱——作为全球图书馆和信息服务机构及专业的喉舌,IFLA 一直致力于提高图书馆和信息服务工作方法、技术、标准,增加业内同行对本领域新理论、新动向和成功实践案例的了解。

会员支柱——作为一个会员型组织,IFLA 致力于维护其成员的利益。

本计划提出了 IFLA 管理委员会在2006~2009年度的工作重点,用于指导管理委员会及各分部、分委员会的工作及其他活动。IFLA 管理委员会将每年对计划的执行情况进行考核评价,并将结果上报理事会。

(一)愿景

图书馆和信息服务对于信息社会的高效率运行至关重要。2003年11月在日内瓦举办的世界信息社会峰会 IFLA 与各图书馆和信息服务机构拥有信息社会的共同愿景,即:使社会中的每个人都能够找到、创建、获取、使用、共享信息和知识,2003年11月日内瓦举办的世界信息社会峰会也将其作为信息社会的共同愿景。

为确保所有人都能获取信息,IFLA 致力于使人们能够无障碍地认知、学习和交流。IFLA 反对用知识产权限制人们获取信息,支持公平公正地利用知识产权的各种规章。IFLA 也非常重视促进信息获取内容的多语种、文化多样性以及满足原著居民、少数民族和残疾人的特殊需求。

与其成员、专业人士和其他合作伙伴一道,IFLA 将提高图书馆和信息服务机构的地位,提高他们通过提供信息和文化的获取而服务于个人和社会发展的能力。

(二)使命

IFLA 是一个独立的、国际化的、非政府的、非赢利性组织,其发展使命的目标是:

· 促进图书馆和信息服务提供和传递的高标准;

· 鼓励对优秀的图书馆和信息服务机构价值观的广泛理解;

· 代表全世界 IFLA 成员的利益。

(三)核心价值

为实现上述目标,IFLA 定位了下列核心价值:

(1)认可信息、思想、作品获取自由的原则,以及《人权宣言》第19条关于言论自由的规定。

(2)人类、社团、组织出于社会、教育、文化、民主、经济等方面的目的和需求需要广泛和公平地获取信息、思想和作品的信仰。

(3)确信传递高质量的图书馆和信息服务能有助于信息的获取。

(4)承担确保所有的成员参加IFLA的活动并从中受益,而无需考虑其职责权力、是否残疾、种族、性别、地域、语言、政治观点、民族或宗教信仰的义务。

二、战略方向

(一)专业支柱

在这个迅速变化的信息环境下,IFLA将协助图书馆和信息服务机构实现他们的目标,并不断调整发展方向以满足用户的需求。

(1)IFLA将在为跨越国界和社会、文化、经济的障碍,获取信息,在共同努力为信息机构建立指南和标准中起到领导作用。

战略行动:①通过各专业组建立指南方针和最好的实践案例,为图书馆提供指导,促进合作。②制订国际公认的标准和规范(元数据、资源控制、文献提供等),确保用户找到、识别、选择、获得信息。③支持数字资源管理的一体化方法。④促进资源共享,帮助图书馆用户得以在他们自己的图书馆以外获取和得到所需资源。⑤促进图书馆、博物馆和档案馆之间的合作、资源共享和无缝存取。⑥制订并传播图书馆各方面工作的教学指南,既涉及图书馆教育学校课程,还涉及终身教育计划。

(2)IFLA将在全世界各地区推动高质量图书馆和信息服务的发展。

战略行动:①发展和传递IFLA各专业组的计划和活动。②在发展中国家与图书馆同仁和当地图书馆利益相关方合作,通过图书馆计划发展行动(ALP, Action for Development through Libraries Programme)来协助图书馆行业、图书馆机构以及图书馆和信息服务机构进行能力建设。③支持IFLA各专业组的开展高质量的计划和活动。

(3)IFLA将出版专业出版物,协助图书馆和信息服务机构提升这些机构的领导、管理和服务水平。

战略行动:①为了专业的发展与交流,重振IFLA网站。②出版业内感兴趣的、与专业相关的纸本和电子出版物(IFLA杂志、绿色丛书、各专业组出版物等),并尽最大可能涵盖多个语种。

(4)IFLA将加强在图书馆协会方面的工作,特别是发展中国家图书馆协会上的工作。

战略行动:①开展并实施全球图书馆协会发展(GLAD, Global Library Association Development)计划。②举办并推广研讨会及其他培训活动,来培养和训练国家级图书馆协会公务员,以便民主、高效地管理协会。③为各协会在如何识别潜在的会员目标群体,增加和保持会员人数(特别是年轻的专业人员)方面制定一系列的指导方针。

(5)IFLA将协助图书馆和信息服务机构避免因自然灾害、疏漏和冲突斗争导致的破坏,或帮助它们尽快重建。

战略行动:①发布灾害预防和恢复的指导方针(注重保存和保护,Preservation and Conversation, PAC)。②促进文化遗产(特别是冲突斗争时期)的保护(国际蓝盾委员会(ICBS)等)。③推动建议的提出或灾后救助。

(二)社会支柱

IFLA与图书馆和信息服务机构一起将协助世界各国人民创造和参与平等的信息和知识社会,并在他们的日常生活中享有自由获取信息和言论自由的权力。

(1)IFLA将建立并执行一个有效的倡议计划以支持全世界的图书馆、图书馆员和图书馆用户。

战略行动:①培养倡议能力,IFLA 总部将围绕以下主题将开展倡议活动:信息获取自由和言论自由,并通过图书馆和信息服务机构实施;公平对待版权领域有关问题、贫困和富裕国家的信息流以及知识产权问题;涵盖信息社会中的信息获取和建设信息、知识社会两方面内容。②通过巩固和建设合作关系,加强 IFLA 的倡议和号召能力。

(2)在有关图书馆和信息服务机构的重要领域中,IFLA 对国际政策和惯例有显著影响。

战略行动:①对国际版权法和知识产权保护法施加影响,使图书馆用户可在公平使用原则下获取信息(CLM)。②促进尊重信息和言论自由权力的需求(FAIFE)。③提升全球范围内对信息和文化资源的获取和保护(FAIFE、ALP、PAC、世界数字图书馆)。④保护和促进语言、文化的多样性。⑥推动落实世界信息社会峰会(WSIS)提出的建议。⑦开展"将图书馆提到议事日程上"的活动。⑧促进阅读、信息素养教育和终身学习,作为融入信息社会的关键。⑧通过进行全球范围内专业人员和消费者健康素质培训,支持健康的基本权力。

(三)会员支柱

IFLA 将通过有效交流和沟通、示范计划及学习机会进行会员管理并提供服务,增加他们提供高质量用户服务的能力,增加他们参与 IFLA 各项事务的机会。

(3)IFLA 将系统有效地与各部门、专业组和讨论小组以及现有会员和潜在会员进行沟通联络。

战略行动:①创办直接面向 IFLA 官员和会员的电子版通讯。②改进与 IFLA 官员的联系和服务,包括对新官员的指导和为他们提供讨论名单。③在文档、网站、会议日程等方面为会员提供灵活适宜的多语种的服务。

(4)IFLA 将提供论坛和网络连接的其他机会,以帮助当前和潜在会员的业务发展。

战略行动:①组织年度世界图书馆和信息大会。该会议管理有效,在资金收入方面对 IFLA 有利,可以持续进行,并在价格方面对会员收费合理。②组织示范性的继续教育计划和其他活动,使得参加者能获得自己所在领域和国际图书馆界的有关知识。③推动其他冠名 IFLA 的大会和会议的召开,使得会员能表达和交流信息和专业知识。

(5)IFLA 将对其总部和各办公室高效管理,满足当前和潜在会员的需求。

战略行动:①提高所有 IFLA 办公室支撑战略方向和战略行动的实施的能力。②补充和保留具有专业能力的员工。③为会员和合作伙伴实施服务断定管理,招募包括提交电子申请的新会员。④启动一套系统的连续的过程管理会员的需求和期望,进行会员问卷调查,在下一年度继续进行这一套管理。⑤根据内部的会员调查,面向 IFLA 的"间接"会员(图书馆协会会员的会员以及机构会员中的工作人员)建立综合交流战略和计划。⑥为 IFLA 各部门、分部和讨论组开发工具包,帮助发现潜在的会员市场,保持现有的会员、发展新会员。

(6)IFLA 将通过增加会员和募集资金使建立并多样化资金资助的形式,支持为目前和今后将要为会员提供的服务。

战略行动:①有效和高效率地分配和管理 IFLA 的财政,确保实现 IFLA 的目标。②吸纳新会员,维持原有会员。③吸纳新的合作伙伴,维持原有的合作伙伴。④建立会员以外的多样的、广泛的和稳定的资金来源。

(7)IFLA 将考察其结构(包括规章的修订、核心活动和专业组的数量)。

战略行动:①采取生命周期、线性方法评估 IFLA 专业组,保证其工作的相关性和高效率。②评估和修订 IFLA 章程。

本文件经 IFLA 管理委员会认可,2006 年 12 月。

资料来源:http://www.ifla.org/V/cdoc/IFLA - StrategicPlan - zh.pdf

第三节　企业战略组织

一、企业战略与组织结构的关系

企业战略与企业组织结构存在着决定与影响的关系。企业战略决定组织结构,同时组织结构也能对企业战略造成影响。随着企业战略的变化,企业组织结构也会随之不断动态发展。

(一)企业战略决定组织结构

企业组织结构是实施战略的一项重要工具,一个好的企业战略需要通过与其相适应的组织结构去完成。实践证明,一个不相适宜的组织结构必将对企业战略产生巨大的损害作用,它会使良好的战略设计变得无济于事。因此,企业组织结构是随着战略而定的,它必须按战略目标的变化而及时调整。在战略运作中,采取何种组织结构,主要取决于企业决策者和执行者对组织战略结构含义的理解,取决于企业自身的条件和战略类型,也取决于对战略发展的认识和关键性人物的选择。

美国学者钱德勒在 1962 年发表的《战略与结构:美国工业企业历史的篇章》一书中指出:战略与结构关系的基本原则是组织的结构要服从于组织的战略,即企业战略决定着结构类型的变化。这一原则指出,企业不能仅从现有的组织结构去考虑战略,而应从另一视角,即根据外在环境的变化去制定战略,然后再调整企业原有的组织结构。

(二)组织结构对企业战略的影响

对组织结构及其整体控制机制的合理应用也能为企业带来竞争优势。因为企业的组织结构会影响管理层的决策,进而影响企业的运作,帮助其发掘内在优势和核心竞争力。虽然组织结构本身不产生竞争优势,但由于它对企业战略有着重大影响,关系着企业能否良性发展。一些国际知名公司正是因为运用了合理的组织结构而使企业在全球获得成功。

(三)企业战略和组织结构关系的动态发展

从相对稳定时期的企业结构来划分,组织结构一般包括直线职能制、区域组织、事业部制、战略经营单位、矩阵结构和网络型结构六大类。

换言之,这仅是从静态来区分而得出的。如果从企业发展的角度,即从动态上来看,企业处于不同发展时期时,必将会采用不同的组织结构。

企业结构也一定是随企业的发展过程进行不断地推演、创新,从而寻求到最佳状态。因此,我们在理解企业组织结构的战略含义时不能仅局限于其静态时的几种形态,更重要的是从企业的发展动态过程中理解其演变过程及在不同时期表现出来的形态。只有这样,才不会被一时的表面现象所迷惑。而能使我们在复杂的过程中更准确地把握企业组织结构的动态变迁,这才是其更深的战略内涵。

尤其是随着许多行业的日益全球化,实施国际战略的公司越来越多。为了应对不同区域环境带来的战略,审时度势、以动态眼光来选择组织结构显得特别重要。

(四)组织结构适应战略发展的标准

企业战略的内容充分考虑到企业员工的行为特点,适用于指导和调动企业整个组织,这是组织结构适应战略的最本质内容。判断组织结构是否适应战略发展有以下三个标准:

1. 产生共同愿景

“产生共同愿景”这一标准是指其在战略上充分有效地使企业全体员工的认知和努力方向一体化,具有为企业全体员工提供共同理想的聚焦作用。对于作为企业长期运营的共同指针或者理想蓝图的战略来说,这具有最重要的意义。

不可否认,企业的最终活动是诸多的具体个人活动的动态总和。对于这些个人活动是统一起来还是分散开来,这是组织结构适应战略发展所要解决的问题。毫无疑问,是否能将单体活动统一关系到企业取得业绩的大小。在促进人们行动一体化方面,管理者可采用的方法、手段有许多种,其中组织结构设计的手段便是其一。

2. 反映企业组织的前进趋势

仅仅使企业全体员工有共同愿景和有统一前进方向还不够,还必须使人们自觉地接受一体化的方向,并以高涨的士气和坚定的信心,向着既定的企业战略目标齐心迈进,使企业运作处于最佳状态,这就要求企业组织结构能反映整个企业组织的前进趋势。否则,虽有共同愿景,但趋势错误,可想而知其结果也必将对战略结局无济于事。

企业有了这种前进趋势,可以充分鼓起员工的干劲,使企业内在力量倍增;反之,没有了前进趋势,企业的内在潜力将不能用于“刀刃”上。企业组织结构适应战略的第二个标准是:反映出企业组织的前进趋势,并且能加以利用和保持,体现战略的指向。有了这种前进趋势的一体方向,企业就可以在竞争中处于优势地位,使竞争对手望而却步,并迫使其反击对抗的势头越来越弱,从而在竞争中获胜。

3. 具备催人奋进的精神动力

组织结构适应战略发展的第三标准时,设计好的组织结构能否在全体员工中产生一种积极进取并保持一种紧张感的精神张力。企业的组织结构实现了“共同愿景”和“反映企业组织的前进趋势”目标之后,如果缺乏那种催人奋进并保持适度紧张的精神张力,则组织迟早会松懈,并逐渐习惯成自然,养成惰性。为了防止出现这种情况,防患于未然,有必要给员工注入一定的紧张剂——精神张力,使其不断上进,奋力拼搏。如果做不到这一点,那么,企业的一体化方向和前进趋势终将因懈怠而付之东流。

当然这种精神张力不是说越多越好,越大越能起作用。组织结构是适度刺激、使员工产生一种压力紧张感对实现企业总体战略非常重要。这种战略手段所产生并保持的精神张力对企业必将产生巨大的推动作用,而且它也必将企业的“共同愿景”和“前进趋势”中得以反映。从这个意义上讲,精神张力是实现第一、第二个标准之后,向企业的组织结构设计提出的更高要求。

综观企业组织结构适应战略要求的三个标准可以清晰地看到,它们是顺序累积地实现其有效机能的。首先是结构能产生企业的共同愿景,然后再凝聚这些共同愿景,使其反映到企业发展的正确趋势上来。为了保持持久的动力,同时还必须使企业全体员工能产生一种压力紧张感,即精神张力。有了这种精神张力的存在,就可以使企业在实施战略过程中永葆活力,不断进取。

组织结构适应战略发展的三个标准相互作用,就构成了企业组织结构适应战略的动态标准体系,组织结构适应战略发展的三个标准缺一不可。如果没有“共同愿景”,则体现不出企业的前进趋势,精神张力也有可能产生副作用;同样,不能保持企业员工的精神张力,企业的“共同愿景”和前进趋势则在实施过程中可能会功亏一篑。

二、企业战略与组织结构的选择

(一)企业战略与组织结构的动态变迁

1. 企业战略的动态变迁

一般来讲,一个企业总会有一个产生、发展、壮大、衰退、终结的生命周期过程,即企业要经历一个不同发展阶段的战略时期。

钱德勒对美国大企业的实证研究得出的结论显示,随着企业发展,企业的战略发生着变化。他认为,19 世纪初期,强调的是本土化和专业化;而到了 19 世纪后期、20 世纪初期,企业的战略走向地域拓展和一体化;20 世纪 20 年代以后,企业战略又逐步走向多样化;20 世纪 70 时代以后,企业战略走向全球化、综合化,适应复杂企业构架的矩阵式组织结构出现了;20 世纪 90 年代后期,瞬息万变的信息技术革命促使企业战略走向动态柔性发展。

2. 企业组织结构的动态变迁

在整个战略过程中,企业规模由小变大,再由大变小(指走下坡路时),此时就对企业组织结构提出了动态变迁的要求。在企业不同的战略阶段,必须有不同的组织结构与之相适应。随着企业战略的推进,企业组织结构也在不断地动态变迁。

(1)追求数量倍增战略的组织结构。在工业发展初期,由于生产率水平较低,产品供不应求,产品与市场高度集中。这时,企业把生产作为经营重点,企业战略的重心是放在效率提高、成本降低和规模经济上面。企业只要能生产出合格产品,销路是不成问题的。与之相适应,企业将设立职能组织结构的形式。在组织中,有专门的职能机构为企业的组织决策做出参考意见,同时,企业高层领导者直接领导下属各个生产部门。见图 12.6。

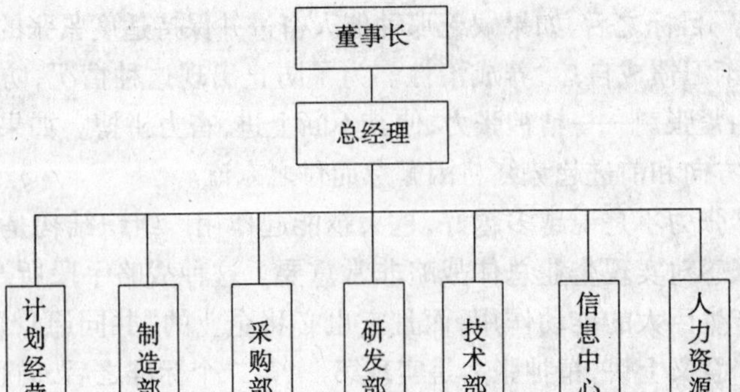

图 12.6 职能型组织结构

(2)一体化战略的组织结构。随着生产规模的扩大,产品的生产和销售由近及远逐步扩散开来,由一个地区发展壮大到几个地区。同时,生产相同的产品与仿制品越来越多,企业之间的竞争也日益加剧。企业此时为了获取竞争优势,实现了前向、后向一体化战略,以求控制部分原材料和分销渠道,增强其竞争实力。与这个战略阶段相适应,企业一方面在不同的地区复制其已有的组织结构,形成地区组织结构,各地的业务由公司总部集中管理;另一方面,企业建立统管产、供、销的一体化组织结构,对企业经营活动进行统筹安排和指挥协调,这也使原来的职能型组织结构变得较为复杂,形成了部门内复杂的组织结构或有一定自主权的部门。

(3)多元化战略的组织结构。随着市场竞争的白热化,企业为了分散投资、经营风险,提高企业经营的安全系数和盈利能力,同时为了获取广度经济与合成效益,大多采取多元化经营战略。这时,企业提供多种产品和服务,产品间的相互管理程度较低,市场间相互联系的程度也较低,客观上需要减少协调工作量。为适应这种形式的需要,企业一般按产品、用户或地区等要素实现事业部制的组织结构。见图 12.7。

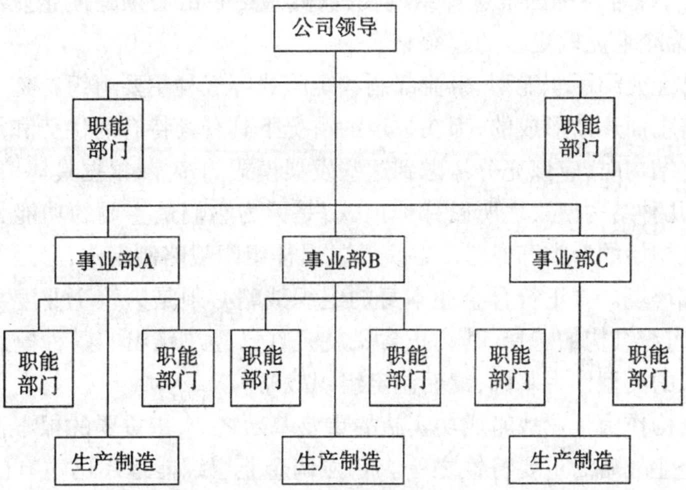

图 12.7　事业部制的组织结构

(4)项目管理战略的组织结构。当企业发展到一定战略阶段,在企业内部产生了必要的双重领导,这时企业内部资源需相互借用,企业运营的不确定性、复杂性及相互依赖程度增强,需要更有效地处理信息和决策。如果要划分企业发展阶段时,这一阶段可与多角化作并列处理。与此相适应,企业多采用矩阵式组织结构,它将职能型和事业部制的原理相结合,目的是加强各职能部门及规划部门的协作,将集权与分权结合起来。见图 12.8。

(5)紧缩、清算战略的组织结构。当企业经营环境发生巨变时,原来有利条件会转瞬间成为不利因素。此时,企业为了生存,不得不采取紧缩或清算战略。与此相适应,企业要裁减其组织机构,或成立清算中心来领导各项清算活动。因此,这时企业的组织结构会变得比原先更为简单,更为清晰。由于各企业的实际情况不同,具体战略也会有所差别。但总体的趋势是不变的。

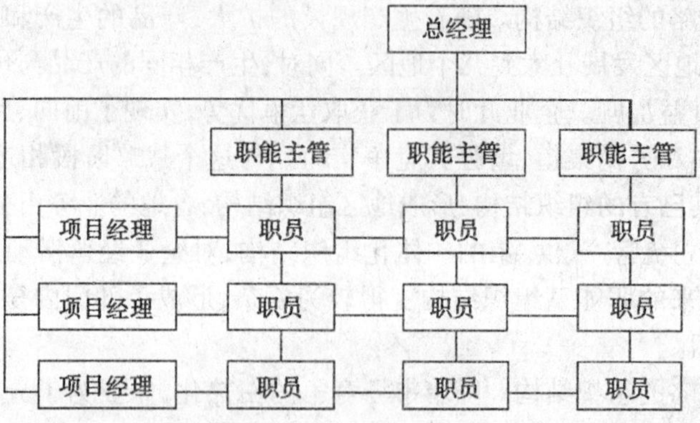

图 12.8　矩阵式组织结构

（二）企业组织战略下选择组织结构的原则

企业的组织结构对于战略的实行乃至企业的生死存亡都有着极大的影响。企业必须根据自身的特点，综合各种因素选择结构模式，其最终目的必须是使企业本身获得强大的竞争优势，从而为企业赢取更多的超额利润。

之前我们已经介绍了职能型、事业部制和矩阵式等五种主要组织结构。每一种结构都是适应不同的需求而逐渐形成的，都在一定的情况下具有其特有的优势和局限性。企业在选择自身的战略结构时，应该充分考虑到这些发展模式的特点，根据具体情况而定。

应该说，这几种结构模式之所以称作模式，是因为它们最主要的功能是给企业组织战略的制定提供最初始的分类和参考。在企业的具体组织战略制定中，必须全面地考虑各种内部因素和外部环境。真正符合企业本身的组织战略必须是为该企业度身定制的组织战略。因此，所谓组织结构的选择，其真正含义就是在已经总结出的各种模式中选择最接近自身特点和需求的类型作为基础，继而制定组织战略。

企业组织结构作为企业战略成功实施的重要基础之一，最重要的根本性原则就是适应性。适应性是企业战略的重要特性之一。它强调企业组织能运用已占有的资源和可能占有的资源去适应企业组织外部环境和内在条件的变化。

这种适应是一种极为复杂的调整过程，它要求企业能一方面加强内部管理，另一方面则能不断推出适应性的有效组织结构。因此，适应的特殊性决定了这种适应不是简单的线性运动，而是一个循环上升的过程，企业组织理论界人士将这个过程称做适应循环。它明确地指明组织结构如何适应企业战略的原则。因此，适应循环原则是企业组织战略调整的根本原则。

一些常见的企业战略所对应的企业组织结构如表 12.2 所示。

一个企业战略在不同的发展时期受到不同环境因素的影响而变化，其组织结构也随之发生转变。常见的造成企业组织结构变化的企业战略因素如图 12.9 所示。

（三）适应企业战略的组织结构调整

企业的组织结构必须适应企业的战略和企业所处阶段。随着企业的不断发展，企业必须不断调整自身的组织结构，这样才能进一步发挥企业的竞争力。

表 12.2　企业组织结构和企业战略的匹配

企业战略	企业组织结构
集中化战略	追求数量倍增战略的组织结构(职能型组织结构)
多元化战略	联络型相关战略:多元化经营战略的组织结构(事业部制组织结构) 不相关多元化战略:矩阵式组织结构;一体化战略的组织结构
差异化战略	业务单一:追求数量倍增战略的组织结构(职能型组织结构) 业务多元:矩阵式组织结构
成本领先战略	业务单一:追求数量倍增战略的组织结构(职能型组织结构) 业务多元;多元化经营战略的组织结构(事业部制组织结构)
国际化战略	一体化战略的组织结构: • 地理区域结构 • 产品分区结构 • 地理与产品分区混合结构
紧缩清算、业务扁平战略	紧缩、清算战略的组织结构

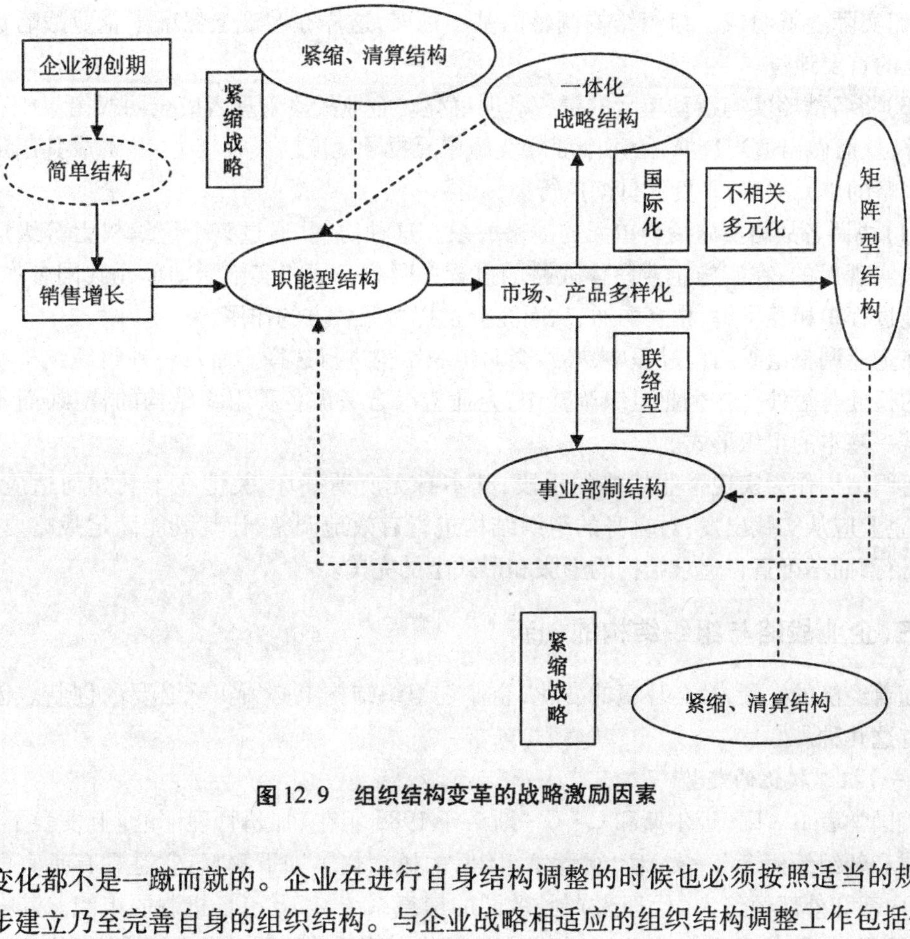

图 12.9　组织结构变革的战略激励因素

任何变化都不是一蹴而就的。企业在进行自身结构调整的时候也必须按照适当的规程一步一步建立乃至完善自身的组织结构。与企业战略相适应的组织结构调整工作包括分析、保障和推行三方面的内容。

(1)正确分析企业目前组织的优势和劣势,设计开发出能适应战略需求的组织结构模式。组织结构的调整必须在企业原有的基础上通过一系列的措施平缓过渡。对企业现状的分析是整个战略调整过程中至关重要的步骤。对企业战略的彻底研究是分析组织结构战略的前提,也是结构战略调整的基础。

(2)通过企业内部管理层次的划分,相应的责权利匹配和适当的管理方法与手段,建立起确保战略实现的实力。从组织战略的制定到实行,机制是最重要的保障。对于和整个企业休戚相关的组织结构调整,必须在整个企业的范围内得到支持和认同,并且需要用有力的管理方法和手段来保证。在组织战略调整中,这一部分是战略成功的保障。

(3)为企业组织结构中的关键战略岗位选择最合适的人才,保证战略的有力推行。企业的组织结构说到底就是人的结构。要使组织战略能够推行到底,必须在各个关键岗位上都有正确的人选来协助。

在有效开展上述组织结构的调整工作时,需做好以下几方面的前期准备工作:

(1)确定战略实施的关键活动。我们应从错综复杂的活动中,如制度建设、人员培训、市场开发等方面,去寻找对战略实施起重大作用的活动。

(2)把战略实施活动划分为若干单位。将企业整体战略划分为若干战略实施活动单元,它们实际上就组成了组织结构调整的基本框架,这样在客观上保证了企业战略被放到了企业的首要地位。

(3)将各战略实施活动单元的责权利明确化。企业战略管理者应全面权衡集权和分权的利弊,从而做出适当选择,给每个战略实施单元授予适度的决策权力,并责成其制定符合企业战略的单元战略,并负责贯彻执行。

(4)协调各战略实施活动单元的战略关系。这种协调,通过整个组织权力等级层次的方式来实现目的;在实施企业整体战略的过程中吸收各战略实施活动单元共同参加,让其在实施过程中相互了解,相互沟通,从而充分发挥协调各方的作用。

在企业调整组织结构过程中,必然会对组织结构进行选择。而每一种组织结构都有其自身的长处与短处。在企业组织调整中,企业应综合考虑各种组织结构的特点,而不应局限于某一基本的组织形式。

组织结构作为实现企业战略的手段,其本身无所谓好坏,关键在于其如何适应战略。因此,企业应从实践出发,对自身的组织结构进行有效地调整,让其既能满足战略要求,又简单可行,而不可盲目追求结构的膨胀和形式上的完美。

三、企业战略与组织结构的创新

随着经济的发展,社会环境的变化,企业在组织结构上必须实施必要的创新。创新的形式有这几种。

(一)组织软化的趋势

美国学者R·E·迈尔斯和C·C·斯诺于1986年在《加州管理评论》上发表了"新组织形式和新组织概念"一文,对"新竞争组织"的概念作了如下解释:它是具有垂直的解集作用、内部和外部经纪人(代理人)制、敞开的信息系统,以及市场机制的组织。其核心内容就是通过电脑信息系统技术,在企业内外部建立广泛的联系,同时应用市场机制糅合一些主要职能,以求实现更为广泛的战略目标。

组织软化还要求组织结构小型化、简单化,甚至认为“小即没”。奉行此原则的人认为:

(1)组织结构如果过于复杂庞大,则不符合人的本性。组织小型化,更能使人感到工作与本人关系密切,使个人的作用与贡献发挥得更完备。

(2)组织小型化,便于领导下放权力且不易引起混乱,既有利于调动下属的积极性,又便于控制。

组织软化可以使组织成员的活动方式由刻板正规化向灵活多变转化。过去的组织中,人与人之间等级分明,工作程序不作明文规定,而是通过开放机制及社会心理机制来调动人的积极性。人与人之间的等级差异也较少,权力由集中走向分散,沟通显得更重要。,

(二)建立混合型组织结构

现代组织结构的明显趋势是一方面下放权力,另一方面将战略计划和决策机制集中于公司总部,从而形成了高度集权与高度分权相结合的混合型组织结构。这种结构,常常以模拟分散制和超事业部制结合的形式为代表。彼得斯和沃特曼在《追求卓越》中认为,实现集权与分权的良好结合,组织结构必须符合三个标准:

(1)组织稳定,富有效率;(2)不断创新的企业家精神;(3)有适当的方式来对付重大威胁,以增强企业对外在环境的灵活应变性。

他们设计了以三根支柱为基础的组织结构,如图12.10所示。

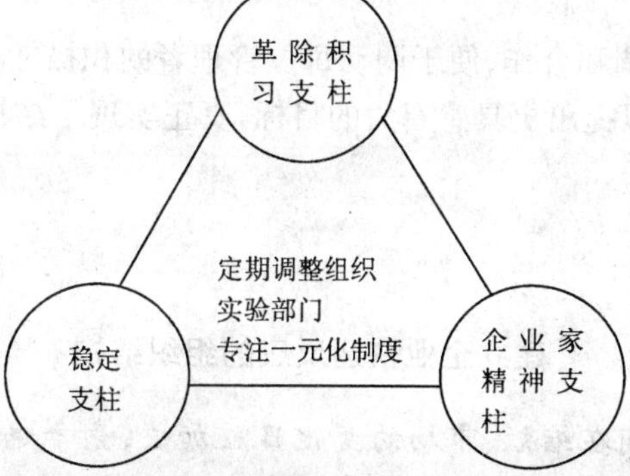

图12.10 “三支柱”组织结构

(三)网络型组织结构

随着科学技术的不断发展,企业组织结构也在向着网络型组织结构转化。它包括两层组织:管理控制中心,它集中了战略管理、人力资源管理和财务管理等功能;柔性的立体网络,它以合同管理为基础,根据需要组成业务班子,而合同则是机构的联系纽带,见图12.11。

网络型组织结构具有以下几个特点:

(1)整个组织分为技术与非技术两大部分。技术部门有研发、生产、市场营销、高技术等;而非技术部门包括战略、人力资源和财务等方面。

(2)网络中使技术、资金、信息三流程得以分离。

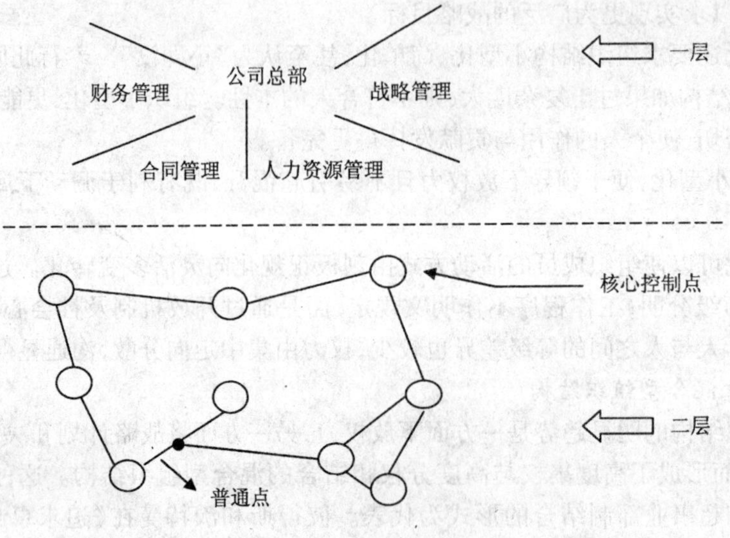

图 12.11　网络型组织结构

(3)网络组织的控制是间接控制,且保持单向的责权利,一个中心只有一个经理,通过合同管理,避免了多头领导。

(4)具有更大的灵活性,结点是根据市场、项目的要求而结成,具有动态的特征,使高效率得以保证。

(5)有利于经营、协调和合作,便于调动每位管理者的积极性,而且有高附加值的保证。

网络型组织结构可以提出更具感召力的目标,真正实现了结构主义→功能主义→过程主义→价值主义的转变。

【阅读资料】

建立企业快速反应的组织结构

在当今产品生命周期在缩短、市场的变化日益加快、竞争越加激烈、信息技术日新月异、人们的精神文化需求日益增多的环境下,企业原有的组织结构的弊端越来越明显,主要体现在部门分割、信息传递速度慢、决策速度慢、不能对变化的环境快速做出反应,因此必须对这种组织体制加以改造。下面介绍建立利于企业快速反应的组织机制的四种方法。

一、使组织变瘦:适当合并关系密切的部门

企业的组织结构主要是按职能部门划分的,如设计、工艺、生产、销售、供应、财务等,在这几个部门中,设计与工艺、生产与销售、供应与财务是关系较为密切的几对部门。因为设计师往往是从产品的创造性和性能要求出发来设计产品,而工艺人员则主要从工艺性、可制造性等方面来看待评价该设计,二者角度不同,部门分割后易于形成矛盾。生产部门与销售部门关系密切,生产多少产品,必须根据销售的多少来定,生产多了便是浪费。采购师企业用钱大户,它必须是财务部门保持良好的联系。上述这些关系密切的部门在工作中越容易产生矛盾,因此就越需要沟通时合作。目前国内有的企业已经在进行这方面的改革尝试,将设计与工艺、生产与销售、采购与财务部门合并,由6个部门变为3各部门,部门合并后，关系得以理顺，沟通得到加强，合并后部门内有了共同利益，易于从对方角度出发全面考虑如何完成战略任务，综合考虑面临的机遇及问题，因此企业的快速反应能力就大大加强。

以上这种方式相当于在传统金字塔形组织结构形式上将横向长度变短，因此可形象地称为“使组织变瘦”。

二、组织扁平化：减少中间管理层次

中间管理层次过多造成企业内部信息传递路径长、环节多、速度慢、信息失真，是影响快速反应和决策速度的重要原因。近年来，由于计算机信息技术的发展，中层管理人员传统上只作为传送信息的中转站的作用已逐渐被计算机所取代，扩大了管理人员的手和眼，扩大了他们的管理幅度。计算机管理信息系统和ERP（企业资源计划系统）以及网络系统在企业中的建立为企业组织扁平化改革提供了条件，而且随着计算机和信息技术的发展，对企业组织结构扁平化的作用越来越大。

三、建立各种跨部门团队，加强部门之间信息的横向沟通和相互合作

在传统组织结构中处理事情往往是串行的过程，从设计到工艺部门到生产技术部门进行工艺装备和检验设备的准备、采购部门发订单准备采购等一切准备好再开始生产，这样各部门之间沟通少，在时间上造成极大浪费，企业对市场反应能力大大下降。

目前并行工程日益成为工程和管理领域中人们关注的问题。并行工程的核心思想是：在新产品开发过程中，组织一个包括设计、工艺、制造、检验、财务、销售，甚至包括供应商和用户在内的一个跨部门的团队，进行产品开发，这样就大大缩短了产品上市时间，提高了企业对市场需求反应的能力。美国英特尔公司奔腾芯片的开发、DEC公司阿尔法芯片的开发、波音公司777飞机的研制等都是实例。实际上，除了新产品开发任务之外，企业还有生产工作中的团队、服务工作中的团队，等等。

团队工作的本质是使企业原来面向功能的工作设计转向面向过程、面向产品、面向结果、面向顾客的工作设计。团队工作方式兴起的外部原因是市场的变化，市场要求产品开发、生产和服务的时间必须快，时间已成为竞争取胜的主要因素。是计算机信息技术的发展为团队工作方式提供了技术支持。团队工作方式兴起的内部原因是团队工作能够给员工更大的工作自主权，使他们能亲自感受自己工作的成果，从而提高员工的工作质量，得到工作的满足感和工作成就感。现代企业不是由老板和下属组成的，它必须是由团队组成的，在一个团队内人们之间是平等的，造成这种平等的原因是人们的知识水平都普遍提高了。

团队工作方式由以下优点：

(1)大大缩短新产品上市和服务完成的时间，同时使质量、效益大大提高，成本下降。

(2)使企业各部门能够重新整合，加强企业部门间的沟通和合作，提高信息在整个企业内的沟通速度，提高企业的反应能力。

(3)使整个企业都面向顾客，面向市场，抛弃了以工作和服务为中心的工作模式，转向以市场和顾客为中心的工作模式。

(4)增强工作满足感和成就感，提高了团队成员士气，有利于员工心理及生理健康，能充分调动员工的积极性和创造性。

(5)有利于员工掌握更多的知识和技能，使员工成为多面手，利于他们个人事业的发

展，而员工素质的提高对整个企业发展也十分有利。

四、全员参与管理：加强企业上下之间的沟通与合作

实行全员参与管理的措施之一是适当授权，即把传统上本来由上级决定的事情交由下一级去做决定。参与管理就是让下一级人员分享上级的部分决策权，在一定权限内下级遇到某一问题时，他不必上报，而是自己作决定去处理，这样企业对市场反应速度就加快了。例如，瑞典富豪汽车制造厂，有很多自治装配小组，一般由十几个人组成，他们自己给自己定工作计划和时间安排，自己解决质量问题，在一定范围内有决策传统上由上级决定事情的权力。

实行全员参与管理措施之二是增加上下层相互沟通的渠道和机会，用上下级定期见面的方式很有效，或设计各种提案制度，鼓励员工提出建设性意见等。

采用授权方式的核心思想是：在有些问题上，往往是直接从事该项工作的人具有发言权，当然授权时经过考虑的，不能把权力交给一个不具备此能力的人。但这种授权却能大大激发员工的积极性和创造性，大大提高解决问题的速度。采用上下级相互沟通有多种渠道，有的渠道是正式的，也有非正式的，而要有激励保证措施。

总之，要建立有利于企业建立快速反应的组织机制，在水平方向上把关系密切易于扯皮的某些职能部门合并，使组织变瘦；或建立跨部门团队，加强水平部门的沟通；在垂直方向上减少企业中间管理层次，使组织结构扁平化；建立上下沟通渠道，对下级适当授权可以提高决策的速度和质量。上述四种方式其核心就是使企业组织结构面向整个过程、面向市场和顾客，是整个流程的重新整合。

企业组织结构进一步整合就是网络组织，网络组织结构一般由两部分组成：一是由职能部门组成的由总公司统一管理和控制的公司总部，二是根据产品、地区、市场、研究和生产经营管理需要形成的网络。这种网络组织是在信息时代实现了全球信息化的产物，其特点是：流程短、流程不重合，信息失真度小，具有更大的灵活性，对市场反应灵敏，符合企业对市场快速反应的要求，同时网络组织具有柔性，是随着企业的市场、用户、产品的需要而变化的。

第四节　企业战略与领导

所谓领导，是指导和影响组织成员的思想和行为，使其为实现组织目标而做出努力和贡献的过程和艺术。一个新战略的实施对组织而言是一个重大的变革，变革总会有阻力，所以对变革的领导是很重要的。这包括建立与企业战略匹配的领导体制，培育支持战略实施的企业文化和激励系统，克服变革阻力等等。

一、建立与战略匹配的领导班子

企业战略要得以顺利实施，建立科学的领导班子与挑选优秀人才委以重任十分重要。

（一）经理人员的类型

每一个公司战略，都要求总经理具有一套独特的才能。并购战略对总经理能力的要求与稳定战略所要求的能力是不会一样的，总经理的具体条件要适合特定的战略。

人们从服从性、社交性、能动性、成就压力和思维方式等五个方面，清晰地说明各种总

经理类型所表现出的特征,如表 12.3 所示。表中所选择的各项行为特征,旨在用来区别那些所谓原始模型,目的是突出与不同战略相适应的总经理个人能力方面的变化情况。

表 12.3 各种总经理类型的特点

类型	行为方面	类型特点
开拓型	服从性	非常灵活,富有创造性,偏离常规
	社交性	性格明显外向,在环境的驱动下具有很强的才能与魅力
	能动性	极度活跃,难于休息,不能自制
	成就压力	容易冲动,寻求挑战,易受任何独特事务的刺激
	思维方式	非理性知觉,无系统的思维,有独创性
征服型	服从性	有节制的非服从主义,对新生事物具有创造性
	社交性	有选择的外向性;适于组成小团体
	能动性	精力旺盛,对"弱信号有反应",能够自我控制
	成就压力	影响范围逐渐增加,考虑风险
	思维方式	由洞察力,知识丰富,博学,具有理性
冷静型	服从性	强调整体性,按时间表行事,求稳
	社交性	与人友好相处,保持联系,受人尊重
	能动性	按照目标行动,照章办事,遵守协议
	成就压力	稳步发展,通过控制局势达到满足
	思维方式	严谨、系统、具有专长
行政型	服从性	循规蹈矩,例行公事
	社交性	性格内向,有教养
	能动性	稳重沉静,照章办事,等待观望
	成就压力	维持现状,保护自己的势力范围
	思维方式	固执以往的处理方式
理财型	服从性	官僚,教条,僵化
	社交性	程序控制型
	能动性	只做必做的事情,无创造性
	成就压力	反应性行为,易受外部影响
	思维方式	墨守成规,按先例办事
交际型	服从性	在一定的目标内有最大的灵活性,有一定的约束性
	社交性	通情达理,受人信任,给人解忧,鼓舞人的信念
	能动性	扎实稳步,有保留但又灵活
	成就压力	注意长期战略,既按目标执行又慎重考虑投入
	思维方式	有深度与广度,能够进行比较思考

(二)战略与总经理能力的匹配

根据企业发展的速度,可以将战略划分为剧增战略、扩充战略、连续增长战略、巩固战略、投资转向战略、收缩战略。在使用不同的战略时,不同类型的总经理与战略的匹配关系和成功机会是不同的。例如,图 12-12 表明,开拓型的总经理在剧增、扩充、连续增长三个战略中的作用是递减的,在巩固、投资转向和收缩这三类战略中,开拓型总经理则很难发挥作用。

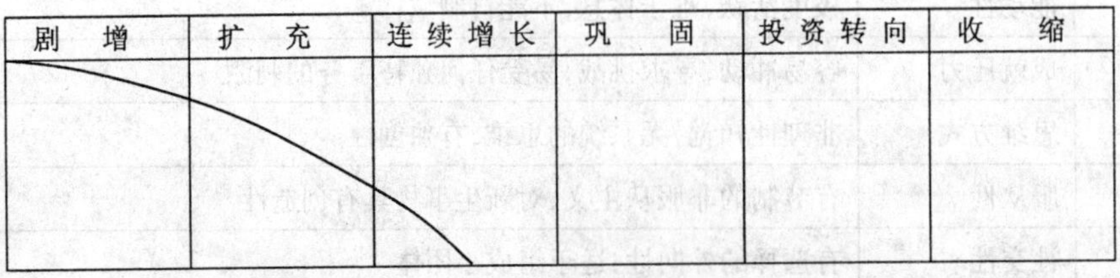

图 12.12 开拓型经理的效应

而图 12-13 表明,交际型的总经理由于缺少必要的创造力,在实施剧增和扩充战略中一般不会起多大作用,但在其他战略的实施中或多或少地发挥着作用。

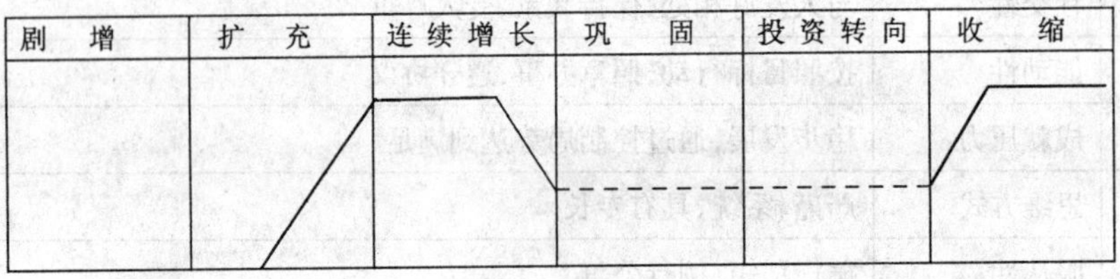

图 12.13 交际型经理的效应

(三)经理领导集体的建设

实施每一战略,都对总经理的能力提出多方面的要求。在现实,一个总经理很难完全满足战略的要求。因为一个人的能力、知识、阅历和经验以及精力都是有限的,无论多么优秀的经理人员,都不可能做到尽善尽美。因此,制订和实施一项战略,单靠一个总经理是远远不够的,还必须挑选一批助手组成一个管理班子。有了一个合理的经理班子,总经理可以集中大家的智慧,群策群力,发挥大家的作用,取长补短,确保战略的成功制订与实施。

在组建一个经理班子时,应遵循班子成员中能力相匹配的原则,即是经理班子中各成员之间的能力相互补充、相互匹配,形成班子集体能力的优势。对于一个经理班子需要什么样的能力组合,美国学者夏克·阿代兹提出了四种能力组合的模式。这四种能力分别是:

P:提供劳务或产品的生产技术能力;

A:计划、组织和控制集团活动的管理技能;

E:适应动荡环境,创造新劳务和承担风险的企业家资质;

I:调节、平衡、统一集团活动与目标的综合才能。

阿代兹的模式对于理解经理班子能力的组合具有很重要的意义。它说明:第一,一个人能够具备P、A、E、I各自的重视程度,应因时而异,因公司而异。相应的比例取决于公司的战略,尤其取决于公司所处的生命周期阶段和它所面临的环境。一个新开业的企业,首先要偏重于企业家能力(E);而一旦企业步入正轨,就必须重点注意生产率(P);随着企业的发展,管理的重要性(A)与日俱增;当企业壮大到金牛时,企业家能力需要很低,对于生产率、管理和综合能力(I)则应给予全部重视;面临"发展中危机"的大企业则在思考着如何激发变革和革新,又重新强调企业家能力,并结合有落实战略变革的P、A、I能力。

采用阿代兹模式来组建经理班子时,应首先根据企业寿命周期和企业面临的环境来确定所需要的各种管理能力组合及侧重点;然后据此考虑总经理的能力,考虑经理班子中其他成员互补情况,实现能力的匹配。当然,一个公司实际上可以选择与阿代兹的P、A、E、I不同的模式来考虑管理能力的组合匹配。但共同的一点是要根据新战略的要求,来对管理能力的组合进行调整和组建,应当尽最大可能来缩小最新战略所需管理人员能力与现有班子成员能力的差距。

(四)经理人员的来源

在确定了战略所需匹配的经理人员的能力之后,余下的问题就是如何获得具备这种能力和素质的经理。企业在发展中,需要新的经理人员,另外,老的经理也会面临退休的问题,也需要新的经理人员。新经理的来源主要有两种途径:一是内部提升,二是外部招聘。

1. 内部提升

内部提升是从企业内部提拔经理人员。内部提升有以下好处:

(1)他们对许多关键角色已经很熟悉,因此适应新战略所需要的学习时间短,疏忽出错的机会少。

(2)每个经理人员的资质情况相互了解,便于合作和相互配合。

(3)他们往往受到下属和同事们的拥戴,这样的经理人员参与制定和实施新战略时,能够保证最大限度的合作和支持。

(4)通过任命以往工作有成绩的人担当经理之职。能鼓舞士气,提高工作热情,培养员工对企业的忠诚精神,增强企业的凝聚力。

在美国,大公司的最高领导人每年总要有两次请几位人事专家一起,对中层管理人员进行分类排队,看谁最有发展前途,编出一份"人才库名单"。如国际商用机器公司中,列入"人才库名单"的人数不到企业职工总人数的1%。被选人员本人可能知道,也可能不知道。对这些候选人有专门的培养和晋升方案,经过在各种岗位上的锻炼,一步步地提上来。所以人们又称他们是企业的"子弟兵"。当公司需要高层管理人员时,就可以从"人才库名单"中选取。

各个国家的企业对在什么部门提拔和晋升经理人员各有不同。在英国和美国,最高管理层的经理多出自财务和市场营销部门;而在日本,出自研究与开发和生产部门的最高管理层经理所占比例最高,其次是市场营销部门,再次是财务和人事部门。这种最高管理层经理人员部门背景的不同,就赋予了公司行为模式的不同特点,他们都能根据理性来做出判断和决策。但有时他们被卷入具体的技术和工程问题之中,出现忽视经营绩效的倾向。最高管理层经理中来自这些部门的人越多,公司对技术革新越敏感。来自市场营销部门的经理往往对市场敏感,但也往往急功近利。来自财务部门的经理比较关心经济效益,但他们往往对环境的变化不敏感，也多看重短期利益。因此，更说明经理班子中能力和经验相互匹配和组合的重要意义。

然而，利用内部提升组建起的经理班子对于实施新战略也有其固有的弱点：他们往往不热心于战略变革；他们对于重要的企业战略变革具有较差的适应性；他们对过去的承诺和责任感，可能会阻碍实施一个新战略所需要的重要决策；他们往往缺乏对战略变化的实施热情。这主要是因为他们成功地参与了过去的战略的制定与实施。他们已有了固有的思维方式、价值观念和习惯作法，他们对过去有承诺和责任感。而改变一个人的多年培养起来的这些思维方式、价值观、习惯和责任感要比他获得新知识难得多。因此，全部由内部人来选择并推动雄心勃勃的战略变革是很困难的。

2. 外部招聘

如果企业内部没有合适的经理人员时，企业就得从外部招聘。人们将外部招聘的人员戏称为“空降兵”。吸引外部人员做经理之职有几个潜在的好处：

(1)可以在更大范围内挑选符合新战略要求的外部人员，加之他们对新战略充满信心，能够避免现任经理面临的障碍。

(2)新任务提出的挑战容易激发人的活力，外部人员大显身手干番事业的急切心理可能导致创造性的成就。

(3)新引进的企业外部经理受企业人际关系网络和旧有秩序的影响较小，可以更超脱地推行新战略，而不会受到以前允诺的牵累。

(4)外部招聘这一举动等于向整个企业和外界发出信号，预示着某种重大的、不寻常的变革。特别是一个权力很大的经理被撤换时，同事及下属们会意识到，他们的行为也许不得不随之而变。

然而，外部招聘也有一些弊端，表现为：

(1)各方面都合适的经理人员很难找到，或者他们要求的条件企业难以达到。

(2)企业对外聘者的情况无法深入了解。

(3)企业外部人员不熟悉组织内部情况和缺乏一定的人事基础，要尽快开展工作需要花费时间和精力。

(4)通常，被外聘经理所承担的职务是几个内部人员所觊觎的，也可能某个人被撤换后空出的，这些内部人员会感到他们过去的贡献白做了。如果撤换者或失势者为同事们所爱戴，那么这些人失望、消沉的士气甚至不满就可能影响到其他人，给外聘人员进入企业后开展工作带来阻力。

招聘外部人员后，对被撤职的管理人员安排是否妥当，直接影响到其他现任的管理人员。理想的处理原则是，既果断，又要讲求人道。充分利用两种选聘方式的优点，处理好“空降兵”与“子弟兵”的矛盾，是一种重要的领导艺术。

二、完善激励机制

(一)经理人员的激励

正确地制定战略和有效地实施战略是两项艰巨的任务，即使是非常称职的经理也需要激励，因为面对竞争中的各种压力，他们需要激励才能有效地完成既定的规划和战略。然而在实际工作中，要想使激励能促进战略行动并非易事。这是因为战略实施一般是长期的，其后果不能马上衡量；战略要冒很大风险，而且可能中途改变；一个战略周期结束前，经理更迭频繁；不同的战略，目标各异，达到目标必须采取的行动也不同；中间结果捉摸不定，难以衡量，环境要求和其他外部的要求常常打扰一环扣一环的战略规划。上述种种原因使人们难于将成果与经理业绩联系起来。为了对经理人员实行有效的激励，首先必须确立正确的评审经理人员业绩的方法，使激励与企业希望取得的成果一一对应起来；第二是如何鼓励经理人员能及时地创造性地调整战略的行动，对创业精神有足够的重视。

在市场经济发达的国家里，经理人员市场对经营者能力的社会化评价作用，实际上提供了一种无形资产即人力资本价值方面的报酬激励。再从有形资产激励方面看，现代公司对经理人员的物质激励采取多种形式。

(1)工资或薪金，这是经理人员的基本报酬，与企业经营绩效无关，是一种稳定、有保障的收入，其额度高低大体上反映该经理人员的人力资本价值水平。

(2)奖金，这一般与企业年度经营绩效直接挂钩，有较强的刺激作用，但也易导致经营行为短期化。

(3)股票，奖励给经理人员公司的股票，是不直接以货币形式体现的对公司制企业经营者的一种报酬，与奖金一样它将经理人员的报酬与经营绩效挂钩。同时，当经理们拥有一定数量的股票后，则促使他们从股东的角度看待企业的长期效益，当然这对战略管理更为有利。

(4)期股，也就是股票期权的简称，它着眼于促使经理人员从企业长期经营绩效的考虑中处理当前经营与决策问题，但其效果如何更加取决于股票市场的规范化运作。

(二)管理人员和员工的激励

企业中除最高管理团队外的管理人员和员工也存在激励问题，只有将业绩与报酬挂钩才能更好地支持企业战略目标的实现。一种经过适当设计的激励结构是管理层最有力的战略实施工具。要使人们将注意力集中于有效实施战略和达到业绩目标上来，最为可靠的方式是慷慨地奖励那些达到与有效的战略实施相一致的业绩目标的个人和部门。

虽然激励的方式多种多样，有下列主要的奖励形式常用来促进战略实施：

(1)利润分享。即在利润中提取一定的比例(事先约定)来奖励员工，以促使员工关心公司的利润。30%以上的美国公司有利润分享制度，但是批评家强调，由于利润受到太多因素的影响，容易用会计手段进行操纵，因而不是一种好的考核指标。

(2)收益分享。这种方法要求员工或部门首先建立业绩目标，如实际工作绩效超过这一目标，则所有部门成员都将得到奖金。26%以上的美国公司都实行某种形式的收益分享。

(3)奖金制度。诸如销售额、生产效率、产品质量、安全等指标都可作为有效奖金制度的考核依据。如果一家企业实现了特定的、为人们所理解和认同了的绩效目标，那么每位企业成员都应分享这一成果。奖金发放系统可以作为激励员工个人支持战略实施的一种有效工具。

(4)员工持股计划。员工持股计划是员工可以利用贷款或现金购买公司股票，它是一种减免税收的、固定缴款式的雇员福利制度。相对而言，员工持股计划在小企业的管理中比较流行。但也有像宝洁公司这样的大公司采用这种激励计划。员工持股计划使员工能够以所有者的身份进行工作，实际上是公司以放弃股权的代价来提高生产率水平，换取员工更努力地工作,同时关心企业的长期利益。而且它还能防止被恶意收购。

当然,企业还可以同时采用其他各种战略性激励措施以促进员工为战略的成功实施而努力工作。这些措施包括:提高工资、工资外补贴、职务提升、业绩确认、表扬、批评、增加工作自主权、荣誉奖励等。

三、克服变革阻力

(一)变革阻力的来源

战略的实施对组织而言是一次重大的变革,变革必然会有阻力。阻力主要来自个人和团队两方面。

1. 个人阻力

个人的阻力主要产生自两个方面:

(1)利益上的影响。战略变革从结果上看可能会威胁到某些人的利益,例如某些业务的收缩或退出、机构的撤并、管理层级的扁平等,都可能会使一部分人减少权力或利益。

(2)心理上的影响。变革意味着原有的平衡系统被打破,要求成员调整已经习惯了的管理观念、工作方式,而且变革意味着要承担一定的风险。对未来不确定性的担忧、因循守旧的习惯心理,对失败风险的惧怕、对绩效差距拉大的恐慌以及对公平竞争环境的担忧,都可能造成人们心理上的倾斜,进而产生心理上的变革阻力。

2. 团体阻力

团体对变革的阻力包括:

(1)组织结构变动的影响。战略常导致组织结构的变革,这会打破过去固有的管理层级和职能机构,并采取新的措施对责权利重新做出调整,这就必然要触及某些团体的利益和权力。

(2)人力关系调整的影响。战略变革导致的组织结构、技术、文化等方面的变革都可能打乱人们已经习惯了的相互关系。非正式组织的存在使得这种新旧关系的调整需要一个较长的过程。在新的关系未确立之前,组织成员之间很难磨合一致,一旦发生利益冲突就会对变革的目标和结果产生怀疑和动摇,进而产生变革阻力。

(二)克服变革阻力的策略

对变革的阻力可以出现于战略实施过程中的任何阶段。存在着多种克服变革阻力的方法,可以把他们组合成三种基本的策略:

1. 强制变革策略

这种策略指靠发出和强制执行命令而实施变革,直接对抵制者使用威胁力和控制力,包括调换工作、不予升职、负面绩效评估及其他的处罚方式。强制变革的优越性使执行迅速,但其缺陷是低责任心、低士气和高阻力。

2. 教育变革策略

这种策略强调教育与沟通,使人们确信变革的必要性。这一策略假定,阻力的根源在于信息失真,或者是由不良的沟通造成的。如果员工们了解全部的事实,澄清了他们的错误认识,那么其阻力就会自然减退。而这可以通过个别会谈、备忘录、小组讨论或报告会等取得。如果阻力的根源确实在于不良的沟通,且组织中的变革推动者与员工间呈现一种相互信任和相互依赖的关系,那么这种策略是会有效的。但假如这些条件不存在,它就不能成功,另外,这一策略所需投入的时间和精力也应当相对其优点做出权衡,特别是当变革触动到许多员工时。

3. 理性或自理变革策略

这种策略的核心是使人们确信变革会对他们个人有利。如果这种策略成功,战略的实施将会相对容易。多数管理者认为这是较为理想的变革策略,它可以提高成功实施变革的可能性。通常,可以按以下步骤进行:

(1)邀请员工参加变革和具体的转变过程。参与者个人能够表达自己的观点,把自己作为变革过程的一部分,并认清变革会给自己带来利益。

(2)为推动变革需要有一些激励,确认自我利益便是一种最重要的积累。

(3)进行耐心的宣传和沟通,使人们了解变革对他的好处,或清楚阻碍变革会带来的后果。

(4)通过谈判,以某种有价值的东西来换取阻力减低。比如,如果阻力集中在少数有影响力的个人中,可以通过谈判来形成某一奖酬方案使这些人的需要得到满足。

(5)发出和接受反馈,每个人都乐于知道事情进展如何,以及取得了何种进步。

【阅读资料】

企业战略实施领导者应当遵循的原则

美国管理学家德鲁克曾给美国总统规定了6条规则,这6条规则对企业家来讲也是可以借鉴的。

(1)不要顽固地坚持要做的事。对企业来讲,环境的变化需要对企业战略作及时的调整。

(2)集中精力,不要分散。对企业来讲,企业的资源永远是有限的,要将有限的资源投入到战略重点上去,不要分散资源。

(3)决不对一件肯定的事情过于自信。对企业家来讲,战略的实施不能凭经验,企业过去的经验并不能保证未来的成功。

(4)一个卓有成效的总统不搞微观管理。对企业家来讲,要做自己应该做的事,即企业家要做的最重要的事就是战略管理,要把自己的主要精力放到战略管理上,要控制自己的管理幅度,不要使自己的管理幅度过宽而分散精力。但目前中国相当多的企业家管理幅度过宽,而战略管理水平很低。

(5)总统在政府中没有朋友。对企业家来讲,就是要在企业营造一个公正、公平的文化。对我国的私营企业来讲,大多数为家族企业,在家族企业中,无论是对亲属还是非亲属员工,在企业管理制度面前一定要严格按制度办事,坚持公正、公平原则,绝对不能因照顾亲缘、血缘、地缘等关系而亲一边疏一边,如果是这样,家族企业绝对办不好。在国有企业中,也有亲缘、血缘、地缘关系问题,国有企业的领导者在处理企业管理问题时也应坚持公正、公平原则。

(6)一旦当选了,立即停止竞选的那一套。总统在竞选过程中往往发表感情色彩很浓的竞选演说,而对企业家来讲,在企业战略实施过程中绝对不能感情用事,而是要坚持理性地分析环境、务实地实施战略。

第五节　企业战略与人力资源

我们知道，企业制定战略时，必须进行内外部环境分析。通过研究外部环境，企业确定它可能会选择做什么；通过研究内部环境，企业可以知道它能做什么。清楚了解目前所具有的资源、能力及核心竞争力，对企业战略的制定是非常重要的。而在企业战略制定后，根据战略的要求，调整分配企业资源，提升企业内部的实力，使之与企业战略的要求相匹配，是企业战略能否得到有效实施，企业能否最终获取竞争优势的关键。

企业的资源可以分为物质资源、财务资源、人力资源和信息资源。如今，企业的人力资源发挥着越来越重要的作用，已经成为企业中最重要的资源，对企业战略的制定和实施起着举足轻重的作用。

一、人力资源的重要性

在21世纪的今天，经济全球化不断深入，科技发展日新月异，世界进入了以全球化和信息化为基本特征的知识经济时代。所谓知识经济，就是指直接依据知识和信息的生产、分配和使用的经济，是以人的知识和智能为依托的经济。在知识经济时代，“人”的重要性得到了前所未有的提升。知识经济以知识为基础，决定了知识经济就是人才经济。“知识的积累、知识向生产领域转化为生产率，其载体、其推动力都是人才。同过去以劳动力、以物质资源为基础的农业经济、工业经济相比，知识经济以生产、分配和利用知识和信息为基础，人才的重要性更加凸现出来。”因此，在知识经济时代，企业对人才的依赖性更大，高素质人才将决定企业的成败。

在知识经济时代，知识是企业的战略资产。“企业变成了一种知识整合系统或是创造、传递和运用知识的组织。企业是否拥有创新知识，就成为持续推动企业提高生产率，提升并创造持续竞争优势的源泉。”人力资源作为知识的载体和知识的创造者、传播者、应用者和发展者，已成为企业最关键的战略资源。在四种企业资源中，物质资源、财务资源、信息资源都是被动性的资源，都需要人来认识和利用。只有在人力资源的主导下，其他三种资源才能创造出财富。虽然企业的科技和知识是无形的，但代表企业知识、技能和能力水平的人力资源却是可以管理、培训和开发的。可见，人力资源具有主动性和能动性，是生产活动中最活跃的因素，决定了企业拥有的知识，进而决定了企业能否创造和维持竞争优势，是企业最重要的资源。

二、战略性人力资源管理

企业的人力资源是如此重要，以至于有人说：“随着竞争的愈加激烈，人也许是仅有的可持续的竞争优势。”以前，企业对人力资源的管理，更多是属于一种辅助性的人事管理。在制定企业战略决策时，企业往往把对人力资源问题的考虑排除在外。人力资源管理很少涉及组织战略决策，或只是组织战略决策的信息提供者，其扮演的是战略规划的辅助者以及战略执行者的角色。参与的职能也是一些具体的行政事务性的工作，如员工招聘、培训、绩效评估、薪资福利、雇员服务、人事记录等管理内容。虽然对确保战略的贯彻执行具有保障作用，但并不能站在企业发展战略的高度，为企业领导者准备、及时地提供各种有价值的信息，支持企业战略目标的更新和调整。

随着人力资源重要性的日益提升，企业战略和人力资源紧密挂钩，形成了一种战略性人力资源管理，为企业战略目标的制定和有效实施服务。

战略性人力资源管理认为：人力资源是企业创造和保持竞争优势的最重要资源，是决定企业成败的最关键因素。人力资源管理的核心职能应该是确定外部环境、竞争对手和劳动力市场的影响；分析、诊断企业内部人力资源现状；参与企业的战略决策，制定企业的战略目标，并根据企业的战略目标进行具体的人力资源的管理与开发，使企业获得和战略相匹配的人力资源，保证企业战略的有效实施，从而使企业取得竞争优势。

战略性人力资源管理强调企业战略和企业人力资源不是一种按先后顺序发生的过程，而应该是一种动态的、多方面持续互动的关系。企业人力资源管理应该直接融入企业战略制定和实施过程中，由过去的辅助者、执行者的角色转变成参与者、倡导者和执行者。企业人力资源部门不仅要协助当前战略目标的执行，参与企业未来战略目标的制定，更重要的是保证人力资源对未来战略目标实现需求的满足。

一般来说，企业战略性人力资源管理有以下几个基本特征：

(1)系统性。企业为了创造和保持竞争优势而部署的人力资源管理政策、实践方法和手段等构成一种战略系统。

(2)长远性。员工的选聘不仅要符合企业现行岗位的要求，而且要根据企业的发展目标，考虑企业未来几年内工作岗位要求的变化，选聘时不仅要看其现有的经验与能力，还要看其拥有的潜在能力。通过对人力资源长远性的规划，促进企业不断向前发展。

(3)全局性。战略性人力资源管理是企业全过程的战略，是对企业全体人员的管理。

(4)目标导向性。战略性人力资源管理通过组织建构，将人力资源管理置于组织经营系统，促进组织绩效最大化。

为了和企业战略匹配，人力资源开发和管理应该达到以下目标：

(1)共同的价值观。使员工全面了解企业战略，制定愿景和使命，建立企业文化，形成共同的价值观，并为之作出贡献。当企业共同奋斗目标的方向感、使命感和员工个人理想目标的荣誉感、追求感融为一体时，员工就会把企业的需要转化为个人的需要，充分发挥人的能动性，敬业、勤业、乐业，拼搏奋斗、无私奉献。

(2)识别需求。根据企业战略，进行人员需求预测和人员供给预测。人员供给预测包括两部分：一是内部拥有量预测，即根据现有人力资源及其未来变动情况，预测出规划各时间点上的人员拥有量；二是对外部人力资源供给量进行预测，确定在规划各时间点上的各类人员的可供量。

(3)组织建设。设计组织，制定人员配置需求计划，实行战略性人员配置。

(4)能力开发。开发员工和管理人员的专业能力和技术能力，达到企业战略的要求。

(5)建立绩效评估系统。准确评估员工的工作质量，激励员工，提高员工绩效，增强竞争优势。

三、人力资源和企业战略之间的匹配

不同的企业战略对人力资源有不同的要求，根据战略构筑人力资源，实现企业人力资源和企业战略之间的匹配，是实现企业战略目标、创造和保持竞争优势的核心所在。无论企业战略是属于成本领先战略还是差异化战略，企业目前是出于增长开拓阶段还是出于收购兼并阶段，都需要不同的人力资源管理战略与之相对应。

比如，一个实行成本领先战略的公司，必然要在企业内部加强成本控制，因此企业生产营运过程必然是规范和高效率的，对员工的要求也自然是规范操作，注重效率；而一个实行差异化战略的公司，为了使公司的产品能够有别于竞争对手，并通过这些差异化的特征占领市场，它自然更需要有创新思维的人才。同样的到来，在增长开拓阶段或是出于收购兼并阶段，企业对人力资源的需求也不一样。

表 12.4 人力资源和企业战略的匹配

企业战略	人力资源构成
成本领先	• 强调效率 • 规范的，重复性的工作 • 强调以工作为基础的薪酬 • 内部提升 • 注重具体，短期技能的培训，让员工掌握新的节料、节能、增效新技术 • 绩效评估作为控制机制 • 行为导向型
差 异 化	• 强调创新和冒险精神 • 松散的、任务范围广的工作 • 强调以个人为基础的薪酬 • 外部招聘 • 稳定的工作人员政策，工作时间程序的质量，吸引最好的人才 • 以绩效评估作为员工自我发展的工具 • 结果导向型
增长	• 积极主动地招募和聘用 • 高工资 • 认股权 • 扩展培训
收购兼并	• 有选择地裁员 • 调动、安置 • 驾驭文化变化 • 岗前适应性教育和培训

第六节　企业战略与企业文化

在战略管理过程中，企业文化起着重要的作用，它既可以成为新战略的推动因素，又可能对战略的制定和执行起抵触作用。

一、企业文化的概念

“文化”一词源于社会人类学。它是指人类群体或民族世代相传的行为模式、艺术、宗教信仰、群体组织和其他一切人类生产活动、思维活动的本质特征的总和。

企业文化是亚文化的范畴,它是指某一企业的经营管理哲学、价值观念和行为规范。具体地说,企业文化是以组织所信奉的价值观体系为基础的思维方式和行为规范,企业中的成员都自觉地维护它和遵循它,并体现在行动中,这种共同的价值观体系实际上是企业所重视的一系列关键特征,下面十个方面的特征是最常见的:

(1)风险承受度。组织在多大程度上鼓励员工进取、创新与冒险。

(2)注意细节。组织在多大程度上期望员工做事严谨、善于分析、注重小节。

(3)手段－结果倾向性。组织管理人员在多大程度上集中注意力于结果而不是强调实现这些结果的手段与过程。

(4)对人的关注。管理决策在多大程度上考虑到决策结果对组织成员的影响。

(5)团队的重要性。组织在多大程度上以团队而不是个人工作来组织活动。

(6)冲突的宽容度。鼓励员工自由争辩及公开批评的程度。

(7)系统的开放性。组织掌握外界环境变化并及时对这些变化做出反应的程度。

(8)单位的一体化。员工与作为一个整体的组织保持一致的程度,而不是只体现出他们在工作类型或专业领域的特征。

(9)成员的同一性。员工与作为一个整体的组织保持一致的程度,而不是只体现出他们的工作类型或专业领域的特征。

(10)报酬标准。用什么标准来决定报酬的高低。如资历、偏爱、人品、绩效等。

企业文化有三个重要特性:学习性、分享性和传递性。学习性是指员工在实践中通过学习不断积累和沉淀而形成的,这种学习过程不可能一蹴而就,只有经过长期的过程才能形成。分享性是指形成企业文化的学习过程,不是个别人、少数人的学习,而是全体员工的共同学习过程。正是这种共同的学习和实践,才使得大家能够自愿地分享其结果,共同遵奉这些基于价值观体系的思维方式与行为方式的惯例或传统。传递性是指企业文化对新成员具有教育、指导和约束作用。它教育和指导新员工按照企业的管理或传统行事,否则企业将对这位新员工不予接纳。

二、企业文化的形成与学习

(一)企业文化的形成

总的来说,企业文化是随时间的累积而形成的,它是一种积淀。图 12.14 反映了企业文化形成的一般过程。

我们可以将企业文化的形成过程分成两类:自发形成与管理形成。自发形成是一种无意识的、自然形成的过程。它主要通过企业内部上下左右各个部门和个人之间的长期磨合而形成的。管理形成与此不同。它是管理当局有意识、有计划、有系统地引导、灌输和塑造,以形成企业希望的意识形态的过程。20 世纪 80 年代以前,企业文化问题并没有引起管理者和学术界的重视,企业文化主要是通过自发形成。1980 年以后,随着日本企业的崛

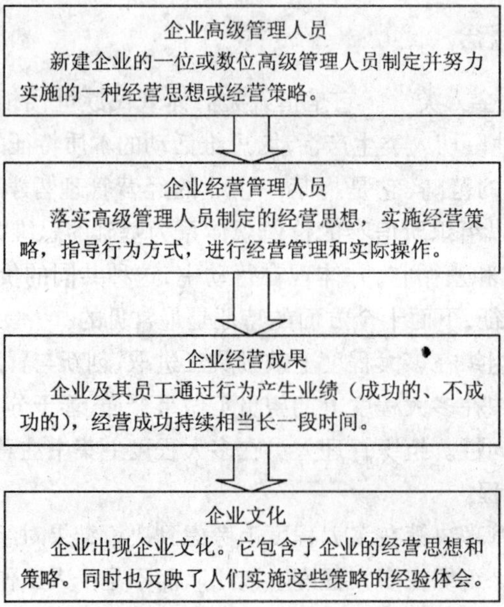

图 12.14　企业文化形成的一般过程

起,形成了以研究美、日等企业文化比较管理的热潮,并从中发现了企业文化对战略管理的重要作用。自此以后,企业文化建设才开始由自发形成进入到管理形成的新阶段。

(二)员工对企业文化的学习

企业在聘用新员工时,总是根据应聘人员价值观念和行为是否与企业之间的文化相吻合来决定是否聘用。但即使是这样,这些新员工在进入企业前已经有了自己的一套价值观、思维方式和行为规范,也就是说他已经有了原有状态。当他进入企业后,逐渐看到了企业的真面目,并可能面对个人期望与现实的差异,这就产生了碰撞。文化是要一点点用心去体会的,没有碰撞就不会有对文化的真正理解。接下来,新成员必须解决在碰撞阶段发现的问题,并且会影响到学习和调整。学习的结果将影响到新员工的工作效率、对组织目标的承诺,甚至会影响到员工是否留在组织中的决定。有一点是要记住的:对任何一个不能与文化步调保持一致的人,发展的机会是很少的。

我们关心的是员工是怎样学习企业文化的。通常,主要有以下学习企业文化的方式:

1. 榜样

价值观是无形的,要使价值观为员工所接受并转化为行动,必须通过榜样的示范作用。如果说价值观是文化的灵魂,那么榜样就是这些价值观的化身。企业的创始人、高层管理人员和企业树立的模范都是学习的榜样。企业文化常常是创业者内心世界的外化,想想比尔·盖茨、萨姆·沃尔顿对微软和沃尔玛的影响,就会明白这个道理。高层管理者是那些既拥有能力并做出了良好业绩,同时又适应企业文化的人,他们会对员工言传身教,做企业文化和经营思想上的表率与榜样。企业往往精心挑选那些符合所提倡的价值观念的员工为榜样,以便向人显示,应当怎样做事和怎样做人。

2. 口号

企业常把核心的价值观念提炼成一些口号和格言,以便员工学习。如 IBM 的"尊重个人,服务顾客,精益求精";青岛海尔的"敬业报国,追求卓越"。当然,必须要通过各种方式向员工详细明确地解释那些核心价值观念的含义,宣传那些符合这些价值观的行为。许多企业对新招聘的员工,首先进行直接的教育,让他们了解本企业的文化。而且这种教育对老员工也常常不厌其烦地进行,以让文化理念深入人心。

3. 故事

许多企业都流传着一些有意义的故事,它们的内容多半与创业者传奇性的成功经历、违犯企业制度、反省过去的错误、组织的应急事件等有关的一些轶事和传说。这些故事在提醒员工记住企业的基本价值观念和它们的内容。

4. 仪式

仪式是企业系统规划好的一些惯例。这些活动能表达并强化组织的核心价值观,什么目标是最重要的,哪些人是最重要的,哪些人是无足轻重的。这一类的仪式有工作仪式、会议仪式、奖励仪式等。

5. 物质象征

公司的独特标识、装饰、服饰,公司总部的布局,办公室的大小和摆设,高级人员的车型、衣着,都是物质象征的例子。这些物质象征也在不同程度地强化价值观念,它还告诉员工,谁是重要任务、高级管理人员希望的程度、适当的行为类型,如冒险、保守;独裁、参与;个人主义、社会导向等。

6. 语言

随着时间的推移,企业往往形成了自己特有的名词,用来描述与业务有关的设备、办公室、关键人物、供应商、顾客、公司产品等等。这些语言常常是企业识别"自己人"的标志,通过学习这种语言,员工可以确认他们已经接受了这种文化。一旦他们掌握了这种语言,他就与其他人有共同特征,成为被接受的一分子。

三、企业文化与战略的关系

企业文化与战略的关系主要表现在三个方面。

(一)企业文化是企业战略的基石

(1)企业文化为企业战略的制定、实施、控制提供正确的指导思想和健康的精神氛围。

(2)企业文化为战略的制定提供成功的动力。一个企业自身具有很强的文化特色时,会通过企业成员的共同价值观念表现出企业的特殊性。这有利于企业形成别具一格的战略,为企业的成功奠定基础,提供原始动力。

(3)企业文化是战略实施的关键。企业文化可以激发员工的工作热情,统一全体员工的意志,从而使战略得到有效的贯彻和实施。

(4)企业文化还是战略控制的"软性黏合剂"。战略控制可以通过规章制度、计划要求等"刚性连接件"实现,但不如共同的价值观、信念和行为规范可以形成人们的自觉行动,达到自我控制和自我协调。拥有共同价值观的企业员工会自动调整我们个人的目标和行为,是指符合企业的目标和行为。

（二）企业文化是维持战略优势的条件

企业文化往往体会到这个企业的历史积累，其他企业很难模仿。因此，企业的核心竞争力中一旦有了文化的内涵，往往可以维护较长久的战略优势。

（三）企业文化与战略的适应与协调

在企业中，一个新的战略要求原有文化的配合与协调。由于企业组织中原有文化有它的相对稳定性或称为惯性的特点，很难马上对新战略做出反应。因此，企业文化既可以成为实施战略的动力，也可能成为阻力。例如踏实严谨的作风在经营方向既定、环境比较稳定的情况下有利于企业将产品做得精益求精，但在外部环境剧烈动荡、产业结构发生重大变化的时期，这种埋头苦干的作风任由其惯性的发展，就有可能迷失企业的方向。因此，企业文化必须在继承的基础上不断创新。

很多企业并购失败了，究其原因，最关键的问题就是两个企业的文化不能很好地融合。作为合并典范的德国戴姆勒—奔驰与美国克莱斯勒的合并，一度被世人称为"完美的互补"。但是并购两年后，美国《新闻周刊》—"并购混乱"作为封面来报道了戴姆勒-克莱斯勒并购以后的情况，2000 年第三季度，公司亏损 5.12 亿美元，戴姆勒公司近九年来第一次出现亏损，业内专家估计 2001 年的亏损额增到 20 亿美元，公司的市场资本总值已经低于原戴姆勒-奔驰公司的水平。不同企业文化的冲突是这场危机的根本原因。

在战略管理过程中，企业内部的新旧文化必须相互适应，相互协调，为战略成功提供保证。在中小型企业中，新旧两种文化要逐渐演变成一种文化。在大型联合企业里，企业在实行多样化经营或差别化战略时，可以根据生产经营的需要，在某个事业部或经营单位中，保留它们各自的原有文化。不过，在这种情况下，企业总部要做好全局性的文化协调工作。

四、选择与战略类型相匹配的企业文化

企业文化是成功实施企业战略的重要支持。企业在创建企业文化时，必须以战略对文化的要求为出发点，综合考虑战略类型、行业特点、管理风格、产品或服务特性等各种因素，选择有助于战略实施的文化类型。

下面主要介绍与进攻型、防守型、撤退型企业战略相匹配的企业文化

（一）进攻型战略的企业文化

实施进攻型战略的企业主要通过技术开发、产品开发、市场开拓、生产扩大等策略不断开发新产品、新市场，掌握市场竞争的主动权，提高市场占有率。与此相适应的企业文化应当以"持续创新"为核心，营造一种有利于创新的尊重个性、鼓励开拓、不怕失败的宽松氛围。这种类型的企业文化具体包括以下特点：

（1）企业员工等级身份模糊，行为随便，不拘礼节；

（2）企业成员具有高度的冒险精神及承担重任的勇气；

（3）企业拥有高效的、斗志昂扬的、渴望成功的环境；

（4）企业重视个人的协调能力和在不确定的社会环境中完成工作的能力；

（5）在实施决策前，对重要问题具有强烈要求取得共识的倾向；

（6）企业鼓励全体员工都能独立思考、锐意进取，并善于采纳普通员工的合理建议；

（7）企业对因各种创新而给组织带来良好效果的成员予以高度评价与赞扬；

(8)高度重视积极性冲突,希望员工在任何竞争市场都积极主动参与,为自己的意见进行激烈争辩。

(9)职位与收入严格与个人实际工作绩效相联系。

(二)防守型战略的企业文化

实施防守型战略的企业为应付竞争对手的挑战,规避激烈的市场竞争,投入的资源仅用于维持现有的竞争地位,希望取得稳定发展,以守为攻、后发制人。与此相适应的企业文化应坚持稳重、严谨,注意管理细节的工作作风,提倡遵守纪律,循规蹈矩,审慎行事,勤勉就业,强调严格控制和高度规范化、秩序化、标准化。

这种类型的企业文化具有以下特点:

(1)企业内等级层次分明、正规刻板;

(2)办公室秩序井然、严肃寂静;

(3)人际间彬彬有礼、和气有加,经常使用技术或行政称谓;

(4)具有很多反映身份和地位的标志;

(5)行动速度缓慢而谨慎,非常重视计划、程序、时间性;

(6)决策一旦确定就必须坚决执行;

(7)员工之间互相尊重对方意见,鲜有观点争论;

(8)管理人员在职责范围内提出的建议常得到重视并付诸实现,不能容忍下级不服从上级的现象;

(9)权力受到高度尊重,尽量避免冲突;

(10)根据个人实际完成工作情况和私人背景确定员工职位和收入水平。

(三)撤退型战略的企业文化

实施撤退型战略的企业常常在竞争中处于不利地位,或者其产品处于衰退期而严重滞销,或者其财务状况恶化等。此时,企业不得不牺牲一定的眼前利益来对付严重的竞争威胁。一般情况下,长期在某部门工作并参与某种产品生产与销售的员工,当遇到该部门或该产品撤销的情况时,他们可能会因无法继续工作而失去工作、晋升的机会,因此,撤退型战略会遭到他们的极力抵触。此时,企业若不能以恰当的形式来回报员工以往的贡献,不仅会助长当事人的不满和抵触情绪,而且也会影响员工士气,进而影响企业战略的实施。更糟糕的是,这样很有可能会破坏企业长期以来形成和保持的文化氛围。

从企业外部来看,企业与其供应者、合作者、消费者之间彼此信任的关系是通过长期文化融合而成的既能在企业内部营造人心安定、士气不减的氛围,又能使企业继续保持良好的公共关系和企业形象。

五、企业文化与战略的匹配方式

在处理企业文化与战略的关系时,可以把企业内部各种组织要素的变化(包括结构技术、共同价值观、生产作业程序等)与企业文化的潜在一致性作为分析的变量,制定出战略与企业文化关系的分析管理图,见图 12.15 所示,以便使企业文化更好地与战略相匹配。

从图 12.15 中可以看出,企业在实施战略时,会与目前的企业文化形成 4 中不同的关系和管理方式。

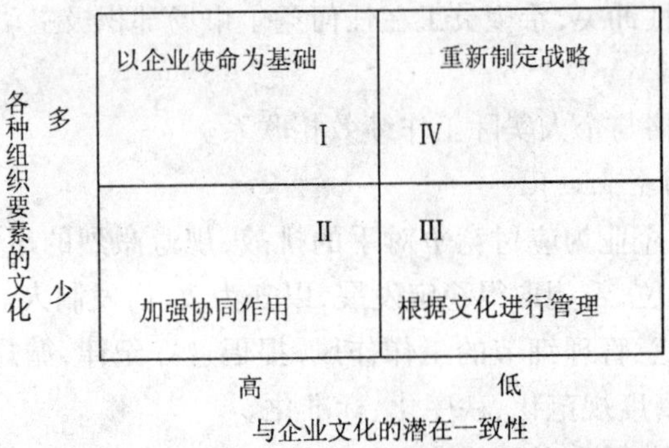

图 12.15　战略与企业文化关系的分析管理图

(一)以企业使命为基础

在第Ⅰ象限里,企业实施新战略时,重要的组织要素会发生很大的变化,但这些变化与目前的企业文化有高度的潜在一致性。这时,企业一般处于非常有利的地位,可以在目前企业文化的大力支持下实施新战略。这些企业通过经营状况良好,可以根据自己的实力去寻找重大机会,或者可以改变主要产品和市场。

在这种情况下,企业处理战略与企业文化的关系的重点如下:

(1)在企业进行重大变革时,必须考虑与企业使命的关系。在企业中,企业使命是企业文化的正式基础。因此,企业管理者在处理这一关系、促进两者匹配的过程中,一定要注意组织变革与企业使命保持不可分割的内在联系。

(2)要发挥企业现有人员的作用,让现有人员填充由于实施新战略而产生的职位空缺。这是因为,企业现有人员之间具有共同的价值观和行为准则,可以保证在企业文化一致的条件下实施变革。

(3)在必须调整企业的奖励制度时,应注意与企业目前的奖励措施保持一致。例如,当新的市场变化要求产品销售方式相应变化时,新的奖励制度仍需强调与过去相同的评价标准,以保证企业奖惩制度的连贯性。

(4)必须对那些与目前的企业文化不相适应的变革予以特别关注,以保证现存的价值观念、行为规范的主导地位。

(二)加强协同作用

在第Ⅱ象限里,企业实施新战略时,企业的组织要素发生的变化较少,而且这些变化又与现有的企业文化高度一致,因此,企业所处地位是相当有利的。

在这种情况下,企业主要考虑一下两个问题:

(1)利用目前的有利条件和已有优势,巩固和加强企业文化。

(2)利用企业文化相对稳定的时机,根据文化的需求,解决企业生产经营中的问题;或者利用战略的相对稳定,排除组织方面的障碍,转向所需要的企业文化。

(三)根据文化进行管理

在第Ⅲ象限里,企业实施新战略时,主要的组织要素变化不大,但这些变化与目前的企业文化不一致。这时,企业最好根据企业文化的要求进行管理,其管理要点是:要实现企业所期望的某些战略变化，但不与现存的企业文化直接冲突。即在不影响总体企业文化一致性的前提下，根据需要对某种经营业务实施不同的文化管理。通常，每当企业文化所带来的阻力逐渐消失后，新战略所带来的某些变化也就会渗透于企业的活动之中。

（四）重新制定战略

在第Ⅳ象限里，在处理企业文化与战略的关系、促进两者的匹配时，企业遇到了很大困难：企业在实施新战略时，组织要素会发生重大变革，而且这些变革与目前的企业文化很不一致。在这种情况下，企业要考察是否有必要推行新战略。如果没有必要，则要考虑重新制定与目前企业文化相一致的战略；但如果企业外部环境发生了重大变化，企业必须推行新战略，那么企业文化就必须发生变革。

企业要变革其现有文化，还必须考虑一个重要问题，即企业文化的变革是否可行？图 12.16 中，组织大小和复杂性，指企业的人数、结构、产品种类等决定组织规模的因素；文化的同质性，表示成员坚持价值观念的程度，尤其反应在员工的行为规范中。图中线条密度表示改变企业文化的难度。这一图所提出的思路基于两个假设：第一，改变一个大而复杂的企业的文化要比改变一个小而简单的企业的文化更加困难；第二，改变文化同质性较高的企业的文化要比改变文化同质性较低的企业的文化更加困难。

在美国，几乎规模较大的公司都曾具有同质性程度较高的企业文化，但他们却经历了文化的变迁。例如，布兰尼夫公司陷入重重危机时，正处于图 12.16 的区域Ⅰ。为了摆脱困境，公司放弃了飞机业务，解雇了大部分职工，使组织规模和复杂性大大减小。当公司的规模缩减至原来的 1/3 时，处于图中的区域Ⅱ。与此同时，由于工资下降、员工解雇等引起的不安全感和动荡，破坏了公司的文化同质性。当海厄特公司收购布兰尼夫公司时，布兰尼夫公司已落入图中的区域Ⅲ。这样，对海厄特公司来说，它可以很容易地将完全不同的企业文化灌输给布兰尼夫公司。

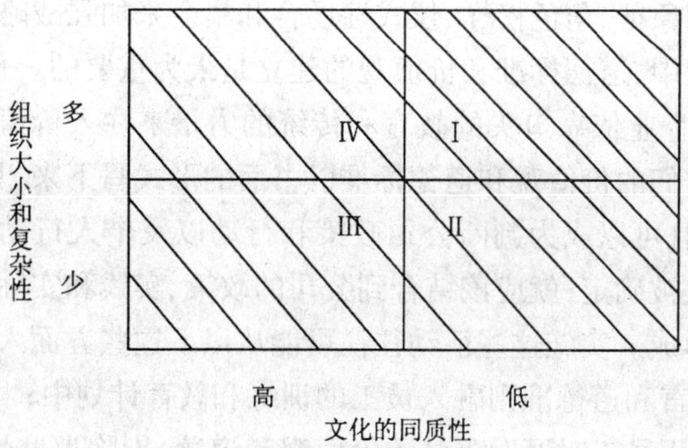

图 12.16　企业文化变革的难度

由此可见，要改变企业文化，最好的途径是使企业处于图中的区域Ⅲ。这同时也表明企业文化的变革需要经历较长时期和付出巨大努力。

六、企业文化的构建

新的战略往往是受市场驱动的,并受到各种竞争力量的支配,是外部不可控因素所决定的。因此,当一个公司的文化无法与取得战略成功的需要相匹配时,就应改变这种文化以适应新的战略。当然,文化现状的制约性也不是不予考虑的。在进行文化培养时,需要把握两个原则:一是承认历史,尊重现实,考虑到文化变革的成本;二要体现改良性,要逐步使组织文化朝适应环境变化的方向发展,毕竟要生存,就要适应环境的变化,否则这种没落的文化只能阻碍企业前进的步伐。

链接企业文化与企业战略最有效的因素有:

(1)对企业宗旨、章程和纲领的正式陈述;

(2)企业的布局与外表形象;

(3)树立榜样,内部培训;

(4)明确的奖励和级别制度及提升标准

(5)有关关键人物的事件和故事、传说与格言等;

(6)企业领导的工作重点、手段和控制方式;

(7)企业领导对关键事件和企业危机的反应;

(8)企业组织的设计和构造方式

(9)企业组织系统和工作程序;

(10)企业人员的招聘、选用、提升、退休等方面的工作标准

将文化与战略相匹配的第一步就是要找出现有文化中哪些是支持战略的,哪些不是。在将文化与战略结合起来的努力中,既有象征性的行为,也有实际性的行为。象征性行动的价值在于它可以向人们提示关于战略实施者希望鼓励的各种行为模式和业绩的信号。最重要的象征性行动是高层领导人采取的、被视为榜样的那些活动。最好的公司和最好的领导人会熟练地运用象征、角色榜样、仪式性场合和集会来加强战略和文化间的匹配。

在文化建设过程中,道德标准和价值观的建立是最为重要的。价值观的建立是多途径的,一些历史悠久的企业依靠口头的教育和传统的力量来注入价值观和强化道德行为;而现代许多公司则将它们的价值观和道德标准以书面的形式写下来,具体说明公司想做和期望大家做的事情,并且可以成为判断公司政策和行动以及个人行动的基准。无论如何,价值观和道德标准一旦被确定,就应该结合到公司的政策、实践和实际的行动当中,通过这些活动来促进文化的形成。实施这些活动往往可能从以下这些方面入手:

(1)将价值观宣言和道德准则融入员工的训练和教育计划中;

(2)在招聘和雇用员工时要明确注重价值观和道德,剔除那些性格特征与公司价值观和道德准则不相一致的人;

(3)对所有员工传达价值观和道德准则并向他们解释须遵守的规章;

(4)从企业最高层到基层员工的参与和监督;

(5)最高层领导的强烈认可。

文化的构建是一个漫长的、潜移默化的过程,对此,企业应有足够的思想准备和决心。

【阅读案例】

海尔文化战略体系

海尔的成长和发展从一开始就采取"企业文化先行"的战略。他们首先向新企业派主要领导,依靠注入海尔文化理念和OEC管理来给企业务激发活力。张瑞敏认为,用无形资产来盘活有形资产是通地这人来实现的。只有先盘活人,才能盘活资产,而盘活人的关键是文化先行,文化力先行,用文化力去盘活有形资产。这是海尔成长壮大的最根本的文化战略。

海尔所制定的文化战略体系包括3个子系统:

一是企业内部系统。用海尔的核心文化最大限度地调动全体员工的积极性,不断提高产品的质量。用企业的目标将员工紧紧地团结在一起,使得所有的海尔人都有一损俱损,一荣俱荣的利益共同体,达到利益和目标行动一致,这是海尔文化能够深植于海尔人心中的一个非常重要的原因。

二是企业外部系统。用海尔的营销文化最大限度地满足用户的需要,不断扩大市场份额,使企业能够快速发展。对于外部市场的服务,在海尔每一名员工都是认同的。

三是企业快速反应系统。随着外部市场的变化,随时随地地调整企业内部的组织构架,保证企业对外部的市场能够快速反应,用海尔的战略理念,紧紧关注并跟上国家宏观调控政策,及时抓住机遇发展企业规模。

为了实现海尔的战略目标,公司提出了将个人生涯计划和海尔事业规划相统一的企业价值观,这个价值观的核心思想就是:人的价值高于物的价值;共同价值高于体体价值;共同协作 的价值高于独立单干的价值;社会价值高于利润的价值。在企业价值观的定位上,海尔从单向度的企业精神向作为价值体系的企业远景和共同视野转达化。

张瑞敏认为,海尔要实现企业的总体目标,首先要实现个人生涯计划与海尔事业规划的统一。要调动体员工的积极性,不断提高产品质量,要解决共同价值与个体价值的关系问题。其次企业的基础是个人,没有个人能力的发挥,没有了解个人能力是怎样发挥作用的,企业就不能成为一个有机体,也就不可能形成企业活力. 企业的所有问题都在于人,而每个人都有自己的意愿,企业文化就要研究人的意愿、人的心智、人的思考方式。如果员工本身没有被充分激励去向目标挑战,当然不会有企业的成长。

★ 关键术语

战略实施　Strategy implementation　　战略计划　Strategic Plan

资源规划　Resource Planning　　组织结构　Organizational structure

领导　Leader　　战略领导者　Strategic leadership

企业家　Entrepreneurs　　企业文化　Corporate Culture

★ 复习与思考

1. 战略制定与战略实施的关系是怎样的?

2. 战略实施应遵循哪些原则?

3. 战略计划有哪些作用?

4. 如何规划与分配企业资源?

5. 领导与管理有何区别?

6. 企业文化的构成要素和作用?

★ 研究与讨论

1. 如何正确理解战略实施在战略管理中地位?

2. 如何建立与战略相适应的组织结构?

3. 企业经理班子如何与战略相匹配?

4. 企业文化与战略怎样适应和协调?

★ 实践演练

1. 选择一家你熟悉的企业,了解其战略实施的情况。

2. 阅读《执行》这本书,谈谈你的感想。

3. 以你熟悉的企业为例,了解它所采用的战略及其组织结构,讨论其战略与结构的匹配性?

4. 访问一位企业领导,了解他在战略中所起的作用。

5. 请你分析海尔的文化与战略之关系。

★ 本章案例

华为公司的技术创新战略

深圳华为技术有限公司成立于1968年,主要从事通信产品的研究、开发、生产与销售。华为明确将“广泛吸收世界电子信息领域的最新研究成果,虚心向国内外优秀企业学习,在独立自主的基础上,开放合作地发展领先的核心技术体系,用我们卓越的产品自立于世界通信列强之林。”确定为企业的核心价值观,同时将“发展拥有自主知识产权的世界灵犀的电子和信息技术支撑体系”作为企业的基本目标。

历经十多年的艰苦奋斗,华为的程控交换机连续3年全球第一,市场占有率达32%,智能网用户全球第一,下一代网络产品NGN出货量全球第一,市场占有率达28%;第三代用通信系统设备已跻身全球供应商的第一阵营,与著名的爱立信、诺基亚、西门子等公司并肩而立。

1. 从技术驱动转为市场驱动的研发战略

20世纪90年代初,华为所代理的香港公司看到市场局面已经打开,就收回了代理权。在这生死存亡的关键时刻,成立仅3年的华为决定将代理销售获得的微薄利润投入到程控交换机的自主开发上,给企业寻找一条生路。经过3年的攻关,华为的程控交换机带着自己独有的技术创新面世了。这款交换机选择光纤作为模块连接的手段,可以满足农村对防雷、功耗、远端模块的特殊要求。就是这样一个小小的创新,为华为交换机走“农村包围城市”的道路添上了重要的砝码。

华为交换机的成功,使之看到了技术创新为企业发展带来的巨大活力,从此更加坚定了走自主创新的道路。自主创新是资金密集型的投资活动,据著名的IT研究与顾问咨询公司美国高德纳公司的统计,华为在电信业最不景气的2002年,投入研发的资金占总营业额的比例为17%,这一比例甚至高于诺基亚、阿尔卡特和思科等跨国公司。

华为在发展初期,技术研发以跟踪开发为主,通过学习、借鉴别人已经成熟的技术,以节约产品成本、提高竞争力为目的。随着发展,华为在技术上拉近了与国际先进水平的差距,在市场上逐渐成为跨国公司的直接竞争对手,进而成为其封锁和打压的对象。为了在国际竞争中取得优势,华为必须走领先型研发之路。

为了打破欧美跨国公司在高附加值的高科技产品上的垄断,华为在技术研发上一直坚持高起点,努力站在与国际跨国公司同一起跑线上。10年来,华为在3G研发上累计投入超过50亿元,投入研发人员近6 000人,在美国、瑞典、印度和俄罗斯等国设立了多个研发中心。目前,华为累计申请专利8 000多件,其中包括在美国、欧洲等20个国家和地区申请的800余件次,是我国申请专利最多的企业。在移动通信特别是3GWCDMA领域,华为通过自主研发、创新,已经取得了WCDMA基本专利,跻身全球前五名。由于掌握了核心技术,使华为用很短的时间,在荷兰、美国、阿联酋、马来西亚等部署了11个3G商用网络。2004年12月8日,华为几百众多著名的电信设备提供商,同时获得两大欧美电信营运商的3G大单:一是承建荷兰移动营运商Telfort的全国3G网,二是美国NTCH公司的3G网络。华为的3G产品能成功地在3G技术的发源地获得商业应用,是欧美对华为3G系统技术领先性的全面认可。华为在海外市场的成功,是其自主创新成果的全面体现。2005年4月底华为入选英国电信公司未来5年供应商,第一次占到了由爱立信、思科、西门子等7家跨国巨头组成的顶级供应商行列。

在中国联通CDMA项目招标中落选曾是华为人心中的隐痛。华为在反思中发现,失败的根源是产品开发的思路错了。过去的产品开发是由技术驱动的,能研发什么就制造、销售什么。然而,现在的情况不一样了,新技术的不断问世大大超越了人类的现实需求,超前太多的技术,如果不能为人们所接受,就要付出大量成本,甚至可能导致公司破产。从此,华为的研发战略发生了根本性的变化,即从技术驱动转变为市场驱动,强调以新的技术手段实现客户需求。

华为认为创新源自客户需求,在企业创新中坚持客户导向的原则。这种"客户导向"体现在,从研发的最初就考虑到市场,甚至考虑到后期的客户如何维护的问题。为此,华为在公司的组织结构中,建立了富有特色的"战略与市场营销"体系,专注于客户需求的理解、分析,并基于客户需求确定产品投资计划和开发计划,以确保以客户需求来驱动华为公司战略的实施。已立项的产品在开发过程的各个阶段,都要基于客户需求来决定是否继续开发或停止或加快或放缓。从2000年开始,华为在企业内部进行了集成产品开发的变革。这一耗费巨资的变革把以前由研发部门独立完成的产品开发变成跨部门的团队运作。任何产品一经立项就成立由市场、开发、服务、制造、财务、采购、质量等人员组成的团队,对产品整个开发过程进行管理和决策,确保产品一推到市场就满足客户需要。通过服务、制造、财务、采购等流程后端部门的提前加入,在产品设计阶段,就充分考虑和体现可安装、可维护、可制造的需求,以及成本和投资回报。这场变革的推行使市场驱动的研发战略有了制度和机制的保障。

适应市场,而不是单纯的就技术而论技术;鼓励创新,而不搞盲目出新,这就是华为自主创新的成功之路。

2. 创新导向的人才激励机制

华为无疑是我国企业自主创新的典型。自主创新能力是华为的核心竞争力,而人才是打造企业自主创新能力的关键。近3万名员工中,有47%是研发人员,达14 000多人,其中有3 000多名优秀的外籍研发人员。

企业创新首先在于企业家重视创新。企业家是否具有创新精神,对企业的创新发展至关重要。因为技术创新的投入很大,但其收益却充满了不确定性,这就需要企业家具有冒险精神。企业家的创新精神还关系企业创新制度、创新文化等支持创新活动的企业创新体系的建立。因此,创新型企业家是企业创新、人才队伍建设的关键。华为总裁任正非认为,"不创新是华为最大的风险",因此华为数十年来都保持了将每年销售额的10%投入到研发中的惯例。

华为注重选拔、招聘创新型人才，以优厚待遇吸引优秀科技人员加盟，获取对技术创新极为重要的人才资源。华为招聘员工的方法主要有两种方法：一种是社会招聘，另外一种就是校园招聘。华为每年都要招聘大量的高校毕业生，这已经形成了自己的招聘模式。

华为还采取多种方式培训、提高研发人员水平，创建学习型组织。华为已经形成了自己的培训体系，有自己的培训学校和培训基地，所有员工都要要经过培训，合格后才可以上岗。华为还有自己的网上学校，可以在线为分布在全世界各个地方的华为人进行培训。华为每一年的培训费用高达数亿元。

华为还特别注意员工的实践磨炼：鼓励员工到一线特别是海外去工作，奖励向一线倾斜；选拔在一线和海外艰苦地区工作的员工进入干部后备队伍培养。

企业技术创新的目的是要产生有市场竞争力的技术和产品。需求是技术创新之母，技术创新必须符合用户需要，创新产品必须具有市场价值。这就要求创新者必须有较强的市场洞察力，超前把握市场与用户的潜在需求，这是技术创新成功的关键。

客户满意度是华为从总裁到各级干部的重要考核指标。客户需求导向和为客户服务蕴含在干部、员工招聘、选拔、培训教育和考核评价的整个过程，并固化到干部、员工选拔培养的素质模型，固化到招聘面试的模板中。

华为注重以薪酬待遇激励人才。在《华为公司的基本法》中规定："按劳分配的依据是：能力、责任、贡献和工作态度。按劳分配要充分拉开差距，分配曲线要保持连续和不出现拐点。股权分配的依据是：可持续性贡献、突出才能、品德和所承担的风险。股权分配要向核心层和中间层倾斜，股权结构要保持动态合理性。按劳分配与按资分配的比例要适当，分配数量和分配比例的增减应以公司的可持续发展为原则"。华为员工的薪酬福利形式主要有：工资、奖金、安全退休金、医疗保障、股权、红利。任正非说："我们崇尚雷锋、焦裕禄精神，并在公司的价值评价及价值分配体系中体现，决不让雷锋、焦裕禄们吃亏，奉献者应当得到合理的回报。"

华为还注重对员工的精神鼓励。在华为各种各样的奖励应接不暇，公司还专门成立了一个荣誉部，专门负责对员工进行考核、评奖。华为的荣誉奖有两个特点：第一，面广人多，所以员工很容易在毫无察觉的情况下得知自己获得了公司的某种奖励；第二，物质激励和精神激励紧紧绑在一起。

华为还十分重视职业发展激励，为技术创新人才畅通职业发展通道。在华为有两条职业发展通道：一是向管理者走，一是向技术专家走。同等任职的管理者和技术专家能享受同等待遇。

华为非常崇尚"狼"，而"狼"有三种特性：其一，有良好的嗅觉；其二，反应敏捷；其三，发现猎物集体攻击。在创新的方式上，主张团队作战，不赞成个人英雄主义。为鼓励团队合作，华为规定，优先从优秀团队中选拔干部，出成绩的团队要出干部，连续不能实现管理目标 的主管要免职，免职的部门副职不能提为正职，业绩不好的团队原则上不能提拔干部。

华为在技术创新上注重利用"外脑"，保持和加强与大学、研究所的合作伙伴关系，通过合作和利用外部人才来增强自主创新能力，甚至还与国外企业和科研机构合作，充分利用国外人才资源和科技成果。任正非说："华为不是关着门搞研发，而是在坚持在自主开发的基础上与国际一流企业广泛进行合作。"华为在美国、瑞典、印度、俄罗斯都设有自己的研究所，在多个技术和产品领域都可以实现全球同步研究和研发。华为之所以能够在核心尖端技术上实现突破，与华为的走出去战略、全球战略有关。华为不仅仅市场是面向全球的，而且研发也是全球化的。例如，有的核心技术，如天线是设在俄罗斯的研究所设计的，芯片是设在中国的研究所开发的，而工艺是由德国工程师设计的，软件则是由设在印度的研究所开发的。可以说是集世界最先进技术之大成。华为有关负责人说："如果不是这样的开放思路，我们在技术上很难短期内实现突破和跨越。”

资料来源:高红岩. 战略管理学[M]. 北京:清华大学出版社,北京交通大学出版社,2007.

研讨问题:

1. 华为是如何提高其战略执行能力的?
2. 华为的研发战略进行变化的意图是什么?
3. 为什么华为十分重视对人才的激励?
4. 华为的企业文化有何特征?是否与战略相匹配?
5. 华为的发展之路对中国其他企业的创新之路有何启示?

第十三章　企业战略控制

■ 大师论语

战略控制就是保证组织按他们计划好的战略路线前进。

——美国战略管理学家　明茨伯格

管理的控制工作是务使实践活动符合于计划。

——美国管理学家　戈茨

■ 本章学习目标

- 战略控制的内容与作用
- 战略控制过程与控制方式
- 战略控制的方法
- 建立战略控制系统
- 战略预警系统
- 平衡记分卡原理

■ 引例

沃尔玛的战略控制系统

总部设在阿肯色本顿维尔的沃尔玛公司是世界上最大的零售商,2004 年销售额为 800 亿美元。它的成功基于创始人山姆·沃顿实施商业模式的方法。沃顿要求所有的经理在工作中采取亲力亲为的风格并且充分献身于沃尔玛的主要目标,他将之定义为全面顾客满意。为了激励员工,创立了一个复杂的控制系统和向各级员工公布员工与企业绩效的文化。

首先,沃顿设计了一套财务控制系统,逐日向经理们报告每家商场和商场内每个部门的绩效。有关商场利润和商品周转率的信息每天都会提供给商场经理,然后再由商场经理发布给 62.5 万名员工(称为合伙人)。通过信息分享,沃尔玛鼓励所有的合伙人学习零售业务的基本要素,从而可以在工作中加以改进。

如果商场表现不佳,经理们和合伙人就会进行检查,找出改进的方法。沃尔玛的高层经理定期走访有问题的商场,提供专业意见。高级管理人员每个月都会用公司的飞机巡视各地的沃尔玛商场,从而把握公司的脉搏。沃尔玛公司的高层管理者还习惯于在周末开会讨论本周的财务成果和未来的影响。

沃顿坚持在绩效和奖励之间建立联系。每个经理的个人绩效表现为能否完成具体的目标,绩效决定了经理的工资上涨和晋升机会(升迁到更大的商场或公司总部,沃尔玛的传统是内部提升经理)。根据公司的绩效和股票价格,高级经理获得大额的期权,即使普通合伙人也能获得股票。20世纪70年代与沃顿一起创业的一位合伙人到现在应当可以积累价值25万美元的股票(来自多年的股票升值)。

沃顿创建了一套复杂的控制系统来规范员工的行为,包括各项管理规定和预算制度。每家商场的业务活动都是一样的,所有的员工接受相同的培训,了解自己应当怎样对待顾客。通过这些方法,沃尔玛实现了运营的标准化,从而获得了很大的成本节省,与此同时经理们也可以很容易地实现整个商场的变革。

最后,沃顿不满足于产出和行为控制以及能够以货币奖励来激励员工。为了吸引员工参与企业运营并且鼓励他们用自己的行为提供高品质的客户服务,他还为公司创建了强大的文化价值和行为规范。合伙人必须遵循的规范包括"10英寸态度",这是沃顿在走访商场时提出来的,意思是"保持在距离顾客10英尺时应注视顾客的眼睛,对他表示欢迎并且询问是否需要帮助";"日落原则",是指员工应当在接受顾客请求的当天就给予满足,这些都适用于所有的沃尔玛商场。

沃尔玛创建的强烈的顾客导向价值观通过商场员工口耳相传的故事体现了公司对顾客的专注。有一个故事说一名希拉的员工不顾危险在轿车轮下救出小男孩;菲利斯的故事讲述他是如何为在商场内发作心脏病的顾客实施心肺复苏术;还有一个关于安妮塔的故事,她将给自己的孩子留的"超级战队"玩具卖给了一位顾客以满足那位顾客孩子的生日愿望。强烈的沃尔玛文化帮助公司控制和激励员工,也帮助合伙人实现公司要求的严格的产出和财务绩效。

资料来源:龚荒. 企业战略管理——概念、方法与案例[M]. 北京:清华大学出版社.

第一节　企业战略控制及其动态过程

一、战略失效与战略控制

(一)战略失效的类型及原因

战略管理实践表明,企业在战略实施过程中经常会失效。战略失效是指企业战略实施的结果偏离了预定的战略目标或战略管理的理想状态。

造成战略失效的原因是多方面的:(1)企业内部缺乏沟通;(2)战略实施过程中各种信息的传递和反馈受阻;(3)战略实施所需的资源条件与现实存在的资源条件之间出现较大缺口;(4)用人不当,主管人员、作业人员不称职或玩忽职守;(5)公司管理者决策错误,使战略目标本身存在严重缺陷或错误:(6)企业外部环境出现了较大变化,而现有战略一时难以适应等。

战略失效可分为以下几种类型:

早期失效:在战略实施初期,由于新战略还没有被全体员工理解和接受,或者战略实施者对新的环境、工作还不适应,就有可能导致较高的早期失效率。

晚期失效:晚期失效是指当战略推进一段时间之后,原先对战略环境条件的预测与现实变化发展的情况之间的差距会随着时间的推移变得越来越大,战略所依赖的基础就显得越来越糟,从而使失效率大为提高。

偶然失效：在战略实施过程中，偶然会因为一些意想不到的因素导致战略失效，这就是偶然失效。

（二）战略控制的含义

战略本身的好与坏只是相对的，从制定到实施过程中的全程动态控制会对结果产生巨大影响。

然而，企业战略管理中的一个基本矛盾是既定的战略同变化着的环境之间的矛盾，企业战略的实施结果并不一定与预定的战略目标相一致。产生这种偏差的原因很多，主要有三个方面的原因：(1)制定企业战略的内外环境发生了新的变化，如在外部环境中出现了新的机会或意想不到的情况，企业内部资源条件发生了意想不到的变化，导致原定企业战略与新的环境条件不相符合；(2)企业战略本身有重大的缺陷或者比较笼统，在实施过程中难以贯彻，企业需要修正、补充和完善；(3)在战略实施的过程中，受企业内部某些主客观因素变化的影响，偏离了战略计划的预期目标。如某些企业领导采取了错误的措施，致使战略实施结果与战略计划目标产生偏差等。对以上企业活动与预定的战略目标偏离的情况，如果不及时采取措施加以纠正的话，企业的战略目标就无法顺利实现。要使企业战略能够不断顺应变化着的内外环境，除了使战略决策具有应变性外，还必须加强对战略实施的控制。

战略控制主要是指在企业战略的实施过程中，检查企业为达到战略目标所进行的各项活动的进展情况，评价实施企业战略后的企业绩效，把它与既定的战略目标与绩效标准相比较，发现差距，分析产生偏差的原因并及时纠正偏差，使企业战略的实施更好地与企业当前所处的内外环境、企业目标协调一致，从而保证企业战略得以实现。战略控制是战略实施的基本保证。

战略实施的控制与战略实施的评价既有区别又有联系，要进行战略实施的控制就必须进行战略实施的评价，只有通过评价才能实现控制，评价本身是手段而不是目的，发现问题实现控制才是目的。战略控制着重于战略实施的过程，战略评价着重于对战略实施过程结果的评价。

二、战略控制的内容与作用

对企业战略实施进行控制的主要内容有：

(1)设定绩效标准。根据企业战略目标，结合企业内部人力、物力、财力及信息等具体条件，确定企业绩效标准，作为战略控制的参照系。

(2)绩效监控与偏差评估。通过一定的测量方式、手段、方法，监测企业的实际绩效，并将企业的实际绩效与标准绩效对比，进行偏差分析与评估。

(3)设计并采取纠正偏差的措施，以顺应变化着的条件，保证企业战略的圆满实施。

(4)监控外部环境的关键因素。外部环境的关键因素是企业战略赖以生存的基础，这些外部环境的关键因素的变化意味着战略前提条件的变动，必须予以充分的注意。

(5)激励战略控制的执行主体，以调动其自控制与自评价的积极性，以保证企业战略实施的切实有效。

企业战略控制在战略管理中的作用主要表现在以下几个方面：

(1)企业战略实施的控制是企业战略管理的重要环节，它能保证企业战略的有效实施。战略决策仅能决定哪些事情该做，哪些事情不该做，而战略实施控制的好坏将直接影响企业战略决策实施的效果好坏与效率高低。因此,企业战略实施的控制虽然处于战略决策的执行地位,但对战略管理是十分重要和必不可少的。

(2)企业战略实施的控制能力与效率的高低又是战略决策的一个重要制约因素,它决定了企业战略行为能力的大小。企业战略实施的控制能力强,控制效率高,则企业高层管理者可以做出较为大胆的、风险较大的战略决策,若相反,则只能做出较为稳妥的战略决策。

(3)企业战略实施的控制与评价可为战略决策提供重要的反馈,帮助战略决策者明确决策中哪些内容是符合实际的、是正确的,哪些是不正确的、不符合实际的,这对于提高战略决策的适应性和水平具有重要作用。

4. 企业战略实施的控制可以促进企业文化等企业基础建设,为战略决策奠定良好的基础。

三、战略控制过程及其特征

(一)战略控制的过程

战略控制的目标就是使企业战略的实际实施效果尽量符合战略的预期目标。为了达到这一点,战略控制过程可以分为四个步骤,如图所示:

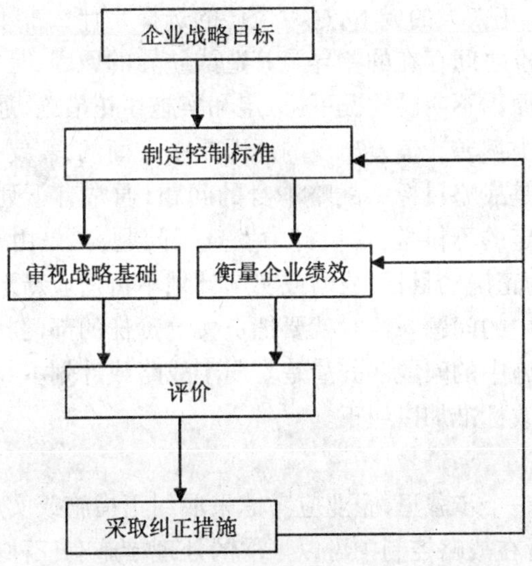

图 13.1　战略控制过程

1. 制定控制标准

战略控制的第一个步骤就是根据预期的战略目标和战略方案制定出应当实现的战略绩效和绩效标准。在这之前,企业需要评价已定计划,找出企业目前需要努力的方向,明确实现目标所需要完成的工作任务。这种评价的重点应放在那些可以确保战略实施成功的领域里,如组织结构、企业文化和控制系统等。经过一系列的评价,企业可以找出成功的关键因素,并据此作为企业实际绩效的衡量标准。企业常用的衡量标准有销售额、销售增长、净利润、资产、销售成本、市场占有率、价值增值、产品质量和劳动生产率等。

2. 审视战略基础

企业战略是在研究了外部环境和内部条件的基础上制定出来的，对于构成现有战略基础的外部机会与威胁和内部优势与劣势，企业应当实时监测其变化。以下是审视中应当要注意的一些关键问题：

（1）外部环境的变化。我们的机会是否仍为机会？是加强了还是减弱了？有无新机会出现？我们的威胁是否仍为威胁？是加强了还是减弱了？有无新威胁出现？

（2）内部环境的变化。我们优势是否仍为优势？是否有所加强还是有所减弱？体现在哪些方面？我们的内部劣势是否仍为劣势？是否又有了新的弱点，体现在何处？

（3）竞争者的分析。①竞争者对我们的战略做出了何种反应？②竞争者的战略曾发生了那些变化？③主要竞争者的优势和劣势是否发生了变化？④竞争者为何在进行战略调整？⑤为什么有些竞争者的战略比其他竞争者更加成功？主要竞争者对其现有的市场地位和业绩的满意程度如何？⑥主要竞争者在进行报复之前还有多大的忍耐空间？⑦我们如何才能有效的与竞争者合作？

3. 衡量企业绩效

另一项重要的战略控制活动是衡量企业绩效，看一下企业是不是在令人满意地朝着既定的目标前进。这一活动包括将预期的结果与实际结果进行比较，确定两者之间的差距。

有了偏差之后，首先要分析偏差的性质，即偏差是可以接受的吗？如果偏差不大或偏差无关大局，或纠正它要花太大的成本，这时最佳的选择是什么都不做。

实际情况与预期标准之间存在的差异及其造成差异的原因，是拟定纠偏措施并将其付诸行动的依据。如果在原因不明的情况下，拟定和实施纠正措施，通常难以奏效，或者即使纠正了还会再次重现此类偏差。偏差出现的原因是多方面的，需要认真加以分析。

偏差的出现有可能是战略目标和战略本身的问题，通常有下列几种情况：一是战略目标、战略、战略控制标准定的不科学，在执行中发现了问题；二是由于客观环境发生了预料不到的变化，原来被认为正确的目标、战略或实施计划不再适应新形势的需要；三是偏差的出现也可能是战略实施中的问题。这时就要把负关键责任的部门找出来。总之，必须把战略本身的问题与战略实施中的问题区分清楚。属于战略或计划本身的原因造成的偏差，则需要通过调整战略和修改标准加以纠正。

4. 纠正偏差

在战略控制的最后一个步骤里，企业应考虑采取纠正措施或实施权变计划。针对偏差造成的主要原因，管理者在战略控制中可以采取的处理措施有三种：第一，对于因工作失误造成的问题，控制的办法主要是通过加强管理和监督，确保工作与目标的接近或吻合；第二，目标或战略不切实际，控制工作则主要是按实际情况修改目标或战略；第三，若是环境出现了重大变化，致使战略计划失去了客观依据，那么相应的控制措施就是制定新的计划。

企业在采取纠正措施时采取三种选择模式：

（1）常规模式。企业按照常规的方法去解决所出现的差距。这种模式花费的时间较多。

（2）专题解决模式。企业就目前所出现的问题进行专题重点解决，这种措施反应较快，节约时间。

（3）预先计划模式。企业事先对可能出现的问题制定权变计划，从而减少反应的时间，增强处理战略意外事件的能力。

(二)企业战略控制过程的特征

企业战略的相对性使得战略控制是一个动态的过程。这个过程有如下特征:

1. 渐进性

一般来讲,总体战略是逐步演变而成的,并在很大程度上是凭感觉得到的。虽然人们可以经常在平时的点滴想法中发现一些十分精炼的正规战略分析内容,但真正的战略却是在公司内部的一系列决策和一系列外部事件逐步得到发展,使最高管理层中的主要成员们有了对行动的新的共同的看法之后,才逐渐形成。在管理得法的企业中,管理人员积极有效地把这一系列行动和时间逐渐概括成思想中的战略目标。

管理部门基本上无法控制的一些外部或内部事件,常常会影响公司战略未来战略姿态的决策。也就不可能有足够的时间、资源或信息来对所有可能的选择方案及其后果进行充分的正规的战略分析。认识到这一点之后,高级经理们常有意识地用渐进的方法来进行战略控制。他们使早期的决策处于大体上形成和带有试验性的状态,可以在以后随时复审。在有些情况下,公司和外部都无法完全理解变通办法的全部意义。大家都希望对设想进行检验,并希望有计划获悉和适应其他人的反应。

通用汽车公司的最高管理者当局在逐步明白石油危机与环境保护需求将影响其现有的各分部或经销网络结构的生存能力之后,才渐渐地重新安排了它的各种汽车系列。这些变化加在一起使通用汽车公司的汽车系列在平衡和布局上发生了重大变动。公司管理当局十分关心其战略对各部门的权力和发展程度可能产生的影响。然而当他们对某一具体战略因素做出决策时,实际上不可能确定一个具体时间。

为了改善战略控制过程,其逻辑要求而且实践也证明:通常最好是谨慎的、有意识地以渐进法加以处理,以便尽可能推迟做出决策,使其与新出现的和必要的信息相吻合。

2. 交互性

现代企业面临的环境控制因素的多样性和相互依赖,决定了企业必须与外界信息来源进行高度适应性的互相交流以及去利用所获得的信息的有利刺激因素,许多士气高昂的公司如英特尔公司正是借助这种交互性在设计上压倒了大型电子公司如美国无线电公司,甚至压倒庞大的、有计划官僚机构,如美国原子能委员会。

只有通过与管理人员、内部员工及公众利益团体进行长期相互配合之后,通用汽车公司才真正地了解到它的对手的要求和压力的趋势。于是,它学会了在一个又一个地区,与各主要利益集团进行更好的交流。只有这样才能找到对付各方面的各种有效方式。

对企业战略来讲,最起码的先决条件是要有一些明确的目标,以便确定主要行动的范围,在这一问题上做到统一指挥,留有足够的时限以使战略有效,要使公众形成对自己有利的观点,而这需要积极地、源源不断地投入智力和资源。

战略控制要求保持高质量的工作效率、态度、服务和形象等有助于提高战略可靠性的因素。由于许多复杂因素的影响,必须进行适当的检验、反馈和动态发展,注重信息收集、分析、检验,以唤起人们的意识,扩大集体意见,形成联合和其他一些与权力和行为有关的行动。

3. 系统性

有效的战略一般是从一系列制定战略的子系统中产生的。子系统指的是主要为实现某一重要的战略目标而相互作用的一组活动或决策。每一子系统均有自己的、与其他子系统不相关的时间和信息要求,但它在某些重要方面依赖于其他子系统。通常情况下,每一子系统牵涉到的人员班子各不相同,但这些不同的班子一般并不组成分立的单位及单独实现战略的目标。相反,许多高级经理们经常是这类班子的兼职成员。他们每人都要制定出一个子系统的战略,并在制定的过程中,请不同的辅助小组参加。

子系统各自有组织地针对全公司性的某个具体问题(如产品系列的布局、技术革新、产品的多种经营、收购企业、出售产业、与政府及外界的联络、重大改组或国际化经营等),其逻辑形式十分完善,作为规范的方法,是企业总战略的关键组成部分。不过每个战略子系统在时间要求和内部进度参数上,却很少能配合同时进行的其他战略子系统的需要,而且各子系统都有它自己的认知性限度和过程的限度,因此必须采取有目的、有效率、有效果的管理技巧把子系统整合起来。

有意识地运用系统性的动态控制常常有助于三个重要方面:

(1)适应相互影响的每个主要决策所要求的各种各样的准备期和顺序安排。

(2)克服必要的改革遇到的重要政治与信息障碍。

(3)使个人与企业获悉、理解、接受并支持改革,培养出共同愿景。

由于主要子系统的进度千差万别,因此不管在什么时候,它们在明确问题、唤起注意、初步概念化、进行试验、产生集体意见、具体细节、确定措施和控制等方面各处于不同的阶段。因此,除了概括的原则之外,不可能一下子提出同时能顾及所有领域的企业整体战略。整体战略在细节上是永远不可能真正地完整的。即使所有的子系统偶尔在同一时刻安排妥当,按照逻辑,战略几乎会立刻随着新数据、新情况对它的影响开始发生变化。实际上,认为应当先制定出详细的总体战略,然后再加以执行的想法是很危险的。许许多多的例子表明,这种方法会产生一些相反的效果。

因此,能干的经理们非但不去寻找整体战略的最终特性,反而接受十分模糊的战略。他们做出必要的规定,并进行平衡工作使主要的子系统的行动不失去控制,并避免企业工作自相矛盾。他们设法把总体战略规定的足够详细以鼓励人们朝正确的方向前进,避免混乱。但他们又总是有意识地避免规定的过于具体,因为这样会破坏利用新信息和新机会所需要的灵活性或相应支持。子系统和整体战略都保持了一定的笼统性,以适应和应付未来无数的可能变化。

四、战略控制的方式

从控制时间来看,企业的战略控制可以分为如下三类:

1. 事前控制

在战略实施之前,要设计好正确有效的战略计划,该计划要得到企业高层领导人的批准后才能执行,其中事关重大的经营活动必须通过企业的领导人的批准同意才能开始实施,所批准的内容往往也就成为考核经营活动绩效的控制标准,这种控制多用于重大问题的控制,如任命重要的人员、重大合同的签订、购置主要设备等等。由于事前控制是在战略行动成果尚未实现之前,通过预测发现战略行动的结果可能会偏离既定的标准,因此,管理者必须对预测因素进行分析与研究。一般有三种类型的预测因素:

(1)投入因素,即战略实施投入因素的种类、数量和质量,将影响产出的结果;

(2)早期成果因素,即依据早期的成果,可预见未来的结果;

(3)外部环境和内部条件的变化,对战略实施的控制因素。

(二)事后控制

这种控制方式发生在企业的经营活动之后,才把战略活动的结果与控制标准相比较,这种控制方式工作的重点是要明确战略控制的程序和标准,把日常的控制工作交由职能部门人员去做,即在战略计划部分实施之后,将实施结果与原计划标准相比较,由企业职能部门及各事业部定期的将战略实施结果向高层领导汇报,由领导者决定是否有必要采取纠正措施。

事后控制控制方式的具体操作主要有联系行为和目标导向等形式:

(1)联系行为即对员工战略行为的评价与控制直接同他们的工作行为联系挂钩,他们比较容易接受,并能明确战略行动的努力方向,使个人的行动导向和企业经营战略导向接轨;同时,通过行动评价的反馈信息修正战略实施行动,使之更加符合战略的要求;通过行动评价,实行合理的分配,从而强化员工的战略意识。

(2)目标导向即让员工参与战略行动目标的制定和工作业绩的评价,既可以看到个人行为对实现战略目标的作用和意义,又可以从工作业绩的评价中看到成绩与不足,从中得到肯定和鼓励,为战略推进增添动力。

(三)事中控制

企业高层领导者要控制企业战略实施中的关键性过程或全过程,随时采取控制措施,纠正实施中产生的偏差,引导企业沿着战略的方向进行经营,这种控制方式主要是对关键性的战略措施要进行随时控制。

应当指出,以上三种控制方式所起的作用不同,因此在企业经营当中它们是被随时采用的。

从控制主体的状态来看,战略控制可以分为如下两类:

(1)避免型控制。即采用适当的手段,使不适当的行为没有产生的机会,从而达到不需要控制的目的。如通过自动化使工作的稳定性得以保持,按照企业的目标正确的工作;通过与外部组织共担风险减少控制;或者转移或放弃某项活动,以此来消除有关的控制活动。

(2)开关型控制。又称为事中控制或行与不行的控制,即在战略实施的过程中,按照既定的标准检查战略行动,确定行与不行,类似于开关的开与关。开关控制方法的具体操作方式有多种:(1)战略管理者对战略活动进行直接领导和指挥,发现差错及时纠正,使其行为符合既定标准(2)自我调节执行者通过非正式的、平等的沟通,按照既定的标准自行调节自已的行为,以便和谐。

五、影响战略控制的因素和趋势

制定和实施战略过程中,必须同时考虑现有的定量分析因素、信息上的缺陷因素、不确定因素、不可知因素以及人类心理等因素。在这些因素中有一些是某些企业内部的特点,正是这些特点才使同一行业里的各个公司有所差异。另一些因素由于受到行业性质和环境的制约,则使一个行业的企业在战略上较为近似。

无论何种行业,尽管各种因素的影响力度不同,但影响战略控制的因素可分为三类:需求和市场、资源和能力、组织和文化。这三类因素在现代企业中呈现六种趋势。见表13.1。

表 13.1　三类因素在现代企业中的趋势

六种趋势	内在含义
1. 更加重视质量、价值和顾客满意	不同的需求驱动因素(如便利、地位、风格、属性、服务等)在不同时间和地点扮演了不同的角色。现代的顾客在做出购买决策时更加重视质量和价值。一些卓有成效的公司致力于提高质量,同时降低成本。他们的指导思想是持续不断地用更少的成本提供更多的东西。
2. 更加重视关系建设和竞争导向	现代企业关注与培养顾客忠诚度,从交易过程转向关系建设,和企业的关联者保持和谐融洽的状态。
3. 更加重视业务流程管理和整合业务功能	现代企业从管理一系列各自为政的部门转向一系列基本的业务流程,企业组成跨部门的工作团队管理这些基本流程。
4. 更加重视全球导向和区域规划	现代企业的边界日益扩张,无国界经营成为发展潮流。当企业进入国外市场时,必须转变传统风气去适应当地的影响力量。企业必须从全球化角度进行战略思考,但计划和实施却是区域化、当地化。
5. 更加重视战略联盟和网络组织	一旦企业全球化,他们就意识到无论他们多么大,他们已经失去了保证成功的某些资源和能力。考虑到完整的价值链,他们认识到了和其他组织进行合作的必要性和重要性。高层管理人员把越来越多的时间用于设计战略联盟和网络组织上,以此形成竞争优势。
6. 更加重视权势架构及其影响	任何组织都存在利用权势实现个人或集团利益的现象,在许多时候,企业的战略决策就是由权势决定的。现代企业面临的辅助环境决定了人们在目标、价值观、利害关系、职责和认识上的分歧,同时彼此对对方有控制权,在某种程度上要依赖对方。

显然,这些因素及其发展会对战略控制过程产生深远的影响。

第二节　企业战略控制的原则与方法

一、战略控制的原则

(1)确保目标原则。战略控制就是要确保战略目标的实现。

(2)适度控制原则。战略控制并非刚性,要有一定的弹性。

(3)优先控制原则。要抓住影响战略执行的关键因素加以控制。

(4)例外控制原则。当出现例外事件影响战略实施,才有必要调整战略。

(5)适应性原则。战略控制应根据不同单位在战略执行中的职责进行控制。

(7)激励性原则。通过有效的激励手段促进战略执行是战略控制的要义。

(8)信息反馈原则。战略控制中的信息反馈包括两个方面:一是对战略预测中的各种前提是否正确的信息进行反馈,以便调整战略;二是对战略执行中的各种信息进行反馈,以便于战略控制和调整。

二、战略控制的方法

(一)预算与审计

1. 预算

预算是以财务术语和非财务术语来表述预期的结果。它既是一种计划方法,又是一种控制方法。预算一般包括收支预算、现金预算、资本支出预算以及时间场地面积、原材料和产量预算等。

预算一方面起着如何在企业内各单位之间分配资源的作用;另一方面,它也是企业战略控制的一种方法。预算准备完了之后,企业内部的会计部门就要保有各项开支记录,定期做出报表,表明预算、实际支出以及二者之间的差额。做好报表之后,通常要送到该项预算所涉及的不同层次的负责人手中,由他们分析偏差产生的原因,并采取必要的纠正措施。

2. 审计

审计师客观地获取有关经济活动和事项的论断的论据,通过评价弄清所得论断与标准之间的符合程度,并将结果报知有关方面的过程。审计过程基本上重于注意一个企业做出的财务论断,以及这些论断是否符合实际。在我国执行审计的人员可有两类:一类是独立的审计人员或注册会计师,他们的主要职责是检查委托人的财务报表。不过,他们还执行其他工作,如会计服务、税务会计、管理咨询以及为委托人编制财务报表等。另一类是企业内部审计人员,他们的主要职责是确定企业的方针和程序是否被正确地执行,并保护企业的资产。此外,他们还经常评估企业各单位的效率以及控制系统的效率。

(二)比率分析

比率是用来比较两个同类数量之间关系的量化标准。比率分析用途广泛,既可以用于企业战略分析中,也可以用于企业战略控制中;既可以是一些量化的经济标准,如资产负债率、债务权益率、存货周转率、每股收益率等,也可以是一些量化的社会发展标准,如人口出生率、文化普及率、城市绿化率等。用于企业战略控制的比例一般分为财务比率与经营比率两种。

1. 财务比率

财务比率主要利用企业财务报表(损益表、资产负债表、现金流量表)计算而得。评估判断一个企业的现实经营业绩,首先必须对企业的财务状况进行客观、公正的分析。企业的财务报表和资料涉及经营管理的各个方面,通过大量的数据,记录了企业经营管理的整个过程。如果静态地看财务资料,计算各种财务比率,并与其他相似企业乃至整个行业的财务比率作横向比较,就可以知道企业在某一时点上的财务状况及经营水平;如果动态地看财务资料,把纵向和横向的分析比较方法结合起来,并画出雷达图,就能够清楚、直观、形象地揭示出企业财务及经营状况的优势和劣势。

财务比率分析指标包括企业的收益性、成长性、安全性、流动性及生产性五大类25项指标(如表13.2所示)。分析收益性指标,目的在于观察企业一定时期的收益及获利能力,也可以说是资金调度的安全性;分析流动性指标,目的在于观察企业在一定时期内资金周转状况,掌握企业资金的运用效率;分析成长性指标,目的在于观察企业在一定时期内经营能力的发展变化趋势,如果一个企业收益性高,但成长性不好,那么就表明其未来盈利能力的下降;分析生产性指标,目的在于了解在一定时期内企业的生产经营能力、水平和成果的分配。

表 13.2　企业财务比率分析指标

	基本含义	计算公式
收益性比率		
1. 资产报酬率	反映企业总资产的利用效果	(净收益 + 利息费用 + 所得税)/平均资产总额
2. 所有者权益报酬率	反映所有者权益的回报	税后净利润/所有者权益
3. 销售利税率	反映企业销售收入的收益水平	利税总额/净销售收入
4. 毛利率	反映企业销售收入的收益水平	销售毛利/净销售收入
5. 净利润率	反映企业销售收入的收益水平	净利润/净销售收入
6. 成本费用利润率	反映企业为取得利润所付代价	(净收益 + 利息费用 + 所得税)/成本费用总额
安全性比率	反映企业短期偿债能力和信用状况	
1. 流动比率	反映企业立即偿付流动负债的能力	流动资产/流动负债
2. 速动比率	反映企业总资产中有多少是负债	速动资产/流动负债
3. 资产负债率	反映企业总资产中有多少是所有者权益	负债总额/资产总额
4. 所有者权益比率	反映企业经营所得偿付借债利息的能力	所有者权益/资产总额
5. 利息保障倍数		(税前利润 - 利息费用)/利息费用
流动比率		
1. 总资产周转率	反映全部资产的使用效率	销售收入/平均资产总额
2. 固定资产周转率	反映固定资产的使用效率	销售收入/收入固定资产总额
3. 流动资产周转率	反映流动资产的使用效率	销售收入/平均流动资产总额
4. 应收账款周转率	反映年度内应收账款的变现速度	销售收入/平均应收款
5. 存货周转率	反映存货的变现速度	销售成本/平均存货
成长性比率		
1. 销售收入增长率	反映销售收入变化趋势	本期销售收入/前期销售收入
2. 税前利润增长率	反映税前利润变化趋势	本期税前利润/前期税前利润
3. 固定资产增长率	反映固定资产变化趋势	本期固定资产/前期固定资产
4. 人员增长率	反映人员变化趋势	本期职工人数/前期职工人数
5. 产品成本降低率	反映产品成本变化趋势	本期产品成本/前期产品成本
生产率比率		
1. 人均销售收入	反映企业人均销售能力	销售收入/平均职工人数
2. 人均净利率	反映企业经营管理水平	净利润/平均职工人数
3. 人均资产总额	反映企业生产经营能力	资产总额/平均职工人数
4. 人均工资	反映企业成果分配状况	工资总额/平均职工人数

2. 经营比率

经营比率是比较企业经营活动中两个同类型数量之间的量化标准。据此标准,可以测评企业绩效,掌握企业经营状况,更好地进行战略控制。常见的经营比率有产品合格率、市场占有率、投入产出率等。

(1)产品合格率。产品合格率是指生产的合格产品与总产品的百分比。它是控制产品质量的重要指标,是提高产品质量、保证生产绩效目标实现的手段之一。与之对应的,还有次品率或废品率,计算方法类似。

(2)市场占有率。也称市场份额,它是指企业的主要产品在该产品市场销售中所占的比重,是企业市场战略的重要指标。市场占有率稳中有升,说明企业竞争力强;市场占有率逐年下降或突然下降,必须寻找原因,对症下药。市场占有率有绝对、相对之分。绝对市场占有率是指企业产品在市场上的年销售量与该产品年销售量的百分比。如果缺乏市场销售总量统计资料,可采用相对市场占有率作为测评指标。它有两种计算方法:一是某一产品的销售量与其所在市场中领先的前三名竞争对手销售量的百分比;二是某一产品的销售量与市场中最大企业的销售量的百分比。

(3)投入产出率。投入产出率是对投入利用效能的衡量。其中,投入指标包括原材料消耗量、人工工时、能源消耗量等;产出指标主要是产品的产量。将投入指标与产品指标对比,再乘以100%,就可计算投入产出率。

(三)统计分析与专题报告

1. 统计分析

战略控制的另一种有效方法是对企业战略活动的各个主要方法进行统计分析,并提供准确有效的统计数据资料,包括历史的和预测的。

统计数据资料的价值体现在分析上,只有经过分析的统计资料才是有用的。例如,销售额和生产费用上升或下降3%或10%的含义时说明?谁应对此负责?因此,采用易于理解的方式来整理、分析统计数据资料,不论是曲线图式或直方图还是表格式,都是需要想象力的一门科学。

2. 专题报告

专题报告时根据企业管理人员的要求,指定专人对特定问题进行深入、细致的调查研究,形成包括现状与问题、对策与建议等有关内容的研究报告,以供决策参考。如"关于房地产开发战略的研究"、"关于企业形象战略的研究"、"关于企业市场竞争力的调查报告"等。

专题报告有助于企业对具体问题进行控制,有助于企业管理人员开阔战略视野,有助于企业内外的信息沟通。专题报告可以由内部自己完成;也可以用课题、项目的形式委托大学、科研院所或咨询机构的专业人员完成;可以企业为主,聘请有关专业人员参与来完成;也可以外部专家牵头,企业有关人员参与来完成。这要视企业的具体情况而定。无论外部、内部专业人员完成专题报告,都要有一定的投入,但这与因盲目决策而导致的战略失控所造成的损失相比要经济、划算得多。

经验证明,一份好的专题报告,不仅能揭示有关降低成本、提高市场占有率或更好地运用资本的奥秘,而且对战略目标的实现、战略时空的选择、战略措施的采取都有很大的益处。

(四)亲自视察

亲自视察又叫个人现场观察,可以说是一种最古老而有效的控制方法。管理人员亲临现场、实地视察,可以直接发现问题、解决问题。更重要的是,亲自观察可以使管理人员对战略实施有一个身临其境的感受。正如爱德华·莱普所说,战略的形成往往产生于不太经意地在走廊走走的过程中。前面所述的预算、比率分析、审计、统计分析、专题报告等方法对控制固然重要，但是，管理人员如果完全依赖这些控制方法，比如说，坐在舒适的办公室里打电话、按键钮、上网或开会，就很难指望他能完全做好控制工作。

控制问题，说到底是一个对人控制的问题。人有理智，也有情感，亲自视察的好处除了掌握第一手信息，保持和不断更新自己对企业的感觉外，还有一个好处就是有利于情感沟通和交流，有利于一种良好的组织气氛的形成。

亲自视察从时间安排看，可以是定期或不定期视察；从方式选择上看，可以采取"走马观花"。尽管随着现代科技的进步，计算机信息系统和网络经济、数字经济为战略控制提供了前所未有的便捷，但是，一个优秀的战略管理者绝不会轻易放弃亲自视察这种古老而现代、"笨拙"而智慧的控制方法。

（五）管理信息系统

随着信息时代的来临，信息在管理控制中发挥的作用越来越大。能否建立有效的管理信息系统，及时有效地收集、处理、传递和使用信息，是衡量管理控制系统的标志之一。

管理信息系统，就是向组织内各级主管部门、其他相关人员以及组织外的有关部门提供信息的系统。更具体地说，管理信息系统是一种由许多个人、各种机械装置以及有关程序所组成的用以从内源和外源两方面提供有关信息的结构性综合体。它常常是由多个子系统构成的，如库存管理子系统、生产管理子系统、人事管理子系统、财务管理子系统、销售管理子系统、决策支持子系统等。各子系统有自己的功能与输入输出设备。

管理信息系统通过提供作为决策依据的统一的信息来为一个组织的计划工作、组织工作、人员配备、指导与领导工作、控制工作，以及日常的作业服务。它提供4种主要的信息服务：确定信息需要、搜集信息、处理信息、使用信息。管理信息系统的最大特点是数据的集中统一。正是有了数据的集中统一，才使得信息真正成为一种资源，并且实现了信息资源的共享。这项工作是通过数据库系统实现的，数据库系统是管理信息系统的核心，也是其最显著的特征。

【阅读案例】

沃尔玛的成本控制

1962年，山姆·沃尔顿在阿肯色州乡村创立了他的第一家销售连锁店，他在商店招牌左边写上了"天天平价"，在右边写上了"保证满意"。谁也不曾料想到，40多年后的今天，沃尔玛成为世界零售业的龙头老大，建立起一个拥有近4 000家门店，160万员工的庞大的零售帝国，并且连续4年位居《财富》杂志评选的世界500强之首。而促使沃尔玛如此成功的秘密，说出来却是出人意料的简单，正是当年山姆·沃尔顿挂在招牌边上的那两句——"天天平价"和"保证满意"，这就是沃尔玛全部的经营理念。

"天天平价"这句话背后隐藏的深层含义其实质就是成本领先。对于零售业而言，成本领先战略是占有主导地位的战略，是企业后来居上，赶超其竞争对手的决定性因素。要想在零售业中迅速成长，迅速赶超对手取得领先，并在长期保持企业的强势地位，保证企业良好的发展，并在激烈的竞争中始终处于不败之地，就需要将成本领先转化成一种竞争能力，一种不能被其他企业简单模仿的竞争能力，一种长期的、深深扎根于企业之中的竞争能

3. 控制系统需要有

在问题或偏差，使管理者能及早警觉起来，提早纠正偏差。

三、实施战略控制的条件

战略实施的控制有五个条件：

1. 完整的企业经营战略规划。战略控制是以企业经营战略规划
是明确、全面和完整，其控制的效果就有可能越好。

2. 健全的组织结构。组织结构是战略实施的载体，它具有能
效、评估及纠正偏差、检测外部环境的变化等职能，因此组织结
果可能就会越好。

3. 得力的领导者。高层领导者是执行战略控制
选择和培训能够胜任新战略实施的得力的企业

4. 优良的企业文化。企业文化的影响
范，对于战略实施的控制是最为理想的

5. 高效的信息系统。全面、
取纠正行动。

四、战略控制的

企业战略控制虽然需
大饼”式的工作。其实，战略控
程中的一些关键节点。

这里所说的关键节点主要指战略
果型节点和服务于战略组合的多个项目

（一）时间型节点

时间型节点是最简单也最容易实现的一种
季度、一个月、一周甚至一天，节点的具体密度视战
时间型节点只是简化为中期审查而已，当然，这也不能
节点对于参与控制的执行人员来说也有便于统一认识的
处，比如，节点密度的确定主要是靠预测时的人为设定，不一
配。因此，这类节点比较适合依靠总量型指标来进行控制的部门
售部门、生产部门的总量指标，以此来控制整体战略的推进速度。

（二）成果型节点

当一个企业的战略被分割成若干个战略之后，战略控制也不得不针
开，此时，没有必要强迫每个子战略都齐头并进地实施。所以，只要关注每个子
情况，对其成果进行检查与控制，就可以实现对整体战略的把握。这种控制节点的
适合各个部门或分公司负责某部分战略实施的情况，尤其是研发部门，因为战略规划者
提前预测新技术和产品到底需要多长时间开发成功，所以成果型节点比时间型节点更贴切

（三）约束型节点

当某种战略部署下的多个部门共同完成几个工作项目的时候，会碰到几个项目同时争

……些关键资源的分配和补给情况就成为实现控制的手段。

夺某些资源……，公司同时考虑在外地设立不止一个分公司时，资金、人才都成为各个分公……源，战略控制此时表现为合理的资源配置与规划，尤其是不能耽误各个……程。这是调高战略实施效率，保证其成功非常关键的一种节点类型。需要特……是，企业的战略控制尽管是为了推进原定战略的顺利实施，但并不意味着必然要……原有战略一定成功，因为当周围环境和企业发展阶段发生变化，原有的战略有可能被事实证明是不合时宜的，这就一定要毅然决然地更换成后备方案。可见，没有后备方案的控制无异于将自己置之死地而后生的赌博，但问题在于置之死地而后生未必一定能够带来重生，所以，对于置身于实际经营的企业来说，多手准备，有备无患才是明智之举。

五、战略预警系统

对于任何一个控制系统来说，预警都是其重要的一个环节。如何能够及早发现问题，并提出警告和应对方案，对于在一个剧烈变化的环境中生存的企业来说，是一项非常重要的核心能力。

（一）战略预警系统的含义

控制系统需要有"早期预警系统"，该系统可以告知管理者在战略实施中存在的潜在问题或偏差，使管理者能及早警觉起来，提早纠正偏差。

战略预警主要是根据"警兆"来预示。在感知和正确解释这些"警兆"的情况下，允许管理者在"警兆"不连续性出现的早期阶段制定战略处理方案，而不必等到警情呈现出清晰的轮廓才做出反应。对警情认识得更清楚的时期同时又意味着在发展趋势上限制了战略处理范围。因此，应借助战略预警实施动态管理，把问题解决于萌芽状态。如果未能及时捕捉已出现的苗头，当"问题成堆"以后再去处理，就会由于经济巨轮的惯性作用而为调整经济付出巨大的代价。

一般而言，人对预警信号的反应往往需要一个较长的过程，而对于组织来说，它的反应则更慢，造成这种现象的原因通常有：(1)等待领导的命令（或组织者、管理部门的命令）；(2)看别人怎么做。

导致行动迟缓或抵制突变的根源与下列因素有关：

组织的规模。组织规模越大，对变化的响应速度越慢，这就是通常所说的大企业病。然而规模并非是问题的本质，问题的根本在于组织内部运作的模式已不适合组织规模的扩张。

在组织文化中，对严格和正式规章制度的重视程度。在越重视规范化的组织中，人们越习惯于按组织规范进行操作，对变化的反应往往就越慢。

行政人员和管理者的行为在事后评估中的重要性。越是重视事后评估的组织，越容易忽略事前的信息收集、应变管理等前馈控制活动。

系统内部沟通不充分、缺少沟通人员、缺乏主要骨干和对资源配置的管理者等。

因此，要从根本上解决组织响应速度的问题，就必须建立起一种"智能型"的组织模式，通过事先建立的一系列应变规则，包括设置专门的职能、专门的人员来管理、运作这些流程，从而在结构设计上保证组织的应变能力。然而更重要的是形成一种强调应变能力的组织文化，使之成为组织的一种内在的核心能力。

（二）战略预警系统的结构

战略预警系统是一个信息系统，在结构上以动态环境分析为基础，并且与企业的生产经营活动息息相关。在某种现象（警情）尚未成形的时期预告企业远期不利的发展趋势，显示偏离信号并寻求纠正这些偏离的战略对策，然后作分析判断。战略预警系统的结构原理和作用方式可划分为五个阶段（如图 13.2）。

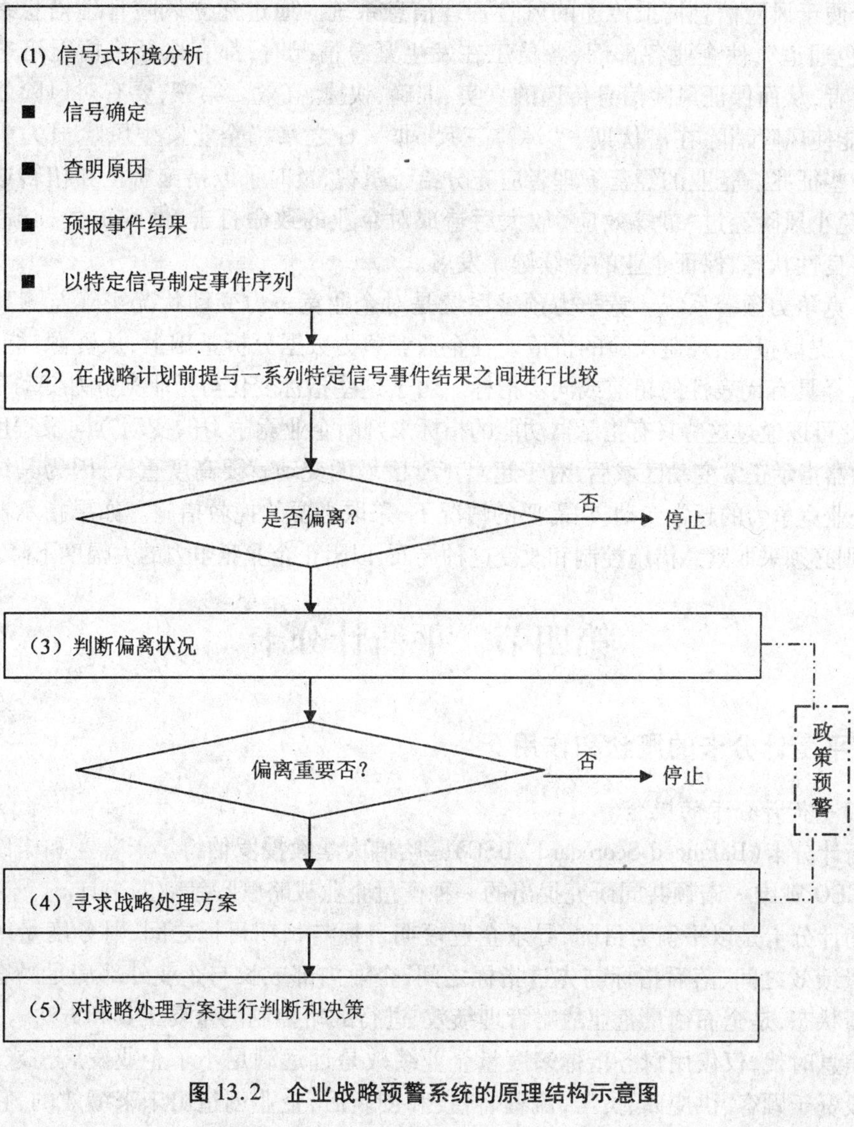

图 13.2　企业战略预警系统的原理结构示意图

（三）战略预警系统的类型

（1）安全经营预警系统。该系统主要由指标设计、监测、评价等构成。其中指标设计是指建立指标评价体系、确定预警临界值，利用这些指标分析企业的安全经营状况。设计的指标应遵循敏感性、及时性、可测性等原则，并能反映企业的总体经营安全状况；监测是指根据设计的指标体系，分析企业实际运行过程中反映出来的指标实际值；评价是指根据指标实际值和预警临界值，做出对企业安全经营状况的综合判断。

(2) 风险预警系统。企业要想有较强的"免疫力"就必须加强风险预防。风险预防是一项系统工程，因此要求企业全面设置和启动风险预警系统以加强对风险的预防管理。首先要对风险进行科学的预测分析，预计可能发生的风险状况。企业的经营管理者应密切注意与本企业相关的各种因素如环境因素、技术素质、目标因素和制度因素等的变化发展趋势，从对因素变化的动态中分析预测企业存在的"阴暗面"，即可能发生的风险。其次，应建立一个便于风险信息情报传递的风险管理信息系统。通过建立风险管理信息系统这样一个"绿色通道"，使企业各部门、各员工在发生紧急情况时，都有途径将情况迅速上报给有关决策者，从而保证风险信息传递的真实、准确、快捷、高效。第三，要有对风险的超前决策，尽可能使风险消除在潜伏期。"冰冻三尺，非一日之寒。"企业发生风险损失前必然会显示出一些征兆。企业的经营管理者应充分给予重视，及时采取措施矫正和扭转这种风险现象，避免小风险经过"蝴蝶效应"放大后造成对企业的致命打击，做到防微杜渐，使企业运行保持良性状态，保证企业的持续健康发展。

(3) 竞争力预警系统。竞争力预警系统是对企业竞争力变动状况实施监测和预报的系统，具有提前报警、规避风险的价值。在企业竞争力数据分析基础上，从资源、能力、环境因素中选择具有代表性的超前或同步指标。由于这些指标变化与企业竞争力变动存在密切关系，因此可以通过这些具有指示器功能的指标来判断企业竞争力的变动方向及程度。当确定了指示器指示正常变动区域后，对于超出正常区域的变动就要高度重视，因为其结果可能会导致企业竞争力的超常变动，在需要的情况下，采取必要的挽救措施。如果指示器指标跌破下限，则必须采取紧急措施控制和改变这种局面，以阻止企业竞争力的大幅度下降。

第四节　平衡计分卡

一、平衡计分卡的概念和作用

(一) 平衡计分卡的概念

平衡计分卡(Balanced Scorecard，BSC)是哈佛大学教授罗伯特·卡普兰和诺朗诺顿研究所的 CEO 戴维·诺顿共同研究提出的一种衡量企业战略管理绩效的工具。

平衡计分卡是以平衡为目的，寻求企业短期目标与长期目标之间、财务度量绩效与非财务度量绩效之间、落后指标与先进指标之间、企业内部成长与企业外部满足顾客需求之间的平衡状态，是全面衡量企业战略管理绩效、进行战略控制的重要工具和方法。

在信息时代，仅仅用财务指标来度量企业绩效是远远满足不了企业发展需求的，当企业大量投资于顾客、供应商、员工、流程、科技和创新后，企业创造出未来绩效的，它弥补了财务度量的不足。平衡计分卡包括四个方面：即从财务、顾客、企业内部流程、员工的学习与成长四个维度来考核一个企业的绩效，这四个维度构成了平衡计分卡的框架。如图 13.3 所示。

平衡计分卡是将企业的愿景与使命和企业战略转换成了企业的具体的衡量指标。代表了企业外部环境与企业内部管理两种指标之间的平衡状态，天平的一边是有关股东和顾客的外界指标，另一边是有关企业流程、创新能力、学习与成长的内部指标。它代表了过去

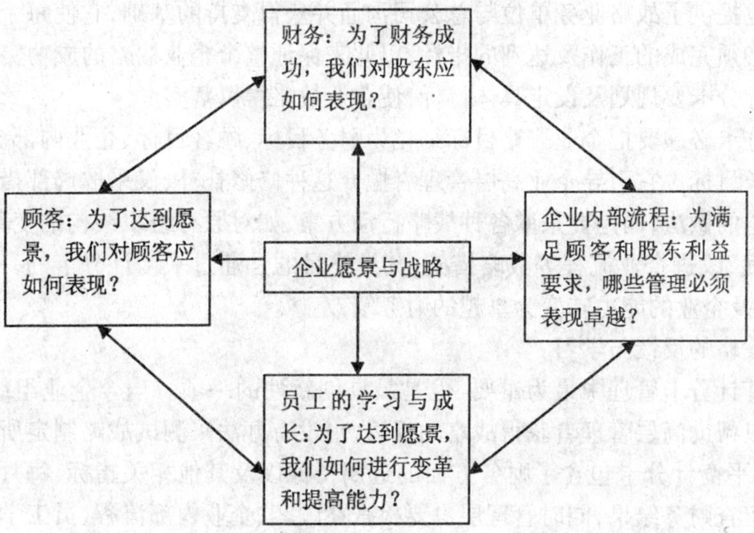

图 13.3　平衡计分卡提供的将战略转化为企业绩效管理的框架

与未来两种指标之间的平衡状态，天平的一边是衡量企业过去努力成果的指标，另一边是驱动企业未来绩效的指标。它代表了客观与主观两种指标之间的平衡状态，天平的一边是客观的、容易量化的成果指标，另一边是主观的、带有判断色彩的绩效驱动的指标。

（二）平衡计分卡的作用

平衡计分卡不止是一个战术性或营运性衡量系统，企业应把平衡计分卡看做是一个战略管理体系，见图 13-4。它的作用有以下四个方面：

1. 澄清并诠释了企业的愿景与战略

实施平衡计分卡就是要把战略加以分解，转换成具体的、细化的战略目标。这时往往出现这种情况，即高层管理者彼此认为对总战略都能取得共识，但当用平衡计分卡把总的战略分解成具体战略目标时，却发现每个领导者心中对什么是卓越服务，谁是我们的目标顾客等下的定义都不一样。因此，平衡计分卡的运用过程，使得各位经理人员在一些具体的策略及其相应指标方面也达成共识，是平衡计分卡促使企业各层管理人员对企业愿景与战略取得了共识。

实施平衡计分卡的过程会暴露企业内部各职能部门之间缺乏对战略的共识、团队意识薄弱等问题。用平衡计分卡的方法，使企业的各管理部门的人员组成一个共管团队，于是便创造了一个有福共享、有难同当的合作模式，计分卡的目标成为团队的共同责任，促成各个经理抛弃个人经历及专业成见，建立共识和团队精神，因此平衡计分卡使企业的愿景与战略得到了具体落实。

2. 使企业战略目标与企业局部目标得以沟通和链接

在企业内部推广平衡计分卡，使企业战略目标细分为每一个部门，每一个团队的目标，通过企业内部电视网、布告栏、计算机信息系统等手段，将工作的要求传达到每一位员工，让每一位员工都明白他们必须完成哪些工作，达到哪些指标才能获得更高一层组织策略的成功。这种做法，使局部的改进成为上一层组织成功的因素，当所有员工都了解更高一层的目标之后，他们自然能够拟定个体目标来配合战略业务单位的长期发展。

计分卡也提供了战略业务单位与总公司沟通并获得支持的基础,它使每个战略业务单位明白它们必须完成的工作及达到的指标,以此来保证整个企业战略的成功实施。

3. 平衡计分卡要规划及设定具体目标,使企业战略得以落实

平衡计分卡必须要把企业战略目标细化为财务目标、顾客目标、企业内部流程目标、员工学习与成长目标。它引导企业高层管理者抛弃这种修修补补、仅采取局部措施以求迅速取得短期效益的做法,而是要采取各种战略行动方案,如对原有组织结构的变革、提高对市场的响应速度、改进企业流程等战略措施,其最终目的是通过平衡计分卡的一连串的因果关系,把员工及企业的能力转变为卓越的财务绩效。

4. 加强战略的反馈与学习

这是平衡计分卡管理中最为重要、也是最具创新性的一项。当今企业组织中,没有固定的模式可以帮助高层管理者获得战略的反馈,也没有办法来测试战略制定所根据的假设是否正确,而平衡计分卡包含了财务方面的近期指标以及其他相关指标,每月和每季高层管理者都要审查财务结果,同时管理层也要检查在顾客、企业内部流程、员工学习与成长方面是否达到了要求,这种审查检讨不但讨论过去的成绩,也能了解业务发展趋势是否符合企业战略对未来的要求。

二、平衡计分卡的管理流程

平衡计分卡四个方面的管理流程综合起来如图 13.4 所示。

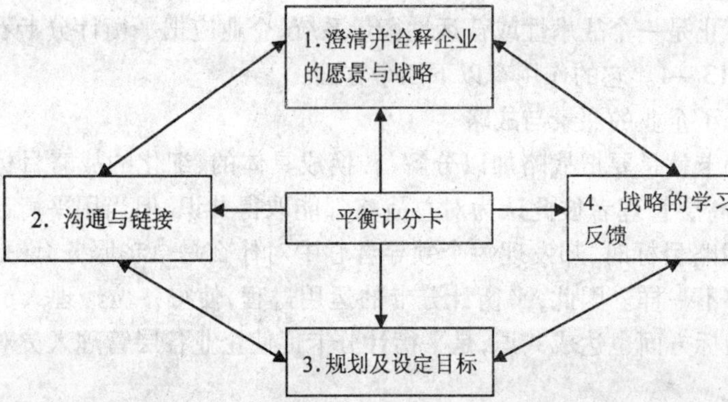

图 13.4　将平衡计分卡转化为战略行动的框架

(1)图 13.4 中第一个流程:澄清并诠释企业的愿景与战略。这是战略学习流程的开始,以四个维度的一整套目标作为澄清愿景与战略的语言,把复杂而笼统的概念变为精确的目标,这对于企业高层管理者达成共识帮助极大。

(2)图 13.4 中第二个流程:沟通与链接的流程。这是要动员每一个员工采取行动完成组织的目标,计分卡的设计特别强调因果关系,因此,引进企业动态的系统思维,促使不同部门的成员都能看清楚组织全貌,并了解个人的角色如何交互影响,终至影响全局。使个人与组织相沟通,使个人目标与部门目标进而与企业目标相链接。

(3)图 13.4 中第三个流程:规划及设定目标和战略行动方案。平衡计分卡则是利用一

套平衡的成果度量与绩效驱动因素，为企业界定了特定的量化绩效指标，衡量企业预期的绩效目标和企业目前实际的绩效水平的差异，找出绩效差距，然后设计战略行动方案来缩小甚至消除这些差距。可以看出，平衡计分卡不仅衡量变化，它还助长变化。

(4)图 13.4 中第四个流程:战略的学习与反馈。上述三个管理流程对于战略实施是至关重要的，但只有是三个流程还是不够的，在过去企业处于比较稳定的外部环境下，这三个流程也许就够了，在稳定的外部环境下，船长(相当于企业的 CEO)决定船(相当于企业)的方向和船速，水手(相当于经理人和一线人员)则服从命令并执行船长制定的计划。这是一种单向循环学习及反馈路程，即目标是永恒不变的，即使结果偏离了计划，人们也不会怀疑计划是否合理，或质疑追求目标的方法是否恰当。任何偏离计划轨道的事情都被当作室失误，只需及时采取补救行动把组织拉到既定路线即可。

信息时代的企业战略不可能是一成不变的，今天企业外部环境变化莫测，企业战略也比以前复杂很多，一个原先策划好的战略，无论当初用意有多好，信息和知识有多完善，一切拿到当代环境中套用，很可能不合时宜，就如同在变化多端的气候和惊涛骇浪的大海中参加竞争激烈的帆船比赛，船长必须不停地监视外部环境，对竞争者的行为、团队和行船的能力，风向和流速的任何变化保持高度的警觉，并随时做出战术和战略性回应，船长必须拥有大量情报来源，包括个人的观察、仪表及衡量标准，尤其不可缺少同船战略专家的建议，这些专家也在不停地观察情况，他们能够贡献计策，并利用环境的变化来对抗竞争者。

企业在瞬息万变的环境里，为了掌握时机并对抗层次不变的威胁，往往需要新的战略，而掌握新机会的构想往往出自企业基层的经理人员，传统的单向循环学习及反馈体系不能鼓励、也无法威胁高层管理者战略的构思、实施和测试，因此企业需要双向循环学习及反馈能力，这就是图 13.4 中第四个流程，即企业不能停留在原有的环境背景下，以原有的战略及行为方式对环境变化作为反应，而是根据现有的变幻莫测的环境做出足够快的反馈，对原有的战略及行为提出质疑，对企业的内部能力及市场形势进行估价，从而得出需要修改战略的结论，这就是双向循环学习及反馈的结果。这个从搜集资料、测试、检讨、战略学习和反馈的过程，是企业战略取得成功的基础。

因此，图 13.4 中第四个流程的结束就是下一阶段循环的开始，战略的学习及反馈的结果再输入澄清愿景与战略的流程，提供最新的战略成果和下一阶段必需的绩效驱动因素，作为检讨、修正下一阶段战略目标的依据。上述围绕计分卡而建立的管理流程，使企业上下能同心协力、专心致志地实施长期战略，只要使用得当，平衡计分卡将成为信息时代组织管理的基础。

三、平衡计分卡的因果关系

企业战略实际上是一套关于因果关系的假设，这种因果关系也涵盖了平衡记分卡的四个维度。举例来说，平衡计分卡的财务维度可能要包括资产报酬率这一指标，而资产报酬率的提高的驱动因素是销售量的增加、顾客满意度及忠诚度提高所带来的结果，因此，顾客维度包含了顾客忠诚这一指标。分析顾客需求之后，可能会发现顾客极为重视如期交货这个因素。如何才能如期交货呢？企业可能要缩短营运周期并提高内部流程的品质，因此这两个因素就成为记分卡企业内部流程维度的指标。那么，如何才能改善内部流程的品质并缩短营运周期呢？企业可能要培训员工，提高员工的技术水平，因此提高员工技术水平又成为员工学习与成长维度的指标。

由此可以看到,通过平衡记分卡的各个维度形成了一套因果关系链,如图 13.5 所示。

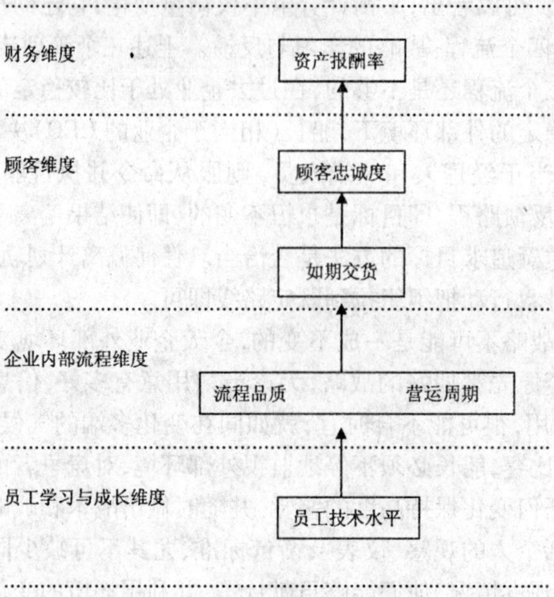

图 13.5　平衡记分卡的因果关系图

四、平衡计分卡的指标

(一)财务维度的指标

不论企业是处于成长期还是成熟期,其财务维度的指标主要是三个方面:销售收入(或营业收入)的增长及组合;降低成本及提高生产能力;资产利用及投资策略。每个企业应根据所在行业及经营情况,拟定符合企业实际要求的指标,现举例如下:

1. 销售收入(或营业收入)的增长及组织指标举例:

(1)目标地区、市场、顾客的销售收入(或营业收入)的增长率。

(2)市场占有率的增长率。

(3)销售利润率。

(4)新产品和新服务的销售收入占企业全部销售收入的比例。

(5)老产品开拓新用途后的销售收入占企业全部销售收入的比例。

(6)老产品开拓新市场后的销售收入占企业全部销售收入的比例。

(7)由于采取低成本或差异化策略所引起的销售收入的增加占全部销售收入的比例。

(8)由于采取新定价策略所引起的销售收入的增加占全部销售收入的比例。

2. 降低成本和提高收入的生产力指标举例:

(1)企业人均销售收入的增长率。

(2)单位产品的成本降低率。

(3)由于改善了原材料采购方式(例如由招标方式改为由合格供应商直接送货供应)的成本降低额。

(4)销售费用或管理费用占全部成本比率的降低。

(5)营销费用与营销绩效的对比分析。

(6)生产作业成本分析。

(7)总资产增长率。

(8)固定资产增长率。

(9)长期资产适合率。

3. 资产利用及投资策略指标举例：

(1)资产报酬率。

(2)存货周转率。

(3)应收账款周转率。

(4)流动资产周转率。

(5)固定资产周转率。

(二)顾客维度的指标

顾客维度的关键绩效指标主要包括以下五个方面：市场占有率、顾客延续率、顾客争取率、顾客满意度、顾客获利率。这五个方面基本上适用于任何企业组织，但对不同性质的企业还要根据企业具体情况加以修正。

1. 市场和顾客占有率指标举例：

(1)市场占有率

(2)顾客占有率(在全部顾客中购买本企业产品的顾客所占有比率)。

2. 顾客延续率指标举例：

顾客延续率是指企业与顾客保持或维系关系的比率，可以是绝对值，也可以是相对数。例如，在某一时期内的老顾客数(如银行、信用卡公司、报纸、杂志出版社、经销商、批发商、长途电话公司等该指标特别有用)或老客户数占全部客户数的比率。

3. 顾客争取率指标举例：

顾客争取率是指企业吸引或赢得新顾客或新业务的速度，可以是绝对数，也可以是相对数。例如，新客户的数目，或新客户带来的销售额，或一个新客户的招揽成本等。

4. 顾客满意度指标举例：

顾客满意度是个综合性指标。许多企业都进行顾客满意度调查，有信函调查、电话访问及当面访问，其成本为信函调查最低、电话访问次之、当面访问最高，但调查质量及回收率是当面访问最高、信函调查最低，调查数据最后要经过计算机统计整理才能得出结果。

5. 销售利润率指标举例：

销售利润率是指企业产品或服务的销售利润率。即使在市场占有率、顾客延续率、顾客争取率及顾客满意度这四个顾客指标上获得成功。也并不能保证企业从顾客身上赚到钱，上述四个指标的提高不是目的，它们不过是增加企业财务报酬的手段，因此，企业除了衡量自己的顾客做了多少生意之外，还希望衡量这些生意的获利率，尤其是目标顾客的获利率。企业应当用市场细分和获利率两个指标来审视企业的顾客，由此可以帮助企业了解市场细分策略是否有效。因此，销售利润率是一个非常重要的指标。

(三)企业内部流程维度的指标

根据企业价值链，企业内部流程主要包括三个主要的流程：研发流程、营运流程、售后服务流程，见图 13.6 所示。

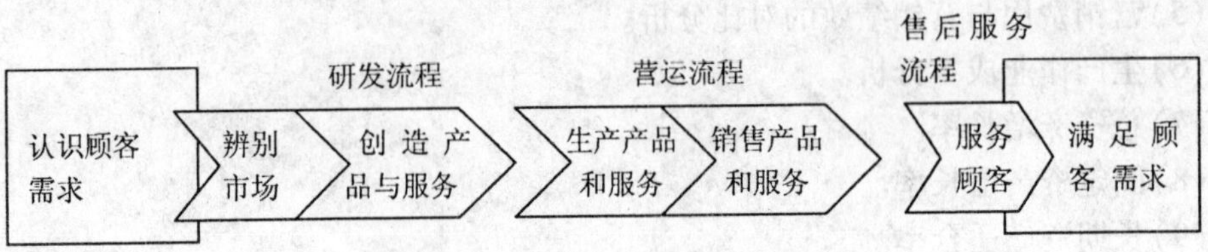

图 13.6　企业内部流程图

这三个方面也要根据不同企业具体情况加以修正。

1. 研发流程指标举例：

(1)研发投入占销售额的比率。

(2)新产品销售额总销售额的比率。

(3)新产品上市时间与竞争对手的比较，新产品实际研发时间与研发计划时间的比较。

(4)新产品上市达到收支平衡的时间(用来衡量产品开发周期的效能)。

2. 营运流程指标举例：

(1)产品的生产周期。

(2)产品废品率。

(3)质量合格及优良品率。

(4)退货率。

(5)生产成本的降低率。

3. 售后服务流程指标举例：

(1)为顾客售后服务的时间。

(2)售后服务的成本。

(3)售后服务的一次成功率。

(四)员工学习与成长维度的指标

员工学习与成长维度主要由三个方面构成，即企业员工的能力、企业信息系统的能力、企业的激励与授权和配合度。不同性质的企业还要根据企业具体情况加以修正。

1. 员工能力指标举例：

(1)员工满意度：反映员工士气及员工对工作的满意度。员工满意度是一个综合性指标，可以向全体员工或部分员工发调查问卷，对调查问卷进行综合分析后得出结论。

(2)员工延续率：主要的目标是挽留与企业长期利益相关的员工，通常以每年主要员工的流失率为指标。

(3)员工生产力：代表性指标有企业人均销售收入、人均产值(或人均产量)、职位适任率等。前两个指标容易理解，现对"职位适任率"做一简单介绍

职位适任率(strategic job coverage ratio)是用来衡量员工能力需要改造和提升的目标。所谓"职位适任率"是指担任某一职位的员工应该具备哪些重要能力(知识、技术及此人的背景、文化、风格等)，才能够达到企业内部流程的工作要求，才能满足顾客对企业产品及服务的要求。职位适任率分析往往会暴露企业目前人员的技术、知识和文化水平，距离战略的要求还有相当大的差距，找到这一差距，会促使企业采取必要的措施来缩小人力资源上的落差。职位适任率是标志员工生产力的重要指标。

2. 信息系统能力指标举例:

(1)员工及各级管理人员获得他们需要的正确信息的及时性。

(2)信息系统的成本。

(3)在网上获得顾客信息的比例。

3. 激励、授权与配合度指标举例:

(1)企业员工人均建议数。

(2)员工建议采纳数。

(3)员工建议采纳后的激励。

(4)员工建议采纳后企业效益的提高。

(5)企业重要流程实际改进速度(用来衡量组织与个人配合度)。

(6)衡量个人与组织的配合度。

高层管理人员首先制订平衡计分卡的内容与架构,然后责成各部门经理人分别为自己责任的领域建立平衡计分卡,再逐步向下推展,即:首先在管理人员从上到下推进平衡计分卡,再向员工推进个人绩效指标,随后再把企业财务指标及非财务指标从上到下制定好,然后用制订好的企业指标再来校准个人目标,由此统计出员工个人目标与企业战略要求的目标相结合的员工比率是多少,以衡量员工与组织的配合度。

四、企业平衡计分卡体系

总公司应该建立平衡计分卡,该计分卡应当反映总公司的战略,这是所有战略业务单位共同遵守的主题,同时总公司平衡计分卡也应包括为了使各战略业务单位创造出更大的绩效总公司所必须采取的战略措施。

总公司下属每一个战略业务单位都有自己的产品、自己的生产设施、自己的销售渠道、自己的顾客,有自己完整的战略,因此,也应建立自己的平衡计分卡,在该计分卡建立的基础上再建立战略业务单位内部各职能部门的平衡计分卡,然后各职能部门的经理个人及员工都应建立起个人绩效指标,这样企业战略才真正得以实施和控制,由此建立起企业平衡计分卡体系。见图 13.7 所示。

【阅读资料】

点击平衡计分卡

一、实施 BSC 的 7 个步骤

(1)建立公司的愿景与战略。公司的愿景与战略要简单明了,并对每一部门可以采用一些业绩衡量指标去完成公司的愿景与战略。

(2)成立平衡计分卡小组或委员会去解释公司的愿景和战略,并建立财务、顾客、内部业务流程、员工学习与成长四类具体的目标。

(3)为四类目标找出恰当的衡量指标。

(4)加强企业内部沟通与教育。利用各种不同沟通渠道如定期或不定期的刊物、信件、公告栏、标语、会议等让各层管理人员知道公司的愿景、战略、目标与业绩衡量指标。

(5)确定每年、每季、每月的业绩衡量指标数字,并与公司的计划和预算相结合。注意

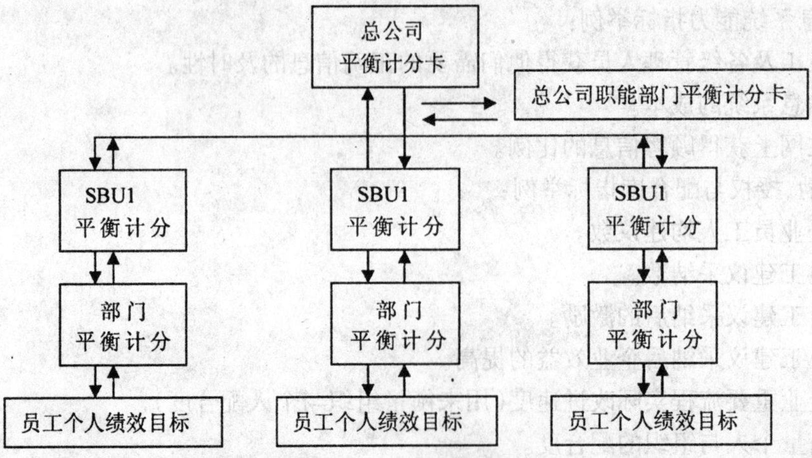

图 13.7　企业平衡计分卡体系

各类指标间的因果关系、驱动关系与连接关系。

(6)将每年的报酬奖励制度与平衡计分卡挂钩。

(7)经常采纳员工意见,积极修正平衡计分卡衡量指标,并改进公司战略。

二、运用 BSC 的三个障碍

(1)如何实现实体考核到个体考核的衔接。平衡计分卡强调战略目标的层层分解,并且通过落实在四个方面的指标上为目标的分解提供行动依据与步骤,但是平衡计分卡所提出的方法模型主要针对 SBU 或者说是经营实体,并不适用于个人。但是绩效既包括实体又包括个体。在运用平衡计分卡时必须考虑如何发展该模型,使得我们能够实现 SBU 实体考核到个体考核的衔接。

(2)如何有效处理 SBU 的平衡计分卡和公司级平衡计分卡的关系。平衡计分卡是适用于一个战略业务单位(SBU)的绩效考核模型。但是平衡计分卡在一个由若干战略业务单位构成的组织(企业集团)中,如何实现组织的战略目标与各战略业务单位的目标之间的动态调整问题上还未形成完整的理论框架。

(3)技术层面的障碍。首先,平衡计分卡所包含的各个指标的值如何确定?其次,平衡计分卡各指标的权重如何设置?最后如何实现"结构问题",或者说驱动关系的问题。

三、应用 BSC 的四个要害

虽然众多欧美企业通过采用平衡计分卡收到了令人意想不到的效果,但中国企业若想成功地实施平衡计分卡仍是一项大挑战,不仅要投入相当的成本与力度,还要注意以下几个方面的问题:

(1)切勿照抄照搬其他企业的模式。不同的公司有不同的背景和战略任务,所以各自平衡计分卡四个层面的目标及衡量指标皆不同;即使相同的目标也可能采取不同的指标来衡量;另外,不同公司的指标之间的相关性也不同;相同的指标也会因产生不同而导致作用不同。因此,每个企业都应开发具有自身特色的平衡计分卡,如果盲目地模仿或抄袭,不但无法充分发挥平衡计分卡的长处,反而会影响对企业业绩的正确评价。

(2)提高企业管理信息质量的要求。与欧美企业相比,我国企业信息的精细度和质量要求相对偏低,这在很大程度上影响到平衡计分卡应用的效果,如:导致所设计与推行的考核指标过于粗糙,或不真实准确,无法有效衡量企业的经营业绩。此外,由于无法正常发挥平衡计分卡的应用作用还会挫伤企业对其应用的积极性。

(3)正确地对待投入成本与获得效益之间的关系。平衡计分卡的四个层面彼此是连接的,要提高财务方面首先要改善其他三个方面,要改善就要有投入,所以首先出现的是成本而非效益。更为严重的是,效益的产生往往滞后很多时间,使投入与产出、成本与效益之间有一个时间差,因而往往会出现客户满意度提高了,员工满意度提高了,效率也提高了,可财务指标却下降了的情况。关键问题是在实施时一定要清楚,非财务指标的改善所投入的大量投资,在可以预见的时间内,可以从财务指标中收回,不要因为实施了6个月没有效果就没有信心了,应该将眼光放得更远些。

(4)执行要与奖励制度结合。公司每个员工的职责虽然不同,但使用平衡计分卡会使大家清楚企业的战略方向,有助于群策群力,也可以使每个人的工作更具有方向性,从而增强每个人的工作能力和效率。为充分发挥平衡计分卡的效果,而在重点业务部门及个人等层次上实施平衡计分,使各个层次的注意力集中在各自的工作业绩上,这就需要持平衡计分卡的实施结果与奖励制度挂钩,并注意对员工的奖励与惩罚。

资料来源:范庆桦,点击平衡计分卡,中外管理,2003年第6期。

★ 关键术语

战略控制 Strategy control　控制标准 Control standards
战略风险 Riskiness of strategic　预算 Budget　控制系统 Control system
有效的战略控制 Effective strategic control　平衡记分卡 Balanced score card

★ 复习与思考

1. 在什么情况下企业需要对其战略实施过程采取矫正行动？又在何种条件下无须对战略实施过程采取矫正行动？
2. 战略控制过程包括哪些基本步骤？
3. 战略控制的基本原则是什么？
4. 讨论每种战略控制方法的适用条件。
5. 平衡记分卡的基本原理是怎样的？

★ 研究与讨论

1. 为什么需要战略控制？
2. 如何设计一个有效的控制系统？

★ 实践演练

1. 联想收购IBM后如何有效地实施战略控制,才能防范风险？
2. 调查一家战略控制失败的企业,分析其失败的原因。

★ 本章案例

格力电器:用绿色发展战略统领企业创新

国家发展改革委员会、财政部公布了首批“节能产品惠民工程”高效节能房间空调器推广目录,共有19个品牌1140个型号中标,格力以38个系列,269个型号成为入选产品数量最多的企业……

果实缘何如此丰硕？珠海格力电器股份有限公司副董事长、总裁董明珠以一语作答:一个没有创新的企业是一个没有灵魂的企业，一个没有核心技术的企业是一个没有脊梁的企业。

作为珠海格力电器总裁助理、副总工程师，谭建明带领的技术团队人数多达2800余人。他们自主研发完成的GMV多联空调器以及大型离心机组填补了国内技术空白；自主研制的世界上首台热回收式数码多联空调机组被列入2007年国家火炬计划；主持开发的世界首台超低温热泵数码多联机组，能实现-25℃高效制热，攻克了在寒冷地区空调采暖的世界难题，被建设部评估为国际领先水平，并获"2006年国家重点新产品"称号……

笔者注意到，这些年里，谭建明与同事们紧紧盯住的是空调与制冷领域的国际前沿技术。虽然几乎每年要耗费十几亿元科研经费，但换得的是近2 000项技术专利，其中发明专利近300项，而且取得了与国际一流空调生产企业平起平坐的资格，在某些领域还处于世界领先水平。

论及"平起平坐"，格力电器股份有限公司总裁助理、董事会秘书望靖东便谈起格力电器与日本大金的合作。他说，有85年历史的大金工业株式会社是世界顶级的集空调、冷媒以及压缩机的研发、生产和销售于一体的专业化空调企业。目前，格力电器与日本大金的两家合作工厂都已开工，这次合作是日本空调企业首次在产品设计和零件开发阶段选择与中国企业开展强强合作，这对于中国空调产业而言，具有里程碑式的意义。

谭建明告诉笔者同样具有里程碑意义的事件——总投资达1.63亿元的"国家节能环保制冷设备工程技术研究中心"正式落户格力电器。这是中国制冷业首个，也是唯一一个国家级工程技术研究中心。他说，组建该中心实现了制冷行业、家电行业、空调行业国家工程技术研究中心零的突破，标志着格力电器已成为我国节能环保制冷设备的科研开发和工程化基地。它将面向整个制冷设备行业，充分整合各类科技资源，促进制冷行业产业结构调整，进一步提高我国制冷行业自主创新能力，推动我国制冷设备工业的技术进步和产业优化升级。

格力董事长朱江洪认为，一个企业的灵魂就是要勇于担负社会责任，而要真正担负起社会责任，首先需要有能担负起这种责任的能力。节能减排是企业重大的社会责任，而不断追求技术创新是承担这种责任的有效途径。正因如此，格力电器正式将绿色发展战略植入公司发展战略中，确定总体目标为倡导绿色消费，积极研制和生产绿色产品，节能降耗，不断改进环境行为，对社会负责。

据谭建明介绍，目前最节能的空调技术，当属全直流变频技术，其衍生的变频产品在欧美覆盖率已达六成，掌握核心技术的日本更是达到九成。早在1993年，格力电器就已开始变频技术的研究，经过12年研发，拥有了自主知识产权的全直流变频技术G-Matrik，利用这一技术，可使空调自动调整运行频率，直至15赫兹低频率运行，这比空调在30赫兹运行时省电五到八成。去年，该技术已入选2008~2009年国家火炬计划。格力电器运用该技术推出的节能产品多达几十款，截至去年底，累计节约电能约1 900万度，节约金额约达1 080万元。

据悉，格力还有一项独有技术——智能化霜技术。它通过建立严谨的控制模式，合理的采样方法，使得除霜控制逻辑与空调器室外机的实际结霜情况完全吻合，除霜控制更为精确，大大降低了空调的使用能耗。采用这一技术，使制热效果比传统空调提高了近两成，自该技术问世以来到2007年底，共节约电能9.86亿度，累计节约金额超过5.9亿元，相当于一个中型发电厂一年的发电量，这项技术获得了国家优秀专利奖，实现了家电行业专利奖零的突破。

谭建明告诉笔者，截至2009年2月，格力已通过国家节能认证的产品达830个，平均每周推出1个节能产品。其中家用571个，商用259个，无论是总量还是单一品类数量，均高居行业榜首。谭建明透露，格力电器在水源、地源热泵技术、"冰蓄冷"制冷设备技术上均取得了重大进步。

资料来源：中国国门时报[N]. 2009-07-27.

研讨问题：

1. 格力电器用绿色发展战略统领企业创新发展的战略意义？

2. 中国家电业的红海何时才能变蓝？

第十四章　企业战略变革与可持续发展

■ 大师论语

变革战略管理也是一个核心竞争力的辨识和评估、培育和提升以及再评估的循环过程。

——美国现代行为学家　伦西斯·李克特

战略管理不再仅仅是对变化的管理，而是通过变化来进行管理。

——美国管理学家　拉皮勒

以天下之目视者，则无不见；以天下之耳听者，则无不闻；以天下之心虑者，则无不知。

——中国古代思想家　鬼谷子

■ 本章学习目标

- 战略变革的意义
- 平衡和领导战略变革
- 战略转型的含义及动因
- 企业成长与可持续发展
- 企业持续管理理论

■ 引例

海尔高管辞职是企业变革的结果

海尔在外部推行国际化战略，在内部推行“市场链”流程变革，直到现在依然不能说成功，在某些方面甚至可以说已经失败。

青岛海尔发布公告宣布，多名高管提请辞职，由于这几名高管多为海尔创业元老并享受公司的管理层股权激励方案，辞职意味着放弃数额不菲的股权激励收益。外界认为，海尔管理层的异动可能意味着海尔经营业务存在巨大隐患。在公告发布之后，海尔股价出现连续暴跌。而此后海尔发布的2007年年报也显示，海尔的业绩没有达到预期。

其实，海尔的业绩增长陷入徘徊并不是现在才暴露出来。早在2005年，海尔集团的全球营业额在超过1 000亿元人民币，接近全球500强的门槛之前，海尔的增长速度就已经放缓，进入500强的梦想也是逐年落空。而此前，海尔已经保持了连续20年的高速增长。

回顾历史，我们会发现海尔的高速增长和在不同时期采取的不同的经营战略分不开。

上个世纪80年代，国内家电市场面临着严重的市场短缺，很多企业满足于扩大生产而忽略质量，海尔却坚持严格的质量管理，并在此基础上推行名牌战略，使得海尔产品获得了远超过一般国内产品的市场好评。90年代，海尔又通过管理输出，收购兼并，使公司业务从冰箱扩展到包括洗衣机、空调等在内的白电全系列业务，以及彩电、手机等电子产品。在这个过程中，海尔兼顾品牌塑造、渠道布局、终端促销、售后服务以及内部现场管理和产品开发等组合要素，使得海尔实现了增长、扩张、赢利三者兼顾的良性发展格局。

90年代后期，海尔在国内获得巨大声誉和市场影响力的基础上，开始开拓国际市场，在外部推行国际化战略，在内部推行“市场链”流程变革，业务范围也从白电向包括黑电、通讯、电脑甚至金融、药业、零售等在内的多元化扩展。

进入新世纪之后，海尔已经显示出增长的疲态，这也是不争的事实。从根源上说，海尔在上个世纪的高速增长主要还是受益于中国家电市场的高速发展以及与外部世界的相对封闭。海尔以质量、渠道为主线构筑的竞争优势和品牌优势，相对跨国企业拥有本土化优势，同时相对本土企业拥有质量和品牌优势，这个竞争点在宝钢、联想等其他做得比较好的中国企业身上也可以看到同样的发展逻辑。

进入新世纪之后，随着中国加入WTO、本土市场的扩大、跨国公司的战略性进入、本土企业产品质量的普遍提高、渠道资源的整合等等各种外部竞争变量的变化，使得海尔在产品开发、质量管理、终端促销等方面所体现的优势已经不明显，品牌溢价显著下降，而在基础技术研发上的薄弱开始有所显露。

在这种情况下，海尔经过反思，开始放弃了在销售额上尽快进入世界500强的规划，强调要提高赢利能力。

而如何提高赢利能力，海尔主要是采取了两项战略措施：一是强化高端产品开发能力，打造高端品牌；二是提升企业内部的响应能力，做到对客户需求的快速响应，希望以快体现产品的差异化。这从海尔首席执行官张瑞敏多次对媒体提出向戴尔、富士康、丰田学习的讲话里也可以窥见一斑。

为此，海尔在2007年6月发起了新一轮公司变革，一改多年来按照产品品类组成事业部制的组织架构，而是根据白电和黑电等各类产品线的运营模式的不同，在内部重新划分为6个子集团，包括白电运营集团(冰箱、洗衣机、空调)、黑电运营集团(彩电、AV产品等)、数码及个人产品运营中心(电脑、MP3等)、全球运营中心(海外推进本部即海外市场部)、创新市场中心(即国内市场)、金融运营中心，并且砍掉了包括微波炉在内的一些赢利状况不佳的产品线。这种大规模的变革，一方面会引起公司业务一定时期内的起伏；另一方面，也必然会引起公司内部的人事调整。

对于变革前景认识上的分歧或者对于职务变动上的权力纠纷，都非常容易引起管理层的动荡。所以，可以肯定的是，海尔近期几名高管的离职是海尔这一轮企业变革难以避免的结果。

这几年，海尔一直在推行国际化战略，却没有取得预想的效果。目前，国内空调市场已经被相对专业化的格力、美的压制，海尔在彩电、手机上的地位也相对尴尬，电脑业务经过几个起落，现在尽管发展比较快，但还没有进入第一阵营。因此，海尔现在的核心阵地实际上已经退守到了传统起家的冰箱和洗衣机上。

尽管如此，海尔或可凭借依然强大的品牌资源、国际化资源、政府资源，探索出一条走向更大成功的新的路径。

资料来源：秦合舫，财经时报，2008-05-01.

第一节　企业战略变革

一、企业战略变革的背景和意义

人们常常感叹于中国企业界中存在的流星现象，很多企业迅速崛起又迅速消失。20世纪80年代和90年代初的行业领先企业，如果没有垄断的保护，现在都已经失去了领先的地位，或者已经不存在了。事实上，这种企业从成功走向失败的现象并不是我国特有的。洛克希德－马丁公司的董事长兼首席执行官诺曼·奥古斯丁说："世界上只有两类企业：一种在不断变化，另一种被淘汰出局"。我们经常可以看到或听到世界知名企业由于未能及时实施战略变革而陷入困境甚至倒闭，或者由于成功地实施变革走出困境，或者主动进行变革而保持持续的成功。这样的例子不胜枚举。

很多主导企业在面对快速多变时代常常成为失败者，而且，在每一行业中，胜利者也常由于产品的更新换代而成为失败者。在竞争要求企业进行改变时，未能进行转变的管理者的数量，要远远高于成功地进行了转变的管理者的数量。例如，通用汽车、宝丽来（照相）等这些企业就是在产品更新换代中获得成功，但却因未能及时变革而在竞争中失利。

企业的战略定位应该是一个长期的动态的过程。仔细研究这些著名公司出现的问题，大多数都是因为企业原来制定战略的前提假设已经发生了变化，或是市场发生了重大变化，或者是出现了重大技术进步，企业的实力发生了变化，与此相对应，企业的使命和目标也应该相应做出调整。这些变化使得原有战略不再适用，但企业却未意识到这一点，或者虽然意识到了，却无法进行相应的战略调整，最终走向衰落。

新经济时代激烈的市场竞争呼唤变革，竞争是市场经济条件下企业生存和发展的动力，也是企业活力的源泉。企业的竞争力如何，决定企业在竞争中的地位。但20世纪末以互联网经济、知识经济、高新技术为代表的新经济运动的兴起，给世界经济和企业竞争带来了深刻变化。

新经济时代，速度也是一个重要概念。因为速度与竞争密切相关。不但要比"谁在创新"，还要比"谁创新得更快"，创新最快的企业就可以最快地占领市场。尤其是高新技术产业，新技术的第一个拥有者，也往往是该市场的成功者和领导者。不但要比"创新的速度"，还要比"推向市场的速度"，即上市速度，这是企业获得可持续竞争优势的关键。正如美国Giga信息集团总裁吉地昂·加特纳所指出的：我们信息服务这一行能在24小时内完成新服务的发明、公布和交付使用。我们希望变革的速度能在和网上发布信息的速度一样快。新经济要求企业变革管理，需要以全新的思维方法，去想象和运作企业，加里·哈默尔在《电子精英的商业智慧》一书中写到："市场如此变幻莫测，建立任何一种官僚体制都是自杀。任何阻碍生产发展速度的食物都将被摒弃"。因为在持续、快速变革的行业中，缺乏灵活性的战略，根本无法适应激烈竞争的市场环境，竞争的压力就如同达尔文主义的命令，迫使企业以更快的步伐进化。

新经济正在改变着市场经济的游戏规则，其变革速度之快，超出人们的预料。现在的市场和管理环境，与20年前相距甚远，新经济时代的市场、技术、人才、空间、速度，都在发生翻天覆地的变化。2000年以来上市公司中互联网企业股价的剧烈震荡，也充分说明这一点。当变革的强度与频率达到一定程度时，当其波及面与影响力日益广泛时，企业传统的生存战略，将不能适应复杂的变革实践。如果不进行管理变革，企业将无竞争力可言。

全球最大的网络数据传输公司思科系统公司的总裁约翰·钱伯斯指出：在新经济中，“不是大鱼吃小鱼，而是快鱼吃慢鱼”。速度是新经济的自然淘汰方式，反应快的总是占据有利地位。戴尔计算机公司总裁迈克尔·戴尔认为，商场中唯一永恒不变的就是所有事情都在不断变革。因此，在新经济条件下，企业必须利用并驾驭变革，同时防止受到变革失效应的影响，并设法成为变革的赢家。在当今市场变革日益普遍、激烈的情况下，企业必须打破原有的生存战略，取而代之一种全新的竞争战略。

也许我们已经习惯了现在的思维方式，因为人的思维方式具有惯性。但未来不是现在的自然延伸，而是对“现在”的颠覆。因此，作为企业管理者，必须以全新的思维运营企业。即“现在”要随“未来”而变。创造未来的全新思维模式，就是颠覆现在。表 14.1 给出了传统企业运作模式和面对持续变化环境的企业运作模式的区别。

表 14.1　传统企业和面对持续变化环境的企业运作模式的对比

传统企业运作模式	持续变化环境中企业的运作模式
1. 预备、瞄准、射击，即先制定详细的经营计划或蓝图，然后再付诸实施。 2. 传统的战略研究，将重点放在“制定企业发展目标”上，它强调企业应选择一个具有吸引力的市场，占据独有的战略位置，并制定一整套相应的竞争策略，还需对未来具有独特见解。	1. 在速度制胜时代，“唯一不变的就是变”，再按传统运作模式已不能适应，而应考虑：预备、射击、再瞄准，即不要再花费时间制定详细计划，然后迅速付诸实施，从而将不能制胜的规则淘汰。 2. 衡量企业成功的标志，是生存能力、应变能力，而最终将是随实践推移不断改造企业的能力。

以前成功的模式，在今天可能包含着失败的萌芽。即使是管理得很好的公司也很容易落后——或是因为错失战略时机，或者未能成功地实现战略性变革。众多大公司的兴衰历史表明，无论公司处于多么有利的市场地位，无论资金有多雄厚，无论有多么先进，无论管理者有多么优秀，它们都有可能陷入困境。

二、企业战略变革的过程

人们的变革思想是被“激发”出来的，但通常他们会反对、抗拒变革。如果管理者想要说服这些人，并成功引入积极的变革的话，他就必须了解人们为什么会反对变革。图 14.1 表明了这种抵触情绪的基本原因，其中，有些是大多数变革都会遇到的普遍原因，而有些是针对某些特定变革的具体原因。

(一)抵触情绪的一般原因

无论变革的实际内容如何，产生抵触情绪的原因是始终存在的。

(1)惰性。通常人们不希望打破现状，走老路不仅舒服而且容易，所以大家不愿打破现状而去尝试新路。

(2)时机。人们对变革的抵触之情绪往往是由于错误的时机造成的。如果管理者和雇员的工作一向都很忙而且压力很大，或者劳资关系很紧张，那这就绝不是引入新举措的好时机，若可能的话，管理者应尽量在大家能接受的时候引入变革。

(3)突然性。影响时机和接受能力的一个关键因素是其突然性，如果变化很突然、超乎预料或是很剧烈,那抗拒就会强烈。

(4)来自同事的压力。有时工作团队反对新的创意,即使个别人并不十分反对管理层的建议,他所在的团队也会抱作一团来反对它。如果一个团队凝聚力强并且有反官僚倾向,那么来自同事的压力就能让员工反对哪怕是合理的变革。

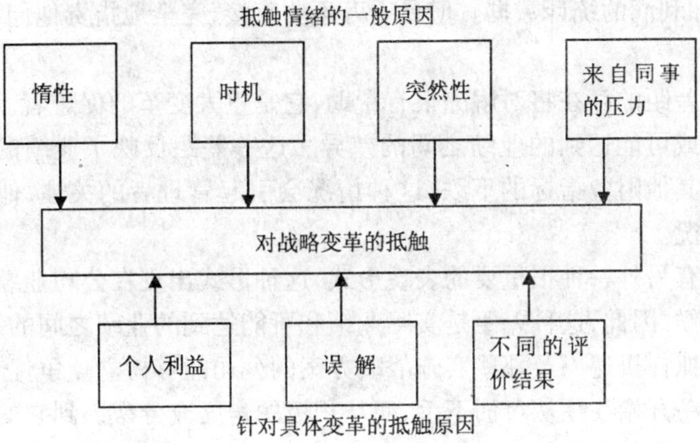

图 14.1　抗拒变革的原因

(二)针对具体变革的抵触原因

其他产生抵触情绪的原因是缘于变革的具体内容,这些原因来源于人们对变革对自身影响结果的判断。

(1)个人利益。大多数人把个人的最大利益放在比公司的最大利益更重要的地位,如果他们认为变革会使他们失去一些有价值的东西,如薪水减少或失去现有的权力和地位等,则他们自然就要反对它。

(2)误解。有时就算管理层的改革建议能使每个人受益,人们也可能会因为没有领会它的目的而反对它。

(3)不同的评价结果。员工所能得到的信息同管理层所掌握的信息是不一样的,而且往往不够全面,就是在高层管理者内部,也会有这种差异,这种差异的存在导致了人们对变革的建议有不同的评价和看法。

(三)管理战略变革的一般模型

图 14.2 说明了激发人们变革通常所需要的三个阶段:解冻、转向实施变革和再次冷冻。

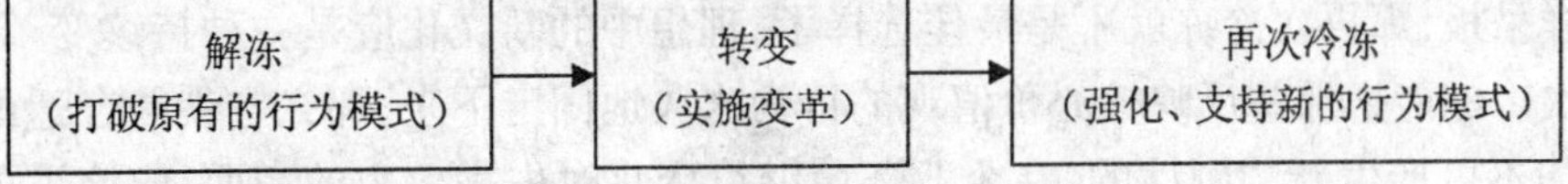

图 14.2　变革模型

1. 解冻

高层管理人员认识到了现在的情况已经不能适应公司的发展,必须以全新的做法打破(解冻)现有模式。解冻措施,常常是公司对自己针对现存环境的调整及其适应未来的能力的评估结果，这种诊断必须详尽而且客观、公正。如果管理者认为公司不能适应现有的或预期的未来环境，那变革就是必需的了。

在转变过程中，高层管理者特别要注意采取措施解冻过去的企业文化，必须让人们认识到原来的某些思维方式、感知以及行为方式已经过时了。或许解决这一问题最有效的办法就是通过与竞争对手的比较向人们展示原有模式的负面影响，管理人员可以向员工提供有关成本、质量和利润的统计数据。但是千万不要直接、完全地指责他们，这会激起他们的防御倾向。

认识到业绩差距的存在将对解冻很有帮助，它是重大变革的促进者。业绩差距是指实际业绩和应有的或可能达到的业绩之间的差异。这一差距反映了业绩的落后，例如，销售额、利润、股价及其他财务指标的下跌，这种情况会引起管理者的关注，他们会采取变革措施来改变这种状况。

业绩差距还有另外一种很重要的表现形式，这种形式出现在公司业绩已经很好弹是还有可能更好的时候，因此，这种差距是实际业绩和可能达到的业绩之间的差距，这也正是战略管理者们能够抓住机遇以及那些实施战略方案的公司能够树立竞争优势的地方。然而，很多变革的努力一开始往往从负面下手，而从积极的角度充分认识到它的潜力和优势并且指定新运作模式往往更有价值。

作为变革的推动力，业绩差距不仅作用于整个企业，而且也能作用于不同的部门、团队或个人。如果某一部门或工作全体的表现不如公司内的其他团体出色，或者它发现了一个值得抓住的机遇，那它就将被激发变革。与此类似，个人也可能获得不良表现的反馈，或是发现某一值得投资的个人机遇。在这些情况下，解冻就开始了，同时这种业绩差距的存在也使得人们对变革更具有热情。

2. 转变

实施变革，首先就要建立起有关公司发展方向的远景，这种远景可以通过战略的、结构的、文化的以及个人的变化而实现。战略思想应贯穿于变革的始终，至于结构的变革就涉及向事业部型、矩阵式的或者其他适当形式的转变，文化的变革要通过有效的领导才能制度化，而每个人在公司接纳新成员或者领导人的未来远景规划在全公司范围内被普遍接受时也都自然发生改变。

3. 再次冷冻

再次冷冻是指对支撑起这一变革的新行为的强化。变革必须在全公司内得到传播并达到稳定状态，再次冷冻涉及建立支持该变革的控制体系，必要时采取更正措施，以及强化变革日程中所支持的行为和表现。管理部门应该对所有顺应趋势的转变给予支持和奖励。

然而在今天的企业中，再次冷冻这一步并不总是正确的，如果它导致的结果同原来的行为一样呆板，那再次冷冻就不是最佳选择了，理想中的新文化应是一种持续变革的文化。如果再次冷冻能把那些反映核心价值观的行为永久地固定下来，那么它就能合适的。但再次冷冻切不可产生新的刚性的、在企业环境继续变化时失去效力的东西，应该被再次冷冻的是那些能增进企业的持续适应能力、灵活性，能加强试验和结果评估以及能促进其持续发展的行为。换句话说，要锁定关键的价值观、能力和战略使命，而不必要锁定具体的管理方法和步骤。

迈尔斯(R. H. Miles)提出了一个战略变革的框架：具有强大的变革动力，勾画有吸引力的未来愿景，推进组织与文化的融合，形成变革的程序与结构，以及强有力的变革领导者。如图 14.3 所示。

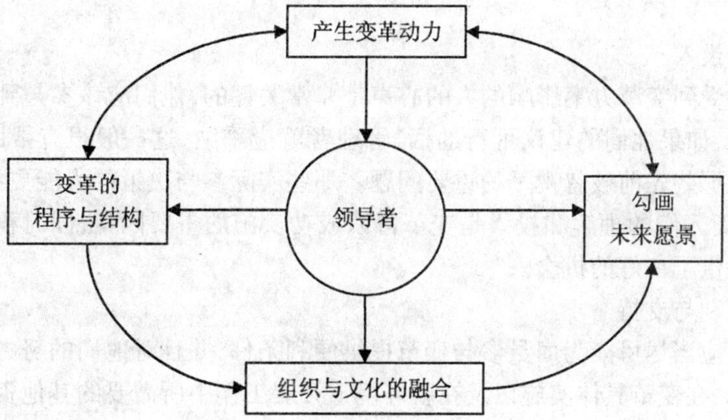

图 14.3　企业变革的一般框架

（四）管理战略变革的风格

在管理战略变革过程中，管理者可以由多种方法对人们施加影响，但大多数都低估了这些方法的作用。如表 14.2 列出了几种应对他人抵触情绪、争取他们合作的有效措施，也反映出不同的管理战略变革的风格类型。

表 14.2　管理战略变革的风格

方法	一般的应用条件	优 点	缺 点
教育和沟通	信息缺乏或自理及分析不精确	人们一旦被说服，就往往会帮助实施变革	如果涉及的人很多，就会费时间
参与和投入	变革的发起者所需的资料不完整或者其他人的反对力量强大	参加到变革计划中的人会热衷于它的实施，他们所掌握的相关信息也将被包括到计划之中	如果参与者设计了一项不合适的变革方案，就很浪费时间
提供便利和支持	人们因调整问题而反对	这是处理调整问题的最好方法	可能耗费时间和金钱，并有可能白费
协商和同意	有些人或有些团体将在变革中遭到明显的损失，而且这些团体的反对力量很强大	有时这是一条避免强烈抵触的简便途径	如果它提醒了其他人都要通过协商才顺从的话，你将要付出相当高的代价
操纵和拉拢	当其他技巧都无效或太昂贵时	这是一种相对迅速、节约的解决方式	为未来埋下隐患，因为人们可能会认识到自己被操纵了
明示的或暗示的强制	时间紧急而且变革的发起人有相当的权力	迅速并能解决任何反抗	如果发起者激怒了某些人，就很危险

1. 教育和沟通

管理人员应该在变革发生之前，提前对员工进行教育，在这里，需要传达的不仅是变革的性质，还包括其中的逻辑。这一过程可能包括逐个的讨论、向各小组的演示、报告和备忘等。

2. 参与和投入

倾听那些受到变革方案影响的人的心声是非常关键的，他们应该参与到变革计划的制订和实施中来，如果他们的建议可行的话，管理者就应采纳，这一般很有帮助，往往还能提醒管理者注意那些先前被忽视了的重要问题。那些实际参与决策的人能更深切地理解它，并且更投入，而人们的理解和投入是变革得以成功实施的重要因素，同时积极地参与也为教育与交流提供了良好的机会。

3. 提供便利与支持

管理人员应当尽可能为雇员参与变革提供便利条件，并且对他们的努力给予支持。便利条件有培训、在变革具体实施以及在新环境下开展工作中所需要的其他资源等等。这一阶段常包括分权和授权。也就是说，赋予人们决策权以及改进工作所需的变通权。给予支持要求虚心地听取问题、理解业绩的暂时性滑坡以及变革刚开始时的不尽完善，一般都尽量站在雇员一边，并且在困难时期要表现出应有的关注。

4. 谈判与奖励

必要时，管理人员可以给予切实的鼓励以换取合作，或许只有高工资才能使工作丰富化有效；而一种工作流程的变化只有在管理者同意在另一规模做出让步（如考虑放假）时，才能被接受。就是在高层管理者中间，也许只有那些对自己来说更重要意义的方面得到支持后，一方才会同意另一方的改革方案。奖励是指奖金、工资或薪水、认可、工作分配、额外津贴等，这些都可以考虑，有时还可以重新安排奖励方案以强化变革的方向。

5. 操纵和拉拢

有时管理者们利用更微妙、更隐蔽的技巧来实施变革。操纵的一种表现形式是拉拢，这包括为反对者在变革过程中安排一个对他有吸引力的角色，反对团体的领导人通常成为这种拉拢的对象。例如，管理层可能会邀请工会领袖或非正式组织的领头人物作为某一执行委员会的成员，或者让某一外部组织的重要成员加入公司董事会。一旦某人成为变革中的一分子，他或她就不会对组织的工作那么不合作了。

6. 强制

有些管理者对反对分子动用惩罚措施或是以惩罚相威胁，在这种方式下，管理者利用权力使人们如他所愿。例如，一个老板可能为了让下属对变革方案采取合作态度，以失去升职机会或分派不好的工作相威胁。

表 14.2 总结了上述不同管理战略变革风格的优点、缺点以及其适用条件。正如表 14.2 中所示的那样，管理者不应不分青红皂白，只用其中一二种，有效的战略变革管理者应熟悉所有的方法，并根据不同的情况灵活运用。

在整个过程中，变革的领导者们应该在稳定中求发展。在变革、混乱和不确定当中，人们需要找一个安全的支点，这意味着使一些东西不变并能看到，如企业的价值观和使命，这样就能进一步保持关键人物的可见度，继续关键的工作和项目，向人们宣布企业中那些部分是不变的。这种支点能减轻忧虑并帮助克服抵触情绪。

三、平衡企业战略变革

在今天的知识型企业中，管理者需要采用一种新的方式来考虑对变革的管理。管理者不应再把变革分解成零星的片段，如全面质量管理（TQM）、企业流程再造（BPR）和员工授权等，然后来管理这些片段，而应该以监督系统变化的观点来思考变革问题。管理者必须把所有的变革片段联系起来，并保持相互之间的平衡，而不是把管理变革看做是操作一台机器或者一次性医治人们身体的一种疾病。管理战略变革就像是保持一辆汽车的平衡。要取得这种关键的平衡，意味着领导变革的人和将要执行新的方案的那些人之间的对话；意味着创造一种可以发生变革的组织氛围；意味着处理情感上的联系，后者传统上是被排除在工作场所之外的，但是对变革的成功是至关重要的。

公司可以用来保持关键平衡的一种工具，是转型管理团队，他们是一群向首席执行官汇报的公司领导，他们投入全部的时间和精力来管理变革的过程，当过程得到稳定以后，转型管理团队就会解散。在这个过程中，他们会监控公司的变革，并且保持领域者和追随者能够团结一致，共同创造公司的未来。转型管理团队具有以下 8 种重要职责。然而，这个团队并不是唯一对实现这些职责承担责任的部门。

1. 建立变革的环境并提供指导

CEO 和其他的高层领导建立公司战略远景，转型管理团队确保公司中的每个人对该远景和战略有正确的理解和认识，并且理解公司所面临的竞争形势。通过组织全公司范围能够使自已的活动同公司的整体方向准确地保持一致。

2. 激发对话

大多数历史悠久的大型公司都以功能隔离的方式来设计它们的组织运作体制，在这种情形下，很难实现跨级别的和跨部门的对话。相反，人们已经习惯了报告后随之而来的调查审讯。更为严重的是，如果资源稀缺并且时间压力很大，对话常被看成是一种奢侈和浪费。然而，大多数的变革努力基本上是要让信息超越陈旧过时的界限而传播下来。因此，在变革初期，组织公司各部门的对话并使这些对话成为法定的变革过程的重要组织成分，就成了转型管理团队关键任务。开始时不加限制的话，往往导致最有建设性的结果；相反，那些急于要求马上见效的项目领导，往往关闭了公司内部的对话通道，最终完成项目的时候却拿不出什么新意的成果来，或者没有什么实质性创新新思想。

3. 提供恰当的资源

转型团队拥有两种重要的权力，即分配资源以使有用的事情发生的权力和终止不再需要的项目的权力。在第一种范畴中，转型管理团队控制时间和预算。变革经常进展缓慢，因为被选派在先导团队中扮演重要角色的人员只是在做一些无关紧要的事情。结果，团队没有重要工作的负责人，或者不会引起适当的关注。转型管理团队能够改变这种情形，它可以指定一些人，让他们掌握权力，并且拥有时间和资源来很好地完成工作。

转型管理团队能够终止那些不再具有优先性的旧项目。在很多公司中，运作的基本原则是："旧项目从不会消亡，它们只是资金不足。"无人想痛下决心来终止那些已经失去效用的项目。结果，许多应当结束而不应保留的项目仍在分散人们的精力，浪费资源。转型管理团队需要成为这些项目的狠心的终结者。

4. 协调和统一项目

当公司转向快速的变革方案时，特别任务小组、工作团队和各种项目等，会像雨后春笋层出不穷，其结果是涌现出大量的热情、能量和活动，同时也可能带来杂乱无章。就算每个活动都是有效的，而且是必要的，问题在于它们相互之间缺乏统一和协调。这个时候，转型管理团队担负两项任务，一是协调各个项目，使它们相互配合，统一到正确的轨道上；二是与公司的各个部门沟通，让人们知道各个项目如何保持一致，以便每个人都能了解变革的总体进展情况。

5. 确保信息、活动、政策和行为的一致

正在进行变革的公司中，人们的一种主要抱怨，是管理者"言行不一"。他们说要"授权"，却随即封杀来自员工的每一个新观点。转型管理团队的工作是监视容易破坏变革信用的任何不一致，信息、措施、行为和奖赏必须匹配。

6. 提供联合创新的机会

当今的大多数变革方案包含了授权的概念。从本质上将，授权可以被定义为，公司中每名员工都具有真正的机会来共同创造未来。这就意味着保证所有的员工，不管是经理、工人、还是技术人员，都拥有做出正确决策和采取恰当行动所需要的信息。很明显，转型管理团队不能进行所有的沟通和培训；对这种学习和创造负有责任的是设计者、协调者和支持资源。

7. 预期、确认及解决人的问题

有一个重要的理由可以解释为什么指导员、沟通和人力资源团队都在转型管理团队中占有一席之地：人的问题是变革的核心问题。比如，降职、改变职务或改变报酬政策的变革方案，要求预先的通知和长时间的引导。沟通和人力资源对于成功是至关重要的，而这里却时常缺少智慧、多样化的观念、资金和观念的分享。沟通和人力资源的多功能团队，代表了在全公司范围内横向和纵向收集和发布信息的机会。

8. 让关键的多数做好准备

鉴于从实验开始到新流程形成规范是一个非常复杂的过程，很重要的一点是，从一开始就要把资源和战略问题安排在工作任务中。这些资源和战略对于变革的重复和学习的迁移是十分必要的，要把实验的结果有效得推广到全公司的范围。要做到这一点，多数的团队需要指导和帮助，以保证他们所做的工作能够与其他活动协调一致。

所有这些活动的组织，是一项艰难的工作，它需要进行教育、培训，使组织能够以不同的方式进行思考、感受和行动。在变革成功的公司中，领导者关注整个公司以及操作方案与情感的协调一致。既处理作业又处理情感的时候，它便为变革提供了有力的杠杆。

在变革期间，领导的真正贡献在于管理整个动态系统，而不是处理各个片段。领导者的重要工作是处理变革的动态过程，使变革所释放的力量和谐一致，从而使公司具有更强大的竞争力。

四、领导企业战略变革

成功的战略变革需要管理者积极地领导它，图 14.4 总结了领导变革的基础活动。

1. 树立紧迫感

变革领导者的一项关键责任就是树立紧迫感，需要仔细审视市场上以及竞争地区的现

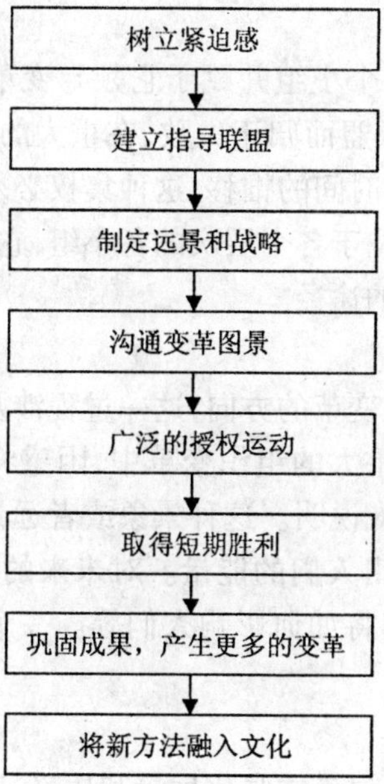

图 14.4　领导战略变革

实和压力，认清危机和机遇，坦然、诚实地面对它们。这是很重要的一项内容，因为有那么多的大公司都变得骄傲、自满起来。

图 14.5 列出了骄傲自满的一般原因。为了防止骄傲自大，树立危机感，管理者可以坦白地谈论自己同竞争对手相比的弱点，并运用数据来支持自己的论断。其他一些技巧包括订立发展目标、让员工直接接触那些发牢骚的客户和股东、让所有员工了解那些不利的消息，而不只是那些“乐观的言辞”、取消额外的津贴和提醒每一个人注意公司所面对的但目前还没有被抓住的未来机遇等。紧迫感也可由那些迫在眉睫的引发变革的商业原因所产生，生存、竞争和在市场中获胜都是迫在眉睫的，他们为变革指明了方向、提供了动力，变革不再只是一种习惯、一种奢侈或者一件好事，而变成了一种企业必需品。

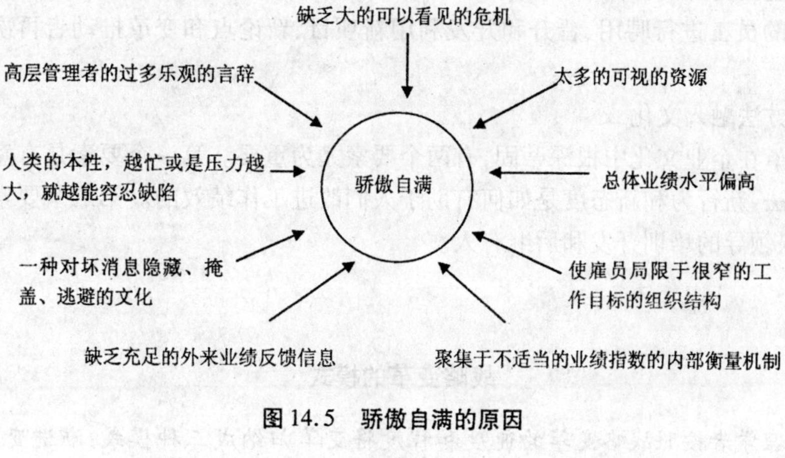

图 14.5　骄傲自满的原因

2. 建立领导联盟

建立领导联盟是指组织起一个小组并赋予它领导变革的足够的权力。变革的努力常常由于没有形成强有力的领导联盟而归于失败，在重大的企业内部改革中，各高层的管理部门首先应团结一致。但是随着时间的推移，这种集权必须逐渐地扩散到整个企业。中层管理和基层管理者很关键，还有位于各个层次的各小组，它们是各种变革努力的黏合剂，是传达变革的媒介，是实践新行为的途径。

3. 制定远景和战略

制定远景和战略有助于引导变革的方向，这一过程涉及对决定变革实施之后所要达到的理想的、预期的状态。因为在重大的组织变革中，困惑将普遍存在，因此，必须尽可能明确地制定出未来远景，并向每个人说明。这种景象或者远景将成为一个靶子、一种指南针，它能澄清期望、打破谣言和挖掘出人们的能量。对未来的勾勒还应该说明转变如何发生、为什么要实施变革以及这一变革将如何影响人们等。一个强有力的远景是变革的很重要的方面，它的作用不可小看。

4. 沟通变革远景

运用一切可能的渠道和机会讨论并强化远景和战略，以引起人们的兴趣。那些有志的变革领导者们由于沟通远景不利会严重削弱成功的机会。沟通来自于言和行两方面，而后者常常更有力。没有什么比重要任务的言行不一更容易危害变革的。

5. 广泛的授权

这意味着排除通向成功的障碍，包括那些不能提供支持的、限制性的体制和结构。鼓励冒险，鼓励非传统的观点、活动和行为。要向人们提供信息、知识、权力以及奖励，使它们更有力量。

6. 计划并夺取短期胜利

不要只等待远景的完全实现，计划并取得一些小的胜利，让每个人都能看到进步。要注意发现并奖励那些为这些胜利作出贡献的人，并尽可能做到公开，让大家都注意到并把这种积极的影响带到整个企业。

7. 巩固成果，深化变革

利用日益提高的信誉，改变与远景规划不相适应的体制、结构和政策。对那些能够执行远景规划的员工进行聘用、晋升和开发利用新项目、新论点和变革推动者再次激活整个过程。

8. 将新方法融入文化

要使变革在企业文化中根深蒂固，有两个要素尤为重要。第一个要素是有意识地向人们表明新方法、新行为和新态度是如何有助于人们改进工作绩效的。第二个要素是利用各种手段，确保领导的培训开发和后继有人。

【阅读资料】

战略变革的模式

战略管理学者按照战略变革的速度和程度将变革归纳成三种模式：渐进变革、连续变革、动态均衡变革。

(一)渐进变革模式

这是以对企业的改进和完善为目的,逐步实行战略的变革,在比较长的时间内实现变革目标的过程。渐进变革过程比较稳定,波动较小,对改善产品质量、降低成本、改进工艺、提高绩效,经常可以取得好成绩。有时为了减少变革的阻力和风险,故意将变革进程拉长,将原定变革内容分散在几个时间段内,逐步实现最终的变革目标。渐进变革的优点是:一次性投入的资源较少、见效快、阻力小、风险小,易于成功。诺基亚公司和万科公司从多样化战略到集中发展战略都经历4~5年,可以看做属于渐进变革。但其缺点则是进度缓慢,当外部环境要求企业快速改变战略时,就不能适应。分散的局部变革可能影响整体变革目标不能达到最优,甚至可能造成正在变革的假象而掩盖重大变革的紧迫性,同时整体变革的分散实施可能增加变革的成本。

(二)连续变革模式

这是企业为了应付快速变动的环境而进行的连续不断的、快速的战略变革。在产品寿命周期短、竞争环境变化快的产业里,快速的战略变革是关系企业存亡的关键。在遇到某些突发的意外事件时,更加需要快速应变,以维系企业的生存和发展。连续变革的优点是能适应快速变动的外部环境,其缺点则是可能承受较大的阻力和风险,对决策的质量要求很高。而且不易为职工和相关人员所接受与适应,可能产生较大的阻力,因而可能引起较大的摩擦成本。

(三)动态均衡变革模式

这是处于中间状态的模式,即企业有时处于相对均衡、稳定发展的环境,有时又处于快速变动的环境。在前一种状态下,适于采用渐进变革模式;而在后一种状态下,则要求采用连续变革模式。这种从实际出发、灵活运用上述两种变革模式的做法,是权变观念的应用,能吸收上述两种模式的优点而克服其缺点;但应用的难度加大,对管理者素质提出了很高的要求。

第二节　企业战略转型

在开放、复杂、动态、高度不确定的市场环境下,任何企业的战略都不可能一成不变。企业在制定和实施战略时,既要强调战略的严肃性和连贯性,又不能过分强调战略的长期计划性而使其刚性化。当内外部条件变化时,战略需要适时调整。

战略调整有两种形式:战略转型和战略权变。战略转型是指跟随内外部环境变化而进行的战略转变,通常,转变后的战略与原战略有重大区别;而战略权变则是根据内外部边界条件和资源禀赋的变化,对战略进行权衡变通,作微调或修正。

一、战略转型的内涵

战略转型是企业为了动态地适应内外部环境的变化,或者为了利用潜在的机会,而将原战略转变为新战略的行动。一般说来,战略转型包括战略内容转换和战略过程转换两个方面。战略内容涉及目标、范围和竞争策略,层次上又可分为公司层次和业务层次。战略过程涉及企业正式的管理系统以及企业文化等诸多方面。

理解战略转型,需注意以下几点:

(1)战略转型存在于企业战略的各个阶段。不仅是衰退阶段,即使是成长阶段,为了获取更大的竞争优势,也可能主动实施战略转型。

(2)战略转型需要系统的支撑条件。如领导控制、体制环境和动态核心能力等。

(3)战略转型的实施主体,不仅是企业的领导层,而且包括全体员工。

(4)战略转型的意图,是为了解决竞争优势的短暂性与企业生存的长期性之间的矛盾。

(5)战略转型伴随着一系列不同规模、不同风险程度的战略性行动,是一系列强有力的、多种多样战略行动的组合。

以摩托罗拉公司的战略转型为例,在发展的不同时期,摩托罗拉采用不同的发展战略,并配以相应的组织形式,以此推动在中国的可持续成长。摩托罗拉在不同阶段所处的市场环境和采用的不同战略如表 14.3 所示。

表 14.3　摩托罗拉的战略转型

	快速成长时期(1987 - 1998)	创新成长时期(1998 -)
市场环境	• 市场导入并快速成长	• 市场成熟 • 竞争激烈
战略转型	• 快速的市场进入 • 强化公司形象 • 技术转移	• 市场细分 • 子品牌推出 • 产品创新 • 渠道调整 • 战略联盟 • 生产战略调整

二、战略转型的动因

企业战略转型的直接动因,来自以下三个方面:

第一,改善绩效水平。研究发现,企业盈利能力减弱是战略转型最普遍的推动力。在很多情况下,企业领导层认为战略转型将提高企业收入或利润,增加市场份额,提高投资回报。在没有达到预期目标时,企业就可能做出战略转型。

第二,适应环境变化。包括政策、政治、经济、技术和人口等宏观环境,以及新竞争者加入、替代产品的出现、竞争战略的变化等竞争环境始终处于变化之中。由于环境的变动不定,使得战略转型成为战略与环境保持匹配的必要条件。

第三,优化资源配置。基于资源的观点表明,竞争优势常常产生于信息不对称,文化和资本积累,以及交易成本的降低等组织属性。因而,随着组织资源基础的不断变化,尤其是人力资源的开发,为了使资源配置更优化,战略也必须随之转型。

推动战略转型的三大动因常同时出现。以广东邮政为例,在互联网时代之前,邮政市场是寡头结构,广东邮政是当地寄信、订报纸和杂志的唯一渠道。然而,互联网的出现颠覆了这个格局,电子邮件的出现,使邮政系统的信件大幅减少;快递公司的出现,又分流了大量的邮政投递业务。面对环境的变化和盈利状况的恶化,广东邮政探索了一套“IT + 物流 + 资金流”的整合模式,实现了资源的优化配置。到 2000 年 7 月,广东邮政开通了广州、深圳等 8 个城市的 185 个客户服务中心，业务功能拓展到咨询、查询、业务跟踪、礼仪配送、轻型物流的销售、配送等多个领域，成功实现了战略转型。

三、战略转型的作用与影响因素

战略转型是一个漫长而痛苦的过程，轻则伤筋动骨，重则全盘改变。所以，战略转型很少由内部自发进行，一般都是在外部环境的严重威胁下，才容易得到认同并执行。成功的战略转型能发挥以下三个作用：

第一，化解危机，渡过难关。通过战略转型，基本目标是使企业能顺利生存下去，这也是实施战略转型企业的最低要求。该作用包括三方面内容：一是缓解现有危机；二是使企业适应环境的变化；三是提高企业竞争力和运营效率。

第二，抓住机遇，形成优势。通过战略转型，抓住并利用现实的或潜在的机会，获得先发优势，正所谓"先下手为强"。先发优势包括四个方面：技术领先地位、独占稀缺资源、成本优势和先发市场地位。

第三，强制转型，提升能力。战略转型可以通过强制推行有益的转换，改善企业的适应能力。尽管转型初期很痛苦，但如果能坚持贯彻下去，一旦转型成功，带来的成果也是非常丰厚的。相反，若一成不变地维持现有战略，则可能错失良机，最终导致衰败。

影响企业战略转型成败的关键因素有：高层管理人员的更替，企业资源水平，以及企业特殊属性和组织惯性。

高层管理者是影响战略转型的首要因素。研究发现，撤换企业的首席执行官（CEO）或者其他高级管理人员，有利于推动战略转型。原因有二：一是带来新的观念。新人与旧人具有不同的经验与背景，新人的进入将给企业带来新的理念和对企业环境新的理解，能促进多种变化的出现。二是新人受前期决策的束缚较少，更容易推动战略转型。

企业资源状况对战略转型也有显著的影响，如财务资源能制约战略转型的程度。一方面，充足的财务资源使企业有更多的战略选择；另一方面，更早实施战略转型的企业，会有更充足的财务资源投资于战略行动，尤其是那些需较长时间才能取得成果的战略转型。

战略转型还受到企业特有的历史、文化、治理结构及公司规模等属性的制约，这些属性可能提高或降低企业实施战略转型的能力。同时，这些属性也是组织惯性的构成要素，组织惯性通常会阻碍战略转型的实施，除非企业已形成求新求变的企业文化。

四、战略转型的前瞻性运作

实施战略转型需要未雨绸缪，主动预测内外部环境的变化，提前布局，前瞻性的运作，以顺利实现战略转型。前瞻性运作的优点在于，能提前把握市场机会，及时调整资源配置，充分利用外部环境和内部资源，为企业赢得更大的发展空间和发展机会，企业战略转型更加平稳。

战略转型前瞻性运作的机理如图 14.6 所示，企业业务将在三个层面上同时展开：在第一个层面上拓展并确保核心业务的运作；在第二层面上发展新兴业务；在第三层面上创造有生命力的未来业务。海尔集团在战略转型的过程中，同时管理上述三个层次，体现了较强的前瞻性，如图 14.7 所示。

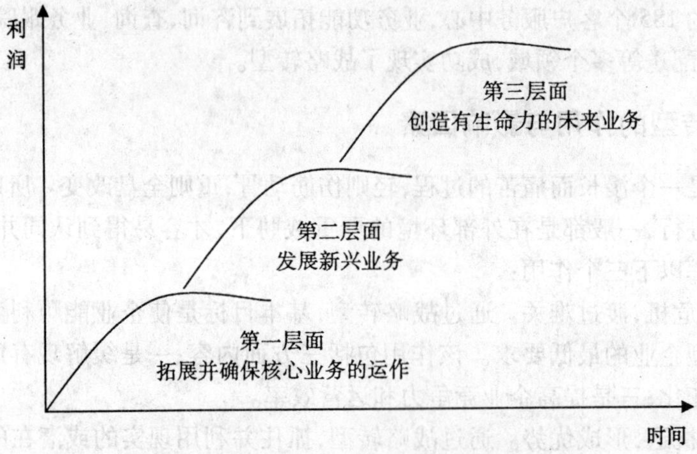

图 14.6 战略转型的前瞻性运作

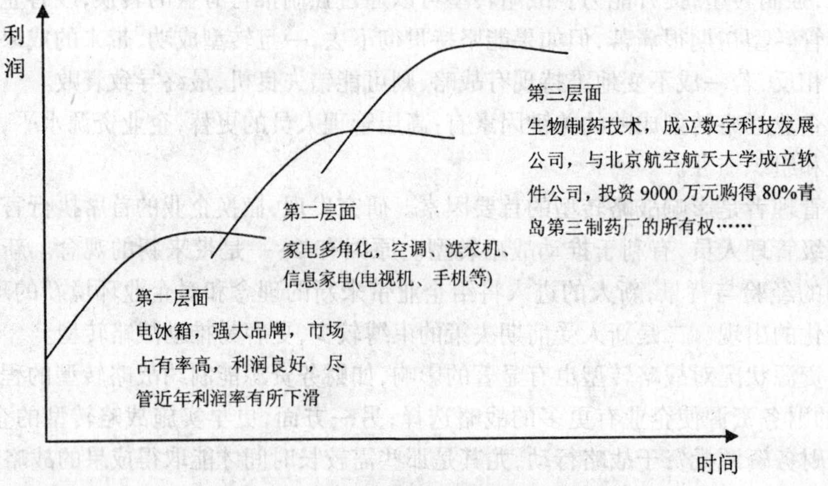

图 14.7 海尔集团前瞻性战略转型图

【阅读案例】

LG 的战略转型

除了核心技术，"设计经营"正在成为全球消费电子市场竞争的一个方向，而韩国的LG、三星正是抓住了这股潮流，让韩国的消费电子品牌开始在世界范围内掀起一阵阵"韩流"，成为挑战原有日系企业索尼、松下等最强有力的竞争对手。LG 电子中国区总裁孙晋邦表示，"LG 在核心技术和设计经营方面无疑都具有明显的优势，作为一个国际化的企业，我们一直致力于研发全球发展趋势，开创引领全球时尚的设计，并要将更高端、更前沿的产品提供给中国消费者。"LG 在韩国的地位，相当于海尔之于中国，尤其在这个民族性非常强的国家，国产品牌的受欢迎程度还要更高。不过，就像海尔的国际化道路探索充满艰难一样，LG 公司也曾经面临着同样的苦恼，尤其是如何打入品牌林立的欧美市场。

在两年以前，当欧美消费者听到 LG 的名字时，还十有八九会把它与品质不高的产品联系在一起。但是，仅仅两年的时间，LG就一举改变了自己在世界消费电子品牌中的形象。今年1月，LG在美国拉斯维加斯规模宏大的世界消费电子产品博览会上出尽了风头。不仅是它琳琅满目的产品吸引了人们的眼光：从售价180美元、只有火柴盒大小的MP3播放器，到价格高达7.7万美元的71英寸等离子电视机。更重要的是，在此次展会上LG公司一举夺得了16项创新奖，超过了其他任何一家参展公司。

能在两年内“翻身”，是与LG公司在亚洲金融危机后坚持走设计经营化道路分不开的。LG最早被人们所认识，还是最初的品牌“乐喜－金星”（Lucky－Goldstar）。1958年创办时它还只是一家小小的电扇生产商，一年后开始生产收音机，成为韩国有史以来第一家从事电子产品制造的企业，1995年以后它正式更名为LG公司。现在，LG公司的营销人员更希望人们彻底忘掉这个品牌原来的含义，因为一年前他们绞尽脑汁为LG这个名字赋予了新的品牌意义，“生活真美好”（Life's Good），并希望强化这个概念。

现在，LG的触角已经延伸到了家电、电梯、手机、监控系统、化妆品、电池、塑料制品等各个方面，其中甚至包括竹盐牙膏和蝶妆这样的日用品和化妆品品牌。

可是LG的扩张道路并非一帆风顺，并在亚洲金融危机时遭遇了挫折。直到20世纪90年代中期，LG、三星还在为争夺韩国电子产品制造商头把交椅而相互较量，那时他们也难分伯仲。但此后双方共同经历了金融危机，而三星很快便进行了痛苦的结构调整，并投入巨资进行品牌塑造，结果一下子跨入了全球电子业领导者的行业。而LG公司却把赌注错押在了电信产业上，包括有线通信、移动电话服务和交换机系统等，这些后来一路滑坡的行业，造成了LG股票的暴跌。今天，相比起三星公司2004年100亿美元的盈利，LG公司接近13亿美元的盈利还相形见绌，虽然三星约有一半的收益来自芯片生产部门。

如今，LG公司那一度不切实际的电信战略已经成为历史，取而代之的是对“设计”的理解与坚持。此后它不仅迅速恢复了元气，并由此完成了从制造型企业向设计创新型企业的转型。

第三节　企业成长

彭罗斯在《企业成长理论》中指出：企业成长包括数量的增加、边界的扩大和质量的提高。马歇尔在《经济学原理》中亦提出大树原理，将“企业成长”的过程比作一个生态过程，即一系列内部变化会导致成长体的个体发育及特征的变化。

诚然，企业成长既有质的改善，也有量的增加。质的成长主要表现为企业素质的提高，包括技术创新能力提升，组织结构改进，经营制度和管理方法创新，以及企业文化塑造等。量的成长表现为企业规模与经营范围的扩大，包括生产结构专业化，经营业务多元化，组织结构集团化和市场结构国际化等。

企业成长的常见方式有三种：技术创新成长，规模经济与范围经济成长和多元化成长。

一、企业成长模式

企业成长涉及自身能力、规模、业务范围三个方面，分别对应成长经济、规模经济和范围经济，三种经济的复合状态——“复合经济”构成企业成长理论的核心。其中企业能力的成长是关键,也是企业的两个成长方式(规模扩张与多元化经营)的依托。

(一)成长过程:专业化——多元化——归核化

归核化即回归核心业务,是哈佛商学院博士生马基兹(C. C. Markides)于1990年在其博士论文"多元化、归核化与经营绩效"中提出的一个概念。他认为,20世纪80年代以来,美国企业出现了归核化的趋势,采取多元化经营的企业比例明显下降,而实行归核化战略的企业比例显著上升,由50年代的1.3%和60年代的1.1%,上升到20.4%。以美国通用电气公司为例,该公司1981年开始实行归核化战略,对旗下业务进行裁减,并提出了著名的"数一数二"原则,即业务若达不到所在行业的前两名,就整顿、关闭或出售。经过多年努力,该公司从原来的38个事业部合并为13个;从涉足60多个行业调整为15个。

在专业化——多元化——归核化的提法上,有三元论和二元论两派观点。

(1)"企业规模、业务结构与竞争力"三元论。此种观点认为:竞争力同企业规模的关系成"S"形曲线(如图14.8左侧所示),随着规模扩大,竞争力逐渐提高,超过最优规模后竞争力就递减。竞争力与业务的多元化程度呈"C"形关系(如图14-8右侧所示),随着专业化向多元化转变,竞争力会逐渐降低;但随着进一步多元化,竞争力又会再度提高。

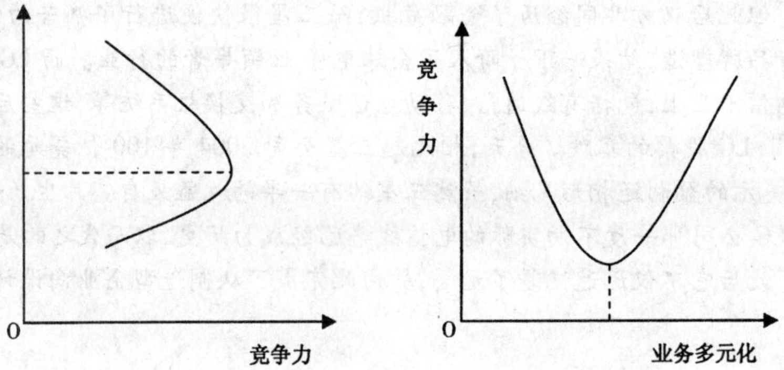

图14.8　企业规模、业务结构和竞争力关系

(2)"企业规模与业务范围"二元论。持此种观点的人认为:企业发展过程是由原始多元化、小规模生产到专业化大规模生产,再到多元化持续成长的过程。企业经营战略演变遵循的路径是:单一产品战略-主导产品战略-多元化经营战略。在国际市场上,对企业差别优势的培养,是跨国多元化经营成败的关键。

(二)成长方式:克隆——虚拟——多元化

按照基体与增生的关系,企业成长的方式可分为三种:

(1)克隆。增生是基体的复制品。特许经营时这种方式的典型代表,把基体成功的管理模式,复制到增生上,注重发挥规模经济效应。这种成长方式主要是通过不同地区的扩张。在扩张过程中,企业的控制能力是持续成长的关键。

(2)虚拟。基体与增生之间不存在产权关系,而是通过契约将二者构成利益共同体。基体与增生之间是一种动态契约关系,是以核心竞争力为基础的分工合作。基体只经营核心业务,而将非核心业务以外包的方式交给增生完成。

(3)多元化。基体与增生经营不同业务,可能相关也可能不相关。采用多元化的企业是为了追求范围经济,充分利用已有资源,寻找新的增长点,转移核心竞争力,或追求协同效应。此时,企业指导方针是战略协同与能力分工。

(三)成长逻辑:价值创新

企业成长的逻辑是价值创新。价值创新,按普拉哈拉德所说,是要成为行业游戏规则的颠覆者(rule-breaker),成为游戏规则的制定者(rule-maker)。目标是从根本上改造现存的竞争空间,创造新的竞争空间。

价值创新有以下三种类型:

(1)为顾客提供全新的价值。最有效的价值创新是创建全新的行业;次之,则是在完全不同的细分市场上提供产品与服务,这样就完全规避了竞争。传统的战略思想是竞争领先逻辑,要求在竞争中处于领先地位。高速成长的公司则推崇创新逻辑,它们不是关注竞争对手,不是以对手为基准或参照,而是在顾客的需求中寻找自己的生长点,突出价值创新。

(2)为顾客提供非凡的价值。创新者不会因循守旧,他们摒弃那些行业习以为常或视为当然的但不能给顾客带来本质价值的服务或产品。创新者为了更好地满足顾客需要,会不断打破现有行业的陈规,不断创造更多的顾客价值。

(3)为顾客创造新的模式。哈梅尔和普拉哈拉德认为,未来不属于水晶球拥有者,而属于敢于向偏见和成见发起挑战的创新者。如戴尔公司首创了直接订购模式,与团体及个体消费者建立直接联系,首创了客户免费直拨电话,以及隔工作日到场服务。这些服务形式现已成为全行业的标准。

(四)成长的极限

企业成长是否有极限?理论上,每一种组织大到一定程度,都会面临内部结构复杂、机制僵化、管理成本上升和效率下降等情形。关于成长极限有以下三种解释。

(1)交易成本理论。科斯认为,企业是市场的替代物,企业边界由市场交易成本与内部生产成本孰低决定。简言之,如果企业内部生产某零部件的成本高于外购,那么企业应该削减该部件生产,收缩企业边界。所以,企业成长的极限,是内部生产成本与外部交易成本相等。此时,若企业再扩大规模,内部生产成本就高于外购成本,企业必然亏损。

(2)企业成长理论。彭罗斯与马里斯是企业成长理论的代表。彭罗斯在其著作中认为,扩张的最大极限由两个对应的方面决定:一是为扩张储备的现有管理服务;二是扩张所需要的管理服务。企业扩张的边界等于储备管理服务的数量,扩张需要的服务管理包括以下因素:扩张本身的特点、市场环境、新业务与现有业务的关系、扩张方法等。马里斯继承了彭罗斯的观点,他认为,扩张速度受内部资源制约。若要保持效率,企业不可能仅通过以无限快速招募的方式,实现企业无限快速的成长。

(3)成长上限理论。彼得·圣吉认为,企业中同时存在增强环路和调节环路。在企业成长过程中,加速增长的增强环路起主导作用,当成长到一定程度时,由于资源或其他内外部因素的限制,调节环路开始发挥主导作用。增长和调节环路的共同作用,是企业成长上限形成的根本原因。

二、企业成长的行业选择

企业成长的两种常见方式是:扩大规模和多元化经营。多元化经营的首要任务是选行业，在行业选择中，主要影响因素有以下五个：

1. 多元化的协同

实施多元化经营的企业，获得效益的主要原因在于新旧业务的协同。安索夫在其代表作《公司战略》中，强调了协同对多元化经营成功的重要性。安索夫将多元化经营战略划分为四种：水平多元化、垂直一体化、同心多元化及混合多元化，并指出同心多元化更容易发挥新旧业务的协同性，所以比混合多元化获利更大，而风险更小。

2. 企业能力

企业在实施多元化战略时，必然会将资源转移到新的行业或地域中，以使进入新行业或新领域的资金、人才、管理经验等有保障。在实施多元化战略时，企业常过高估计自身能力，容易犯的错误包括：对资源能转移到新行业、新市场过度乐观；对新行业的进入障碍估计不足；忽视新市场的特殊性，将特定的优势误认为是普适优势，以为可以跨行业使用。

3. 市场结构

在行业选择中，行业的市场结构是一个重要的影响因素。谢勒（Scherer）在 1970 年出版的《产业市场结构与绩效》一书中，确立了市场结构（structure）－市场行为（conduct）－市场绩效（performance）分析框架（简称为 SCP）。其基本理论假设是，大多数市场是不完全竞争的，市场结构决定厂商的行为，而这些行为又决定了企业的业绩。波特则对行业选择提出了两个非常明确的标准：一是行业要有吸引力（平均盈利水平较高）；二是企业能够在这一行业中取得有利地位。这两个标准兼顾了行业条件和企业能力，既强调市场决定，也注重能力分工，反对无关多元化。

4. 行业前景

企业准备进入的行业应该前景光明，行业的成长能提供业内企业更多的发展机会。前景好的行业即朝阳产业，一般具有强大的生命力，市场前景广阔，代表未来发展的趋势。在一定条件下，可演变为主导产业，甚至支柱产业。在这样的行业中，企业发展的机会多，最终可能形成的规模也越大。相反，如果进入的行业前景黯淡，不仅难以提供企业成长空间，反而因为行业发展停滞，业内企业竞争加剧，而使企业困难重重。

5. 业务关联性

多元化经营中业务关联性越高，越容易获得成功。西蒙（F. G. Simon）对《财富》500 强的研究发现，实行多元化经营的企业按照经济效益排名，从最好到最差依次是：内在相关多元化企业，外在相关多元化企业，内在非相关多元化企业和外在非相关多元化企业。相关性可分为有形关联和无形关联。鲁梅尔特（Rumelt）1974 年的著作《战略、结构和经济绩效》也指出，相关集约型和主导集约型企业经营业绩最好，业绩最差的是无关多元化企业。

三、企业成长的区位选择

任何一个区位都具有独特性，因此，选择合理的区位也能获得竞争优势。企业在区位选择中，需考虑的内容和注意的事项，主要有如下三个方面。

1. 产业集群

大量企业的聚集可以产生溢出效应，处于该区域的企业可以享受各种便利，如原料供应的便捷、易于获取的客户、各种便宜又专业的服务等。在法国，超过 1/3 的制造业聚集在巴黎和里昂地区；在美国，汽车业聚集在底特律，芯片制造业聚集在硅谷。实证研究表明，地理聚集能够对生产率产生积极效应。因此，企业在进行区位选择时，要选择能获得外部经济效益的产业密集区位，以获得信息、技术、知识支持、配套服务等多方面的好处。

2. 区位成本

韦伯认为，决定工业区位的因素有三点：运输成本、劳动力成本和聚集状态；合理的工业区位位于三个指向总费用最小的地方。韦伯在《工业区位论》一书中指出，工业区位选择的三步骤是：首先，根据运输指向确定工厂的运费最小点；其次，根据劳动力指向修改上述区位；最后，根据聚集指向再次修改上述区位，最终得出合理区位。

3. 市场获取

市场始终是区位选择的重要考虑因素。其中，市场的可得性、市场信息获取的便利性、市场的瓜分与占领以及市场网络的布局等，都需要仔细研究。对市场选择的标准主要考虑三点：一是市场当前的容量；二是市场相关产品的开发潜力；三是市场开发时间的长短。

四、企业成长的逻辑路径

企业成长模式给出了企业成长过程、成长方式、成长机理的概括描述。成长路径和成长方式的逻辑路径如图 14.9 所示。从起点上看，企业成长只能是基于自身的核心能力。扩张的方式有两种：将核心能力保持在企业内部和将核心能力向企业外部扩散。前者包括四种战略选择：(1)加强型战略；(2)一体化战略；(3)多元化战略；(4)防御型战略。后者包括三种战略选择：(1)依靠自身的能力，通过战略联盟合作实现核心能力的扩张；(2)借助虚拟运作的方式实现扩张；(3)出售核心产品。

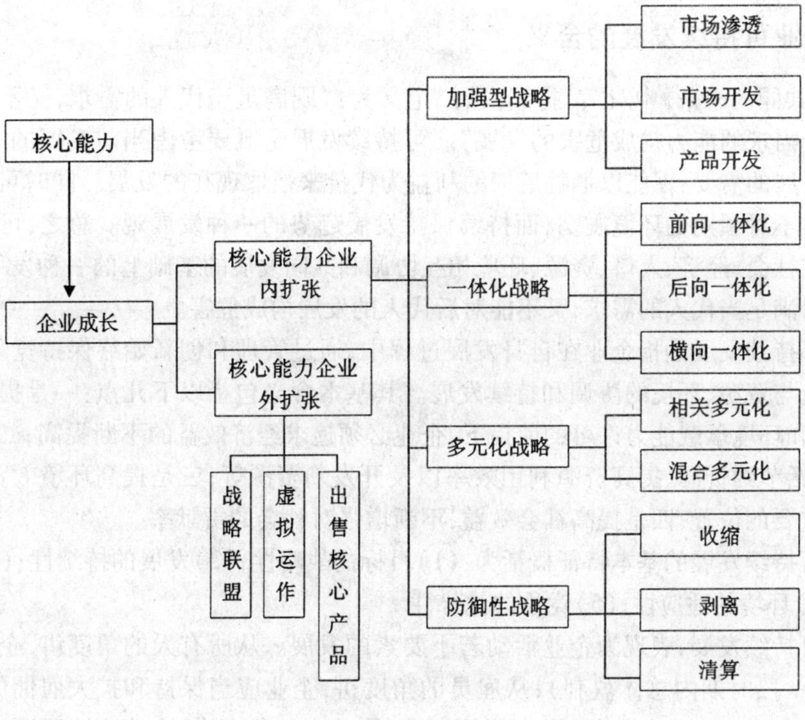

图 14.9　企业成长路径与方式的选择

第四节　企业可持续发展

可持续发展是20世纪80年代随着人们对全球环境与发展问题的广泛讨论而提出的一个全新概念，是人们对传统发展模式进行长期深刻反思的结晶。1992年在里约热内卢召开的联合国环境和发展大会（UNCED）把可持续发展作为人类迈向21世纪的共同发展战略，在人类历史上第一次将可持续发展战略由概念落实为全球的行动。1987年Barbier等人发表了一系列有关经济、环境可持续发展是20世纪80年代随着人们对全球环境与发展问题的广泛讨论而提出的一个全新概念，是人们对传统发展模式进行长期深刻反思的结晶。1992年在里约热内卢召开的联合国环境和发展大会（UNCED）把可持续发展作为人类迈向21世纪的共同发展战略，在人类历史上第一次将可持续发展战略由概念落实为全球的行动。1987年Barbier等人发表了一系列有关经济、环境可持续发展的文章引起了国际社会的注意。同年，布布伦特兰夫人（Ms Gro Harlem Brundtland）在世界环境与发展委员会的《我们共同的未来》中正式提出了可持续发展的概念，标志着可持续发展理论的产生。此时的研究重点是人类社会在经济增长的同时如何适应并满足生态环境的承载能力，以及人口、环境、生态和资源与经济的协调发展方面。其后，这一理论不断地充实完善，形成了自己的研究内容和研究途径。随着可持续发展的提出，人们对可持续的关注越来越密切。而且从环境领域渗透到各个领域中。中国政府也非常重视可持续发展的观点，并提出了自己的科学发展观：以人为本，全面、协调、可持续的发展观，把可持续发展提到一个非常高的地位。

一、企业可持续发展的含义

《我们共同的未来》中对“可持续发展”定义为：“既满足当代人的需求，又不对后代人满足其自身需求的能力构成危害的发展”。可持续发展是既要考虑当前发展的需要，又要考虑未来发展的需要：不能以牺牲后期的利益为代价来换取现在的发展。同时可持续发展也包括面对不可预期的环境震荡，而持续保持发展趋势的一种发展观。总之，可持续发展就是建立在社会、经济、人口、资源、环境相互协调和共同发展的基础上的一种发展，其宗旨是既能相对满足当代人的需求，又不能对后代人的发展构成危害。

企业可持续发展是指企业在自身发展过程中，通过管理和创新始终保持竞争优势，从而实现企业与资源、环境的协调和持续发展。其基本含义包括以下几点：一是提高经济效益，在资源和环境承载能力许可的前提下，企业必须追求经济效益的不断提高；二是提高资源效益，包括节约资源、提高资源利用效率以及开发新资源等；三是提高环境效益，把保护环境摆在重要的位置；四是提高社会效益，不断增强对社会的贡献率。

企业可持续发展的基本特征概括为：(1)目标的战略性；(2)发展的持续性；(3)企业的创新性；(4)环境的适应性；(5)竞争的优势性。

企业可持续发展，表现为企业活动若干要素的发展。从所有人的角度讲，企业应当持续盈利（或一段时期内总体盈利）；从雇员的角度讲，企业应当保持和扩大雇佣的规模；从供应商的角度讲，企业应当不断提出新的订单；从政府的角度讲，企业应当不断地纳税；而从顾客的角度讲，企业应当持续地供应符合市场数量需求和价格需求的产品。在所有上述表现中，最为基本的，应当是企业源源不断地提供适应市场需要和变化的产品（商品）。

这里，要分析企业某些要素的增长与企业发展之间的联系与区别。企业某些要素的增长，更多地表现为要素数量的变化；企业的发展，更多地表现为企业整体上转化资源、增加价值的能力的提高，这种能力的提高，既有量的变化，又有质的变化。企业可持续发展，并不要求所有要素实现量的增加。实际中较为常见的，企业的可持续发展是按照"调整"的方式实现的。在调整过程中，企业的资源、工艺、组织结构等因素的变化，都应当是为产品的变化服务的。而产品的变化，又是以企业盈利能力的提高、企业的未来利益最大化作为指导的。企业可持续发展虽然更多地表现为"破坏性"地重组，但是也存在"渐进式"的改革战略，而且这种"渐进式"的战略在目前企业中有其现实的接受性、操作性。

【阅读案例】

格力电器成为家电行业低碳发展的绿色标杆

哥本哈根会议之后，全球对"低碳经济"表示极大关注。近日，人民网主办的以"低碳经济与产业升级"为主题的"2009 家电创新高峰论坛"在京召开，会议揭晓了中国家电产业 2009 年度十大创新人物、十大创新产品、绿色标杆企业等大奖榜单。其中，格力电器凭借自主创新以及长期以来在绿色、节能和环保方面的突出贡献，揽获 2009 年度"绿色标杆企业"大奖，同时，格力 G－Matrik 全直流变频空调荣获"十大创新产品"称号，格力电器总裁董明珠获得"十大创新人物"称号。

近年来，全球变暖严重威胁到人类的生存和发展。格力电器以节能技术的自主创新为己任，积极寻求低碳发展、倡导绿色消费。

据估算，截止 2008 年底，格力自主研发的 G－Matrik 技术累计节约电能约 1 800 万度，节约金额约达 1 080 万元。除此之外，格力还有热回收技术、水源/地源热泵技术、"冰蓄冷"制冷设备技术、智能化霜技术、舒适省电技术、自动清洗技术等节能技术。此外，格力还自主研发出纯天然环保绿色制冷剂 R290，既对臭氧层没有破坏作用，又对气候变化不会产生影响，是目前国际上认可的完全环境友好型制冷剂，使用该制冷剂的空调器系统能效比可提升 10% 左右。这些创新技术与成果的应用，为推动低碳发展提供了科学的支持。据世界自然基金会组织的《企业低碳领导力》一书显示，2005 年到 2009 年，格力电器累计销售节能空调近 900 万台套，根据现行能效标准和运行时间计算，累计实现节电量近 25 亿度，减少 CO2 排放近 250 万吨。

长期以来在绿色产品的研发与生产方面所取得的成就，使格力获此殊荣当之无愧——在第九届经济论坛上，格力成为家电行业唯一的"中国节能减排二十佳"企业。

荣膺此次"十大创新人物"的格力电器总裁董明珠认为："一个企业，不仅要创造利润，促进企业自身发展，更重要的是主动承担培养绿色消费观念、推动低碳经济发展的社会责任。"

标杆的力量是强大的。人民网"2009 年家电创新论坛"三大奖项评选旨在希望通过"标杆"的带动，让更多家电企业关注低碳经济，以技术创新和产品创新推动行业的发展，作为低碳发展的先行者，格力电器必将引领家电企业通过自主创新不断推动节能减排事业发展。

资料来源：家电网，2010 年 1 月 14 日。

二、企业可持续发展战略

(一)企业可持续发展战略的含义

企业可持续发展战略是指企业在追求自我生存和永续发展的过程中,既要考虑企业经营目标的实现和提高企业市场地位,又要保持企业在已领先的竞争领域和未来扩张的经营环境中始终保持持续的盈利增长和能力的提高,保证企业在相当长的时间内长盛不衰。制定和实施企业可持续发展战略,是我国企业生存与发展的客观需求与必然选择。

企业可持续发展战略的提出是一个系统工程,并涉及企业的方方面面。可以说,企业可持续性发展战略的实施是一场革命,不管是"破坏性"的还是"渐进式"的。企业可持续性发展战略涉及企业发展运行中的每一个环节,主要体现在以下两个方面:

第一,外部环境。外部环境又可分为社会环境和任务环境两个部分。企业的社会环境是指那些对企业活动没有直接作用而又经常对企业决策产生潜在影响的一些要素,主要包括与整个企业环境相联系的技术、经济、文化、政治法律等方面。这些方面影响着企业的可持续发展战略具体确定和实施情况。任务环境是指直接影响企业主要活动或企业主要运行活动影响的要素及权利要求者,如:股东、客户、供应商、竞争对手、金融机构等。企业任务环境直接影响到企业可持续性发展战略,例如行业发展前景和行业竞争状况将直接影响企业的可持续性发展战略。

第二,内部环境。内部环境包括企业的各项职能,是企业可持续性发展战略制定的基础,包括管理职能、营销职能、理财职能、生产运行职能、研究开发职能等。各种职能相互作用构成企业可持续性发展的基础和骨架。

人们对企业可持续发展战略的研究刚刚开始,众多理论都是从企业内部某一方面的特性来论述的。根据国内外研究者和实际工作者的总结,可以把企业可持续发展战略分为以下几种类型:

(1)创新可持续发展战略,即企业可持续发展的核心是创新。

(2)文化可持续发展战略,即企业可持续发展源于企业文化。

(3)制度可持续发展战略,即企业可持续发展在于企业制度。

(4)核心竞争力可持续发展战略,即企业可持续发展主要是培育企业核心竞争力。

(5)综合可持续发展战略。这种观点认为,企业可持续发展的关键不是一两个要素如要素发展说、制度说、文化说、创新说等等,而是一系列要素的协调发展,既要求各要素的发展,同时也要求各要素之间的协调发展即 S(structure) H(human resource management) E(environment) M(management) M(marketing) C(culture)发展理论认为,企业可持续发展靠的管理的科学性、结构的机动性、人力资源的合理性、文化的保持性、市场开发的实效性,以及五种要素的协调性。

可持续发展要求的是企业发展的可持续性,它不仅要求企业目前的发展,同时要求企业未来的发展。因此要求企业具有一种促进可持续发展的机制,综合考虑各种要素和外部环境的综合协调。只有这样才可能从总体上把握企业的可持续发展。

(二)企业可持续发展战略的关键战略要素

一般认为,企业发展包括两层含义:一是"量"的扩大,即经营资源单纯的增加,表现为资产的增值、销售额的增加、盈利的提高、人员的增加等;二是"质"的变革与创新,指经营资源的性质变、结构的重构、支配主体的革新等等,如企业创新能力的增强,对环境适应能力的增强等。即企业发展不仅表现为企业变得“更大”,而且更重要的是变得“更强”、“更新”。

可持续发展战略的突出特点是其战略的系统性和协调性。实现企业的可持续发展不是解决一两个问题,或者全部改变就可以实现的。如何实现企业经营目标和提升自己的竞争力,并保持自己始终赢利的问题,不是一个方面就能解决的,而是靠企业内部与外部相互协调、系统发展的战略组合。

(三)如何实现企业可持续发展战略

企业可持续发展战略的制定取决于对企业本身和所处环境的分析,一般采用战略管理普遍采用的SWOT分析方法,利用SWOT方法对企业内部资源和外部环境进行分析,找出企业自身的优势和劣势,找出外部环境对本企业的机会和威胁。通过外部环境和内部资源的分析,找出本企业的独特竞争优势,并确定企业目前在行业中的位置,并根据对未来环境的预测变化和本企业的目标战略的结合,消除劣势,发挥优势,利用机会,避免威胁,制定出本企业的可持续发展战略。通过SWOT分析,对企业的管理、组织结构、市场营销、人力资源和组织文化进行分析整理,并针对企业外部环境进行综合,找出企业的可持续发展战略。

企业可持续发展的核心是创新。企业的核心问题是有效益,有效益不仅要有体制上的保证,而且必须不断创新。只有不断创新的企业,才能保证其效益的持续性,也即企业的可持续发展。伴随着知识经济时代的不断发展,知识创新、技术创新、管理创新、市场创新等已成为企业发展的动力.没有创新企业就无法在竞争中取得优势,也无法保持企业永续发展的能力。所以,企业可持续发展重点强调的是发展而不是增长。无论是企业的生产规模多大,都存在着一个增长的有限性。增长是一个量的变化,发展是一个质的变化。一个企业不一定变得更大,但一定要变得更好。企业可持续发展追求的是企业竞争能力的提高、不断地创新,而不只是一般意义上的生存。

企业可持续发展战略的具体落实首先在于企业的战略目标上。企业要在对企业未来发展环境的分析和预测基础上,为企业提出总体的战略目标,企业的一切目标都服从于或服务于这个战略目标。其次,企业可持续发展在于环境的应变性上。成功的企业都有较强的适应环境变化的能力,这些能力是企业对市场信号显示的反应。因此,有人在界定长寿公司时指出:“对周围环境的敏感代表了公司创新与适应的能力,这是长寿公司一大成功要素之一”。企业的适应性还表现在对生态资源利用的适应性,企业如果忽视对生态资源的保护和利用,企业就很难实现可持续发展的目标。其三,企业可持续发展表现在竞争的优势性上。企业可持续发展与社会、生态系统可持续发展的不同之处是,社会、生态可持续发展要实现的是一种平衡,而企业可持续发展要实现的是在非平衡中求得竞争的优势。企业可持续发展的过程中,必须不断地提高自身的竞争能力和水平,才能实现永续发展目标。

【阅读资料】

“中国创造之路”倡议书

中国企业界的朋友们:

中国是制造业大国。但目前仍然缺乏核心技术及自主知识产权,“中国制造”的核心技术、核心零配件普遍依赖进口,严重制约了中国企业的竞争力。

十七大报告中明确指出,“提高自主创新能力,建设创新型国家”是“国家发展战略的核心,是提高综合国力的关键”。

为积极推动“中国制造”向“中国创造”转变,在国际竞争中立于不败之地,我们向中国企业界发出倡议:共同开拓“中国创造之路”,履行我们的企业社会责任,诚信自律,自主创新,完美品质,积极构建和谐社会。努力做到:

1. 诚信自律是“中国创造”的重要条件

有诚信自律,才能赢得市场,实现由“中国制造”走向“中国创造”。要坚持依法经营,诚实守信;公平交易,货真价实;品质安全,服务便捷;尊重人格,化解矛盾;引导消费,造福人类。要认真履行企业社会责任,积极营造和谐消费环境,切实保护消费者合法权益,努力拓展企业发展空间,不断提升企业创新能力。

2. 自主创新是“中国创造”的重要基石

面对中国企业普遍缺乏核心技术优势、缺乏全球市场竞争力的客观现实,我们要坚持以创新求生存,以创新图发展,在知识产权的应用、保护与提升中,切实提高科技创新能力,追求环保、节能、低碳和全面协调可持续发展,通过自主创新实现核心技术与竞争优势,为推动“中国制造”向“中国创造”转变做出积极贡献。

3. 完美品质是“中国创造”的重要责任

通过我们的共同努力,使“中国制造”向“中国创造”转变,不断满足人民生活需求,保障人民生活质量,提高人民生活水平。坚决响应中央“调结构、扩内需、惠民生”号召,坚持“家电下乡”、“节能惠民”和“以旧换新”政策,为消费者提供更多更好的商品和服务,让13亿中国人实实在在享受到“中国创造”的发展成果。

为此,我们呼吁:

“中国创造”要诚信自律!

“中国创造”要自主创新!

“中国创造”要走向世界!

“中国创造”是企业神圣而光荣的历史使命。让我们行动起来,肩负共同的责任,一起开拓“中国创造之路”,以实际行动让中国更多的企业成为“中国创造”的企业!

珠海格力电器股份有限公司

2010年3月11日

资料来源:格力电器网站

三、企业持续管理

企业是一个以知识为基础的有机系统,其根本任务就是积累和创造知识。由于企业拥有知识的数量、质量和方向的不同,导致了企业能力的差异,进而由企业能力所决定的竞争优势也不尽相同。只有保持企业知识的连续和不断更新,方能维持企业的生存和可持续发展。而保持企业知识连续和更新的唯一正确途径就是实施持续管理。

(一)持续管理的产生

知识的不断更新维持着企业的不断更新,如果知识发生萎缩,企业也会萎缩。而知识连续性是连接新老知识的纽带,是知识链运转的基本条件。因此,保持知识连续性是新世纪企业成长的关键因素。然而由于企业员工流动、辞职、合同期满以及退休等所导致的知识不连续或知识流失,会给企业的生存和发展造成威胁,这是知识经济时代的一个重要特征。例如,掌握某种关键知识的员工突然离开所形成的“知识真空”,会迫使企业从头建立他们所需的知识从而使工作继续下去;当某种知识流失造成不完整、不能被理解或组织性太差而不能有效利用时所出现的“知识困惑”或“知识恐慌”会使员工士气下降;由于拒绝变化和缺乏创新精神而形成的“知识僵化”,会使企业丧失适应能力;还有“信息过剩”、“知识不对称”、“知识堵塞”等,都会造成知识的不连续或流失,从而削弱了企业的竞争优势。

随着知识重要性的不断提升,知识流失问题愈来愈严重,无论员工出于什么原因而离开企业,都将失去他们所掌握的、对企业有用的知识。更为严重的是,员工离开时通常是不愿意把他所掌握的知识留下来的。在一些低层职位上发生的知识流失不会给企业带来很大危害,但在更高的、以知识为基础的职位上发生的知识流失对企业来说就是一场灾难了。为了使知识真正能够自组织和保持连续,就需要对知识的持续管理。

(二)持续管理的实质

所谓持续管理就是保持知识连续性的管理,它要在知识的流失与连续性之间找到了一个“平衡点”,并且通过这种便于理解、行之有效的手段,用以保存企业的知识,构建企业的知识库,使得企业的核心知识不会由于员工的离开而一并消失。持续管理能够保护企业的知识库,加速新员工的成长,提高顾客满意度,减少知识流失而造成的企业生产力下降和利益损失,也能够激发企业进行知识创新,利用自己的知识优势把握机会,避开威胁,从而赢得竞争优势。

持续管理不仅是一种强有力的新的管理手段,更是一种思维方式上的革命。实施持续管理,通过维系知识体系,使企业的知识、能力和智慧得以保存并得到有效应用,从而为企业带来比较优势。正如劳伦斯·普鲁萨柯所言:“唯一能给一个组织带来竞争优势,唯一持续不变就是:知道什么,如何利用所拥有的知识和以多快的速度获取新知识。”因此,德鲁克所预言的20世纪的管理连续问题已转化为21世纪的知识连续问题。

(三)持续管理是向前看的知识管理

与持续管理密不可分的就是知识管理。知识管理是指管理者通过对组织所拥有的知识和组织外部知识的利用和管理,以提高组织创造价值的能力的一种手段和过程,而持续管理的核心是保持知识的连续性。二者的对象都是知识,并且这两种管理方式同时起作用,从而使企业的知识基础得以保持和逐步加强。另外,通过知识管理实现知识共享为成功实施持续管理奠定基础。但知识管理与持续管理所强调的重点不同,前者强调同代员工之间进行知识传递,即横向的知识获取、选择、共享、创造和传播,后者强调在不同代的员工之间进行知识传递,即纵向的知识获取、选择、共享、创造和传播;前者更加重视知识的保存,而后者则更注重知识的持续创新。因此,从知识链的角度看,持续管理是一种向前看的知识管理,持续管理在以知识为中心的企业中将扮演重要角色。有理由相信,保持知识的连续性是新世纪企业财富的增长点,持续管理也便成了知识经济的新法则。

(四)企业学习与创新是实施持续管理、保持企业知识链连续和更新的基本途径

(1)学习是企业的一种本能。企业是一个知识、能力的集合体和学习的组织系统,企业获取知识、保留知识并将知识转化为能力的基本途径就是开展学习。现在和未来,唯一持久的竞争优势就是有能力比你的竞争对手学习得更快,学习无疑成为企业的一件终身大

事。企业学习是一种组织学习,是企业的一种本能、一种能力,是应变的根本,也是形成核心能力并获得和保持竞争优势的关键。

(2)企业学习决定着企业知识的积累和能力的形成。企业学习是一个企业获取、创造和传播知识的过程,是对存在于组织内外的知识加以收集、存储、传播、运用并融合的一系列活动。这些知识包括生产、技术、制度、管理等方面的知识。企业学习不同于个体学习,它是企业全体成员在企业运行过程中,通过实践、互动、共享和创造来进行的团队学习。企业的知识随着人与人之间、组织与组织之间的交互作用而不断增加、积累和传递。因此,与企业知识密切相关的个人和组织的学习能力决定了企业的知识积累,决定了企业能力和核心能力形成,从而决定了企业的竞争优势。

(3)企业没有学习力,就难以形成可持续竞争优势,也不会有竞争力。没有学习就没有创新和未来。在动态的环境中,如果企业只依赖某种相对稳定的竞争优势被动地适应环境,其竞争力是不够的,必须能够获得可更新的、持续的竞争优势,进而能够深刻预见或洞察环境的变化并迅速地、不断地做出正确的反应。这就需要企业不断学习与创新。可见,学习已是企业的一个战略问题。企业要通过创建学习型组织,不断完善学习机制,持续改进学习方法,形成不断学习——提升学习能力——累积企业知识——持续创新——强化企业能力——增强企业核心竞争力——建立可持续竞争优势的良性循环。

(4)企业的学习过程是一个连续的知识创造过程。没有学习就没有创新和未来,组织学习是通过不断创造、积累和利用知识之源,努力改变或重新设计自身以适应不断变化的内外环境,从而保持可持续竞争优势的过程。创新也是一种学习,而且是更重要的学习。

企业学习可分为两种类型:一种是适应性学习,另一种是创造性学习。适应性学习主要有三种形式:一是单循环学习,即在现有组织内发生的学习,目的在于修正错误,改变组织内部行为;二是双循环学习,即在组织与环境发生冲突时的学习,目的在于减少组织与环境之间的冲突;三是再学习,即从以前学习的经验教训中学习,目的在于加强学习过程本身。显然,适应性学习重在生成企业的基本能力。

创造性学习是一种主动的、持续的、以知识创新为核心的学习类型,其实质在于创新企业的知识,形成核心能力,进而获得竞争优势。在现实中,学习行为不仅仅是在遇到问题、冲突和危机等刺激因素时才发生,而在遇到机遇、创新精神和获得新知识时也会触发(野中和竹内,1995)。创造性学习在学习型组织和知识型企业中最为普遍。因此,只有在适应性学习基础上进行创造性学习,企业才能使其基本能力跃为核心能力。

管理大师德鲁克认为:“创新是一种赋予资源以新的创造财富能力的行为”,是企业的基本职能之一。比尔·盖茨更是一语中的:“企业繁荣中孕育着毁灭自身的种子,要防止这种毁灭的唯一对策就是坚持不断创新”。

(五)持续管理的流程

为了保持企业知识的连续性,持续管理必须要分析和评估企业现有的知识并识别关键性的知识,同时通过恰当的方式将这些关键性知识传递给继承者。只有通过持续管理的过程和体系,企业的知识连续和创新才能实现。我们把持续管理的工作流程概括为以下 5 个步骤:

第一步:进行知识连续性分析和评估

这一步骤的主要任务是通过对企业关键性知识连续性的分析和评估,来判断失去这些知识对企业造成危害的严重程度。具体工作包括:(1)收集与工作有关的数据,掌握工作和员工流动的情况,判断因员工流动可能导致的知识损失;(2)分析企业知识基础,确定对企业十分关键的知识,提供知识不连续及由此造成损失的证据;(3)确定存在严重知识不连续的工作类别和知识对每个工作类别的重要程度,据此确定持续管理实施的广度与深度;(4)分析关键知识从现任者到继任者的传递过程,指出知识传递与获取过程中的优势与不足;(5)将知识不连续而造成损失的数据进行汇总,评估其知识损失程度;(6)评估组织文化与激励机制对知识和知识分享的支持程度。

第二步:确定持续管理的目标和范围

持续管理的目标就是在不同代员工之间保持关键知识的连续性,从而为企业积累重要的知识资产。所谓关键性知识是指对企业创造价值起关键性作用的、获得高绩效必不可少的、流失后会给企业造成严重负面影响的知识。因此,持续管理不是全面的知识管理,而是一种有重点的知识管理。实施持续管理的范围主要取决于以下几个因素:(1)知识获取与传递的广度,例如企业中有多少单位参加持续管理?每个单位中又有多少层级参加?在每一层级中将有多少人参加?(2)知识获取与传递的深度,即参与持续管理的员工获取和传递多少关键知识?(3)识别、获取和传递关键知识的精度;(4)组织文化和激励机制对持续管理的支持度。

第三步:开展组织学习

企业是一个知识的集合体和学习的组织系统,保持企业知识连续性的基本途径就是开展组织学习。组织学习不同于个体学习,它是组织全体成员在组织运行过程中,通过实践、互动、共享和创造来进行的团队学习。组织的知识随着人与人之间、组织与组织之间的交互作用而不断增加、积累和传递。组织具有学习和创造新知识的能力,通过开展多方面的学习,创造、保持和增强个人、团队和组织的能力,以组织记忆为媒介,组织学习与组织知识相互补充,从而使企业的关键知识得以获取和传递。

第四步　创建知识手册

知识手册是储存企业关键知识的"集装箱",是一种知识记忆,承载着企业的知识DNA,这是组织获取和传递知识的手段,也是保持知识连续性的重要方法。知识手册的创建过程包括:(1)进行关键知识分类,一般分为技能性知识、数据性知识、功能性知识和创新性知识四大类。(2)获取关键知识,可通过访谈、知识调查问卷、小组活动等方式获取上述知识。(3)整理并形成知识手册。(4)更新知识手册。更新知识手册是为了丰富和扩大知识手册中的关键知识并保持其生命力。因此,知识手册所带来的知识储存及创立的循环不仅向企业一代又一代的员工传递了关键的知识,形成了强有力的知识遗产和真正的组织学习,而且构筑了一个持续管理的企业文化。

第五步:传递和获取关键性知识

持续管理的目标不只是保存现有员工的关键知识,更重要的是,继任者能够尽快吸收、运用并以创新的方式来传递与获取这些知识。知识传递与获取的有效性取决于:(1)为知识交换和共享所创造的机会;(2)组织学习和知识创新的程度;(3)知识手册的运用;(4)知识需求推动还是知识供给推动;(5)以人为中心还是以技术为中心;(6)与其他管理职能的协同性;(7)定向培训与辅导;(8)现任员工与继任员工的交叉与互动;(9)人力资源的状况;(10)知识传递与获取的激励机制与文化氛围。总之,当起决定性作用的大多数员工把知识作为他们工作的驱动力并参与其传递和获取时,知识连续性的实践就转变为了持续管理。

【阅读资料】

黑海、红海、蓝海到绿海:战略管理理论的演化与展望

一、黑海战略:以规划为手段的战略管理

1. 黑海战略的产生与贡献

战略管理理论是管理学整体理论中一门较新的学科。一般认为,始于20世纪50年代初持续到60年代初期的长期规划理论,是战略管理理论的雏形。20世纪60年代,哈佛大学的安德鲁斯(Andrews)对战略进行了四个方面的界定,将战略分成四个构成要素,即市场机会、公司实力、个人价值和渴望、社会责任。安德鲁斯等人认为,战略的形成应该是一个有意识的、深思熟虑的思维过程,必须有充分的理由才能采取行动。安索夫(Ansof)在研究多元化经营企业的基础上,提出了"战略四要素":产品与市场范围、增长向量、协同效果和竞争优势。1965年其《企业战略》成为现代企业战略管理理论的研究起点。以安德鲁斯和安索夫为代表的经典战略管理理论是建立在对企业内部条件和外部环境系统分析的基础上。分析了企业组织的优势、劣势以及环境给企业所提供的机会、威胁(即SWOT分析法),并在此基础上企业如何制定战略。为企业的战略制定提供了一整套基本思路和程序。

2. 黑海战略的局限

经典战略管理理论在实践中的具体应用直接导致了20世纪60、70年代掀起的多元化发展的高潮。但有以下局限性:首先,其重点是分析和推理,隐含的前提是企业的高层可以对未来环境进行可靠的预测。这一前提,与当时经济环境相对稳定相适应。但是,随着经济的日益发展,经济环境的不确定性越来越强,企业很难随着环境的变化及时制定策略。其次,该理论知识方向性和框架性的,SWOT也没有给出具体的分析方法,显得空洞、抽象、可操作性不强。

二、红海战略:以竞争为导向的战略理论

1. 红海战略的产生与贡献

20世纪80年代波特的著作《竞争战略》和《竞争优势》形成了以定位为基础的战略管理理论。波特运用产业组织理论的产业分析方法提出竞争五力与三个基本竞争战略。波特认为特定产业的竞争性质由五种力量决定:现有竞争者、潜在竞争者、替代产品的威胁、供应商的议价力量和购买者的议价力量。这五种力量综合作用随产业的不同而不同,虽产业的变化而变化,结果就使不同产业或同一产业的不同发展时期具有不同的利润水平。在此基础上,波特提出了企业在特定的产业中的竞争的通用战略,即总成本领先战略、差异化战略和目标集聚战略,并指出这是企业获得竞争优势的三个基点。

2. 红海战略的局限

迈克尔·波特的《竞争优势》和《竞争战略》出版以来,竞争理论已主导该领域很多年。20世纪80年代以来,企业普遍透过低成本、差异化或专注于某一独特市场来提高经营效率及竞争力,这被称为是以竞争为中心的传统的"红海战略(血腥竞争)"。该战略对绝大部分竞争者而言是一种零和游戏。红海战略的局限性还表现在以下两个方面:首先,在产业

分析中，忽略了企业内部条件的差异，认为竞争战略在很大程度上依赖于对高利润产业的正确选择，容易误导企业进入自己不熟悉的领域而采取多元化战略。事实上，同一产业内，企业间的利润差异并不比产业间的利润差异小。其次，波特的价值连分析虽然提供了寻找竞争优势的有效方法，但并没有指出如何根据重要性来确定企业的核心竞争优势。

三、蓝海战略：寻找摆脱血腥竞争的战略

1. 蓝海战略的产生与贡献

针对"红海战略"导致零和竞争的问题，金伟灿和莫伯涅提出了"蓝海战略"理论。"蓝海战略"是以创新为中心，扩大需求，靠加大行业的"饼"开拓新领域。通过跨越现有竞争边界看市场以及将不同市场的买方价值元素筛选与重新排序，企业就有可能重建市场和产业边界，开启巨大的潜在需求，从而摆脱"红海"，即已知市场空间的血腥竞争，开创"蓝海"，即新的市场空间。《蓝海战略》的最大贡献就是提醒企业家，不要在自己熟悉的本业与同行恶性竞争，而要以"价值创新"的方式开拓还没人进入的新领域，面前就会出现一片蓝海。通过增加和创造现有产业未提供的某些价值元素，并剔除和减少产业现有的某些价值元素，企业就有可能同时追求"差异化"和"成本领先"，即以较低的成本为买方提供价值上的突破。

2. 蓝海战略的局限

《蓝海战略》创造性地提出了以创新性代替对抗性的新企业战略，但其缺陷同样显而易见。国内有评论家指出，"蓝海战略"的主体思想忽视了微利才是商业的本质，而高利润只是个别。在一个正常的商业社会中，绝大多数的行业应该是低利润的，只有少数行业才是高利润；在一个行业中，只有少数顶端产品是高利润的，而绝大多数产品企业应该微利经营的，这就是高端产品与普通产品的区。在一个正常的商业社会，普遍现象应该是大多数行业微利，大多数企业微利，同一行业内的大多数产品微利。竞争是商业常态，也是商业生命力的表现形式。《蓝海战略》更像给企业描绘了一个美好的，没有竞争的市场领域，这很像"海市蜃楼"。

四、绿海战略：获得持续竞争优势，实现企业持续发展

1. 可持续发展理论是绿海战略研究的基石

绿海战略是指以可持续发展理论为指导，以实现利益相关者共同利益最大化为目标，通过建立学习型组织，不断创新，开展绿色营销，建立企业可持续竞争优势，实现企业价值最大化和社会价值最大化相统一的经营管理理念、行动和过程。20世纪，工业化浪潮以前所未有的速度和效率为人类创造了巨大的物质财富，但同时也给人类带来了生存危机：人口爆炸、环境污染、资源浪费、生态恶化等。面对"有增长无发展"的困境，人类不得不重新审视自己的发展历程，寻觅一条新的发展道路。可持续发展理论认为，传统经济发展模式把人类社会发展与自然对立，片面追求经济增长和物质享受，结果是物质财富不断增长，环境却不断恶化，生活质量下降，未来经济增长潜力受到损害，人类得到的是片面的发展。因此，人类必须调整自身的发展思路，转变发展观念。

所谓企业可持续发展，是指企业在追求自我生存和永续发展的过程中，既要考虑企业经营目标的实现和提高企业市场地位，又要保持企业在已领先的竞争领域和未来扩张的经营环境中始终保持持续的盈利增长和能力的提高，保证企业在相当长的时间内长盛不衰。

2. 利益相关者共同利益最大化是绿海战略的目标

企业的本质是利益相关者的契约集合体，利益相关者是所有那些在公司真正有某种形式的投资并且处于风险之中的人，企业利益相关者包括股东、经营者、员工、债权人、顾客、供应商、竞争者、国家。在当今产业界限日益融合的情况下，企业不应把自己看做是单个的企业，而应把自己看做是一个企业生态系统的成员，这个生态系统的成员包括供应商、生产者、竞争者和其他利益相关者。在企业生态系统中，企业战略的制定与传统战略的制定有很大不同：战略制定的基本单位不再是企业或产业，而是合作演化的生态系统；个别企业的成长不再是考虑的重点，整个经济网络的发展和企业在网络中的地位成为考虑的重点。在这个系统中，企业应该积极承担社会责任。企业积极承担社会责任，从短期来看，会带来一定的经济损失，但从长期来看，企业也得到了社会的信任，加深了客户对企业的忠诚度，从而提升了自己的持续竞争力。

3. 建立可持续竞争优势是绿海战略的实现途径

建立可持续竞争优势是实现绿海战略的主要途径。可持续竞争优势的实现方式主要是通过企业文化、学习型组织、不断创新和绿色营销。

(1)企业文化：建立可持续竞争优势的核心。企业文化是企业员工普遍认同的价值观念和行为准则的总和，这些观念和准则的特点可以透过企业及其员工的日常行为而得到表现。文化对企业经营业绩以及战略发展的影响主要体现在它的三个基本功能上：导向功能、激励功能以及协调功能。文化的上述作用的实现不仅是高效率的，而且可能是成本最低、持续效果最长的。从这个意义上说，文化是企业竞争优势可持续发展的最为经济的有效手段。企业文化塑造的核心是如何提出和统一价值观，如何规划企业的愿景，以及经历的过程以塑造优秀的企业文化。现代企业的竞争是基于核心能力的竞争，而作为知识、能力和资源的人力资源则代表了企业所拥有的专门知识、技术和能力的总和，是企业核心能力的根本和核心。有效的人力资源管理既可以帮助企业降低成本，还有助于企业在产品差异化、品牌、技术等方面获得竞争优势，竞争对手很难将其竞争优势进行模仿和复制。

(2)学习型组织：知识经济时代创新源泉和持续动力。学习型组织是指通过培养整个组织的学习气氛和文化、推动集体学习，使组织中的每个员工不断地学习，并充分发挥员工的创造能力，不断改进管理、技术及服务，使组织获得持续的竞争优势，而建立起来的一种有机的、高度柔性的、扁平的、符合人性的、能持续发展的组织。当今世界的竞争，实际上是一种创新力的竞争。而生产力诸要素中最活跃的并起决定作用的要素是人，是具有丰富科技知识和实践经验的人。而人要具有丰富的社会科学和自然科学知识以及实践经验，就得学习。在新的竞争时代，光靠雄厚的资源和强大的规模并不能保证企业能够在市场中获得生存和发展的机会，学习的能力才是突破生存不利格局、实现永续发展的根本，只有重视学习、用心学习，企业才能适应已经发生了重大变化的市场，才能获得持续的竞争优势。

(3)绿色营销：实现绿海战略的重要手段。可持续发展这一人类新的发展观，要求实现社会、经济、人口、资源、环境的协调发展，许多国家都将其视为实现国民经济持续、快速、健康发展的必然选择。可持续发展这一新的发展现不仅要求实现宏观、中现的可持续发展，而且要实现经济微观基础——企业的可持续发展；而企业可持续发展的重要内容之一就是实施绿色营销。企业开展绿色营销要求企业在营销活动中，谋求消费者利益、企业利益与生态环境利益的协调，既要充分满足消费者需求，实现企业利润目标，也要充分注意自然生态平衡。企业对产品的创意、设计和生产,以及定价与促销的策划与实施,都要以保护生态环境为前提,力求减少和避免环境污染,保护和节约自然资源,维护人类社会的长远利益,实现经济与市场可持续发展。

附表:企业战略视角与演化

名称	黑海战略	红海战略	蓝海战略	绿海战略
目的	发展	争霸	摆脱	持续
视角	规划	竞争	创新	价值
导向	有计划地发展	获得竞争优势	跨界摆脱竞争创新获得持续发展	
假定条件	产业未来可以预测	产业内企业只有通过竞争才能生存	市场需求可以通过产业边界拓展得以满足	可持续发展符合企业利益相关者的根本利益
实现途径	企业计划 SWOT	竞争五力分析 价值链分析; 三大竞争战略。	了解需求 拓展边界; 价值创新。	企业价值回归(利益相关者共同利益最大化,企业文化与社会责任,企业及社会价值最大化); 可持续的核心能力:学习型组织,坚持创新,绿色营销

★ 关键术语

战略变革 Strategic change　平衡战略变革 Balance of strategic change

持续管理 Continuity management　知识管理 Knowledge management

可持续发展 Sustainable development　企业学习 Enterprise learning

红海战略 Red - ocean strategy　蓝海战略 Blue - ocean strategy

★ 复习与思考

1. 战略变革就是战略创新,这种说法对吗?
2. 试分析组织不愿意变革(抵制变革)的原因。
3. 有哪些排除公司变革阻力的方法?
4. 如何协调和平衡战略变革?
5. 领导战略变革的框架是什么?
6. 持续管理的实质和流程是什么?

★ 研究与讨论

1. 企业为什么要进行战略变革?如何有效地管理战略变革?
2. 后金融危机时代,中小企业如何实现战略转型?
3. 企业如何才能实现可持续发展?

★ 实践演练

1. 列举战略变革成功和失败的案例。
2. 搜集企业可持续发展的成功案例。

★ 本章案例

变革中的招商银行

1987 年 4 月 8 日，招商银行在深圳蛇口正式成立，是我国第一家完全由企业法人持股的股份制商业银行。经过 19 年的发展，招商银行从当年一家小银行发展成如今分布全国主要城市、总资产达 7 000 亿元、利润约在 10 亿元以上的大型股份制商业银行。

招商银行的使命就是为客户提供最好的服务。“葵花”是招商银行的标志，寓意客户就像太阳一样，而招商银行就是“葵花”，“葵花”永远围着这个永不落的太阳转。招商银行一直在努力培养服务、创新、稳健的企业价值观。在发展过程中，招商银行在国内首创了数十种新业务。例如，1995 年，在国内第一家推出集定活期、多储种、多币种于一卡的“一卡通”；1999 年，在国内第一家全面启动网上银行业务；2002 年推出国内首个面向高端个人客户的“金葵花”理财品牌等。

招行的发展一度形成了“一招鲜，吃遍天”的喜人态势。但是，随着银行业经营环境的深刻变化，随着经济金融化改革的不断深化，以及对外开放的全面推进，特别是外资银行的涌入，国内银行业的经营环境已经发生了重大变化，招商银行业面临着严峻的挑战。

在这样的历史时刻，招商银行行长马蔚华思考的是外部环境和招行自身正在发生的变化。招商银行股份制的机制和商业化的优势随着中国金融业全面开放的到来正面临衰减，同时越来越多的中资银行开始缩短与招行的距离，大环境已经让招商银行很难再创造出像“一卡通”这样能够遥遥领先七八年的“一招鲜”产品。

随着顾客需求的日益多样化，我国银行业已经告别了产品导向的时代，进入了顾客导向的时代。中国家庭财产状况的改变决定了市场和个人客户对银行服务的需求不再是简单的汇率上的服务或简单的中转服务，整个社会对个人理财有了一定的需求。中国加入 WTO 后，逐渐进入中国的国外商业银行首先关注的正是个人高端用户，他们成熟的经验和成熟的品牌优势将导致竞争格局的巨大变化。过去商业银行的市场营销人员可以足不出户在办公室向客户介绍银行的各种金融产品和功能，现在客户面临更多的选择，他们不再是被动接受者。因此，马蔚华提出把“因你而变”作为招商银行的自我定位，作为银行制胜的关键。

2004 年 8 月，马蔚华在招行零售银行半年工作会议上，开始明确提出零售银行业务是招行未来发展战略中的重中之重，将零售银行业务的重要性提升到了招行发展史上前所未有的一个高度。而后，招商银行又明确提出其目标客户为“中高端客户”。但是，近几年来，招行瞄准的这个目标客户群的金融服务需求正在发生快速转变，已经不再满足于来银行有杯咖啡、有张笑脸或者有方便的电子渠道能在家转账这样的服务了。这个群体对自己在银行的资产逐渐有了保值、升值的需求，在这个群体选择银行时更看重银行的理财能力，而过去银行传统的简单化的优质服务、储蓄和支付职能已经退居次位。于是，理财服务成为招行重点锤炼的能力，而“尽快转变为一家理财型银行”也开始成为招行未来的明确目标。

虽然，从强调零售业务到走向理财银行这是马蔚华推动招行战略转型的一条主线。但在马蔚华心里，招行在战略上的调整不仅仅是为了支撑零售业务，而且承载着招行的国际化愿景。看似简单的自身定位调整牵一发而动全身，从后台的 IT 治理结构到中台的员工考核指标，再到前台寻找客户的策略和产品服务的丰富，都需要按照新思路进行调整和改变，招商银行面临的显然是自身能力的一次系统性升级。实际上，马蔚华曾经一再强调，不成为一个具有国际水平的银行，招商银行的理财银行定位也只能是口号而已。

招商银行之所以这时开始确立战略转型，其中既有相关政策的推动，也有企业自身战略的考虑。招行从 2003 年下半年开始的宏观经济调控中，就察觉到了一个强烈的信号——国内利率市场化的进程在加快。央行调了两次息，一次放开了贷款利率的上限，放开了存款利率的下限；另一次放开了同业存款利率的上下限。利率市场化对商业银行而言，意味着长期垄断的资金价格将被打破，市场趋势肯定是降价。这无疑会影响银行的存贷款利差收入，减少利润。亚洲金融危机后，香港实行了利率市场化，香港各家银行纷纷转向零售业务和中间业务，其直接动因就是由于企业客户在和银行打交道时，议价能力加强，银行只有将挖掘高利差产品的可能性放在“弱势群体”——个人客户身上。

2004年4月1日，中国银监会为推行巴塞尔协议Ⅱ做准备，发布了《商业银行资本充足率管理方法》，要求所有国内商业银行在2006年底前必须满足资本充足率8%、核心资本充足率4%的标准，否则其业务发展将受到限制。在这刚性标准面前，银行要扩大规模，就要增加更多的准备金成本。这样，低风险的个人资产由于具有准备金要求比对公业务少50%的优势，开始明显体现出重要性。而这对一直处于规模发展快车道的招商银行来说，自然同样意义重大。

2005年，央行开始酝酿发展银行间市场企业短期融资债，进一步压缩了商业银行在大企业身上的盈利空间，招行再次确定了对零售业务进行战略倾斜的决心。于是在这一年的行长会上，马蔚华进一步把发展低资本消耗的零售银行业务和中间业务正式部署为“经营战略调整”的方向。

根据入世协议，中国对外资银行于2006年全面开放，各级商业银行都感觉到了空前的竞争压力。2004年底，由中国人民银行营业管理部撰写的《北京中外资商业银行竞争力比较调研报告》列出的综合竞争力排名中，四大国有商业银行位列倒数后4位；综合竞争力排名的前12位没有一家中资银行，中资银行排名最靠前的是第13位的招商银行北京分行。面对即将到来的激烈竞争，中资银行如何提升竞争力成为发展的关键。

在银行主体不断增多、营销手段异彩纷呈、产品种类层出不穷的经营环境中，银行业市场的高度垄断结构已经被打破，同业之间的激烈竞争格局已经形成。国内零售银行业已经开始进入充分竞争阶段，招行在零售银行业务上的先发优势也受到挑战——前面是四大国有银行开始激发自己在网点和客户基础上的规模优势，身旁是纷纷向零售业务转型的其他股份制银行，远处则是虎视眈眈盯着高端个人客户的外资银行。

在融资结构方面，银行信贷作为企业单一的融资渠道已经被打破，多元化的融资格局已经形成。随着华资本市场及股票、债券、基金等多种投融资方式的不断发展，目前整个社会的非银行融资比重已经达到40%左右，简洁融资的比重正在不断下降，这使得招行面临的替代性也日益增强。

这几年，招行更加重视对蓝海战略的追求。红海是指那些竞争白热化的金融产品，蓝海指的是未开发的新业务。招行的间接融资和批发业务比例都有所下降，而零售中间业务的比例却有所增加，逐渐由规模导向转向价值导向。金融业的新形势，需要用于颠覆传统经营管理模式的产生，需要新业务的创新与发展，谁抢占了先机，谁就赢得了市场。国内银行尽管数目众多，但是银行产品确实大同小异，基本都是存、贷、汇，收入来源都是以存贷利差为主。这种状况如果不加以改变，我国银行业在未来激烈的竞争中将面临更加被动的局面。实际上，随着国内市场经济的发展和人们观念的改变，国内银行开展各具特色的业务的时机已日臻成熟。

2006年1月12日，马蔚华在招行全国分行行长会议上宣布：招行在2005年的经营战略调整初见成效，资产结构明显改善，零售银行业务与中间业务获得了稳步发展。2005年底，招行的储蓄存款已占所有存款40%以上，中间业务增速超过50%，资本充足率在资产质量保持20%以上增速的情况下仅下降0.5%。

尽管取得了一定成绩，但是马蔚华还是发出了“颠覆”的口号：招行必须用于颠覆传统的经营管理理念，通过彻底的银行再造，建立真正以客户为中心、以市场为导向的新的经营管理体系。而“颠覆”的手段，是他提出的10个方面的转变——“十变”：一变“规模导向”为“价值导向”；二变追求“账面利润”为追求“经济利润”；三变“粗放经营”为“精准营销”；四变“以大论优”为“以质论优”；五变“控制风险”为“管理风险”；六变“单一盈利”为“多元盈利”；七变“被动定价”为“主动定价”；八变“比例管理”为“资本管理”；九变“部门银行”为“流程银行”；十变“行政调节”为“利益调节”。

可以看出，招商银行的战略转型，不仅仅是在适应潮流，更是在引导新的潮流。

资料来源：根据相关资料整理而成。

研讨问题：

1. “招商银行，因您而变”意味着什么？

2. 招商银行提出以“颠覆”性的“十变”实现战略转型对其他企业有何借鉴意义？

3. 未来的招商银行如何实现可持续发展？